民国十家

畅 钟 著

世界图书出版公司
广州·上海·西安·北京

图书在版编目（CIP）数据

民国十家 / 畅钟著 . -- 广州 : 世界图书出版广东有限公司 , 2015.5
ISBN 978-7-5100-9696-9

Ⅰ.①民… Ⅱ.①畅… Ⅲ.①学术思想—思想史—中国—民国 Ⅳ.① B260.5

中国版本图书馆 CIP 数据核字 (2015) 第 109239 号

民国十家

策划编辑：李　平
责任编辑：廖才高　王梦洁
封面设计：彭　琳
出版发行：世界图书出版广东有限公司
地　　址：广州市新港西路大江冲 25 号
电　　话：020-84459702
印　　刷：虎彩印艺股份有限公司
规　　格：787mm×1092mm　1/16
印　　张：33
字　　数：450 千字
版　　次：2015 年 7 月第 1 版　2016 年 1 月第 2 次印刷
ISBN　978-7-5100-9696-9/G・1850
定　　价：128.00 元

版权所有，翻印必究

前　言

浮躁之风吹遍大江南北，欲望层层堆积，坚硬如铁。生活在石屎森林中的人们，总期盼超脱牢笼般的存在，向往着一望无际的草原、大漠、或是山水田园，享受其间的宁静与隽美，超脱与隐逸。而生活在田间地头的人们，却遥望着城市中高耸入云的建筑，时常叹息生活的艰辛与不便。人性恒常而背离，欲望飘忽而不定，人性之变与不变，造就了人类的历史，现实不过是历史的延续，此种延续既蕴含着无穷的创造性，同时也潜藏着无尽的破坏性，创新与破坏从来就是一体两面，不可分割的存在。

文化即人化，深深植根于人性中对食色与超越食色的追求。此种满足与超越充满着无穷的张力与深刻的矛盾。平衡一旦打破，则意味着一个新时代的来临，一治一乱，循环不已。中国自三皇五帝以来，圣哲与恶魔纷纷登场，沉沦与超越构成了这个民族不可分割的两面，和平年代抑或战乱之时，思想常为弱者之武器，而权力永是强者之工具。弱者之武器必将光耀千秋，强者之工具在时间的长河中则幻化为一抔尘土。追求灵魂安宁的人们往往不知所措，任由浮波飘荡，何谓高远之意境，何谓真知之卓见，邪恶的灵魂常充满迷人的光辉，思想者的思绪则任人践踏，天高水远，春花秋实，万物生生不息，既济而未济，月满而比亏，自然之道也！

人在斗室，窗外天色日暮，又一轮明月将会升起，提笔填词一首，聊作前言之结语：

临江仙：放舟

翠绿山水天正暮，几只鹧鸪云收。夜里犹待一扁舟。放飞五湖上，沉星下山头。寒江独钓波光远，抛洒酒后哀愁。任叫雪月裹鱼钩。抖落天下事，化作水中沤。

不空山人畅钟草于珠海惠岩堂

乙未年三月初八

自 序

上世纪80年代以来，民国热持续发酵，对民国政治、经济、军事、社会以至于民国学术思想之挖掘一直未曾停止，其背后的根源在于百多年以来中国社会极力吸收西方文明过程中，对中国固有文化何以现代化之间的内在冲突与紧张状态的总结与反思，从这个意义上说，民国时期涌现出来的大量的关于中西文化的著述重新成为人们思想的源泉或者批判之对象。而关于对其学术思想之论述可谓汗牛充栋，但大概是以三种思路来进行，一为以西学之框架与理念对中国社会以及文化改造的探索，一为固守中国之传统，或从中国传统文化中寻求对抗西方文明之工具，其三则为挖掘中国固有文化之现代因子以促使其现代转型并融合西方文化之努力。三条路径之探索，与民国时期诸大家之探索正好不谋而合，因此，对民国大家学术思想的挖掘以至于全面解读依然是一件十分重要而且迫切的任务。

民国时期大家林立，有以延续清学之思路继续挖掘传统者，如罗振玉之金石学，孙诒让之经学与考据之学，章太炎、刘师培之文字、音韵以及经学的研究，刘咸炘之中国哲学以及经学之条贯与整理，柳诒徵、金毓黻之文化史以及史学之研究，吕思勉以及其学生钱穆等人对中国历史以及中国哲学之探索，钱基博对中国现代文学史以及经学之整理与研究等等；有以介绍西学为其重点，如金岳霖之逻辑学、张东荪对西方诸哲学流派之分析与整合、郭湛波对马克思主义之运用与介绍等；有以中西文化比较之角度对中国文化以及西方文化进行宏观思考比较或者整合之梁启超、张君劢、梁漱溟等人；或者在中西文化比较之框架下，娴熟运用中西哲学思想以及学术方法对中国文化进行深度解读的王国维、陈寅恪、梁漱溟等人；以及在极力挖掘中国文化之核心并力图融合西方文明于其中的马一浮、熊十力等人；力图以西方哲学之方法对中国哲学重新解读或改造之胡适、冯友兰等人；当然，也有以中国文化之优越性而力图恢复其主导地位并拯救世界文明的辜鸿铭等人。对以上人物之分析与评判可谓见仁见智，诸多学人也从不同的专业角度或方向，或以其历史，或以其性格，或以其所研究的专业进行了大量的探索与研究。然而，时至今日，对诸大家之学术思想之整体性、内在逻辑以及不同阶段学术思想之关联以及异同，其学术思想与其本人之精神特质方面的综合性研究尚远远不够，因此，本书侧重于以对中西文化比较融合之角度而卓然成家者之十家为研究对象，深入分析其学术思想之来龙去脉、其学术逻辑与研究方法以及本人之精神特质与其学术目的、学术成果之间的关系，力图揭示民国十大家思想之核心以及其超越于时代之价值。

　　本书所选取的十位民国学人是：梁启超、王国维、陈寅恪、胡适、张君劢、马一浮、熊十力、梁漱溟、辜鸿铭、宗白华等。对每一位大家之研究均力图挖掘其学术理念、学术目的、学术研究方法以及内在逻辑、学术思想之阶段性变化以及内在原因，并进而挖掘其精神特质并分析其与学术思想以及成果等诸问题之间的关系。最主要的目的在于将每一位大家学术思想均看作一整体，并总结与提炼其超越于时代之核心理念。本书以纵向与横向两个角度而展开，所谓横向，即是其学术思想空间之展开，所谓纵向，即是其学术内容随时间而表现出之异同以及其内在逻辑之展开。本书之研究此十家学术，首先要求是对民国十家之学术思想尽可能给予客观而全面概述之总结，当然，此种概述与总结并非仅仅以西学之分科而罗列，而是力求挖掘其学术思想之整体性以及学术逻辑、学术目的以及与学术成果之间的关系，对其学说并未进行概念式武断之批判，而是在全面论述基础之上，梳理其核心思想以及所带来的必然结果。其优劣得失则仁者见仁，智者见智。本书一方面以古今中外历代贤哲之原著为参考，以作为其学术思想之对比之参照，同时，以当时大家之间之评价而补注其间，以期读者诸君之了解；另一方面，在对其学术思想之介绍方面，对中西哲学，比如儒家之学说以及其渊源流变、佛教之核心理念以及历史及宗派、西方哲学、先秦诸子等均作一简要述及与评判，以资对十家学说有所了解。因此，此书之另一目的则跃然纸上，那就是希望诸君通过此书，对中西文化以及其历史有所认识，对中西文化尤其是中国文化之精髓抑或不足有所新的认识。然，书成之日，则诉之与大雅君子之评判，共享交流之愉悦哉！

不空山人畅钟草于深圳畅意斋

内容提要

林同济民国时期曾办杂志《战国策》，认为当时之中国乃历史上"战国时代的重演"，此后，人们常常将民国时期称之谓历史上第二次诸子百家之时代。除却其战国时代之政治经济等社会特征以外，文化学术思想方面出现了百家争鸣之现象，所谓百家争鸣，即是不同的学术思想与学术理念互相碰撞与对立、争辩与交融之状态。此种碰撞与交融，在特有的社会背景之下，激发并催生了大量的思想大家，也造就了一个民族思想史上的新高度。孟子言："以友天下之善士为未足，又尚论古之人，颂其诗，读其书，不知其人，可乎？是以论其世也，是尚友也。"孟子所言之知人论世，强调学术与时代之关系。后人往往强调其人物思想之时代背景，甚而将大家辈出之原因，统统归结为时代之原因。诚然，民国时代中中西文化交融之背景，现实政治之冲突必然促使人们对中西文化进行全面反思，此种反思，或以顾炎武所言"天下兴亡，匹夫有责"之精神，力图建构超越中西传统之学术体系；或以"为学术而学术"，力求于中西文化中求得共通之处，甚而挖掘中国文化优越之一面；或以西学之视角，对中国文化进行全面之反思；或以中国文化为本位，力图融合吸收西方文化之精髓。当时之中国，经济凋敝，政治混乱，何以诞生一系列天才般的大师之作？而其中的学术思想与其核心理念又当如何解读？他们的学术思想仅仅是时代之反映抑或阶级之意识乎？

显然，将一系列伟大天才之思考仅仅归结于时代之背景，看不到或者有意忽略他们的精神特质以及为学目的，并在此基础上形成的各具特色的思想体系，是极其偏颇与不负责任的。民国时期之此类天才人物之所以伟大，正在于其不同于芸芸众生之执着与坚定，不同于芸芸众生的理想主义，不同于芸芸众生的学术研究方法以及作为支撑其学术理念、学术方法、学术目的和学术内容之精神特质，方得以成就其伟大。孔子言，"上智与下愚不移"，《黄帝内经》云："智愚贤不肖"等，分明指出了人之差异性之一面。从此意义上言，对民国时期的学术思想的重新挖掘则变得极为重要，而其中的核心即在于了解每一位大家的精神特质、为学目的、学术研究方法以及由此而形成的思想体系。此种挖掘，并非仅仅将其归结于时代之背景抑或阶级之代言，恰恰相反，我们挖掘其中思想之核心目的，更重要的是在于了解并重新认识其所超越于时代之价值，正是因为有着超越时代之价值，方才有着无穷的魅力，方得以在挖掘其学术思想之方面，留给我们以及后人以思考及借鉴。

从此意义言，人们对民国时代诸大家之认识从最初的时代决定论渐次走向了对其精神价值与学术价值之论述，但此种论述，近年以来存在种种误区，此种误区集中表现于两个方面，其一以其趣闻轶事认作其生活之本质，看不到诸多趣闻轶事不过是其精神理念以及学术思想之自然流露或有意刻画，而对其中之关系常常存在倒置之危险，错误地将其性格特征作为其人格之全部进而取代对其学术思想以及核心理念之分析与解读；其二以纯粹之西学之概念或中国传统学术概念对其进行强行归类与解读，看不到其学术思想之整体性，内在之逻辑以及其与精神特质之间之关系。比如，梁启超往往被现代的人们看作为政治人物，所谓"康梁变法七君子"之一，或被认为乃"百科全书"式天才学者，此种"百科全书"式称呼显然只能反应其学术内容之博大，却有意无意忽略了其学术之整体性以及互相之间之关系，也就是说关于其在现代学术开拓方面之研究尤其是在梁启超学术思想之整体认识方面则存在着巨大之不足；同样，人们往往将胡适描述为"新文化运动的代表"，或赞其为"白话文"之倡导者以及西方哲学之传播者，或者将其之意义归结为"容忍"与"自由主义"，此种认识显然没有认识到胡适学术思想之整体性，举例言之，胡适早年之《中国哲学史大纲》与晚年之《说儒》之间有何关系？其内在之逻辑何以解读？其容忍与自由之态度与其学术思想有何关系？其对新文化之推崇中有何积极与消极因素？所有这一切，必须将胡适作为一整体来进行考察，方可得出全面之结论。复此，新儒家学派常常将马一浮、熊十力、梁漱溟称之为"儒家三圣"，从新儒家之角度此种评价当然无可厚非，但对其学术思想之理解则可能存在着严重的误导与割裂，对三家对佛道之解读以及西学之吸收与比较融合等方面之理解显然不足，如何理解马一浮、熊十力、梁漱溟之学术体系，以及其在儒家、佛学以及西哲关系方面研究成果？其学术成果之整体性以及学术方法当如何解读？或仅仅称呼其为"文化保守主义者"之错误何在？其学术思想之不同又当如何解读？以上均是前人未曾阐发或者阐发不够充分之所在；再言之，对极力推崇中国文化精神之王国维、陈寅恪等人又当如何评价，所谓学界常言其以"西方哲学之角度"对中国文化进行解读又存在着何种误解？民国时期集政治活动与学术研究为一身之张君劢其人，对中西哲学、政治学、科学哲学、新儒家思想以及宪政思想当作何整体性之解读？对其"玄学与科学"之问题当如何重新评价？以及其学术思想与政治实践之间之关系作何解读？对中国儒家文化以及君主体制高度赞扬并声名遍及欧美之辜鸿铭之思想又当如何理解？其对中国文化之赞美之角度当作何解读？其对中西文化之比较当如何评价？对以哲学、科学、美学整体之眼光之宗白华，今人常以美学家而括之有何不妥？其以佛学之角度对中西哲学、美学以及艺术史之研究应如何理解？其美学研究之结果当以何种角度重新评价？此等问题，皆是本书所着力探讨之方面。

所谓以纯粹西学之概念对民国学术之解读，即是以西学之诸分科而论之，或以哲学上之唯物与唯心、实证主义与经验主义、唯理论与唯意志论；或以史学之社会历史学派、年鉴学派、比较学派、经济决定论等；或以美学上之意识论、直觉论、表现论、移情论等不同派别而分别论之；当然，纯粹以国学之概念对西方文化之排斥之角度，是民国甚至于以前之部分学者之一贯态度。此两种解读方法，往往流于肤浅与偏颇，甚至于对中国与西方文化均造成一定程度的割裂与肢解，陈寅恪言："窃疑中国自今日以后，……其真能于思想上自成系统，有所创获者，必须一方面吸收输入外来之学说，一方面不忘本来民族之地位。此二种相反而适相成之态度，乃道教之真精神，新儒家之旧途径，而二千年吾民族与他民族思想接触史之所昭示者也。"简而言之，当时之民国诸大家往往有着对释道儒以及西方诸学之深刻分析与解读，今日对其学术思想之理解则需要站在中西文化之核心层面，所谓"登泰山而小天下"，方可以仰观俯察，方可以"若罗网之有纪纲而万目张也"。对民国诸大家之学术思想之理解，在对其学术理念、为学目的、学术逻辑以及在此基础上的学术体系作一整体性之解读与认识，并深入挖掘其内在的精神特质以及其与学术思想之关系，方可以尽可能地对民国学术思想有所客观而全面之认识。当然，所谓客观之认识，对其学术思想之提炼以及材料之提取，必然与研究者之观念有着密不可分之关系。因此，对民国诸大家之解读，必须对中国文化之释道儒思想及其渊源流变、中国历史与文学艺术以及西方哲学、历史、美学等诸学科之核心理念有着深入的研究与体悟，此种研究与体悟而形成之框架，自然而然成为本书之研究框架与体系，此种体系与框架之目的并非仅仅提出一全新之理念与思想概念，而是包含着对中西文化不同层次之理解与把握，正是在此种把握之基础上，方得以尽可能之客观态度对民国诸大家之学术思想进行研究与总结。

如何在统一的研究框架与方法之下，对每一位大家之学术作出尽可能全面而客观之论述，对每一位大家学术思想作出提炼与总结，并在此提炼与总结中得出其学术思想之核心，而并非以一种割裂的态度罗列所谓的优点与缺陷，需要在方法层面上有所升华与转化，此种升华与转化即是抛开以一种单纯之思路与理念对其肢解与割裂之方法，从此意义而言，本书更多从横向与纵向两个角度展开论述，所谓横向之展开，即是对民国大家们对不同学术科目之研究，可看作大家学术空间之展开；所谓纵向，即是随着时间之推移，其学术研究方向与学术研究逻辑以及学术内容的走向之同异而展开。无论纵向及横向之展开，必然涉及诸大家之学术理念、学术研究方法、学术逻辑以及与学术内容。陈寅恪言对古人之学术当以充分"同情之了解"，此种同情最终则可以归结于其精神特质与学术成果关系之层面，此种精神特质之总结与论述，可谓本书之特色之一，当然，其精神特质之所以形成，必然与其经历、家世、环境有着千丝万缕之关系，因此，为便于读者之了解，本书在对每一位大家学术论述之前，均简单介绍其生平及其主要著作。

黑格尔言人类的历史不过是绝对理念发展的历史，怀特海称之为"观念"的历史，科林伍德则认为人类的历史最终表现为宗教、哲学、艺术、科学之历史。本书力图将民国思想作一客观之对象，利用对诸大家精神特质的把握，尽可能作到"同情之了解"，但作者并未仅仅停留于纯粹之叙述，而是在此种了解之基础上，评析其学术渊源、流变、特点、优势以及其必然伴随之不足。本书显然主要以民国诸大家之全集来展开研究，未有全集者，则力图以其最具有代表性之著作为参考，同时，参考了部分单行本及其选集。读其书而知其学，当明确读书以及研究之法，章实斋言读书当知其类，刘咸炘则强调读书重在明统，马一浮言读书则力应"通而不局，精而不杂，密而不烦，专而不固"，熊十力言读佛书当"分析与综会，踏实与凌空。名相纷繁，必分析求之，而不惮烦琐。又必于千条万绪中，综会而寻其统系，得其同理"。诸子所言之读书法可视为其研究方法之表征，同样可应用于对民国诸子之研究中，就宏观方面而言，上文已言，作者从纵向与横向两个角度对其进行解读，然就其诸子之学术思想而言，不能仅仅停留于此，因此，对诸子学术思想成果、尤其是极独具个性之见解，必须比对参考历代大哲之言论以明晰之，所以，本书间或参考或引用大致以下几方面的书目，就儒学而言，以《十三经注疏》《宋元学案》《明儒学案》为主；就佛学而言，以佛经《楞严经》《楞伽经》《华严经》《法华经》《六祖坛经》《成唯识论》《大乘起信论》《中观论》以及民国时期诸大师如欧阳竟无、太虚、吕秋逸等人之著述为主；就西哲言之，则参考或引用柏拉图、亚氏、康德、叔本华、黑格尔等人之著作；就史学而言，则参考或引用《尚书》《春秋三传》《史记》《汉书》等历代正史以及文人之史料笔记等为主；而就历代文人笔记或专著中之有关观点或参考或引用，比如刘勰《文心雕龙》、刘庆义《世说新语》、胡应麟《少室山房笔丛》、李诩《戒庵老人漫笔》等，以资民国诸子观点之辩证耳！

总而论之，此书之目的有三，其一，对民国十大家之学术思想从其精神特质、学术目的、研究方法以纵向及横向两个角度进行全面解读，以期对其学说有更为客观与全面之认识；其二，通过对民国十大家之简述，侧面述及中国儒学史、佛学及其历史、西哲之渊源流变、中西历史发展之大势以及不同。简而言之，即读者通过对本书之阅读，可简单了解中西历史发展之大势、中西思想之渊源流变及其异同；其三，希望通过对民国十家之解读，以资读者对中西文化尤其是中国文化之精髓以及不足有所认识与体悟，以资中西文化融合之咸助也。成书其间，常受失眠之困扰，断续写就，文笔或有不逮，思路间或岐出，然，学之所养，境之所成，匪以病痛为由，或殆乎于世道轮回，几人能知其天命哉？书成之日，则被之以大雅君子、通识学人之评判焉。

不空山人畅钟识于深圳畅意斋
公元 2013 年 8 月

目 录

前　言 …………………………………………………………… 01
自　序 …………………………………………………………… 01
内容提要 ………………………………………………………… 01
第壹章　梁启超：蹉跎负尽百年心 开辟新学头一功 ………… 01
　一、生平 ……………………………………………………… 05
　二、梁启超的文学研究 ……………………………………… 06
　　（一）梁启超文学研究方法与内容举例 ………………… 06
　　（二）梁启超对文学作品中人物情感之挖掘及评述 …… 09
　　（三）梁启超诗词选登 …………………………………… 10
　三、梁启超的历史研究 ……………………………………… 11
　　（一）引言 ………………………………………………… 11
　　（二）梁启超历史研究目的 ……………………………… 12
　　（三）史家、史体、史学之评判以及梁氏之历史观 …… 13
　　（四）史学改造之法 ……………………………………… 14
　　（五）梁启超对所谓历史规律之说明 …………………… 15
　　（六）梁启超对历史人物之研究 ………………………… 17
　　（七）梁启超史学研究之贡献总结 ……………………… 19

四、梁启超的学术史研究（国学思想研究）……………………… 20
　　　　（一）目的与方法 …………………………………………… 20
　　　　（二）梁启超关于学术史划分以及不同学术流变融合之说明…… 21
　　　　（三）梁启超学术史研究之主要特点及重要价值………………… 28
　　五、梁启超的佛学研究………………………………………………… 29
　　　　（一）佛教历史简介…………………………………………… 29
　　　　（二）梁启超佛学研究目的…………………………………… 31
　　　　（三）梁启超佛学研究方法…………………………………… 31
　　　　（四）研究内容及其主要成果………………………………… 32
　　六、梁启超的政治、经济、财政、法学及西方哲学等诸多学科研究简述
　　　　………………………………………………………………… 36
　　七、梁启超学术研究方法、学术逻辑、学术体系以及为学目的再论… 37
　　八、梁启超之精神特质及其与学术思想之关系……………………… 39
　　　　（一）梁启超之评价…………………………………………… 39
　　　　（二）梁启超善变中之不变…………………………………… 40
　　　　（三）梁启超精神特质及其与学术思想之关系……………… 41

第贰章　王国维：依依残照　独拥最高层……………………… 43
　　一、王国维生平及著述………………………………………………… 46
　　二、王国维学术成就、学术思想、研究方法简述…………………… 48
　　　　（一）王国维之考证（考据）之学…………………………… 50
　　　　（二）王国维的义理之学……………………………………… 69
　　　　（三）王国维的文学创作……………………………………… 88
　　　　（四）总论……………………………………………………… 98
　　三、王国维的精神内核………………………………………………… 104

第叁章　陈寅恪：四海无人对夕阳　文史独留两青峰……… 107
　　一、陈寅恪生平及著述………………………………………………… 110
　　二、陈寅恪的学术研究述评…………………………………………… 110
　　　　（一）陈寅恪的史学研究……………………………………… 111

（二）陈寅恪的文学研究 141
　　（三）陈寅恪学术研究方法及成果总论 159
三、陈寅恪为学理念及精神特质之总括 161
　　（一）陈氏对同时代学者大家之述评 162
　　（二）陈寅恪诗歌之略举及其所反映的陈氏精神 165
　　（三）陈寅恪精神特质总结 171
四、陈寅恪学术思想再评 171
五、续语 174

第肆章　胡适：工具成学问　自有真主义 175
一、胡适生平及其思想变化 178
二、胡适的研究方法再探 181
三、胡适学术研究及其成果 183
　　（一）胡适的文学研究 183
　　（二）胡适对中国哲学方面的研究与整理 190
　　（三）胡适对杜威哲学的研究 201
　　（四）胡适晚年的国故整理 202
　　（五）胡适的文学创作 206
四、胡适之价值及精神特质之总结 207

第伍章　张君劢：中西勘通途　实践难容世 209
一、生平 212
二、科玄论战 213
三、张君劢对西方科学、哲学等方面的研究及其成果 214
　　（一）张君劢对西方文化的理解及总结 214
　　（二）张君劢关于西方哲学流变的说明 216
　　（三）张君劢关于康德哲学的说明 217
　　（四）张君劢关于黑格尔哲学之说明 218
四、张君劢的儒家思想以及中西哲学汇通之研究 220
　　（一）张君劢的学术研究方法 220

（二）张君劢儒学研究框架……………………………………220
　　（三）张君劢儒学研究贡献……………………………………221
　　（四）张君劢对孔孟思想的总结以及与希腊哲学之比较……222
　　（五）宋明理学以及与西哲亚氏的比较与汇通………………224
五、张君劢的政治学及宪法学思想……………………………………233
　　（一）张君劢政治学思想之出发点……………………………233
　　（二）张君劢政治学之核心……………………………………234
　　（三）张君劢对民主政治之总结………………………………236
　　（四）张君劢的宪法学思想……………………………………237
六、张君劢的学术思想及政治实践小结………………………………239
七、张君劢之精神特质及其与学术思想之间的关系…………………242
八、张君劢与唐君毅、牟宗三、徐复观等人…………………………244
　　附：为中国文化敬告世界人士宣言：我们对中国学术研究及中国
　　　　文化与世界文化前途之共同认识…………………………245

第陆章　马一浮：释道儒成一家言　一代宗师阁问谁……285
一、生平…………………………………………………………………288
二、马一浮学术思想总论………………………………………………291
三、马一浮的学问精神与求学之道……………………………………298
四、马一浮儒家之学……………………………………………………300
　　（一）马一浮六艺判教之说……………………………………300
　　（二）马一浮六艺汇通之学……………………………………302
　　（三）马一浮的六艺贯通之学…………………………………309
五、马一浮释道儒融通之学……………………………………………319
六、马一浮之诗词………………………………………………………333
七、马一浮治学之鹄的…………………………………………………336
八、马一浮生活中所表现出得精神气节举例…………………………337
九、总论…………………………………………………………………338

第柒章　熊十力：誓破唯识筑新学　翕闢转化成大道 …………………… 339
　一、生平 …………………………………………………………………………… 341
　二、熊十力之儒家说 ……………………………………………………………… 342
　　（一）熊十力之儒家统摄论 …………………………………………………… 342
　　（二）熊十力对儒家所言"道"的解读 ……………………………………… 343
　　（三）熊十力《原儒》概说 …………………………………………………… 344
　　（四）熊十力儒家学说小结 …………………………………………………… 349
　三、熊十力的学术研究方法 ……………………………………………………… 351
　四、熊十力之历史观 ……………………………………………………………… 354
　　（一）熊十力历史研究宗旨以及中西国家观不同之界说 …………………… 354
　　（二）熊十力对历史时期的划分以及与外族交融视角的历史变迁说
　　　　 ……………………………………………………………………………… 355
　　（三）熊十力文化史观及其对历史人物评价之观点 ………………………… 357
　　（四）熊氏认为历史之发展当以中国文化为正途 …………………………… 358
　五、熊十力佛学新论 ……………………………………………………………… 358
　　（一）马一浮、欧阳竟无等对熊十力佛学之评价 …………………………… 358
　　（二）熊十力佛学研究方法及主要内容 ……………………………………… 360
　　（三）熊十力的佛家名相新解 ………………………………………………… 373
　　（四）熊十力的佛学新论 ……………………………………………………… 388
　六、熊十力学术体系之核心思想 ………………………………………………… 394
　七、熊十力精神特质与学术思想之关系 ………………………………………… 397
　八、熊子学说之后继 ……………………………………………………………… 399
　　（一）唐君毅 …………………………………………………………………… 399
　　（二）牟宗三 …………………………………………………………………… 399
　九、熊十力小结 …………………………………………………………………… 400

第捌章　梁漱溟：究元决疑立大志　知行合一赖精神 ······ 401
  一、生平 ······ 403
  二、关于后人之梁氏思想评价以及问题 ······ 407
  三、梁漱溟为学目的 ······ 407
  四、梁漱溟之学术思想之分段 ······ 409
  五、梁漱溟学术研究方法 ······ 412
  六、梁漱溟之佛学研究 ······ 413
    （一）印度佛教之渊源 ······ 414
    （二）梁漱溟对印度佛教之本质或曰最要者之理解 ······ 416
    （三）佛教之哲学思想 ······ 420
  七、梁漱溟关于中西印的文化比较之学 ······ 428
  八、梁漱溟对中国文化之研究与解读 ······ 436
  九、梁漱溟的乡村建设理论 ······ 441
  十、梁漱溟之精神特质 ······ 444
  十一、梁漱溟学术思想之重大价值 ······ 444
  十二、梁漱溟学术思想之再梳理及修正 ······ 445

第玖章　辜鸿铭：四海飘蓬过一生　欲将儒学救世荒 ······ 447
  一、生平 ······ 450
  二、辜鸿铭对中国传统之认识 ······ 451
    （一）辜鸿铭对中国传统文化之认识 ······ 451
    （二）辜鸿铭的中国妇女说 ······ 458
    （三）辜鸿铭对中国语言之认识 ······ 459
  三、辜鸿铭之儒家说 ······ 460
  四、辜鸿铭之时代解读与批判 ······ 467
  五、辜鸿铭学术逻辑及其学术思想之利弊 ······ 471
  六、辜鸿铭的精神特质 ······ 472
  七、总结 ······ 473

第拾章　宗白华：理性问真与感性求美 ············· 475
　一、生平 ··· 477
　二、宗白华的哲学研究 ································· 478
　　（一）由佛学之角度对西哲之理解 ················· 478
　　（二）宗白华对西方哲学的梳理与总结 ············ 483
　　（三）宗白华之中西哲学比较研究 ················· 485
　　（四）宗白华形而上学之研究 ······················ 488
　　（五）宗白华对道家时空意识之解读 ·············· 490
　三、宗白华的美学艺术思想方面的研究 ············ 491
　　（一）宗白华的西方美学、艺术思想之源头以及不同派别之研究
　　　　　··· 492
　　（二）宗白华的中国美学以及艺术思想之研究 ···· 499
　　（三）宗白华的中西美学以及艺术比较之研究 ···· 503
　四、宗白华的艺术创作 ································· 505
　五、宗白华之艺术批评与美学思想之学术逻辑及体系 ····· 508
　六、宗白华的精神特质 ································· 509
　七、总结 ··· 511

参考书目 ·· 513
跋 ··· 522

第壹章

 梁启超：蹉跎负尽百年心
　　　　开辟新学头一功

第壹章 梁启超：蹉跎负尽百年心 开辟新学头一功

晚清至民国时期，是中国历史上最动荡、最混乱的年代之一，也是大家辈出的年代。中国历史几千年来，一直在一治一乱的怪圈中打转。历史有着惊人的相似，在2500多年前，同样是诸侯争霸、生灵涂炭的年代，却诞生了一批伟大的思想家，史称"先秦诸子"，先秦诸子们的思想像一道道光芒四射的闪电，划破了贵族政治统治下的黑暗夜空，为中国此后的千余年的发展提供了取之不竭的精神源泉。直到魏晋南北朝时期，来自北方少数民族的铁蹄再一次将中国山河撕裂开来，却促进了道教及佛教文化的传播，同时也带来了异域的技术与文明。至唐朝时期，经过充分碰撞与融合的中国文化再一次站在了人类历史的制高点上，其政治上之表现为大唐时期的治道在当时的全球领域内率先实现了制度化的中央集权体制，而此种中央集权，以三省六部制为代表，在高层的治理架构上以门下省、中书省、尚书省为互相制衡，皇帝（以唐太宗为代表）仅仅成为权衡利弊及最终裁决者，而各级地方官员则以科举取士的方式实现了人才的选拔，即为社会人才的合理流动提供了合理的制度安排。此种政治文明远超当时西方诸国之治理结构。而在文化方面，大唐气度之下的文化光芒同样璀璨夺目。各种宗教，包括景教、佛教、道教、摩尼教、祆教争奇斗艳，文学、艺术、技术同样高歌猛进。那是一个令包括现今的炎黄子孙无限感慨的时代。

然而历史自有其逻辑，由于中国古代延续几千年之久的世袭皇权体制未能实现更好的制度升级，此种政道（即帝王体制）与治道的矛盾，"一个人之下的民主"必然伴随着后世皇帝的无能与昏庸而走向虚无（参见：牟宗三《政道与治道》《历史哲学》等）。宋明时期的理学家虽然吸收道、佛思想，力图推出新儒学体系，然而此种感悟式学问根本抵不过皇帝的圣旨及权谋家的暗算。至于元明清时期，中国仅有的治道体系也被蹂躏得体无完肤。而专制政治一步步走向极致。中国文化中高尚的、道德的、智慧的思想被历代统治者僵化为形式上的枷锁。清朝时期曾占据据说全球40%以上的GDP产值也完全不能挽救中国的败局。中国社会必定走向衰落。

回到晚清，当鸦片战争的败局震惊朝野。一个新的时代拉开了帷幕，中国何去何从？中国文化何去何从？救亡图存与奋起直追一直成为此后一百余年来中国知识分子思考的课题。中国的体制应该如何设置？中国原有的思想是否有其优越之一面？中西文化的优劣如何界定？如何在新的时代背景下融合全球文明？

还是让我们稍作停留，看看晚清至民国时期的大师们的实践与思考，我相信，一定会给我们带来不少的启示。

让我们从梁启超始。原因有二，其一，梁启超身兼政治人物与学界泰斗之双重性。其二，梁启超的政治思想从保皇到改良，再从改良到同情革命，又从同情革命回归君主立宪。其学术思想也紧随其政治生命，从对中国文化之信仰维护到批判，再从鼓吹西学到回归传统，可以说涵盖中国主流学术界百多年之历程。鉴于其政治生涯的文章已经汗牛充栋，而关于面向大众的学术思想之介绍则少之又少，故而本章将主要介绍其学术思想，并简要梳理其现代意义。

欲知其学术，必了解其生平，故首先介绍梁启超生平：

一、生平

梁启超，生于1873年，卒于1929年，广东新会人氏。字卓如，号任公。曾署名"哀时客"、"中国之新民"、"自由斋主人"等。在天津购地建"饮冰室"后，又自称"饮冰室主人"。

梁启超自幼聪慧，被乡里以神童视之，十二岁中秀才，十七岁中举人。少年梁启超以"括贴、词章、训诂"自负，以为天下文章殆无所学，直至中举后第二年遇见康有为（康有为在当时中国，可为西学之传播者），乃感叹"生平知有学自兹始"。而时康乃秀才，梁以举人之身份向其求学，可看出梁启超追求真知之个性。此后，梁氏紧跟康有为，参与"公车上书"，从此步入政治生涯，其间合办《时务报》，发表《变法通议》，并与康有为一道发动"百日维新"。康有为在当时之中国，实为进步儒生之偶像。其《大同书》植根中国传统而托古改制，是晚清时期第一部包含政治理想之书籍，也可以说是中国士大夫阶层之"地球村"理想，时至今日，仍有其重要价值，若与西方伏尔泰、洛克、孟德斯鸠、卢梭等人之理论相比较，实在毫不逊色。然随百日维新之失败，康党渐失势，梁启超逃亡日本，根据其本人自创的"和文汉读法"，大量研究日本及西方历史、文化、政治等，以图找到解决中国问题之良方。其间虽以康有为弟子称，而其学识则超出康辈多矣。并逐步独立，创办《清议报》，抨击清府黑暗，停刊后，继续创办《新民丛报》，并发表大量文章，力图"维新吾民"，此乃梁启超思想转折点，从希望借皇权而行改革，到后来寄希望"国民觉醒"。在此时期梁氏继续提倡"诗界革命"至"小说界革命"，并大量采用"新民体"发表文章，成为当时公认之思想界领袖。最终，因为其政治与学术理念与康氏不合而导致康梁决裂。

此后，梁启超受邀访问夏威夷，旅居南洋、澳洲、日本，并最后费时数月游历美国，详细考察西方政治、文化、历史、民情。回国后支持袁世凯，创建"进步党"，并于袁世凯当政时，任司法总长。后袁世凯称帝复辟，发表《异哉所谓国体问题者》，与蔡锷共建护国军讨袁。段祺瑞执政时任财务总长，旋即随段氏退位。

此后游历欧洲诸国，参与欧洲一战和谈之中国顾问团。回国后，即专注学术研究，直至病逝，一生著述颇丰，共1400余万字，涉及文学、历史、政治、经学、佛教、学术史等诸多领域。

二、梁启超的文学研究

（一）梁启超文学研究方法与内容举例

广义而言，梁启超所有作品，俱可以文学视之。其文风或犀利、或激越、或沉静、或平和、或柔婉、或忧伤、或愤懑，读来常让人拍案叫绝，击节赞叹。其因深厚的国学功底，虽提倡"诗界革命"、"小说界革命"，并被时人以知识界之领袖视之，然不同于胡适等人，其对文言文并未排斥，对白话文并未热烈响应。而其重点在推广言之有物之文章，文章半文半白，自创一格，对当时影响甚剧。以至于其学生吴其昌在所著《梁启超传》一书中认为"文体的改革，是梁启超最伟大的功绩"，他所创立的"杂以俚语的新文体，才使得国民阅读的程度一日千里"。实质而言，梁启超之文体是用来承载其思想的工具而已，舍其内容而赞其形式，乃远未了解其思想之缘故《论语·雍也》云"质胜文则野，文胜质则史"，梁启超难得在其中取得宝贵之平衡。时至今日，梁启超在《少年中国说》中所言"少年智则国智，少年富则国富，少年强则国强，少年独立则国独立，少年自由则国自由，少年进步则国进步，少年胜于欧洲则国胜于欧洲，少年雄于地球则国雄于地球"仍时常被人提起。

梁启超言其文学研究"闲日抽余晷草之"，乃于研究历史之间隙受邀讲课而成。然其研究思路、方法、内容，在国内几十年"阶级教育"之后的今天，确实可补教科书之阙如，并对国内近年来之国学热研究有着重大参考价值。

梁启超对中国文学之研究成果主要集中在1925年在清华大学的一系列讲义，内容涵盖中国从西周到明清之文学格式演变、不同文学体裁之特点、文章内在情感归纳与总结等诸方面。

梁启超虽然对桐城派文风有所不齿，但桐城派后期之代表人物姚鼐提出"考据、词章、义理"之学问三要素，却完全符合梁启超之研究方法。词章如上所述，暂且不论，观梁任公之研究，遍布文学、历史、佛学等领域，均首重考据，必将所研究之内容旁征博引，涉猎诸家学说，考证其真伪、时序，然后方归纳总结得出其结论。更重要的是，梁氏于考据之后，尤重视作品之内在价值。简而言之，梁启超关于中国文学之研究成果不同于时人者多多，即使与现阶段之诸多专家教授之文学史之介绍，仍具有许多需重新审视之价值。

若要详细介绍梁任公之文学研究成果，非皇皇然巨著不可，然则限于篇幅，当抽其特点，以便管中窥豹，一来更多了解其人其情，二来纠正今人诸多对中国文学作品之常识性误读之处。研究中国文学史，当从《诗经》、《楚辞》始。如《四库全书总目·词曲类》："三百篇变而古诗，古诗变而近体，近体变而词，词变而曲，层累而降，莫知其然。究厥渊源，实亦乐府之余音、风人之末派。其于文苑，同属附庸，亦未可全斥为俳优也。"可为中国文学发展之总括。梁启超别开一面，从大量史书如《礼记》、《尚书》、《史记》、《吴越春秋》等发掘多首民间歌谣，统而论之，并与《诗经》、《楚辞》相互补注，乃其发明也。而常人所理解之《诗经》，统统以为乃民间歌谣，梁启超引用《毛传》中"合乐曰歌，徒歌曰谣"，阐述歌与谣之间的演变关系，指出"凡歌必先起于徒歌，有音乐家出，入乐者即为后世之乐府也"。指出诗经到乐府之转变。同时，梁启超指出，"不歌而诵"也是诗之一体，并指出"二雅"其实乃不歌而诵之诗。后期，经孔子"弦而歌之"，即为乐府之发端之一脉。

历代关于中国文学之研究，在我看来，大概有以下几个思路：以《五经》为本，作注、笺、疏、正义等，比如，《诗经》初始流传今文有齐、鲁、韩三家，而后毛亨、毛苌别立古文《毛传》，唐孔颖达作《毛诗正义》等。刘勰《文心雕龙》以五经为宗，兼论及文学之流变、体裁、笔法、风骨等，实质以探讨文学作品之内在规律；而钟嵘《诗品》、陆机《文赋》、司空图《二十四诗品》等则或以才性论之，或以文章之特点论之；另一支研究思路则专注音、韵、声、律等，比如曹魏时李登撰《声类》十卷，东晋吕静撰《韵集》六卷，宫、商、角、徵、羽各一卷，唐孙愐修订《唐韵》，此后经宋邵雍等人，到明清时黄宗羲、顾炎武、段玉裁、王念孙等人孜孜考证，乃大成之；而诸多文人墨客，则往往以己之个性论诗文之长短，比如苏轼、王安石、李清照等。

梁启超不同于以上各家，其着力于史料中搜异补缺。一般而言，中国文学自《诗经》起，受楚辞影响而成汉赋，继之者五言，五言不足以表情达意而后七言方盛。梁氏考证指出，实七言之出现早于五言，并指出战国至西汉时多首七言诗鼻祖，比如《楚辞·招魂》、《荀子·成相篇》、秦时史游作《急就章》等。此处，可以发现梁启超研究文学作品之眼界，不仅仅局限于后人称之为纯文学作品，除搜集各地民歌民谣者外，还能将史书中具韵文者统统拿来比较，可谓别开生面，如其从《论语》、《孟子》、《列子》、《管子》、《庄子》等多处举例，以说明从西周至汉魏间诗歌之流变。

《虞书》言："诗言志，歌永言，声依永，律和声。"《文心雕龙·乐府第七》进而言："乐府者，声依永，律和声也。"指出乐府诗乃和声而成律。后人常以为"平仄为律"，实乃大偏矣！今人常以为古之诗歌，俱能入乐，尤其是平仄与音乐必能对应，其实，根据梁启超考证，乐府诗歌起于西汉，魏晋大盛，乃可合乐而歌，反而不讲究平仄对仗关系。而后近体诗之平仄对仗，反而常常不能入乐而歌。当然，后人刘永济先生在《词论》中也提及此处，今人常误会两者之区别，故而在此略提之。

梁任公参考郑樵《通志·二十略》对乐府的分类，对郭茂倩所编著之《乐府诗集》进行了重新梳理与研究。这里不再一一列举，有兴趣者可参看其在《古歌谣与乐府》第三章。

至于宋词之起源，宋人以为起于唐朝之不同时期，根据梁启超之介绍，陆游认为起于晚唐，陆游在《渭南文集》卷十四《长短句序》中说道："依声制词，起于唐之季世。"李清照在《词论》中说道："乐府声诗并著，最盛于唐。开元、天宝间，有李八郎者，能歌擅天下。……自后郑卫之声日炽，流靡之变日烦。已有《菩萨蛮》、《春光好》、《莎鸡子》、《更漏子》、《浣溪沙》、《梦江南》、《渔父》等词。"沈括在《梦溪笔谈》中说道："诗之外又有和声，则所谓曲也。……唐人乃以词填入曲中不复用和声。"大概意思是说，除部分乐府诗以外，律诗因不便于吟唱，便裁剪反复以便于入乐而歌，至中唐时，直接以乐填词，乃词之发端也。但是根据梁氏考证，宋词实乃起于南北朝，并举梁武帝《江南弄》"众花杂色满上林。舒芳耀绿垂轻阴。连受踥蹀舞春心。舞春心，临岁腴。中人望，独踯躅"等为例。

（二）梁启超对文学作品中人物情感之挖掘及评述

梁启超对文学研究之最大贡献应该在于其对人物情感之挖掘，并常常将此居于首位。梁启超在《中国韵文里头所表现的情感》中说道："情感的性质是本能的，但他的力量，能引人到超本能的境界；情感的性质是现在的，但他的力量，能引人到超现在的境界。我们想入到生命之奥，把我的思想行为和我的生命迸合为一，把我的生命和宇宙和众生迸合为一，除却通过情感这一个阀门，别无他路。"梁启超通过这段话，揭示了文学作品的魅力所在，尤其是中国文学之奥秘，常常将情感与意境合二为一，超越现实而能流传千古，概人性中最凄美、最善良、最悲壮、最忧伤、最欢喜之情感古今一也，而文学便是弘扬或表达此种人性最好的手段之一，也是好的文学作品流芳百世而不朽之原因。所谓"诗言志""诗为心声"。中国文化不同于希腊、印度、埃及等需通过诸神的力量，或通过冥想而进入天国，人们总是将人类之情感不断发掘完善，或用之于修身养性，或用之于治理国家，此乃中国文学与政治、历史之间总有着割不断的联系的原因，这也是梁启超何以通过史学而进入文学研究的奥秘之所在。梁启超在评价杜甫《闻官军收河南河北》："剑外忽传收蓟北，初闻涕泪满衣裳。却看妻子愁何在，漫卷诗书喜欲狂。白日放歌须纵酒，青春作伴好还乡。即从巴峡穿巫峡，便下襄阳向洛阳"这首诗时，指出历来描写欢喜之情之诗文往往难于描写悲情之诗文，而此首诗，虽"处处声病"，然其手之舞之足之蹈之之情，溢于言表。给予高度肯定与赞赏。反观现实许多诗词爱好者，辄以"平仄"为诗词之本，看看唐代最著名律诗之代表杜甫的这首诗，便可知"末流之学"之余毒。爱好诗词者可从中仔细体会。

除对杜圣之诗作分门别类之研究外，梁启超尚花大量篇幅从王逸《楚辞章句》、洪兴祖《楚辞补注》等考证屈原之作品，并纠偏补漏，最后指出屈原不仅仅有着雄奇瑰丽的想象力，其玄思哲理之高度也叹为观止，当然，从屈原之《天问》可见一斑。

而对陶渊明之研究可看出梁启超精神之博大，指出陶氏"冲远高洁"之品质并详细论证。现今诗人常常将西哲海德格尔的"诗意的栖居"挂在嘴边，看看陶渊明，方知国人之精神气度已早于西方千余年而被人忘却，岂不可叹哉！

（三）梁启超诗词选登

梁启超本人亦曾作诗词多首，今取诗作数首：

东归感怀
极目中原暮色深，蹉跎负尽百年心。
那将涕泪三千斛，换得头颅十万金。
鹃拜故林魂寂寞，鹤归华表气萧森。
恩仇稠叠盈怀抱，抚髀空为梁父吟。

梁启超在夏威夷访问期间，曾遇一红颜知己何蕙珍，两两相谈甚欢，心中纠结，欲罢不能，最后作诗一首相赠，聊聊数笔，道尽难言之恋念。

纪事二十四首之二
颇愧年来负盛名，天涯到处有逢迎；
识荆说项寻常事，第一知己总让卿。

读陆放翁集
辜负胸中十万兵，百无聊赖以诗鸣。
谁怜爱国千行泪，说到胡尘意不平。

自励
献身甘作万矢的，著论求为百世师。
誓起民权移旧俗，更揅哲理牖新知。
十年以后当思我，举国犹狂欲语谁。
世界无穷愿无尽，海天寥廓立多时。

再取其《满江红 赠魏二》一首：

如此江山，送多少英雄去了。又尔我蹋尘独漉，睨天长啸。炯炯一空馀子目，便便不合时宜肚。向人间一笑醉相逢，两年少。　使不尽，灌夫酒。屠不了，要离狗。有酒边狂哭，花前狂笑。剑外惟馀肝胆在，镜中应诧头颅好。问鲍黄、阁外一畦蔬，能同否。

此首词，道尽梁启超之英雄气概与悲愤郁结之情。初读之，不觉潸然泪下，笔者尝提笔和之，用其韵而续其义，以反映二十世纪初期政治之混乱以及对梁任公之尊敬（见本人《声声慢》）：

千古河山，浇多少热血未了。忆先贤前赴后继，空余长啸。匆匆提笔难言诗，慢慢黄沙群羊肚。问古来几多圣贤客，书恨少。难唱尽，醉杯酒。　杀不完，汉奸狗。看民间狂哭，衙中狂笑。词外同奉肝胆与，笔下何计头颅好。问同袍，世道唯山水，逍遥否。

三、梁启超的历史研究

（一）引言

研究或喜欢历史的人常常引用意大利思想家克罗齐的名言"所有的历史都是当代史"，这句话的意思是说历史永远是后人的解读，克罗齐极度重视人类的思维本质及精神价值，并将之观点用于美学、哲学及历史的研究之中。其实，同时期的中国，梁启超也有过精彩的论述，其意略同，人们多有不知。梁启超在《中国历史研究法》的自序里写道："是故新史之作，……其一，为客观的资料之整理：——畴昔不认为史迹者，今则认之；畴昔认为史迹者，今或不认。……其二，为主观的观念之革新：——以史为人类活态之再现，而非其僵迹之展览；为全社会之业影，而非一人一家之谱录。"可说是克罗齐此一名言之精彩注解，当然，梁启超与克罗齐不同，有着自己宏大的历史学研究方法、思路及成果。

纵览古今中外，对历史的研究不外乎三种思路，而每一种思路均有其哲学基础。一种认为世界的本质是物质的，从古希腊的德谟克利特的"原子论"到马克思的"经济决定论"，尊之者便偏向于从物质的层面解释历史的发展、变化。另一种偏向于认为世界的本质是精神的，从柏拉图的"理念"到黑格尔的"绝对理念"，无不认为人类的发展不过是人类精神的发展，而宗教则更进一步，宣扬"创世主"、"梵天"等概念。其三，则重视"心、物"之间的联系与冲突，讲究"体用不二"、"天人合一"之理念，并从此观念出发，对历史的重大变化及发展进行说明。其中第一、二种方法常为西人所用，而第三种方法则是中国历代史家通行的研究之道。

梁启超身处政治动荡、名教伦理与西方文化急剧冲突的时代，中国之命脉常系心间。对中国的历史必然要进行深入的反思与批判，此乃梁启超历史研究的出发点。梁启超身为政治人物，殚精竭虑，但对历史的研究一直未尝停止，梁任公曾说在历史研究方面"蓄志此业逾二十年，所积丛残之稿亦即盈尺"，可见其用力之猛、用功之深。

梁启超对中国历史的研究有别于历史及当时的许多史学研究者。其着眼点不在历史的重新述说，而是首开先河，站在中西冲突的历史时刻，以及其宏大的气魄及高远的眼界提出一系列历史研究的目的、方法、思路，并对当时及后世的历史研究产生深远影响。

（二）梁启超历史研究目的

梁启超首先提出研究历史的诸目的："中国民族发展轨迹及其何以保存盛大之原因、衰败之表征，中国诸民族之冲突调和之轨迹与所产生之结果，中国文化的基本所在及其与其他各民族之互相影响及其中国民族在人类全体中之位置及其特性。"在此基础上，梁启超提出一系列详细纲要，为后来诸多研究者指出了具体方向，并成为许多人毕其一生所努力研究的课题。

（三）史家、史体、史学之评判以及梁氏之历史观

在此基础上，梁启超对既往之史学界进行了极为精炼的回顾与评判，盖中国古之史官，王室及卿大夫之家皆有，故而正史与杂史并列，古之史书大都为编年体，且大都散佚，唯其名录常见于后书。梁启超不同于一般的官方史家，也不同于野史之作者，而是对两者同样并重，各取其有益之处。梁氏指出，中国之正史始自《春秋》《尚书》，杂史者有汲家所得之《琐语》《竹书纪年》（记述夏商周诸事）等。梁启超认为后期之左丘明之《国语》、无名氏《世本》（已佚）则可称之为真正著述之开端，因其所记录之事已不限于某国某地，而是并而述之。梁启超推司马迁为史界太祖，赞其"环抱深远之目的，而又忠勤于事实者，唯迁为之"。此点几为公论。班固为断代史之鼻祖，梁启超不同意唐刘知幾在《史通》中对班固的赞赏，而是指出《汉书》与《史记》之区别："《史记》为社会全体为史的中枢，故不失为国民的历史。而《汉书》以下则以帝室为史的中枢，自是而史乃变为帝王家谱矣。……史名而冠以朝代，是明告人以我之此书为某朝代之主人而作也，……断代史之根本谬误在此。"梁启超可谓一语道破后世史学之弊端，也可见梁启超对历史研究之眼界，及与章学诚等人在史学研究态度上之相同之处。梁启超对章学诚赞赏有加，大家知道，章学诚之《文史通义》一书可谓划时代之史学作品，涵盖了对中国历代制度、体例、学校等多方面的考评。梁启超对其《文史通义·书教篇》补充道："唯有一明显之分野最当注意者，则唐以前书皆私撰而成于一人之手，唐以后书皆官撰而成于多人之手也。"如此指出其中区别，实有重大意义，因为，若一人而作，即使毕其一生，毕竟殚精竭虑，有志者方可为之，故而"成一家之言"，尚有诸多可取之处。而一旦设班聚众编纂，虽则省时省力，然中国政治之弊端尽显于学界，往往唯长官意志为是。"大开史局，置员猥多，而以贵官领其事。自兹以往，昔为成例。于是著书之业，等于奉公；编述之人，名实乖离"（梁启超《过去中国之史学界》），唐太宗本为展示其雄才大略，但此例一开，实乃延续几乎千余年，弊端多多，可谓黑格尔所言之"历史的机巧"或历史的悖论。从此以后，中国官员之代笔几成传统。然芸芸众生中，总有特立独行以追求真知为要义者，此则，或为后

世之野史及民间著史者更为梁启超看重之原因。梁启超对南宋郑樵《通志》之评价，犹有中肯之一面，言其"《二十略》（作者注：《通志》篇目），固自足以不朽。史界之有樵，若光芒竟天之一彗星焉"。

（四）史学改造之法

梁启超指出，由于历史之沿革流变，史家之记述互为引用阐发，当有考证之比较，此乃汉、清等学人考据之功，此处略过不表。而对于历代史书与史评，梁启超言"自有左丘、司马迁、班固、荀悦、杜佑、司马光、袁枢等人，然后中国始有史；自有刘知幾、郑樵、章学诚，然后中国始有史学矣"，可谓精当。梁启超通过对中国历代研究与记述的总评之后，提出了史学改造之法门：

历史为死人——古人而作耶？为生人——今人或后人而作耶？……。是故以生人为本位的历史代死人为本位的历史，实史界改造之要义也。

复次，史学范围，当重新规定，以收缩为扩充也。（作者注：即历史学之细分。）

复次，……。今日所渴求着，再得一近于客观性质之历史……。国人无论治何种学问，皆含有主观的作用，其结果必至强史就我，而史家之信用乃坠地。（作者注：此言历代研究方法容易导致的问题。）

复次，……。今日对于此等史迹（作者注：言历代正史及杂史），殆有一大部分须为之重新估价。而不然者，吾史乃立于虚幻基础之上。（作者注：言历代记述错假疏漏需重新考证。）

复次，古代著述，大率短句单辞，不相连属……善为史者之驭事实也：横的方面最注意于其背景与其交光，然后甲事实与乙事实之关系明，而整个的不至于变为碎件。纵的方面最注意于其来因与其去果，然后前事实与后事实明，而成套的不至而变为断幅。

——梁启超《史学之改造》

综上所述，梁启超从空间与时间两个角度论述了历史学之改造方法，从空间言，有整体与局部之关系；从时间言，有断代与连贯之关系。而欲行改造，梁启超进一步分门别类地提出关于"史料、史迹"的甄选、研究等方法，为当时及后世诸多历史学家指明了方向。比如，梁氏所言之史料分为两大类："文字记录以外者史料"和"文字记录的史料",并条分缕析而详细介绍,而观当时及后世诸多史学大家,比如,陈寅恪、吕思勉及钱穆主要从历代史书为研究源泉;而王国维、傅斯年、罗振玉等则更多从"文字记录以外"的文物古迹为其研究对象。而对于史料之搜集与鉴别梁启超也做了非常详细的论述,详见其《史料之搜集与鉴别》一文,限于篇幅,不再一一列举。

(五)梁启超对所谓历史规律之说明

梁启超以二十年之功,搜集整理历代史书、杂记、文人笔记、史料,在混乱时局之中,勾画出中国历史的宏观框架、研究思路、研究方法、研究纲目,可谓中国现代史学之开山鼻祖。而其难能可贵之处在于,其所提出的框架及思路建立于扎实的学术资料上,故而对后世有着重大的指导意义。除此而外,梁启超对许多历史课题也有着精湛的研究与成果,此处略举几例:其一为"汉攘匈奴与罗马之灭亡及欧洲现代诸国家之有关"(梁启超自拟题目),梁启超查阅《汉书》《后汉书》《魏书》等,并参考西人之研究成果,推断出汉武帝及汉和帝将北匈奴赶出中国后,匈奴迁居阿尔泰山以西至里海之大片区域,匈奴之后裔芬族人,驱赶居于伏尔加河以西至黑海地区的粟特人(梁氏言后世之东西哥特人之先祖),而西哥特人进入罗马,罗马随之而亡,而西哥特人实今之德、法、英、西诸国之前身。(见梁氏《史迹之论次》)梁氏用短短数百余字,罗列史料,即将此一问题考证详实,此问题可谓影响世界历史之重大课题,后世学者多有用其研究成果者。而另一课题为"刘项之争与中亚西亚及印度诸国之兴亡有关系,而影响及于希腊人之东陆领土"(题目为梁启超自拟)。梁启超参考《史记·李牧传》、《史记·匈奴传》、《过秦论》、《汉书·西域传》、《后汉书·西域传》等,考证出秦末内乱,刘项争霸而边境空虚,匈奴冒顿始强,破东胡,南犯击大月氏(时居敦煌祁连山一带),月氏远去,击大夏而臣之。大夏实为希腊人东陆之殖民地,为亚历山大部将所建之国。而月氏统治下之大夏,分五部翕侯,其中百余年后,贵霜部统一印度,从此,印度一带无复欧人立脚。短短数百字,详实介绍欧亚冲突之历史演变。此成果也被后人广泛引用。从此二例,可见梁启超研究历史的眼界,极具空间与时间两者之维度,同时将欧亚大陆数百年之重大事件一一贯通。乃其研究方法、思路、角度之印证也。

今人常常以为历史有其客观规律，并且认为这种客观规律不以人的意志为转移，是耶？非也！人类自诞生以来，便有其精神，精神的含义当然非常广大，中国人常用"心"、"性"、"理"、"命"等来代替，西方人则用"自由意志"、"观念"、"理念"、"感性"、"理性"等代替。人类有其心灵，有其自由意志，有其观念，而后有其思想，观念与思想引导行动。"心灵"指导"身体"，这是人与动物的最大区别，而非单纯地仅仅凭借本能，寻求生存而已。所以言人类的历史，当然可说是精神的历史（黑格尔语）、观念的历史（怀特海）、思想的历史（柯林伍德）。这也是西方从柏拉图到黑格尔、柯林伍德等的深刻之处。今人常用"唯心论"斥之，实在浅薄之至。

梁启超在此问题上，也有过长期的思考，开始时追求历史的"因果"，总想找到历史的轨迹与根源，实质而言，梁启超的问题可说是"客观"的历史存在与"主观"的人类精神之间的关系。后期梁启超借用佛教术语，对此问题做出了精辟的论述，也使其思想超越西方诸哲。梁启超首先不像克罗齐等人，认为"所有的编年体都是死的"，反而非常重视历史史料与史迹，并从中多方求证引用然后为我所用。其次，在"主观"的问题上，梁启超赞同西哲常言之"自由意志"，并认为"自由意志"乃人类特性，是不能用"客观规律"去框定。梁启超在《研究文化史中的几个重要问题》第二篇"历史里头是否有因果律中"说道：

……所以，历史现象最多只能说是"互缘"，不能说是"因果"……我们做史学的人只要专从这方面看历史的"动相"与"不共相"，倘若拿"静"的"共"的因果律来凿四方眼，那可糟了……

然则全部历史里头竟自连一点因果律都不能存在吗？是又不然……。文化总量中含有文化种、文化果两大部门。文化种是创造活力，纯属自由意志的领域，当然一点也不受因果律来缚。文化果是创造力的结晶，换句话说，是过去的"心能"，现在变为"环境化"。成了环境化之后，便和自然系事物同类，入到因果律的领域了，这部分我们尽可以拿因果律驾驭他。

以上两段话，可说是梁启超对历史因果问题的说明，简而言之，人类的精神创造并不受因果律的支配，比如，并非是某人食用燕窝鱼翅虫草，即可有伟大的发明创造，而食用粗茶淡饭者则未必不能产生好的作品。而一旦此种精神产品付诸实际，比如，牛顿与爱因斯坦、波尔等的理论导致了汽车、飞机、核电站的产生，则此种产品对人类的作用则可以归属于因果律来进行研究。诉诸于历史研究，我们可以得到结论：人类精神当为最根本的推动力，此乃历史研究之重要前提，也是历史研究的重要结论。

（六）梁启超对历史人物之研究

关于人类的精神，必然要牵扯到对历史人物的研究，梁启超在《中国历史研究法·补编》中曾对中国诸多历史人物进行了极为精炼的研究，涉及文学界、史学界、佛教界、政治家等，贡献良多，而其所花精力、时间、笔墨最多者当为《管子传》、《王安石传》、《李鸿章传》。梁启超所作的人物传记不同于历史上任何朝代史家所作传记，也并非现代人孜孜以考据细枝末叶为能事，其所作传记在文体上仅仅简单回溯主人之生平，而大量篇幅在论证主人公之思想、观念、学识及其功过，同时也常常将古今中外之不同人物一并比较，其背景及其不同时代之流变简要说明，以得出颇有说服力的结论。应该说是对人物研究有着开拓性贡献。除此而外，通过梁氏的分析，也反映出其高屋建瓴的研究方法及深刻独到的见解。比如，国人常言"人民群众创造了历史"，西人常言"英雄人物创造了历史"，通过这几本书，梁启超给出了明确的结论。这里以《李鸿章传》为例，梁启超是在李鸿章去世的当年撰写此书，当其时，学界及民间对李鸿章谩骂有加，称"直隶总督府"为"混蛋加三级"。而今人则对李鸿章赞赏有加，认为其为"治世之良臣，儒家之代表"，其实各有偏颇。梁启超言：

天下惟庸人无咎无誉。举天下人而恶之，斯可谓非常之奸雄矣乎；举天下人而誉之，斯可谓豪杰矣乎！……故誉满天下，未必不为乡愿；谤满天下，未必不为伟人……

时事造英雄，英雄亦造时势。若李鸿章者，吾不能谓其非英雄也。虽然，是为时势所造之英雄，非造时势之英雄……。

——梁启超《李鸿章传》

以上两段，反映了梁启超研究历史的独立精神，其次反映了梁启超对李鸿章的总评价。虽然梁启超认为其为"英雄人物",但后期多次指出李鸿章"不学无术",此点与现代学人对李鸿章的评价大相径庭,现代人认为李鸿章兼具"诗文、史学、政治"之多项才能于一身。梁启超何出此言?其实,梁启超说李鸿章之"不学无术",乃言李心中"无有大义、无有大本",并非言其诗文歌赋而已(此处再次说明梁氏之眼界)。梁氏指出李鸿章诸多外交、军事上的战略错误。比如,李鸿章当年在中日朝鲜战争前漠视朝鲜乃中国之"藩属国"之事实,只图一己之便,在日本与朝鲜建立关系前咨询时轻率答应日本及西方诸国可与其签订协议,而此时,中国之军力尚为日本所惧怕。后期在指挥战役时,又多处失策,实为短视。梁启超赞扬李鸿章者,唯其当时之见识远超满朝大臣,了解西方坚船利炮之威力而执意实行"洋务",同时批判李鸿章"只知其表,不知其理"。在后期李鸿章与多国谈判时,只知将中国利益分配与西方列国,妄图以西人之斗争来赢得美满结局,却不料引群狼入室,只好不断割让利益。李鸿章虽有无奈之举,然其内政外交总方针则分明是最大的错误。梁启超总结道:

  李鸿章不识国民之原理,不通世界之大势,不知政治之本原,当此十九世纪竟争进化之世,而惟弥缝补苴,补一时之偷安,不务扩养国民实力、置其国于威德完胜之域,而仅拾泰西皮毛,汲汲忘缘,遂乃自足,更挟小智小术,欲与地球之著名政治家相角,让其大者,而争其小者,非不尽瘁,庸有济乎?

  梁启超通过对李鸿章的分析,也从侧面肯定了既有"时势所造之英雄",也有"造时势之英雄",表现了对历代圣贤、伟人抑或英雄人物的应有尊敬。反观今日,时人常以"利益"之角度分析古人,对历代圣贤缺乏足够的尊敬,而对"权谋"过度的肯定,套用梁启超一言,此乃"不学无术"之表现。观梁启超之人物论,对治学抑或治世,今日当有深刻反思之必要。而关于英雄人物(中国人多言圣贤)与普罗大众之关系,以及对历史的影响,梁启超在《曾国藩传》中及《史迹之论次》中有着更为明确的说法:

  ……。实则此一人或数人之个性渐次浸入或镕入于全社会而易其形与质,社会多数人或为积极的同感,或为消极的盲从,而个人之特性浸假遂变为当时此地之民众特性——亦得名之曰"集团性"或"时代性"。非有集团性或时代性之根柢而能表现出一史迹,未知前闻。

——梁启超《史迹之论次》

梁启超此处指出英雄人物推动历史的机制，即必须通过与大众的互动方可完成，似乎仍未说透，此处，我们可以进一步推论，历史的根本推动力，当然最终取决于人类的精神创造，伟人者，范围诸多，或曰思想家，或曰政治家，或曰科学家，或曰艺术家。而思想家思想之实现，有赖于政治家之作用，科学家之理论得以付诸实际，有赖于工程师之作用，艺术家之真善美能教化大众，有赖于诸多艺术家以及学者之努力。比如管仲之于齐桓公，孟德斯鸠、洛克之于华盛顿，爱因斯坦之于居里夫妇等。伟人可以对历史的发展起巨大的促进作用。奸雄抑或大恶之人当然也可以对社会起到巨大的破坏作用。此乃人类社会不可能是单线条之发展道理。一个真正"好"的社会，必然是真善美盛行或被推崇的时代，而一个"恶"的社会，必然会将社会带入更加惨痛的历史通道。

（七）梁启超史学研究之贡献总结

唐刘知幾言,研究历史者当具"史学、史才、史识"，章学诚加"史德"一项。观梁启超之研究，可谓四者兼具。而梁任公对史学之贡献，统而论之，在我看来，主要应包括以下四个方面，宏观及微观各具其二：

其一，梁启超首先在详细回顾中国历史及史学的基础上，提出一整套研究历史的宏观框架，包括研究目的、研究方法、研究范围及研究纲要。可谓中国现代史学之鼻祖。

其二，梁启超对历史研究中的因果问题，也就是"客观"与"主观"的问题，给出了合理的解释，而于其中，既强调历史存在的客观性，同时指出"人类精神"、"自由意志"的主观性，而此种不受因果律支配的"精神创造"乃人类"自由意志"的体现，"精神创造"的结果创造了客观的历史存在，而不是相反。此属于宏观方面的第二个贡献。

其三，就许多历史研究的专题（此处不详述），梁启超往往用极其精炼的文笔勾勒始末并逻辑清楚地加以论证，这些专题几乎贯穿梁启超的所有史学著作中，为后世诸多学者引用而不表，当有其重要价值。此点为微观方面的贡献。

其四，梁启超在人物传记的突破，此点为梁氏微观方面的第二大贡献。

梁启超对历史的研究宏博阔大，而其中对中国历代之学术思想也有着突出的贡献，下面谈谈梁启超的学术史研究及其贡献。

四、梁启超的学术史研究（国学思想研究）

（一）目的与方法

梁启超的学术史著作也被后人称之为梁启超的国学研究系列，由于国学含义太广且歧义较多，这里不准备对国学的概念进行探讨，也避免与以上条目相冲突，故而将其列为学术史研究，以国学思想研究作为副标题列出。梁氏在这方面的著作有《先秦政治思想史》《儒家哲学》《孔子》《王阳明知行合一论》《戴东原哲学论》《中国近三百年学术史》《清代学术概论》《论中国学术思想变迁之大势》以及部分人物传记比如《管子传》《商鞅》《皇帝以后第一伟人赵武灵王传》等。

要了解梁启超的学术史研究思想，必欲先知其研究目的与研究方法。我们首先看看他的研究目的，这里引用梁启超在1902年2月8日发表的《论学术之势力左右世界》一文中的两小段：

……。由此观之，福禄特尔（作者注：今译其名曰伏尔泰）之在法兰西，福泽谕吉之在日本，托尔斯泰之在俄罗斯，皆必不可少之人也。苟无此人，则其国或不得进步，即进步亦未必如是其骤也。然其如此等人者，其如世界关系何如也！

吾欲敬告我国之学者曰：公等皆有左右世界之力，而不用之何也？公等即不能为培根、笛卡尔、达尔文，岂不能为福禄特尔、福泽谕吉、托尔斯泰？即不能左右世界，岂不能左右吾国？苟能左右吾国者，是所以使吾国左右世界也。吁嗟山兮，穆如高兮；吁嗟水兮，浩如长兮。吾闻足音之跫然兮！吾欲溯洄而从之兮！吾欲馨香而祝之兮！

再看看梁启超在1918年参加巴黎和会之后失望之余游历欧洲后所作游记《欧游心影录》中的一段话：

欲知凡一种思想，总是拿他的时代作背景，我们需要的是那思想，不是他派生的条件，因为一落到条件，就没有不受时代支配的。

从以上的摘录可以看到梁启超治学之目的，在于汲取古今中外之思想精华，或说思想内核并能服务于当下之中国，这点与现代许多学者不同，我们许多学界人物研究重点更多研究不同历史时期思想的时代背景或者条件，或者将学术思想仅仅归结为条件的产物或者阶级的产物，不注意研究其思想之所以长盛不衰之内在原因，或者说不研究其思想之精神内核。梁启超之治学之目的一目了然，是为中华民族的崛起而服务，也就是说梁氏欲探究古今中外之学术有利于中国者。

下面我们还是通过梁启超的自述来看看其研究方法，梁启超在《先秦政治思想史》中说到三种方法：

问题的研究法。先将所研究之事项划出范围，拟定若干题目，每个题目，皆上下古今以观其变迁……

时代的研究法。此法按时代先后顺序研究，例如先三代次春秋次战国次秦汉等……

宗派的研究法。此法将各种思想抽出其特色，分为若干派。例如儒家……。法家……，对于一学派之思想渊源——其互相发明递为蜕变及大派中所含支派应时分化之迹，易于说明。

不同的研究方法当然各有其利，各有其弊，关键在于研究的主题。梁任公的学术史研究可说贯通上述三种方法，当然在不同的主题上，所占比例不同。统而论之，梁任公的《论中国学术思想变迁之大势》即是三种方法融合的代表，可以说是梁启超的学术研究之纲，而其余论著，或以时代为主，或以问题为主，或以宗派为主，但大都兼顾其他两种。这也是后来梁启超的思想被屡屡误读之原因之一。后世学者，往往分科繁多，局限于自己的专业而言梁启超，故颇多片面之辞。今天，我们将进一步回顾梁启超之思想精华，同时简介中国学术思想渊源流变。

（二）梁启超关于学术史划分以及不同学术流变融合之说明

国人大都以为中国自古以来以儒家为正统，其实不然，先秦时虽然诸子并存，其实法家、墨家为盛，两汉以道家为尊，自汉武帝时独尊儒术以来，董仲舒糅和法家、道家、阴阳家之观念，方成为汉之显学。魏晋南北朝则以玄学（梁启超名之曰老学）为盛，佛家广泛传播。而隋唐则以佛学为盛，并尊老子，兼取儒家之学。宋明道学援佛入儒，杂糅老学、禅宗于儒学之内。清朝以朴学（小学、音韵、金石、历算、地理等考据之学）为盛，晚期则以今学为最（不只包含今文经之学，乃以弘扬当世当时之西方诸贤思想为主）。

梁启超将中国学术思想划分为胚胎时代、全盛时代、儒学统一时代、老学时代、佛学时代、近世之学术（明末至梁启超时代）。梁启超在《论中国学术思想变迁之大势》总论中开篇即言："学术思想在一国，犹人之有精神也；而政事、法律、风俗及历史上种种之现象，皆其形质也。"当然，不同年代之学术思想，必有其总特点。梁启超总结胚胎时代，即三皇五帝到春秋末期，由皇帝至夏禹、至周初、至春秋虽有种种变化，然总而论之，此时代之学术思想实为我民族一切道德、法律、制度、学艺之源泉。"约而论之，盖有三端：一曰天道，二曰人伦，三曰天人相与之际。""胚胎时代之文明，以重实际为第一义。重实际故重人事，其敬天也，皆取以为人伦之模范也；重实际故重经验，其尊祖也，皆取以为先例之典型也。"

因为重天，故而有祝官，重人事，故而有史官，梁启超指出，儒家之祖则出自记事之史官，而道家之祖则出自推理之史官。梁氏此处引用《汉书·艺文志》"诸子略"，此处引用列表如下：

儒家者流，出于司徒之官。

道家者流，出于史官。

阴阳家流，出于羲和之官。

法家者流，出于理官。

名家者流，出于礼官。

墨家者流，出于清庙之守。

纵横家者流，出于行人之官。

杂家者流，出于议官。

农家者流，出于农稷之官。

小说家流，出于稗官。

以上所列，即"九流十家"之由来，当有其合理之价值。此一时期之中国学术思想虽未蔚为大观，但实为中国学术思想之源头。同时，有一点需特别指出，后人常言之中国历代以阶级分类的历史观，梁启超指出，中国的阶级社会，"到战国而始破"，也就是说，当时不同之官职必出自世家，为一特定阶级（此点类似于当时之印度、希腊诸国）。战国时期则阶级逐步打乱，阶级之间之流动已为常态，此处不同于印度、希腊等国。不是说后期不存在阶级，而是说纯以阶级分类法而研究中国历史，盖未能抓住中国社会之本质，故而颇多偏差，实乃至理。

经过胚胎时代，历史进入学术史上的全盛时代，纵观世界历史，在公元前500年左右到公元前200左右大约300年的历史时期，应该为世界上各大宗教各大思想流派的原创时期，希腊有苏格拉底、柏拉图、亚氏、斯多葛学派、伊壁鸠鲁学派等，希伯来人创造犹太教，印度有佛陀、吠檀多学、数论、婆罗门教诸种，而中国则进入百家争鸣之时代，鉴于篇幅有限，这里暂不对各大流派之间的异同及特点作介绍，仅仅指出此一时期乃世界学术思想史上德国哲学家雅斯贝尔斯所称之的"轴心时代"（作者注：见其著作《历史的起源与目标》，不同的是其将轴心时代确定为公元前800年到前200年，英国学者阿姆斯特朗则认为年代当为前600年到前200年等），影响人类后期几千年之久并且至今仍存在着重大价值。

记得当年读诸子典籍时，深感于其学派之间的互相斗争、影响、吸收及融合的过程，而后世则宗派林立，每一学派又分为无数支流，更多互相攻讦，缺少包容气度及客观态度。后期人们的研究也往往停留于表面，或者立其祖以扬名，遑论其精神气度及学术内涵。梁启超在此则超越前人及诸多经学专家，能以一种全盘的眼光及开阔的心胸，比较其异同长短及交相融合之流变。读来甚契吾心。

梁启超在《先秦政治思想史》中不仅对每家学说之渊源流变有着详尽的说明，同时对儒、墨、道、法之间的关系及互相影响，可谓全面而又中肯，这里特具一例说明：《史记》中"老庄申韩"同传，现代人多不理解，为什么将道家与法家并列，其实，道、法末流融会贯通，应为不争的事实，而梁启超经过深入挖掘，将法家初创人物慎子与道家思想的关系一并列出，讲到法家时，指出法家之创始人慎子所言（出自《庄子·天下篇》，慎子撰文四十篇，已佚）："彭蒙、田骈、慎到闻其风而悦之。齐万物以为首，曰：'天能覆之而不能载之，地能载之而不能覆之，大道能包之而不能辩之'是故慎到弃知去己，而缘不得已，泠汰于物，以为道理，曰：'知不知，将薄知而后邻伤之者也。'"从这里我们可以看到慎子（慎到）的思想确实与道家一脉相承。简而言之，法家思想可谓博大，大概涵势、术、法三方面之内容，慎子为势派代表，申不害为术派代表，商鞅为法派代表，最后由韩非子集其大成。韩非子在《解老》、《喻老》中多引用道家思想。而法家思想与儒家关系更为紧密，因为法家代表人物李斯与韩非子均为儒家代表人物荀子的学生。荀子倡言"人性本恶"，故而直接导致了需要法则以治理国家，此乃法家思想源泉之一枝。总而言之，法家与道家、儒家甚至于墨家（此处不加论述，从略）俱有着紧密的联系。反过来看，道家、儒家、墨家与法家及其彼此也存在着深刻的内在联系。统而论之，先秦诸子即有其独立之一面，也有着彼此交融之一面。此乃中国学术思想的原创期，对后世中国社会的学术、政治、礼仪、道德、艺术等俱有着深刻而长远的影响。关于先秦诸子学术思想之间的内在逻辑及其关系俟后在讲马一浮学术思想时再作详细介绍，此处，仅仅指出梁启超对法家与道家思想之相关或交融之观点。

先秦诸子身处礼崩乐坏、诸侯争霸之时代，大都以"天下太平"为己任，故而其学术思想包含或可导致其政治哲学，关于此方面，梁启超总结其政治上的主张为：道家为无治主义，儒家兼礼治与人治，墨家为法治兼人治，法家为法治主义，可谓精当。

两汉时期，以吸收了道家、法家、阴阳家等的儒家学说为主，当时之经学大概以今文经与古文经之相争为其特色，或挖掘原始经典之版本及含义，如郑玄、马融等人；或以交相融合之态度而展开，并之以谶纬术数之附会，如董仲舒等人。梁启超将此时期列为儒家统一时期，并简要举其利弊：一曰节盛而风俗美，二曰民之定而国小康，三曰民权狭而政本不立，四曰一尊定而进化沉滞也。此处简单列出。（见梁启超《论中国学术思想变迁之大势》）。

历史进入了魏晋南北朝时期，也是梁启超所谓的老学时代，后期汤用彤、唐君毅在此基础上展开论述，梁启超之研究实为其玄学思想之滥觞也！道家言：

"人法地，地法天，天法道，道法自然。"本欲立自然为道，然教导人之实现之方法，则是"反自然而行之"，所谓"无欲则刚""无为而无不为""抱朴守雌"，此其甚难实现也！而其带给中国人精神上的追求及超拔，此乃其优势之一面。到魏晋时期，道家流派大都以追求长生不老为其理想，老子的恬淡、庄子的精神人格已经渐渐褪去其神秘面纱，道家之修炼也渐渐进入实战阶段，同时诸多术数也甚嚣尘上。根据其流派不同，梁启超分其为玄理派、丹鼎派、符箓派、占验派等，可谓是对道家在魏晋时期之典型概括。

唐朝可说是佛教文化大发展的时期，梁启超将其概括为佛学时代，鉴于佛教并非中国的原创思想，梁启超曾著《佛学研究十八篇》，下文另行述之。

上面我们简单回顾了中国学术史发展之历程以及梁启超之总结，下面我们进一步介绍梁启超在儒学流变方面的研究。

儒学经过魏文侯（作者注：师从孔门弟子子夏）的推广，到汉武帝时"罢黜百家，独尊儒术"，儒学在中国历史上即开始扮演极为重要的角色，历代统治者将其作为工具，并将其作为治理国家的理论源泉。两汉经过今文经学与古文经学之争论过后，长期处于停顿状态。直到宋明时期，方有程朱理学及陆王心学的出现，二者在当时统称为"道学"（作者注：非道家之学，而是争夺道统地位之学，故而各将自己所推崇的学问称之为道学，后人以道学总称）。

任何一种学说，最初提出基本概念及主要方针，后期必然伴随着概念的深化及范畴的确立，儒家同样不能例外。梁启超在《儒家哲学》中分儒家为以下四个主题，分置于三个时期：

1. 性之善恶，孟荀所讨论。
2. 仁义之内外，告孟所讨论。
3. 理欲关系，宋儒所讨论。
4. 知性分合，明儒所讨论。

在我看来，儒家的发展，后期更多局限于概念内涵的挖掘，而对范畴的确定则明显不足，尤其是对儒家群经之首的《周易》研究不够深入，或者说，将儒家仅仅确定为人伦日用之学，而对儒家整体框架的细化及填充不足，另一大问题是儒家一旦被确定为显学，即将儒家工具化，使其内核被层层包裹，此乃中国学术界几千年来未曾解决的问题。当然，梁启超对儒家的界定及其后世沿革流变的论述基本正确。

《孔子》、《王阳明知行合一论》、《戴东原哲学论》为梁启超的儒学专题研究，有兴趣者可参阅，《管子》中所包含的儒家思想，梁氏在《管子传》中也做了深入的探讨，限于篇幅，此处从略。

宋明道学本质上而言是一种感悟式的学问，学者每每对圣贤寻章摘句，发起新意，其实不过是对思孟（作者注：儒家中子思与孟子之简称）学派的传承与回归，而并以道家及佛家之思想。不管是朱子的"性即理"，还是王阳明的"心即理"，以及由此导致的"存天理,灭人欲"或者"良知良能"的挖掘，后期则再无创意，一味墨守成规，或者以"忠实敦厚"为行事原则，或者以"狂禅"之面目出现。一种学术之后期流弊日多，必须加以反动。此乃清学之出发点。梁启超言"清学之出发点,在对于宋明理学的一大反动"（见梁启超《清代学术概论》之时代思潮第三篇）。梁启超因师从名家，十二岁为秀才，十七岁中举，后又多与耆老交游，再加曾就学于康有为，并游历日、美、欧诸国，故而有着深厚的国学功底、扎实的西学素养，并身居政治要角，所以对清朝的学术流变及其优劣有着清醒的认识，其《清代学术概论》（《清代学术概论》本为梁启超给其学生蒋方震《欧洲文艺复兴史》所作序言，不料梁任公下笔如神，成数万字，作序不适，乃成书。）可以说是了解清朝学术思想的必读书目，有兴趣者可参考。当然，后期梁启超在此基础上，详尽述说并增加了晚明王学及朱子的后继者的更为详实的介绍，成书《中国近三百年学术史》。梁启超在《中国近三百年学术史》中说到晚明（明天启三年到1683年）期间的学术主潮分为以下几个支流：

第一，厌倦主观的冥想而倾向于客观的考察。

第二，排斥理论注重实践。

第三，明末有一场大公案为中国学术史上应该大书特书者，曰欧洲历算学之输入。

第四，藏书及刻书的风气渐盛。

以上四种，大概可以两种学问括之，一曰考据，一曰格致。

而举起此面大旗者，非顾炎武莫属。顾炎武涉猎众多，大家知道的是顾亭林每每游学时，总有两驴，一驴载人，一驴则满载书籍。顾炎武每到一处，则考察其风土民情，人物典故，金石奇文。故而顾亭林之学，包括金石、律法、音韵、制度、典章等。其著有《日知录》及《亭林文集》等。黄宗羲、王夫之同样涉猎众多，这里略举几例，黄宗羲著作有《明儒学案》《宋元学案》等，而《明夷待访录》为其最精彩的一部，书中考察历代学校、官治等，每发前人所未发。王夫之则遁入深山几十年，孤独求证，通过史料考证义理，其著作有《船山遗书》等，其中对老庄哲学提出深刻的批判（见《老子通》《庄子衍》）。顾、黄、王俱为百科全书式的人物，研究领域广泛且卓有成效，其共同点是均具有实证精神，对清学之发展奠定了基础。

考据一路，有阎若璩（主要成就在考证《古文尚书》中之伪作）、胡渭（考证河图、洛书实传于陈抟、邵雍），至惠栋集大成，此乃古文经学一派。惠栋之学，梁启超以"凡古必真，凡汉皆好"为其概括。而今文经学则至康有为、梁启超乃大成（康作《新学伪经考》，考证王莽当政时刘歆大量篡改添加之五经为伪作）。戴震兼考据与义理，作《孟子字义疏证》对宋明道学提出猛烈批判，而其"不以人蔽己，不以己蔽己"也成一代名言。被梁启超及诸多学者推为清学全盛时期代表。当然，对宋、汉两家俱提出批判的以颜习斋为代表。此外，兼及段玉裁、王念孙等文字考证，史学建设及考证者有万季野、全谢山、赵翼、钱大昕等人。格物一路，随西学之传播而兴盛，也可以说是对考据学的反动，涉及水地、天算及诸多科学之学，人物包括顾炎武、阎若璩、戴震、王寅旭、梅定久等。此外、关于金石、音韵、校勘、辑佚等也分别作了详细说明。对章实斋、章炳麟、康有为、严复、谭嗣同等治学思路及思想也——介绍，而对康有为的《孔子改制考》及《大同书》给予了高度的赞扬，言其在当时犹如喷火，称赞康有为的《大同书》为创新之作，实为孔子以来的最伟大的理想主义。在《中国近三百年学术史》中关于清朝政治与学术的关系作了详尽的说明，在《清代学术概论》中则总结了前清学风与欧洲文艺复兴时期之异同，以及总结了清代自然科学为何不发达，指出清朝研究已具备科学精神，而自然科学需传承、实验、组织，这些条件在当时的清朝仍不具备，假以时日，将此种精神发扬至科学界，必定有所斩获。

（三）梁启超学术史研究之主要特点及重要价值

观梁启超的中国学术史研究，从空间讲，具全球眼光，从时间上讲，具历史眼光。故而有以下特点：一曰比较全面，二曰相对客观。梁启超在《清代学术概论中》仅仅简单论述其在新学方面的宣传及其与康有为等分裂的原因，其实乃过谦之词。正如梁启超自己所言，从来不独尊一家一派，当然，这与其"学问欲极炽"有关，而在大力发展中国文化的今天，确实需要我们吸收包括历史上全球范围内所有优秀的学术成果，并将其融会贯通，以造福于中国之人民、中国之未来。尤其是在学术界分科愈来愈细的今天，中国历代学术史被扭曲为"阶级史"多年后的今天，梁启超的学术史研究具有着重大的研究及参考价值。

关于梁任公的学术史研究，我认为于当下乃至于后世有以下重要价值：

第一，史料与思想并重，梁启超既重视各个时期不同学派的史料遗存，并且广泛搜集，旁征博引，然不仅仅限于史实的整理与分类，更重要的是挖掘不同学派的沿革流变及其精神内涵。

第二，不独尊一宗，而是以全局的眼光，分析其互相交融、影响及融合的过程。此点甚为重要，对现今重新挖掘整理中国文化具有极大的参考价值。

第三，梁启超在分析中国文化之优劣的同时，比较西方自希腊到近代历史上不同哲学思潮与中国学术思想上的异同，并且超越于专业的眼光，能更好地明了中国文化在世界历史及世界文化史上的地位。（关于梁启超的西学研究，后文简述）。

第四，梁启超所开创的"问题的研究、宗派的研究、时代的研究"三种方法能一以贯之，并且互相补充，堪称梁氏在研究方法上的突破与贡献。

第五，梁启超每研究不同时期的学术思想时，能将当时的时代风潮、政治环境简而论之，但并未像后世的许多研究人员一样，仅仅将学术思想归结为朝代的必然，思想的必然，而是能指出其学术思想之精神内核。此点，可谓梁启超之远远超出当时及后世诸多学者之不同点。

五、梁启超的佛学研究

（一）佛教历史简介

欲了解梁启超的佛学研究之贡献，必先了解佛教的创建、发展、传播及中国化的历史。因此，介绍梁启超的佛学研究之前，先极简略回顾佛教的历史及其思想梗概。

如果说孔子是中国古文化之集大成者，那么，释迦牟尼即是印度古文化之集大成者，释迦牟尼融合古印度不同流派之思想，承接《奥义书》之精神内涵，经过艰难求证与冥想修炼，创立佛教，说法四十九年，弘扬佛教，以期解脱人生之"生老病死"及无处不在的痛苦。佛祖涅槃后数百年内，信徒数次集结，初期分上座部与大众部，上座部着重于佛教之原始教义，而大众部则力图将佛教与当时时代相合，多有阐发。后期则渐分小乘与大乘，小乘注重自我的解脱，以"阿罗汉"为正果，大乘则注重度己度人，宣扬菩萨精神。就思想内涵来分类，后来则可以"有宗"与"空宗"分为两大类。不论"有宗"与"空宗"，与一般学者及大众理解的不同，大小乘两者皆具。"有宗"之于小乘，强调"法相实相"以为法乃真实存在，之于大乘，则强调"三界唯心，万法唯识"，强调"心识"的存在，认为一切存在皆是"心识"的投影（作者注：参见《成唯识论》）。而"空宗"于小乘则强调世间之法皆可破坏，皆非实有（作者注：参见《异部宗轮论》），于大乘则强调"色（现象界）、心"俱空。（作者注：参见《中观论》《大智度论》等）。佛门对佛教的传承与分类则有天台宗与华严宗之分类最为著名，这里以天台宗为例，天台宗的"五时八教"之判教，将佛说法之时间次序判为"华严时、阿含时、方等时、般若时、法华涅槃时"，这是从佛祖在不同时间段内所说之法而分类。将佛教典籍则分为"化仪四教"与"化法四教"。化法四教为：三藏教、通教、别教、圆教。所说教以化益众生之性质而分类，故名化法四教。化仪四教为：顿教、渐教、密教、不定教。所说教以何种程序及仪式教化众生，故名化仪四教。佛教的基本概念有"四大、四圣谛、三法印、五蕴、六尘、八正道、十二因缘、十八处、二十八天"等，通俗而言大致可分为两类，"学"与"证"而已。修行的途径有"声闻、缘觉、菩萨"等。修行了悟之方式则可有渐、顿之分。修行之阶段可有"戒、定、慧"之别等。

佛教传入中国的时间有十四种以上的说法，普遍以为东汉汉明帝永平年间算是正式的传入时间，而后经魏晋南北朝时期，佛教在中国可说是大发展的时期，其间以王公贵族的修习及芸芸大众解脱困苦生活之期望为两条道路。根据所依据的佛经教义及其解读的不同，形成多种派别，魏晋六朝有所谓的"六家七宗"之说，分别是：本无宗、本无异宗、即色宗、识含宗、幻化宗、心无宗、缘会宗。根据方东美的解释，此时的佛教可从"真俗二谛"的角度理解为中国大乘佛教的前奏（作者注：参见方东美：《中国大乘佛学》）。至唐朝公认为以八大宗为盛，分别是"禅、律、密、净、天、法、三、华"，即是"禅宗、律宗、密宗、净土宗、天台宗、法相宗、三论宗、华严宗"，关于其创始人及其所依经书这里就不一一介绍了。唐以后，唯净土与禅宗为最盛，渐传至日本、朝鲜等。近代，佛教文化传至西方，部分学者如叔本华、汤因比对其有所研究，而近期刚去世的苹果公司创始人乔布斯也是一位对佛教有着浓烈兴趣的商界大佬。此乃佛教传播之大概。

关于佛教研究，在我看来，可以分为两大派，一派为佛门内人士，历代高僧大德多多，大都从信仰的角度出发，其所研究目的乃在于对佛教教义的挖掘、整理、创新，其间或以经论、或以翻译、或以伪造等诸方式进行，其目的在于度己度人；而佛门外者，则以其思想或理念为研究对象，探讨其本身体系或与政治、经济、文化等之间的联系，当然，我这里把完全否定佛教思想者不包括在内，比如东方语言学家季羡林先生，虽对巴利文、吐火罗文等东方文字有着精湛的研究，但对佛教采取几乎完全排斥及否定的态度，因此，不将其列为佛学之研究者（作者注：参见季羡林《佛教研究论文集》）。而中国学者中，除梁启超外，蒋维乔、汤用彤、马一浮、熊十力、梁漱溟、方东美、牟宗三等，对佛教均有过一定范围或程度的研究。当然也有以研究佛教而皈依佛门者，比如欧阳竟无、李叔同等。下面简单谈谈梁启超的研究目的、成果及其意义。

（二）梁启超佛学研究目的

梁启超在《清代学术概论》里总结佛学为清学之一伏流，说道：

前清佛学极衰微，高僧已不多；即有，亦于思想界无关系……西洋哲学既输入，则对于印度哲学，自然引起连带的兴味。而我国人历史上与此系之哲学因缘极深，研究自较易，且亦对于全世界文化应负此种天职，有志者颇思自任焉。

梁启超在《结集〈婆娑〉异说订讹四则》中说道：

以《婆娑》之委曲繁重，虽当时印度笃学之士，犹且累年不能殚其业，况在我国，其于此种哲理之素养，本自缺乏，又经重译之后，术语迷离，文辞诘鞠，开卷数行，则已恐卧，加以黜在小乘，动遭轻蔑，彼号称佛弟子者，一声弥陀，几条公案，便以大乘慧业自命……

上述第一段文字说明梁启超认为佛学实有裨益于全人类，"有志者颇思自任焉"，而梁任公"喜欢研究佛教""愿夙好治佛学史"，实乃梁启超力图挖掘佛教思想有利于世界文化者为己任。而第二段引述梁启超关于《大毗婆娑》（作者注：小乘佛教说一切有部经典，大乘《唯识论》渊源之一）的说明，国人多有不明，同时指出国内自隋唐以降千余年来"空谈佛性"者多多，而认真研究者却少之又少。梁启超研究佛学盖欲弥补国内学界之不足。此乃梁启超研究佛学之两个重要目的。

（三）梁启超佛学研究方法

关于梁启超的研究方法，其实一以贯之，那就是"问题的研究法、宗派的研究法、时代的研究法"，并且能融会贯通，互相补充。由于前面在梁启超的史学研究方法中已做过简单概述，此处不再多加解释。

由于梁启超与佛门高僧欧阳竟无来往密切，长达二十余年，所以部分学者认为梁启超的思想完全来源于欧阳竟无。其实并不客观，因欧阳竟无宗佛门华严与唯识，但梁氏研究文章并非以此为重点（几可忽略），所以说梁启超的研究或许有得益于欧阳竟无，但主要还是自己的独立研究。梁启超的佛学研究共计三十余篇，发布于不同报刊，后期被收录在《饮冰室专集》里，同时有中华书局《佛学研究十八篇》单行本问世。

（四）研究内容及其主要成果

梁启超的佛学研究大概可以分为以下几个方面：

第一，关于印度原始佛教教理及其在印度的沿革流变，详见《印度佛教概观》、《佛陀时代及原始佛教教理纲要》等。

第二，关于佛教在中国的传播、发展、成熟，详见《中国佛法兴衰沿革说略》《佛教教理在中国之发展》。

第三，中印之间的互通及其传播途径、翻译等问题的研究，详见《佛教与西域》、《又佛教与西域》、《中国印度之交通》、《翻译文学与佛典》、《佛典之翻译》。

第四，部分佛经、论、传等的解读及考证，详见《读〈异部宗轮论〉述记》》、《说四阿含》《说"六足""法智"》、说《大毗婆娑》（原名《大毗婆沙》）、《读〈修行道地经〉》、《〈那先比丘经〉书》、《佛家经录在中国目录学之位置》、《见于〈高僧传〉中之支那著述》。

第五，大量佛教人物的评述，涉及其在文化、历史、佛法传播及创建中的分析与评价。

从以上所列可看出梁启超在佛学方面的研究涉及面颇广，包括佛教史料如经、论、传及历代高僧、学者关于佛教研究的系统整理。梁启超显然花费了大量心血，也做出了具有划时代的研究成果，可以说具有现代佛学研究的开创性意义。同时，梁启超在佛教思想方面也做了大量的研究与解读，比起现代诸多所谓"心灵鸡汤式"的解读显然高明至不可以数里计。同时，梁启超在佛教与现代心理学方面的比较也进行了较为详细的阐述。当然，佛教之宏大、深刻远远不是现代心理学所能比拟的。以上大量内容，梁启超或以表格、或以详细论证说明，难以一一概述。今略举几例，以便管中窥豹，一来了解梁任公之只鳞片爪，二来帮助大家对佛教有所进一步的认识。

梁启超关于佛教在魏晋南北朝时期的传播中的特点有以下的论述：

佛教发达，南北并进，而其性质有大不同者。南方尚理解，北方重迷信。南方为社会思潮，北方为帝王势力。故其结果也，南方自由研究，北方专制盲从。南方深造，北方普及（梁注：此论不过比较的，并非绝对）。

若如此，读者诸君当可理解何以后期唐朝六祖慧能之禅宗大盛于南方之原因。而关于佛教在中国传播千余年来之历程有以下之论断：

通计佛教盛行于中国前后将及千年（作者注：指唐前后将近千年之时段），法海波澜，不无起伏。最初输入小乘，墨守所谓"三法印"，即"万行无常""诸法无我""涅槃寂静"，以尘世为可厌，以涅槃为可乐。既而闻方等般若之说，谓涅槃真空。既而并涅槃而空，则乐涅槃者失其所据，此惠导、昙乐之徒所为大怖而盛诘也。般若昌明以后，空义既闻而习之亦。及《法华》《涅槃》传来，又明佛性不空……直至玄奘归来，乃实大昌，而数十年后莫能为继也。教下三家（作者注：可能指天台、华严、法相三宗），鼎立盛行，诸经义解，发挥略尽，然诵习愈广，渐陷贫子说金之饥，故禅宗出而荡其障……。及两干开基（作者注：此处或指神秀与慧能，或指慧能门下之青原行思及南岳怀让，不详），五花（作者注：指后来禅宗五支，分别是沩仰宗、临济宗、曹洞宗、云门宗、法眼宗）结实，禅宗掩袭天下而诸宗皆废，公案如麻，语录充栋，佛法于兹极盛，而佛法即于是就衰矣。（上两段均见：《中国佛法兴衰沿革说略》）

此段话精彩异常。这里要特别强调的是，梁任公所言佛法传播的历程并非指其历史的真实顺序，而应该理解为佛教在中国传播的内在逻辑，也就是说佛教逐渐被国人接受的思想的历程。因为最初译经者既有小乘，又有大乘，两者互有交叉，难以明显界定，虽然有其大概区分，但不能完全说佛教的传播必然是先小乘而后大乘。因为诸多宗派，要了解佛教，必先始自《阿含》《俱舍》等，而四《阿含》主要是讲佛教的基本概念，只是后人将其列为小乘而已。因此，这段话我大概做一个解释，意思是从接受及理解的角度，国人初始仅仅停留在概念阶段，以力求佛法，但后来般若性空盛行（作者注：《大般若经》主要阐发"万法皆空"的道理），这当然会给孜孜以求佛法的人士当头一棒。后来涅槃学始盛，人们才了解到原来佛法乃是真实不虚，所谓"寂而恒照、照而恒寂"，也就是后来所谓的对"阿赖耶识"等一系列概念的理解，原来佛法贵在求得"净心"（作者注：参见《中观论》《大智度论》《大乘起信论》等），但是，净心是否只有菩萨方才具备？所以有后来的禅宗登场，宣扬"人人皆可成佛"，关键在于"明心见性"，即可证得正果，成菩萨道。从此，佛法大盛，紧接着好佛之人时常话带机锋，逞强暗斗，对佛法大义渐渐不去理会，而"狂禅"之弊端暴露无遗，所谓"盛极而衰"是也！对佛法的理解、传播、修行日趋颓废而势微。此乃中国佛教演变的内在逻辑。其实，正如我前面指出的，这也是梁启超研究佛教的一个基本出发点，那就是重新挖掘佛教的内在思想，以便对中国及人类的文化事业作出贡献。

许多人认为佛教实为出世之教，是逃避现实的选择结果，其实不然，佛教的最终目的是要人得到解脱，不受生老病死的折磨，尤其在释迦传法时，"时时讲道理，处处见真知"。佛陀认为只有对人生与世界有着深刻及清醒的认识并努力修行，方可实现此一目的，比如，当时的维摩诘居士虽在家修行，却极具智慧，在维摩诘生病时，许多佛弟子也不敢去拜访看望，因其对佛教理解之高深确实远超当时许多佛陀弟子，佛陀也给出了高度的赞扬。（作者注:详见《维摩诘所说经》)。梁启超总结佛教之积极一面为以下几个方面：

……要其指归，不外求得两种解脱。一曰慧解脱，即从智的方面得解放；二曰心解脱，即从情意方面得解脱……。可以分智、情意三项为简单地说明：

（一）智慧的修养。佛教是理智的宗教，在科学上有他的立场……。一面观察世相，深通因缘和合、无常无我之理，不受世俗杂念之所缠绕；一面确认理想界有高妙纯乐之一境，向上寻求。佛家所用各种"观"全是从这方面着力……。

（二）意志的修养。意志修养有积极、消极两方面。消极方面，主要在破除我执，制御意志，换句话说，要立下决心，自己不肯做自己的奴隶。但佛家所谓制御意志者，并非制止身心活动使形如槁木、心如死灰之谓……。佛则有一种绝对无限的大欲在前，悬以为目标，教人努力往前蓦进……。

（三）感情的修养。感情方面，佛专教人以同情心之扩大，所谓"万法以慈悲为本"……。

——梁启超：《佛陀时代及原始佛教教理纲要》

梁启超除了对佛教的思想、教义、传播历程作了精彩的说明之外，同时对部分佛经如四《阿含》、《大毗婆娑》、《大乘起信论》等均作了简练的说明。更为重要的是，梁启超花费大量时间，对佛教历史上的翻译者之高僧大德、中国西行求法者、历代所翻译之佛经、论、传等作了非常完备的考察、整理（作者注：主要集中在东汉至隋唐年间），具有极大的学术价值。其意义若何？今不多加阐释，仅仅引用梁启超在《大乘起信论》的考证中的一段话来概括之：

……即实心求法者，亦大率东听一经，西翻一论，绝少留意于别派之条贯，往往揉矛盾之说于一炉，以自招思想之混乱……。印度有印度之佛学，中国有中国之佛学，……谓宜分别部居，溯源竟流，观夫同一教义中，而各派因时因地因应蜕变之迹为何如，其有矫污附益者则芟汰之。夫如是，以言修持耶，则能壹其宗尚，以言诵习者，则能驭繁赜……。

梁启超在搜集整理历代佛教资料的过程中，同时做了大量的考证工作。比如，对普遍流传的汉明帝梦金人而求法一事之证伪（作者注：后世有不同意见者，如汤用彤等）、对《四十二章经》之证伪、对《大乘起信论》传为马鸣菩萨所造之证伪的进一步说明（作者注：原证伪者为日本学者望月等），得出《大乘起信论》为国人所作等，限于篇幅，不再列举。

除此而外，梁启超对佛教部分经典或部分概念与现代生理学、心理学也做了比较解析等方面的工作。现代许多好佛者常常将《金刚经》结尾处的偈语"一切有为法，如梦幻泡影，如露亦如电，应作如是观"挂在嘴上，其实未必了解佛教所说之"有为法、无为法"之真正含义，关于此点，诸多佛经均有详细说明，为便于大家更好地理解佛教，兹引述梁启超关于"有为法、无为法"等的心理学说明：

佛家将一切法（作者注：可简单理解为世间一切，包括精神的及物质的存在）分为五位：一色法、二心王法、三心所法、四不相应法、五无为法……。五位中除无为法靠证不靠学外，其余四位，统名为有为法，都属心理学范围。色法，指有客观性的事物之相。心王法，指心意识的本相。心所法，……西洋学者所说心理现象正属此类，名目如受、想、触、欲念、作意、贪、嗔、痴、信、勤、惭、愧等类皆是。不相应法……用现在话讲，可以说是，不能归入色法、心法、心所法三类的叫做不相应法。名目如是、非得、生、老等类，如名、句、文等类。

综上所述，我以为梁启超的佛学研究有以下两点最重要的贡献：

第一，梁启超是近代以来佛门外之知识分子用科学精神（作者注：科学精神非科学概念）客观全面探讨佛教教理的渊源流变，尤其是小乘与大乘之间的关系及其大乘渊源、且能忠实于佛教基本思想，有别于历代文人只以记录佛门神迹、趣闻、机锋、公案等为能事者（作者注：如历代《高僧传》等）的近代先行者。其所做工作对佛教思想的普及和中国新文化的建设具有重大的参考及研究价值。

第二，梁启超用其独特而又一贯的方法，对佛教大量典籍，如佛经、论、律、传等进行了详细的搜集、整理及考证工作，对后世研究佛教者具有重大的参考价值。

六、梁启超的政治、经济、财政、法学及西方哲学等诸多学科研究简述

梁启超除了对文学、历史、中国学术史、佛教等方面的研究外，对政治、经济、财政、法学、西方哲学尚有许多专题研究，这里不再展开，仅简单略述之。

梁启超对政治方面的研究包括两个方面，其一为对当时时政之论断，著述繁多，最著名者有《变法通议》、《少年中国说》、《异哉所谓国体之问题》等。另一方面为偏向政治学方面的论述，包括《开明专制论》、《宪章线路》、《中国国会制度私议》、《间接选举》、《责任内阁之将来》等。

经济问题及经济学、财政方针等方面的论著有：《亚当斯密论》、《中国货币问题》、《据生计学原理及各国先例的研究外资输入之利益》、《论中国财政学不发达之原因及古代财政学之一斑》、《论所采取本位制度》、《法定平价之重要》、《公债政策及先决问题》、《论地方税与国税之间》、《制标财政学》等。

法学：《中国法理论学发达史论》、《旧学派关于法之观念》、《法治主义之产生》、《中国成文法》、《司法独立之将来》等。

西哲诸系：《论卢梭》（作者注：原名卢骚）、《论斯宾诺莎》、《论柏林》以及希腊哲学等。

科学：《科学精神与东西方文化》。

外交：《中国外交方针私议》。

观以上著述，梁启超在政治、经济、国体与政体、财政金融、外交方针等许多方面的论断仍具有重大价值。梁启超对西方诸学之研究，必先厘清其脉络，抽出其原理，然后提出为我所适用者，比如梁启超从对古希腊到近代西方发展史的研究，得出其政治学原理乃阶级斗争之产物，就实质而言，此乃西方民主之本质，但其政体之架构仍可为我所用，并具体提出一系列之步骤、方法等。而梁启超指出中国经济历来重分配不重创造，与西方经济学所倡导的以满足其私利之"看不见的手"有着巨大的差异，但并未一概盲从，指出其弊端所在。梁启超之诸多论述，实对于我国之经济改革及政治改革有着重大的参考价值。

七、梁启超学术研究方法、学术逻辑、学术体系以及为学目的再论

以上对梁启超学术思想之总结主要是从横向之角度，对其学术目的、方法、内容方面进行提炼与总结，并最后述及其在文学、历史、哲学、佛学、学术史等多方面之贡献。下面我们从纵向之角度，也就是从梁启超一生为学为政之时间关系，再行进一步之论述，以便全面了解并掌握其核心思想与理念，进而提炼其学术思想之一贯研究方法、内在逻辑以及层次之展开。

梁启超因有着扎实的国学功底，对中国历史、文化、诸子百家之了解有着扎实的基础，从师康有为以后，其为学之理念在中西冲突之大背景之下，梁氏针对中国积贫积弱之现状，显然以改造社会为己任，而其改造社会之理想力图以通过对"君主"之影响，并进而通过最高层之政策而实施，从此意义言，梁氏对中国传统儒家之理念尊崇有加，并对康有为一直保持一种"师道"之尊敬，康梁改革失败之后，其学术理想并未泯灭，而是深刻体悟到"维新吾民"之重要性，从此意义言之，梁氏之为学目标以及学术理念为之一转，即是开始其启蒙国民之历程，梁氏后期多次办报，发动"小说界革命"、"诗界革命"等显然属于其"维新吾民"之有机组成部分。而后期随着宪政运动之兴起，梁氏则努力钻研并介绍西方之哲学、政治学、宪法学、经济学等诸多学科，并立足于

本国之实际,提出一系列切合实际之改革方案,此一阶段,乃梁启超从简单之"学术理念"之传播进而扩展到对"学术体系"及其应用之研究。最后,梁启超远离政治,对中西哲学、历史、佛教、学术史进行了充分之研究。纵观梁启超之一生,其学术研究方法基本上一直以其所言之"问题的研究法、宗派的研究法、历史的研究法"为骨干,初期之梁启超,针对现实之问题,更多是一种"问题的研究法",中后期则更多强调"宗派的研究法、历史的研究法",以作为其学术视野以及学术内容扩展之保证。而在梁氏之主要研究方法中,则以"考据、义理"并重之内在思路而展开,从最初之《变法通议》《新民说》到后期之文学、史学、佛学、学术史之全方位研究,无不以"考据、义理"为其学术思想之两翼,梁启超的学术研究以及其内在之理念可谓一以贯之,只不过随着时间之推移,其所研究之学术内容之深度与广度不断拓展,最终成为中国近代历史上诸多学科之奠基人。梁启超之学术研究以及学术目的可以认为有两个阶段之发展,初期则以纯粹之社会问题为其出发点,进而自然而然过渡到对文化深层之认识,演变为"为学术而学术",此处之"为学术而学术"只是强调梁启超对学术文化之客观层面之充分研究之一面,也就是说,梁启超对学术文化之独立研究精神之一面,而其终极目的仍然是其"为其国、为其民"。从此意义言,梁启超之为学目的、学术理念、学术研究方法则有着内在之一贯性,同时,在其一贯之学术研究方法、学术研究理念以及为学目的之支撑之下,其学术内容以及学术思想则随着时间之推移,日趋广博与深刻。总而括之,梁氏之研究,可谓"经"与"史"之贯通焉,此处之"经",实指中外之学术典籍,此处之"史",则可谓其历史之演变以及学术内容之客观性以及其学术思想与社会之契合之一面。此处引用刘咸炘《中书》学纲篇中关于学术研究之一段,以兹佐证焉:

  为学之法有三:知言,论世,总于明统知类。知言者,用中也,明左右之异。论世者,御变也,通古今之变。用中横而御变纵。以两观之,或束或放,或冷或热,其大要也。纵之古今,横之东西,无不皆然。用中正偏,肇于子思,论世知人,明于孟子。不论其世,无以知言,故读子不读史则子成梦话。不知其言,无以知人,故读史不读子则史称账簿。

  换言之,梁氏之研究成果,则得力于其对子、史之全方位解读,当然,此处之子，包括西哲诸贤，此处之史，包括西方之历史。正是因为梁氏在对中西文化历史等方面之深入钻研以及其一以贯之之方法指导之下，方才成为近代学术之奠基人，成为晚清至民国不可多得之伟大政治家以及学术大家。此仅就学术而论之，其背后之原因何在？需诉之于对其精神特质之理解，下文再述之。

八、梁启超之精神特质及其与学术思想之关系

（一）梁启超之评价

梁启超的学术思想如以上所述，其意义也简练述及，人们可能顿生疑虑，何以梁启超能在如此混乱之年代，在大量的政治活动、报刊主编、逃亡日本、游历欧美之际，仍能创作不倦，并且其多项学术成果均具有划时代的意义，对中国自晚清到民国时的社会思潮及学术研究产生重大影响。又缘何在解放后仅仅被视之为政治人物，其成果往往被限定在"百日维新"之阶段，时至今日，仍有权威学者以"资产阶级改良家"来称呼，或者被仅仅认为一历史上的失败的政治人物，而不承认其"学术地位"，甚至于以一言而定其统续，说梁启超并非"思想家"。或者，诸多学者谈到梁启超时仍然以"善变"作为其道德及政治上之恶名，哀哉！原因何在？对梁启超的全面认识该从何入手？除了对梁启超的学术思想进行重新的解读外,对梁启超的"道德"评价到底该如何研判？梁启超本人对现在的中国包括学界及政界又有着怎样的价值？

余试论之。

冠梁启超以"恶名"，指斥其善变者，似乎有着充足的理由。梁启超同康有为一道，发动"公车上书"及"百日维新"，从此登上中国的政治舞台，宣扬"维新"价值，此后，与康有为逃亡日本，随后又与康决裂，并同章太炎、孙中山等人之"革命主义"针锋相对，坚决主张中国应以改良为主，其后，组建"进步党"并任党魁，又与"百日维新"期间叛变自己的袁世凯合作，入住内阁。后来再在袁世凯称帝时，率先倒戈，发表《异哉所谓国体之问题》一文，此文一出，袁氏旋即倒台，实不亚于千军万马。后又与段祺瑞合作，最后游历

欧美，潜心佛学，不问"国体"。梁启超果真是"不忠不义"之人乎？

中国社会几千年来，一直以宗法及家族为纽带，故而，对家族的效忠被确立为道德标准，而大一统形成之后，此种"效忠"又被强加于对皇帝的无限忠诚。后来，社会分工越来越细，人们之间的交往打破了家庭的纽带，而社会的发展也导致了人们在思想、观念领域的不同。最后，政党得以成立，学术团体得以成立。而中华文明的"道德"基因被自然而然地延伸至政党及学党之中。若站在政治团体及学术团体的立场，梁启超当然被人非议，此其之所以被冠之以恶名的根本原因。人们根本不问其立场之出发点，若纯以个人利益为上，而翻手为云覆手为雨者，当然被责之有理，但若为了民族大义，国家大义，文化大义而依然选择求真理之一途，则完全不能以此种道德来要求之。后人不辨其理，不问青红，续前人之唾液，辱贤者于无辜，实在是今日之悲哀！

（二）梁启超善变中之不变

《周易》言"易"有三义，乃"变易""不易""简易"是也。万物恒变，必有其不变之处，梁启超之"善变"中的"不变"当作何解释？观梁启超之事当可明了。梁启超后期因为学术思想及政治理念的不同，与康有为决裂，但是在《清代学术概论》中仍对康有为的《新学伪经考》、《大同书》给予充分的肯定及高度的赞扬，指出"康有为是今文学运动的中心"及"《大同书》是康有为的创作"。同时，指出康有为的性格特点："有为之为人也，万事纯任主观，自信力极强，而持之极毅。其对于客观的事实，或竟蔑视，或必欲强之以从我。其在事业上也有然，其在学问上亦有然；其所以自称家数、崛起一时者以此，其所以不能立健实之基础者亦以此。"可谓极客观的评论，从此可见，虽承受康有为之无端谩骂，仍能不计个人恩怨，对康有为的成功与失败评价精当，可见其胸怀之广阔。而对于袁世凯之流，梁启超始终有着清醒的认识，但对国家民族的无限热诚，愿将其所学用之于民，其间梁启超曾进行了关于政体问题、财经问题、外交问题的多方面研究，且从实际出发有着详实的执行步骤，无奈袁氏开历史之倒车，视当时国情于不顾，此乃梁氏断然与其决裂之原因。袁氏当年曾派人送去二十万银票讲和，希望梁启超不要发表文章，梁任公嗤之以鼻，毅然决然发表《异哉所谓国体之问题》。现在看来，其对国家之实情及其走向有着清醒的认识，也说明梁启超并不执着于一端，而是纯粹从国家大义与民族大义出发。读梁任公上千万言，时至今日，仍让人心潮澎湃，胸中似有一团烈火在燃烧。其真乃"大忠大义者也"，忠者，忠于国家；义者，以民族为本。今天，洗刷其"恶名"之谬论，实乃吾当仁不让之责任。陈寅恪当年在《读吴其昌撰梁启超传书后》一文中写道：

> 余始旅居旧都，其时颂美袁氏功德者，极丑怪之奇观。深感廉耻道尽，至为痛心。至如国体之为君主抑或民主，则尚为其次者。迨先生《异哉所谓国体之问题》一文出，摧陷廓清，如拨云雾而见青天。然则先生不能与近世政治绝缘者，实有不获已之故。此则中国之不幸，非独先生之不幸也。又何病焉。

陈寅恪的这段话可以说是对梁启超人格之平反。中国自古以来，辄以党团及学阀之利益为上，而常常将所谓正义公平诸原则问题抛诸脑后。比较中国历史，或以皇权、或以文人政客、或以宦官集团、或以内戚专政。超越诸多团体利益而关注民族国家利益者则往往被贴上无用之标签，此乃中国之不幸。质而言之，学者及思想家的使命应该是提出高屋建瓴的思想或操作程序，而政治家之使命应该是在现实世界里促进或实现有利于民族国家乃至人类的伟大思想，诚如是，则国之大幸，民族之大幸，人类之大幸。

几十年来，国人在评价历史人物时，常常将其归于时代之环境、阶级之代表？试问同样之环境，为何"智愚贤不肖"纷纷登场，而真正能彪炳史册之人物却少之又少？诚如孔子言"上智与下愚不移"，梁启超之所以为梁启超，梁启超之所以有如此极具价值之作品，当有其个人本质之原因。下面且简单说明。

（三）梁启超精神特质及其与学术思想之关系

梁启超在《三十自述》中有一段话，可看出其极高明与智慧之天赋及其极勤恳努力之态度："四五岁就王父及母膝下授四子书、《诗经》，夜则就睡王父榻，日与言古豪杰哲人嘉言懿行，而尤喜举亡宋、亡明国难之事，津津道之。六岁后，就父读，受中国略史，五经卒业。八岁学为文。九岁能缀千言。十二岁应试学院，补博士弟子员，日治帖括，虽心不慊之，然不知天地间于帖括外，更有所谓学也，辄埋头钻研，顾颇喜词章。王父、父母时授以唐人诗，嗜之过于八股。家贫无书可读，惟有《史记》一，《纲鉴易知录》一，王父、父日以课之，故至今《史记》之文，能成诵八九。父执有爱其慧者，赠以《汉书》一，姚氏《古文辞类纂》一，则大喜，读之卒业焉。"而后续之事迹及作品勿需再作说明，简而论之，梁启超之所以有如此之伟业者原因盖如下几条：

第一，极高明极睿智之天赋。

第二，极勤奋极努力之态度。

第三，极宽阔之心胸与极广博之学问。

第四，极具进取之精神与极远大之志向。

第五，对现实社会有着深刻的了解与敏锐的洞察。

正是由于梁启超之高明之天赋，方得以年少时打下坚实的国学基础。正是由于其勤奋之态度，广博之心胸方得以广泛吸收与接受西方文化中之优良部分并进而对中国文化进行全方位之解读，成为中国现代诸学术之奠基人。正是由于其对现实社会有着深刻之了解与敏锐之观察，方可以在不同阶段提出自己的政治理论以及相对应之操作程序，其从追随康氏公车上书、建议段祺瑞参加一战、组建进步党以及起草宪法草案并最终联合蔡锷以倒袁之一系列行动，无不植根于自己的学术研究，同时有着对时局清醒之判断，方得以成就梁氏在学术思想与政治实践方面之伟大。

综上所述，梁任公实乃兼具"天才"与"伟人"之双重属性，若如"管仲之遇齐桓公""潘恩、富兰克林之遇华盛顿"，何愁其伟业不成？无奈当时之中国，党派与学阀林立，无雄才大略之人与之搭档，而蔡锷实乃一英杰，无奈早亡。梁氏再无机会以施展其抱负，此乃国运、人命，岂可怪罪于梁任公乎？

而今天的中国，发展神速，但拜金盛行、恶俗当道，欲重振于世界民族之林，观梁任公其人、其事、其文，当对吾国之文化发展、政经改革均有着巨大的现实意义。因为，一个民族的强大，诚如黑格尔所言，不在其经济的强大，而在于其文化的高度与精神的强健。学者之使命便在于立足当下，融会中西，贯通古今，构建其思想以及建设性的程序原则，而政治家的使命便是实现其价值，以造福于国家与民族。诚如此，则梁任公当安息矣！

第贰章

 王国维：依依残照
　　　　　独拥最高层

第贰章 王国维：依依残照 独拥最高层

    1927年6月2日上午，颐和园内的鱼藻轩旁，一位中年人来到此处，稍思片刻，常年布满其面颊的忧愤已渐渐消失，代之以淡定决绝的神色，一头扎进水里，自溺而亡。

    他就是晚清至民国时期学术大家、国学大师王国维先生。

    此年，国民党领导的北伐军节节胜利。国共两党决裂。张学良易帜投靠国民党。晚清时期的北洋军阀们渐渐尘埃落定，或投靠国民党，或消泯殆尽。

    清朝政府的影子在此年已彻底消失。人们欢欣鼓舞，期待着一个新时代的到来。

    王国维的去世，显然与当时的时代有着密切的联系。后人归结其死因，80余年来，众说纷纭，未曾中断，或许，王国维的遗书最能表达其缘由："五十之年，只欠一死；经此世变，义无再辱！"今天，我们暂且不去讨论王国维的死因，而是要挖掘这一天才的学术成就、学术思想以及其蕴藏其间的精神气质。让我们先从王国维的生平及著述谈起。

一、王国维生平及著述

王国维，1877年12月3日出生于浙江省海宁州城（今海宁市盐官镇）。初名国桢，后改国维，字静庵（安），又字伯隅，号人间、礼堂、观堂、永观、东海愚公等。海宁王氏乃当地书香世家。据王国维考证，先祖王圭、王光祖、王禀、王荀四世，均以战功显赫，其中王圭、王禀及王荀死于国难，尤以王禀于靖康元年，在太原抵抗金兵，守城御敌而殉国，是一位勋绩卓著的抗金民族英雄。王禀之孙遣于此地，历代相传，后期家道没落，其父王乃誉曾作知县幕僚，诗书五经皆精，同时善诗、画等，并著多部作品传世，初期一心培养王国维，希望其能熟读诗书，走科举一路。无奈王国维多次乡试不中，其间作《咏史》二十首。

青年时在上海遇见罗振玉，为其一生之转折点。经罗振玉资助，在东文学社中学习日文，接触并研习叔本华、康德哲学。根据其后期自述，此时期疾病缠身，学业进步无多。

其后一直紧随罗振玉，从1899年到1906年期间，一面帮助罗振玉从事于甲骨文等考据工作，间或任教。但更多时间从事于西方哲学、心理学、教育学等方面的研究，以及以叔本华哲学为框架的红楼梦研究，并发表一系列相关著作。其中包括：《孔子之美育主义》《就伦理学上之二元论》（后易名为《论性》）、《尼采之教育观》、《叔本华之遗传说》、《教育偶感二则》、《汗德之哲学说》、《汗德像赞》、《叔本华之哲学及其教育学说》、《国朝汉学派戴阮二家之哲学说》、《红楼梦评论》、《书叔本华遗传说后》、《叔本华与尼采》、《释理》、《教育小言十二则》、《奏定经学科大学文学科大学章程书后》、《教育家之希尔列尔（即席勒）传》、《德国哲学大家汗德传》、《墨子之学说》、《老子之学说》、《汗德之伦理学及宗教论》、《原命》、《去毒篇（鸦片烟之根本治疗法及将来教育上之注意）》、《孟子之伦理思想一斑》、《列子之学说》、《纪言》、《论普及教育之根本办法（条陈学部）》、《教育小言十则》、《文学小言十七则》、《屈子文学之精神》等。

第贰章 王国维：依依残照 独拥最高层

1907年到1913年，王国维的兴趣转移至对中国历代诗词、戏剧、绘画以及文人笔记等的考据、校注及研究之中，期间发表作品包括：《人间嗜好之研究》、《三十自序一、二》、《论小学校唱歌科之材料》、《教育小言》、《书辜氏汤生英译〈中庸〉后》、《孔子之学说》、《唐五代二十家词辑》、《南唐二主词》、《古代名家画册叙》、《清真先生遗事》、《古剧脚色考》、《隋唐兵符图录附说》、《简牍检署考》、《宋元戏曲考》、《释币》、《齐鲁封泥集存》、《秦郡考》、《汉郡考》（上、下），又草《两汉魏晋乡亭考》二卷。这一时期，王国维的主要治学范围涉及中国历代诗词、戏剧、绘画、历史等领域。期间开始了对古代器物的初步研究，以及由研究古器物而引申开展了对历史地理等之研究。

从1914年开始到1927年，进入了王国维学术上最辉煌、最成熟的时期，王国维对古文字学、音韵学、古代典籍、殷商制度、敦煌文献、边疆地理、历代专著、宋元辽金民族演变、史料、人物等进行极富创建性的研究工作，在诸多领域均具有划时代之贡献。简而言之，此阶段王国维对小学（训诂、音韵等）、经学（《诗》《书》《礼》等）、金石（钟鼎、石刻等文字）、历史、地理、人物、校注等方面进行了广泛的研究并取得巨大成绩，其发表的作品包含：《流沙坠简》（与罗振玉合著）、《殷虚书契前编》、《洛诰解》、《鬼方昆夷玁狁考》、《不期敦盖铭考释》、《三代地理小记》、《胡服考》、《元刊杂剧三十种序录》、《古礼器略说》、《与林浩卿博士论洛诰书》、《生霸死霸考》、《史籀篇疏证》及序、《流沙坠简考释补证》及序、《周书·顾命考》及序、《国学丛编序》、《殷礼征文》、《释史》、《乐诗考略》（含《释乐次》、《周大武乐章考》、《说勺舞象舞》、《说周颂》、《说商颂》、《汉以后的传周乐考》）、《毛公鼎考释》、《大元马政记跋》、校《水经注》、《魏石经考》、《汉魏博士考》、《周书·顾命后考》及序、《汉代古文考》、《彊村校词图序》、《元秘书监志跋》、《隋志跋》、《尔雅草木虫鱼鸟兽释例》、《古本竹书纪年辑校》、《殷周制度论》、《商三勾兵跋》、《〈汉书艺文志举例〉后序》、《〈周代金石文韵读〉序》、《楚公钟跋》、《书论语郑氏注残卷后》、《唐尺考》、《裴岑纪功刻石跋》等、《韵学余说》、《江氏音学跋》、《五声说》、《古本尚书孔氏传汇校》、《书郭注方言后》、《唐写本老子化胡经残卷跋》、《音学五书跋》、《九姓回鹘可汗碑跋》、《重校定和林金石录》、

《九姓回鹘可汗碑图记》、《摩尼教流行中国考》、《敦煌石室碎金跋尾》(含《唐写本残职官书跋》)等十数篇跋、《书尔雅郭注后》、《刺鼎跋》、《父乙卣跋》、《肃忠亲王神道碑》、《商鞅量跋》、《高邮王怀祖先生训诂音韵书稿叙录》、《秦公敦跋》、《殷虚书契考释序》、校《淮南鸿烈》、《梁伯戈跋》、《颂壶跋》、《唐贤力苾伽公主墓志跋》、校《抱朴子》、《魏石经续考》、《肃霜涤汤说》、《明钞本北碉集跋》、《秦妇吟》校注、《古史新证》、《鞑靼考》及年表、《元朝秘史地名索引》、《蒙文元朝秘史跋》、《蒙古史料四种校注》、《耶律文正年谱余记》、《黑鞑事略序》、《长春真人西游记校注》及序、《圣武亲征录校序》、《鞑靼考》、《长春真人西游记注序》、《宋代之金石学》等。其中大部分作品收录于王国维自选集《观堂集林》中。

二、王国维学术成就、学术思想、研究方法简述

大凡有卓越贡献的学界大师，除了天才之心智、勤恳之精神外，必有其独特之研究方法，而其所运用的研究方法虽不能离开前人的启迪及传承，但一定有其自创之一面，而这种研究方法的背后一定是其有别于他人的精神内核，此种精神内核既包含其性格特质，也包含了其不同于他人的对世界、社会、人生等的态度及认识，也就是说，必有其独特之世界观、人生观以及因此而带来的超绝于前人及时人的或宏大、或精致、或严谨、或洒脱、或大开大合、或严密细致的学术风格。如此而来，我们才可以对天才学者有着正确的解读及认识。

让我们先从王国维的学术成就说起，进而再论述其治学方法，最后看看其内在之精神气质以及对现在及后世的启迪意义。

从现在分科之学术体系而言，王国维的学术研究涵盖极广，包括文字学、音韵学、校注、文献学、目录学、历史地理、历史哲学、民族地理、民族史、西方哲学、教育学、心理学、文学评论、戏剧史、戏剧目录、经学、文学理论等。为了介绍之方便，这里我们不采用此等分类法。我们首先看看王国维

的生前好友，同样为民国期间的学术大师陈寅恪对其学术研究及其学术方法的总结，作为我们介绍王国维学术成果之小引，最后再对其加以辨析，得出新的结论。陈寅恪在1940年出版的《海宁王静安先生遗书》的序言中写到：

自昔大师巨子，其关系于民族盛衰学术兴废者，不仅在能承续先哲将坠之业，为其托命之人，而尤在能开拓学术之区宇，补前修所未逮。故其著作可以转移一时之风气，而示来者以轨则也。先生之学博矣，精矣，几若无涯岸之可望、辙迹之可寻。然详绎遗书，其学术内容及治学方法，殆可举三目以概括之者：一曰取地下之实物与纸上之遗文互相释证，凡属于考古学及上古史之作，如《殷卜辞中所见先公先王考》及《鬼方昆夷玁狁考》等是也；二曰取异族之故书与吾国之旧籍互相补正，凡属于辽金元史事及边疆地理之作，如《萌古考》及《元朝秘史之主因亦儿坚考》等是也；三曰取外来之观念与固有之材料互相参证，凡属于文艺批评及小说戏曲之作，如《红楼梦评论》及《宋元戏曲考》《唐宋大曲考》等是也。此三类之著作，其学术性质固有异同，所用方法亦不尽符会，要皆足以转移一时之风气，而示来者以轨则。吾国他日文史考据之学，范围纵广，途径纵多，恐亦无以远出三类之外。此先生之遗书所以为吾国近代学术界最重要之产物也。今先生之书流布于世，世之人大抵能称道其学，独于其平生之志事，颇多不能解，因而有是非之论。寅恪以为古今中外志士仁人，往往憔悴忧伤，继之以死。其所伤之事，所死之故，不止局于一时间一地域而已，盖别有超越时间地域之理性存焉。而此超越时间地域之理性，必非其同时间地域之众人所能共喻。然则先生之志事，多为世人所不解，因而有是非之论者，又何足怪耶？尝综揽吾国三十年来，人世之剧变至异，等量而齐观之，诚庄生所谓彼亦一是非、此亦一是非者。若就彼此所是非者言之，则彼此终古未由共喻，以其互局于一时间一地域故也。呜呼！神州之外，更有九州；今世之后，更有来世。其间傥亦有能读先生之书者乎？如果有之，则其人于先生之书，钻味既深，神理相接，不但能想见先生之人，想见先生之世，或者更能心喻先生之奇哀遗恨于一时一地、彼此是非之表欤？

陈寅恪对王国维的评价有其精当之一面，不仅仅阐述了王国维之学术方法，同时也强调了其学术贡献，当然，对王国维生前之哀苦也深表同情与悲悯，其中"然则先生之志事,多为世人所不解,因而有是非之论者,又何足怪耶?尝综揽吾国三十年来,人世之剧变至异,等量而齐观之,诚庄生所谓彼亦一是非、此亦一是非者。若就彼此所是非者言之,则彼此终古末由共喻,以其互局于一时间一地域故也。呜呼!神州之外,更有九州;今世之后,更有来世"则隐喻后来之人当可重新审视之。而今王国维离我们远去已近百年,此文读来,确实让人感慨万端。

陈寅恪乃史学大家,其对王国维治学之方法更多从史学而言之。诚哉斯言!但似有不足。王国维生前之学问,我们可以沿着陈寅恪之思路,将其扩充一步。其一为采用史学之方法所得之诸种。其二乃于史料之外之义理思想以及中国文化之境界层面之研究抑或文学创作。我们先根据此两点来展开王国维先生之学术成就。关于其贡献及精神内核俟后再讲。

(一)王国维之考证(考据)之学

此题目下不是讲述王国维的考据之方法,而是着重其在其考据方法之下所得之诸种成果,为避免庞杂无序,我们可将其分为以下三个方面,分别是"文字及音韵考证等学"、"史学"、"经籍及历代书目校注及评点"等。

1. 文字音韵考证

中国的文字传说自皇帝史官仓颉所造,后世有周宣王太史籀续之,史称籀文。秦时丞相李斯、赵高、史游改造成篆体,即后世之小篆。汉时篆隶并行,延续两千余年。其间之假借、转注等不可胜数。字音字义之变化莫可名状。故而历代有专治小学者(作者注:古时本为识字教育,后期则成研究音韵、字型、训诂等一门学问)。章太炎在《国史概论》中言,若欲研究国学,必通小学。此乃清朝诸多朴学大师毕其一生所研究之问题,成果多多。所以说到王国维的文字、音韵之学,必须清楚此乃清学之自然传承。王国维传承段玉裁、王念孙、王引之父子,后期之孙诒让、罗振玉为其直接之传承。当时之中国,因出土大量殷墟甲骨及钟鼎古器,提供了历代研究者所未曾直接接触到的真实史料。其中包括了许多殷商、西东周时期的文字,为研究者们提供了大量的第一手材料。

王国维进入文字与训诂方面的研究，得益于罗振玉的指导，但后期王国维在此方面的天才渐渐显露，以至于罗振玉也称赞其必超二王及段氏。王国维的文字学方面的研究，其范围大概包括以下几个方面：

（1）关于甲骨、钟鼎等古器方面的文字研究

说到甲骨文，不能不提到甲骨文的发现者王懿荣，王懿荣为清光绪年间之国学编修，任国子监祭酒。好古币、玺印等。患疟疾时从龙骨中发现刻痕而受到启发，后从同乡处购得大量甲骨碎片，潜心钻研，为中国发现并辨认甲骨文之第一人。王懿荣熟稔经史子集，学问等身，八国联军入京时，投井而亡。其气节风骨尤为可敬。后期刘鹗传承王氏之学，搜罗更多甲骨残片，并整理拓片结集，著《铁云藏龟》一书，为甲骨文之早期研究专著。

王国维研究甲骨金石等，主要是结识罗振玉后，由其引导入门。罗振玉乃当时大收藏家、金石学家、考古学家、敦煌学家，藏有诸多金石、甲骨、古籍、档案等收藏品。王国维之学术研究一乃罗振玉邀其帮忙，二者罗振玉收藏的大量古器物、古籍、敦煌文献、齐鲁封泥、前清档案等为王国维提供了大量的研究资料。

罗振玉在甲骨文方面的研究主要是考证出大约一千字左右之甲骨文（其中尚有少量存疑），同时，考证出其出处为河南安阳小屯殷墟墓地，并根据史料记载考证出甲骨文大量出自殷商占卜刻辞。王国维曾作为其助手，帮助罗氏著书《殷虚书契》、《殷虚书契续编》。王国维独立研究之甲骨文、金文等方面的内容主要有：《殷卜辞中所见先公先王考》、《殷卜辞中所见先公先王续考》，对其中殷商时期内的历代君王之名姓进行了考证，并指出其立名之规则，大概殷商时期之帝名大都以时间起名。王国维所考证的帝王名姓者有：嚳、相土、季（为王亥之父冥）、王亥、王恒、上甲、报丁、报丙、报乙、主壬、主癸、大乙、唐、羊甲、祖某、父某、兄某、多后（毓、后、後在甲骨文中为一字）、中宗祖乙（王氏指出竹书纪年之记载祖乙号中宗为正确，而《古文尚书》（伪）、大示、二示、三示、四示（示字为殷商时期先公先王之通称）则不正确等）。

而其中王国维考证出殷商时期大多以时间起名，引述如下，为其文字考证学之外一贡献耳，他处不再引述：

卜辞言王亥者九，其二有祭日，皆以辛亥，与祭大乙用乙日，祭大甲用甲日同例。是王亥确为殷人以辰为名之始，犹上甲微之为以日为名之始也。然观殷人之名，即不用日辰者，亦取于时为多。自契以下，若昭明，若昌若，若冥，皆含朝暮明晦之意，而王恒之名，亦取象于月弦，是以时为名为号者，乃殷俗也。夏后氏之以日为名者，有孔甲，有履癸，要在王亥及上甲之后矣。

王国维对金文之考证研究主要散见其多篇文章中，大都被收录在《观堂集林》（或可参考浙江教育出版社编纂之《王国维全集》第八卷及第十一卷等）。其中王国维对青铜古器等铭文之研究有关于毛公鼎、散氏盘、可钟可鼎、秦虎符、隋铜虎符等。此处不再详述，可参见其《观堂集林》中诸篇。对古器名之研究见其《说斝》、《说觥》、《说盉》、《说彝》、《说俎上说俎下》、《说珏朋》等。王国维同时对各种古器的或形制，或演变，或字体等进行了充分的说明。同时，对自宋以降之古器名目之分类做了说明：

王国维在《说俎上》中讲到：传世古器，乐器如钟、磬，炊器如鼎、鬲、甗，脯器如豆，黍稷器如敦与簋、簠，酒器如尊、壶、卣、罍、勺、爵、觚、角、觯、斝、盉，洗器如盘、匜，兵器如戈、戟、矛、剑，世皆有之。唯俎用木为之，岁久腐朽，是以形制无传焉。

王国维在《说觥》中写道：凡传世古礼器之名，皆宋人所定也。曰钟、曰鼎、曰甗、曰鬲、曰敦、曰簋、曰簠、曰尊、曰壶、曰盉、曰盘、曰匜、曰盦，皆古器自载其名，而宋人因以名之者也；曰爵、曰觚、曰觯、曰角、曰斝，古器铭辞中均无明文，但宋人但以大小之差定之……。

王国维所总结的以上青铜器名称之由来，在青铜器研究者来讲，乃常识耳，但今重新略记，乃一普及青铜器知识也！

此处再举例王国维对"环玦"之研究，可进一步认识其研究风格。王国维最初以为"环"者乃一玉而成，后发现有三种玉器共组成之环，随定义其初始"环者，乃三玉而成"，缺一、二玉者，即为玦。后期，人们贪图方便，环、玦皆一玉而成。此处，再引申《庄子天下篇》"连环可解也"，方知古时环之制也。可见其研究中，常常旁征博引，从细微处发现问题，并连贯文献以考证之。此乃王氏之一小例也。诚如梁启超所评价之研究方法"极细极密"。

此处再举一例，以进一步说明王国维"二重证据法"之研究方法。王国维对"珏朋"二字，从殷墟出土之字形，分析其渊源流变，最后指出《说文》中"二玉相合为一珏"之误。王国维首先指出《商书·盘庚》中"兹予有乱政同位，具乃贝、玉"，并结合殷墟卜辞中字形演变，论证其殷商是"玉与贝皆货币也"。并大致分类："车渠之大以为宗器，圭璧之属以为瑞信，皆不以为货币。其用为货币及服御者，皆小玉、小贝。"最后通过甲骨、不同器皿中之金文之演变，论证"珏、朋"同字，并得出结论"五贝一系，二系为朋"，否定了《说文解字》中流传了将近两千年之久的"二玉一珏，五贝一朋"之说法。最后王国维言"文字之学足以考证古制者如此"，诚哉斯言！观王国维诸多研究，此类创建比比皆是。许多困扰学界千余年之问题在王氏之研究之下迎刃而解，岂不天才也欤！

（2）魏石经

这里需要指出的是，王国维的《魏石经考》不仅仅是对古文字的考据，引用其《魏石经残石考》中序言即可管中窥豹："余于丁巳作魏石经考，据黄县丁氏所藏残石以定魏石经每行字数，又有每行字数推定每碑行数，复以《预览》引《洛阳记》所载碑数及诸经字数参互求之，一定魏石经经数。又排比《隶释》所存残字，为《经文考》、《古文考》，共书二卷。"可知王氏对魏石经之研究范围、研究内容及其研究方法。此处不再一一详述，有兴趣者可参见《观堂集林》及《王国维全集第八卷》、《王国维全集第十一卷》等。

（3）尔雅及说文解字之补注

1）尔雅论

王国维对文字学之研究的另一重要成果是对中国最早的一部关于文字说明的著作《尔雅》的阐发与补注。《尔雅》成书年代及作者不详，历代争论不休，大概以为或为周公所作，或以为孔子门人所作，或以为战国末年所作，或以为西汉时期所作。大都以书中所涉及到的内容来判定。其实，或者早期成之，后人增删不断，故而其说难定。但观《尔雅》一书，当为分类学辞书之滥觞。"尔"者，"迩"也，近也，今也。"雅"者，孔安国注"雅言，证言也"，王念孙解其为"尔乎雅"。关于对《尔雅》一书之解读，王国维开宗明义，既有传承，也有不同，王国维在《尔雅草木虫鱼兽名释例（上）》中说道：

> 物有雅俗，有古今。《尔雅》一书，为通雅俗、古今之名而作也。其通之也，为之"释"。释雅以俗，释古以今。闻雅名而不知者，知其俗名，斯知雅矣。闻古名而不知者，知其今名，似知古矣。

从以上引述可见，王国维对《尔雅》书名之解释，既不同于孔安国之"正言"之解，也不同于王念孙之"尔乎雅"之见。而是更全面地指出《尔雅》之宗旨。也就是说，所谓文字，传承变迁者时有之，一则为时代所变，二则为官府与民间、或士大夫与普通百姓之雅、俗之别。《尔雅》则通古今之变，同雅俗之别，以义之类别区分之。王国维继续说道：

> 若雅俗、古今同名，或此有而彼无者，明不足以相释，则以其形释之。草、木、虫、鱼、鸟多异名，故释以名；兽与畜罕异名，故释以形。凡雅俗、古今之名，或同实而异名，或异实而同名，雅与雅同名而异实，则别以俗；俗与俗异名而同实，则同以雅；雅与雅异名而同实，则同以俗。或雅与俗同名异实，则格以雅与俗之异者异之。

以上这段话，可说是王国维对《尔雅》之总概括，由此观之，王国维每每与任何一门学问，总能发其创见，不落前人窠臼。

而王国维具体对《尔雅》中诸多字词之辨析，此处不再多讲。

2）《说文解字》部分字词之重说

王国维对许慎《说文解字》中之诸多字词，根据最新之考据材料，并参考诸多文献，也做了一一订正，大量说明见其多篇文章中，其中王国维认为比较重要的字词，则单独成书，见其《释史》、《释由》、《释辞》、《释翌》、《释旬》、《释物》、《释牡》等。这里仅举两例，让我们一同体会王国维的研究成果。"史"字《说文》曰："史，记事者也，从又持中。中者，正也。""又"在甲骨文里为手之演变而成。此注解指出史当为古时之记事之官，此点可参看多种文献参证之。关键是对"中"字之解释。历代治小学者解释多多，有言持简者，有言持簿书者，一直未有定论。此字非常重要，比如说"中国"之概念之由来，这是逃不过去的。王国维参阅诸种文献，并对历代注解者逐一辨析，最后指出"中"乃盛放"筭"字之器具，"筭"即"算"字之来源，根据《周礼》

中"大史职"及"大射礼"记载,乃古时君王射箭时以计算之器具,王国维据此推测"中"其实为盛放"筭"之器具而已。后再引申为中正之意。而"史"则根据其考证,古时之所有官职均由"史"官而出。再举一例,王国维考证"物"字最初为"牛"之含义。后期因为牛有杂色,而引申为"杂帛",最后,再引申为万物之意。从此处可看出,王国维对《说文解字》之诸多字词之渊源流变或言语不详或错误比附者做了广泛的研究与考证,并得出让人信服之充分理由。

3) 由文字考证得出之部分史学结论

当然,这里必须强调的是,王国维对文字的研究绝不仅仅局限于其音韵、释义、字型等方面的研究。王氏在研究之中,往往能见微知著,常常从个别文字入手,能得出重大的史学、目录学、版本学、校注学等方面的研究结论。其中部分问题之研究,此处简单述记,一些重大的史学成就则俟后再讲。

比如,王国维在《女子说》中,王氏根据《曲礼》记载"女子许嫁,笄而字",《说文解字》中诸多女字偏旁之字注为"女字",王氏参考彝器文字,周朝时"女子有字者十有六焉"指出,古代女子先有字,可见其地位之高。同时,考证指出,"姓"初始专为"女子",男子则为"氏",其后演变,姓氏合二为一。可见其从"女子"之记载及与其相关之器皿中文字而得之结论,其博学精微可见一斑。

再比如,由儒家典籍中的今古文经延伸而来的今古文争论,历代不休,但一直未有定论,何者为古文,何者为今文。至王氏出,则面貌全展而后人释然矣。王国维在《战国时秦用籀文六国用古文说》、《史记所谓古文说》、《汉书所谓古文说》、《说文所谓古文说》、《说文今叙篆文合以古籀说》、《汉时古文本诸经传考》、《两汉古文学家多小学家说》、《蝌蚪文字说》(均见观堂集林第七卷)等指出,所谓古文,有当时东方诸国(六国)之古文,有秦之古文,两者不同。而籀文则可能为识字读物之缪传(此处仅为王氏之观点)。秦统一后,虽改籀文为小篆,但据各种史料推测,古文当有多种版本传世,非后世单纯以儒家解说之个别经书之传承。

再者,王国维对文字演变过程中著名的《仓颉篇》《爰历篇》《博学篇》《急就篇》等分别做了详细的考证。为了说明王国维对历代文字演变的考证，这里简单介绍中国文字之演变历程。传皇帝史官仓颉为中国造字之祖，后周宣王之太史籀在此基础上，重新确定文字，史称《史籀篇》，后期诸多传承，因地域、方言、转注、假借等之不同，文字音义多有不同。秦时丞相李斯奏请统一文字，罢不与秦文合者，乃作《仓颉篇》七章，而中车府令赵高作《爰历篇》六章，太史令胡毋敬作《博学篇》七章。后期汉安帝时许慎因当时之体，采百家之言，溯古今之迹，作《说文解字》。后世之治小学者皆宗之。历代注解者多多，至清朝段氏、二王蔚为大观，章太炎则集百家之说，达致高峰。后期殷墟出土大量甲骨及彝器，为文字学之新材料，罗振玉曾搜罗三万余件，为王国维提供了大量研磨机会。王国维以出土之史料与文献互为参正，得出一系列研究成果。而关于文字之起源，指出太史籀之说法可能有误，史籀两字可能出自读物之篇首语《大史籀书》，最后得出《史籀篇》乃周朝时期史官之教学识字启蒙读物。通过对《急就篇》之考证，认为《仓颉篇》、《爰历篇》、《凡将篇》（作者注：司马相如作）等篇首语即被作为文章名，此点在中国古代典籍中比比皆是，当为正确。而王氏指出，许慎《说文解字》大多取自孔壁中书，故而《说文解字》中许多古文是为六国时期之古文，而《史籀篇》中之文字大都为秦之文字，或言周秦间西土之文字。此乃王氏关于文字流变及古籍之重要发明。

（4）《尚书》、《诗经》、《礼经》等经典版本中之文字注释

1）王国维对古代祭祀制度研究略举

王国维对古代典籍的研究包含了祭祀礼仪、制度、明堂、燕寝等方面的研究，而其中牵涉文字之意义者多多，比如，王氏在对《尚书·洛诰》分析时对"宾"字之说明，说明古人客来于房舍下，必有礼相赠，故而从"贝"。"祼"字从郑玄、许慎等起，至王念孙、段玉裁等人，皆以"祼"为"灌"之义，亦即"灌地敬神"为其一义，王氏考诸《尚书》、大小戴《礼》，指出此字应读为"果"，应为"献"之意。可用于神、人之事等。王氏同时指出，研究古文化者，"当以事实决事实，不当以后期之理论决事实"。诚哉斯言！

2）王国维对古代成语之破解略举

王国维在对古代典籍《尚书》、《诗经》等的研究中感慨古之书难解，尤其

是其中之成语。王氏说道:"唐宋之成语,吾得以汉魏六朝人书解之。汉魏之成语,吾得以周秦人书解之。至于诗、书,则书更无古于是者。"道出了古代典籍之难解之原因,也是我们现代人辄以今语今意解古书之诸多偏颇之缘由。至于王氏对《诗经》中部分成语之解读,此处略举几例以说明王氏于古典研究之贡献。比如"遇人不淑"之中的"不淑","不淑"现代可能指人物之品行问题,王国维指出古时"不淑"只是表示遭遇不幸而已。王氏引用《曲礼》注中之"如何不淑"加以说明。再比如"陟降"一词,后人多分开理解。王国维指出此乃古时成语,类似于今日之"往来"一语。而"陟降"经过王氏考证,其文字分别由古代所言之"登假"一语演变而来。

（5）音韵学

1）王国维音韵学研究书目名录略举

关于王国维的音韵方面的研究,主要集中在其编纂的《观堂集林》第八卷中,及其他诸卷中之散篇,此处略记部分题目如下:

《两周金石文韵读》

《唐写本唐韵校记》

《唐写本唐韵残卷校记》

《五声说》

《声类韵集分部说》

《书古文四声韵后》

《唐诸家切韵考》

《唐时韵书部次先后表》

《江氏音学跋》等

2）王国维之《五声说》

王国维对音韵学之研究,涉猎广泛,观其著述,当以《五声说》为最,今简单述记王国维的《五声说》以便管中窥豹,了解其音韵学之大概。王氏于此篇文章中大略概述汉字从古以来之读音变化及历代学人之成就,王国维将中国汉字的"五声"说,"四声"说以及"七声"说分别做了简单之说明,王氏指出所谓"五声"即指阳类之平声与阴类之"平、上、去、入"四声。而"四声"

说是指将"阴平"与"阳平"合为平声,另与阴类之"上、去、入"等统一成"四声"。所谓"七声"是指将阳类之读音扩展为"上、声、入"与阴类之"上、去、入"再加"平声"统和而成。王国维认为阳平自为一类,与阴平不可通,加诸阴类之"上去入"为三代、秦汉间之五声。此为李登、吕静所言之五声。而南朝宋齐以后四声说大行,五声说式微。王氏考证指出,南朝沈悦等人所撰之《四声谱》应专为文而作,无关音韵。也就是说,南朝后期,音韵大概已演变而为七声。而作文者则大体据四声而作,不多考虑音韵而已,即是阴阳可以互易(指阴平阳平、阴上阳上等),而平仄据此保持即可。王氏总结道此时"五声专以声言,四声乃以声音运用于诗文言",王国维指出,阴阳分类,始于段氏(段玉裁),"其状此二声之别,亦惟戴氏言之最善",也就是说,到清戴震之学,关于阴阳分类之描述几达致完美。最后,王氏指出,阳类不当有"上""去""入"三声,并引据群经、《楚辞》明辨之,说明后人所言之阳声之"上""去"大都与"平声"相通。而阴类则大都不能"通协"。

最后,王国维对历代音韵学的研究成果有一番总结,颇为重要,此处引述如下。

3)王国维对历代音韵学研究之总结

尝谓自明以来古韵学之发明有三:一为连江陈氏古本音不同今韵之说,二为戴氏阴阳二声相配之说,开顾、江以后言古韵之端。戴氏之说,孔氏取之以成《诗声类》,……。段氏之说,歙江氏作《唐韵四声正》,虽窃取其义而于其说之根本及其由此说所作之第七至第十四部韵谱,却未之从,后人亦罕留意及此者。

关于音韵学之研究,历代不乏其人,这里仅指出王国维在此领域内之部分贡献,而对于音韵学之其他研究者之成果不再提及,或于他日详述不迟。

2. 史学

王国维的史学研究大都与其考据密不可分。也是其自称的"二重证据法"的勤勉执行者。其在史学领域内,贡献多多,这里主要介绍以下几方面的贡献。

(1)殷商历代帝王之考证

王国维利用安阳殷墟出土之大量甲骨,考证出殷商时期之历代帝王,从史料上证明了司马迁于《史记》中所记载之殷商历史的存在，当时胡适、顾颉刚等人以西方学者为尊，片面相信西方诸多历史学家不相信中国历史存在商朝，只将中国历史锁定于《诗经》、《春秋》时期，对《史记》上所记载之夏商之时期统统推测为神话传说。王氏殚精竭虑，执意考证，"信其可信者"，并根究甲骨文之研究，得出商朝历代帝王谱系，大都与《史记》记载相类。除此而外，王国维指出商朝"兄终弟及制"，指出商朝帝王命名法则或以年月日时等时间为主，并对商朝部分帝王之名称之误读进行了考证。

（2）殷周制度论

王国维的殷周制度论堪称王氏史学研究的精华之作，概自王氏之前，历代对殷周研究者，莫不遵从史书，或言其三皇五帝以降之余脉，或言其周公治理作乐之典范，大都承儒家之说，颂明君，擢暴君，而对其制度变迁之意，少有穿透。非不愿也！乃史料阙如者多多，大都不能猜其详，延《春秋》以尊儒教，言《史记》、《汉书》认其史实。或考证先秦典籍至细至微，如汉时郑玄、马融，唐时孔颖达，宋时两程、朱熹，清时惠栋、戴震、阮元诸家。而宋讫发儒家之义理，明末清初始有顾炎武、黄宗羲、王夫之质疑之言颇多，章实斋、章炳麟继之。对于史学，则有钱大昕、赵翼等孜孜以考证。而对于中国上古制度之深刻剖析者寥寥，自观堂《殷周制度论》出，则殷周之制度变迁，始大明于天下。

为便于说明王氏之学，先摘其片段以解殷周之别：

中国政治与文化之变革，莫剧于殷、周之际。都邑者，政治与文化之标征也。自上古以来，帝王之都皆在东方：太皞之虚在陈；大庭氏之库在鲁；黄帝邑于涿鹿之阿；少皞与颛顼之虚皆在鲁、卫；帝喾居亳。唯史言尧都平阳，舜都蒲坂，禹都安邑，俱僻在西北，与古帝宅京之处不同。然尧号陶唐氏，而冢在定陶之成阳；舜号有虞氏，而子孙封于梁国之虞县；孟子称舜生卒之地皆在东夷。盖洪水之灾，兖州当其下游，一时或有迁都之事，非定居于西土也。禹时都邑虽无可考，然夏自太康以后以迄后桀，其都邑及他地名之见于经典者，率在东土，与商人错处河、济间，盖数百岁。商有天下，不常厥邑，而前后五迁，不出邦畿千里之内。故自五帝以来，政治文物所自出之都邑，皆在东方。唯周独崛起西土。武王克纣之后，立武庚、置三监而去，未能抚有东土也。逮武庚之乱，始以兵力平定东方，克商践奄，灭国五十。乃建康叔于卫、伯禽于鲁、太公望于齐、召公之子于燕，其余蔡、郕、郜、雍、曹、滕、凡、蒋、邢、茅诸国，棋置于殷之畿内及其侯甸。而齐、鲁、卫三国，以王室懿亲，并有勋伐，居蒲姑、商、奄故地，为诸侯长。又做雒邑为东都，以临东诸侯，而天子仍居丰镐者凡十一世。自五帝以来，都邑之自东方而移于西方，盖自周始。故以族类言之，则虞、夏皆颛顼后，殷、周皆帝喾后，宜殷、周为亲。以地理言之，则虞、夏、商皆居东土，周独起于西方，故夏、商二代文化略同。"洪范九畴"，帝之所以锡禹者，而箕子传之矣。夏之季世，若胤甲、若孔甲、若履癸，始以日为名，而殷人承之矣。文化既尔，政治亦然。周之克殷，灭国五十。又其遗民，或迁之洛邑，或分之鲁、卫诸国。而殷人所伐，不过韦、顾、昆吾、且豕韦之后仍为商伯，昆吾虽亡，而已姓之国仍存于商、周之世。《书·多士》曰："夏迪简在王庭，有服在百僚。"当属事实。故夏、殷间政治与文物之变革，不似殷、周间之剧烈矣。殷、周间之大变革，自其表言之，不过一姓一家之兴亡与都邑之移转；自其里言之，则旧制度废而新制度兴，旧文化废而新文化兴。又自其表言之，则古圣人之所以取天下及所以守之者，若无以异于后世之帝王；而自其里言之，则其制度文物与其立制之本意，乃出于万世治安之大计，其心术与规摹，迥非后世帝王所能梦见也。

欲观周之所以定天下，必自其制度始矣。周人制度之大异于商者，一曰立子立嫡之制，由是而生宗法及丧服之制，并由是而有封建子弟之制、君天子臣诸侯之制；二曰庙数之制；三曰同姓不婚之制。此数者，皆周之所以纲纪天下。其旨则在纳上下于道德，而合天子、诸侯、卿、大夫、士、庶民以成一道德之团体。周公制作之本意，实在于此。此非穿凿附会之言也，兹篇所论，皆有事实为之根据，试略述之。

从以上引述王国维的两段文字可知，王国维认为中国古代制度变迁之巨者以商周之间为最。从三皇五帝至尧舜时期，中国尚无立子立长之制度，虞舜夏禹乃颛顼后人，而商周乃帝喾之后人，也就是说，虽有尧舜之禅让，但君王之后代则分享其国，当时之制度，以《尚书》洪范九篇记之最祥。周以前之历代都城,大都居于东方,徵周独起于西方,灭商而分封诸侯,此乃中国真正之分封制度之始。其所分封者,既有同姓,亦有异姓。其所订立之王位传承,确定了嫡子继承制度。从现在人的眼光来看,实为专制之始,但若从历史之眼光观之,则具有其巨大之进步意义。其一曰社会稳定之礼法确定,其二为道德、人伦之规范从此生焉,影响其后中国数千年之久。王国维进一步通过对殷周甲骨、彝器以及文献之参考,充分论证其论点,堪称翔实可靠。从此点出发,当知中国之文化与中国之体制关系密不可分。当然,绝不是后人所称之为阶级对立之关系,而是中国社会之道德、礼法、人伦规范合为一体并最后走向人们内心世界、成为中国社会独有之价值观念之肇始也。关于其得失,当于历史之眼观之,唯于殷周时期,尚属蛮荒之阶段,人类之文明刚刚露出些许曙光,而周公之贡献将人们从蒙昧、混沌、崇尚鬼神之世界,拉回之人们之现实社会,并确定其行为规范与道德楷模,对中国之历史贡献至大至伟,孔子后期每每感念,实乃有其深刻之道理。而王国维于两千余年后重新还历史以真相,当是其史学研究之最大贡献之一。

关于夏商周等中国上古时期之历史,王国维尚有余下之论述,此处仅列其题目:

《禹》

《商诸臣》

《商之诸侯及都邑》

《说商》

《说亳》

《说自契至于成汤八迁》

《殷人以日为名之由来》

《商先公先王皆特祭》

《殷先妣皆特祭》

《殷祭》

《外祭》

(3)鬼方昆夷玁狁考、西胡考等

1）鬼方昆夷玁狁考

王国维对上古民族史的研究主要体现在《鬼方昆夷玁狁考》、《西胡考上》、《西胡考下》等作品中，此处简略述记其成果。

上溯上古中国乃至世界历史，人类莫不由部落而后有家族，有家族而后有邦国。中国自三皇五帝始，即为中原部落为大为盛，渐至征伐四夷，降服诸蛮族。而蛮族之名，历代称谓不同，后期则统统称之为皇帝后裔，恕不可考。唯史实之记载，或能连贯其间，思维而得其出处。中原以外诸族，渐渐或与华夏混同，或以武力暴梁，而艳羡于华夏之文化，或篡改其历史，致使后人难辨其真。华夏诸史，则乐于炫其优异，虽实则屈服于其铁蹄之下，而聊以其文化自慰，言其中华文化之包容博大，实乃未尽历史之真实。王国维在《鬼方昆夷玁狁考》中开篇即言：

我国古时有一强梁之外族，其族西自汧、陇而北，东及太行、常山间，中间或分或合，时入侵暴中国。其俗尚武力，而文化之度不及诸夏远甚，又本无文字，或虽有而不与中国同。是以中国之称之也，随世异名，因地殊号，至于后世，或且以丑名加之。其见于商周间者，曰鬼方，曰混夷，曰獯鬻；其在宗周之季，则曰玁狁；入春秋后则谓之戎，继号曰狄；战国以降，又称之曰胡、曰匈奴。综上诸称观之，则曰戎、曰狄者，皆中国人所加之名；曰鬼方、曰混夷、曰獯鬻、曰玁狁、曰胡、曰匈奴者，乃其本名。

从以上所引用的王国维的文字可知，王国维对上古尤其是夏商周时期之中原之外之外族之研究，地域包括西方、西北至北方、东北之广大领域。古时之游牧民族，飘举不定，或逐水草而居，或逢盛茂之部族而劫掠之。王氏之研究，当有其道理。最要者乃王国维紧接着从彝器、甲骨到历代文献反复考证，指出后人诸多不当之处。王国维引用《易》既济、未济之爻辞，有所谓"高宗伐鬼方"等，指出鬼方一词之出处。其后引《诗经》、《竹书纪年》等博文强证。同时指出，历代关于其地域之解说纷纭有异，有言鬼方来自西方，有言西北，有言南方之荆楚，有言出自北方，但大都语焉不详难辨，证据之不足多多。而关于鬼方、混夷，古人分别对待，而后獯鬻、玁狁，则同样划分为二。实则去史远矣。

王国维通过后期出土之彝器,并根据音韵学之发明,考证"鬼方""獫狁""獯鬻"实则一指也。而彝器之出土文字也说明其文字名称之演变。至于具体之考证、逻辑之因果,观王氏此文可明。至于其地理、出没之迹,王国维引用《诗经》《穆天子传》《逸周书》等分别考证,指出此等民族大都活动于西北、北方等广大领土。

王国维关于上古时期中原以外之民族研究,可谓晚清至民国之先声,其所作之诸结论,大都被认可。至于研究方法,当为其一以贯之之法。为中国后期之民族史研究开一先河。其在中国民族史方面之研究一扫两千余年来之混乱,而自称体系,自称一家,其视野、方法、结论俱为后人之榜样。

2)西胡考

王国维通过对《汉书·西域传》《山海经》以及佛教典籍如《释迦方志》《大智度论》等研究,撰《西胡考上》一文,指出西汉时专指匈奴与东胡,东汉时汉人谓西域诸国如罽宾、月氏、大秦诸国,大概涵葱岭之东西诸国等。魏晋六朝续其名称。至六朝以后,释典、史传皆以专指西戎,不包含北狄在内。而"胡"之所由,概源于西域诸国之人多胡须,后以"胡"之名专称其族而已。王氏在《西胡考下》一文中,在研究西胡之来龙去脉基础上,有关于东西征伐及贸易之提炼说明,殊为重要,引述如下,王氏言:

自来西域之地,凡征伐者自东往,贸易者自西来,此皆事实也。太古之事不可知,若有史以来侵入西域者,惟古之希腊、大食,今世之俄罗斯,来自西土。其余若乌孙之徒、大夏之徒、大月氏之徒、匈奴之徒、鞑靼之徒、昭武九姓之徒、突厥之徒、回鹘之徒、蒙古之徒,莫不自东而西。

晚清之时,史学领域内西北之地理史为一热点,进入民国之后,除王国维外,如梁启超、陈寅恪、赵元任及后期之钱穆、吕思勉、陈垣诸人亦多有研究。王国维对西北边疆及其民族之研究,实为传承之关键。而王氏与上段文字之说明,除史学之价值外,亦对治中国文化及哲学者颇多裨益。自古至今,尤其是儒家之流,往往将中华文明塑造成不尚武力,抑或热衷于文化之同化者。而观西北之民族变迁,大都受中原汉人之排挤而后始有西侵之动作,乃其开拓其生存空间之必然也。于是而言,中西文化之交往,即可上溯商周,历代绵绵不绝,而战争实乃文明交往之一途径也。中华自古以来，即有其尚武之精神及武功之卓效，不可不察也。

而西域诸国，如康居乃大月氏之境域，后被汉民族排挤之匈奴战败而西迁。王氏同时考证吐火罗即为大夏，曾居于阗之地。而东方诸民族西迁之事，征伐兼并西方诸国之时，王氏指出，"不过得其政权与兵权，而自成统治者之一级，其时人民之生活仍如故也"，而西域人民，风俗数百年乃至数千年间或有传承。除几次大范围的宗教洗染，而统治者与被统治者各成一体，以致不同族中渐有其特长风俗，如王氏引用《北史》言："康国人善商贾，粟特人多诣凉土贩货，大月氏人商贩京师。"而关于大夏之民族，王氏引用《穆天子传》《周书》《管子》《吕氏春秋》等一一考证，指出大夏实乃东方古国，并根据后期之史书，列举其后期之流变。简而言之，王国维不仅仅对西域诸民族之迁徙、形成、地域诸多考证，而尤其对诸民族之特点之形成、东西方之交往之特质有所提炼，至为凝练精辟，将中西文化之交往史上推至商周时期，指出东西方诸民族夹击之下之西域诸族之生活文化特征，实乃极富创见之说明。

（4）古代礼仪乐舞、歌舞考证

王国维关于古代礼乐之研究，主要集中于以下之文章中，见王国维《观堂集林》卷二，艺林二：

《释乐次》

《周大武乐章考》

《说勺舞象舞》

《说周颂上》

《说周颂下》

《汉以后所传周乐考》

王国维在《释乐次》中首先对周礼有一番总括之言：

凡乐，以金奏始，以金奏终。金奏者，所以迎送宾，亦以优天子、诸侯及宾客，以为行礼及步趋之节也。

王国维在通过对古代典籍如《周礼》《诗经》《尚书》等文献之考证，得出周室《天子、诸侯、大夫、士用乐表》，将周礼之关于不同对象、目的、乐器而分其过程（部分礼节省略）为金奏、升歌、管、笙、间歌（歌、笙）、合乐、舞、金奏等，并将《诗经》中《周颂》中部分诗歌与周室之礼乐相对应。而对应不同礼乐及其阶段之内容，王国维指出"周一代之大舞曰大武，其小舞曰勺、曰象"。对《周颂》，古来皆以为尽是舞容，也就是说大都以为是在《周礼》进行过程中"舞"阶段时颂歌合乐而成。王国维指出：

《周颂》三十一篇，惟《维清》为象舞之诗，《昊天有成命》、《武》、《酌》、《桓》、《赉》、《般》为武舞之诗，其余二十四篇为舞诗与否，均无确证。至《清庙》为升歌之诗，《时迈》为金奏之诗，尤可证其非舞曲。

而关于《诗经》中之《商颂》一十二篇，王国维通过对《毛诗》与《韩诗》之考证，兼引《鲁语》、《史记·宋世家》之说，认为具有瑕疵，故而采集诸说，驳其谬而传其真，王氏乃认为《商颂》确为宋戴公时正考父献于平王之诗，但并非正考父所作也。

关于后期周礼之传承，王氏在《汉以后所传周乐考》中有详实之考证，此处不再详述。观王氏后期对于戏剧之研究，实可看出从周礼之乐舞而起，到汉时百戏及唐时杂剧、宋元戏剧，则条理分明矣。

（5）敦煌学

王国维对敦煌学的研究，可谓与罗振玉一道首开先河，其研究敦煌出土之两汉至魏晋时期的木简首先来自英国斯坦因从中国以低价巧取的大量木简之刊行本。其率先确定出土之地大概包括三个地方，分别是敦煌之北、罗布泊之古城、和田等古城遗址。其后，参阅历代史书、游记等如《史记》、《汉书》、《后汉书》、《晋书》、《魏略》、《佛国记》、《括地志》、《沙洲图经》、《水经注》，历代史书之《西域传》等。对所出之不同木简进行了详细的考证，挖掘出大量有关古代民族风俗、制度、官职、钱币等方面的研究成果。其典型著作包括《流沙坠简》及《敦煌汉简跋》第一至第十四，以及罗布泊、尼雅古城所出土之晋简跋等。

除此而外，王国维尚对敦煌出土之部分残卷，包括佛教经卷、唐写本、宋写本之诸多文书、经书、户籍、古经等残卷进行了细致及创建性之研究。此处不再一一详述。有兴趣者可参考原文。

（6）胡服考

中国历代服饰变化,为史学界之一分科,自古大都散见于诸史书、野史、杂记等,但大都语焉不详,并未成一专门知识。自王国维始,方对其来龙去脉详加考释,为王氏在历史诸多领域内又一创建型发明,也可以说是王国维所开创的一门新学科。中国服饰之变化,有赖于多民族之交互影响,王国维虽然重在考证胡服之于中国之传播,实则可视为王氏对中国自上古至隋唐期间之民族服饰演变之考证,关于王国维对服饰之研究目的,可参见其在《胡服考》之末尾一段文字,王氏言:

此服通行于中国者,千有余年,而沈约乃谓"袴褶之服,不详所起";沈括知其为胡服,而有以为始于北齐;后人亦无考其渊流及制度者,故备著之。

关于中国服饰之流变,余以为可以两点概括之,其一为实用之原则,在此原则下,或为生产、生活、战争等,比如上古时之"上衣下裳"制,赵武灵王之"胡服骑射"制等。或为表达其社会地位等礼节,比如周朝时天子、公、卿、大夫则各有其制。其二为审美及文化之原则,比如"上玄下黄"之色,北魏孝文帝令鲜卑族着汉服一事。再者,历代之审美情趣之变化,也逐步反映于服饰之变迁,比如唐朝时"褒衣博带""女子服男服",清朝时对汉服之改革而成"旗袍"等。王国维之研究可说涵盖以上之总原则,而对于历代服饰之变化,尤其是胡服对于中国服饰之影响说明详实可靠,今略举几例以证之。

关于胡服在中国之实行,实乃赵武灵王之推动,其时之服饰有"冠""带"之变化,所谓冠之加貂尾或雉、鹖之羽毛,在赵惠文王时流行。而"带"于中国简称"贝带"或"具带"(贝、具通假),也就是说当时中国所用之"带",大都以贝类为饰。匈奴则以"黄金饰具带",谓胡人远离海洋,少贝,故而以黄金饰之,后期则汉人用金作钩,兼或以金饰。"袴褶"之服,袴为裤之前身,褶为上衣。汉人初期仅内衣耳,后期则演变而外穿。原因在于古时之衣裳,为乘车之服。男子均着襦裙,后期乃乘马之便而起。汉时延续胡服之便,或仅着其服,或并着冠服,或并着管带。"袴褶"之名起,但仅限士卒之服饰而已。武官者,则常以连体深衣为服。至魏文帝时,驰骋田猎,常服之,后兼被上流社会接纳。而魏晋南北朝者,则服饰兼有袴褶与常衣两种,其中之颜色、装饰、冠带之变化多多,但基本式样已确定矣。至隋唐,而服饰繁盛尤达一高峰。乃源于诸多异族与中国之往来增多，又唐人之气度风韵乃中国自古以来之高峰。关于官员、士卒、女子等，因审美情趣之变化而诸多变通。

（7）商、秦、汉郡之考证

商、秦、汉郡及都城地望之考证，分别见于王国维之《说商》、《说亳》、《说殷》、《秦都邑考》、《秦郡考》、《汉郡考上》、《汉郡考下》等文中，此处不再一一说明，从略。

（8）汉魏博士考证

王国维对汉魏博士考证，与王国维关于今文经、古文经之考证密切相连，前文已大概述及王氏对今文经与古文经之考释，而王国维对汉魏博士制度之考证同样重要，其间纠正国人千余年之错觉者多多，此处仅举数例以说明。

王国维根据《宋书百官志》"博士，班固云秦官。史臣案:六国时往往有博士"一语，考证六国末期，大都设置博士一职，实乃太学，并教授弟子。内容虽不可详考，但大概以六艺为主。秦因之而设置博士，最多时达七十余人。秦时博士一职，涵诗赋、术数、方伎等，既有治六艺者，也有治《黄公》、《七略》等法家者，同时尚有所谓"占梦博士"等。汉朝沿袭秦制，初期博士未必为通经之士，或许为通才未为可知也，人数也与秦时之数目大致相同。至汉文帝时，设"一经博士"，至汉武帝时，设"五经博士"。汉武帝时，罢黜百家，也包含《论语》、《孟子》、《孝经》、《尔雅》等科目。王氏指出，钱大昕所考证之结论虽为正确，然原因有误。王氏指出，汉武帝时，罢黜以上博士并非不为重视之故，实乃汉时小学科目乃包含文字学如《仓颉》《凡将》《急就》《元尚》等部。而《论语》、《孝敬》为中学之科目。六艺方乃大学之科目。王国维总结道："汉人就学，首学书法，其业成者，得试为史。此一级也。其进则授《尔雅》、《孝敬》、《论语》。有以一师专授者，亦有由经师兼授者也。"王国维所言之"小学"、"中学"、"大学"，乃汉时进学之次第，并非今日之小学、中学、大学。而汉时县、道、郡等所设学校已名之为"校"。乡、聚等学校名之曰"庠""序"等。从此可知，汉武帝以后，学六艺者，必先熟悉《尔雅》《论语》、《孝经》诸书。此后千余年，相传未有大变。徒注疏日益繁多，引申繁多，然国学之体从此定矣。

汉初既因秦制置博士一职，后期则人数增删不定，到成帝时，欣羡孔子当时弟子三千，故而增加博士至三千人。王氏在《汉魏博士考》及《汉魏博士提名考》中，分别将历代博士之人名一一考证，兼论及博士内容、俸禄多寡、教学方法、汉魏之学校沿革流变。殊为难得。此处不再一一列举。

（9）两汉魏晋乡亭考证（略）

（10）元朝秘史地名索引（略）

（11）黑鞑事略笺证（略）

（12）蒙鞑备录笺证

王国维《蒙鞑》、《黑鞑》两书为王氏关于蒙古史校注四种之二，本为校注之学，然有别于一般校注文体，更多考释蒙古之种族演变、种类、习性及历史之问题，故而将其列为王氏之史学研究，关于此两篇，实乃诸多考释，内容多多，仅简单述记部分成果，以飨读者：

王国维在《蒙鞑》一书中，首先考证蒙古族之历史，指出"鞑靼始起，地处契丹之西北，族出沙陀别种"（畅按：沙陀为西突厥之一枝，其族为北匈奴之后裔，沙陀在五代时建国后唐、后晋、后汉、北汉等）。现在我们所称呼的蒙古人当时称呼为"鞑靼"，而其种分生鞑靼与熟鞑靼，远离汉地者为"生鞑靼"，大都以渔猎为生，近汉地者为"熟鞑靼"，农耕兼渔猎。生鞑靼又分白黑两种，而当时远离其国者尚有"蒙古斯国"或曰"蒙兀国"，后期被鞑靼吞并，方用其名。而其时之鞑靼，以青草一岁为一年，尚无文字，后期与回鹘通商，兼用其文字，再后期金人之投降者，教授其文字，间杂汉字。蒙古民风淳朴，精神强健。此乃所谓落后文化战胜先进文化之代表。质而言之，从王国维之考证，可知其精神之强健，此乃根本之原因。从此可知，文化与精神尚有背离之存在。此话不表，后期为文者详论。

3.校注及历代著述之点评

王国维的校注书目多多，此处仅列其部分：

《杜环〈经行记〉》

《王延德〈使高昌记〉》

《刘郁〈北使记〉》

《长春真人西游记校注》

《水经注校注》

以上王氏著作，大都涉猎边疆地理及异族风俗等，读来别有趣味，可视作王氏之俗文化及民族问题之研究。

（二）王国维的义理之学

王国维的义理之学包括两个方面：其一为初始阶段王国维所治学的西方哲学、教育学、心理学等学科；另一方面，也是更为重要的是王国维在长期从事于其"二重证据法"之后所得出的关于中国学问之经学、戏剧、文学等方面的研究成果。下面简练述之：

1. 西方诸学

关于王国维对西方哲学、教育学、心理学等方面的研究，历来评价甚高，甚至于将其提拔到王国维的总的学术方法及成就的高度上来。比如，称王国维为首开中西研究方法于一体，或者进而推论其采用西方诸学之方法来研究中国文化。此两点实偏颇，并与王国维之研究成果及方法多有不合。下面先简单叙述王国维在中西义理方面的研究成果。俟后在王国维之学术方法之评介中再做进一步的探讨。

王国维对西方诸学之研究范围主要包括哲学、美学、教育学、心理学、伦理学等。而其成果主要有二，其一为大量关于此类问题之专著，其二为翻译介绍大量西学之著作，其中尤以哲学史、伦理学、教育学等为最。

（1）王国维对西方哲学之研究

王国维对西方哲学的研究主要集中于叔本华、尼采及康德诸家，并写有《叔本华哲学及教育学说》、《叔本华与尼采》、《哲学辩惑》等。

王国维在《自序二》中说道："哲学上说，大都可爱者不可信，可信者不可爱。余知真理，而余又爱其谬误"。观王氏对叔本华、尼采及康德之说明，对叔本华之哲学，因爱之切而强其可信也，而对康德之哲学，因不爱之而强其不信也。王国维对叔本华哲学之研究可谓至切至深，并对其美学思想及对中国艺术之评价影响多多，故而简约论之。

王国维对哲学之研究，当其时，除研究叔本华、尼采、康德之专著外，当读西方哲学诸家之说，未为可知也。然观其著述，其哲学思想受日人桑木严翼之《哲学概论》影响甚巨。王氏曾译此书，约略翻阅，知其影响王氏者多多。

王国维对叔本华哲学之研究，分形而上学、知识论、美学思想及教育等科目，然总而论之，王国维可谓深刻把握叔氏哲学之本质，并对其赞赏有加。

时下谈及叔本华哲学，多以简单之"悲观主义"概之，而对其学术思想及其精髓多语焉不详。王国维虽以"独学"之方式，而能阐发叔本华哲学之根本，可谓当时之鲜见者也。王氏认为，叔本华之哲学直接传承康德之"纯粹理性批判"，是对康德"物自体"与"现象界"的消融与提升。康德认为人类知识的边界在于时间与空间的局限，而人类对世界万物的认识只能是对现象界的认识，而对"物自体"则终不可得而知也。叔本华强调"世界是意志的表象"，可谓对此一问题的消融与提升。而正是因为叔本华将意志提升为世界之根本，所以方有其经验的观念性与超绝的实在性，可说是叔本华在康德对休谟哲学升华之后的进一步充实与完善。王国维在《叔本华之哲学与教育学》中言：

于是汗德矫休谟之失，而谓经验的世界，有超绝的观念性与经验的实在性者。至叔本华而一转，即一切事物，由叔本华氏观之，实有经验的观念性而有超绝的实在性者也。故叔本华之知识论，自一方面观之，则为观念论；自他方面观之，则又为实在论。而彼之实在论，与昔之素朴实在论异，又昭然若揭矣。

叔本华认为"我"即为意志的客观化，而世界必为意志之表现，进而其伦理学及心理学必注重意志之作用，从此一扫自古以来伦理学及心理学上"定命论"与"定业论"之间之冲突，王国维认为，叔本华指出意志之绝对自由，而意志投身于外在世界的结果必遵从因果律之范畴。故而叔氏之伦理学及心理学必欲解决人生意志与外在世界冲突之矛盾，此乃叔本华之"悲观主义"之缘起，而反求诸己，叔氏必尊佛教等宗教对意志的否定，实则为叔氏所倡导之德性之出发点之根本。

王国维进而论及尼采，言其继承叔本华意志说一路，不过反面推崇人生之意志乃需发扬光大，虽结论与叔氏异，出发点乃叔本华哲学。

王国维对叔本华哲学最为赞赏，故而其美学、教育学等亦受其影响至深，下面简单谈及王氏之美学及教育学观点。

（2）王国维的美学思想

王国维的美学思想见其《叔本华之哲学与教育学》《红楼梦评论》《哲学辩惑》《教育小言》《孔子之美育主义》等多篇文章中，统而论之，王国维美学思想受康德、叔本华影响巨大，究其观点而言，王国维认为美之所在，乃在于其远离人们之利益之享受也。而关于美学，王国维指出，美者，有优美及壮美，而所有美术创作，必赖于天才之创作也。而关于历代艺术品之价值，王氏言虽非天才创作，当有其价值，王氏统以"古雅"称之。王国维在《古雅之在美学上之地位》中说道"可爱玩而不可利用者也"，言"古雅"之价值当在陶冶人之性情，让人忘掉利益之羁绊也。此说虽质朴之极，然就美之艺术品言之，当为其最重要之价值。

王国维不仅仅从西方哲学出发谈及美学及美之价值，尤能从中国文化尤其是儒家文化中发掘美学之价值，王氏在《孔子之美育主义》引用《论语》中"小子何莫学夫诗？诗可以兴，可以观，可以群，可以怨。迩之事夫，远之事君，多识于鸟兽草木之名"，"兴于诗，立于礼，成于乐"。王国维进一步说道：

今转而观孔子之说，其审美学上之理论虽不可得而知，然其教人也，则始于美育，终于美育。

可见儒家之学说，并非为纯粹伦理之说教，而其中蕴含之美学思想及其美育主义乃王氏阐发之重点。

关于王国维的美学思想，可在其诸多文学评论中一并发掘，今不再多言，于论述王氏之文学评论时一并再作详论。

（3）王国维的教育学研究

王国维从康德、叔本华之哲学观点出发，进一步分析教育之作用及价值，同时指出吾国在教育理念上之诸多不合理之处，王国维在《教育小言十则》《教育小言十三则》中对教育之目的、价值、体系提出诸多批评。而在《论教育之宗旨》一文中，说道：

教育之宗旨何在，在使人为完全之人物而已。何谓完全之人物？谓使人之能力无不发达且调和是也。人之能力分为二者：一曰身体之能力，一曰精神之能力。发达其身体而萎缩其精神，或发达其精神而罢敝其身体，皆非所谓万全者也。

此段可见王国维教育学之根本，其他诸篇可视为对王国维教育宗旨之注解而已，从此宗旨出发，王国维提出教育者当有"德育、知育、美育"之全面体系也。

纵观人类历史，古希腊以哲学为上，罗马则注重逻辑及身体之教育。古印度以"感悟式"教育为主，中国自先秦至唐宋，则以"义理"之教育为上，尤重儒家之正统教育，"元明清"教育则为"奴性教育"。西方近代以降，则以"工具理性"教育为上。今日之中国教育，当然弊端多多，若大体言之，则唯以西方"利益"之教育理念而屈从之。教育之重要，当为一国之根本，倘若无有一强健精神之国民，则国家之真正之振兴，当遥遥无期。今天之教育，当从教育之理念、体系、内容、方法等诸方面作深刻之反思及变革不可。

（4）王国维的西方哲学、美学、教育学、伦理学、法学等方面的译注

王国维在研读西方诸学阶段，除撰文著述介绍西方诸学外，尚翻译大量西方哲学、美学、教育学、伦理学、法学等方面的著作，因其曾流亡日本，故其译注作品大都以日人之西学研究著作为主，此处可见日本当时对西方诸学研究之广度与深度远超当时国内，其作品大部收录在浙江出版社《王国维全集》第十七、十八两卷中，此处仅将其译注作品名称列出：

矶谷幸次郎（日）《法学通论》

桑木严翼（日）《哲学概论》

元良永次郎（日）《心理学》

牧濑五一郎（日）《教育学教科书》

赫姆霍茨（Helmholtz）（德）《势力不灭论》

希尔维克（英）《西洋伦理学史要》

饭岛魁编著（日）《动物学教科书》

海甫定（丹麦）《心理学概论》

译自英国百科全书《欧洲大学小史》

王国维对西学之诸译注，一方面可看出王氏当年所受之影响，其中尤以桑

木严翼之《哲学概论》及赫姆霍茨之《势力不灭论》为重，其次，王氏所译诸作品，今日看来，虽非主流学界之推崇，然仍有其价值与作用，概王氏之译文往往更为精炼且加诸自己之理解，仍可通过诸翻译作品反思王氏之思想与价值取向，此乃第二重研究也！今不作详论，但读者读其作品时，需注意大量西方人物之翻译不同于今日，如卢梭视为"卢骚"，康德为"汗德"，培根为"柏庚"，而译国际法之创始人格劳秀斯为"虎哥"等。王国维对西学诸作品之翻译可视其西学传播方面之大贡献也！此处不再论述。

2. 王国维"国学"义理之研究

王国维在《自序》中坦言年少时不喜经书，但以历史、杂记等书籍为乐，当其流亡日本期间，方才对儒家诸经深入钻研，言其就《十三经注疏》，每日一卷，深得其意义流变，可见王氏对中国历代大家之说，必有其精微之一面，观其《经学概论》及其对《书》、《诗》、《礼》、《乐》等方面的训诂与阐发可得而知之。但观王氏诸书，对中国国学义理之阐发，当以《论性》、《释理》、《原命》诸篇为其最重要之结果，而对《墨子》研究则以《墨子之学说》为其正果。

如果说王国维在诸篇考据之学中对中国文化之挖掘，尚以一纯粹之中国传统文化之理念来逐一说明，并对其中之渊源流变详细论证，观其《经学概论》当为其代表性作品。而对中国文化中"性"、"理"、"命"诸问题及概念的探讨，则以西方哲学框架来试图进行解说及阐发，也可以视之为王国维在中西哲学汇通方面的一些初步工作，对后世诸多学人如大哲牟宗三等应该有深刻影响。

就感性而言，王国维受叔本华哲学影响最深，而就理性而言，则服膺康德哲学。观其"性"、"命"、"理"之说明，当知无疑矣。

（1）论性

康德在《纯粹理性批判》中指出"物自体"与"现象界"之间有着不可逾越的鸿沟，而人们的知识受制于时间、空间及诸范畴的局限，故而得出"上帝存在、灵魂不灭、意志自由"为必然之根据，同时又为必然之结果。叔本华进而欲弥合康德所造成的"物自体"与"现象界"的矛盾与鸿沟，提出"世界是意志的表象"，此一表述实质上并未能从根本上解决康德所提出的问题，但不失为一消极之弥合之道。王氏受二家影响甚巨。进而用康德及叔本华之哲学框架对中国哲学中最重要的"性"、"命"、"理"进行阐发,以开展其汇通中西哲学的工作。

王国维在《论性》中,历数自先秦以来至宋明清诸家对"性"的解读。指出孔子的"性"之观念乃一超绝的观念论,而孟子则为二元论(其根据为孟子的体系中性、欲之对立),荀子则为一元论(性、欲统统为恶)。至韩愈、苏东坡、王安石、张载、周敦颐、朱熹、王阳明等人,力图树立一形而上学之体系,说明性与情、欲、气、理、良知良能之关系。最后王国维总而括之,简而论之,指出历代大家或从观念上论性,或从经验论上谈性,而其中必带来不可克服之矛盾,最后王国维总结道:

> 吾人之经验上善恶二性之相对立如此,故由经验以推论人性者,虽不知与性果有当与否,然尚不与经验相矛盾,故得而持其说也。超绝的一无论,亦务与经验上之事实相调和,故亦不见有显著之矛盾。至执性善、性恶之一元论者,当其就性言性时,以性为吾人不可经验之一物故,故皆得而持其说。然欲以之说明经验,或应用于修身之事业,则矛盾即随之而起。

当然,王国维论性,并未最终给性以明确的定义及新的建构,其功绩当在首次用西方哲学对中国文化中重要命题的分析与阐发,与胡适、冯友兰所不同的是,王国维在《论性》中以超绝之观念论与经验之实在论立法,判析历代诸儒之性说,将性与情、性与欲、性与气、理与气等分别论之,可谓其汇通中西哲学之立足点,不可不察。

(2)释理

王国维在《释理》中首先通过对"理"在中国、英国、法国、意大利及希腊语中的含义,进而得出"理"之内涵:

> 由此观之,古代二大国语及近世三大国语,皆以思索(分合概念之力)之能力,及言语之能力,即他动物之所无而为人类之独有者,谓之曰:理性、Logos(希)、Ratio(拉)、Vernunft(德)、Raison(法)、Reason(英)。而从吾人理性之思索之径路,则下一判断,必不可无其理由。于是拉丁语之Ratio、法语之Raison、英语之Reason等,于理性外,又有理由之意义。至德语之Vernunft,则但指理性,而理由则别以"Grunde"之语表之。吾国之"理"字,

其义则与前者为近，兼有理性与理由之二义，于是"理"之解释，不得不分为广义的及狭义的二种。

王国维进而指出在中西文化中"理"之含义可分为广义与侠义两种：

由上文观之，则"理"之意义，以理由而言，为吾人知识之普遍之形式；以理性而言，则为吾人构造概念及定概念间之关系之作用，而知力之一种也。故"理"之为物，但有主观的意义，而无客观的意义。

王国维通过对"理"的定义，根据康德的《纯粹理性批判》及叔本华之充足理由论确定其仅具有主观之性质而无客观之性质，王氏比较中西哲学，指出康德通过《实践理性批判》将道德之客观化之过程而使之含有伦理学之性质。在中国宋明以降，则由于朱子及王阳明等人之建构，也进一步确定其伦理学之含义。朱子言"天理人欲"，乃将"理"这一主观性之概念客观化为德性之标准，可说与西方哲学之有益之汇通，而尤为重要的是，王国维将中国文化中的"直观""悟性"之概念内嵌于"自由意志"之中，方才是中西文化汇通之重点。关于此一问题，王氏似尚未有明确或肯定的表述，可看出乃是其初步之感悟。

王国维《释理》一篇，论证之充分已远超王国维之《论性》篇。也可以说是王氏对中西哲学的理解及汇通更进一步。当然，王国维在此言中外理之不同，基本以西哲之理之意义而言之，对中国文化中理字形而上学义与伦理学之义之解读以善与真之义涵盖之，但王氏虽提及此说，最终并未肯定，可见其对中国文化之理解此时尚未到位，引其言以证之：

吾国语中之"理"字，自宋以后，久有伦理学上之意义……若以理由言，则伦理学之理由，所谓动机是也。一切行为，无不有一物为之机括，此机括或为具体的直观，或为抽象的概念，而其为此行为之理由，则一也。由动机之正否，而行为有善恶，故动机虚位也，非定名也。善亦一动机，恶一亦动机，理性亦然。理性者，推理之能力也。为善由理性，为恶亦由理性，则理性之但为行为之形式，而不足为行为之标准，昭昭然矣。惟理性之能力，为动物之所无，而人类之所独有，故世人遂以形而上学之所谓真，与伦理学之所谓善，尽归诸理之属性。不知理性者，不过吾人知力之作用，以造概念，以定概念之关系，除为行为之手段，毫无关于伦理上之价值。

从以上王氏言论而言，王国维此时期对中西文化之汇通，尚处于以哲学上知识论之方法层面而展开，尚未能认识到中国文化中知识论与本体论本为一不可分割之整体，即就西哲康德言之，其纯粹理性与实践理性本为知识论与道德本体之分说，而最终以三大条件即上帝存在、意志自由、灵魂不灭而达至精神上之自由与道德上之圆满，也即是说，西哲之"理"也并未仅仅停留于知识论之层面，此乃王氏未曾注意者，不可不察。王氏此后在中国文化中境界一词之提出，则完满解决了年轻时对中西文化理解不到位之问题，此点俟后再讲。

（3）原命

王国维的《原命》篇，则几乎纯粹以西方哲学上的"定业论"、"定命论"、"自由意志论"来阐释，并指出中国几乎无"定业论"者，大都以"定命论"或一定程度的"自由意志论"来阐释"命"这一哲学概念。王国维认为所谓"定业论"即纯粹以人之动机来决定，故而谈不上善恶之分别。而"天命之谓性"中的"命"则是中国"定命论"之代表，但其指出孟子"求之有道,得之有命"，"命也,有性焉,君子弗为性焉"及张载的"形而后有气质之性,善反之则天地之性存焉"说明中国文化中所谓"命"既包括"定命论"之思想,也包括"自由意志论"之思想。"定业论"与"定命论"为西方哲学上对立的两种观点，王氏引用康德对自由意志的定义，最后消融或化解了两者之间的矛盾，简言之，由于自由意志的存在，虽不受因果律之限制，然自由意志的结果必服从于因果律，从而使得在"时间及空间"局限下的"命"之概念在"定业论"及"定命论"中达致统一。

王国维用西方哲学尤其是康德及叔本华哲学框架来探讨中国文化，历来被许多人评价为王国维的巅峰之作，或曰其乃王国维最重要的成就之一。其实不然，通过了解王国维对"性"、"命"、"理"的分解及阐发，虽然在中西哲学层面上为一有益之尝试，但很明显，王国维此时对中国文化中诸概念尚未有深入的理解与感悟。因为中国文化本来就是"体用不二"、"德智一体"之文化，也就是说，在西方语境中的"知识论"、"本体论"、"方法论"等诸方面，中国文化从来强调或曰有着与生俱来的统一性与完整性，如果纯粹用西方语汇来强加以解释，虽然有助于西方人对中国文化的理解，但无形中对中国文化是一种割裂与消解，从而将中国文化之本质及魅力减色不少。但观王氏之研究，其虽利用康德、叔本华哲学来进行解释。但时常提到"直观"及"悟性"之问题，可知在感悟层面，王氏对中国文化仍有着深切的认识。而只有彻底抛弃西方哲学语境式之解读，中国文化之魅力方可重放光芒。王国维最后显然重新踏上了这条道路，而其对中国文化的说明方才显露出其天才般的智慧与创造力，方才可见其最伟大之发明。关于此一问题，下面再谈。

3. 王国维的戏剧研究

王国维在戏剧领域的研究主要包括戏剧史、戏剧角色、历代剧本等多个领域。由于戏剧（戏曲）在中国文化中属于俗文化之层面，文人学士但以享受消遣为目的，在王国维之前，尚未有人进行全方位的研究，至多存在于历代文人笔记、杂记、野史等零散记载，至元朝钟嗣成著《录鬼簿》一书，可说是系统地记载了当时诸多剧本及作者身世，可算是戏剧剧本之汇总。王国维上溯上古歌舞、汉代舞乐、唐宋杂剧、傀儡戏、元曲等历代演变，成多篇文章，最重要者当属《戏曲考原》、《古剧脚色考》、《唐宋大曲考》、《宋元戏曲史》、《优曲录》等。

（1）戏剧历史之研究

王国维对中国戏剧的研究，可谓旁征博引，融会贯通，指出中国戏剧之渊源流变大致为：上古时祭祀礼仪中之乐舞乃巫觋之事，用以乐神也！古之优人，从周朝至秦汉时尤以侏儒为主。汉时优人以乐神乐人并举。并有倡人象人之角色出，倡人者，歌舞者也；象人者，乃蒙面而像动物者也。武帝时兴角抵戏，角抵者，体力技艺之比赛者也。至北齐，始有乐舞之中加进故事情节，如《兰陵王入阵曲》、《踏摇娘》（作者注：或为中国第一个反家庭暴力之戏剧），此乃中国戏剧之真正开端。而魏晋南北朝时期，西域诸国如龟兹、天竺(印度)、康国、安国等乐传入中国，一并有戏剧传来（作者注：最近发现《弥勒会见记》被推为中国第一个有文字记载的剧本）。魏晋南北朝时期之歌舞戏当时虽肇始，然仍未普及，乃汉以来百戏之一种。至唐时，歌舞戏渐多，王国维根据《旧唐书》、《乐府杂录》等记载，整理出当时戏名如《代面》、《钵头》、《踏摇娘》、《参军戏》

（作者注：王氏在《古剧脚色考》中指出参军此一脚色之来源)、《樊哙排君戏》等。唐时除歌舞戏之外，滑稽戏也一并发达，其始于开元年间，盛行于晚唐。王氏在比较歌舞戏与滑稽戏之异同如下：

一以歌舞为主，一以言语为主；一则演故事，一则讽时事；一为应节之歌舞，一为随意之动作；一可永久演之，一则除一时一地外，不容施于他处。

从以上王国维比较滑稽戏与歌舞戏之区别，当知歌舞戏乃后世戏剧之前身，而滑稽戏则为话剧之前身。今人有将话剧之来源归结与西方剧种之传播者，当知为谬。而关于歌舞戏与滑稽戏之相同之处，或曰联系之纽带，王国维指出，实乃参军之角色。所谓"参军"，本为石耽或周延之故事，后则演变为一角色，每有女子饰演之。

宋以后以小说为蓝本者，为宋之杂戏，而傀儡戏、影戏则以木偶皮影等演说故事。至宋词入戏，乃宋曲之形成也。金元则兼而有之，而结合歌舞、故事等并以元曲者，乃真正中国戏曲之大成也。以词曲入者，为戏曲；以俚语俗话等入戏者，为金元之戏剧。王国维在《宋元戏曲史》余论中总结历代戏曲（剧）之演变为：

由此书研究者观之，知我国戏剧，汉魏以来，与百戏合，至唐而分为歌舞戏及滑稽戏二种；宋时滑稽戏尤盛，又渐藉歌舞以缘饰故事，于是向之歌舞戏，不以歌舞为主，而以故事为主；至元杂剧出而体制遂定，南戏出而变化更多。于是我国始有纯粹之戏曲；然其与百戏及滑稽戏之关系，亦非全绝。……则元时戏剧，亦与百戏合演矣！

此段话可谓对中国戏剧（曲）历史演变之精炼概括。大概任何艺术形式，初始比较简单，后期则愈加复杂完备，戏剧亦然。比如曹雪芹之《红楼梦》，虽为小说之体裁，但其中包括诗词、歌赋、唱曲等。正可以与戏剧形式由简单至复杂之类比。

王国维除对戏剧之历史有着全面之研究外，对古剧之结构、角色之演变、元剧之兴衰流变、历代剧本整理、校注、分析也有着详实之考察与总结。这里仅约略说明。

（2）戏剧结构及角色演变之研究

王氏言戏剧之结构，大概以宋为界，宋以前之戏剧，有瓦舍所演，有宴集所演，杂剧之前，有艳段，有散段，常以游戏竞技夹杂之。宋之杂剧，用大曲者为多，用大曲者，字句、次序、格律要求甚严，一般不可变更。而用宫调者，可用一宫调中多首曲牌，未成定数。而元杂剧则结构确定，每一剧为四折，每折易一宫调，每调之中，必在十曲以上。

王氏在《古剧脚色考》中详细探讨了角色之演变，大概参军为唐时出现，仓鹘对应，至宋则为副净、副末二色。王氏言：

要之：宋杂剧、金院本二目所现之人物，若妲、若旦、若徕，则示其男女及年齿；若孤、若酸、若爷老、若邦老，则示其职业及位置；若厥、若倈，则示其性情举止；若哮、若郑、若和，虽不解其意，亦当有所指示。

以上乃王氏对角色演变及内容之精彩叙述。这里要强调的是，王氏指出，以上所列并非后世之角色之名称，但其乃角色之内容及其演变无疑也。

关于历代剧本及其校注、记录，这里不再说明，有兴趣者可参看其《优曲录》。其中大量来自历代杂记、野史、文人笔记、神怪故事中，读来别有一番趣味，可深度了解当时当地之风俗民情、时代风貌及文章特色。

（3）吸收异域因子之宋元戏曲

王国维对中西文化交流尤其是中国乐舞、戏曲吸收西域诸国之研究者多多。此处引用王氏在《宋元戏曲史》第十六章中之说：

至我国乐曲与外国之关系，亦可略言焉。三代之顷，庙中已列夷蛮之乐。汉张骞之使西域也，得《摩诃兜勒》之曲以归；至晋吕光平西域，得龟兹之乐，而变其声。魏太武平河西得之，谓之西凉乐；魏周之际，遂谓之国伎。龟兹之乐，亦于后魏时入中国。至齐周二代，而胡乐更盛。《隋志》谓："齐后主唯好胡戎乐，耽爱无已，于是繁手淫声，争新哀怨，故曹妙达、安未弱、安马驹之徒，至有封王开府者（曹妙达之祖曹婆罗门，受琵琶曲于龟兹商人，盖亦西域人也）。遂服簪缨而为伶人之事。后主亦能自度曲，亲执乐器，悦玩无厌，使胡儿阉官之辈，齐唱和之。"北周亦然。太祖辅魏之时，得高昌伎，教习以备缛宴之礼。及武帝大和六年，罗掖庭四夷乐，其后帝娉皇后于北狄，得其所获康国、龟兹等乐，更杂以高昌之旧，并于大司乐习焉，故齐周二代，并用胡乐。

至隋初而太常雅乐,并用胡声,而龟兹之八十四调,遂由苏祗婆郑译而显。当时九部伎,除清乐、文康为江南旧乐外,余七部皆胡乐也。有唐仍之。其大曲、法曲,大抵胡乐,而龟兹之八十四调,其中二十八调尤为盛行。宋教坊之十八调,亦唐二十八调之遗物。北曲之十二宫调,与南曲之十三宫调,又宋教坊十八调之遗物也。故南北曲之声,皆来自外国。而曲亦有自外国来者,其出于大曲、法曲等,自唐以前入中国者,且勿论;即以宋以后言之,则徽宗时蕃曲复盛行于世。吴曾《能改斋漫录》(卷一)云"徽宗政和初,有旨立赏钱五百千,若用鼓板改作北曲子,并著北服之类,并禁止支赏。其后民间不废鼓板之戏,第改名太平鼓"云云。至"绍兴年间,有张五牛大夫听动鼓板,中有〔太平令〕,因撰为赚"。(见上)则北曲中之〔太平令〕,与南曲中之〔太平歌〕,皆北曲子。又第四章所载南宋赚词,其结构似北曲,而曲名似南曲者,亦当自蕃曲出。而南北曲之赚,又自赚词出也。至宣和末,京师街巷鄙人,多歌蕃曲,名曰〔异国朝〕、〔四国朝〕、〔六国朝〕、〔蛮牌序〕、〔蓬蓬花〕等,其言至俚,一时士大夫皆能歌之。(见上)今南北曲中尚有〔四国朝〕、〔六国朝〕、〔蛮牌儿〕,此亦蕃曲,而于宣和时已入中原矣。至金人入主中国,而女真乐亦随之而入。《中原音韵》谓:"女真〔风流体〕等乐章,皆以女真人音声歌之。虽字有舛讹,不伤于音律者,不为害也。"则北曲双调中之〔风流体〕等,实女真曲也。此外如北曲黄钟宫之〔者剌古〕,双调之〔阿纳忽〕、〔古都白〕、〔唐兀歹〕、〔阿忽令〕,越调之〔拙鲁速〕,商调之〔浪来里〕,皆非中原之语,亦当为女真或蒙古之曲也。以上就乐曲之方面论之。至于戏剧,则除《拨头》一戏,自西域入中国外,别无所闻。辽金之杂剧院本,与唐宋之杂剧,结构全同。吾辈宁谓辽金之剧,皆自宋往,而宋之杂剧,不自辽金来,较可信也。至元剧之结构,诚为创见,然创之者,实为汉人。而亦大用古剧之材料,与古曲之形式,不能谓之自外国输入也。

(4)元曲及其艺术成就

根据王氏研究,元朝乃中国戏曲(剧)之集大成之阶段。而元人戏曲(剧)之艺术价值,王国维多处给以高度肯定与赞扬,王氏将元曲推为中国文学之新高度，其谈到元曲之艺术价值，王氏在《宋元戏曲史》第十二章《元剧之文章》中说道：

若元之文学，则固未有尚于其曲者也。元曲之佳处何在？一言以蔽之，曰：自然而已矣。古今之大文学，无不以自然胜，而莫著于元曲。盖元剧之作者，其人均非有名位学问也。其作剧也，非有藏之名山，传之其人之意也。彼以意兴之所至为之，以自娱娱人。关目之拙劣，所不问也；思想之卑陋，所不讳也；人物之矛盾，所不顾也。彼但摹写其胸中之感想与时代之情状，而真挚之理与秀杰之气，时流露于其间。故谓元曲为中国最自然之文学，无不可也。若其文字之自然，则又为其必然之结果，抑其次也。

中国后期之戏剧（戏曲）多喜剧，即使间中有悲剧之色彩，则往往以大团圆之结局而结束，唯独元剧中，尚有部分纯悲剧作品，其间往往有着对人生、社会、命运深刻之反省，在戏剧发展历史中有着重要意义。王氏指出：

明以后，传奇无非喜剧，而元则有悲剧在其中。就其存者言之：如《汉宫秋》、《梧桐雨》、《西蜀梦》、《火烧介子推》、《张千替杀妻》等，初无所谓先离后合，始困终亨之事也。其最有悲剧之性质者，则如关汉卿之《窦娥冤》、纪君祥之《赵氏孤儿》。剧中虽有恶人交构其间，而其蹈汤赴火者，仍出于其主人翁之意志，即列之于世界大悲剧中，亦无愧色也。

除此而外，王氏对历代戏剧之用曲、戏名、作者等有着详实的整理与阐发，此处不再一一列举。

综上所言，王国维对中国戏剧（曲）全方位的研究与整理，可说是中国戏剧史及诸戏剧分科之开拓者与集大成者，乃王国维学术上又一大贡献也。

4. 王国维的文学评论

王国维的文学评论大概包含以下书目：《文学小言》、《屈子之文学精神》、《红楼梦评传》、《人间词话》等。

（1）王国维文学评论方法之介绍及前人评论之不当

王国维的文学评论以其方法论，则一为用西方哲学如康德、叔本华、尼采等观点为主而进行的评价与分析，一为用中国传统文化之精神为出发点并参照中国文学之演变之角度来评价。前者以《红楼梦》为代表，后者则集中于《文学小言》、《人间词话》、《屈子之文学精神》。

今人往往将王国维借用西方哲学观点所进行的评论推崇备至，以为其乃王氏之学术精华，甚至将其推为王国维中西融合之典范之作，实乃偏颇之至。王国维在《静安文集自序》中说道：

> 余之研究哲学，始于辛壬之间。癸卯春，始读汗德之《纯理批评》，苦其不可解，读几半而辍。嗣读叔本华之书而大好之。自癸卯之夏，以至甲辰之冬，皆与叔本华之书为伴侣之时代也。其所尤惬心者，则在叔本华之《知识论》，汗德之说得因之以上窥。然于其人生哲学观，其观察之精锐，与议论之犀利，亦未尝不心怡神释也。后渐觉其有矛盾之处，去夏所作《〈红楼梦〉评论》，其立论虽全在叔氏之立脚地，然于第四章内已提出绝大之疑问。

以上王氏言论非常明确地表现出王国维在中西汇通方面之反思，虽言哲学，然对其《〈红楼梦〉评论》中部分结论已经提出质疑，当然后人决不可将其纯粹之西学框架之下之文学评论视为王氏之最终结论并加以无限颂扬，当可明了。而说王氏文学评论以中西哲学之观点而二分，乃究其大体言之，实则王国维之评论，常参和两方之观点，比如王氏在《文学小言》及《屈子文学之精神》中谈到叔本华与康德之观点，而在《红楼梦评论》中引用老庄哲学。

前边我们已谈到王国维的美学思想，其文学评论是其美学思想的应用而已。王国维在《红楼梦评论》中有一段话，可说文采飞扬，同时又涵盖其美学思想于其中，此处再引用如下：

> 由是观之，吾人之知识与实践之二方面，无往而不与生活之欲相关系，即与苦痛相关系。兹有一物焉，使吾人超然于利害之外，而忘物与我之关系。此时也，吾人之心，无希望、无恐怖，非复欲之我，而但知之我也。此犹积阴弥月，而旭日杲杲也；犹覆舟大海之中，浮沉上下，而飘著于故乡海岸也；犹阵云惨淡，而插翅之天使，赍平和之福音而来者也；犹鱼之脱于罟网，鸟之自樊笼出而游于山林江海也。然物之能使吾人超然于利害之外者，必其物之于吾人无利害之关系而后可。易言以明之，必其物非实物而后可。然则，非美术何足以当之乎？
>
> 夫自然界之物，无不与吾人有利害之关系，纵非直接，亦必间接相关系者也。

苟吾人而能忘物与我之关系而观物，则夫自然界之山明水媚，鸟飞花落，固无往而非华胥之国、极乐之土也。岂独自然界而已？人类之言语动作，悲欢啼笑，孰非美之对象乎？然此物既与吾人有利害之关系，而吾人欲强离其关系而观之，自非天才，岂易及此？于是天才者出，以其所观于自然人生中者复现之于美术中，而使中智以下之人，亦因其物之与己无关系，而超然于利害之外。是故观物无方，因人而变。濠上之鱼，庄、惠之所乐也，而渔父袭之以网罟；舞雩之木，孔、曾之所憩也，而樵者继之以斤斧。若物非有形，心无所住，则虽殉财之夫，贵私之子，宁有对曹霸、韩干之马，而计驰骋之乐，见毕宏、韦偃之松，而思栋梁之用；求好逑于雅典之偶，思税驾于金字之塔者哉？故美术之为物，欲者不观，观者不欲；而艺术之美所以优于自然之美者，全存于使人易忘物我之关系也。

以上可看出王国维对于文学评论之指导思想，乃在于"欲者不观，观者不欲。而艺术之美所以优于自然之美者，全存于使人易忘物我之关系也"。也就是说，王氏认为艺术之本质，乃在于超脱于生活，乃在于忘却利益之关系、知识之樊笼耳！王国维的美学思想当然一方面来自老庄哲学，可参见其《老子之学说》，一方面又来自于康德与叔本华之观点，康德讲到知识之局限问题，叔本华谈到意志乃世界之根本。王氏融合中西两派之思想，建构其美学体系，进而推之于文学之评论。从此处即可见到今人动辄言"艺术来源于生活"，何等浅薄也哉！

（2）王国维的"无欲说"

王国维的美学思想，一言以蔽之，当以"无欲说"为其核心，这里可以引用王氏在《文学小言》中第一段话作为佐证：

昔司马迁推本汉武时学术之盛，以为利禄之途使然。余谓一切学问皆能以利禄劝，独哲学与文学不然。何则？科学之事业，皆直接间接以厚生利用为旨，古未有与政治及社会上之兴味相刺谬者也。至一新世界观与新人生观出，则往往与政治及社会上之兴味不能相容。若哲学家而以政治及社会之兴味为兴味，而不顾真理之如何，则又决非真正之哲学。以欧洲中世哲学之以辩护宗教为务者，所以蒙极大之污辱，而叔本华所以痛斥德意志大学之哲学者也。文学亦然。

王国维所谓的"无欲",指的是超脱于物质之欲与利益之欲。王氏虽然并未对物质之欲与利益之欲进行批判与否定,否则,便走上了宗教之道路,但显然肯定超脱于"物质、生活"欲望之美,并且将超脱于物质及利益之上的"艺术享受"确定为美之来源。关于这一点,与时下许多艺术作品以挑动、刺激、满足人们之声色及权谋之欲望为主线的作品不同,王国维统统不认为此类作品是艺术作品。

王国维以"无欲说"为其出发点,显然,王国维并不否定一切欲望,尤其是人们对"美"的欲望与渴求。因此,王国维的"无欲说"既包含天人合一之思想,也包含超越洒脱之感怀。简言之,所有的艺术理论,必须解决"心""物"之关系问题。王国维既然提出超脱于生活及物质利益之外的艺术核心理论,当然,王氏下一步则必须解决心物之间的对应关系,因为,所有的艺术作品统统是人类心灵的反映。就这种心物之间的关系及其反映方式而言,王国维在对诗词作品的分析中,首先提出"写景"与"造景"说。"有我之境与无我之境说"、"情景交融说"、"隔与不隔说"、"境界说"。可说是王国维对文学这一艺术形式的深度感悟与阐释。

王国维在《文学小言》第四段中说到情景问题,正是王氏文学评论之精华之一,此处引用如下,以飨读者:

> 文学中有二原质焉:曰景,曰情。前者以描写自然及人生之事实为主,后者则吾人对此种事实之精神的态度也。故前者客观的,后者主观的也;前者知识的,后者感情的也。自一方面言之,则必吾人之胸中洞然无物,而后其观物也深,而其体物也切。即客观的知识,实与主观的感情为反比例。自他方面言之,则激烈之感情,亦得为直观之对象、文学之材料。而观物与其描写之也,亦有无限之快乐伴之。要之,文学者,不外知识与感情交代之结果而已。苟无锐敏之知识与深邃之感情者,不足与于文学之事。此其所以但为天才游戏之事业,而不能以他道劝者也。

除"情景论"以外,王氏在《人间词话》谈到"写景"与"造景""有我之境与无我之境",同样为王氏关于文学评论中的重要概念:

> 有造境,有写境。此理想与写实二派之所由分。然二者颇难区别。因大诗

人所造之境，必合乎自然，所写之境，必邻于理想故也。

有有我之境，有无我之境。"泪眼问花花不语，乱红飞过秋千去"，"可堪孤馆闭春寒，杜鹃声里斜阳暮"，有我之境也；"采菊东篱下，悠然见南山"，"寒波澹澹起，白鸟悠悠下"，无我之境也。有我之境，物皆著我之色彩。无我之境，不知何者为我，何者为物。此即主观诗与客观诗之所由分也（按：此句原已删去）。古人为词，写有我之境者为多，然非不能写无我之境，此在豪杰之士能自树立耳。

（3）王国维的"优美与壮美"说

从艺术的本质出发，王国维进而分美为"优美与壮美"。"优美与壮美"乃王国维文学评论中一主要思想，贯穿于其多篇文学评论中，王国维之优美与壮美之说或脱胎于康德，然仍有其自身之价值。

那么，何谓优美，何谓壮美，还是看看王国维在《红楼梦评论》中说道：

而美之为物有二种：一曰优美，一曰壮美。苟一物焉，与吾人无利害之关系，而吾人之观之也，不观其关系，而但观其物。或吾人之心中，无丝毫生活之欲存，而其观物也，不视为与我有关系之物，而但视为外物，则今之所观者，非昔之所观者也。此时吾心宁静之状态，名之曰优美之情，而谓此物曰优美。若此物大不利于吾人，而吾人生活之意志之破裂，因之意志遁去，而知力得为独立之作用，以深观其物，吾人谓此物曰壮美，而谓其感情曰壮美之情。

根据人们"忘我"之方式的不同，王国维将美分为"优美"与"壮美"，所谓"优美"，即能给人以宁静之享受，所谓"壮美"，是指艺术作品抑或自然景观能给人以震撼并能使人生命意志为之隐遁或退却之享受。

（4）王国维的"境界说"

王国维对文学作品最精彩及被世人传颂的"境界说"当为其最富创见性的说明。何谓"境界"，王氏言乃真情实感也！如何评判，当"不以大小定优劣"。王氏自言其"境界说"超过以往的"兴趣说"（作者注：严沧浪之《诗话》）、阮亭的"神韵说"，王国维对境界之高下有其独特的表述方法，乃以"境界"表"境界"也。王国维在《文学小言》（后被收入《人间词话》）说道：

词以境界为最上。有境界则自成高格，自有名句。五代北宋之词所以独绝者在此。

古今之成大事业大学问者，不可不历三种之阶级："昨夜西风凋碧树，独上高楼,望尽天涯路"（晏同叔《蝶恋花》）。此第一阶级也。"衣带渐宽终不悔，为伊消得人憔悴"（柳永《蝶恋花》）。此第二阶级也。"众里寻他千百度，回头蓦见，那人正在灯火阑珊处"（辛幼安《青玉案》）。此第三阶级也。未有不阅第一第二阶级，而能遽跻第三阶级者。文学亦然。此有文学上之天才者，所以又需莫大之修养也。

境非独谓景物也，感情亦人心中之一境界。故能写真景物、真感情者谓之有境界，否则谓之无境界。

（5）王国维评屈原

王国维利用自己的艺术理论及美学思想对历代诸大家逐一点评，此处不能一一列举，但如其在《文学小言》中独推屈子、陶渊明、杜甫、苏东坡等。而对屈原，王国维专著一文以颂之，可见王氏对屈子之爱何其深也！

前面说到王国维受中国传统文化影响之深，其美学思想一方面吸收康德、叔本华之思想，从知识之边界、人生之意志等诸角度来引申出"无欲说"乃艺术作品之根本，但对中国文化于王氏之影响之说明尚有不足，此处以王氏《屈子文学之精神》再加以阐发，以使吾人可以更全面了解王氏之美学思想及其评论。

王国维在《屈子文学之精神》中将中国先秦以前之学分南北两派，并指出中国先秦之学，以政治道德思想为主，北方重改造，南方重创新，北方为"帝王派"，南方为"非帝王派"。北方以诗歌为主来表达其人生感怀与价值取向，而南方则以散文为主，借老庄、列子以抒发其想象。至屈子，则合南北学派于一体，此乃其伟大之处，王国维言：

由此观之，北方人之感情，诗歌的也。以不得想象之助，故其所作遂止于小篇。南方人之想象，亦诗歌的也。以无深邃之感情之后援，故其想象亦散漫而无所丽，是以无纯粹之诗歌。而大诗歌之出，必须俟北方人之感情与南方人之想象合而为一，即必通南北之驿骑而后可，斯即屈子其人也。

使南方之学者处此，则贾谊（《吊屈原文》）扬雄（《反离骚》）是，而屈子非矣。此屈子之文学，所负于北方学派者也。然就屈子文学之形式言之，则所负于南方学派者，抑又不少。彼之丰富之想象力，实与庄、列为近。《天问》《远游》凿空之谈，求女谬悠之语，庄语之不足，而继之以谐，于是思想之游戏，更为自由矣。变《三百篇》之体，而为长句，变短什而为长篇，于是感情之发表，更为婉转矣。此皆古代北方文学之所未有，而其端自屈子开之。然所以驱使想象而成此大文学者，实由其北方之肫挚的性格。此庄周等之所以仅为哲学家，而周、秦间之大诗人，不能不独数屈子也。

以上为王国维对屈子文学之体裁与风格之评价，然，王氏不仅仅关注于其文学之成就，更对屈子之人格有着高度之评价，王国维在《屈子文学之精神》中说道：

屈子之自赞曰"廉贞"。余谓屈子之性格，此二字尽之矣。其廉固南方学者之所优为，其贞则其所不屑为，亦不能为者也。女嬃之詈、巫咸之占、渔父之歌，皆代表南方学者之思想，然皆不足以动屈子。而知屈子者，唯詹尹一人。盖屈子之于楚，亲则肺腑，尊则大夫，又尝管内政外交上之大事矣，其于国家既同累世之休戚，其于怀王又有一日之知遇，一疏再放，而终不能易其志，于是其性格与境遇相得，而使之成一种之欧穆亚。

从以上王氏对屈子精神的赞扬，可知王国维受中国传统文化影响之深，并深得其精髓。概中国文化中自古有"天人合一"之传统，有"德智一体"之思辨。王国维对历代大家之评论并未仅仅局限于体裁、风格、境界等之上。而是推而广之，将作品之高度与人格之高度贯通起来，这一点，显然与西方之美学思想有着巨大的鸿沟。此处，我们可以再引用其在《文学小言》中的论述以证：

三代以下之诗人，无过于屈子、渊明、子美、子瞻者。此四子者若无文学之天才，其人格亦自足千古。故无高尚伟大之人格，而有高尚伟大之文学者，殆未之有也。

王国维虽注重文学之形式与写作手法，然指出"无高尚伟大之人格，而有高尚伟大之文学者，殆未之有也"，说明了王国维深切领会到若人之无赤子之心，无真情实感，则一切文学必将成为空谈，从此处着眼，即可看出王国维对中国文化中"天人合一"之理念的融通与理解，并将其应用于文学评论之中，王国维在《人间词话》中说到：

> 大家之作，其言情也必沁人心脾，其写景也必豁人耳目，其辞脱口而出无矫揉装束之态。以其所见者真、所知者深也。持此以衡古今之作者，百不失一。

> 诗人对自然人生，须入乎其内，又须出乎其外。入乎其内，故能写之。出乎其外，故能观之。入乎其内，故有生气。出乎其外，故有高致。美成能入而不能出。

> 词人之忠实，不独对人事宜然。即对一草一木，亦须有忠实之意，否则所谓游词也。

此处可见，王国维对人格、修养之说明，并非一般人所理解的仅仅是对外界礼仪规范等的遵守，而王国维所看重的，主要是要有一颗赤子之心，要忠实于自己的真感情、忠实于一草一木。因此，王国维所强调的乃是道德的形而上学，是道德的本体论，是中国人道德灵魂的真实写照，是中国文化中道德与心灵的完美统一，是中国文化中伟大心灵的文学投影。从此处着眼，即可更深刻地了解王国维之文学思想，而不是将其仅仅停留在"用西学框架来分析中国文学"此一肤浅之认识。

王国维除对文学内涵、体裁、风格等有着精深之评判外，对中国文学之历代演变也有着诸多论断，同时对历代大家有着许多极其个性化的点评，此处不再一一列举。

（5）小结

总之，王国维的文学评论以中国文化之精神为其内核，参考并利用康德的知识论与叔本华的意志论，提出许多创见性的文学评论思想、方法、概念等，乃一完整的自成体系的文学理论体系。遗憾的是，百余年来，几乎传承无人，悲哉！

（三）王国维的文学创作

前人论及王国维的贡献，或专注于其金石甲骨等考据之学，或关注推崇其文学评论，或取其如戏剧等专业方面之论述，而王国维之文学创作则少有论及，今特此将王氏之文学创作列为一章，述及其文学之价值与贡献。

1. 笔者之文学观

上古之文章，按中国传统观念论之，实不分科目也！所谓史学一乃文学作品，而哲学著作一乃文学作品，后学术分科渐盛，则文学单列其为一科目，至此则文学评论起，往往仅将个人感怀之作视之为文学作品，而大量有关哲学、历史、宗教等诸种文字则排斥在外，实不足取也！观王氏之作，广义而言，俱可视之为文学之作品，狭义而言，则其中之歌赋、诗词、部分杂文可以文学之角度解读之。今广义之角度姑且搁置，暂论及其侠义之文学。

子曰："诗言志。"实乃开创中国文学评论之端绪，"志"有两义，一为"心志"，可理解为"意志"、"情志"等，一为"记事"，可理解为叙述之意，也就是现今常说的"现实主义"写作手法。先秦诸子百家，虽言"性"、言"道"、言"命"、言"法"，然文笔之精彩，足可证其文学之价值，后人几无从文学之角度而言及，也从一方面说明"文学"之内容足可包容一切，所以从这一角度出发，可知"文学"之学，虽强调其形式、体裁、风格等，但不足以说明文学之本质，今扩充而言之，文学，可言"志"、言"性"、言"命"、言"理"，亦可言"景"、言"情"、言"境"。因此，这里我将文学概括为三类，分别为"言志"之文学、"言道"之文学、"言境"之文学。所谓"言志"，即情志与记事之两类；所谓"言道"，则如先秦诸子所谓探讨大道之文，也可以说是探讨宇宙、人生、社会之道之文；所谓"言境"之文，则包括言情、言景、言境之文之统称。国人大都从文学之形式而言文学，比如文学体裁之演变，由诗骚而五言而汉赋，此后唐诗宋词元曲明清传奇小说杂记等。

今言王国维之文学成就，仅就侠义而言，当依其体裁而辩其实质，以证其贡献。

王氏之文学作品，涵四言、五言、七言、律诗、赋、词等多多，现略举其部分，以便管中窥豹，解其文学成就也！

2. 王国维"言道"之文

今人多言其曾用西哲康德、叔本华之学说研究中国文学及美术，少有言其用中国文学风格言西哲之贡献，王氏曾作四言诗《汗德像赞》以歌颂康德之哲学，兹引述如下：

> 人之最灵，厥唯天官。外以接物，内用反观。
> 小知闲闲，敝帚是享。群言淆乱，孰正其枉。
> 大疑潭潭，是粪是除。中道而反，丧其故居。
> 笃生哲人，凯尼之堡。息彼众喙，示我大道。
> 观外于空，观内于时。诸果粲然，厥因之随。
> 凡此数者，知物之式。存于能知，不存于物。
> 匪言之艰，证之维艰。云霾解驳，秋山巉巉。
> 赤日中天，烛彼穷阴。丹凤在霄，百鸟皆喑。
> 谷可如陵，山可为薮。万岁千秋，公名不朽。

此首诗中，"观外于空，观内于时"，指康德的时间空间为一切知识及感官的条件，说"诸果粲然，厥因之随"很显然是指康德的关于因果的说明。"存于能知，不存于物"，显然是指康德的"先天理性"，前后皆是对康德的赞美，可说是用中国文化之精神对康德的解说与赞美。

同样，王国维曾作《叔本华像赞》：

> 人知如轮，大道如轨。东海西海，此心此理。
> 在昔身毒，群圣所都。吠陀之教，施于佛屠。
> 亦越柏氏，雅典之哲。悼兹众愚，观影于穴。
> 汗德晚出，独辟启途。铸彼现象，出我烘炉。
> 觥觥先生，集其大成。载厚其址，以筑百城。
> 刻角飞甍，俯视星斗。懦夫骇焉，流汗却走。
> 天眼所观，万物一身，搜源去欲，倾海量仁。
> 嗟予冥行，百无一可。欲生之戚，公既诏我。
> 公虽云亡，公书则存。愿言千复，奉以终身。

王国维的《叔本华像赞》其实简略回顾了东西方思想中四吠陀、佛陀、柏拉图、康德等诸大哲之思想，并称赞"东海西海，此心此理"，说明王国维对东西方文化之汇通有着自己的独到理解，并认可东西方哲学、宗教思想领域最高层面的同一性问题。而最后，王国维对叔本华最为服膺，称赞其"天眼观物，万物一身"，实质是指叔本华的"世界是意志的表象"此一论题。而"搜源去欲，倾海量仁"则是对叔本华对宗教尤其是佛教思想的认同的称赞。"公虽云亡，公书则存。愿言千复，奉以终身"则充分说明王国维对叔本华思想的极度认同。当然，通过这首四言诗，我们还可以看到王国维对佛教及西方哲学源头如柏拉图等学说的理解，只有在此背景下，我们方可以更好地理解王国维对叔本华的理解与赞同。

王国维曾作赋数首，而其《中国名画集序》可谓一篇质量上乘之文学作品，兹引述此文第一段如下：

绘画之事，由来古矣。六书之字，作始于象形；五服之章，辉煌于作会。楚壁神灵，发累臣之问；宋舍众史，受元君之图。汉代黄门，亦有画者，殷纣殷纣踞妲己之图，周公负成王之象，遂乃悬诸别殿，颁之重臣。魏晋以还，盛图故事；齐梁以降，兼写佛象。爰自开天之际，实分南北之宗。王中允之清华，李将军之刻画，人物告退，而山水方滋。天下之韩马、戴牛、张松、薛鹤，一物之工，兹焉托始。荆、关崛起，董、巨代兴。天水一朝，士夫工于画苑；有元四杰，气韵溢乎典型。胜国兴朝，代有作者，莫不家抱钟山之壁，人握赤水之珠。变化拟于鬼神，矩矱通于造化。陈之列肆，非徒照乘之光；闷之巾箱，恒有冲天之气。今夫成而必亏者，时也；往而不复者，器也。江陵未造，见玉岫之扬灰；宣和旧藏，与降幡而北去。文武之道既尽，昆明之劫方多。即或脱坠简于秦余，遗焦桐于下。然且天吴紫凤，坏为牧竖之衣；长康探微，辱于酒家之壁。同糅玉石，终委泥涂。又或幸达收藏，并遭著录。而兰亭纸，永閟昭陵；争坐逸文，竟分安氏。中郎帐中之帙，仅与王郎同观；博士壁中之书，不许晁生转写。此则叔疑之登龙断，众议其私；阳虎之窃大弓，当书为盗者矣。

王国维上述一段文字，可谓以"赋"之形写中国画之演变，其中将中国画史推广到上古时期，即所谓"书画同源"，其后引经据典，经纣王之妲己图、周公之成王像一一列举，以说明人物画之开端，其后引用诸多典故，用极精炼之文笔将历代诸多名家一一道来，比如晋之顾恺之，唐之王维、李思训、韩干、薛稷，五代之荆全、关浩、董源、居然等，并将中国画由人物而山水，由一松一鹤等工笔到写意之山水，一一道来。而其文字则如瑞玉、如明珠、如闼中珍宝、如冲天之气，可谓王氏文学小文之代表也。

3. 王国维"言志"之文

以上俱为王国维"言道"之文学作品，而关于"言志"之作，王氏另有一篇《国学丛刊序》可谓精彩纷呈，其中王氏在这篇小文中，明确说明了自己对"学问"的看法，以及其中表露出王氏中西融通之理念，可堪一读，此处仅作为文学作品之欣赏，俟后在下一篇中论及王氏之学术成就时再另行分析。

《国学丛刊序》可以说是一篇极富内涵之优美文学作品，此处全部登录如下：

学之义不明于天下久矣。今之言学者，有新旧之争，有中西之争，有有用之学与无用之学之争。

余正告天下曰：学无新旧也，无中西也，无有用无用也。凡立此名者，均不学之徒。即学焉，而未尝知学者也。

学之义广矣。古人所谓学，兼知行言之。今专以知言，则学有三大类：曰科学也，史学也，文学也。凡记述事物，而求其原因，定其理法者，谓之科学；求事物变迁之迹，而明其因果者，谓之史学；至出入二者间，而兼有玩物适情之效者，谓之文学。然各科学，有各科学之沿革。而史学又有史学之科学。如刘知幾《史通》之类。若夫文学，则有文学之学如《文心雕龙》之类。焉，有文学之史如各史文苑传。焉。而科学、史学之杰作，亦即文学之杰作。故三者非斠然有疆界，而学术之蕃变，书籍之浩瀚，得以此三者括之焉。

凡事物必尽其真，而道理必求其是，此科学之所有事也。而欲求知识之真，与道理之是者，不可不知事物道理之所以存在之由。与其变迁之故，此史学之所有事也。若夫知识、道理之不能表以议论，而但可表以情感者，与夫不能求诸实地，而但可求诸想象者，此则文学之所有事。古今东西之为学，均不能出此三者。惟一国之民，性质有所毗，境遇有所限，故或长于此学而短于彼学。承学之子，资力有偏颇，岁月有涯涘，故不能不主此学，而从彼学。且于一学之中，又择其一部而从事焉。此不独治一学当如是，自学问之性质言之，亦固宜然。然为一学，无不有待于一切他学，亦无不有造于一切他学。故是丹而非素，主入而奴出，昔之学者或有之，今日之真知学、真为学者，可信其无是也。

夫然，故吾所谓学无新旧，无中西，无有用、无用之说，可得而详焉。何以言学无新旧也？夫天下之事物，自科学上观之与自史学上观之，其立论各不同。自科学上观之，则事物必尽其真，而道理必求其是。凡吾智之不能通而吾心之所不能安者，虽圣贤言之有所不信焉。虽圣贤行之有所不慊焉。何则圣贤所以别真伪也，真伪非由圣贤出也。所以明是非也，是非非由圣贤立也。自史学上观之，则不独事理之真与是者，足资研究而已，即今日所视为不真之学说，不是之制度风俗，必有所以成立之由，与其所以适于一时之故。其因存于邃古，而其果及于方来，故材料之足资参考者，虽至纤悉不敢弃焉。故物理学之历史，谬说居其半焉。哲学之历史，空想居其半焉。制度、风俗之历史，弃髦居其半焉。而史学家弗弃也。此二学之异也。然治科学者，必有待于史学上之材料。而治史学者，亦不可无科学上之知识。今之君子，非一切蔑古，即一切尚古。蔑古者，出于科学上之见地，而不知有史学。尚古者，出于史学上之见地，而不知有科学。即为调停之说者，亦未能知取舍之所以然，此所以有古今新旧之说也。

何以言学无中西也？世界学问，不出科学、史学、文学。故中国之学，西国类皆有之。西国之学，我国亦类皆有之。所异者，广狭、疏密耳。即从俗说而姑存中学、西学之名，则夫虑西学之盛之妨中学，与虑中学之盛之妨西学者，均不根之说也。中国今日，实无学之患，而非中学、西学偏重之患。京师号学问渊薮，而通达诚笃之旧学家，屈十指以计之，不能满也。其治西学者，不过为羔雁禽犊之资，其能贯串精博，终身以之如旧学家者，更难举其一二。

风会否塞，习尚荒落，非一日矣。余谓中、西二学，盛则俱盛，衰则俱衰。风气既开，互相推助。且居今日之世，讲今日之学，未有西学不兴，而中学能兴者；亦未有中学不兴，而西学能兴者。特余所谓中学，非世之君子所谓中学；所谓西学，非今日学校所授之西学而已。治《毛诗》《尔雅》者，不能不通天文博物诸学；而治博物学者，苟质以《诗》《骚》草木之名状而不知焉，则于此学固未为善。必如西人之推算日食，证梁虞𠚍、唐一行之说，以明《竹书纪年》之非伪，由《大唐西域记》以发见释迦之支墓，斯为得矣。故一学既兴，他学自从之，此由学问之事，本无中、西，彼鳃鳃焉虑二者之不能并立者，真不知世间有学问事者矣。

顾新旧、中西之争，世之通人，率知其不然，惟有用、无用之论，则比前二说为有力。余谓凡学皆无用也，皆有用也。欧洲近世农、工、商业之进步，固由于物理、化学之兴。然物理、化学高深普偏之部，与蒸气、电信有何关系乎？动植物之学，所关于树艺、畜牧者几何？天文之学所关于航海、授时者几何？心理社会之学，其得应用于政治、教育者亦尟。以科学而犹若是，而况于史学、文学乎？

然自他面言之，则一切艺术，悉由一切学问出。古人所谓不学无术，非虚语也。夫天下之事物，非由全不足以知曲，非致曲不足以知全。虽一物之解释，一事之决断，非深知宇宙人生之真相者，不能为也。而欲知宇宙、人生者，虽宇宙中之一现象，历史上之一事实，亦未始无所贡献。故深湛幽渺之思，学者有所不避焉；迂远繁琐之讥，学者有所不辞焉。事物无大小，无远近，苟思之得其真，纪之得其实，极其会归，皆有裨于人类之生存福祉，己不竟其绪，他人当能竟之；今不获其用，后世当能用之，此非苟且玩愒之徒，所与知也。学问之所以为古今、中西所崇敬者，实由于此。凡生民之先觉，政治教育之指导，利用厚生之渊源，胥由此出，非徒一国之名誉与光辉而已。世之君子可谓知有用之用，而不知无用之用者矣。

以上三说，其理至浅，其事至明，此在他国所不必言，而世之君子犹或疑之，不意至今日而犹使余为此哓哓也。

适同人将刊行《国学杂志》，敢以此言序其端。此志之刊，虽以中学为主，然不敢蹈世人之争论，此则同人所自信，而亦不能不自白于天下者也。

在王国维之创作及学术研究中，上述文字比比皆是，充分说明了王氏在学术研究之表述方面，有其文学上之创造，仅就其文学价值言，也具有重要意义。而王氏"言志"之作，就其本质，乃在于其"言之有物"，而于表现形式言，自然"言之成文"。

王氏年轻时曾作《咏史二十首》，以咏叹中国之历史也，也当为王氏"言志"之诗作，据说罗振玉当年就是从这些诗作中发现王国维之潜力而极力襄助，此处略引二首，看看王氏之豪气干云之诗作：

两条云岭摩天出，九曲黄河绕地回。
自是当年游牧地，有人曾号伏羲来。

西域纵横尽百城，张陈远略逊甘英。
千秋壮观君知否？黑海东头望大秦。

上面所选第一首诗，歌颂中国三皇五帝之首伏羲氏，第二首则歌颂班超之掾吏甘英帮助班超平定西域之功。从上述两首诗中，即可知王氏年轻时之抱负，绝非当时世人之蝇营狗苟之辈，而是胸怀历史与世界，想必王氏之豪情必隐藏于雄心壮志，世之不容，后期转入学问，乃不得已而为之也，给我们留下了需要反复品味的精神财富。

4. 王国维"言境"之诗词

王氏尚创作诸多诗词，可涵盖"言情"、"言景"、"言境"等。此处略举其一二，以便体会王氏之文学创作价值与意义。

王国维在《人间词话》中有"写景"与"造景"说，据此又提出"理想派"与"写实派"，最后，其指出不管"写景"、"造景"，必心物相应，故而创造出石破天惊之"境界"一说，言中国文学作品、尤其是诗词创作的最高标准。当然，王氏将"境界"说进一步推论为"治学问"与"成大事"之终极标准，此处暂不予论及，留到下一篇王氏之学术成就再作讨论。此处从王氏之文学理论出发，看看王氏之诗词创作之境界：

如梦令

点滴空阶疏雨。迢递严城更鼓。睡浅梦初成，又被东风吹去。无据。无据。斜汉垂垂欲曙。

此首乃写景之作，然景中见情也！

临江仙

过眼韶华何处也，萧萧又是秋声。极天衰草暮云平。
斜阳漏处，一塔枕孤城。
独立荒寒谁语，蓦回头、宫阙峥嵘。红墙隔雾未分明。
依依残照，独拥最高层。

此首词作，情景交融，可谓王氏所言"造景"与"写景"之融合也，而在此种融合之中，"依依残照，独拥最高层"可谓点睛之笔，乃王氏"境界"之代表作也，可谓王氏最具代表性词作之一。

好事近

夜起倚危楼，楼角玉绳低亚。
唯有月明霜冷，浸万家鸳瓦。
人间何苦又悲秋，正是伤春罢。
却向春风亭畔，数梧桐叶下。

"却向春风亭畔，数梧桐叶下"最妙，可谓由景入情而境界出也。

采桑子

高城鼓动兰釭炧，睡也还醒。醉也还醒。忽听孤鸿三两声。
人生只似风前絮，欢也零星。悲也零星。都作连江点点萍。

王氏叹人生悲凉之作，莫如此首之哀。

西河

垂杨里。兰舟当日曾系。千帆过尽，只伊人、不随书至。怪渠道著我侬心，一般思妇游子。　昨宵梦，分明记。几回飞渡烟水。西风吹断，伴灯花、摇摇欲坠。宵深待到凤凰山，声声啼鴂催起。　锦宛在怀袖底。人迢迢、紫塞千里。算是不曾相忆。倘有情，早合归来，休寄一纸无聊相思字。

为王氏"写情"之佳作，或为王氏情感之写照。

摸鱼儿·秋柳

问断肠、江南江北。年时如许春色。碧栏干外无边柳，舞落迟迟红日。沙岸直。又道是、连朝寒雨送行客。烟笼数驿。剩今日天涯，衰条折尽，月落晓风急。　金城路，多少人间行役。当年风度曾识。北征司马今头白，唯有攀条沾臆。君莫折。君不见、舞衣寸寸填沟洫，细腰谁惜。算只有多情，昏鸦点点，攒向断枝立。

此首由景入史，由史伤情之作也。

鹧鸪天

列炬归来酒未醒。六街人静马蹄轻。月中薄雾漫漫白，桥外渔灯点点青。从醉里，忆平生。可怜心事太峥嵘。更堪此夜西楼梦。摘得星辰满袖行。

可看出王氏少年之心志与中年之无奈，然"更堪此夜西楼梦。摘得星辰满袖行"乃王氏未曾磨灭之希望之写照。

点绛唇

万顷蓬壶，梦中昨夜扁舟去。萦回岛屿。中有舟行路。波上楼台，波底层层俯。何人住。断崖如锯。不见停桡处。

此为情景之作。

清平乐

樱桃花底。相见颓云髻。的的银缸无限意。消得和衣浓睡。

当时草草西窗。都成别后思量。料得天涯异日，应思今夜凄凉。

此为王氏写情之作。

5. 文学作品之评价原则及王氏作品之小结

除言志、言情、言景、言境之外，王氏尚有多篇文章，言及"性、命、理"等，可以说王氏之文学创作乃王氏最具创造性的文字作品之一，而就实质而言，王氏之作俱堪称上乘。从此出发，我们可以对文学之实质做一提炼，这里不就其形式而言，就本质而言，"言志"可谓记事记人之作，言"情、景、境"俱可统之谓言"境"之作，而言"性、命、理"等，可统之谓言"道"之作。故而，笔者已在前面述及可将文学之内涵确定为三个部分，分别是"言志"、"言道"、"言境"等。而不同内容必要求相应之形式与之匹配，匹配程度越高，则其文学作品之价值愈高。而所有单纯对文学作品形式的描述，如歌，如诗，如赋，如词，如文，则未能抓住其本质，为文学之浅见也！盖自古以来之妙文，常以形式之不能服务于内容而屡加创新，此乃文学发展之原动力，也可以说明文学之本质。而胡适所言之推崇白话文之理论，则分明是文学理论之大倒退也。今人不知，或单纯强调"现实主义"，或单纯强调"语言学"、"现象学"、"意识流"者，则只知其表而错以为其理，甚谬也！

王国维既能以严密之思维做精深之研究，又能以不朽之妙笔道尽细腻之情愫、辉煌之意志，乃王氏天才之象征也。何以如此，下篇再做详细分析。

（四）总论

1. 王国维的学术成就

综上所述，王国维的学术成就可以分为三个方面，一为其考据之学，二为义理之学，三为其文学创作。何以我将王国维的学术成就如此分类，必须联系到王国维的学术研究方法与体系，方可明其所以然，因此，下面，简述王国维的学术研究方法与体系，以辩析王氏之学术研究思想。

2. 王国维学术研究方法与体系

今人论及王国维之研究方法，或以其文字、音韵等考古领域之贡献，而称之为"二重证据法"，此一方法为王国维首先提出，但是，王国维的学术研究方法仅仅用"二重证据法"可涵盖乎？非也！何以见得？王氏其实在《宋代之金石学》中已指出将实物与典籍对照研究，宋已有之，而尤其举出宋人对诸多青铜器命名之准确，至今日仍无法推翻。再言之，清学之朴学一派，由惠栋到戴震，其对经学之研究方法，注重考证包括对文字、音韵等训诂之学，从逻辑上而言，因部分文字史料无法考证，故而有着进一步参照古彝器等实物延伸之必要，后期则阮元、王懿荣、刘鹗、罗振玉承其统续，在古文字及古器物方面做了大量之研究，王氏之研究方法，实传承于此，可明辨矣！至于后人言其采用西方之考古方法而研究中国甲骨文等国学者，未免牵强。大概古今中外，学术之大家，在研究方法上，常常有暗合之处，若将其暗合之处，统统指出一定是谁受谁的影响，则大可不必。如康德之部分观念，墨子也同样具有，可谓康德受墨子之影响乎？如叔本华之观念，与东方之佛教有其相似之处，可说叔本华是佛教之传承人乎？关于学术方法，应当实事求是而论之，今人动辄将国人之研究成果与西方诸学比附，其实更多地反映了国人之学术文化自卑之现况，除此而外，当无可解。当年，王氏虽深研康德、叔本华、尼采等诸哲学，并运用其思想形成其自己之美学观念，况且，王氏在《自序二》中早已对此做过分析，并很快从西哲之影子里走了出来，重新回归到中国文化本体的研究中，所以，说王国维的"二重证据法"为采用西方考古及史学之方法对中国文化之研究一说，甚谬也！此处不再置评。仅仅指出，王氏之"二重证据法"并非首创，但王国维却将其发扬光大，并延续清学之精神，从纵的角度与横的角度进行了扩充，从此处着眼，可以认为，王氏之学术研究方法之一为清学之集大成，并进一步在深度与广度方面有所拓展。从纵的方面，王氏将清学中对汉学之研究进一步推广到对商周时期之研究，并作出卓越之贡献，发表《殷商先公先王考》《殷商制度论》等，以及对今文经学与古文经学有着更为全面之分析与评价。而从横的一面，也可说，从广度而言，王氏将清学之方法进一步推广到对戏剧、边境地理、辽金元史、胡服、金石等诸多领域，极大地丰富了清学之研究范围，也可以说是对清学之继承与发扬。

王国维除采用自己所称的"二重证据法"研究历史及诸多专题外，王氏之第二种研究方法乃中西结合汇通之方法，许多人认为王国维的研究方法为利用西方哲学对中国文化进行分析，将重点停留在西方哲学之研究方法，恐怕不够全面，何以知之？这里我们先看看王国维在《国学丛刊序》中的一段文字：

学之义不明于天下久矣。今之言学者，有新旧之争，有中西之争，有有用之学与无用之学之争。

余正告天下曰：学无新旧也，无中西也，无有用无用也。凡立此名者，均不学之徒。即学焉，而未尝知学者也。

从上面这段话话，已清楚表明王国维对世人所评价的"利用西方哲学思想研究中国文化之方法"之不屑，在王国维的心目中，将"国学"与"西学"截然分开，显然不足取也！当然，这里只能说明王氏对中西学之态度，我们可以从其在《红楼梦评论》、《屈子之文学精神》、《论孔子之美育主义》等多篇文章中，看到其对康德、叔本华、尼采的观点，但是，同样在上述文章中，王国维最后还是回到中国文化的基本概念，并且引用先秦诸家之观点，甚至于佛道之思想来进行论述，其实，王国维以汇通中西的思路及方法来进行阐释，已彰显无遗，此处引用其在《屈子文学之精神》中一段话，以资佐证，其他诸篇中之论述，读者可自行查阅：

我国春秋以前，道德政治上之思想，可分之为二派：一帝王派，一非帝王派。前者称道尧、舜、禹、汤、文、武，后者则称其学出于上古之隐君子（如庄周所称广成子之类），或托之于上古之帝王。前者近古学派，后者远古学派也。前者贵族派，后者平民派也。前者入世派，后者遁世派（非真遁世派，知其主义之终不能行於世，而遁焉者也）也。前者热性派，后者冷性派也。前者国家派，后者个人派也。前者大成于孔子、墨子，而后者大成于老子（老子，楚人，在孔子后，与孔子问礼之老聃系二人。说见汪容甫《述学·老子考》）。故前者北方派，后者南方派也。此二派者，其主义常相反对，而不能相调和。观孔子与接舆、长沮、桀溺、荷丈人之关系，可知之矣。战国后之诸学派，无不直接出于此二派，或出于混合此二派。故虽谓吾国固有之思想，不外此二者，可也。

何以王国维之学术研究方法可称之为中西汇通之方法，其实植根于王氏之脑海中，植根于王国维以学术为目的，而非以学术为手段的为学态度上，《论近年之学术界》有一段话，可反映王氏治学之态度以及对学术之看法：

然由上文之说，而遂疑思想上之事，中国自中国，西洋自西洋者，此又不然。何则？知力人人之所同有，宇宙人生之问题，人人之所不得解也。具有能解释此问题之一部分者，无论其出于本国或出于外国，其偿我知识上之要求而慰我怀疑之苦痛者，则一也。同此宇宙，同此人生，而其观宇宙人生也，则各不同。以其不同之故，而遂生彼此之见，此大不然者也，学术之所争，只有是非真伪之别耳。于是非真伪之别外，而以国家、人种、宗教之见杂之，则以学术为一手段，而非以为一目的也。未有不视学术为一目的而能发达者，学术之发达，存于其独立而已。然则吾国今日之学术界，一面当破中外之见，而一面毋以为政论之手段，则庶可有发达之日欤？

上述摘录可谓王氏对《国学丛刊序》中关于"学无中西"之注解，王氏在《教育小言》中亦有几乎相同的论断，而其指出的当时之学术界之现象，一直到今天，尚无解决之迹象。

王国维关于"为学术而学术"，而不以其"中、西"、"古、今"、"实用与非实用"等作为划分之手段，可说是对学术理念层面的正确之态度，从此处着眼，学术当然有"中西"、"古今"、"实用与非实用"，但是，在学术之最高层，这些问题统统不存在，因此，吾人论及王氏之学，当把握此种原则，进一步说，王国维在中西汇通方面的研究方法其实不是实用层面及技术层面的融合，而是关于哲学思想、心灵感悟、人生与世界之根本问题之思考，只有在此基础上，谈论王国维的学术研究思想、方法以及体系，方可以抓住本质，方可以提纲挈领，观一窥而知全貌，至此则结论已明了，王氏之研究方法，除继承清学之精华并使之发扬光大外，尚站在学术思想之最高点上，以汇通中西之研究方法来进行中西文化之理解与研究，只有在此种思想指导之下，王国维利用西方哲学观点对中国文化之评述方可得以正解。此一研究成果,主要包括《红楼梦之评论》《屈子文学之精神》《叔本华哲学及其教育学》《叔本华与尼采》、《汗德之学说》、《教育小言》、《文学小言》、《墨子之学说》、《老子之学说》、《中国近年之学术界》等。

  王国维之研究方法中,最为重要并且最引以为豪,在王氏之著作中,从来未曾自我质疑及批判之研究方法,乃是纯粹中国文化核心精神之研究及其创作,王氏关于中国文化核心理念之论断,散见于其《汉魏博士考》、《汉魏博士提名考》、《今文经学与古文经学》、《老子之学说》、《墨子之学说》、《列子之学说》、《文学小言》、《人间词话》等多篇著作中,而其中最具高度的提炼,则为王国维之"三境界说",兹再引述如下:

  古今之成大事业大学问者,不可不历三种之阶级:"昨夜西风凋碧树,独上高楼,望尽天涯路"(晏同叔《蝶恋花》)。此第一阶级也。"衣带渐宽终不悔,为伊消得人憔悴"(柳永《蝶恋花》)。此第二阶级也。"众里寻他千百度,回头蓦见,那人正在灯火阑珊处"(辛幼安《青玉案》)。此第三阶级也。未有不阅第一第二阶级,而能遽跻第三阶级者。文学亦然。

——《人间词语》

  未有不阅第一第二阶级,而能遽跻第三阶级者。文学亦然。
  此有文学上之天才者,所以又需莫大之修养也。

——《文学小言》

  王国维虽然在《文学小言》及《人间词话》中俱有以上"三境界"说之论断,世人皆以为乃其关于文学研究尤其是诗词研究之结论,其实不然,王氏明言"古今之成大事业大学问者",即可见其哲学思想上高度,也就是说,王国维将"境界"一词提高到"成大事业大学问者"之必备之高度,可看出王氏对中国文化中"体用不二"、"德智一体"思想之理解。王氏精彩之处是用文学之语言,并引用前人之词句作一概括,此乃王氏之独特之处,若仅仅将其停留在文学评论之角度研究王国维,则大偏矣!王国维的"三境界"说,不仅仅是学问上之境界,也是道德修养之境界,更是心灵感悟之境界,犹如佛祖所言之"戒定慧"之说,而最高境界宛如"拈花微笑"之妙境,"明心见性、见性成佛"

之妙境，更有"成圣成道"之妙境。王氏所对应的"三境界"说，既可以理解为一人之境界，也可理解为不同人物之境界，如孔子言"上智与下愚不移"，也充分反映出王氏对中国文化有着"贯通古今"、"一语道破"之能力，从此观点出发，对王国维之大量诗词之作之理解俱可迎刃而解。而王国维对中国文化精神核心之理解则昭然若揭！此乃王氏之最高最妙之研究方法。不可不察，不可不知。

3. 王国维之学术贡献之再评价

人们谈论王国维之学术成就，常以两种角度论之，其一为王氏治学之次序，或曰哲学，或曰史学，或曰文学，其二为专业之角度进行论述，或曰以西学之方法研究中国文化，或曰以清学之思路研究历史等。以上二论，虽有一定之价值，但对于王国维之天才大师而言，吾以为尚未抓住其本质，同时，未能将王国维之最大贡献挖掘出来，因而也未能就王国维之独特之一面以一整体之眼光而呈现。这里，我们可以另辟蹊径，以整体、全面的角度对王氏之学术贡献做一总结。

人类之文化，就理性而言，有哲学与科学之学，就感性而言，则有宗教与艺术之学，概人之为人，既有其理性，也有其感性，故而单独之一门学问往往难以言尽世界之本质与人生宇宙之根本，王国维曾在《自序》中言"可爱者不可信，可信者不可爱"，应该是对此一问题之慨叹，王氏又曾在《国学丛刊序》中谈到"学无中西，学无古今，学无实用不实用"，又在其中坦言对于人类之学问，"世界学问，不出科学、史学、文学。故中国之学，西国类皆有之，西国之学，我国亦类皆有之。所异者，广狭、疏密耳！即从俗说而姑存中学、西学之名，则夫虑西学之盛之妨中学，与虑中学之盛之妨西学者，均不根之说也！中国今日，实无学之患，而非中学、西学偏重之患。京师号学问渊薮，而通达诚笃之旧学家，屈十指以计之，不能满也。其治西学者，不过为羔雁禽犊之资，其能贯串精博，终身以之如旧学家者，更难举其一二"，显而易见，王国维纯以学问为学问，而不受形式之束缚也，也反映出如果我们仅仅以西学之概念，如本体论、方法论、知识论与认识论，或仅仅以中国文化之性、命、理、道等概念来进行分析，都不足以掌握王氏学术之全貌,更不足以把握王氏学术之贡献。

王国维以贯通古今、汇通中西之气魄与心胸,以解决"可爱者不可信,可信者不可爱"此一自我疑问,提出"境界"一说,可谓王氏之最大贡献,从哲学层面言,王氏之"境界"说,打通了理性与感性之对立与矛盾,打通了"科学、哲学、宗教、艺术"之隔阂,同样,王国维的"境界"说,也解决了中国自古以来之"事功"与"立言"、"立德"通贯之可能。可说王氏之"境界"说乃王国维之最大贡献。此一贡献,是在近代学术思想领域内再一次将中国文化之奥妙一语道破。同时,此一打通与总结,是王氏在深研中西文化思想基础上的深度总结及感悟,所以说,王氏之"境界"说,可与柏拉图之"理念"说,叔本华之"自由意志"说,康德之"实践理性与纯粹理性"说,黑格尔之"绝对精神"说相媲美,可说是对古今中外文化哲思之高度总结。而在此一理念指导之下,王氏创作的大量诗词,可谓其"明心见性"之后之感悟之作。

以上是就王国维在最高层面之学术理念而言其贡献,其次,王氏之贡献,就技术层面与中国文化之传承层面,则为清学之集大成,并对清学之研究应用领域及其方法有着大量的突破与贡献,此一贡献,大都表现于王国维之大量甲骨文、文字学、音韵学、史学、戏剧史、历代著作之校注、金元辽之历史地理之研究。大量著述可见其《观堂集林》及后期《王国维遗书》中,此等著作,后期则俱被收录在浙江教育出版社与广东教育出版社出版之《王国维全集》中。

再次,王国维的第三方面之贡献,为对西方诸学,包括哲学、心理学、教育学、伦理学、美学思想等方面的著述及译著,此处不再详论。

王国维何以能以羸弱之躯,在兵荒马乱之年有如此之伟大贡献,此一问题,乃本篇文章逻辑之必然,因此,最后,我们必须对王国维之精神内核有一简单之概括与总结。

三、王国维的精神内核

第贰章 王国维：依依残照 独拥最高层

　　以上论及王国维的学术成就、学术研究思想及方法，以及王国维学术贡献之再评价，在此基础上，我们有一逻辑上之要求，即何以王国维能在其有生之年做出如此巨大的学术贡献，又何以最终投湖自尽，而王国维之学术成就及方法之传承者则寥寥无几，这些问题，如果作为一学术课题，可能需花费巨大精力，搜罗大量资料并进行详细之推理，也未必能窥其真要？此处简单论及如下。

　　孔子很早就指出人之不同，既有"君子和而不同"之说，也有"上智与下愚不移"之说，到魏晋时期之"九品制"则建基于人之才性之不同，唐时韩愈亦提出"性分三品，情分三品"之说，我们首先要承认人之差别，此种差别既可能是"性情"之不同，也可能是"德才"之不同，由于不同，故而有高下之分，王国维无疑具天才人物之特质，这种特质不仅仅表现在"性情"方面，也表现在"德才"方面，正是由于其完全不同于或远远超出常人的"德、才、性、情"，方能做出巨大的学术贡献。

　　王国维的天才之处，只能以王国维之精神内核来作解释，其一为王氏的家学及家族传统，乃是对中国文化及中国礼制之尊崇，王氏从小即喜看史书、杂记，后期在日本流亡期间精研《十三经注疏》可见一斑。其二，王氏之性格中有其自我介绍的"体素羸弱、性复忧郁"之特点，由于其并不善言谈，或曰不苟言笑，专注于自己的学术研究，而在种种之研究中，王国维必将兴趣作为最大之推动力，以"为学术而学术"，从不做任何自我限制，其"学无中西，学无古今，学无实用不实用"即是最好的说明，也是陈寅恪当年所总结的"独立之精神、自由之思想"，从王国维远超当时及后世诸多学者之心胸与气魄可见一斑。其三，王国维在研究中国文化与历史的过程中，深切地体会到中国传统，包括体制与文化之间的对应关系，我们可以从其对殷周制度之解读而窥见其根本思想及主张，在当时"革命主义"与"实用主义"等理念弥漫全国并被大多数人接受之时，王国维之孤独无奈，当无人可解，其纵身昆明湖，当为其所捍卫之文化、当为其志士仁人之气节，当为其忧愁悲愤而又无法排遣。以王氏之天才与卓识，焉能不知其所苦苦追寻之学术，其所苦苦探求之境界，在当时及未来之中国，或许再也难以重现，而群小当政，革命之气势大有踏平一切之日，王氏或只有一死方可自慰。当时之中国，显然以西学之糟粕与中国之糟粕为世之崇拜。王国维之死，悲哉！此处，我们可以再次引用陈寅恪在《王静安先生遗书序》中的一段话作为结尾。

寅恪以为古今中外志士仁人，往往憔悴忧伤，继之以死。其所伤之事，所死之故，不止局于一时间一地域而已，盖别有超越时间地域之理性存焉。而此超越时间地域之理性，必非其同时间地域之众人所能共喻。

谨以此文悼念天才大师王国维！愿王氏之学于今日之世当有传承！切切！

第叁章

 陈寅恪：四海无人对夕阳
文史独留两青峰

第叁章 陈寅恪：四海无人对夕阳 文史独留两青峰

　　陈寅恪为民国时期名贯中西之史学大家，兼具文学诗词之高才，后世论其著作者多多，常以意识形态之角度，或批评，或赞誉，更有后世之学者数人，考据其身世阅历、个人情怀者，而独对其学术思想、研究贡献、精神特质作一整体评价者甚少，今遍翻其著作，常常感慨系之，不能释怀，更感于其学术思想今世之传承者少之又少，名山之作，当普及于世，传乘斯后，为吾辈之责任。故而在论及民国十大家之中，略费笔墨，以释我怀，念其坎坷之身世与为学之精神，凝神揣想，望神交与文字，唏嘘与诗篇，惆怅旷叹之余，拣述其作，不求闻达，唯期布余。

　　陈寅恪生前著述多多，每每创见，即以单篇论之，断禅发幽，数万言难以穷尽也，而今则总而括之，力图提炼其学术研究之法、思想重点、精神特质，或可以资世人解其意而尊其格，读其书而明其神。再兼纵横比较，其史学与文学之丰碑当有其位而昭彰后人者，或可抛砖引玉，非为遣愁搏笑，只为纪念感怀，以传续中华文化之精神也。

一、陈寅恪生平及著述

陈寅恪,生于1890年,卒于1969年,祖籍江西修水,出生于湖南长沙。祖父陈宝箴,曾官拜湖南巡抚,为开明清流,父亲陈三立为诗文名家,其祖父与父亲均以诗文名重,深谙儒家典籍。陈三立为晚清诗界领袖,曾在家中自办私塾,讲授四书五经以及算学、地理等。陈寅恪少时即深受中国文化训练,并广泛涉猎经史子集,十二岁即随兄入日本巢鸭弘文学院,15岁回国。1910年再度自费留学,先后入德国柏林大学、瑞士苏黎世大学、法国巴黎高等政治学校就读。1914年因一战爆发回国。1918年官费游学美国哈佛大学,学习梵文与巴利文。1921年,再度入德国柏林大学,学习东方古文字,并具备了阅读梵、巴利、波斯、突厥、西夏、英、法、德八种语言的能力。此一时期,为陈寅恪求学时期。陈寅恪以求学为目的,从不考取任何文凭,但以最快以及最精之原则广泛吸收不同西学科目之精要。

1925年回国,兹后被聘为清华国学门导师。1928年,与台湾巡抚唐景崧之孙女唐筼结百年之好。1930年,任清华大学历史、中文、哲学三系教授。在国学门讲授其间以及其后一生,乃陈氏学术研究、著述、讲授时期,其所研究领域广泛,涉足文学诗词、汉魏南北朝隋唐史、政治制度之沿革流变、佛教典籍校注与翻译评介、释道儒三教交融、边疆地理等方面。文革时惨遭非人之折磨与迫害,含恨而亡。

主要著作有:《魏晋南北朝史讲演录》《隋唐制度渊源略论稿》《唐代政治史述论稿》《元白诗笺证稿》《寒柳堂集》《论〈再生缘〉》《金明馆丛稿初编》《金明馆丛稿二编》《柳如是别传》《寒柳堂记梦》等。

二、陈寅恪的学术研究述评

陈寅恪身兼史学及文学大家之双重身份,其研究领域就广义而言,当然包括史学与文学两个领域。就史学研究而言,则以汉魏、南北朝、隋唐为其重点,

第叁章 陈寅恪：四海无人对夕阳 文史独留两青峰

包括制度之沿革、文化之变迁、统治集团之斗争以及文化、政治、经济间相互作用，同时涉及道教、佛教之部分研究，以及大量校注学之研究。而在文学方面，则包含文学研究与文学创作，就文学研究而言，包括对元稹、白居易、韩愈、杜甫、陈端生、柳如是等的研究，就文学创作方面言之，则著有大量诗篇，陈寅恪之诗篇充分反映了陈氏之精神气质及人格内涵。陈氏兼具文学与史学之双重素养，所以其对文学与史学之研究常常贯通其中，比对参考，再兼其具西方诸国之留学与研究经历，所以其对中国文化之研究，常常能在理解西学之基础上，超越纯粹西学之观点而能挖掘出中国文化之独特魅力，最要者，乃在于陈氏之精神气质有别于同时期大多中国学人，有其独特之一面。下面就陈氏之研究目的及成果略作说明，同时，总结出陈氏之有别于他人之独特研究方法。最后，通过陈氏对当时诸多大家之评论及陈氏之文学作品，提炼其精神气质与内涵，以利于更深刻全面把握其内在精神以及陈氏对中国历史文化等诸问题的体悟与理解。

（一）陈寅恪的史学研究

1. 陈寅恪的隋唐历史之研究

（1）陈寅恪的研究目的及其框架

要了解任何思想及学术大家之研究成果，首先需了解其研究目的，方能对其研究结论做出评价与总结，对陈寅恪而言，其对中国隋唐历史的研究出发点为何？可参看其在《隋唐制度渊源略论稿》中的第一篇《绪论》中开宗明义的说明：

"夫隋唐时期为吾国中古极盛之世，其文物制度流传广播，北逾大漠，南暨交趾，东至日本，西极中亚，而迄鲜通论其渊源流变之书者，则吾国史学之缺憾也。兹综合旧籍所载及新出遗文之有关隋唐两朝制度者，分析其因子，推论其源流，成此一书。"

所谓"形而上者为之道，形而下者为之器"，概一国一民族之演变，在现象层面即为物质及制度之变化，而在这种变化之背后，必然是学术思想及其精神气质的变化为其先导，陈氏深明其理，旁征博引，对隋唐时期制度文化演变之根本进行了全面详实的分析,为说明方便,这里再次引用陈寅恪在《隋唐制度渊源略论稿》中陈氏的开卷说明,陈氏在绪论中即指出本书研究之结论:

隋唐之制度虽极广博纷复,然究析其因素,不出三源:一曰(北)魏、(北)齐,二曰梁、陈,三曰(西)魏、周。所谓(北)魏、(北)齐之源者,凡江左承袭汉魏、西晋之礼乐政刑典章文物,自东晋至南齐其间所发展变迁,而为北魏孝文帝及其子孙模仿采用,传至北齐成一大结集者是也……。凡北齐承袭元魏所采用东晋南北朝前半期之文物制度皆属于此范围也。又西晋永嘉之乱,中原魏晋以降之文化转移保存于凉州一隅,至北魏取凉州,而河西文化遂输入于魏……,故(北)魏、(北)齐之源其中亦有河西之一支派……。所谓梁陈之源者,凡梁代继承创作陈氏因袭无改之制度,迄杨随统一中国吸收采用,而传之于李唐者……,凡西魏、北周之创作有异于山东及江左之旧制,或阴为六镇鲜卑之野俗,或远承魏、(西)晋之遗风,若就地狱言之,乃关陇区内保存之旧时汉族文化,所适应鲜卑六镇势力之环境,而产生之混合品。

今人常常将历史的演变归结为生产力与生产方式关系的矛盾、斗争以及发展的变迁,或者将其理解为文化理念的延续与实现。此两种解释虽有一定之道理,但不足以解释中国历史朝代之变迁,第一种解释无法说明在一个长期以农为主的国家中,何以生产力与生产关系长期不变的前提下,如何产生一治一乱之循环,第二种则无法解释儒家文化的修身齐家治国平天下之理想何以一直得不到实现,以及三统三世之演变何以数千年来难以达成。第一章中,我们讲到梁启超所归结的中国治理结构的基本模式,本章我们则需要进一步论证中国历史中王权、世族、士大夫阶层对中国历史影响之根源以及作用,以作为进一步理解陈寅恪史学之关键。概中国历史之演变,自三皇五帝而后、夏商周、秦汉以降,可以说经历了圣人治理到君主立国之演变,也就是说,中国历史从最初的原始民主社会进入家族世袭制之时代,其演变之途径乃具世界文明之共性,而其中先秦诸子对三代之推崇渐成理想社会之目标,社会历史的发展则以实力兼具地利、人和、天时等诸种因缘。而从其中原始民主社会到家族世袭之演变则独有其中国式道路,其中对先秦诸子诸家学说之推崇虽则夹杂其间,而家族力量之渊源流变则成为决定历史发展的根本,在世袭家族、王权专政、文化学术种种错杂反复之背景下之交相融合与变化,则为中国从上古到中古时期一大特点。只有抓住此一主要问题,则中国历史中文化与制度之演变方可得一正解。陈寅恪显然了解并具此洞见,故而在隋唐及其南北朝时代的研究中,将家族世袭与王权演变和文化传承之间的渊源流变层层剥茧,以期对中国历史文化的流变提出客观而全面的见解,此乃陈氏伟大贡献之所在。

质而言之,中国社会商周时期之制度文化为一大变,而周秦之际再一大变,从商朝之好鬼神、重商业到周朝之重礼仪、尚分封,再到秦统一六国,以墨、法为治国之根本,到汉魏时期,则兼具道、儒为本,墨家之思想渐退出历史舞台。而天下一统所需要的圣王治理则沦落为以崇尚武力与霸道之君王,只不过在家族世袭制的治理结构中,唯皇权得以世袭,而诸侯卿大夫则渐渐失去制度之保证。既然皇权凭武力与霸术可居于最高之地位,同样,诸多士族与诸侯也依据同一道理,虽无制度之保证,但凭借其实力与权谋往往能占得一席之位,此乃历史发展中的逻辑,正是在这种皇权世袭与家族理念的双重作用下,中国的历史往往百般吊诡,诸多学术理念与治理结构则常常矛盾丛生,皇权一族,若遇圣明之主,则可以励精图治,在诸侯卿大夫之利益与国家民族利益之间能取得难得之平衡,而遇一软弱无能或贪鄙昏庸之君主,则局面失控,政治经济之建设难以取得进展,这也正是从东汉到魏晋南北朝时期中国乱世之根源所在。

中国制度文化,最早进入一早熟时期,当以秦国统一六国为标志,此后几千年来,虽然其治理结构一直有所改进与调整,但是从政道之角度而言尚无突破性之贡献。而这一早熟之文明形态,由于其先天之不足,根据上段之论述,则很容易导致国家混乱之局面,若此一混乱局面之形成,反而为异域文化之传播提供了土壤及时机。这也正是魏晋南北朝时期异域文化流入中国并最后与中国固有文化互相融合之根本原因,此乃任何一种先进文化,必有其不足之处,而倘使此种文化于制度之缺陷与不足未能为人之力量所扭正,则落后文化中对人性欲望之放纵反而能掩盖一种先进文化中对人性欲望之更大抑制之成分,而得以被喜欢此种落后文化之人士所吸收。

以上所述,可以帮助充分理解陈氏之隋唐制度文化之演变之论述,简而言之,陈寅恪将隋唐之制度文化渊源分为三个源流,其一为汉魏以降之中原文化之一脉而被北魏政权继承者,其二为东晋南迁后南朝宋齐梁陈之传承变迁之文化,其三为北魏分解后以关陇地区比附于中原文化而实质乃鲜卑等少数民族之传统。

(2)隋唐"礼仪"文化及其根源的研究

隋唐制度及文化,陈寅恪从"仪礼、职官、刑律、兵制、财政"等多个方面进行了论证,而在这种详实可靠之论证中,陈寅恪从大量的历史资料,比如《南史》、《北史》、《魏书》、《新唐书》、《旧唐书》、《唐会要》、《唐六典》、《册府元龟》中旁征博引,同时,也从大量的文学作品比如杜甫、元稹、白居易、韩愈、柳宗元等诗文中交相引证,再者,陈氏也从后期历代大家比如朱熹等对历史的分析中寻找引证,此乃陈氏研究之有别于他人者,不得不察。

正是由于中国这一早熟的文化与制度设计,自周公"制礼作乐"而被孔子盛赞以来,"礼仪"文化即被后世儒生及士大夫们作为中国文化中最为重要的组成成分,但对其后世之演变及解读却往往鲜有更为深刻之理解。中国式礼仪文化被历代士大夫们作为其"治国平天下"之重要手段,但其中礼仪文化自从周朝之分封制之解体而更多成为一种形式化之手段,早已与中国现实有着不可调和之矛盾,此种矛盾就现实层面而言之,即为中国皇权专制与文官治理之间之调和剂,就学术思想之传承而言,此种礼仪文化渐渐成为中国文化中之不可割舍之基因,而其形式化之本质却被历代士大夫理解为文化生命之本质,一方面成为维护统治者及调和统治者内部之手段之工具,另一方面则被历代贤良忠臣视为中国文化之本质而顶礼膜拜,成为中国制度与文化发展之重大障碍。当然,陈寅恪无意对此提出批评,陈氏之孜孜不倦之考证,其实更多是用来阐述此种"礼仪"制度及文化从汉魏到隋唐之间的流变轨迹。

为进一步明了陈氏之研究方法、角度、结论,我们重点剖析陈氏在隋唐礼仪制度及文化方面的研究及其结论,以便管中窥豹,了解陈氏之研究方法、角度、结论及陈寅恪的精神特质。

陈氏甫一开始,即引用《新唐书》礼乐志中的一段文字,此为陈氏研究礼仪之出发点,故而再次引用如下:

由三代而上,治出于一,而礼乐达于天下,由三代而下,治出于二,而礼乐为虚名。及三代已亡，遭秦变古，后自有天下者，自天子百官、名号位序、国家制度、宫车服器，一切用秦。至于三代礼乐具其名物，而藏于有司，时出而用之郊庙朝廷，曰："此为礼也，所以教民。"此所谓治出于二，而礼乐为虚名。故自汉以来史官所记事物名数、降登揖让、拜俛伏兴之节，皆有司之事尔，所谓礼之末节也。然用自郊庙朝廷，自缙绅大夫从事其间者皆莫能晓习，而天下之人至于老死未尝见也。

根据以上《新唐书》所言，礼乐文化自三代以降，即成为朝廷士大夫及各级官员之间的一套形式系统，甚至于后期缙绅大夫也不明所以，似乎对礼仪之考证研究无此必要，但陈氏提出新的见解：

礼制本于封建阶级相维系……。唐以前士大夫与礼制之关系既如是之密切，而士大夫阶级又居当日极重要地位，故治史者自不应以其仅为空名，影响不及于平民，遂忽视之不加以论就也。

以上可见陈氏在明了礼仪之形式化之虚名同时，又指出其对士大夫之重要影响，故而提出其研究之重要。此乃陈氏一贯风格，即研究任何问题前，必广泛了解前人之观点，承认其正确之一面，而对其所忽视之处，则重新考证研究。

陈寅恪随后大量引用《隋书》、《南史》、《北史》、《北齐书》等，并互相印证，引用王粲、牛弘、蒋少游、刘昶、刘芳、崔光等事迹，以明辨隋唐及其前代之礼仪之制作。最后，陈氏总结道：

隋文帝继承宇文氏之遗业，其制定礼仪则不依北周之制，别采梁体及后齐仪注……。所谓后齐仪注即北魏孝文帝模拟采用南朝前期之文物制度，易言之，则为自东晋迄南齐，其所继承汉、魏、西晋之遗产。

以上这段话说明，虽然隋文帝推翻宇文氏之北周，但其中大量的礼仪文物制度，则继承北魏后期之北齐制度及东晋后期南朝前期之制度文化。此一点，也论证了陈寅恪在开篇中所提到的隋唐制度及其文化的两个来源，一为北魏汉化之制度，一为晋室南迁后之沿袭于梁陈之汉文化。而关于北周之文化制度，陈氏也进行了充分说明，揭示其乃比附于《周礼》之鲜卑族之传统，并进而论及隋唐礼仪之形成：

盖自汉代学校制度废弛，博士传授之风气止息以后，学术中心移于家族，而家族复限于地域，故魏、晋、南北朝之学术、宗教皆于家族、地域两点不可分离……，此绰（注：苏绰，为宇文氏之制礼乐者）所以依托关中之地域，以继述成周为号召，窃取六国阴谋之旧文缘饰塞表鲜卑之胡制……，故考隋唐制度渊源者应置武功苏氏父子之事业于三源内之第三源，即（西）魏、周源中。

从以上所引用的陈寅恪的文字中，我们可以清楚地明了陈氏将隋唐制度及文化的三个源流进行了详实而可靠的论证，同时，我们也清楚地明白了陈氏在中国历史尤其是魏晋南北朝到隋唐时期的中国文化的演变传承中的理解与挖掘，并推论出相当程度上得益于世族大家的传承。与一般史书仅仅对世族之批评不同，陈寅恪挖掘出自汉魏以降，中国士大夫家族及其历代世族对中国文化的传承有着不可磨灭的贡献。

（3）隋唐职官、刑律、音乐、兵制财政等的考证与辩证

陈寅恪除对隋唐仪礼之渊源流变有着充分的论证外，对隋唐职官、刑律、音乐、兵制以及财政也有着诸多不同于他人者之诸多创见，此处仅简单述其结论及要点，而对其论证过程不再一一陈述。

1）职官

研究唐时职官者，往往根据《唐会要》中唐六典之说明，陈氏却独辟蹊径，发现唐六典中诸多与史事不相符合者，陈氏言：

开元时所修六典乃排比当时施行令式以合古书体裁，本为粉饰太平制礼作乐之一端，故其书在唐代行政上遂为一种便为征引之类书，并非依其所記之周官体裁，以设官分职实施政事也。

根据《周礼》及《尚书》的记载，兼根据章太炎、王国维、梁启超的竞相挖掘与整理，中国的官职从最初史官开始，随朝代不同而渐次演变，商朝时太史的权利逐渐划分，由三公六卿制所替代，六卿之外，设立司徒、司马、司空、司士、司寇等管理庶务。周沿袭其制，君主由兄终弟及制确立为长子继承制。管理系统基本沿袭三公六卿之制度，唯司徒、司空、司马、司寇等权利渐大。战国后期则以君主授命之国相为一国政事之总管。秦朝随秦始皇统一六国而体制为之一变，设丞相，废世袭，中国文官治理系统从此奠定。汉魏以后，则以监察御史（后期改为御史台等）等为中国官职之检察系统之滥觞。从魏晋到隋

唐时期，中国的治理系统逐渐成熟，到隋唐时，以三省六部制为核心，其中尚书、门下、中书互相制约，而尚书省下属之户部、礼部、吏部、工部、兵部、刑部等则为中国行政组织之机构，为中国中古时期成熟之管理系统。

陈氏对魏晋到隋唐之间之官职之演变，详加考释，对其中的渊源流变做出了详细的说明。现仅列举其重要发现如下：

陈氏指出，中国自汉魏以来，诸多地方长官由吏部所授，而属僚即由其长官任用，到北魏末年及北齐时代，地方长官之属僚均有吏部任命，"乃中国政治史上中央集权之一大变革"。

陈氏经考证《隋书》百官志，指出中央政府对州郡县等官员的任命，开始回避本地人士，则为中国官职任命之另一大变化。

中国从两汉到北齐，大将军之职位同三公，关于武职之变化，陈氏指出隋朝则承袭北周之制，将八柱国大将军列为台省以下，实乃兼顾鲜卑之部族旧制而利用汉人之系统，以压制武职之开端，此乃中国后期军人与政府系统分割而治之滥觞。

陈寅恪随后通过唐太宗、武则天、唐玄宗等时期官职之演变，参考《通鉴》、《通典》、《唐书》等，说明唐之官职仅仅为形似《周礼》之六官之设定，而其实质则大不同，唐朝之三省六部制独有其渊源流变及其创造，此处不再详述，有兴趣者可参看陈氏原文。

2）刑律

国人受多年阶级斗争之教育，通常认为，以被统治者之观点出发，法律乃"统治阶级"之工具，而从"统治者"之角度出发，则认为刑律乃维护社会稳定之要件。余则以为，若以伦理学之角度而言，所谓刑律，不过是道德之延伸及伦理之外化的强制措施。而以哲学观点论之，则以中国法家代表人物韩非子所言，不过是对人性恶的惩罚与抑制，从黑格尔的角度出发，乃是人类精神理念的规则化。从宗教的角度而言，乃应该是对神灵信奉的自觉及不自觉的保证，是修行者的戒律。今论述陈寅恪之观点，毋须涉及此等问题，但观陈氏之作，乃以历史的角度，还原隋唐刑律之来源，其中涉及中国学术思想的发展、家族利益的演变以及社会治理的合理与否之问题。今毋须展开详细论述，但就陈氏对隋唐刑律之演变作一简单介绍。

陈寅恪在刑律研究伊始，即引用《唐六典》及《新唐书》刑法志介绍刑律之定义及范围，兹转述如下：

> 凡律以正刑定罪，令以设范立制，格以禁违制邪，式以轨物程事。
> ——《唐六典·刑部郎中员外郎》

> 新唐之刑书有四：曰律、令、格、式。令者，尊卑贵贱之等数，国家之制度也。格者，百官之所常行之数也。式者，其所常守之法也。
> ——《新唐书·刑法志》

关于隋唐刑律之源，也就是律、令、格、式之渊源，陈氏指出，大都与礼仪、职官等演变同，也就是说，隋唐时期中国刑律之来源，也大都符合其在绪论中指出的三个来源，而陈氏犹指出其中之不同，陈氏指出其中之二，其一为元魏（北魏）正始年间所制定的刑律一部分源于南朝前期，也就是西晋刑律之继承。其二为北魏初期制定仪律者相当一部分来自于山东世族，而其中颇多汉律之精神。

3）兵制

隋唐时期的府兵制，是一种农战所结合之制度，即平时卸甲归田，农闲时统一训练，而管理机构则为兵部之折冲府。陈寅恪为近代详细考证其渊源流变的第一人，并对府兵制之起源、发展、衰落提出诸多创见性说明，观陈氏之研究，我认为其最具创见性研究有以下几点：

其一，关于府兵制之起源，陈寅恪指出，其源于西魏大统年间，而其中的根源则可上溯至北魏的六镇之乱。关于六镇之乱，陈氏一语中的，认为其乃鲜卑部族对北魏孝文帝汉化改革之一大反动也，而其后则北魏分裂为东西两魏，唯宇文泰改革兵制。

其二，关于宇文泰之改革兵制，成府兵制之滥觞，根本原因有二，一为迎合鲜卑族之八部落之旧俗，比附于周礼旧制，以成六柱国将军也（名义为八柱国将军）。二则实压制其他部族而大权独揽之制也。

关于府兵制之二百年流变过程，陈氏总结道：

> 府兵制前期为鲜卑兵制，为大体兵农分离制，为部酋分属制；其后期为华

夏兵制，为大体兵农合一制，为君主直辖制，为比较平民制。其前后两期分画之界限，则在隋代。周文帝、苏绰则府兵制创建之人，周武帝、隋文帝其变革之人，唐玄宗、张说其废止之人，而唐之高祖、太宗在此制度创建、变革、废止之三阶段中，恐俱无特殊地位者也。

府兵制为唐朝前期及中期之主要军事建制，而关于唐朝之用兵，则从唐高祖至玄宗时期，番将也为其重要的军事力量，陈氏于《金明馆丛稿初编》中《论唐代之番将与府兵》一文及《读书札记一集》中《高祖》一文及其在《寒柳堂集》中《论唐高祖称臣于突厥事》一文，对唐初之与突厥关系及其借用突厥之军力曾作详细考证，唐代对番将之应用贯穿整个历史，而关于唐初唐太宗及玄宗对番将应用的区别，陈氏言："可知太宗所任之番将为部落酋长，而玄宗所任之番将乃寒族胡人。"（语见《论唐代之番将与府兵》)，也即是说，陈氏指出，唐初时与其说唐朝之善用胡人之军力，在于替代隋朝及其征战隋朝后期之诸多武将，如王世充、窦建德等，质而言之，从突厥方面言之，则唐朝不过突厥部落之一酋长也。其后，玄宗为控制其胡人之兵力，专肆提拔重用其贫贱之胡人，乃在于其军事稳定之考量，但，随着番将之兵力成为唐朝中后期之主要军事力量，渐渐不受控制，最后导致唐朝的解体以及五代十国的局面，唐朝之兵制及其与财政政策等的关联有着内在的发展逻辑。

4）财政

中国财政史之研究，近代则起于罗振玉、梁启超，大成于陈焕章。后期则全汉升借西学之观念并参照中国史料接续之。如果说梁启超更多评价中国先秦诸子之经济学思想及后世财政政策之特点，陈焕章则力图以儒家之观念重建经济学，指出中国历代财政变革之利弊得失。陈寅恪则挖掘史事，从历代史书及文学作品中，论述魏晋到隋唐时期中国财政制度变革之详细历史及其内在逻辑，当有其独特之贡献。今不论及其他诸家之财政经济等方面的论述，仅简单介绍陈氏在此一领域的贡献。

关于中国历代经济制度及财政政策之演变，与现阶段大多数认为中国自古即是一个农业立国的农业国家不同，考诸不同历史阶段，中国上古时期，即秦汉以前之中国社会，其实是一个士农工商并举的时代，从中国自夏商周的历史进程来看，当时的当政者并非以农业为唯一而且最重要的行业来看待，中国古代曾有着高度发达的工商业经济，而当时的商人与工匠同样有着较高的社会地位，比如百里奚以贩牛起，而鲍叔牙与管仲更是以商业之徒步入士大夫管理阶层。诉诸《周礼》、《考工记》、《吴越春秋》、《越绝书》、《史记》等史料可以清楚看出此时期之社会特征。今不及详论，可参看本人《中国古代工商业经济研究》一文。

但就周朝所延续并确定的井田制为后期农业立国的基本政策，与现今诸多学者理解不同的是，井田制虽然在形式上随着秦朝的统一六国而消亡，但井田制这一根本的均田制思想则被后期历代统治者所继承，只是当时的公田被后期的"十一税"等赋税所取代，北魏均田之名为"漏田"与"桑田"，其中"漏田"、"桑田"均以丁而设置，随丁之增减而调整，可以认为其乃公有性质之田地而交由农民去管理与耕种，"桑田"则为世业，可传承子孙，但所耕种之品种有着明确的要求，即只允许官方指定的桑、榆等品种，"漏田"与"桑田"的比例大概为80：20。隋朝延续之，改"桑田"为"永业田"，针对不同官吏，增加"职分田"等，而对行政机关则分给"公廨田"，以其收成为各级政府机关的经费而已。唐则延续其制，为中国后期以农业立国之政策之集大成者。

唐代税务政策延续隋朝，前期为租庸调制，以丁税为主，简而言之，租者，纳粮也，调者，纳布（含丝麻等）也，庸者，以谷物及布帛代替徭役也。后期则有唐德宗时杨炎所开创的两税法，一年两次，分别于春秋两季征收，以户税及地税为主。后期间杂房屋税、船税等。

根据以上对魏晋至隋唐财政政策的简略介绍，下面我们可以对陈氏的研究结论做一概括。陈寅恪在研究隋唐财政政策时，并未将这些事实作简单之罗列，而是根据唐朝社会经济的变革，指出唐朝财政演变之内在逻辑，并指出唐朝财政政策的两个最大来源，其一为财政政策的渐次江南化，其二为河西地区的财政政策对唐朝财政的影响，也就是陈氏所言的河西地方化。

陈寅恪指出，南北朝时期，南朝社会较北朝稳定，其经济发展也领先于北朝，经过唐初五十余年的休养生息，唐代之经济生活超越北朝，已达到南朝当时的程度，则唐朝的财政政策势必采用当时南朝之政策，此乃江南化之内在原因，而河西地区当时实为一国防体制，其和籴（作者注：丰年粮价较低时官府以高于市场价收购）与义仓（作者注：延续隋制，改民间自筹为官府统办）制度经过牛仙客被升任为宰相逐渐推广至全国，乃河西地方化之财政政策也。

所谓江南化之政策则在于采用和籴之法后，长安一带之纳粮已足以维系整个统治阶层之需要，则改江南地区纳粮之政策为纳布之政策，也就是历史上著名的"迴造纳布"之政策，此政策之实行为渐次江南化也。也就是说，江南地区当年政策实行于大唐时代者也。

2. 陈寅恪的唐代政治史之研究

陈寅恪关于对唐代政治史的研究主要收录在其著作《唐代政治史述论稿》，今率先列举其篇章题目，以观其研究内容及方法之要点：

上篇：统治阶级之氏族及其升降

中篇：政治革命及党派分野

下篇：外族盛衰之连环性及外患与内政之关系

（1）统治阶级之氏族及其升降

所谓历史，乃赖于人类之所创造，而人们必受制于历史、地理、家族等诸方面的影响，尤其是在中古时代，家族世袭之遗风及实力必将具有重大的决定力量，此乃陈寅恪研究氏族之重要性之所在。自古以来治史者虽明乎于此，但对其间氏族之力量之渊源流变及其作用尚未作系统之研究，尤其在家族史于中国历史之进程中的关系未曾做出明晰的判定，大概源于古时治史者往往有着诸多顾及与忌讳有关，往往唯以歌颂圣主之英明而论之。陈氏独辟蹊径，从大量历史文献中挖掘李氏家族之历史，以资明晰李唐王朝之根源，有其自有之价值与独特之贡献。

考诸历史，从《汉书》、《晋书》之记载，有人认为李唐王室渊出汉代李广，但陈寅恪以其严谨之治学态度，并未采纳，而将李唐之世族根据《册府元龟》、《唐会要》的记载，尤其是《新唐书》帝王表之记述，将李氏家族上溯于南北朝时西凉后主李歆，其后则李氏之族者有太守、武将等。而对于其父系血统而言，明确其为汉人，只是母系血统中，其祖母及母亲俱为胡人（祖母独孤氏乃鲜卑族人，母亲窦氏有二分之一鲜卑血统）。但就血统而论，其实不足以说明其家族之文化特征，因为当时既有胡化之汉人，比如北齐开创者文宣帝高洋，也有汉化之胡人，北魏孝文帝即是其开端。更要者乃在于其家族以何种文化为传承之本，陈氏虽未明确说明，但通过对西魏宇文氏之以周礼之名义恢复鲜卑旧制，恢复被北魏孝文帝改姓之胡人姓氏，同时赐予汉人胡人之种姓，而隋文帝杨坚则反其道而行之，重新恢复汉姓，兼李唐世族与北魏、西魏、隋文帝之渊源，可知李唐世族必深受胡汉两种文化之熏陶，从而奠定李唐盛世之文化包容之气度。此点陈氏虽未言明，但可视为陈寅恪对李氏家族研究之重要结论之拓展。可谓陈氏在隋唐政治史研究上之一大贡献也。

（2）政治革命及党派分野

陈寅恪对唐代"政治革命及党派分野"的研究，实质是对唐代政变及文官治理系统内不同派别的研究，为尊重其研究结果，我们采用其"革命"一词，但需指出此处所言之"革命"非学术界内多年"革命"一词之含义。陈氏在此处的贡献有二，一为详细解释为何唐初时政治革命多由中央发动而成功，而地方发动则以失败告终。而唐朝后期，则以地方革命为主，并对李唐王朝产生了极其重要的影响。二为唐朝从武则天时代起，文官系统内部滋生以山东豪族为代表的恪守儒家礼仪之官僚系统及以文学词章而通过科举进入行政系统的文学之士，此两派的斗争影响遍及唐朝中晚期，并最终导致了牛李党争等重要事件。

陈氏言初唐时政治革命乃得以在中央成功，比如玄武门之变及武后当政，皆源于其所控制的部队在北门的胜利。而当时地方武力远不及中央，此乃尉迟迥、徐敬业失败之根由。而后期"玄宗之世关中本位政策完全改变，所以地方政治革命始能成功，而唐室之衰亡实由于地方政治革命之安、史、庞勋、黄巢等之叛乱，及黄巢部将朱温之篡夺也"。

陈寅恪在研究唐代政治史时延续其一贯风格及思路，即非常注意唐代统治阶层内部家族权利的斗争，参见其在《金明馆丛稿初编》中《记唐代之李武韦杨婚姻集团》一文对"李、武、扬、韦"等家族史及其政策、方法、谋略等方面的研究，可以说深刻剖析并明了中古时代中国的政治结构及其演变过程。而对唐朝不同家族之间相关联的是，唐代自始至终在皇位继承人的设定方面，一直没有一明确及稳定的政策及其规定，而由于皇储即皇位继承人的不确定性，屡次导致了唐朝政治的混乱，进而直接影响到唐朝社会的稳定。

根据以上陈氏的研究思路，其对唐太宗、武周时期（武则天当政时期）及唐玄宗开元年间的诸多事实及政策对唐朝社会的演变的影响，乃其所发前人之未发而有其独特之贡献。此处略引其在《隋唐政治史述论稿》中的上篇《统治阶级之氏族及其升降》中的研究结论，以资参考：

> 李唐皇室者唐代三百年统治之中心也，自高祖、太宗创业至高宗统御之前期，其将相文武大臣承西魏、北周以来之世业，即宇文泰"关中本位政策"下所结集团体之后裔也。至武曌主持中央政权之后，逐渐破坏传统之"关中本位政策"，以遂其创业垂统之野心。故"关中本位政策"最主要之府兵制，即于此时开始崩溃，而社会阶级在此时亦在此际起一升级之变动。

陈寅恪在这段文字中所述的"关中本位政策"前已述及，今不多阐述，大意为其当时之统治以关陇地区之胡汉文化融合及其相应的制度及政策层面为要。而武后当政时期则以科举取士之政策渐渐破坏其原有统治阶层之组成，从文官治理系统而言，此乃唐朝初期至中期一大特征，而其中文官治理系统与原有武官系统之间的融合渐不存在，而其后在文官治理系统内部的两大阵营，前期以传统儒生即大量的山东豪族之尊崇儒家礼仪之阶层与后期新科以文学词章著称之文人学士之间的对立，影响整个唐代之政治及社会生活。而武将则渐渐以独立，为藩镇割据之局面形成之滥觞也。

由于武则天的新政，唐朝社会一方面在治理系统层面也就是政治层面，渐成两大对立之局面，而社会文化方面也分为两大阵营，即以河北地区（作者注：黄河以北，包括今山西局部、河南、山东、河北、东北等地区）之胡化及其民风之演变，另外则以关陇地区及江南地区之汉文化或汉化之胡人为其主导。至玄宗时期，则诉诸于边疆之保卫，不得已而依据胡人为主之武将，包括安禄山等节度使，此乃唐朝历史演变中之重要变化。

在谈到唐玄宗时期之局面及相应政策，以及其取用安禄山等胡人之武将，陈氏明确提出新解。在玄宗之后，安史之乱沉痛打击唐时之政治经济以及其中央统治集团之权威，唐朝社会则实质上形成内部分裂之势，其关键地方在于"唐代自安史之乱后，长安政权之得以继续维持，除文化势力外，仅恃东南八道财赋之供给。至黄巢之乱既将此东南区域之经济几全加破坏，复断绝汴路、运河之交通，而奉长安文化为中心、仰东南财赋以存立之政治集团，遂不得不土崩瓦解"（陈寅恪《唐代政治史述论稿》）。

陈寅恪常常善于抓住历史发展中的根本问题，其对武后当政后所实行的科举取士政策，进而到最后唐朝治理系统内部的派别斗争，尤其是牛李党争问题，将其归纳推论为传统儒生与文学之士之间的为政理念及其行为习惯等诸多方面的冲突，可谓一新解也，此处不再详加论释，有兴趣者可参阅其在《唐代政治史论述稿》中的中篇，即政治革命与党派分野中的论述。

（3）外族盛衰之连环性及外患与内政之关系

陈寅恪在论及唐朝时期与外族势力之盛衰及其内忧外患之关系中，也提出了许多国人对大唐时期文治武功之诸多误解，比如人们往往将大唐时期对外战争的胜利归咎于唐时的强大，其实，陈氏研究指出：

盖中国与其所接触诸外族之盛衰兴废，常为多数外族间之连环性，而非中国与某甲外族间之单独性也。

陈氏所言之连环性与单独性，质而言之，是指唐朝时期整个国内国际之间的政治社会之纷繁复杂之关联性，而非单独其一民族一国家之问题。

关于唐朝外患，以突厥、回鹘（回纥）、吐蕃、高丽等为重，而其中的得失成败，历来史家论述者多多，陈寅恪发掘其中之此消彼长之关系，不独将胜者归为其单独之原因，更能发现其中本民族之衰败乃其中之主因，此处略引陈氏之几段论述，以资参考：

关于突厥：

北突厥或东突厥之败亡除与唐为敌外，其主因之一为境内之天灾及乱政，二为其他邻接部族回纥薛延陀之兴起两端，故授中国以可乘之机。否则虽以唐太宗之英武，亦未必能致如是之奇迹。斯外族盛衰连环性之一例证也。

关于吐蕃：

吐蕃之盛起于贞观之世，至大中时，其部族瓦解衰弱，中国于是收复河湟，西北边陲稍得安谧。计其终始，约二百年，唐代中国所受外族之患未有若斯之久且剧者也。迨吐蕃衰败之后，其役属之党项别部复兴起焉。此党项后裔之西夏又为中国边患，与北宋相终始。

关于高丽及西北边境：

高丽时代高宗获胜之重要原因在乘高丽之内乱及据新罗、百济之形势。然既得其国而终不能有，则以吐蕃炽盛，西北危急，更无余力经营东北。

而关于黄巢内乱，李唐王室不得已引用沙陀部将，而后庞勋造反，断绝汴路之运输，又导致南诏国之侵边，则为内忧外患之关联性之例证。陈氏于史家"歌功颂德"之记述中，发掘历史之真实及成败之关联，乃陈氏"独立之精神，自由之思想"在史学研究领域内之佐证，此乃陈氏不同于诸多官方史家之人格魅力与精神风骨之所在。

3. 陈寅恪对东汉至魏晋时期政治演变、学术思想、道教源流变迁等方面的研究

陈寅恪对隋唐历史的研究实质上为其自东汉至魏晋南北朝研究的延续或铺垫，观其对东汉至魏晋南北朝时期的诸多研究，大多散布于其《两晋南北朝史讲义》、《两晋南北朝史备课笔记》、《两晋南北朝隋唐史备课笔记》、《寒柳堂集》、《金明馆丛稿初、续编》、《读书札记》、《书信集》等多部书稿中，而其研究范围也极其广阔，涉及到世族演变、政治生态、学术思想、宗教流变、文学艺术、语言文字等多个领域。通览其作，其研究思路基本与隋唐历史的研究诸多类比之处，而由于历史阶段的不同，及其范围的扩大，陈氏之研究方法可谓更为深邃、细致，而其中对世族变迁对中国的政治演变、学术思想、佛道传播、文学艺术等诸多领域的影响，有着提纲挈领之作用。而对其中不同领域内之主要人物之研究，除了对其家族演变作详尽考证外，尤能对其本人之作用有着深刻的认识，同时，对于其对后世之影响也一并括之。同时，陈寅恪非常注重不同派别之间的交相融合、冲突、对立等，比如其对道教、儒家、佛教等三教之间的互相影响及融合也做了多篇详细阐明，以帮助我们了解历史之所以然。再兼陈氏学贯中西，掌握多种文字，故而更能在不同文字及版本之间发现问题并详细论证真伪流变，此乃陈氏历史研究中重要方法及贡献。而在陈氏对此一阶段的诸问题研究结论，可帮助我们对中国历史、政治、文化等方面别开新面之理解，贡献不可谓不大。下面简单谈一谈陈氏对此一阶段诸多问题的研究成果。

（1）陈寅恪对魏晋阶级的研究及其对曹魏及司马氏集团的评价

此处需特别指出的是，陈氏对魏晋阶级的研究，不同于我们通常意义上的阶级观念，陈氏所言的"阶级"，实指王公贵族及士大夫之间的不同集团而已。纵览中国历史，每个朝代的诸多方针政策及其命运，往往决定于上层阶级及其内部不同集团互动之结果。从此意义言，陈氏之研究方法，虽不同于吾国大多数史学界之分类方法，然往往更接近事实的本质，也更容易对吾国历史之走向及其变化做出更为合理而切实可靠的说明。

陈寅恪对魏晋时期不同集团的研究，上溯后汉，首先对其家族世袭、家风遗训、仁孝礼节及其本人之性格特点，查阅多种史料，做出详细的说明，以便世人了解家族演变与社会变迁、政治革命、文化习俗等诸方面的关系。此处仅指出其对曹魏及司马氏集团的研究结果，以便管中窥豹，了解其研究方法之特征及其魏晋政治变迁之内在逻辑。

要了解陈氏对魏晋时期政治及学术方面的研究，此处需简略提出两汉以来之治国方略及其干部任用制度。汉初以"黄老"之学为指导思想，采用休养生息之基本国策；而在政治体制上，则兼采郡县制及分封制。武帝时，采用董仲舒之意见，独尊儒术，罢黜百家，同时，极力消解诸侯王之权利。后期则以"举孝廉、选茂才"为提拔任用干部的基本国策。无奈后汉末年，社会贪腐成风，诸侯之势力有增无减，而各级管理则人人标榜"仁义"，出现了德才严重分离的局面，也成为后期两晋时期门阀世族政治之滥觞。

曹魏伊始，曹操当然对现实有着清醒的认识，故而提出"求才三令"，从此曹魏的用人制度，为之一变，而这也是中国学术思想发生重要变化的时期，从以前的"体用不二、德智一体"转变为"才性说"之社会现实之根源。关于曹魏集团与司马氏集团之间之分野，陈氏据曹操的"求才三令"引申而提出，可见其独具慧眼之处，为明了陈氏之解说，此处再次引用被陈寅恪所引用的曹操的三次招才令：

第一次：《三国志》卷1《武帝纪》载建安十五年（210年）春

操下令曰：自古受命及中兴之君，曷尝不得贤人君子与之共治天下者乎？及其得贤也，曾不出闾巷，岂幸相遇哉？上之人求取之耳。今天下尚未定，此特求贤之急时也。"孟公绰为赵、魏老则优,不可以为滕、薛大夫。"若必廉士而后可用,则齐桓其何以霸世!今天下得无有被褐怀玉而钓于渭滨者乎?又得无盗嫂受金而未遇无知者乎?二三子其佐我明扬仄陋,唯才是举,吾得而用之。

第二次:《求才令》颁布于建安十九年(214年)

夫有行之士未必能进取,进取之士未必有行也。陈平岂笃行,苏秦岂守信邪?而陈平定汉业,苏秦济弱燕。由此观之,士有偏短,庸可废乎!有司明思此义,则士无遗滞,官无废业矣。

第三次:《求才令》颁布于建安二十二年(217年)八月

(那时三国分立的形势已确立,曹操已于前一年由魏公进爵为魏王。)令文曰:昔伊挚、傅说出于贱人,管仲,桓公贼也,皆用之以兴。萧何、曹参,县吏也,韩信、陈平负污辱之名,有见笑之耻,卒能成就王业,声著千载。吴起贪将,杀妻自信,散金求官,母死不归,然在魏,秦人不敢东向;在楚,则三晋不敢南谋。今天下得无有至德之人,放在民间,及果勇不顾,临敌力战;若文俗之吏,高才异质,或堪为将守;负污辱之名,见笑之行;或不仁不孝,而有治国用兵之术。其各举所知,勿有所疑。

关于曹操的"求才三令",历来褒贬不一,古代则贬之者多,现代则褒之者多,认为其乃"唯才是举"之发明。陈氏则发明其中的根源,在《书世说新语文学类钟会撰四本论始毕条后》中指出曹操出自"阉宦"集团,据以前之社会制度,则曹氏之地位无以确立,而不得不采用新策略。当然,关于曹操政策所反映出的社会思潮的变化以及中国学术思想上"才性说"评价,陈氏并未尽言,此处不再赘述。由此出发,陈氏指出司马氏之家族演变及其用人策略乃是纯粹的"儒生理念",陈氏从不同利益集团的政治治理的方针之角度来分析曹魏与司马氏之间的斗争,已远远超出中国历史上仅仅以权谋之角度或仅仅以儒家理念来解析历史的方法,有其重要的历史研究方法及其思路的贡献。

关于司马氏集团及其理念,与钟会当时所提出的"四本论"有着内在的联系,从此处着眼,即可看出魏晋时期学术思想及其"清谈"风气的演变。详见下述。

(2)陈寅恪对魏晋玄学及其演变的研究

陈寅恪对魏晋思想及清谈之风的研究主要集中在《书世说新语文学类钟会

撰四本论始毕条后》及《陶渊明之思想与清谈之关系》、《崔浩与寇谦之》、《书魏书萧衍传后》等，陈寅恪采用其一贯严谨之作风，从诸多史书中挖掘事实，将魏晋时期清谈、格义、陶渊明思想、儒道融合等个中原委一一道来，并力图解析其中的渊源流变，下面简要述及其结论。

清谈：魏晋清谈之风大约源于汉末清议之风。由于党锢盛行，诸多拒不入仕之士人受到残酷镇压，此一政策一直延续到魏晋时期，当时的诸多名士们渐渐不去议论朝政与国事，反而深受老庄哲学启发，盛行"老、庄、易"三玄之谈。此乃当时的社会政治背景使然，而从中国文化的角度而言，也是魏晋时期精神人格觉醒及高扬的时代，而魏晋时期以"名教"为统治阶层鼓励的"仁孝"政策也往往成了当朝者的遮羞布，因此，魏晋名士以竹林七贤为代表的大批士大夫们则以"名教"与"自然"相对立的态度，崇尚清谈玄远，饮酒长啸，鄙弃俗务。陈氏发掘其中之原委，指出当时的清谈之风主要是由于现实政治上的考量，而此后，随着王戎、向秀、山涛渐入官场，则逐渐平衡名教与自然之对立，到后来融为一体，可为魏晋玄学之基本轮廓。陈氏再兼以家族渊源，指出嵇康之妻为曹操之曾孙，乃嵇康坚不入世之一大原因。而山涛则与司马氏家族之关系，早早入仕为官。当然，陈氏于其中也指出魏晋玄学之流变，从刘劭《人物志》到钟会的《四本论》，也简单阐明了中国学术思想中关于"才性"问题的阐释与演变，为明了陈寅恪之解释，此处再次引用《世说新语》中关于钟会《四本论》之说明：

钟会撰四本论始毕，甚欲使嵇公一见，置怀中，既定，畏其难，于户外遥掷，便回疾走。

——《世说新语》

魏志曰：会论才性同异，传于世。四本者，言才性同，才性异，才性合，才性离也。尚书傅嘏论同，中书令李丰论异，侍郎钟会论合，屯骑校尉王广论离。文多不载。

——刘注《世说新语》（作者注：刘孝标注）

陈寅恪据此论述，以为"六朝之清谈可分前后两期。后期之清谈仅限于口头及纸上，纯是抽象性质，故可视为言语文学之材料。至若前期之清谈，则为当时清谈者本人生活最有关之问题，纯为实际性质，即当日政治生活之表现"。

陈寅恪为说明此问题，对魏晋两朝之统治阶级之旨趣与理念之不同，也进行了精辟的分析，陈氏言：

> 魏为东汉内廷阉宦阶级之代表，晋则外廷士大夫阶级的代表。故魏晋递嬗乃东汉晚年两统治阶级之竞争胜败问题。
>
> ——陈寅恪《书世说新语文学类钟会撰四本论始毕条后》

当然，关于魏晋玄学之研究，陈氏更多从东汉至魏晋时期之党争之角度出发，当有其发明，而读者诸君如果要深入了解玄学之发展里程及其学术思想，可参看梁启超《中国学术发展变迁之大势》、汤用彤《魏晋玄学概论》、宗白华《宗白华文集》、鲁迅《魏晋风骨》及《中国小说史略》、李泽厚《中国美学史》及牟宗三《才性与玄理》等，此处不再多言。

格义：格义之意，乃在于当时佛典之传播，魏晋时期诸多士人及高僧往往从儒家及老庄哲学之观点来比附其意，典型代表作当为僧肇之《肇论》。而当时流传的关于佛教的多家派别，本人已在关于《梁启超的学术思想概述》中提及，此处不再多论。简而言之，自佛教传播到东晋时，有所谓的六家七宗（作者注：出自刘宋昙济），当以仅列出陈氏对支愍度关于"心无义"问题之研究，并进而指出陈氏关于当时格义之风盛行之辨析。

不同地区文化之传播，往往以现象与物质层面始，此后方能进入对异域文化的探讨与理解之阶段，诉诸《后汉书》等多家史料，东汉时佛教在中国的传播往往将佛教称之为"浮屠"，而冠以"道术"、"方术"之名，后期则开始用本国固有之文化观念来比附理解异域文化之阶段。魏晋时期的格义正是此阶段对异域文化理解过程的表现。陈氏首先通过僧肇的《不真空论》以及后期多家注解，来说明最初"心无义"者，即"心空而色不空也"。也就是说，人们的心灵可玄虚沉静不受干扰，达至空灵之境界，而所有现象界则乃是有之存在。陈氏指出，"心无义"之宗派理念起于支愍度，而终于慧远。而关于对"心无义"的格义之说，陈氏引用以下资料，以明辨其中之关系：

> 故其始修心则依佛、法、僧，谓之三归，若君子之三畏也。又有五戒，去杀、盗、淫、妄言、饮酒，大意与仁义礼智信同，名为异耳。
>
> ——《魏书·释老志》

> 提谓波利等问佛：何不为我说四六戒？佛答：五者，天下之大数。在天为五星，在地位五岳，在人为五脏，在阴阳为五行，在王为五帝，在世为五德，在色为五色，在法为五戒。以不杀配东方，东方是木，木主于任，任以养生为义。不盗配北方，北方属水，水主于智，智者不盗为义。不邪淫配四方，西方是金，金主于义，有义者不邪淫。不饮酒配南方，南方是火，火主于礼，礼防于失也。以不妄语配中央，中央是土，土主于信，妄语之人乖用两头，不契中正。中正以不偏乖为义也。
>
> ——智者大师《护国波若经疏》

从以上两条之引用文字可看出，当时之中国对佛教之理解，往往比附于儒道之观念与原则，则昭然而无需辩矣！

（3）陈寅恪对陶渊明思想的研究

陈氏对陶渊明的研究，不同于历代学人，将其重要意义归结为文学上的价值，陈氏从陶渊明的氏族渊源、家传信仰及其历史上魏晋玄学之风的演变等几个角度，重新审思并提炼隐含于陶渊明诗文中的新思想及新自然观。

陈寅恪经过对魏晋时期世族历史、政治斗争、玄学之风、佛道传播等多个方面的详细考证，在此基础上，对陶渊明的思想脉络自然会有更多清醒的认识，关于陈寅恪对魏晋时期的研究，我们已从多个方面进行了阐述，为了了解陈寅恪对陶氏的研究结论，兹首先引用其在《陶渊明之思想与清谈之关系》中的一段关于魏晋时期清谈之风的演变，以作为陶渊明研究介绍之开端：

> 大概清谈之兴起由于东汉末世党锢诸名士，遭政治暴力之催压，一变其指实之人物品题，而为抽象玄理之讨论，启自郭林宗，而成于阮嗣宗，皆避祸远嫌，消极不与其实政治当局合作者也。

以上这段话所揭示的魏晋玄学之风的演变之路，陈氏曾在多部著作中，诸如《魏晋南北朝史讲义》、《逍遥游向郭义及支遁义探源》等提及，可见其对魏晋玄学之一贯见解。从此出发，陈氏指出魏晋时期，以嵇康、阮籍等人为代表的竹林名士们，首先采取一种"越名教而任自然"（嵇康语）的态度，也就是说，魏晋初期之名士，基本上采取"名教"与"自然"对立的态度，这一转变，当然有其政治历史根源，也就是陈氏一再提出的东汉党锢之风。而从学理言，中国文化中"名教"当然指"孔门礼教","自然"者往往以"老庄哲学"为宗。从学术思想的内在联系上而言，既有明显的冲突，比如春秋战国时期孔老门人诸子之间的争论；也有内在之联系，如老子言"朴散则为器，圣人用之则为官长""无名，万物之母，有名，万物之始"等，庄子言"春秋以道名分"，《周易》言"生生之为易"，俱可比照发微，阐明自然与名教之内在联系。以至于两汉时期，则有如董仲舒《春秋繁露》、王充《论衡》等继续阐释其中之关联。司马迁立言"究天人之际，通古今之变"，所谓"天人之际、古今之变"，当然包括了自然与人文、社会与名教等之间的关系，而陈氏所引用的《后汉书》序言中也明言：

夫史传之兴所以通古今而笃名教也。丘明之作广大悉备。史迁剖判六家，建立十书，非徒记事而已，信足抚明义教，纲罗治礼。

盖学术思想及社会历史各有其内在的逻辑，学术思想与政治生活的逻辑往往互相影响，或互相促进、或互相制约。而史家之人物当发掘其中之原委，非徒记事而已。陈氏深明其理，努力挖掘其中之关联，阐述魏晋南北朝时期之玄学之风的演变，并进而通过社会历史的逻辑为其补注，其中的原因当然异常简单，概中国自古以来，帝王将相之思想与民间士大夫之间或同或异，难以保持一致，当然未必是其地位及利益所决定，其中包含了家族世袭之遗风，地域文化之关联，情趣意志之差异。从此角度出发，方可以对中国之历史进行提纲挈领式归纳与总结，虽为常识，然近代以来不曾被重点关注，此乃陈氏高明之处。

关于魏晋玄学及清谈之风气，由自然与名教之对立，进而重新达到自然与名教之融合，从对生命之探索以至于追求神仙之长生而达到顺乎自然，无为而为，于世俗日常之中体味生命之意义，此乃陶渊明之所苦苦思索并著书立说之宗旨，而从陶渊明之诗文，我们可以发现其不同于魏晋前期之自然观与名教观，而其投射于自然之诗文，用王国维之语言讲，可以理解为"以我观物"与"以物观我"的高度统一。前面言及政治生活之影响，而陶氏之家传遗风，当为其"天师道"之信仰，陈氏从其信仰之角度出发，阐明当时所流行之佛教并未对其产生深刻影响，其根源在于其对"天师道"之信仰及其深刻理解。陈氏最后总结道：

渊明之思想为承袭魏晋清谈演变之结果及依据其家世信仰道教之自然说而

创改之新自然说。惟其为主自然说，故非名教说，并以自然与名教不相同。但其非名教之意仅限于不与当时政治势力合作，而不似阮籍、刘伶辈佯狂任诞。盖主新自然说者不须如主旧自然说之积极抵触名教也。又新自然说不似旧自然说之养此有形之生命，或别学神仙，惟求融合精神于运化之中，即与大自然为一体。因其如此，既无旧自然说之形骸物质之滞累，自不致与周孔入世之名教说有所触礙。故渊明之为人实外儒而内道，舍释迦而宗天师者也。推其造诣所极，殆与千年后之道教采取禅宗学说以改进其教义者，颇有近似之处。然则就其旧义革新，"孤明而发"而论，实为吾国中古时代之大思想家，岂仅文学品节居古今之第一流，为世所共知者已哉！

——陈寅恪《逍遥游向郭义及支遁义探源》

（4）陈寅恪对天师道的研究

陈寅恪对道教渊源及流变的研究主要体现在《天师道与滨海地域之关系》、《崔浩与寇谦之》（见陈氏《金明馆丛稿初编》），陈氏对自东汉以降及至魏晋南北朝时期的天师道（亦称五斗米道）的发端、传播以及对社会、政治、文化艺术等诸多方面的影响进行了详细的考证与论述。此处略作介绍，但首先注明陈氏对被后来诸多学人及宗教人士将其统称之为道教有所不同，陈氏尊重历史上的名称，自始至终以"天师道"称之，并最后斥之为"迂怪之说"。

章太炎在《国故论衡》中《原学》一文中，言"海上蜃气象城阙楼橹，恍奏变炫，故九州五胜怪迁之变在齐稷下"，指出中国神奇怪诞之事大多出自山东沿海。陈氏则考证史书，推论天师道起源影响，今总括其结论，可略为以下几条：

其一，天师道从山东、吴越、岭南等地之海滨区域兴起，后则世族大户传承之，于道家演变而言，如寇谦之则为其重要集大成者；于书法艺术而言，如王羲之等家族则受其影响之深，渐而影响中国书法艺术及其理论。

其二，天师道对政治影响有二，其一为从世家大族传播于皇室，进而影响西晋八王之乱中赵王伦之废立、东晋孙恩之乱，以及魏太武帝之崇道一事。其二为民间借助其诸多怪异之说，张道陵由江苏迁至蜀地创建五斗米教，并进而造成黄巾军之乱。

4.陈寅恪对佛教的研究

(1)陈寅恪佛教研究之内容与重点

陈寅恪对佛教的研究主要包括其对佛教由印度传播于中国的大量佛教经典其不同版本间异同之研究，比如，梵文与藏文、蒙文、巴利文、汉文等之间的差异，同时，对部分佛经的义理略加阐发，再其次，陈氏对诸多佛教经典的研读与作序与跋等，其中亦可反映陈氏对佛教的理解、批判及吸收。今略述如下：

陈氏在《与妹书》中，有以下文字，略加引证，可资了解陈氏对佛教研究方面之兴趣：

我前见中国报纸告白，商务印书馆重印日刻大藏经出售，其预约券价约四五百圆。他日恐不易得，即有，恐价亦更贵。不知何处能代我筹借一笔款，为购此书。因我现必需之书甚多，总价约万金。最要者即西藏文正续藏两部，及日本印中文正续大藏，其他零星字典及西洋类书百种而已。若不得之，则不能求学，我之久在外国，一半因外国图书馆藏有此项书籍，一归中国，非但不能再研究，并将初着手之学亦久弃之矣。我现甚欲筹得一宗巨款购书，购就即归国。此款此时何能得，只可空想，岂不可怜。我前年在美洲写一信与甘肃宁夏道尹，托其购藏文大藏一部，此信不知能达否。即能达，所费太多，渠知我穷，不付现钱，亦不肯代垫也。西藏文藏经，多龙树马鸣着作而中国未译者。即已译者，亦可对勘异同。我今学藏文甚有兴趣，因藏文与中文，系同一系文字。如梵文之与希腊拉丁及英俄德法等之同属一系。以此之故，音韵训诂上，大有发明。因藏文数千年已用梵音字母拼写，其变迁源流，较中文为明显。如以西洋语言科学之法，为中藏文比较之学，则成效当较乾嘉诸老，更上一层。然此非我所注意也。

我所注意者有二：一历史，唐史西夏西藏即吐蕃，藏文之关系不待言。一佛教，大乘经典，印度极少，新疆出土者亦零碎。及小乘律之类，与佛教史有关者多。中国所译，又颇难解。我偶取金刚经对勘一过，其注解自晋唐起自俞曲园止，其间数十百家，误解不知其数。我以为除印度西域外国人外，中国人则晋朝唐朝和尚能通梵文，当能得正确之解，其余多是望文生义，不足道也。隋智者大师天台宗之祖师。其皆悉檀二字，错得可笑。见法华玄义好在台宗乃儒家五经正义二疏之体。说佛经，与禅宗之自成一派。与印度无关者相同。亦不要紧也。禅宗自谓由迦叶传心，系据护法因缘传。现此书已证明为伪造。达磨之说我甚疑之。旧藏文既一时不能得，中国大藏，吾颇不欲失此机会，惟无可如何耳。又蒙古满洲回文书，我皆欲得。可寄此函至北京，如北京有满蒙回藏文书，价廉者，请大哥五哥代我收购，久后恐益难得矣。

从以上可看出陈氏研究佛教之重点，为佛教史中经典之传播以及其中不同语言之间所带来的差异，并进而追求佛教之本来义理与后世之理解之关联。

关于陈氏对佛教研究的自我评价，我们可以再引用陈寅恪所撰的《论许地山先生宗教史之学》：

寅恪昔年略治佛道二家之学，然于道教仅取以供史事之补证，于佛教亦止比较原文与诸译本字句之异同，至其微言大义之所在，则未能言之也。后读许地山先生所著佛道二教史论文，关于教义本体俱有精深之评述。心服之余，弥用自愧，遂捐弃故技，不敢复谈此事矣。

上文写作背景为陈氏受邀为许地山写纪念文章，推崇许地山多多，然陈氏自谦之词不可认真。陈氏对佛教的研究，除佛教版本校注之外，因其通晓梵文、巴利文、藏文、蒙古文及诸多印欧语言，其对佛教的理解一定有其独特之一面，通过不同文字版本之研究，当然可以了解佛教传播及其教义的变迁。在论述陈氏关于魏晋时期的研究中，已指出其对"格义"之风的阐述，并且借支愍度的"心无义"的说明，充分论证了魏晋时期中国高僧或名士借助于中国文化中的"老庄"之理及其儒家观念来进行佛教教理的说明。

（2）陈寅恪对支道林之研究

盖文化之传播，必起于现象界及物质层面，本土之人初期喜欢用本身文化中的元素或曰观念来理解外来之文化，比如陈氏在对支愍度的"心无义"说时，即讲到中国士大夫或高僧用中国文化中的老庄哲学思想或者儒家之观念解读之。然对外来传播文化之人，则往往用其所宣传文化之精神与观念来解释本土文化，诉诸历史，中印、中西交流中此等现象多多，比如明朝利玛窦来中国传教，即用基督教"上帝"概念解释儒家之学说，用西方基督教"上帝"的概念比附中国上古文献（比如《周礼》《尚书》等）中"上帝"之概念。而魏晋

第叁章 陈寅恪：四海无人对夕阳 文史独留两青峰

时期，正是印度佛教在中国传播的黄金时期，诸多西域高僧则往往用佛教中的故事、理念来比附解释中国文化中的理念等。陈氏挖掘支遁在中国传播佛法中的方法，以证其"格义"之说的反相应用。为了解陈氏对支道林的研究，此处摘录《高僧传》卷四支道林部：

支遁字道林。本姓关氏。陈留人。或云河东林虑人。幼有神理聪明秀彻。初至京师。太原王蒙甚重之曰。造微之功不减辅嗣。陈郡殷融尝与卫玠交。谓其神情俊彻后进莫有继之者。及见遁叹息以为重见若人。家世事佛。早悟非常之理。隐居余杭山。深思道行之品。委曲慧印之经。卓焉独拔得自天心。年二十五出家。每至讲肆善标宗会。而章句或有所遗。时为守文者所陋。谢安闻而善之曰。此乃九方堙之相马也。略其玄黄而取其骏逸。王洽刘恢殷浩许询郗超孙绰桓彦表王敬仁何次道王文度谢长遐袁彦伯等。并一代名流。皆着尘外之狎。遁尝在白马寺。与刘系之等。谈庄子逍遥篇云。各适性以为逍遥。遁曰。不然。夫桀跖以残害为性。若适性为得者。从亦逍遥矣。于是退而注逍遥篇。群儒旧学莫不叹服。后还吴立支山寺。晚欲入剡。谢安为吴兴与遁书曰。思君日积计辰倾迟。知欲还剡自治。甚以怅然。人生如寄耳。顷风流得意之事殆为都尽。终日戚戚触事惆怅。唯迟君来以晤言消之。一日当千载耳。此多山县闲静差可养疾。事不异剡而医药不同。必思此缘副其积想也。王羲之时在会稽。素闻遁名未之信。谓人曰。一往之气何足言。后遁既还剡经由于郡。王故诣遁观其风力。既至。王谓遁曰。逍遥篇可得闻乎。遁乃作数千言。标揭新理才藻惊绝。王遂披衿解带。流连不能已。仍请住灵嘉寺。意存相近。俄又投迹剡山。于沃洲小岭立寺行道。僧众百余常随禀学。时或有堕者遁乃着座右铭。以勖之曰。勤之勤之。至道非弥。奚为淹滞。弱丧神奇。茫茫三界。眇眇长羁。烦劳外凑。冥心内驰殉赴钦渴。缅邈忘疲。人生一世。涓若露垂。我身非我。云云谁施。达人怀德。知安必危。寂寥清举。濯累禅池。谨守明禁。雅玩玄规。绥心神道。抗志无为。察朗三蔽。融冶六疵。空同五阴。豁虚四支。非指喻指。绝而莫离。妙觉既陈。又玄其知。婉转平任。与物推移。过此以往。勿思勿议。敦之觉父志在婴儿。时论以遁才堪经赞。而洁己拔俗有违兼济之道。遁乃作释蒙论。晚移石城山。又立栖光寺。宴坐山门游心禅苑。木餐涧饮浪志无生。乃注安般四禅诸经及即色游玄论圣不辩知论道行旨归学道诫等。追踪马鸣蹑影龙树。义应法本不违实相。晚出山阴讲维摩经。遁为法师。许询为都讲。遁通一义。众人咸谓询无以厝难。询设一难。亦谓遁不复能通。如此至竟两家不竭。凡在听者咸谓审得遁旨。回令自说得两三反便乱。至晋哀帝即位。频遣两使征请出都。止东安寺讲道行波若。白黑钦崇朝野悦服。太原王蒙。宿构精理。撰其才词往诣遁作数百语。自谓遁莫能抗。遁乃徐曰。贫道与君别来多年。君语了不长进。蒙惭而退焉。乃叹曰。实缁钵之王何也。郄超问谢安。林公谈何如嵇中散。安曰。嵇努力裁得去耳。又问何如殷浩。安曰亹亹论辩恐殷制支。超拔直上渊源。浩实有惭德。郄超后与亲友书云。林法师神理所通玄拔独悟。实数百年来绍明大法令真理不绝一人而已。遁淹留京师涉将三载。乃还东山。上书告辞曰。遁顿首言。敢以不才希风世表。未能鞭后用愆灵化。盖沙门之义法出佛圣。雕纯反朴绝欲归宗。游虚玄之肆。守内圣之则。佩五戒之贞。毘外王之化。谐无声之乐。以自得为和。笃慈爱之孝。蠕动无伤。衔抚恤之哀。永悼不仁。秉未兆之顺。远防宿命。抱无位之节。履亢不悔。是以哲王御南面之重。莫不钦其风尚安其逸轨探其顺心略其形敬。故令历代弥新矣。陛下天钟圣德雅尚不倦。道游灵模日昃忘御可谓钟鼓晨极声振天下。清风既邵莫不。幸甚。上愿陛下齐龄二仪弘敷至化。去陈信之妖诬寻丘祷之弘议。绝小涂之致泥。奋宏辔于夷路。若然者太山不淫季氏之旅得一以成灵。王者非圆丘而不禋。得一以永贞。若使贞灵各一人神相忘。君君而下无亲举。神神而咒不加灵。玄德交被民荷冥佑。恢恢六合。成吉祥之宅。洋洋大晋。为元亨之宇。常无为而万物归宗。执大象而天下自往。国典刑杀则有司存焉。若生而非惠则赏者自得。戮而非怒则罚者自刑。弘公器以厌神意。提铨衡以极冥量。所谓天何言哉。四时行焉。贫道野逸东山与世异荣。菜蔬长阜漱流清壑。缁缕毕世绝窥皇阶。不悟干光曲曜猥被蓬荜。频奉明诏使诣上京。进退惟谷不知所厝。自到天道屡蒙引见。优以宾礼策以微言。每愧才不拔滞理无拘新。不足对扬玄模允塞视听。踧踖侍人流汗位席。襄四翁赴汉于木蕃魏。皆出处有时默语适会。今德非昔人。动静乖哀。游魂禁省。鼓言帝侧。将困非据何能有为。且岁月偪俯感若斯之叹。况复同志索居综习辽落。延首东顾孰能无怀。上愿陛下时蒙放遣归之林薄。以鸟养鸟所荷为优。

谨露板以闻申其愚管。裹粮望路伏待慈诏。诏即许焉资给发遣事事丰厚。一时名流并饯离于征虏亭蔡子叔前至近遁而坐。谢万石后至值蔡暂起。谢便移就其处。蔡还合褥举谢掷地。谢不以介意。其为时贤所慕如此。既而收迹剡山毕命林泽。人尝有遗遁马者。遁爱而养之。时或有讥之者。遁曰。爱其神骏聊复畜耳。后有饷鹤者。遁谓鹤曰。尔冲天之物。宁为耳目之玩乎遂放之。遁幼时尝与师共论物类。谓鸡卵生用未足为杀。师不能屈。师寻亡。忽见形投卵于地。㲉破鶵行。顷之俱灭。遁乃感悟。由是蔬食终身。遁先经余姚坞山中住。至于名辰犹还坞中。或问其意。答云。谢安在昔数来见辄移旬日。今触情举目莫不兴想。后病甚。移还坞中。以晋太和元年闰四月四日终于所住。春秋五十有三。

从以上所引用的《高僧传》中关于支遁的记述，我们可以知道支遁对佛法有着自己的感悟与理解，大量作注并多处讲学，综摄马鸣、龙树等人的般若性空之说以及涅槃寂灭之理，注安般四禅，著《即色游玄论》，而后讲述《维摩诘经》等。其中与道士、儒生辩难多多。而王羲之也曾从其所学，对其逍遥游等之言论甚是服膺。陈氏从中挖掘出支遁关于逍遥游中"始性"之论述，认为"桀跖以残害为性"，也就是说所谓"性"者，当有其意义，于是退而作《逍遥游义》，陈氏从此出发，判定其为用佛教之教理重新注解老庄，此乃其重大发现。此处再次可知陈氏总能于细微之处，阐发重大事件的能力。而关于支遁传播佛教教理并解读中国诸子者，陈氏总结道：

其文采词令必非当日诸伧道人所能企及，固不仅易旨之新拔而已。又向郭（作者注：向指向秀，郭指郭象，曾做庄子注）旧义原出于人伦鉴赏之才性论。故以"事称其能"及"极大小之致，以明性分之适"为言（作者注：才性论指才与性之关联离合等，大小之致，是说性之大小）。林公窥见其隐，乃举桀跖性恶之例，以破大小始性之说。然则其人才藻新奇，神悟机发，实超绝同时之流辈。

（3）陈寅恪对佛教校注及其他方面的研究

陈寅恪除对佛教教义之探讨外，更多着力于对佛教版本校注的研究及其他佛教流传等方面的研究，此处仅取其《大乘义章书后》（作者注：《大乘义章》乃隋高僧慧远所著）以观其佛教校注之力，同时尚可了解陈氏对佛教义理之领悟，陈氏在《大乘义章书后》一书中有以下之发明。

陈氏指出"悉檀"之原义并非慧远所言之"遍施"之意，梵文为Siddanta，名为"宗""道""理"等义。

陈氏指出法华宗所谓"五时判教"说不符合事实，所谓"五时判教"，即指天台法华宗将佛祖说法按时代划分为五个阶段，分别是"华严时、阿含时、方等时、般若时、法华涅槃时"，今对其具体分析不加评论，但指出陈氏根据慧远之《大乘义章》及魏晋时期即有此说法，参照诸佛典，斥其为非历史之真实。同时，陈氏仍能从佛教思想在中国传播之历程说明其虽不符合事实，但仍具有哲学思想之涵义。从此处着眼，即可知陈氏在追求历史的真实的同时，仍能从佛教义理在中国发展的合理性给予其地位，此乃陈氏高于一般史家之所在，亦可明了陈氏对佛教教义之理解尚有其高明之处，远非其自谦之词。

同时，陈氏对佛教在中国之传播有着自己独特之理解，不同于一般学者认为唐朝乃佛教在中国发展之高峰，陈氏指出：

基公承慈恩一家之学，颇门绝业，今古无传，但天竺佛教当震旦之唐代，已非复盛时，而中国六朝之世则不然。其时神州政治，虽为纷争之局，而思想自由，才智之士亦众。佛教输入，各方面皆备，不同后来之拘守一宗一家之说者。尝论支那佛教史，要以鸠摩罗什之时为最盛时代。中国自创之佛宗，如天台宗等，追稽其原始，莫不导源于罗什，盖非偶然也。当六朝之季，综贯包罗数百年间南北两朝诸家宗派学说异同之人，实为慧远。

——陈寅恪《大乘义章书后》

从以上所引陈氏之文，则陈氏推崇六朝之佛教，昭然若揭，陈氏用基督教圣奥古斯丁与帕斯卡相比类，更注重最初宗教之徒之殷殷之情。当然，于佛教高僧中，独推慧远（作者注：隋朝慧远，非东晋慧远），为了解陈氏旨趣，仅摘录唐释道宣著《续高僧传》第八卷慧远之介绍，以资参考：

及承光二年春。周氏克齐便行废教。敕前修大德并赴殿集。武帝自升高座序废立义。命章云。朕受天命养育兆民。然世弘三教其风弥远。考定至理多皆怨化。并令废之。然其六经儒教文弘治术。礼义忠孝于世有宜。故须存立。且自真佛无像。则在太虚遥敬表心。佛经广叹而有图塔崇丽。造之致福此实无情。

何能恩惠。愚民向信倾竭珍财广兴寺塔。既虚引费不足以留。凡是经像尽皆废灭。父母恩重沙门不敬。勃逆之甚国法岂容。并退还家用崇孝始。朕意如此。诸大德谓理何如。于时沙门大统法上等五百余人咸以帝为王力决谏难从。佥各默然。下敕频催答诏。而相看失色都无答者。远顾以佛法之寄四众是依。岂以杜言情谓理伏。乃出众答曰。陛下统临大域。得一居尊。随俗致词宪章三教。诏云。真佛无像。信如诚旨。但耳目生灵。赖经闻佛籍像表真。若使废之无以兴敬。帝曰虚空真佛。咸自知之。未假经像。远曰。汉明已前经像未至。此土众生何故不知虚空真佛。帝时无答。远曰。若不籍经教自知有法。三皇已前未有文字。人应自知五常等法。尔时诸人何为但识其母不识其父。同于禽狩。帝亦无答。远又曰。若以形像无情事之无福故须废者。国家七庙之像。岂是有情而妄相尊事。武帝不答此难。乃云。佛经外国之法。此国不须废而不用。七庙上代所立。朕亦不以为是。将同废之。远曰。若以外国之经非此用者。仲尼所说出自鲁国。秦晋之地亦应废而不行。又以七庙为非将欲废者。则是不尊祖考。祖考不尊则昭穆失序。昭穆失序则五经无用。前存儒教其义安在。若尔则三教同废。将何治国。帝曰。鲁邦之与秦晋。虽封域乃殊。莫非王者一化。故不类佛经。七庙之难帝无以通。远曰。若以秦鲁同遵一化经教通行者。震旦之与天竺。国界虽殊。莫不同在阎浮。四海之内轮王一化。何不同遵佛经。而令独废。帝又无答。远曰。诏云。退僧还众崇孝养者。孔经亦云。立身行道以显父母即是孝行。何必还家方名为孝。帝曰。父母恩重交资色养。弃亲向疏未成至孝。远曰。若如来言。陛下左右皆有二亲。何不放之。乃使长役五年不见父母。帝曰。朕亦依番。上下得归侍奉。远曰。佛亦听僧冬夏随缘修道春秋归家侍养。故目连乞食饷母。如来担棺临葬。此理大通未可独废。帝又无答。远抗声曰。陛下今恃王力自在破灭三宝。是邪见人。阿鼻地狱不拣贵贱。陛下何得不怖。帝勃然作色大怒。直视于远曰。但令百姓得乐。朕亦不辞地狱诸苦远曰。陛下以邪法化人现种苦业。当共陛下同趣阿鼻。何处有乐可得。帝理屈言前。所图意盛。更无所答。但云。僧等且还后当更集。有司录取论僧姓名。当斯时也齐国初殄。周兵雷震。见远抗诏莫不流汗。咸谓粉其身骨煮以鼎镬。而远神气岿然辞色无挠。上统衍法师等。执远手泣而谢曰。天子之威如龙火也。难以犯触。汝能穷之。大经所云护法菩萨应当如是。彼不悛革非汝咎也。远云。正理须申。岂惟顾此形命。即辞诸德曰。时运如此圣不能遣。恨不奉侍目下。以为大恨。法实不灭。大德解之。愿不以忧恼。遂潜于汲郡西山勤道无倦。三年之间诵法华维摩等。各一千遍用通遗法。既而山栖谷饮禅诵无歇。理窟更深浮囊不舍。大象二年天元微开佛化。东西两京各立陟岵大寺。置菩萨僧。颁告前德诏令安置。遂尔长讲少林。大隋受禅天步廓清。开皇之始蒙预落彩。

此段内容大概言北周武帝当时布诏毁坏佛寺佛像遣还僧人之事，慧远大义凛然，据理力争，盖慧远之智慧与胆识昭然若揭，或乃东晋慧远《沙门不敬王者论》之精神也，此或乃陈氏作《大乘义章书后》之宗旨，而关于佛陀传法之分别与判教，天台宗与华严宗当有不同，此乃佛门中事，或以时间先后、或以经典义理，各自解释不同，再观《大乘义章》，则以佛门宗旨来驳斥五时七阶等判教之说，陈氏宗之，当有其理。至于孰对孰错，不可轻下判断，此乃另一课题，数十万言或难尽也，通识君子或佛门中人当可深思。此处仅表明陈氏之观点，关于佛教传播及佛陀弘法之事，仁者见仁，智者见智，岂可遽断乎？

陈氏关于佛教典籍之校注及历史传播诸方面尚有多篇文章，此处不再一一说明，仅为方便读者诸君，列出其若干题目，有兴趣者可参阅原文。

（4）陈寅恪对佛教其他问题之研究目录

陈氏之佛教研究类文章，大多被收于《金明馆丛稿二编》，此处略举如下条目：

武曌与佛教

读洛阳伽蓝记书后

禅宗六祖传法偈之分析

有相夫人生天因缘曲跋

须达起精舍因缘曲跋

敦煌本唐梵翻对字音波若波罗密多心经跋

敦煌本心王投陀经及法句经跋尾

敦煌本维摩诘经文殊师利问疾品演义跋

斯坦因 Khara-Khoto 所获西夏文大般若经考

西游记玄奘弟子故事之演变

西夏文佛母大孔雀明王经夏梵藏汉合璧校释序

敦煌石室写经题记汇编序

童受喻鬘论梵文残本跋

南岳大师立誓愿文跋

大乘稻芊经随听疏跋

忏悔灭罪金光明经冥报传跋

敦煌本十诵比丘尼波罗提木叉跋

敦煌本维摩诘经问疾品演义书后

收编在《寒柳堂集》中的篇目有：

莲花色尼出家因缘跋

三国志曹冲华佗与佛教故事

5.陈寅恪对历史中其他问题诸如少数民族等问题的研究

陈寅恪对历史研究范围涵盖面除以上所介绍的以外，尚对诸如少数民族的起源、历史衍变也进行了详细的局部的考证与分析，主要包括两个方面，一为魏晋时期诸民族考，见其《魏书司马睿传江东民族条释证及推论》（收录于《金明馆丛稿初编》），另外主要是蒙元民族之考证，详见其在《金明馆丛稿二编》中数篇文章，此处不再一一列举，有兴趣者可参看原文。

（二）陈寅恪的文学研究

1.陈寅恪文学研究方法、内容及主旨小述

陈寅恪对历代文学作品的研究，主要侧重于魏晋至清朝初期，其对中国文学的总的简介虽未曾明确属文，但通过其对历代文人如曹魏父子、竹林七贤等文学作品之点评，对韩愈、杜甫、李白等的专评，及对元稹、白居易、陈端生、柳如是等详细分析与考证，可看出陈氏对中国文学所涵盖的历史价值及精神层面的价值尤为关注。总而言之，陈氏对文学作品往往以两个视角去进行研读，其一为史学之眼光，每每发掘文学作品中的史料价值，并引而申之，以佐其历史研究之需。其二，则从文学作品本身之角度出发，品评文采、结构、思想以及从中挖掘出作者本人所处于的特定条件下的思想、感情、境界等，对其所研究的对象充满足够的同情与敬意，而在其字里行间则往往表明作者本身的感怀与苦闷、惆怅与哀叹，以数百年、数千年之后的不同时代之人，而对历史中的诸多文人进行充分的还原并给予足够的释证与惦念，当有诸种无可奈何之举，也充分反映了陈寅恪力图通过对中国历代文人、士大夫们在当时的社会背景与政治生活中之无奈反衬中国文化中不屈不挠之意志，反衬爱情之美好与现实之残酷，反衬中国文化传承之艰难与无奈。下面我们从其对部分文人及其作品的研究简单予以说明。

2.《论再生缘》——陈寅恪对陈端生及《再生缘》的研究

（1）陈寅恪对陈端生之评价简说

观《再生缘》一书，当知清朝奇女陈端生以18岁之年少，创造长篇弹词巨著，所谓弹词，乃以诗词歌赋为主所创作的长篇小说类文体，供当时评弹之人演说之用。而陈端生则以精准排律构造完美长篇，无疑当为文学天才，其书以讲述皇甫少华与孟丽君之悲欢离合为主线，包涵人情世故、官场险恶、神幻奇术、儒生风流、纨绔劣根、王室腐败诸种，乃以虚幻之笔描述人间百态之杰作。陈端生历时三载，著书十六卷，后嫁范氏，可能由于家室贫寒，范氏为他人代笔参加科举，被发现后，发配新疆，陈端生在母亲去世后，再著一卷，并未完笔，以期夫婿归来，终未等到而英年含恨而去。后期梁德绳续完最后三卷。陈寅恪对此书再作置评，可充分体现陈氏文学研究之范围及方法。

陈寅恪以其一贯严谨之风格，对陈端生之身世、性格、才学考证详繁，而最要者，乃在于陈氏以通识之学、儒者风度、大家风范对陈端生之人生际遇进行了深刻之解剖，不仅仅局限于其文学之创造。可能源于陈氏以其史家之高才及对中国文化精神之认识大不同于当时之时代，再兼以被批判、被侮辱之经历，对历史上之几被忘记之高才有着深刻的理解与同情，此乃陈氏文学研究之背景。简而言之，此处罗列其对陈端生《再生缘》之结论。

陈寅恪对陈端生《再生缘》分别从思想、结构、文词三个角度进行了概括，指出：

年来读史，于知人论事之旨稍有所得，遂取《再生缘》一书，与陈端生个人身世可考见者相参会，钩索乾隆朝史事之沉隐，玩味再生缘文词之优美，然后恍然知《再生缘》实弹词体中空前之作，而陈端生亦当日无数女性中思想最超越者。

——陈寅恪《论再生缘》

此处陈寅恪指出其思想之最超越者，乃指出陈端生所处之时代，即使具通识高才熟读经书者，亦往往于现实所不容，陈端生以其家学之渊源及聪明伶俐之个性，在现实中一样湮没无闻，此乃陈端生之悲剧。而陈端生对此有着清醒之认识，故而著书其作，宰相与将军同冶一炉，文人与纨绔共泻笔端，以反映其对现实之深刻洞察与高傲之个性，此乃陈端生之思想超越之一面。

关于其结构之精妙，陈氏言此中国自古以来小说与西洋小说相比较而有不足也，若以稍长之诗词而论，往往才思敏捷之高人方可兼顾其结构与文词。而以弹词体而论，则陈端生之《再生缘》结构紧凑精妙，"若非端生之天才卓越，何以得至此乎"，指出陈端生之《再生缘》在结构上而言，当为吾国小说不下于西方诸小说类文体结构，而为吾国历史上之精妙典范之作也。其结构制造安排，据陈氏之研究，当高于《红楼梦》、《水浒传》等多部小说是也（作者注：此处仅为陈氏观点）。

关于文词之优美，陈氏在《论再生缘》一文中已多处举例，堪资参研体会，同时陈氏引用姚鼐、白香山等诸多论述以证其说，此处不再多言，唯读《再生缘》者可细细体会是也！

（2）陈寅恪对陈端生原著与梁德绳续作之比较研究

陈寅恪对陈端生与梁德绳之续作并作比较，指出两人之不同家世、不同个性以及不同之价值观，故而所撰之文当所指不同，此点再次体现陈寅恪研究文学之方法，即总是能将作者之身世、家风、性格、才能一一考证，指出其作品自然而然之不同。读《再生缘》者当可细细品味而不致流于空泛散漫也！当然对于孰优孰良，陈氏当首推其自由之思想为第一要务，而关于伟大文学作品，必具备自由之思想，此乃陈氏一以贯之论，此处再引用陈氏文字：

今观陈端生再生缘第一七卷中自序之文，（上文已引。）与再生缘续者梁楚生第二十卷中自述之文，两者之高下优劣立见。其所以至此者，鄙意以为楚生之记诵广博，虽或胜于端生，而端生之思想自由，则远过于楚生。撰述长篇之排律骈体，内容繁复，如弹词之体者，苟无灵活自由之思想，以运用贯通于其间，则千言万语，尽成堆砌之死句，即有真实情感，亦堕世俗之见矣。不独梁氏如是，其他如邱心如辈，亦莫不如是。再生缘一书，在弹词体中，所以独胜者，实由于端生之自由活泼思想，能运用其对偶韵律之词语，有以致之也。故无自由之思想，则无优美之文学，举此一例，可概其余。

3.《柳如是别传》——陈寅恪对柳如是及其明末清初诸文人的研究

陈寅恪对柳如是的研究，可谓目盲之后所着力之重点，而柳如是同样为奇女子，陈寅恪著述80万言，耗时十数年，可充分反映出陈氏之精神气度与悲凉心境，我曾写有一篇短文，用以概述陈氏研究之心境（刊载于《香港商报》文化东方专栏），此处再次引用如下，以作为我对陈氏研究柳如是之感悟与体会：

柳如是，又号河东君，为明末清初一代才女，身世不详，工诗词，善歌舞，曾被卖于有钱人家，后身陷章台，为名噪一时的当红妓女，引得无数纨绔子弟、风流才子竞相觊觎。后与东林党领袖钱谦益结百年之好。钱氏曾筑"我闻室""绛云楼"与柳如是恩爱其中。钱谦益去世后，被族人多方排挤，自缢而亡。

陈寅恪为民国时期一大学者兼诗人，在隋唐政治史等方面的研究卓有成效，一生颠沛流离，多病盈身，晚年在中山大学任教，目盲后从事于对柳如是的考据研究十余年，著有《柳如是别传》。

陈寅恪在《柳如是别传》开篇即道研究柳如是的缘起，曾以一首《寄红豆》自解："东山葱岭意悠悠，谁放甘陵第一流。送客筵前花中酒，杨春湖上柳同舟。纵回杨爱千金笑，终胜归庄万古愁。灰劫昆明红豆在，相思廿载待今酬。"

一代大学者，为何在晚年耗时甚居，研究柳如是至繁至微，反复考证其身世、名号，此种当有深意存焉。陆键东在《陈寅恪的最后二十年》中曾引述陈寅恪赠予吴宓的一首七律："五羊重见九回肠，虽住罗浮别有乡。留命任教加白眼，著书唯剩颂红妆。钟君点鬼行将及，汤子抛人转更忙。为口东坡还自笑，老来事业未荒唐。"此首诗中，陈氏之苍凉无奈已溢于言表。

理想与现实的差距可能是人们痛苦的根源，对于至性至情者如此，对于天才学者亦如此。

唯其至性至情，唯其学富五车，而又不愿意阿世逢迎，生不逢时之人，更有其刻骨难言之痛苦与孤寂。陈寅恪于当年受尽屈辱，横遭批判，始终保持其气节风骨，与柳如是在污浊之世劝其夫君保持气节，脱离清廷，何当相思乃尔！其所感所思，唯有倾注于对柳如是的研究与挖掘，以留后人之凭吊，方可聊以自慰，其中苦寂今日当彰显无疑。

中国文化之传承，非有此等铮铮铁骨之人而不传。陈寅恪当年在王国维墓碑中题记"独立之精神，自由之思想"乃一切有志于中国文化传承之学者以及全体中国人均应遵守之原则。

唯其如此，在一个唯利是图、金钱至上的时代才能高扬中国文化之精髓，方能不愧于文化大发展之今天。

提笔至此，当作诗一首，以念陈寅恪对柳如是之研究一事：

我闻室外柳依依，红妆才女入梦迟。

荡舟西子笑靥面，歌舞云绛风依枝。

别传诉来千千结，目盲难写丝丝意。

两朝谁言两风骨，年年杜宇一声啼。

4.陈寅恪对韩愈的研究

关于韩愈，后世褒之贬之者不乏其人，褒之者誉其为"文起八代之衰"，歌颂其所谓古文运动之统帅作用，及言其推崇儒家之说（作者注：如朱熹等）；而贬之者则直指其不解佛老而欲罢黜之。我们看陈氏对韩愈之研究，可知陈寅恪对历代文人之研究，不仅仅局限于家世考证、文学辞藻而已，更可了解到陈氏在还原历史真实的同时，总是对古人所处之时代表一深刻之理解与刻骨之同情，而在此种理解与同情之心境作用下，陈氏总能发掘其于当时之作用与价值，观陈寅恪对韩愈之研究，当可明了。此处再次将陈氏对韩愈之作用罗列如下，并逐条分析，以明了陈氏在文学研究中的多角度、广度与深度，以供通识君子明辨焉。

陈氏在《论韩愈》一文中指出其六大贡献，分别是：

一曰：建立道统，证明传授之渊源。

二曰：直指人伦，扫除章句之繁琐。

三曰：排斥佛老，匡救政俗之弊害。

四曰：呵诋释迦，申明夷夏之大防。

五曰：改进文体，广收宣传之效用。

六曰：奖掖后进，期望学说之流传。

关于第一条，陈氏言：

寅恪案，退之从其兄会谪居韶州，虽年颇幼小，又历时不甚久，然其所居之处为新禅宗之发祥地，复值此新学说宣传极盛之时，以退之之幼年颖悟，断不能于此新禅宗学说浓厚之环境气氛中无所接受感发，然则退之道统之说表面上虽由孟子卒章之言所启发，实际上乃因禅宗教外别传之说所造成，禅学于退之之影响亦大矣哉！宋儒仅执退之后来与大颠之关系，以为破获赃据，欲夺取其道统者，似于退之一生经历与其学说之原委犹未达一间也。

关于此点，陈氏乃于千年研究退之者中新发现也，因宋儒往往以为退之纯粹重儒灭佛，不知退之之经历已深受禅宗之影响，此乃陈氏研究退之之一大贡献。

关于第二条，陈氏言：

唐太宗崇儒学，以统治华夏，然其所谓儒学，亦不过承南弱朝以来正义义疏繁琐之句章耳。又高宗、武则天以后，偏重进士词科之选，明经一目仅为中材以下进取之途径，盖其所谓明经者，止限于记诵章句，绝无意义之发明，故明经之科在退之时代，已全失去政治社会上之地位矣（详见拙著唐代政治史述论稿上篇）。南北朝后期及隋唐之僧徒亦渐染儒生之习，诠释内典，袭用儒家正义义疏之体裁，与天竺诂解佛经之方法殊异（见拙著杨树达论语疏证序），如禅学及禅宗最有关之三论宗大师吉藏天台宗大师智𫖮等之著述与贾公彦、孔颖达诸儒之书其体制适相冥会，新禅宗特提出直指人心见性成佛之旨，一扫僧徒繁琐章句之学，摧陷廓清，发聋振聩，固吾国佛教史上一大事也。退之生值其时，又居其地，睹儒家之积弊，效禅侣之先河，直指华夏之特性，扫除贾、孔之繁文，原道一篇中心旨意实在于此。

此乃陈氏从儒释文化交会及通解之处论及韩愈对于中国文化之理解以及政治上科举取士标准流变之影响。

陈氏在第二条之论述结尾处再言：

寅恪案，原道此节为吾国文化史中最有关系之文字，盖天竺佛教传入中国时，而吾国文化史已达甚高之程度，故必须改造，以蕲适合吾民族、政治、社会传统之特性，六朝僧徒"格义"之学（陈注：详见拙著支愍度学说考），即是此种努力之表现，儒家书中具有系统易被利用者，则为小戴记之中庸，梁武帝已作尝试矣（陈注：隋唐三二经籍志经部有梁武帝撰中庸讲疏一卷，又私记制旨中庸五卷）。然中庸一篇虽可利用，以沟通儒释心性抽象之差异，而于政治社会具体上华夏天竺两种学说之冲突，尚不能求得一调和贯彻，自成体系之论点。退之首先发见小戴记中大学一篇，阐明其说，抽象之心性与具体之政治社会组织可以融会无碍，即尽量谈心说性，兼能济世安明，虽相反而实相成，天竺为体，华夏为用，退之于此以奠定后来宋代新儒学之基础，退之固是不世出之人杰，若不受新禅宗之影响，恐也不克臻至此。又观退之寄卢仝诗，则知此种研究经学之方法亦由退之所称奖之同辈中人发其端，与前此经诗著述大意，而开启宋代新儒学家治经之途径者也。

此节说明韩愈对于中国文化尤其是宋明道学之发展之奠基之意义，此处乃驳斥韩愈不谙佛道者可详细参正也！

关于第三条，陈氏指出：

寅恪案，彭偃为退之同时人，其所言如此，则退之之论自非剿袭前人空言，为无病呻吟，实匡世正俗之良策。盖唐代人民担负国家直接税及劳役者为"课丁"，其得享有免除此种赋役之特权者为"不课丁"。"不课丁"为当日统治阶级及僧尼道士女冠等宗教徒，而宗教徒之中佛教徒最占多数，其有害国家财政、社会经济之处在诸宗教中尤为特著，退之排斥之亦最力，要非无因也。

至道教则唐皇室以姓李之故，道教徒因缘傅会。自唐初以降，即逐渐取得政治社会上之地位，至玄宗时而极盛，如以道士女冠隶属宗正寺（见唐会要陆伍宗正寺崇玄署条），尊崇老子以帝号，为之立庙，祀以祖宗之礼。除老子为道德经外，更名庄、文、列、庚桑诸子为南华、通玄、冲虚、洞灵等经，设崇玄学，以课徒生，同于国子监。道士女冠有犯，准道格处分诸端（以上均见唐会要伍十尊崇道教门），皆是其例。尤可笑者，乃至于提汉书古今人表中之老子，自三等而升为一等（见唐会要伍十尊崇道教门），号老子妻为先天太后。作孔子像，侍老子之侧（以上二事见唐会要伍十尊崇道教杂记门）。荒谬幼稚之举措，类此尚多，无取详述。退之排斥道教之论点除与排斥佛教相同者外，尚有二端，所应注意：一为老子乃唐皇室所攀认之祖宗，退之以臣民之资格，痛斥力诋，不稍讳避，其胆识已自超其侪辈矣。二为道教乃退之稍前或同时之君主宰相所特提倡者，蠹政伤俗，实是当时切要问题。

此处陈氏指出韩愈力破佛老在当时社会上影响，以力图在政治及社会生活中抵消佛老之消极影响是也！

关于第四、五条，陈氏更多从胡汉文化之交杂以及梵文与汉文之不同特点出发，而论及韩愈在文学改良方面之重要意义，陈氏言：

今所欲论者，即唐代古文运动一事，实出安史之乱及藩镇割据之局面引起。安史为西胡杂种，藩镇又是胡族或胡化之汉人（详见拙著唐代政治史述论稿上篇），故当时特出之文士自觉或不自觉，其意识中无不具有远则周之四夷交侵，近则晋之五胡乱华之印象，"尊王攘夷"所以为古文运动中心之思想也。在退之稍先之古文家如萧颖士、李华、独孤及、梁肃等，与退之同辈之古文家如柳宗元、刘禹锡、元稹、白居易等，虽同有此种潜意识，然均不免认识未清晰，主张不彻底，是以不敢也不能因释迦为夷狄之人，佛教为夷狄之法，抉其根本，力排痛斥，若退之之所言所行也。退之之所以得为唐代古文运动领袖者，其原因即在于是，此意已见拙著元白诗笺证稿新乐府章法曲篇末，兹不备论。

盖佛经大抵兼备"长行"即散文及偈颂即诗歌两种体裁。而两体辞意又往往相符应。考"长行"之由来，多是改诗为文而成者，故"长行"乃以诗为文，而偈颂亦可视为以文为诗也。天竺偈颂音缀之多少，声调之高下，皆有一定规律，唯独不必叶韵。六朝初期四声尚未发明，与罗什共译佛经诸僧徒虽为当时才学绝伦之人，而改天竺为华，以文为诗，实未能成功。惟仿偈颂音缀之有定数，勉强译为当时流行之五言诗，其他不遑论及，故字数虽一定，而平仄不调，音韵不叶，生吞活剥，似诗非诗，似文非文，读之作呕，此罗什所恨也。如马鸣所撰佛所行赞，为梵文佛教文学中第一作品。寅恪昔年与钢和泰君共读此诗，取中文二译本及藏文译本比较研究，中译似尚逊于藏译，当时亦引为憾事，而

第叁章 陈寅恪：四海无人对夕阳 文史独留两青峰

无可知何者也。自东汉至退之以前，此种以文为诗之困难问题迄未能有解决者。

则退之之诗词皆声韵无不谐当，既有诗之优美，复具文之流畅，韵散同体，诗文合一，不仅空前，恐亦绝后，决非效颦之辈所能企及者矣。后来苏东坡、辛稼轩之词亦是以文为之，此则效法退之而能成功者也。

第六条则言韩愈对后进之人的鼎力扶持与提拔，以期中国文化之复兴也！

陈寅恪对韩愈的研究，尚散见于《韩愈与唐代小说》、《元白诗笺证稿》等。在《韩愈与唐代小说》一文中，陈氏对其古文运动对唐代小说（传奇）等的影响进行了充分论证，并进而对韩愈的《罗池庙碑》与《毛颖传》给予高度评价，鉴于退之此两篇文章俱为短片，特此转录如下，读者诸君可详参之，以增加对韩愈之了解，同时体味陈氏文学观，体会陈氏何以推举其乃韩愈之最佳上品，从此可知陈氏对韩愈之热爱，即并非以传统儒生之正统价值观而评定文学作品之价值，相反，陈氏往往以其文学作品的独创性并引领时代之角度评定其文学作品之尺度，此乃陈氏"以史证文"之表现。

罗池庙者，故刺史柳侯庙也。柳侯为州，不鄙夷其民，动以礼法。三年，民各自矜奋，曰："兹土虽远京师，吾等亦天氓，今天幸惠仁侯，若不化服，则我非人。"于是老少相教语，莫违侯令。凡有所为，于其乡闾，及于其家，皆曰："吾侯闻之，得无不可于意否？"莫不忖度而后从事。凡令之期，民劝趋之，无或后先，必以其时。于是民业有经，公无负租，流逋四归，乐生兴事，宅有新屋，步有新船，池园洁修，猪牛鸭鸡，肥大蕃息。子严父诏，妇顺夫指，嫁娶葬送，各有条法，出相弟长，入相慈孝。先时，民贫以男女相质，久不得赎，尽没为隶。我侯之至，按国之故，以佣除本，悉夺归之。大修孔子庙，城郭巷道，皆治使端正，树以名木，柳民既皆悦喜。尝与其部将魏忠、谢宁、欧阳翼饮酒驿亭，谓曰："吾弃于时，而寄于此，与若等好也。明年吾将死，死而为神。后三年，为庙祀我。"及期而死。三年孟秋辛卯，侯降于州之后堂，欧阳翼等见而拜之。其夕，梦翼而告曰："馆我于罗池。"其月景辰，庙成。大祭，过客李仪醉酒，慢侮堂上，得疾，扶出庙门即死。明年春，魏忠、欧阳翼使谢宁来京师，请书其事于石。余谓柳侯生能泽其民，死能惊动福祸之，以食其土，可谓灵也已。作迎享送神诗遗柳民，俾歌以祀焉，而并刻之。柳侯，河东人，讳宗元，字子厚。贤而有文章，尝位于朝，光显矣，已而摈不用。其辞曰：荔子丹兮蕉黄，杂肴蔬兮进侯堂。侯之船兮两旗，度中流兮风泊之，待侯不来兮不知我悲。侯乘驹兮入庙，慰我民兮不嚬以笑。鹅之山兮柳之水，桂树团团兮白石齿齿。侯朝出游兮暮来归，春与猿吟兮秋鹤与飞。北方之人兮为侯是非，千秋万岁兮侯无我违。福我兮寿我，驱厉鬼兮山之左。下无苦湿兮高无乾秔充羡兮蛇蛟结蟠。我民报事兮无怠其始，自今兮钦于世世。

——韩愈《罗池庙碑》

毛颖者，中山人也。其先明视，佐禹治东方土，养万物有功，因封于卯地，死为十二神。尝曰："吾子孙神明之后，不可与物同，当吐而生。"已而果然。明视八世孙（需兔），世传当殷时居中山，得神仙之术，能匿光使物，窃姮娥、骑蟾蜍入月，其后代遂隐不仕云。居东郭者曰（狻兔），狡而善走，与韩卢争能，卢不及，卢怒，与宋鹊谋而杀之，醢其家。

秦始皇时，蒙将军恬南伐楚，次中山，将大猎以惧楚。召左右庶长与军尉，以《连山》筮之，得天与人文之兆。筮者贺曰："今日之获，不角不牙，衣褐之徒，缺口而长须，八窍而趺居，独取其髦，简牍是资．天下其同书，秦其遂兼诸侯乎！"遂猎，围毛氏之族，拔其豪，载颖而归，献俘于章台宫，聚其族而加束缚焉。秦皇帝使恬赐之汤沐，而封诸管城，号曰管城子，日见亲宠任事。

颖为人，强记而便敏，自结绳之代以及秦事，无不纂录。阴阳、卜筮、占相、医方、族氏、山经、地志、字书、图画、九流、百家、天人之书，及至浮图、老子、外国之说，皆所详悉。又通于当代之务，官府簿书、市井贷钱注记，惟上所使。

自秦皇帝及太子扶苏、胡亥、丞相斯、中车府令高，下及国人，无不爱重。又善随人意，正直、邪曲、巧拙，一随其人。虽见废弃，终默不泄。惟不喜武士，然见请，亦时往。

累拜中书令，与上益狎，上尝呼为中书君。上亲决事，以衡石自程，虽官人不得立左右，独颖与执烛者常侍，上休方罢。颖与绛人陈玄、弘农陶泓，及会稽褚先生友善，相推致，其出处必偕。上召颖，三人者不待诏，辄俱往，上未尝怪焉。

后因进见,上将有任使,拂试之,因免冠谢。上见其发秃,又所摹画不能称上意。上嘻笑曰:"中书君老而秃,不任吾用。吾尝谓中书君,君今不中书邪?"对曰:"臣所谓尽心者。"因不复召,归封邑,终于管城。其子孙甚多,散处中国夷狄,皆冒管城,惟居中山者,能继父祖业]。

太史公曰:毛氏有两族。其一姬姓,文王之子,封于毛,所谓鲁、卫、毛、聃者也。战国时有毛公、毛遂。独中山之族,不知其本所出,子孙最为蕃昌。《春秋》之成,见绝于孔子,而非其罪。及蒙将军拔中山之豪,始皇封诸管城,世遂有名,而姬姓之毛无闻。

颖始以俘见,卒见任使,秦之灭诸侯,颖与有功,赏不酬劳,以老见疏,秦真少恩哉。

——韩愈《毛颖传》

历代学者大儒往往将韩愈推为宋明新儒学之先导,比如朱熹等人对韩愈的评价,而对其文学作品,则近代独推《送穷文》等。陈寅恪对韩愈此两篇带有神幻幽怪之作品,何以有如此之高的评价,一来说明韩愈虽重儒家之说,但并非墨守儒家之"子不语怪力乱神"之语,故而在文学层面有极高之价值,再者,韩愈以其地位及影响力,肯定当时流行之俗文化中传奇幽怪之说,同时,将古文笔法应用到传奇写作之中,可谓文学演变中之重要推进及创造者,从此而论,陈氏对韩愈之剖析有别于历代学者,有其重要创见之处。

5. 陈寅恪对杜诗的研究

以上我们简单介绍陈寅恪对文学家及其文学作品从家族世风、思想内涵、作者之精神特质、文体结构及其辞藻等不同的角度的研究以及主要成果,就杜甫诗歌而言,陈氏虽未有整体评价,但在《元白诗笺证稿》及《柳如是别传》中多次引用杜诗,可见其对杜诗之情有独钟。以前我曾讲过文学作品之分类,或曰言志,或曰言境,或曰言道,陈氏对杜诗之研究与体会,多集中于其言志言境之角度。仅不及皇论,但举其研究杜诗之一例,以明了陈氏在文学研究方面的重要特质,即是从历代文学作品中挖掘其史料价值,陈氏在《以杜诗证唐史所谓杂种胡之义》一文中,从杜诗中发掘唐代胡汉文化及其人种之相杂交融,以佐唐史研究之补正。

陈氏在此文中指出：

杜工部集二留花门云：

胡尘逾太行，杂种抵京室。

同书十秦州见敕目三十韵云：

杂种虽高垒，长驱甚建瓴。

同书一五承闻河北诸道节度入朝欢喜口号绝句十二首之二云：

社稷苍生计必安，蛮夷杂种错相干。

又同书十收京三首之三云：

杂虏横戈数，功臣甲第高。

此杂虏即杂种胡之互称也。总括言之，杜少陵与安史为同时人，其以杂种目安史，实当时称中亚九姓胡为杂种胡之明证。旧唐书多保存原始材料，不多改易词句。故在旧唐书为杂种胡，在新唐书则易为九姓胡。考宋子京改字之由，其意恐杂种胡一词，颇涉通常混种之义，易起误会，遂别用九姓胡之名。史家遣辞明审，殊足令人钦服。然则唐史新旧两书，一则保存当时名称，一则补充其他解释。各有所长，未可偏废。观此一例，即可推知。后人往往轻议子京，亦由不明此义，因特为标出而论证只如此。

6. 陈寅恪对元稹、白居易等的研究

陈寅恪对唐代元稹、白居易的研究，集中体现在《元白诗笺证稿》中，陈寅恪对白居易、元稹诗歌的研究，可充分表现出陈氏研究文学之方法、特点。陈氏通过对元、白二人的家族身世、作品中的历史真实、文风演变、结构特点、个人感怀等诸多方面进行了严密详实的考证及说明，充分表现了陈氏"以史释诗"及"以诗证史"方法的熟练运用，是陈氏在文学研究方面"知人论世"之原则的充分展现。由于《元白诗笺证稿》在陈氏文学研究方面的全面性、系统性，所以我们简单进行罗列说明，以进一步明了陈氏在文学研究方面的贡献，同时，通过陈氏的文学研究及价值取舍，可以让我们了解陈氏的精神特质以及陈氏对中国文化之深刻理解与把握。

陈氏在《元白诗笺证稿》中，鉴于元白多首诗歌的现实主义特色，陈氏以史释诗，通过《长恨歌》、《琵琶引》、《连昌宫词》等诸多历史事件的详细考证

以及后人的评价开其端绪，此处，我们可以引用其以下两段文字，以解陈氏研究之端倪。

陈氏在《长恨歌》研究的开篇即云："鄙意以为欲了解此诗。第一，须知当时文体之关系。第二，须知当时文人之关系。"可见陈氏研究文学之角度之大不同，即力图还原历史的真实，而在此种历史的真实中把握作者及其作品的价值。

其次，我们看看陈氏对当时背景以及文风之演变的说明：

盖唐代科举之盛，肇于高宗之时，成于玄宗之代，而极于德宗之世。德宗本为崇奖文词之君主，自贞元以后，尤欲以文治粉饰苟安之政局。就政治言，当时藩镇跋扈，武夫横恣，固为纷乱之状态。然就文章言，则其盛况殆不止追及，且可超越贞观开元之时代。此时之健者有韩柳元白，所谓"文起八代之衰"之古文运动，即发生于此时，殊非偶然也。

夫当时叙写人生之文衰弊至极，欲事改进，一应革云不适描写人生之已腐化之骈文，二当改用便于创造之非公式化之古文，则其初必须尝试为之。然碑志传记为叙述真实人生之文，其体尊严，实不合于尝试之条件。而小说则可为驳杂无实之说，既能以俳谐出之，又可资雅俗共赏，实深合尝试且兼备宣传之条件。

是故唐代贞元元和间之小说，乃一种新文体，不独流行当时，复更辗转为后来所则效，本与唐代古文同一原起及体制也。唐代举人之以备具众体之小说之文求知于主司，即与以古文诗什投献者无异。元稹李绅撰莺莺传及歌于贞元时，白居易与陈鸿撰长恨歌及传于元和时，虽非如赵氏所言是举人投献主司之作品，但实为贞元元和间新兴之文体。此种文体之兴起与古文运动有密切关系，其优点在便于创造，而其特征则尤在备具众体也。

既明乎此，则知陈氏之长恨传与白氏之长恨歌非通常序文与本诗之关系，而为一不可分离之共同机构。赵氏所谓"文备众体"中，"可以见诗笔"（赵氏所谓诗笔系与史才并举者。史才指小说中叙事之散文言。诗笔即谓诗之笔法，指韵文而言。其笔字与六朝人之以无韵之文为笔者不同。）之部分，白氏歌当之。其所谓"可以见史才议论"部分，陈氏之传当之。后人昧于此义，遂多妄说，……

白氏此歌乃与传文为一体者。其真正之收结,即议论与夫作诗之缘起,乃见于陈氏传文中。

而关于元白二人之间之互相影响以及文风上的联系与砥砺,陈氏言:

何谓文人之关系?白氏长庆集二八与元九书云:

与足下小通,则以诗相戒。小穷,则以诗相勉。索居,则以诗相慰。同处,则以诗相娱。

元白二人作诗,相互之密切关系,此数语已足以尽之,不必更别引其他事实以为证明。然元白二人之作诗,亦各受他一人之影响,自无待论。

今并观同时诸文人具有互相关系之作品,知其中于措辞(即文体)则非徒仿效,亦加改进。于立意(即意旨)则非徒沿袭,亦有增创。盖仿效沿袭即所谓同,改进增创即所谓异。苟今世之编著文学史者,能尽取当时诸文人之作品,考定时间先后,空间离合,而总汇于一书,如史家长编之所为,则其间必有启发,而得以知当时诸文士之各竭其才智,竞造胜境,为不可及也。

据上所论,则知白陈之长恨歌及传,实受李元之莺莺歌及传之影响,而微之之连昌宫词,又受白陈之长恨歌及传之影响,其间因革演化之迹,显然可见。

就文章体裁演进之点言之,则长恨歌者,虽从一完整机构之小说,即长恨歌及传中分出别行,为世人所习诵,久已忘其与传文本属一体。然其本身无真正收结,无作诗缘起,实不能脱离传文而独立也。至若元微之之连昌宫词,则虽深受长恨歌之影响,然已更进一步,脱离备具众体诗文合并之当日小说体裁,而成一新体,俾史才诗笔议论诸体皆汇集融贯于一诗之中,使之自成一独立完整之机构矣。此固微之天才学力之所致,然实亦受乐天新乐府体裁之暗示,而有所摹仿。故乐天于"每被老元偷格律,苦教短李伏歌行"之句及自注"元九向江陵日,尝以拙诗一轴赠行,自后格变""李十二尝自负歌行,近见事乐府五十首,默然心伏"之语,明白言之。世之治文学史者可无疑矣。

从以上引用陈氏文章可看出,陈氏对文学作品之研究必力图还原其历史情境,此种还原,并非简单地以经济史观的角度来进行,而是根据文学作品之内在原因或曰文学作品创作之规律进行还原,也就是说,陈氏对文学作品有着自己独到的理解与感悟,为明此理,我们可以再次引用陈氏在第二章《琵琶引》

第叁章 陈寅恪：四海无人对夕阳 文史独留两青峰

的研究中的一段文字：

故今世之治文学史者，必就同一性质题目之作品，考定其作成之年代，于同中求异，异中见同，为一比较分析之研究，而后文学演化之迹象，与夫文人才学之高下，始得明了。否则模糊影响，任意批评，恐终不能有真知灼见也。

此段文字，进一步表明陈氏之文学观及其研究方法，而世人所熟知的陈氏"史诗互证"显而易见当从此种原则与背景出发。

陈氏在对《长恨歌》《琵琶引》《连昌宫词》的大量研究中，对历史的真实与文学作品的情境进行了大量的论证与考释，驳斥或指正了史上诸多学人对元白诗歌的曲解及谬误，更好地增加了世人对元白诗歌的新理解。当然，在这几篇研究中，陈氏更多地运用了"以史释诗"之方法。而对元白诸人的新乐府与古体乐府中，则对其史实、结构、文采、情感等诸多方面进行了详细的探讨。盖文学作品，必发乎情，言于志，寄于物，幽于幻，方能达其作者之旨意，而人存于世，必受世风与道德之牵绊，或顺乎其生活，或逆乎其著文，其中之纠结与无奈，落寞与惆怅，旷达与放逸，不一而足。而就理论言之，或以其诗文之"知人论世"，与恻隐于心而"诗无达诂"。见仁见智，流派纷呈。陈氏当然深明其理，就其对世事风气及道德伦理之挖掘，当有助于我们对诗人及其作品有着更为深刻的理解，更有助于我们对文学之演变之洞察与体悟，此乃陈氏文学研究之昭然于世之价值之所在。

陈氏在论及元稹之艳诗与悼亡诗时，尤能理解元稹之所作为，盖有唐一代，兼胡汉文化为一体，传承两晋南北朝之品世论人之遗风。当时之士人，莫不以"婚姻"与"仕宦"为其政治之基础与社会之地位之表征，从此观之，陈氏于困顿之中，尤能理解前人之无奈，而不简单以气节论之，可谓陈氏之高格之旁证。从此处着眼，我们当可对元稹之《莺莺传》有着别一番理解，而对当世之文人地位，陈氏还原如初，指出欧阳修之前，唐朝贞元、元和之时，以"元白"二人为文学之代表，其地位超过"韩柳"。而从文学作品之价值言之，陈氏指出韩愈乃领一代风气者。而白居易之诗歌境界与遣词在长律中略胜一筹。元稹在古文运动推广到传奇小说等方面则地位最为重要。

关于新乐府诗歌之发明，陈氏在《元白诗笺证稿》新乐府一章中言：

然则二公（元稹、白居易）新乐府之作，乃以古者采诗观风为抽象之鹄的，而以唐代杜甫即事命题之乐府，如兵车行者，为其具体之楷模，固可推见也。

陈氏此语，一语道破唐代新乐府发展及其特点，也就是说，唐朝新乐府起源于杜甫，虽与汉魏及以前之乐府有其形式上的一致性，俱为"采诗""观风"等对世事之了解，更有着其不同于古乐府之本质特征，即开始重新拟题与措辞，实乃卓见也！陈氏并对新乐府之多首逐篇研读与校释，读者诸君可自行参考。

关于元白二人之古乐府诗作，陈氏言：

夫元白二公，诗友也，亦诗敌也。故二人之间，互相仿效，各自改创，以蕲进益。有仿效，然后有似同之处。有改创，然后有立异之点。傥综合二公之作品，区分其题目体裁，考订其制作年月，详绎其意旨词句，即可知二公与所极意之作，其经营下笔时，皆有其诗友或诗敌之作品在心目中，仿效改创，从同立异，以求超胜，绝非广泛交际率尔酬和所谓也！

——陈寅恪《元白诗笺证稿》

从以上之引文，当知陈氏对文学创作之别一番理解，而前人似不曾于此有深论，此乃陈氏于比较文学研究之一大贡献。盖人除此个体性外，必有其社会性一面，以文学创作而言，则其中之竞争与合作之关系当有其自身之价值，此点陈氏言语虽平实，实乃创见也！故而在陈氏对元稹白居易研究介绍之中，略述于此，以待通识君子之明辨焉。

7. 陈寅恪对六朝及赵宋骈体文之观点

陈氏对六朝骈体文及赵宋四六体虽没有专门著述，其在《论再生缘》一文中，曾谈到中国六朝及赵宋之骈体文，今翻检其言，盖一来了解其对骈体文之评价，二来了解陈氏其中提到的中西文学作品之比较，三来通过陈氏对六朝及赵宋骈体文所推崇者，可探讨陈氏之精神世界及价值判断，以利于我们更全面了解陈氏之精神气度。

兹引述陈氏在《论再生缘》一文中之一段话，以简要分析，初步探讨陈氏对中西文学作品之比较、骈体文之评价以及陈氏之有别于他人之精神气度。

抑更在可论者，中国之文学与其他世界诸国之文学，不同之处甚多，其最特异之点，则为骈词俪语与音韵平仄之配合。就吾国数千年文学史言之，骈俪之文以六朝及赵宋一代为最佳。其原因固甚不易推论，然有一点可以确言，即对偶之文，往往隔为两截，中间思想脉络不能贯通。若为长篇，或非长篇，而一篇之中事理复杂者，其缺点最易显著，骈文之不及散文，最大原因即在于是。吾国昔日善属文者，常思用古文之法，作骈俪之文。但此种理想能具体实现者，端系乎其人之思想灵活，不为对偶韵律所束缚。六朝及天水一代思想最为自由，故文章亦臻上乘，其骈俪之文遂亦无敌于数千年之间矣。若就六朝长篇骈俪之文言之，当以庾子山哀江南赋为第一。若就赵宋四六之文言之，当以汪彦章代皇太后告天下手书（浮溪集一三）为第一。此文篇幅虽不甚长，但内容包涵事理既多，而文气仍极通贯。又此文之发言者，乃先朝被废之皇后。以失去政权资格之人，而欲建立继承大统之君主，本非合法，不易立言。但当日女真入汴，既悉数俘虏赵姓君主后妃宗室北去，舍此仅遗之废后外，别无他人，可籍以发言，建立继统之君，维系人心，抵御外侮。情事如此，措词极难，而彦章文中"虽举族有北辕之衅，而敷天同左袒之心"两句即足以尽情达旨。至于"汉家之厄十世，宜光武之中兴。献公之子九人，惟重耳之尚在"。古典今事比拟适切，固是佳句。然亦以语意较显，所以特为当时及后世所传诵。职事之故，此文可认为宋四六体中之冠也。庾汪两文之词藻固甚优美，其不可及之处，实在家国兴亡哀痛之情感，于一篇之中，能融化贯彻，而其所以能运用此情感，融化贯通无所阻滞者，又系乎思想之自由灵活。故此等之文，必思想自由灵活之人始得为之。非通常工于骈四俪六，而思想不离于方卦之间者，便能操笔成篇也。

陈氏指出中国文学区别于其他世界诸国之一大特点，即为中国之骈体文讲究平仄、对偶与韵律，鉴于此种要求，故而骈体文在结构方面，殊不宜把握，必须具自由之思想与深厚之文学功底。而历代骈体文，见仁见智，评价不同，缘何陈氏独推庾信《哀江南赋》及汪藻《皇太后告天下手书》，此处甚不同于诸多文学史家之评价，从此可见陈氏之独特之处。为方便理解陈氏之旨趣，此处引用汪藻之文，以供参考：

比以敌国兴师，都城失守，祲缠宫阙，既二帝之蒙尘，祸及宗祊谓三灵之改卜。众恐中原之无主，姑令旧弼以临朝。虽义形于色，而以死为辞，然事迫于危，而非权莫济。内以拯黔首将亡之命，外以纾邻国见逼之威，遂成九庙之安，坐免一城之酷。乃以衰癃之质，起于闲废之中，迎置宫闱，进加位号，举钦圣已行之典，成靖康欲复之心，永言运数之屯，坐视邦家之覆。抚躬犹在，流涕何从？缅维艺祖之开基，实自高穹之眷命，历年二百，人不知兵，传序九君，世无失德。虽举族有北辕之衅而敷天同左袒。乃眷贤王，越居近服，已徇群情之请，俾膺神器之归。繇康邸之旧藩，嗣宋朝之大统。汉家之厄十世，宜光武之中兴，献公之子九人，惟重耳之尚在。兹惟天意，夫岂人谋？尚期中外之协心，同定安危之至计，庶臻小愒，渐底丕平，用敷告于多方，其深明于吾志！

兹再引述庾信《哀江南赋》之一节，略窥庚子之端倪：

天道周星，物极不反。傅燮之但悲身世，无处求生；袁安之每念王室，自然流涕。昔桓君山之志事，杜元凯之平生，并有著书，咸能自序。潘岳之文采，始述家风；陆机之辞赋，先陈世德。信年始二毛，即逢丧乱，藐是流离，至于暮齿。《燕歌》远别，悲不自胜；楚老相逢，泣将何及！畏南山之雨，忽践秦庭；让东海之滨，遂餐周粟。下亭漂泊，高桥羁旅；楚歌非取乐之方，鲁酒无忘忧之用。追为此赋，聊以记言；不无危苦之辞，惟以悲哀为主。

日暮途远，人间何世？将军一去，大树飘零；壮士不还，寒风萧瑟。荆璧睨柱，受连城而见欺；载书横阶，捧珠盘而不定。钟仪君子，入就南冠之囚；季孙行人，留守西河之馆。申包胥之顿地，碎之以首；蔡威公之泪尽，加之以血。钓台移柳，非玉关之可望；华亭鹤唳，岂河桥之可闻？

从以上两段文字可以看出，其文采之沉郁激扬，自不待言，其中典故多多，不及一一解释。而其中所包含的家国情仇、民族大义，作者俱凝于笔端，抒发幽情、激励来者，以其饱满炽烈之感情融合于当时山河破碎之时代，岂不大作欤？陈氏欣赏有加，必体现出陈寅恪不只对文学作品之辞藻之魅力以及风花雪月之感怀，而是将民族大义与家国情怀结为一体，此乃陈氏推崇其作品之主要原因。纵观陈氏于1941所做之《论再生缘》之时代，可谓外寇内患，更平添一份悲凉与沉重，此乃陈氏之以史家之语言而流露出的现实关怀。但观陈氏之评价，非为政治文章而叫好，亦不为纯粹之个人情怀之风花雪月为标准。其间之大爱大恨俱凝聚笔端，其最深层之理念当为在"独立之精神，自由之思想"宗旨之下，唯其如此，方可以自由之思想表达其最深沉之感情，此乃陈氏文学研究所揭示出陈氏之精神内涵之一端，不可不察。

行文至此，当对陈氏研究方法做一小结，俟以下文明之。

（三）陈寅恪学术研究方法及成果总论

陈寅恪曾言："前人讲过的，我不讲；近人讲过的，我不讲；外国人讲过的，我不讲；我自己过去讲过的，也不讲。现在只讲未曾有人讲过的。"足可见陈氏学问严谨之一面及创见之普遍，而根据前面对陈氏研究成果的介绍，我们可以对陈氏的研究方法作一概括性说明：

1.陈寅恪在历史及文学研究中，总是尽最大可能地搜集相关文献，还原历史的真实。并以此作为研究的基础与出发点。我们可以陈寅恪的一段话作为旁证：

凡前人对历史发展所留传下来的记载或追述，我们如果要证明它为"有"，则比较容易，因为只要能够发现一二种别的记录，以作旁证，就可以证明它为"有"了；如果要证明它为"无"，则委实不易，千万要小心从事。因为如你只查了一二种有关的文籍而不见其"有"，那是还不能说定了，因为资料是很难齐全的，现有的文籍虽全查过了，安知尚有地下未发现或将发现的资料仍可证明其非"无"呢？

2.陈寅恪在详尽掌握中国历史文献的基础上，对中国历史之发展有其深刻的洞见，盖回溯中国历史，几乎每个朝代之演变当取决于上层集团的政策，而此政策则立足于上层集团内部的斗争，此种斗争的根源则取决于不同集团之间的或观念、或利益、或权谋、或思想，而上层集团内部的斗争则往往与家族世风有着密切的联系，正是在此一洞见之下，陈氏耗费大量时间，详细考证不同家族的历史演变，比如其对东汉末期"儒生"与"阉宦"集团、魏晋乃至隋唐"文学之士"与"礼仪儒生"之区别与斗争。此点对于中国历史的研究有着重大意义。陈氏虽然重点在魏晋南北朝与隋唐之研究领域，但其所开创的方法实可以推广到宋元明清之不同阶段。此点不止于方法论上有着重大贡献，更重要的是，其透露出来的对于中国历史的演变的深刻理解与洞见更可以给人以无限启迪。

3.陈氏在探讨历史与文化的关系方面，有着更为深刻的论断，也就是说，陈氏不仅仅将血缘关系列为不同民族交相融合之关键，而是将文化之传承与接收作为区别胡汉民族之标准。比如其在隋唐制度论述中，将魏晋时期北齐之汉人集团列为胡化之汉人，而将北魏拓跋氏之部分统治者，列为汉化之胡人。从此可见，中国文化之交相融合之历史轨迹与真实。

4. 陈氏在历史与文学研究过程中，自始至终坚持"独立之精神与自由之思想"，并将学术思想确定为社会发展的最重要力量之一，实乃最有价值之观点之一。而其通过对中国历史文化的详实细密之考证，从另一个侧面与黑格尔言人类的发展不过是其精神理念的发展有着异曲同工之妙。此处引用陈氏言论以证：

考自古世局之转移，往往起于前人一时学术趋向之细微。迨至后来，遂若惊雷破柱，怒涛振海之不可御遏。

——陈寅恪《朱延丰突厥通考序》

5. 观陈氏对于中国历史中制度、宗教、文化等演变之论述，虽作为不同之研究主题，而在这种研究过程中，则终始未尝不以一种包容之心态进行，正如陈氏所言："华夏民族之文化，历数千年之演进，造极于赵宋之世（天水一朝），后渐衰微，终必复振。"陈氏对于异域文化，则从未以一种排斥之心态来看待，陈氏所强调的是，任何外来文化必将被中国充分吸收并与自己的文化相结合，此点在陈氏对佛教的研究中可略见一斑。陈氏所反对的仅仅是对西方文化的简单模仿以及运用西方的观念系统而对中国文化的牵强附会之理解，陈氏曾言：

间接传播文化，有利亦有害：利者，如植物移植，因易环境之故，转可以发挥其我而为本土所不能者，如基督教移植欧洲，与希腊哲学接触，而成为欧洲中世纪之神学、哲学及文艺是也。其害，则展转间接，致失原来精意，如吾国自日本美国贩运文化中之不良部分，皆其近例。然其所以致此不良之果者，皆在于不能直接研究其文化本原。

从这段话，我们即可明了，陈氏主张对中西文化之本源需进行透彻之钻研方可进行文化之重建，而陈氏的博学及对多国语言文字的掌握则完全可以支撑其对中西文化之汇通工作，并进而希冀未来中国文化之重建之方向。

陈寅恪在《赠蒋秉南序》中云：

凡历数十年，遭逢世界大战者二，内战更不胜计。其后失明膑足，栖身岭表，已奄奄垂死，将就木矣。默念平生，固未尝侮食自矜，曲学阿世，似可告慰友朋。至若追踪前贤，幽居疏属之南、汾水之曲，守先哲之遗范，托末契于后生者，则有如丈蓬莱，渺不可即，徒寄之梦寐，存乎遐想而已。呜呼！此岂寅恪少时所自待及异日他人所望于寅恪者哉？

此文之反映陈氏之心声已昭然，无需赘言。

6. 前人已多有陈氏"文史互证"之方法的说明，今不予再论，而所需论者，乃在于陈氏此种方法必有其精神气质与理念作基础，关于此点，前文已多次重述，今再次提出，以切入对陈氏精神特质之理解，下面我们从两个方面论述陈寅恪之独特之精神气质与为学理念，以作为本篇文章之总结。

三、陈寅恪为学理念及精神特质之总括

大凡大师学者，必有其卓越之研究成果，而研究成果之所以卓绝，必深植于其独特之研究方法，而研究方法的背后，必然有其独特之精神世界，此种精神世界的形成，必与其家风、世族、经历、时代背景有着密切的联系。当然，我们不可以将所有大师之思想归咎于其外在的条件，原因很简单，同样的外在条件及社会背景下，大师永远是极少数。而大师学者之精神世界之显现，则表现于其价值观对外在及内在的投射。观陈氏之经历，其儒学世家敦厚笃实之学风及刚正不阿之性格当有所传承。而在其精神世界，其所以对历史、文化、政治有着深刻的洞见，当来源于其独特之价值观。其价值观投射于历史与文化研究，则有其独特之创见。投射于现实世界，则可从其对同时代诸位大师的评价中折射其精神之内涵。而投射于自身，则必有沉郁顿挫之诗文为其标彰。所以，论及其精神世界，则可从三个方面着手。而关于其对中国历史文化的研究前已述及，今不再赘言。而对于同时代学者之评价，我们可观其端倪，以更清楚了解其价值取向及精神特质。关于其诗文之内涵，作为最后之验证。首先我们来

看看陈氏对同时代诸位学者之述评。

（一）陈氏对同时代学者大家之述评

1. 陈寅恪对梁启超之评价

陈寅恪当年在《读吴其昌撰梁启超传书后》一文中写道：

余始旅居旧都，其时颂美袁氏功德者，极丑怪之奇观。深感廉耻道尽，至为痛心。至如国体之为君主抑或民主，则尚为其次者。迨先生《异哉所谓国体之问题者》一文出，摧陷廓清，如拨云雾而见青天。然则先生不能与近世政治绝缘者，实有不获已之故。此则中国之不幸，非独先生之不幸也。又何病焉。

此段话有两层意思，其一表达陈氏对于时局之看法，其二为对梁任公人格之平反。而这两个方面，都可以充分反映出陈氏一生绝不"曲学阿世"之精神。

2. 陈寅恪《赠蒋秉南序》所反映的文化理想

清光绪之季年，寅恪家居白下，一日偶捡架上旧书，见有易堂九子集，取而读之，不甚喜其文，唯深美其事。以为魏丘诸子值明清嬗蜕之际，犹能兄弟戚友保聚一地，相与从容讲文论学于干撼坤岌之际，不谓为天下之至乐大幸，不可也。当读是集时，朝野尚称苟安，寅恪独怀辛有索靖之忧，果未及十稔，神州沸腾，寰宇纷扰，寅恪亦以求学之故，奔走东西洋数万里，终无所成。凡历数十年，遭逢世界大战者二，内战更不胜计。其后失明膑足，栖身岭表，已奄奄垂死，将就木矣。默念平生固未尝侮食自矜，曲学阿世，似可告慰友朋。至若追踪昔贤，幽居疏属之南，汾水之曲，守先哲之遗范，托末契于后生者，则有如方丈蓬莱，渺不可即，徒寄之梦寐，存乎遐想而已。呜呼！此岂寅恪少时所自待及异日他人所望于寅恪者哉？虽然，欧阳永叔少学韩昌黎之文，晚撰五代史记，作义儿冯道诸传，贬斥势利，尊崇气节，遂一匡五代之浇漓，返之淳正。故天水一朝之文化，竟为我民族遗留之瑰宝。孰谓空文于治道学术无裨益耶？蒋子秉南远来问疾，聊师古人朋友赠言之意，草此奉贻，庶可共相策勉云尔。甲辰夏五七十五叟陈寅恪书于广州金明馆。

此段文字充分说明了陈氏坚持其文化理想以及立志重建中国文化的决心。

3.陈寅恪对冯友兰之评价

窃查此书,取材谨严,持论精确,允宜列入清华丛书,以贡献于学界。兹将其优点概括言之:凡著中国古代哲学史者,其对于古人之学说,应具了解之同情,方可下笔。盖古人著书立说,皆有所为而发;故其所处之环境,所受之背景,非完全明了,则其学说不易评论。而古代哲学家去今数千年,其时代之真相,极难推知。吾人今日可依据之材料,仅当时所遗存最小之一部;欲藉此残余断片,以窥测其全部结构,必须备艺术家欣赏古代绘画雕刻之眼光及精神,然后古人立说之用意与对象,始可以真了解。所谓真了解者,必神游冥想,与立说之古人,处于同一境界,而对于其持论所以不得不如是之苦心孤诣,表一种之同情,始能批评其学说之是非得失,而无隔阂肤廓之论。否则数千年前之陈言旧说,与今日之情势迥殊,何一不可以可笑可怪目之乎?但此种同情之态度,最易流于穿凿傅会之恶习;因今日所得见之古代材料,或散佚而仅存,或晦涩而难解,非经过解释及排比之程序,绝无哲学史之可言。然若加以联贯综合之搜集,及统系条理之整理,则著者有意无意之间,往往依其自身所遭际之时代,所居处之环境,所熏染之学说,以推测解释古人之意志。

此段话不只是对冯氏著作之肯定,更反映了陈氏一贯之为学主张,即必对古人"神游冥想,与立说之古人,处于同一境界,而对于其持论所以不得不如是之苦心孤诣,表一种之同情,始能批评其学说之是非得失,而无隔阂肤廓之论"。此乃陈氏一以贯之之原则,此种原则,当可反映陈氏敦厚笃实之学风与为人之风范,不可仅仅将其作为对冯氏之评语而观之。而在这种称赞之后,陈氏暗示冯氏作品之不足以及对中国史学及思想史之研究现状之问题:

因今日所得见之古代材料,或散佚而仅存,或晦涩而难解,非经过解释及排比之程序,绝无哲学史之可言。然若加以联贯综合之搜集,及统系条理之整理,则著者有意无意之间,往往依其自身所遭际之时代,所居处之环境,所熏染之学说,以推测解释古人之意志。由此之故,今日之谈中国古代哲学者,大抵即谈其今日自身之哲学者也;所著之中国哲学史者,即其今日自身之哲学史者也。其言论愈有条理统系,则去古人学说之真相愈远。

陈氏再言：

窃疑中国自今日以后，即使能忠实输入北美或东欧之思想，其结局当亦等于玄奘唯识之学，在吾国思想史上既不能居最高之地位，且亦终归于歇绝者。其真能于思想上自成系统，有所创获者，必须一方面吸收输入外来之学说，一方面不忘本来民族之地位。此二种相反而适相成之态度，乃道教之真精神，新儒家之旧途径，而二千年吾民族与他民族思想接触史之所诏示者也。

此两段论述，则陈氏对于中西文化之交汇以及对中国文化本体之问题之观点昭然若揭，同时亦可反映陈氏对于中国儒家之学之坚守。此一论断，正好可以与陈氏对王国维的碑文相对照，以明了陈氏与王国维俱为"被中国文化所化之人"，而其所化之程度已深入骨髓，此处既可看出中国文化的力量，也可见王、陈对中国文化的坚守已成为其血液中不可改变之精神特质。

4.陈寅恪对王国维之评价及其所反应的陈氏之真精神

海宁王静安先生自沈後二年，清华研究院同仁咸怀思不能自已。其弟子受先生之陶冶煦育者有年，尤思有以永其念。佥曰，宜铭之贞珉，以昭示於无竟。因以刻石之词命寅恪，数辞不获已，谨举先生之志事，以普告天下後世。其词曰：士之读书治学，盖将以脱心志於俗谛之桎梏，真理因得以发扬。思想而不自由，毋宁死耳。斯古今仁圣同殉之精义，夫岂庸鄙之敢望。先生以一死见其独立自由之意志，非所论於一人之恩怨，一姓之兴亡。呜呼！树兹石於讲舍，系哀思而不忘。表哲人之奇节，诉真宰之茫茫。来世不可知者也，先生之著述，或有时而不彰。先生之学说，或有时而可商。惟此独立之精神，自由之思想，历千万祀，与天壤而同久，共三光而永光。

此段话已经被无数人多次引用，今再举之，可见陈氏对"独立之精神、自由之思想"之原则之捍卫，陈氏一生坚决捍卫其学术自由，捍卫其独立精神，日月可鉴，天地同辉。其中之精神可再见于《王观堂先生挽词并序》：

或问观堂先生所以死之故。应之曰：近人有东西文化之说，其区域分划之当否，固不必论，即所谓异同优劣，亦姑不具言；然而可得一假定之义焉。其义曰：凡一种文化值衰落之时，为此文化所化之人，必感苦痛，其表现此文化之程量愈宏，则其所受之苦痛亦愈甚；迨既达极深之度，殆非出于自杀无以求一己之心安而义尽也。吾中国文化之定义，具于白虎通三纲六纪之说，其意义为抽象理想最高之境，犹希腊柏拉图所谓 Idea 者。若以君臣之纲言之，君为李煜亦期之以刘秀；以朋友之纪言之，友为郦寄亦待之以鲍叔。其所殉之道，与所成之仁，均为抽象理想之通性，而非具体之一人一事。夫纲纪本理抽象之物，然不能不有所依托，以为具体表现之用。其所依托以表现者，实为有形之社会制度，而经济制度尤其最要者。故所依托者不变易，则依托者亦得因以保存。吾国古来亦尝有悖三纲违六纪无父无君之说，如释迦牟尼外来之教者矣，然佛教流传衍盛昌于中土，而中土历世遗留之说，曾不因之以动摇者，其说所依托之社会经济制度未尝根本变迁，故犹能藉之以为寄命之地也。近数十年来，自道光之季，迄乎今日，社会经济之制度，以外族之侵迫，致剧疾之变迁；纲纪之说，无所凭依，不待外来学说之掊击，而已销沉沦丧于不知觉之间；虽有人焉，强聒而力持，亦终归于不可救疗之局。盖今日之赤县神州值数千年未有之巨劫奇变；劫尽变穷，则此文化精神所凝聚之人，安得不与之共命而同尽，此观堂先生所以不得不死，遂为天下后世所极哀而深惜者也。至于流俗恩怨荣辱委琐龌龊之说，皆不足置辨，故亦不之及云。

陈氏此段文字，可谓滴滴血泪，充分反映了陈氏对中国文化的深刻感悟与理解，也说明了陈氏对中国文化的流连与不舍，同时反映了陈氏对于中国文化未来走向的担忧与无奈，而在这重重担忧与无奈之中，陈氏依然高举中国文化之旗帜，以其毕生之心血，奋起于冷漠之世风，倔强于世俗之压力，不屈不挠，宁死不降。其为人之楷模与文化之魂灵催人泪下，感人之深，当世之中，足可明鉴。

（二）陈寅恪诗歌之略举及其所反映的陈氏精神

癸丑冬伦敦绘画展览会中偶见我国新嫁娘凤冠感赋

氍毹回首暗云鬟，儿女西溟挹袖看。

故国华胥今梦破，洞房金雀尚人间。

承平旧俗凭谁问，文物当时赕此冠。

残域残年原易感，又因观画泪汍澜。

红楼梦新谈题辞

等是阎浮梦里身，梦中谈梦倍酸辛。
青天碧海能留命，赤县黄车更有人。
世外文章归自媚，灯前啼笑已成尘。
春宵絮语知何意，付与劳生一怆神。

挽王静安先生

敢将私谊哭斯人，文化神州丧一身。
越甲未应公独耻，湘累宁与俗同尘。
吾侪所学关天意，并世相知妒道真。
赢得大清干净水，年年呜咽说灵均。

北大学院己巳级史学系毕业生赠言

群趋东邻受国史，神州士夫羞欲死。
田巴鲁仲两无成，要待诸君洗斯耻。
天赋迂儒自圣狂，读书不肯为人忙。
平生所学宁堪赠，独此区区是秘方。

甲申除夕自成都存仁医院归家后作

爆竹声中独闭门，萧条景物似荒村。
万方兵革家犹在，七载流离目更昏。
时事厌闻须掩耳，古人久死欲招魂。
六龄稚女扶床戏，仿佛承平旧梦痕。

丁亥除夕作

杀人盈野复盈城，谁挽天河洗甲兵。
至德收京回纥马，宣和浮海女真盟。
兴亡总入连宵梦，衰废难胜饯岁觥。
五十八年流涕尽，可能留命见升平。

第叁章 陈寅恪：四海无人对夕阳 文史独留两青峰

纯阳观梅花

我来祇及见残梅，叹息今年特早开。
花事已随浮世改，苔根犹是旧时栽。
名山讲席无儒士，胜地仙家有劫灰。
游览总嫌天宇窄，更揩病眼上高台。

乙未人日

岭南此日乐悠悠，愧对梅花六岁留。
废疾久遮今世眼，登临犹发古时愁。
画符道士翻遭祟，说梦痴人总未休。
节物不殊情绪异，阿龙何地认神州。

有感

新秋景色旧山河，七六年华一梦过。
蜗角风云金鼓振，牛衣涕泣病愁多。
武陵虚说寻仙境，子夜唯闻唱鬼歌。
纵有名山藏史稿，传人难遇又如何。

丙午清明次东坡韵

史书既欲尽烧灰，何用今朝上冢哉。
南国高楼魂已断，西陵古渡梦初回。
贤妻孺仲恹恹病，弱女渊明款款来。
翻忆凤城一百六，东风无处不花开。

歌舞

歌舞从来庆太平，而今战鼓尚争鸣。
审音知政关兴废，此是师涓枕上声。

经史
虚经腐史意如何，谿刻阴森惨不舒。
竟作鲁论开卷语，说瓜千古笑秦儒。

旧史
厌读前人旧史编，岛夷索虏总纷然。
魏收沈约休相诮，同是生民在倒悬。

《广雅堂诗集》有咏海王村句云："曾闻醉汉称祥瑞，何况千秋翰墨林，"昨闻客言，琉璃厂书肆之鬻旧书者悉改新书矣

迂叟当年感慨深，贞元醉汉托微吟。
而今举国皆沉醉，何处千秋翰墨林。

辛卯广州端午
菖蒲似剑还生绿，艾叶如旗不闪红。
惟有沉湘哀郢泪，弥天梅雨却相同。

文章
八股文章试帖诗，宗朱颂圣有陈规。
白头宫女哈哈笑，眉样如今又入时。

男旦
改男造女态全新，鞠部精华旧绝伦。
太息风流衰歇后，传薪翻是读书人。

偶观十三妹新剧戏作
涂脂抹粉厚几许，欲改衰翁成蛇女。
满堂观众笑且怜，黄花一枝秋带雨。

《霜红龛集》望海诗云:"一灯续日月,不寐照烦恼。不生不死间,如何爲怀抱。"感题其后

不生不死最堪伤,犹说扶余海外王。
同入兴亡烦恼梦,霜红一枕已沧桑。

北海舟中

孤怀入海弥难说,水鸟舟人共此游。
束地巨环迎北小,拍天万水尽南流。
斜阳大月中宵见,故国新声一笑休。
忽忆江南黄篾舫,几时归去作遨游。

渤海舟中望月有怀

天风吹月到孤舟,哀乐无端托此游。
影底河山频换世,愁中节物易惊秋。
初升紫塞云将合,照澈苍波海不流。
解识阴晴圆缺意,有人雾鬓独登楼。

七月七日蒙自作

地变天荒意已多,去年今日又如何。
迷离回首桃花面,寂寞销魂麦秀歌。
近死肝肠犹沸热,偷生岁月易蹉跎。
南朝一段兴亡影,江汉流哀永不磨。

癸巳七夕

离合佳期又玉京,灵仙幽怨总难明。
赤城绛阙秋闺梦,碧海青天月夜情。
云外自应思往事,人间犹说誓来生。
笑他欲挽银河水,不洗红妆洗甲兵。

乙巳元夕次东坡韵

断续东风冷暖天，花枝憔悴减春妍。
月明乌鹊难栖树，潮起鱼龙欲撼船。
直觉此身临末日，已忘今夕是何年。
姮娥不共人间老，碧海青天自纪元。

甲辰五月十七日七十五岁初度感赋

吾生七十愧蹉跎，况复今朝五岁过。
一局棋枰还未定，百年世事欲如何。
炎方春尽花犹艳，瘴海云腾雨更多。
越鸟南枝无限恨，唾壶敲碎独悲歌。

丙申六十七岁初度晓莹置酒为寿赋此酬谢

红云碧海映重楼，初度盲翁六七秋。
织素心情还置酒，然脂功状可封侯。
平生所学供埋骨，晚岁为诗欠斫头。
幸得梅花同一笑，炎方已是八年留。

忆故乡

渺渺钟声出远方，依依林影万鸦藏。
一生负气成今日，四海无人对夕阳。
破碎山河迎胜利，残馀岁月送凄凉。
松门松菊何年梦，且认他乡作故乡。

关于陈寅恪的诗歌，余英时《陈寅恪晚年诗笺证》中已有详尽之考证与解析，此处不再一一置评破解，但就其中所体现的无限哀愁、伤感、反思与希望来看，可知陈氏在山河破碎之际，对中国文化的执着，对自身身世的悲叹，其诗风无疑为当代之杜甫，而其中所隐藏的大爱大恨足够后人参详体悟，今不再多言，仅将其作为对其精神人格体悟之参考而引用之。

（三）陈寅恪精神特质总结

1. 陈氏有着对古人生命与情感之极大的尊重，方能穷尽各种材料，"必神游冥想，与立说之古人，处于同一境界，而对于其持论所以不得不如是之苦心孤诣，表一种之同情，始能批评其学说之是非得失，而无隔阂肤廓之论"。正是基于此种对人的生命与情感的尊重，方可以提供陈氏研究中国历史与文化的坚实的心灵平台。

2. 陈氏有着"耿正不阿"的坚实的人格，贯穿于其始终，从而能支撑其"独立之精神、自由之思想"的学术理念。

3. 陈氏对于"独立之精神、自由之思想"的学术理念的一以贯之的坚守，方可以提出对诸如历史、宗教、文化等领域的创见性发明。

4. 陈氏有着对中国文化的担待与坚守，而在这种坚守之中，方才可以创作出具有杜甫诗风的卓绝之诗歌以及对同时代诸学人的深度剖析与评价。

四、陈寅恪学术思想再评

综上所述，余已就陈寅恪之学术逻辑、为学精神、研究成果、独特方法以及精神气质从纵向与横向两个角度进行辨析，并提炼出其之所以成就其学术思想之研究方法、学术目的以及精神特质。但行文至此，尚需更进一步阐发其重要价值，并进一步总结，以从中西文化融合之角度以及中国文化中境界、智慧以及道德层面说明陈氏学术研究以及精神气质之重要性。简而论之，纵向而言，陈氏一生可分为求学与讲学（包括著述等）两个阶段，横向而言，其学术研究大概可以文学与史学而涵括之。从纵向角度而言，陈氏求学阶段，从不求其学位及文凭，可知陈氏之精神风貌以及其为学理念，那就是陈寅恪从来不以世俗之标准要求自己，而力图以学问本身为其目的，此正与民国时期马一浮、梁漱溟等人类似，与胡适截然相反者，从此处着眼，则知其侯后之学术研究之理念正可比照对应，即陈氏研究并不以任何功利或政治要求为其导向，从这个意义上讲，陈氏之学术研究之理念跃然纸上，即是求事实之本质与互相之关联。再从横向不同科目之研究来看，也同样完全符合其一以贯之方法，因此，只有就其精神特质，其研究方法之认识方可以更上一层，而关于所谓"史诗互证"之方法，仅仅为其技术层面之特色，自然无需多言。而关于陈氏运用西学思想以及方法之论，更不足以说明陈氏之学术研究之本质。所谓以西学之方法与理念，有人曾作大量考证以证明其学术研究方法为陈氏留学时其师方法之延续，实乃大谬焉。观前述陈氏关于中西学之论述，则足以证之。当然，陈氏留学海外，吸收西学之精髓与原理当然是应有之义，若将其理解为西学在中国之发展抑或复制，则实乃大谬。因此，陈氏学术研究之前人所认为的两种重要的研究方法"史诗互证"及"采用西学之研究方法"均不能代表或反映陈氏研究方法之核心，仅仅可以技术层面而言有其一定道理，若推进一步，必须将陈寅恪的精神特质、学术成果、研究方法总而括之，从而得出更进一步之说明或曰理解。从此意义上而言，我们可以对陈氏学术研究以及精神特质再作一评述，从其贡献之大小，再作一结论，以就教于大雅通识君子焉。

就其学术研究方法特点而论之，陈氏之研究方法之特质当为以下三点：其一，本质研究法，观陈氏对汉魏南北朝隋唐之研究，可知其善于抓住历史发展之本质，而陈氏对历史问题之研究，显然以最普通之常识为出发点。此种常识，即中国历史中上层集团始终处于主导之地位，而此种主导地位之形成及其互相影响之研究则充分反应了陈氏善于挖掘事物背后原因之本质研究方法，从而提出新解。就汉代以降之史书，梁启超称之为"帝王家谱"，梁氏之总结自有其道理，也反映了历代史家或以道德之原因，或以天命之所在来歌功颂德之当朝者。陈氏尤能从其中挖掘其中之关联与相互影响，并进而提出有说服力之说明。陈氏之本质研究法，一者乃其精神气质中追求学问本质之必然反映，二者乃其从常识出发，并非单纯以西学之概念或曰体系与框架来割裂中国历史与文化。此乃陈氏研究方法中最本质之特色。其二，在其追求史实本质之前提下，力图还原事实之真相，此种还原，并非单纯之罗列事实之杂碎，比如某某皇帝某年某月与某一妃子共寝，着装如何等事实之考证，陈氏考证一切事项之根本在于其还原或探求其间之关联与原因，唯其如此，方可以对历史事实或曰文学价值进行深度而有说服力之解读与确认。此乃陈氏研究之第二重特色，即还原法，而其还原之最终目的在于还原历史或学术之逻辑与事项之关联，此当明鉴。其三，陈氏在研究历史人物时，抱一种同情之心态，力求客观之态度还原历史之真相，而并非以现有之价值判断或曰道德标准作一轻率之说明，比如其对牛李党争之研究、对元稹文学作品之研究以及对大量历史人物之研究，此点充分说明陈氏之精神之博大以及其史识之高度。

就陈氏之学术贡献而言，应将其对中国文化之理解以及中国文化核心之挖掘置以最高之成果，陈寅恪虽然未有对中国文化长篇大论以及哲学体系之说明，然其对中国文化境界以及核心之把握以及其与社会经济制度之间之关联则极其准确，此点可见之于其多处散论，而尤以对王国维之评价为最深刻最典型之代表，此处再次引用如下：

吾中国文化之定义，具于白虎通三纲六纪之说，其意义为抽象理想最高之境，犹希腊柏拉图所谓Idea者。若以君臣之纲言之，君为李煜亦期之以刘秀；以朋友之纪言之，友为郦寄亦待之以鲍叔。其所殉之道，与所成之仁，均为抽象理想之通性，而非具体之一人一事。夫纲纪本理抽象之物，然不能不有所依托，以为具体表现之用。其所依托以表现者，实为有形之社会制度，而经济制度尤其最要者。故所依托者不变易，则依托者亦得因以保存。吾国古来亦尝有悖三纲违六纪无父无君之说，如释迦牟尼外来之教者矣，然佛教流传播衍盛昌于中土，而中土历世遗留之说，曾不因之以动摇者，其说所依托之社会经济制度未尝根本变迁，故犹能藉之以为寄命之地也。近数十年来，自道光之季，迄乎今日，社会经济之制度，以外族之侵迫，致剧疾之变迁；纲纪之说，无所凭依，不待外来学说之掊击，而已销沉沧丧于不知觉之间；虽有人焉，强聒而力持，亦终归于不可救疗之局。盖今日之赤县神州值数千年未有之巨劫奇变；劫尽变穷，则此文化精神所凝聚之人，安得不与之共命而同尽，此观堂先生所以不得不死，遂为天下后世所极哀而深惜者也。至于流俗恩怨荣辱委琐龌龊之说，皆不足置辨，故亦不之及云。

——陈寅恪《王观堂先生挽词并序》

以上对陈氏学术研究之说明，足以证明其对中国文化与政治经济等关系之认识，关于此种认识，同样可以从其对诸多历史人物以及事件中管中窥豹，今不再多引。而关于其第二层面之贡献，则为其学术成果之诸种，比如其对隋唐政治史、文化演变、佛道交融、文学考证等多个层面。其第三个层面，则是其研究方法之贡献，此种贡献，并非所谓的"史诗互证"或曰"西学方法之应用"，而是"本质研究法、还原研究法、同情研究法"之研究方法之彰显。

五、续语

陈氏的学术成果亦流布于中国与海外，必将传承有序，而支撑其坚实创作的人格魅力与精神必将如暗夜之火炬，激励代代之学子。陈氏之伟大，虽死而犹生，陈氏之精神，历万年而不灭。陈氏之光芒，恒照而不寂！陈氏之灵魂，吾同之而激扬！

愿陈氏在天之灵，得以安息！吾辈将奋力而求索，吾国文化之灵魂，必有代而相传；虽万劫之死灰，终飘风而消散；即精神之灵光，必万世而同光！

仅以此文悼念不亡之寅恪！安吾人之魂灵！切切！

第肆章

 胡适：工具成学问
　　　　自有真主义

第肆章 胡适：工具成学问 自有真主义

关于胡适，今人论者多多，大都承认其为"新文化运动的领袖之一"，而其提倡的"科学与民主"尤被后人所纪念，其晚年所常言之"容忍比自由更重要"亦广为传播，为人称道。上溯其出道之时，已是褒贬不一，后移居台湾，地位日隆，台湾学界大多赞赏有加，而大陆学界则以意识形态之角度猛烈批判，至80年代后期，胡适在大陆之地位日盛一日，大多赞其"科学与民主"之论断，以及对"提倡白话文"之贡献。

胡适一生，何以成为社会改良之带头人，而胡适所提倡之诸主张有何进步意义。胡适对中国文化的理解与改造有何贡献，又有何不足之处？简言之，要了解胡适及其学术价值，必先了解胡适生平与经历、学术研究方法，以及由此种研究方法所带来的诸种学术思想。唯其如此，我们方可以对胡适的作用进行全面的概括与评介，而关于胡适生前与诸多学者之间的论战，本篇不作过多涉及，因为所有的论战，必植根于其自己的观念与方法，了解了其所奉行的观念以及所采用的方法，则胡适学术思想可一览无余，而其与他人论战之得失成败不足道矣！

关于对胡适的研究，我们应该采取胡适自己所服膺的杜威的实用主义（作者注：民国时称为实验主义）之方法，从胡适的生平及其思想的变化，其学术研究的方法等入手，进而明了或推导出其所达到的学术成果，最后，对胡适的学术思想进行分析，并评判其得失成败。

一、胡适生平及其思想变化

综合胡适《四十自述》《胡适口述自传》《我的信仰》等著作，可知胡适生于晚清1891年，其父为胡传，是一位以贡生身份（贡生，即当时被选拔到国子监接受培训者，以候补官任）曾出任台湾等地的知州的晚清官员。胡适的父亲穷其一生，深信程朱理学，并教授胡适的母亲即其第三任太太国学，胡适三岁时，其父病逝，胡适所受父亲的影响应该说是间接而长久的，主要是胡适母亲日复一日地对胡适提起自己的父亲。而其父所极力服膺的程朱理学也对胡适的信仰产生了一定的影响，但并未深入骨髓，后期方有胡适对朱熹的批判性解读。其后胡适自述其接触到司马光《资治通鉴》时，其中对范缜的评价对自己产生了重大影响，以至于胡适成了一名无神论者。

胡适从小接受私塾教育，因其母亲的反复叮咛及私塾先生的重视，胡适可以说对中国文化有了一定程度的了解。由于其父早逝，其所受到的影响，已经脱离了家长言传身教之濡染，而仅仅停留在课本的阶段，这也是胡适童年及少年时期对中国文化虽有所了解，但一直未能为其所化之原因，此原因非常重要，后面胡适对中国文化的批判即与其少年时对中国文化的理解有关。胡适后期到上海求学，接受西式教育，较早地了解西方文化，而由于时代的关系，当时的晚清政府已经摇摇欲坠，政府必然会用所谓的"中国文化"之三纲五常来要求国民及其官吏，而胡适之母亲显然是"三纲五常"之受害者。从此着眼，胡适少年阶段，由于中国文化对其并没有非常深厚的影响，故而很容易接受新思想也就是所谓"革命"的思想，以反对晚清王朝的统治。其后，胡适通过了利用庚子赔款所举办"官派"公费出国教育考试，留学美国。在美国留学其间，杜威的实用主义对胡适思想的形成起到了决定性影响。胡适曾在康奈尔大学学习哲学，接受到皮尔士、詹姆士及杜威的实用主义思想，当然，康奈尔大学当时是美国"唯心"哲学之重镇，对杜威等实用主义主要采取的是批判态度，正是此种批判让胡适了解到杜威的实用主义哲学，并进而醉心其间。后来转学到美国哥伦比亚大学哲学系，专门师从杜威，接受其实用主义哲学，并终生服膺。同时，对达尔文之进化论深感兴趣，并接受斯宾塞之"社会进化论"之学说，此学说成为胡适研究中国文化除实用主义者外之一常用之武器。

胡适回国后，曾任中华民国驻美国大使，任职期间，极力游说当年美国总统出兵抗日，援助中国。其后曾被任命为北京大学校长，再其后被任命为台湾中央研究院院长等职。胡适一生著述甚丰，主要集中在文学、文学研究、哲学、历史、考据、时评等诸多方面，当然与许多当时的诸多学者抑或名流也曾有过大量的论战性著作。本章对当年胡适的大量论战性文章大多不予置评，因其中所蕴藏之情绪现已不大容易了解，况且其中的恩怨是非或与其观念之冲突紧密相连；或单纯只是个人之爱憎，与其学术著述并未有明显之关系；或为其学术观念之反映；或乃基于其学术理念对政治社会之认识。对胡适的研究，我向来主张应该对其学术思想以及其所倡导的理念做一历史的、全面的分析，剖析其中的积极的、进步的意义。同时，深入挖掘其可能带来的负面作用。针对其负面作用，我们不仅要知其然，更要知其所以然。而基于以上之目的，我们对胡适所采用的主要的学术研究方法，即进化论及实用主义也应该简单予以剖析，以明了此种方法之得失成败。再次，我们通过对胡适学术思想及其方法及其演变的解剖及分析，进一步了解中国文化之更高一层之意义。此种意义，已经被中国近一百年来慢慢淡忘，或被随意曲解及篡改，关于此点，也是本篇力图阐释的一个重要问题，并通过此出发点之研究，为后面介绍的民国大家之思想研究作一铺垫。

胡适的晚年，其对中国文化尤其是对儒家学说的看法有了极大的改变，甚至于专门考据儒家的渊源流变并且提出一些关于儒家的正面意义，从殷商遗民到汉代儒家之贡献一一罗列，可谓胡适从最初对中国文化基本上持全盘否定之热血青年而转变为对中国文化积极挖掘并承认其对人类文明之重大贡献之睿智老者。其间之思想变迁既有着时事变迁之缘由，同时也包含着胡适对自身学术思想的反思与调整。当年及其后期对胡适大量的批判文章，除与胡适同期之诸多学者大家之评语，尚有其价值以外，1949年以后诸多意识形态式的批评，早已灰飞烟灭。而胡适之文章，直至今日，崇拜者仍极力推举。从此处着眼，即可知对胡适学术思想之认识，仍然缺乏一全面及系统之观点。纵观胡适之一生，早年受国学之教育，青年逢革命思想盛行之年代，后期又兼美国留学之经历，崇拜杜威及斯宾塞"社会进化论"之学说，可知其思想之渊源流变，尤其是胡适之老年，重新回归到对中国文化的"国故"的整理工作，也从另一个侧面反映了中国文化一个世纪以来的历程。关于国人对中国文化之认识，胡适之贡献不可谓不大，其作用到底该如何解读，其正面与负面之意义当如何界定，应该给以清晰明了之界说，同时，对胡适之思想更应该从中西文化融合及比较之角度进行解剖，方能更好地理解胡适，方能更好地理解中西文化百余年来之冲突、对立、吸收、融合之过程。简而言之，胡适青年时期之思想，更多起到的是一种社会启蒙作用，即对传统文化的批判精神，但由于缺乏深刻的哲学基础，或曰胡适青年时对中国文化的片面理解，也误导了大量的同时代之年轻人。从中国文化之精神角度而言，年轻之胡适可谓了无认识。后期胡适美国留学，所创作之《中国哲学史大纲》可谓在杜威之实用主义及斯宾赛之进化论观点启发之下的对先秦诸子百家之整理与解读，虽有传播中国文化于西方世界之功效及所谓"科学方法"对国内学术界之普及之作用，而其中所蕴含的对中国文化的伤害仍不得不加以提防。及至老年，胡适返璞归真，重新进行"国故"的整理工作，尤其是对儒家的源流及其作用，提出了一些列之新见解新看法，自称一派，可谓胡适之贡献。简而言之，胡适年轻时所极力推崇的"打倒孔家店、提倡白话文"（作者注：此语源于吴虞，胡适力捧之）已经不可置疑地对中国近代文化的发展起到了重大影响，虽有其正面意义，而从更高层面的中西文化对比及其融合的角度，其所产生的负面作用也同样巨大，不可不察。晚年之胡适，虽然其学术研究方法一以贯之，而其对中国文化之认识则更为全面，对儒家之解读有其新的贡献。此篇从这一假设出发，力求罗列事实，说明胡适学术思想对现代中国之价值、意义以及不可忽略之负面作用，以抛砖引玉，待通识君子之详察焉。

二、胡适的研究方法再探

欲进一步了解胡适及其学术思想，首先应该对其所采用的学术研究方法进行必要的了解，关于这一点，我们可以从胡适的自述中得一大概印象。我们知道，杜威曾为实用主义代表人，胡适从杜威那里接受了些什么，胡适对杜威的了解主要体现在哪些方面，先来看看胡适在其口述体《自传》第五章中的一段文字：

我治中国思想与中国历史的各种著作，都是围绕着"方法"这一观念打转的。"方法"实在主宰了四十多年来所有的著述。从基本上来说，我这一点实在得益于杜威的影响。

关于胡适对杜威的实用主义方法，胡适有着以下的理解：

杜威最风行的著作之一便是那本举世熟知的《思维术》……。杜威认为有系统的思想通常要经过五个阶段：

第一阶段为思想之前奏。是一个困惑、疑虑的阶段。这一阶段导致思想者认真去思考。

第二阶段为决定着疑虑和困惑究在何处。

第三阶段（为解决这些困惑或疑虑）思想者自己会去寻找一个（解决问题）的假设；或面临一些（现成的）假设的解决方法任凭选择。

第四阶段，在此阶段中，思想者只有在这些假设中，选择其一作为对他的困惑和疑虑的可能解决的办法。

第五阶段，也是最后的阶段，思想的人在这一阶段要求证，把他（大胆）选择的假设，（小心的）证明出来那是对他的疑虑和困惑最满意的解决。

从以上胡适的自述中，我们可以非常清楚地明白，胡适所提出的"大胆假设、小心求证"几乎完全来源于杜威的学术思想，或者更准确地说，是完全来源于胡适对杜威思维科学的理解。而正是此种理解，对胡适的学术研究起到了非常重要的影响，几乎贯穿胡适整个一生的学术研究之中。

除此而外，胡适对达尔文的进化论也情有独钟，并且对斯宾塞的社会进化论更是推崇备至。

胡适接触到达尔文的进化论,实质上是从胡适在上海的第二个学堂即澄衷学堂里接受到的,胡适在《四十自述》"在上海"这一章里有一段谈到其受到进化论思想的影响:

《天演论》出版之后,不上几年,便风行全国,竟做了中学生的读物了……。我自己的名字也是这种风气底下的纪念品。我在学堂里的名字是胡洪梓。有一天的早晨,我请我二哥代我想一个表字,二哥一面洗脸,一面说:"就用'物竞天择,适则生存'的'适'字。我很高兴,就用'适之'二字。后来发表文字,偶然用'胡适'作笔名。"

从以上的文字可以看出,当时严复所翻译的赫胥黎的《天演论》在中国知识界刮起了一股旋风,并影响到许多人。当然,这和当时中国之具体情况有着密切之联系。当时之国人尤其是知识分子,看到中国衰败落后之惨状,莫不希望借外来之思想来进行国家的改造,而进化论之传播,无疑让国人理解到中国之原地踏步多年之原因,乃在于已经不适合当时之世界生存之法则。胡适显然深受其影响,并且后来用进化论之观点出发,提出一系列文学革命之倡议,乃源于其认为文学亦当进化,而一切旧的文学毕竟是死的没有意义的文学,文言文作为中国文学的载体,当然在其猛烈之炮火攻击之中。从这一角度出发,我们当理解胡适提倡白话文的初衷与逻辑依据。而关于其利害得失,容后再讲。

除受杜威实用主义、赫胥黎及斯宾塞之影响外,对胡适产生重大影响的还有梁启超先生。梁启超的相关学术思想我已作专题论述,此处不再介绍。而仅仅介绍胡适对梁启超的学术思想有何评介,以理解胡适在何种程度上受到梁启超先生的影响。

胡适在《四十自述》"在上海"这一章中说到关于梁启超对自己的影响:

我个人受了梁先生无穷的恩惠。现在想起来,有两点最分明。第一是他的《新民说》,第二是他的《中国学术思想变迁之大势》。

……

《新民说》的最大贡献在于指出中国民族缺乏西洋民族的许多美德……他指出我们最缺乏而最须采补的是公德,是国家思想,是进取冒险,是权利思想,是自由,是自知,是进步,是自尊,是合群,是生利的能力,是毅力,是义务思想,是尚武,是私德,是政治能力……。

上边这段论述,可看做是梁启超对胡适精神层面的影响,我们也可以了解到何以胡适经历诸多攻击之下,依然坚持自己主见,恐其从梁启超的文字里吸收到了不少的力量。而关于胡适对梁启超的《论中国学术发展之大势》一文之看法,则直接催生了胡适对于中国哲学的研究宏愿。《论中国学术发展之大势》仅为一篇数万字之论述,当然不可能面面俱到,胡适发现其中的几点不明:

第一,他说"全盛时期"……却把本论(论诸家学说之根据及其长短得失)全搁下了,只注了一个"阙"字。第二,"佛学时代"一章的本论一节也全没有做。第三,他把第六个时代(宋元明)整个搁起不提。

胡适后期做《中国哲学史大纲》以及禅宗方面之考据之缘起大概滥觞于此。

以上仅就胡适自己提到的关于自己治学方面的一些思想、方法、目的方面作一简单介绍。下面就让我们了解胡适的学术成果,并进而评判其利弊得失。

三、胡适学术研究及其成果

(一)胡适的文学研究

1. 胡适的文学观

胡适于1917年1月1日在陈独秀主办的《新青年》杂志第二卷上发表的《文学改良刍议》可谓胡适之成名作。作品甫一登出,即引起轩然大波,也奠定了胡适在文学改革方面的领导地位。通过胡适本篇文章,即可发现胡适的文学观。胡适在此篇文章中提出八条主张,兹引述如下:

吾以为今日而言文学改良,须从八事入手。八事者何?

一曰,须言之有物。二曰,不摹仿古人。三曰,须讲求文法。四曰,不作无病之呻吟。五曰,务去滥调套语。六曰,不用典。七曰,不讲对仗。八曰,不避俗字俗语。

胡适之文学改良建议,得到陈独秀、钱玄同等人的大力支持与赞扬,同时,王国维、陈寅恪、梁启超却颇不以为然。纵观胡适之主张,可清楚明白胡适所认为的文学价值主要为其实用性及简易性。针对当时之八股文之遗风及桐城派等文辞形式之流布，胡适之文学改良当有其意义，而其意义更多在于文学的传播特性与实用功能。胡适在《文学改良刍议》中说道：

> 然以今世历史进化的眼光观之，则白话文学之为中国文学之正宗，又为将来文学必用之利器，可断言也（此"断言"乃自作者言之，赞成此说者今日未必甚多也）。以此之故，吾主张今日作文作诗，宜采用俗语俗字。与其用三千年前之死字（如"于铄国会，遵晦时休"之类），不如用二十世纪之活字；与其作不能行远不能普及之秦汉六朝文字，不如作家喻户晓之《水浒》《西游》文字也。

从以上引用文字可看出，胡适对文学之观点亦采用所谓进化论之思想，胡适认为以前的文字都是死文字，而今后必用活文字。胡适言白话文当为以后之必然，从历史的眼光来看，似乎没错，但其中胡适等人的极力推崇与推进当有其重大作用，而胡适对白话文之解读更可理解胡适之文学观：

> 吾曾作"百话解"，释白话之意，约有三端：
>
> 第一，白话的"白"，是戏台上的"说白"的白，是俗语"土白"的白。故白话即是俗话。
>
> 第二，白话的"白"是清白的"白"，是明白的"白"。白话但须要"明白如话"，不妨夹几个文言的字眼。
>
> 第三，白话的"白"是"黑白"的白。白话便是干干净净没有堆彻涂饰的话，也不妨夹几个明白易晓的文言字眼。

以上是胡适关于白话文之解读，虽然胡适并没有完全排斥文言之字词，但其重点在于通俗易懂，简单明了之功效。此点可谓胡适对白话文极力推崇原因之旁证。

胡适极力推崇白话文，以便实现其通俗易懂之功效，但胡适其实更看重的是文学作品的内容，即其着力强调的"思想"与"感情"。胡适在《与钱玄同书》中言：

> 我尝说："语言文字都是人类达意表情的工具，达意达的好，表情表的妙，便是文学。"

胡适在《文学改良刍议》中也曾明言：

吾国近世文学之大病，在于言之无物。今人徒知"言之无文，行之不远"，而不知言之无物，又何用文为乎？吾所谓"物"，非古人所谓"文以载道"之说也。吾所谓"物"，约有二事：

（一）情感 《诗序》曰："情动于中而形诸言。言之不足，故嗟叹之。嗟叹之不足，故咏歌之。咏歌之不足，不知手之舞之，足之蹈之也。"此吾所谓情感也。情感者，文学之灵魂。文学而无情感，如人之无魂，木偶而已，行尸走肉而已（今人所谓"美感"者，亦情感之一也）。

（二）思想 吾所谓"思想"，盖兼见地、识力、理想三者而言之。思想不必皆赖文学而传，而文学以有思想而益贵；思想亦以有文学的价值而益贵也：此庄周之文，渊明、老杜之诗，稼轩之词，施耐庵之小说，所以夐绝千古也。思想之在文学，犹脑筋之在人身。人不能思想，则虽面目姣好，虽能笑啼感觉，亦何足取哉？文学亦犹是耳。

文学无此二物，便如无灵魂无脑筋之美人，虽有秾丽富厚之外观，抑亦未矣。近世文人沾沾于声调字句之间，既无高远之思想，又无真挚之情感，文学之衰微，此其大因矣。此文胜之害，所谓言之无物者是也。欲救此弊，宜以质救之。质者何，情与思二者而已。

以上所言，可反映出胡适对文学的深度认识，也就是说，最要者乃胡适强调文学作品之思想与感情之内在特质，当然，胡适从文学表达方式言其进化性，故而极力推崇白话文之写作，可谓胡适对文学之价值与表达方式之全面理解。在上面所引述的胡适的文字中，可看出胡适对历代作品仍然有所尊重与认可，此乃胡适思想复杂性之一面，胡适后期多篇文章中对历史中文言文之作品几近否定之能事，此处引用其在《建设的文学革命论》中言：

用死了的文言决不能做出有生命有价值的文学来。这一千多年的文学，凡是有真正文学价值的，没有一种不带有白话的性质。

胡适对文学连同戏剧，同样采取一种进化论之观点，比如其谈到昆曲，言及必然败亡之缘由：

就有些人明知现有的皮簧戏实在不好，终不肯主张根本改革，偏要主张恢复昆曲。现在北京一班不识字的昆曲大家天天鹦鹉也似的唱昆腔戏，一班无聊的名士帮着吹打，以为这就是改良戏剧了。这些人都只是不明文学兴废的道理，不知道昆曲的衰亡自有衰亡的原因，不知道昆曲不能自保于道咸之时，决不能中兴于既亡之后。所以我说，现在主张恢复昆曲的人与崇拜皮簧的人，同是缺少文学进化的观念。

以上可明确看出胡适对文学以及与文学相关联的戏剧同样采取一种进化论的观念，究其实质，胡适所谓进化的观念，主要指随着时代的变迁，则文学及戏剧等必然会采取一种变迁，而以前的形式当然胡适坚信其必然走向消亡。

关于胡适文学进化论的观念，当然有其出发点，其所存在的对文学及艺术的认识同样具有重大的积极与消极影响，在论述其积极与消极之两面之时，我们再看看胡适对其文学进化论观点的阐述：

第一层总论文学的进化：文学乃是人类生活状态的一种记载，人类生活随时代变迁，故文学也随时代变迁，故一代又一代的文学。

……

文学进化观念的第二层意义是：每一种文学不是三年两载就可以发达完备的，须是从极低微的起源，慢慢的、渐渐的进化到完全发达的地位。

……

文学进化的第三层意义是：一种文学的进化，每经过一个时代，往往带着前一个时代留下的许多无用的纪念品；这种纪念品在早先的幼稚时代本来是很有用的，后来渐渐的可以用不着他们了，但是因为人类守旧的惰性，故仍旧保存这些过去时代的纪念品。

……

文学进化观念的第四层意义是：一种文学有时进化到一个地位，便停住不进步了；直到他与别种文学相接触，有了比较，无形之中受了影响，或是有意的吸收人的长处，方才继续有进步。

从以上胡适的文学进化论之观点而言，胡适深受"进化论"思想的影响，胡适身处当时变革之时代，敏锐地发现并引导文学的变迁，并且认识到文学变迁所带来的实用性与经济性（作者注：关于经济性之观点，胡适在《文学进化与戏剧改良》中提到，此处不再引用，究其实质而言，乃实用性之观点之延伸，故不再论述），虽有其指明文学变迁之功效，但将社会进化论之观点引申到文学艺术的领域，也带来极大的负面影响。所谓进化，当然指事物从低级到高级的发展，今对社会进化论观点无需置评，因其在西方也曾盛行数十年之久，后期两次世界大战之遭遇，让人们认识到其学说之危害。简言之，所谓社会进化论，必然造成人种之优劣高下，必然得出所谓种族屠杀之合理性种种。此乃社会进化论危害之现代表现。胡适当时深受进化论之影响，将其应用于对文学艺术领域的研究，虽提出不同时代必有不同时代之文学，然，其进化之观点必然预示着文学艺术从低级到高级的发展过程，此种过程，今天看来，当然存在着严重缺陷，余试论之。

所谓文学，根据笔者所提出的"言志、言境、言道"之区别，不同时代虽有不同形式之区别，然将此种区别以进化之观点阐述，则弊端丛生。何以故？因为所谓文学，当属精神领域的产品，此种产品，显然不能以进化之观点论述。此其一，因为"言志、言境、言道"不在于时代之差别而有所进步与否，乃根源于创作者境界之高下、思想之广狭、感情之深浅、志向之大小，创作者之境界、思想、感情、深浅并不取决于其所生活之时代之物质条件，简言之，并非现代人之作品一定超过唐宋，唐宋人之作品一定超越魏晋，魏晋人之作品一定超越两汉，两汉人之作品一定超越春秋战国之时代。其次，每一朝代虽有每一朝代之文学形式，但其形式一旦被创造，后人也未必不可使用，并且未必其作品一定低下，如汉赋、唐诗、宋词等，后期之朝代，并不完全排斥，恐尚有许多优秀作品。远处不论，即使胡适之时代，如王国维、陈寅恪之诗词同样达到一流之境地，并非如胡适言，一旦使用文言，即为死文字。此乃胡适之文学进化论之危害。

除此而外，胡适强调文学之革命，当极力促成。而必使人人对"文言文"诛之而后快，此点也导致诸多问题，最严重者，乃在于造成文化之断裂，此点乃文学进化论之另一负面影响，纵观今日之中国，古典文献往往一般人不能了解，即与强行推广白话文有关。因为文学之变迁，虽有时代之原因，但往往为渐进式改良，在此种渐进式改良之中，必然有利于文化之传承，在人们慢慢欣赏接受现代文学作品之同时，同样能读懂前朝之作品，犹如明清时期大量白话小说之流行，并不影响中国典籍之接受与了解。而强行对文学作品之革命，虽有助于实用及经济之功效，但对文化之传承却带来巨大的问题，此点已勿需论证，诉诸当下之现实，读者诸君自可明了，不再多言。

2. 胡适的文字考据与文学考证

如果说胡适的文学之进化论观点具有不可小觑的负面意义，胡适利用实用主义所进行的文学研究则更多显示出其正面意义。这些研究主要体现在胡适的文字训诂及国语文法研究、《水浒传》《红楼梦》《水经注》考证方面，下面简单作一说明：

（1）胡适的文字训诂

胡适的文字训估主要表现在：

《诗三百》中"言"之意义

《尔汝篇》中"尔""汝"之意义及差别

《吾我篇》中"吾""我"之意义与差别等

（2）《水浒传考证》

胡适关于《水浒传》之考据，虽言其采用进化论之观点，其实，我们可以从胡适的文字中看出，实在是源于胡适所言的"考据癖"与"历史癖"。胡适说道：

我最恨中国史家说的什么"作史笔法"，但我却有点"历史癖"，我又最恨人家咬文嚼字的评文，但我却又有点"考据癖"！因为我不幸有点历史癖，故我无论研究什么东西，总喜欢研究他的历史。因为我又有点考据癖，故我常常爱做一点半新不旧的考据。现在我有了这个机会替《水浒传》做一篇新序，我的两种老毛病——历史癖与考据癖——不知不觉又发作了。

胡适的考据过程这里就不一一介绍，有兴趣者可参看原文，此处仅将其最后的考据结果罗列如下：

①金圣叹没有假托古本的必要。他用的本大概是一种七十回的本子。

②明朝有三种《水浒传》：第一种是一百回本，第二种是七十回本，第三种又是一百回本。

③第一种一百回本是原本，七十回本是改本。后来又有人用七十回本来删改百回本的原本，遂成一种新百回本。

④一百回本的原本是明初人做的，也许是罗贯中做的。罗贯中是元末明初的人，涵虚子记得元曲里有他的《龙虎风云会》杂剧。

⑤七十回本是明朝中叶的人重做的，也许是施耐庵做的。

⑥施耐庵不知是什么人，但绝不是元朝人。也许是明朝文人的假名，并没有这个人。

胡适的考据采用的是根据杜威的实用主义而总结出的"大胆假设、小心求证"之方法，最后罗列多种证据一一证明，有着自己独到的贡献。

（3）《红楼梦考证》

关于《红楼梦》之考证，胡适首先指出当时对《红楼梦》的诸多研究之不实，并统统称之为附会之说。关于附会之种种，胡适指出当时流行之两种观点，一为《红楼梦》描写的是清世祖顺治皇帝与董小宛之恋情。二为《红楼梦》为一政治小说，为"反清复明"鼓与呼，此点和后来诸多"阶级斗争"说可比照参对。在否定此两种所谓的"附会说"之后，胡适指出并逐一考证，首先，《红楼梦》的作者乃曹雪芹，曹雪芹乃曹寅之孙。其次，胡适指出当时流行的《红楼梦》均出于程氏本，即清乾隆末年间程伟元的百二十回本。再次，胡适考证出曹雪芹作前八十回，而后四十回之续本为高鹗所作。关于胡适对《红楼梦》考证之介绍，仅作此简单介绍，有兴趣者可参看胡适原文。

3.胡适的文法研究

胡适提倡白话文写作，当然着力于白话文语法之探讨，并提出诸多文法之见解及意见，对当时之国文教育，应存在正面之意义。胡适在《国语文法概论》里主要提到三个方面，其一为"国语"之选择标准，当为通行最广的方言及产生文学最多的方言。其二，胡适利用进化之观点，指出"白话文"为自然进化之结果。其三，胡适提出对文法的研究应该采用"归纳的、比较的、历史的"三种研究方法，并运用此三种方法做了初步的语法方面的研究，为中国日后的国语教育打下一语法整理方面的基础。

（二）胡适对中国哲学方面的研究与整理

胡适对中国哲学的研究主要集中在先秦诸子的整理与评价，主要体现在《诸子不出于王官论》、《墨子小取篇新诂》、《中国哲学史大纲》、《说儒》等诸篇文章及著作中，其所采用的方法可谓一以贯之，当为胡适所称的"归纳法""比较法""历史研究法"，而对其所研究的方法的哲学基础则无疑为杜威之"实用主义"，胡适对中国先秦诸子之解读，可谓好坏参半，其好的一面是引进西方工具，乃给人以新的视角对中国文化之解读，但其负面正是这种解读，恰恰不自觉地对中国文化的原始真意带来一定程度的破坏与曲解。以下根据胡适的研究简单予以说明。

胡适首先对先秦诸子之学说之来源在批判章太炎之解读中提出一新解。

一种文化之发展，必有其自身之规律与演变之历程，其间若吸收外来之文化，初始不免为一冲击，但若能吸收他种文化并消融于自身，必可为己发展，若此种文化之交融停顿，则本民族之文化经过长期之停顿，必暴露出其自身之不足，若无一新鲜血液或特立独行之人所提出之新见解，或虽有其新见解，然整个社会没有促进其发育生长之机制，则新鲜之血液必不能长流，而旧有之文化卷土重来，则其弊端日显，从此意义而言，胡适利用西方哲学尤其是杜威之实用主义，则颇能发现中国文化中之原有痼疾，此乃胡适之重大现实意义。胡适在《先秦名学史》的导论中说道：

现在，中国与世界的其他思想体系有了接触，那么，近代中国哲学中缺乏的方法论，似乎可以用西方自亚里士多德直至今天已经发展了的哲学和科学的方法来填补……

这个较大的问题就是：我们中国人如何能在这个骤然看起来同我们的固有文化大不相同的新世界里感到泰然有若？一个具有光荣历史以及自己创造了灿烂文化的民族，在一个新的文化中绝不会感到自在的……如果对新文化的接受不是有组织的吸收的形式而是采取突然替换的形式，因而引起旧文化的消亡，这确实是全人类的一个重大损失。因此，真正的问题可以这样说：我们应怎样才能以最有效的方式吸收现代文化，使它能同我们的固有文化相一致、协调和继续发展？

从这一段胡适的文字可以看出，胡适对中国文化之不足有着自己清醒的认识，并力图希望以西方哲学中逻辑学等方法论加以改正与弥补。关于对中国文化之不足，我们可以引用胡适对宋明理学之说明而略窥一斑：

胡适对以下朱子之言论评价可谓一针见血：

朱熹在《大学集注》中说道：

所谓致知在格物，言欲致吾之知，在即物而穷理也。盖人心之良，莫不有知，而天下之物，莫不有理。惟于理有未穷，故其知有不尽也。是以大学始教，必使学者即凡天下之物，莫不因其已知之理而益穷之，以求至乎其极。至于用力之久，而一旦豁然贯通焉，则众物之精粗表里无不到，则吾心之全体大用无不明矣。

关于朱熹此段对"格物致知"之说明，历来儒家者流推崇备至，盖以为朱熹所言，深得中国文化中"体用不二、体用合一"之理。胡适站在西学之角度，利用逻辑学之原理，发现其中存在着重大问题，此一问题，即是宋明理学虽融合佛道文化于儒家，然，其中对物理世界之漠视，必然导致中国现代科学理念及方法的缺失，胡适在此问题上可谓有振聋发聩之作用，让国人看到吾国文化之不足，胡适说道：

朱熹和王阳明都同意把"物"作"事"解释。这一个字的人文主义的解释，决定了近代中国哲学的全体性质与范围。它把哲学限制于人的"事物"和关系的领域。王阳明主张"格物"只能在身心上做。即使宋学探求事事物物之理，也只是研究"诚意"以"正心"。他们对自然客体的研究提不出科学的方法，也把自己局限于伦理与政治哲学的问题之中。因此，在近代中国哲学的这两个伟大时期中，都没有对科学的发展作出任何贡献。可能还有许多其他原因足以说明中国之所以缺乏科学研究，但可以毫不夸张地说，哲学方法的性质是其中最重要的原因之一。

胡适对宋明理学之不足有着清醒的认识，其实，胡适对于中国先秦诸子之学说曾作专门研究，对先秦诸子之渊源也有着自己独到的见解。自从刘歆在《七略》中说到诸子之学皆出于史官，后期章太炎、梁启超、王国维、钱穆等人俱从此说，胡适另辟蹊径，经过详细考证，提出"诸子不出于王官论"，当为一新解。胡适在《诸子不出于王官论》中指出"刘歆以前之论周末诸子学派，皆无此说"，同时指出"儒家之六籍，多非司徒之官之所能梦见"，而"《艺文志》乃汉儒陋说，未得诸家派别之实也。古无九流之说"。总而言之，胡适认为先秦诸子非出于当时之史官，而植根于当时之现实，指出其乃渊于诸子对社会与政治改革之理念与实践，与王官没有任何联系。胡适此一论断，可谓现代史家之新识，具体正确与否，此处不论，而胡适之所以与诸多学者见解不同，盖源于胡适所采用的方法之不同，以及胡适对先秦诸子学说之理解不同。胡适对先秦诸子各家学说以及汉唐时期儒家学说之发展如何理解，如何解读与阐发，俱收录于胡适《先秦名学史》、《中国哲学史大纲》、《中国中古思想史长编》以及《中国中古思想小史》，及晚年胡适的《说儒》一书。

纵观胡适对中国文化之研究，其研究方法可谓一以贯之，即采用杜威之实用主义，间或参以进化论之观点。但其对中国文化之研究，随着其自身阅历之变化，也随之有所变化，胡适在《先秦名学史》中纯粹以逻辑及进化论之观点出发，探讨先秦诸子各种学说之内在逻辑，并指出其逻辑之不同特性，同时，吸收不同学说中进化论之观点。而在《中国哲学史大纲》中，则对哲学及中国哲学有着更深一层及更全面之认识，其对诸子学说的探讨更为全面。在《中国中古思想史长编》及《中国中古思想小史》中，则更多注意不同学说之流变以及交相融合之特点。胡适一生，乃博学之人，且一直好学不倦，从其所获得32个（一说36个）博士学位可见一斑。随着胡适学识之扩展，其对中国文化之认识也必然从片面走向更为全面，从胡适之著述内容可见其思想轨迹。但胡适毕竟有所钟爱与执着，其对杜威之实用主义终生遵守，此乃胡适学术之内在逻辑。从此角度出发，我们可清晰明辨其学术成果，得知其对中国文化整理之巨大贡献，同时，也可明了其独尊一派之研究思路所带来的缺陷与不足，关于此点，在介绍胡适对西方哲学之研究中再详述。

下面简述胡适对中国哲学之研究成果。

胡适认为先秦时期之中国，可谓从"诗人时代"向"辩者时代"之过渡，显而易见，胡适此论断乃比照于西方希腊时期之哲学。胡适说到当时先秦诸子的中心问题：

> 她（指哲学）找寻了"道"——一个被非专门的译者不必要地造成困惑的字眼，而实际上她的简单意义只是方式或方法：个人生活的方式、社会接触的方式、公共活动或治理的方式等等。总而言之，哲学是在探求整顿、理解和改善世界秩序的方式和方法当中产生的。对"道"进行像我所说的研究，构成了所有中国哲学家的中心问题，我相信，她也是西方大哲学家的中心问题。
>
> ——胡适《先秦名学史》

从胡适的这段论述，我们可以很清楚地看到胡适将中国哲学中"道"理解为方式、方法之层面，显而易见，此乃胡适不足之处，也就是说，胡适对中国文化的核心在此时的研究过程中显然没有准确的认识与把握。但就方法言，胡适之研究仍具有一定的开创性贡献，因为方式方法也应该成为哲学之研究领域，此点是胡适的一大贡献。总而言之，胡适对中国文化的理解缺少境界层面、智慧层面及道德层面的理解，但其首次引进西方之方法论仍具有一定的现实意义。只有从这两个角度出发，方可以对胡适的思想有较全面的把握与认知。

从逻辑方法而论，胡适在《先秦名学史》中认为老子学说的哲学基础在于"无"，而其所提倡的正是"虚无主义"与"自然主义"。胡适对孔子的界说则体现在胡适对孔子"正名"之解读，通过孔子在《易传》中的"意象"之逻辑与"正辞"，以及《春秋》中孔子"严格地使用寓言、寓以伦理的判断、区分社会地位"等来说明孔子力图通过正名而达到对社会的改进之理想。关于墨家学说，胡适则尤为重视，胡适在《中国哲学史大纲》中曾专门论述墨家学说逻辑之方法。胡适强调墨子在逻辑上的贡献，此点与诸多民国大家，如王国维、陈寅恪、梁启超均有相同之观点，但胡适仍有自己的新见解，胡适谈到墨家对"主词"与"谓词"的重视具有划时代之意义。同时，胡适认为墨家学说之"三表法"乃是墨家之逻辑，胡适所谓墨家之"三表法"乃源于《墨子非命上》中的一段关于推理及论证的方法，胡适引用到：

> 然则明辨此之说，将奈何哉？子墨子言曰："言必立仪。言而毋仪，譬犹运钧之上而立朝夕者也，是非利害之辨，不可得而明知也。故言必有三表。"何谓三表？子墨子言曰："有本之者，有原之者，有用之者。于何本之？上本

之于古者圣王之事。于何原之？下原察百姓耳目之实。于何用之？废以为刑政，观其中国家百姓人民之利。此所谓言有三表也。"

胡适对墨子"三表法"之总结，可谓中国名学研究上的一大贡献。

胡适对庄子的逻辑研究则指出其逻辑的核心在于其"进化论"与"怀疑论"，及由此而导致的"善恶一致论"及"逻辑无用论"。胡适对法家的理解则指出法家的逻辑为"法治逻辑的首要因素为普遍性原则"及"与普遍性原则紧密相联系的是客观性原则"。

胡适对先秦诸子之学说，当然有着更全面的理解，包括其学说之社会基础、学说之目的等，以上所介绍的胡适对先秦诸子的名学研究更多强调胡适不同于他人的理解之处。胡适在《中国哲学史大纲》一书中，则对哲学尤其是中国哲学有了更为全面的认识，胡适研究先秦诸子植根于其哲学理念，为了理解胡适的研究成果，我们需了解胡适对哲学以及中国哲学之看法：

哲学的定义

哲学的定义从来没有一定的。我如今也暂下一个定义："凡研究人生切要的问题，从根本上着想，要寻一个根本的解决，这种学问，叫做哲学。"例如行为的善恶，乃是人生一个切要问题。平常人对着这问题，或劝人行善去恶，或实行赏善罚恶，这都算不得根本的解决。哲学家遇着这问题，便去研究什么叫做善，什么叫做恶；人的善恶还是天生的呢，还是学得来的呢；我们何以能知道善恶的分别，还是生来有这种观念，还是从阅历经验上学得来的呢；善何以当为，恶何以不当为；还是因为善事有利所以当为，恶事有害所以不当为呢；还是只论善恶，不论利害呢；这些都是善恶问题的根本方面。必须从这些方面着想，方可希望有一个根本的解决。

因为人生切要的问题不止一个，所以哲学的门类也有许多种。例如：

一、天地万物怎样来的。（宇宙论）

二、知识、思想的范围、作用及方法。（名学及知识论）

三、人生在世应该如何行为。（人生哲学，旧称"伦理学"）

四、怎样才可使人有知识，能思想，行善去恶呢。（教育哲学）

五、社会国家应该如何组织，如何管理。（政治哲学）

哲学史的种类也有许多：

一、通史。例如《中国哲学史》、《西洋哲学史》之类。

二、专史。

（一）专治一个时代的，例如《希腊哲学史》、《明儒学案》。

（二）专治一个学派的，例如《禅学史》、《斯多亚派哲学史》。

（三）专讲一人的学说的，例如《王阳明的哲学》、《康德的哲学》。

（四）专讲哲学的一部分的历史，例如《名学史》、《人生哲学史》、《心理学史》。

哲学史有三个目的：

（一）明变

哲学史第一要务，在于使学者知道古今思想沿革变迁的线索。

例如孟子、荀子同是儒家，但是孟子、荀子的学说和孔子不同，孟子又和荀子不同。又如宋儒、明儒也都自称孔氏，但是宋明的儒学，并不是孔子的儒学，也不是孟子、荀子的儒学。但是这个不同之中，却也有个相同的所在，又有个一线相承的所在。这种同异沿革的线索，非有哲学史、不能明白写出来。

（二）求因

哲学史目的，不但要指出哲学思想沿革变迁的线索，还须要寻出这些沿革变迁的原因。例如程子、朱子的哲学，何以不同于孔子、孟子的哲学？陆象山、王阳明的哲学，又何以不同于程子、朱子呢？这些原因，约有三种：

（甲）个人才性不同。

（乙）所处的时势不同。

（丙）所受的思想学术不同。

（三）评判

既知思想的变迁和所以变迁的原因了，哲学史的责任还没有完，还须要使学者知道各家学说的价值，这便叫做评判。但是我说的评判，并不是把做哲学史的人自己的眼光，来批评古人的是非得失。那种"主观的"评判，没有什么大用处。如今所说，乃是"客观的"评判。这种评判法，要把每一家学说所发生的效果表示出来。这些效果的价值，便是那种学说的价值。这些效果，大概可分为三种：

（甲）要看一家学说在同时的思想和后来的思想上发生何种影响。

（乙）要看一家学说在风俗政治上发生何种影响。

（丙）要看一家学说的结果可造出什么样的人格来。

例如古代的"命定主义"，说得最痛切的，莫如庄子。庄子把天道看作无所不在，无所不包，故说："庸讵知吾所谓天之非人乎？所谓人之非天乎？"因此他有"乘化以待尽"的学说。这种学说，在当时遇着荀子，便发生一种反动力。荀子说"庄子蔽于天而不知人"，所以荀子的《天论》极力主张征服天行，以利人事。

但是后来庄子这种学说的影响，养成一种乐天安命的思想，牢不可破。在社会上，好的效果，便是一种达观主义；不好的效果，便是懒惰不肯进取的心理。造成的人才，好的便是陶渊明、苏东坡；不好的便是刘伶一类达观的废物了。

中国哲学在世界哲学史上的位置

世界上的哲学大概可分为东西两支。东支又分印度、中国两系。西支也分希腊、犹太两系。初起的时候，这四系都可算作独立发生的。到了汉以后，犹太系加入希腊系，成了欧洲中古的哲学。印度系加入中国系，成了中国中古的哲学。到了近代印度系的势力渐衰，儒家复起，遂产生了中国近世的哲学，历宋元明清直到于今。欧洲的思想，渐渐脱离了犹太系的势力，遂产生欧洲的近世哲学。到了今日，这两大支的哲学互相接触，互相影响。

五十年后，一百年后，或竟能发生一种世界的哲学，也未可知。

中国哲学史的区分。中国哲学史可分为三个时代：

（一）古代哲学。自老子至韩非，为古代哲学。这个时代，又名"诸子哲学"。

（二）中世哲学。自汉至北宋，为中世哲学。这个时代，大略又可分作两个时期：

（甲）中世第一时期。自汉至晋，为中世第一时期。这一时期的学派，无论如何不同，都还是以古代诸子的哲学作起点的。例如《淮南子》是折衷古代各家的；董仲舒是儒家的一支；王充的天论得力于道家，性论折衷于各家；魏晋的老庄之学，更不用说了。

（乙）中世第二时期。自东晋以后，直到北宋，这几百年中间，是印度哲学在中国最盛的时代。印度的经典，次第输入中国。印度的宇宙论、人生观、知识论、名学、宗教哲学，都能于诸子哲学之外，别开生面，别放光彩。此时凡是第一流的中国思想家，如智夕、玄奘、宗密、窥基，多用全副精力，发挥印度哲学。

那时的中国系的学者，如王通、韩愈、李翱诸人，全是第二流以下的人物。他们所有的学说，浮泛浅陋，全无精辟独到的见解。故这个时期的哲学，完全以印度系为主体。

（三）近世哲学。唐以后。印度哲学已渐渐成为中国思想文明的一部分。譬如吃美味，中古第二时期是仔细咀嚼的时候，唐以后便是胃里消化的时候了。吃的东西消化时，与人身本有的种种质料结合，别成一些新质料。印度哲学在中国，到了消化的时代，与中国固有的思想结合，所发生的新质料，便是中国近世的哲学。我这话初听了好像近于武断。平心而论，宋明的哲学，或是程朱，或是陆王，表面上虽都不承认和佛家禅宗有何关系，其实没有一派不曾受印度学说的影响的。这种影响，约有两个方面：一面是直接的。如由佛家的观心，回到孔子的"操心"，到孟子的"尽心"、"养心"，到《大学》的"正心"，是直接的影响。一面是反动的。佛家见解尽管玄妙，终究是出世的，是"非伦理的"。宋明的儒家，攻击佛家的出世主义，故极力提倡"伦理的"入世主义。明心见性，以成佛果，终是自私自利；正心诚意，以至于齐家、治国、平天下，便是伦理的人生哲学了。这是反动的影响。

明代以后，中国近世哲学完全成立。佛家已衰，儒家成为一尊。于是又生反动力，遂有汉学、宋学之分。清初的汉学家，嫌宋儒用主观的见解，来解古代经典，有"望文生义"、"增字解经"种种流弊。故汉学的方法，只是用古训、古音、古本等等客观的根据，来求经典的原意。故嘉庆以前的汉学、宋学之争，还只是儒家的内讧。但是汉学家既重古训古义，不得不研究与古代儒家同时的子书，用来作参考互证的材料。故清初的诸子学，不过是经学的一种附属品，一种参考书。不料后来的学者，越研究子书，越觉得子书有价值。故孙星衍、王念孙、王引之、顾广圻、俞越诸人，对于经书与子书，简直没有上下轻重和正道异端的分别了。到了最近世，如孙诒让、章炳麟诸君，竟都用全副精力，发明诸子学。

于是从前作经学附属品的诸子学，到此时代，竟成专门学。一般普通学者，崇拜子书，也往往过于儒书。岂但是"附庸蔚为大国"，简直是"婢作夫人"了。综观清代学术变迁的大势，可称为古学昌明的时代。自从有了那些汉学家考据、校勘、训诂的工夫，那些经书子书，方才勉强可以读得。这个时代，有点像欧洲的"再生时代"（再生时代西名Renaissance，旧译文艺复兴时代）。欧洲到了"再生时代"，昌明古希腊的文学哲学，故能推翻中古"经院哲学"（旧译烦琐哲学，极不通。原文为Scholasticism，今译原文）的势力，产出近世的欧洲文化。我们中国到了这个古学昌明的时代，不但有古书可读，又恰当西洋学术思想输入的时代，有西洋的新旧学说可供我们的参考研究。我们今日的学术思想，有这两大源头：一方面是汉学家传给我们的古书；一方面是西洋的新旧学说。这两大潮流汇合以后，中国若不能产生一种中国的新哲学，那就真是辜负了这个好机会了。

——胡适《中国哲学史大纲》

以上之所以不厌其烦引述胡适的原文，盖在于让我们对胡适的研究思路与治学方法可以有进一步之了解，从以上引文可看出，此时的胡适，已经远非年轻时极力反对儒学极力推崇"打到孔家店"（作者注：此语实出于吴虞，胡适极力赞之）之胡适了，胡适的思想与学识俱增，我们未加考证，不知胡适此时考过了几门博士，但我们可以清楚地看到胡适对中西文化之新理解，以及胡适对哲学更为全面的认识，也可以看出胡适从更为历史及比较的角度来研究中国哲学。并且对儒家学说中之"性善性恶、性可善可恶、性无善无不善"等历史之进程有了清晰的了解，也对中国诸子学说之历史流变有着进一步判定。从此意义上说，胡适随着年龄之增长、见识之广博、阅历之丰富，对中国哲学无疑有着一种更为全面之认识以及更为迫切研究之心理。

纵观胡适对哲学的定义、分类、研究方法、哲学史中诸家思想渊源流变及融合的影响，可知胡适对中国哲学之研究思路。从胡适以上言论可知胡适对中国哲学之研究从时代背景、诸家学说之内核、中国思想之发展几个角度来展开。今人论胡适者，或以为胡适采用西方哲学之方法，为中国哲学研究之开创者，或以为胡适抛却中国文化之本位,而辄加以批判。其实两种思路俱有偏颇之处。其中第一种思路认为采用西学之框架,比如后期采用存在主义者、唯物主义者、结构主义者、解构主义者、抑或现象学等体系来解说中国哲学,认胡适为开山鼻祖,其中存在着极大误解。此处做一简单论述,胡适之贡献,其实不在于用西学之方法来进行中国哲学之研究,或曰采用西学之方法来研究中国文化,胡适最大的贡献在于,利用西方实用主义哲学,采用归纳、推理等诸种方法,并非套用西方之概念来进行中国哲学之定义,恰恰相反,胡适于中国哲学研究之贡献,在于利用西方率先成熟之逻辑学等方法,分析推论出中国哲学中不同学派中的论证方法、不同学派中的逻辑定义以及何以自成体系之原因,并进而分析出诸种思想在中国历史发展中的价值与意义、贡献大小及不足之处。此点乃胡适高明之处。当然,胡适对中国文化之理解有其自身之涵义,但不能抹杀胡适之别开生面之研究方法,以及由此所得到的诸多结论。胡适尚未以中国文化为本位来建立新的哲学体系,并非胡适之罪过,此当明确申明。而正是胡适对中国文化理解之欠缺,必然造成胡适对中国文化解读之不足,此点当为我们解读其著作所应该注意,但无需求全责备。关键在于,我们解读胡适思想的角度是否客观,对其不足之处之认识是否到位。

胡适在《中国哲学史大纲》的台北版自记中说道:"我这本书的特别立场是要抓住每一位哲人或每一个学派的'名学方法'(逻辑方法,即是知识思考的方法),认为这是哲学史的中心问题。"胡适引用其第八篇中的一段话进行总结:

古代本没有什么"名家"。无论哪一家的哲学,都有一种为学的方法。这个方法便是这一家的名学。所以老子要无名,孔子要正名,墨子说"言有三表",……。这些都是各家的名学。

以上这段话可以说是胡适《中国哲学史大纲》的核心问题,简而言之,胡适《中国哲学史大纲》可谓《先秦名学史》的扩充。其基本概念并无明显之改变,只是论证更充分,条理更分明,材料更详实而已。

胡适不仅仅对诸子学说之内容从逻辑之角度进行辨析,更为重要的是,胡适从中国文化发展的角度理解诸子学说从分离到融合的趋势,并根据历史进程,进一步指出不同学派之流变。此点可从胡适《中国中古思想史长编》及《中国中古思想小史》可见一斑。而当时诸多学者讥胡适为"善著上卷先生者也"则明显有失偏颇，因为胡适后期在此两本书中概述中国从两汉到唐宋时期之学术演变，并根据自己之一贯思路进行分析、归纳与整理。可谓对中国思想史研究有着独树一帜之开创性之意义。

胡适在《中国中古思想史长编》中尤其注意不同学说之融合与发展之大势，许多见解即使今天看来，仍具有重要的参考意义。胡适总结从先秦到两汉时期的中国思想文化发展之大势，在第一章"齐学"中，认为中国思想从前六百年到前三百年是从分离走向混合之阶段，老子、孔子、墨子为三大流派，而法家即是这三种流派混合之产物，到了汉代，阴阳家则兼容并包，吸收各家学说，成一大融合之学说，胡适称之为"齐学"。

胡适对中国诸子学说的融合之重视，也表现在胡适特别推崇《吕氏春秋》及《淮南王书》，胡适认为《吕氏春秋》是先秦诸子学说之集大成，而《淮南王书》是道家思想之集大成。胡适在对《淮南王书》的辨析中，尤其是对"道"的解析，让我们清楚地看到与胡适在《先秦名学史》中的解读已大为不同，也说明了胡适对于中国文化由浅入深的认识过程，在《先秦名学史》中，胡适仅仅将"道"理解为方式方法。而在对《淮南王书》的解读中，胡适则明确提出"道"的概念为道家思想之"根基"，并认为"道"乃道家以及诸子学说中一假设之概念，同时，胡适站在实用主义之立场，认为"道"最终无法证实，则暴露了胡适对中国文化理解之不足。关于此点，我们还可以以胡适当时对秦汉以前之历史表示怀疑，认为当时没有考古之证据，则断定其可能为杜撰之说相类似，简言之，胡适对中国文化中境界层面与智慧层面之认识显然存在不足，因为，境界与高深的智慧往往很难用逻辑之观点来证实，或用考古之实物来证实。此乃胡适思想之不足之处。

我们说胡适之复杂性，即表现在其不同阶段对中国文化之认识存在着不同，但这种复杂性也存在着同一性，即其对进化论及实用主义推崇有加，并在其研究过程中屡次运用其原理。胡适之晚年，似乎有着更大的变化，胡适晚年曾作《说儒》，其中对儒家之渊源流变提出新的解说，即认为儒家乃根源于殷商时期之遗民，早期仅为"丧礼"及其他礼仪之传承人，而孔子改变原始儒家之行为与理念，进行儒家文化之大整顿、大融合，提出孔子之"有为主义"，并且承认孔子对中国文化整理之贡献，可谓胡适从青年时期到晚年时期之一大思想转变。而胡适论证儒家及孔子之变化，虽采用诸多证据，但偏重于史书等文字资料，并无考古实物之证据，也从一个侧面，反映了胡适论学方法上一大转变。

纵观胡适一生，其思想虽有所变化，学识愈加渊博，见识愈见宽广，但胡适所采用之方法可一直看到进化论与实用主义之影响，所以，为更好理解胡适之思想以及其研究方法，下面，我们谈谈胡适对西方哲学尤其是实用主义之看法，并简单分析实用主义之利弊，以便对胡适之思想有着更为全面可靠之分析。

（三）胡适对杜威哲学的研究

胡适在《口述自传》第五章中详细介绍了其在哥伦比亚大学求学之经历，并提出了对杜威哲学的一系列见解。胡适在1921年7月于《东方杂志》上发表的《杜威先生与中国》则更为简练地概述了自己对杜威哲学的理解。简而言之，杜威哲学现代人们统统称之为"实用主义"，当时则被称之为"实验主义"，其实，"实验主义"更能代表杜威哲学思想。因为"实用主义"偏重于工具理性之成分，而"实验主义"则偏重于杜威的哲学主张，并未如现代许多人所理解的杜威，仅仅以"实用"为其哲学之宗旨，故而"实用主义"之名词有可能产生对杜威哲学的误读与理解。

胡适在《杜威先生与中国》对杜威的哲学方法总结为"历史的方法"及"实验的方法"。所谓"历史的方法"，即"从来不把一个制度或学说看作一个孤立的东西，总把他看作一个中段，一头是他发生的原因，一头是他自己发生的效果"。所谓"实验的方法"，即重视三件事："从具体的事实与境地下手"；"一切学说与理想，都只是待证的假定，并非天经地义"；"一切学说与理想都须用实行来试验过"。

杜威哲学可谓自康德"物自体"与"现象界"概念提出以来，力图弥补经验主义与唯理主义之哲学流派之间巨大鸿沟之解决方案之一。当然，其不同于胡塞尔从"直觉"之角度来进行融合之努力，也不同于叔本华从"意志"之角度来进行界说之角度，可以说，避开了纯粹理性的详尽论证与个人经验的意志行为，故而在崇尚"思辨"的德国与崇尚"经验主义"的英国并未被认为一重要的哲学流派，或斥为肤浅，或斥为表里不一之主张。但就当时的美国大陆而言，却极大地符合了当时拓荒者及建设者之要求。而对于潜心求学以至于寻求救国救民的胡适而言，敏锐地觉察到对中国社会的价值所在，此乃胡适高明之处，也是胡适对杜威哲学更多吸收其方法论之关键所在。

其实，关于杜威哲学，其不仅仅在方法论上有所突破，而且在诸多社会问题，比如道德、自由、科学、教育等方面也有着全面而系统的阐述，这里不打算详细阐述其论点，仅仅指出胡适对杜威哲学的理解及接受。而正是杜威哲学注重实验的方法这一最重要也同时蕴含着巨大风险的命题导致了胡适思想上的不足之处。简而言之，就技术层面言，实验当然是最重要的手段，但就道德层面而言，仅靠实验则远远不够，或者说靠事后的结果来进行确定道德的高低则往往有亡羊补牢之嫌，而就艺术与宗教层面而言，更是无法用所谓科学的逻辑方法进行验证。这是杜威哲学方法上的不足之处，以及胡适对杜威的终生崇拜导致了胡适思想上的不足，也就是说，胡适无法也不能认识到中国文化中道德层面与境界层面的重要性，从而，胡适对中国文化的批判中，虽然尚有着清醒而尽量客观的态度，但后期的学人，延续胡适之路者，比如冯友兰等人则往往有过之而无不及，对中国文化之精髓往往全然不顾，统统以西方逻辑工具来进行整理与阐述，令世人对中国文化的了解进一步浅薄化与世俗化，胡适虽不能承担其责，但由于其研究方法的被大量误解以及传播，无形中导致了其后继者干脆用纯粹的西方工具来改造中国文化的历史，也开启了中国文化再一次被肢解阉割以及篡改的历史进程。

（四）胡适晚年的国故整理

胡适晚年著《说儒》，可谓胡适对中国文化的重新梳理，在这种重新梳理的过程中，胡适对儒家文化有着与前期大为不同的观点，同时，胡适利用章太炎的研究成果，提出一系列新解，当有其重要价值。此处简单叙述其观点。

胡适对儒家之解读，直接从分析章太炎在《国故论衡》中的原儒篇中对儒家的定义开始,当然,其更大的背景是胡适对《左传》中所谓"立言、立功、立德"的扬弃,认为儒家之"三立"关注于"小我"及社会精英阶层,胡适提出"社会的不朽论",以阐述人人都可以为社会做出贡献,显而易见,胡适受西方民主思想之影响,并将其贯穿于对中国学术的研究之中。胡适对章太炎的广义的"儒",即"达、类、私"之说,是站在逻辑学或修辞学之角度,胡适基本认可章太炎对儒家的阐释,胡适引用章太炎原文,为了解胡适《说儒》思想之发端,此处再一次引用以明其理:

儒有三科,关"达"、"类"、"私"之名:(《墨子·经上》篇说名有三种:达,类,私。如"物"是达名,"马"是类名,"舜"是私名。)

达名为儒。儒者,术士也(《说文》)。太史公《儒林列传》曰"秦之季世坑术士",而世谓之坑儒。司马相如言"列仙之儒居山泽间,形容甚"(《汉书·司马相如传》语,《史记》儒作传,误)。……王充《儒增》《道虚》《谈天》《说日》《是应》,举"儒书",所称者有鲁般刻鸢,由基中杨,李广射寝石矢没羽,……黄帝骑龙,淮南王犬吠天上鸡鸣云中,日中有三足乌,月中有兔蟾蜍。是诸名籍道、墨、刑法、阴阳、神仙之伦,旁有杂家所记,列传所录,一谓之儒,明其皆公族。"儒"之名盖出于"需",需者云上于天,而儒亦知天文,识旱潦。何以明之?鸟知天将雨者曰鹬(《说文》),舞旱者以为衣冠。鹬冠者亦曰术氏冠(《汉·五行志》注引《礼图》),又曰圜冠。庄周言儒者冠圜冠者知天时,履句屦者知地形,缓佩者事至而断。(《田子方篇》文。《五行志》注引《逸周书》文同。《庄子》圜字作鹬。《续汉书·舆服志》云:"鹬冠前圜。")明灵星舞子吁嗟以求雨者谓之儒。……古之儒知天文占候,谓其多技,故号偏施于九能,诸有术者悉赅之矣。

类名为儒。儒者知礼乐射御书数。《天官》曰:"儒以道得民。"说曰:"儒,诸侯保氏有六艺以教民者。"《地官》曰:"联师儒。"说曰:"师儒,乡里教以道艺者。"此则躬备德行为师,效其材艺为儒。……

私名为儒。《七略》曰:"儒家者流,盖出于司徒之官,助人君顺阴阳明教化者也。游文于六经之中,留意于仁义之际,祖述尧舜,宪章文武,宗师仲尼,以重其言,于道为最高。"周之衰,保氏失其守,史籀之书,商高之算,门之射,范氏之御,皆不自儒者传。故孔子……自诡鄙事,言君子不多能,为当世名士显人隐讳。及《儒行》称十五儒，《七略》疏晏子以下五十二家，皆粗明德行政教之趣而已，未及六艺也。其科于《周官》为师，儒绝而师假摄其名。……

胡适对章太炎的观点赞同有加，唯其不同之处在于胡适对章氏所言儒家出于"王官"之说（注：章太炎观点出自见刘歆《七略》），在此基础上，胡适提出儒家的"来源说"，可谓一新见解，不同于自古以来包括民国时期诸多大家之见解，认为儒家来源于商朝之遗民。关于此点，胡适经过大量文献考证，当有其可以立足之地，此乃胡适对儒家渊源流变之源头的新解说，有着重大的参考价值及意义。胡适言：

我们必须明白，殷商的文化中心虽在今之河南，——周之宋卫（卫即殷字，古读殷如衣，韦古音皆如衣，即殷字）——而东部的齐鲁皆是殷文化所被，殷民族所居。《左传》（《晏子春秋》外篇同）昭公二十年，晏婴对齐侯说："昔爽鸠氏始居此地，季因之，有逢伯陵因之，蒲姑氏因之。而后太公因之。"依《汉书·地理志》及杜预《左传注》，有逢伯陵是殷初诸侯，蒲姑氏（《汉书》作薄姑氏）是殷周之间的诸侯。鲁也是殷人旧地。《左传》昭公九年，周王使詹桓伯辞于晋曰："及武王克商，蒲姑、商奄，吾东土也。"孔颖达《正义》引服虔曰："蒲姑，齐也；商奄，鲁也。"又定公四年，卫侯使祝佗私于苌弘曰："……昔武王克商，成王定之。……分鲁公以大路大旗，夏后氏之璜，封父之繁弱（大弓名），殷民六族：条氏，徐氏，萧氏，索氏，长勺氏，尾勺氏，使帅其宗氏，辑其分族，将其类丑（丑，众也），以法则周公，用即命于周；是使之职事于鲁，以昭周公之明德；分之土田陪敦，祝宗卜史，备物典策，官司彝器，因商奄之民，命以伯禽，而封于少皞之虚。"这可见鲁的地是商奄旧地，而又有新徙来的殷民六族。所以鲁有许多殷人遗俗，如"亳社"之祀，屡见于《春秋》。

经过对殷商遗民及其演变的详尽考察，胡适认为卜筮之人则为儒家之源：

……。这种宗教需用一批有特别训练的人。卜筮需用"卜筮人"；祭祀需用祝官；丧礼需用相礼的专家。在殷商盛时，祝宗卜史自有专家。亡国之后，这些有专门知识的人往往沦为奴虏，或散在民间。因为他们是有专门的知识技能的，故往往能靠他们的专长换得衣食之资。他们在殷人社会里，仍旧受人民的崇敬；而统治的阶级，为了要安定民众，也许还为了他们自己也需要这种有知识技能的人，所以只须那些"多士攸服奔走臣我多逊"，也就不去过分摧残他们。这一些人和他们的子孙，就在那几百年之中，自成了一个特殊阶级。他们不是那新朝的"士"；"士"是一种能执干戈以卫社稷的武士阶级，是新朝统治阶级的下层。他们只是"儒"。他们负背着保存故国文化的遗风，故在那几百年社会骤变、民族混合同化的形势之中，他们独能继续保存殷商的古衣冠，——也许还继续保存了殷商的古文字言语（上文引的《墨子·公孟》篇与《非儒》篇，都有"古言服"的话。我们现在还不明白殷周民族在语言文字上有多大的区别）。在他们自己民族的眼里，他们是"殷礼"（殷的宗教文化）的保存者与宣教师。在西周民族的眼里，他们是社会上多才艺的人，是贵族阶级的有用的清客顾问，是多数民众的安慰者。

胡适总结道：

儒是殷民族的礼教的教士，他们在很困难的政治状态之下，继续保存着殷人的宗教典礼，继续穿戴着殷人的衣冠。他们是殷人的教士，在六七百年中渐渐变成了绝大多数人民的教师。他们的职业还是治丧，相礼，教学；但他们的礼教已渐渐行到统治阶级里了，他们的来学弟子，已有周鲁公族的子弟了（如孟孙何忌、南宫适）；向他们问礼的，不但有各国的权臣，还有齐鲁卫的国君了。

这才是那个广义的"儒"。儒是一个古宗教的教师，治丧相礼之外，他们还要做其他的宗教职务。

胡适言儒家之转变及孔子之创造：

"亡国之余"，这也可见殷商后人不忘亡国的惨痛。三百年后，宋君偃自立为宋王，东败齐，南败楚，西败魏，也是这点亡国遗憾的死灰复燃，也是一个民族复兴的运动。但不久也失败了。殷商民族的政治的复兴，终于无望了。

但在那殷商民族亡国后的几百年中，他们好像始终保存着民族复兴的梦想，渐渐养成了一个"救世圣人"的预言，这种预言是亡国民族里常有的，最有名的一个例子就是希伯来（犹太）民族的"弥赛亚"（Messiah）降生救世的悬记，后来引起了耶稣领导的大运动。这种悬记（佛书中所谓"悬记"，即预言）本来只是悬想一个未来的民族英雄起来领导那久受亡国苦痛的民众，做到那复兴民族的大事业。但年代久了，政治复兴的梦想终没有影子，于是这种预言渐渐变换了内容，政治复兴的色彩渐渐变淡了，宗教或文化复兴的意味渐渐加浓了。犹太民族的"弥赛亚"原来是一个复兴英雄，后来却变成了一个救世的教主，这是一变；一个狭义的，民族的中兴领袖，后来却变成了一个救度全人类的大圣人，这一变更远大了。我们现在观察殷民族亡国后的历史，似乎他们也曾有过一个民族英雄复兴殷商的悬记，也曾有过一个圣人复起的预言。

胡适认为正是在此时代大背景下，孔子正是将儒家由最初的宗教祭祀等为主要目的的功效转变为具有政治理想及文化内涵之大"圣人"。此乃胡适从早年批判孔子到此时极力肯定孔子的一大转变，正是在此种认识上的大转变之下，胡适提出儒家的最重要的贡献，在于其"有为主义"，这种有为主义正是儒家通过对旧有宗教的改变以及重新解释，使儒学成为一门具有政治情怀、内心修为及伦理道德之学问。胡适重点强调了孔子的"不可为而为之"之精神，指出了汉初"无为时代"里新儒家如董仲舒及贾谊的积极精神。

当然，胡适在《说儒》这部书里，也将道家、墨家与法家之思想略微提及，但胡适更多强调儒家的源头及其"有为主义"，并且将儒家文化从殷商到汉代之演变逐步道来，可说是胡适对儒家研究的两大贡献。

（五）胡适的文学创作

胡适的文学创作就狭义而言，包括大量的时评、杂文、古体诗、新诗、书信等。最初文章半文半白，后期力行自己所主张之"白话文"，文风渐渐口语化，而胡适诗歌大都以新诗为主，胡适对文言文的抨击以及对白话诗歌的赞美今天看来已经没有什么评价的必要。胡适曾举出多首当时他人所作之新诗大力颂扬，鼓吹其远胜历代之文言文，今天看来不过笑谈而已。从此处也可看出胡适对中国文化中境界层面的认识严重缺失。今参看胡适与同时期之古体诗词，比之于王国维、陈寅恪、梁启超、马一浮等人，则诗作之境界俨然落入下乘。读者诸君自可参详，不再多言。

四、胡适之价值及精神特质之总结

通过以上对胡适的介绍与点评,此处我们可以再一次总结胡适的学术思想及其精神特质之关联:

胡适的学术思想对现代中国而言有其重要价值与作用,分别是:

其一,胡适利用杜威哲学之方法,开创性地对中国先秦诸子及宋明理学进行了内在于其学术体系的逻辑分析。胡适并未彻底将中国文化之本位抛弃,恰恰相反,胡适对中国哲学的研究,仍然植根于中国文化之本位,不过将其"名学"之逻辑关系一一列出并进行总结。也就是说,胡适仅仅认为中国缺乏西方那样的"逻辑学",但胡适承认并且一直致力于挖掘中国哲学体系内,尤其是先秦不同派别学术思想中内在逻辑的研究,此乃胡适之一大贡献。

其二,胡适通过介绍杜威实用主义哲学,提倡并推介"民主""自由""科学"之理念,可谓对西方文明在中国的传播方面,有着巨大的贡献。

其三,胡适晚年通过对儒家的深入研究,一方面提出不同于诸多历代儒家之诸多观点,尤其是儒家的来源说,当有其自身的价值。同时,胡适强调并肯定了儒家的"有为主义"。

其四,胡适对宋明理学尤其是朱子的观点进行了明确的剖析与批判,提出朱熹的新儒家主义阻止了现代科学思想在中国的发展与传播,在当时及现在的角度而言,具有重大的价值。

关于胡适思想的诸多评价,当时诸家如王国维、陈寅恪、梁漱溟都曾有过较为负面之评价抑或暗示,此处不再一一罗列。本篇仅仅指出,若按照传统的所谓"一分为二"之评价方法,恐怕难有建树。盖所谓一分为二,指出其优势同时再指出其不足,却忽略了优势与不足之必然联系,也就是说,任何学术思想必有其整体性,若没有对其整体性的认知与把握,则消除其不足的同时,优势也荡然无存,正是基于此种理念,我们对胡适的评价应该有更为客观而整体的把握。从此意义上而言,我们必须对胡适的精神特质做一总结,方可对胡适有更为全面的认识与把握,而其学术思想之优缺点一览无余,我们所应该继承的胡适之有益一面方可得以继续，而不利之一面则可以轻松化解。

胡适三岁丧父，其母亲乃以年轻寡妇之家族之弱势地位，含辛茹苦，必忍受人世之艰难，忍辱有加，对胡适包容之人格有着决定性影响。而其母亲则一面不断灌输胡适教育之重要，及其父亲之伟大，使胡适从小接受私塾教育，对中国文化有一定记忆与表层之理解。正是其母亲在家族中的弱势地位，无疑影响了胡适对中国文化的看法，即是胡适对中国文化潜在的反抗意识。年轻时到美国求学之经历，杜威哲学方法对胡适影响之深，促成其一以贯之之研究方法。正是杜威哲学之局限以及胡适对中国文化理解之局限造成胡适学术思想之局限。但胡适借用杜威哲学之方法，对中国文化之研究有其重大意义，此点已于上文言及。胡适之成长经历及其家庭环境造成胡适特有之精神特质。此精神特质之表现于年少时则是对中国文化的批判与否定，而年长时方能客观而全面地认真整理与研究，至晚年时则重新回归国故尤其是儒家之整理工作，此乃胡适之复杂性与包容性在学术思想上的表现。

总而括之，胡适乃现代中国新文化之奠基人之一，而其引进西学之方法与理念有其巨大的进步意义，尤为难能之处在于其并未简单以西方实用主义对中国诸子百家提出否定，而是力图寻找中国哲学中与西方等同或接近之方法论，此点尤须注意，并非时人所言之胡适仅仅为西方实用主义之传播者，或言之为用西学方法对中国哲学进行改造之代表。同时，胡适倡导的民主、科学以及自由精神依然有着极其重要的价值。但其对中国文化境界层面、智慧层面及道德层面的认识则本能地存在缺憾之处，此乃今天重读胡适所应注意之要点。对胡适之全面评价正是本篇写作之目的，其优劣长短，更待大雅君子详察明辨焉。

第伍章

张君劢：中西勘通途
　　　　实践难容世

第伍章 张君劢：中西勘通途 实践难容世

　　张君劢为民国时期继梁启超之后，又一位集学术研究与政治实践于一身的学术大家与政治实践家。其在1923年率先发表题为《人生观与科学》之文章，旗帜鲜明地反对纯粹"科学主义"，反对"科学万能论"，结果被地质学家丁文江贴上"玄学鬼"之标签，进而受到胡适、李大钊、钱玄同等人的讨伐。1947年，起草《中华民国宪法》，被尊为"宪法之父"。时过境迁，现代学人又将其推崇为"新儒家"之代表人物而极力褒扬。张君劢之学术思想究竟应该怎样解读，其学术思想之重要价值何在？其政治实践之理念在中国历史上又有何种意义？本篇试图说明一二，并分析张君劢之有别于他人的独特贡献，进而理出一条涵盖张君劢学术思想与政治实践的线索及其可能性解读。首先，让我们从张君劢引起的轰动一时并在20世纪初期导致的中西之争的"科玄论战"说起，介绍科玄论战之前，让我们看看张君劢之人生轨迹。

一、生平

张君劢，原名嘉森，字士林，号立斋，别号"世界室主人"，笔名君房。生于1887年，卒于1969年。祖籍上海宝山，出生于江苏嘉定。少时受私塾教育，12岁入冯桂芬主办的广方言馆（原名同文馆）就读，初步接受西式教育。1902年，中秀才，入震旦学院（复旦大学前身）学习拉丁文，后再转入南京高等学堂。1906年，留学日本早稻田大学，其间参加梁启超组织之"政闻社"。1910年，被授予翰林院庶吉士。1913年，留学德国柏林大学，治政治学。1915年，组织"民主党"并任党魁。1915年回国后，曾任浙江交涉署长，《时事新报》总编，段祺瑞内阁秘书，冯国璋总统府秘书长等职。1918年随梁启超赴欧洲考察，考察归国后任北大、清华教授等职。1923年，发表《科学与人生观》之讲座，拉开"科玄论战"之序幕。1933年，与张东荪共同组建"民主社会党"，任中央总务委员兼总秘书。抗日战争时期任国民参政会参政员；与黄炎培等人组织中国民主同盟，历任常委；与陈布雷合办民族文化学院，任院长。抗战后，国社党与民主党合并为中国民主社会党，被推举为主席。1946年，创办"中国民主同盟"。1947年，起草《中华民国宪法》，将孙中山之五权宪法落实为五院制，以确保权力制衡与监督理念之实施。从政治上之主张及表现来看，张君劢一生既反对专制，反对蒋介石之独裁，又反对共产主义，力图以"第三势力"坚持其宪政理念，但屡屡碰壁，最后出走美国。就其学术思想而言，最初治政治学，进而钻研西方哲学，再涉及中西文化比较以及新儒家思想史，最后力图以西方之宪政理论补其不足。一生著述宏富，涵盖中西哲学、政治学、儒家思想史、科学哲学、宪法学以及政治实践等诸多领域。代表作品有：《民族复兴之学术基础》、《宪政之道》、《政制与法制》、《主国之道》、《明日之中国文化》、《新儒家思想史》、《义理学十讲纲要》等。

二、科玄论战

科玄论战为上世纪 20 年代中国学术史上的一场大论战，张君劢因反对绝对的科学主义，而被称之为"玄学鬼"。丁文江、胡适等人以绝对的"科学主义"立场被认为是主张"科学主义"之代表，本篇不打算对其中的过程作详尽的分析，仅仅将其作为对张君劢思想研究的切入点，关于今之学人以西方学术体系之概念来评价这一论战，比如"唯意志论"与"决定论"、"经验主义"与"理想主义"、"唯名论"与"唯识论"、"科学主义"与"玄学主义"等总结，本人表示理解，但不同意此种纯粹站在西学之角度而进行的分析，本篇试图对张君劢之学术思想别开一新道路来进行分析，以站在中西文化汇通之角度进行解读，此点也是张君劢先生学术思想之精髓所在。首先我们介绍张君劢关于人生观的看法。

张君劢在《人生观》的讲演中提到：

就人生观之特点分析，曰主观的，曰直觉的，曰综合的，曰自由意志的，曰单一性的。惟其有此五点，故科学无论如何发达，而人生观问题之解决，绝非科学所能为力，惟赖诸人身之自身而已。

张君劢所言之人生观之问题，当为张氏力图说明人生观不能由科学所决定，然，其所分析，存在着逻辑上之漏洞，故而被丁文江及胡适等人抓住把柄，予以嘲讽之能事，今略取丁文江《玄学与科学》文中之观点，一并对照了解：

他说人生观不为论理学（作者注：指逻辑学，下同）方法所支配；科学回答他，凡不可以用论理学批评研究的，不是真知识。他说"纯粹之心理现象"在因果律之例外；科学回答他，科学的材料原都是心理的现象，若是你所说的是真的，决逃不出科学的范围。

从以上两段引述，我们可以很清楚地看出两方观念之异趣，张氏君劢力图主张人生观之问题乃自由意志之问题，不由科学所决定；丁文江则力图证明人生观之问题，也可以用"逻辑学"此一科学方法来进行研究。两方之主张可说出发点完全不同，从后期两派之反复论战，则基本上延续两者之思路，并未对问题进行明确彻底说明。所以，张君劢在后期依然坚定地维护自己的观点，张

君劢在10年以后,发表《人生观论战之回顾》,说到:

中国和外国接触后,我们最惊奇的是,就是西洋的科学,心目中的所谓科学,乃是飞机、大炮、轮船、电话、无线电等等实用的东西,高一层的就知道有所谓科学方法,或者说拿出证据来一类的话。在这种空气之下,有人来说人生问题不受科学支配,人家就疑心他(一)是反对科学(二)是提倡玄学(三)是反对西洋文化的了。其实这是一种思想的幼稚病。

张君劢所言的基本属实,也就是当时的国人以及相当一部分学者,只看到了科学之功用,推崇科学的方法,但是对科学的边界,引而申之,则是对西方文化的理解仅仅停留在科学的功用与方法层面,张君劢数十年来,治中西哲学,其见解则远超当时诸多学者,无奈时不我与,不能被理解,而张氏对中西文化之对比研究,即使现在看来,仍然具有重大意义。那么张君劢之学术思想主要包含哪些观点,其所进行的学术研究之意义何在?下文展开述之。

三、张君劢对西方科学、哲学等方面的研究及其成果

(一)张君劢对西方文化的理解及总结

张君劢在《学术界之方向与学者之责任》一文中,述及中西文化之根本异同:

东西文化之比较,一至难之也。西方文化,始于希腊,至中古襄于宗教色彩中,迄于近代,则以科学为基础。反观吾国,其宇宙观之本于儒释道三教者,因大有异同。……顾文化异同,在学术上尤为显著,以孔孟以来之学术与西方近代科学相对照,则吾国重人生,重道德,重内在之心;西方重自然,重知识,重外在之象,因此出发点之不同,亦即两文化之判然各别。

张君劢显然对中西文化均有着清晰的认识,可以看出,张氏对西方哲学、科学之理解当时确实远远超过"科玄论战"中科学主义之一方,当时的丁文江、胡适等人错误地将科学方法定义为科学的本质,并将其推广到无所不至的地步,显然是对科学的本质的误读,也不符合后期西方科学哲学者如波普、库恩等人

"证伪主义"或"范式理论"对科学的解读。至于张君劢,将人生观与科学并列,虽有其强调自由意志之一面,然而人生观本来属于价值判断之范畴,容易落入对手所执着的"人生观"的研究中也可以采取科学方法的诡辩中。张君劢更多是从中西比较的角度,探讨中西学问之异同,概而论之,张君劢对中西文化尤其是对西方科学的理解大概可以包括以下几个方面:

东方之格物致知:

1. 东方治学之目的在修身养性。

2. 东方学术之对象为人生、为人伦。

3. 东方治学之方法为内省,为读书,为在待人接物上体验。

4. 东方治学之方法,除考诸先圣之典籍外,验诸一身之是非外,无他法。

5. 东方治学与处事之道,合二为一。

6. 东方所谓理学或性理学,与西洋之哲学有相类处亦有相异处,乃吾国独有之身心修养法,自有其特殊价值。

西方之科学:

1. 西方治学之目的在求真理。

2. 西方学术对象为宇宙,为自然界,为客观方面之社会。

3. 西方治学之方法为观察,实验与统计。

4. 西方治学方法,其理论之是非,以论理为标准,其事实之是非,以实验调查所得为标准。

5. 西方之治学与处事,分而为二。

6. 西方之学术,自共分科者言之为科学,自求其宇宙最高之原理言之为哲学。

——张君劢《学术界之方向与学者之责任》第二部分

张君劢以政治学研究入手,后来赴德国攻读西洋哲学,尤其对倭铿、康德、黑格尔之哲学深有体会,并对德国哲学与英美经验主义之哲学之分野有着清晰的认识。然而,张君劢的最大贡献则在于其着力探讨中西文化中相同或相通之处。在介绍张君劢的中西文化比较方面的学术成就前,兹简略介绍其对西方哲学的研究成果。

（二）张君劢关于西方哲学流变的说明

张君劢在《中国哲学之创造》一文里，谈到西方近现代哲学之流变，即西方近代哲学始于培根与笛卡尔，各自为经验主义与理性主义之鼻祖。继培根而起，洛克探讨知识之起源，意为所有的知识起源于观察及内省，而后有概念与知识之系统，也就是说，洛克在培根经验主义之基础上，认为人对外界的观察与反思而后有知识之系统。柏克莱反对此说，认为，所有的外物，必须得以人的认识方可谈论，俗称"唯心主义"，也就是说，柏克莱从学术逻辑上指出经验主义之问题，提出"心物"之互动观念。休谟则将一切知识又复归于经验，认为所有的因果关系不过是人们经验所产生；而笛卡尔则认为"我思，故我在"，所以笛卡尔认为人们心中必然存在着所谓先天理性，可以用像研究几何学一样研究宇宙问题、知识问题等，斯宾诺莎则继之以更为条理与清晰的方法研究宗教、伦理与人事诸问题。兰勃尼兹则以"目的论"补充笛卡尔学说中纯粹之"方法论"，指出所以有世界，乃在于精神与物质之合一，而尤其意志之目的为其一切之根本。张君劢总结道：

1. 理性主义由笛卡尔发起。斯宾诺莎发扬之，至兰勃尼兹而起反动。

2. 经验主义由培根发起，陆克氏始指出哲学问题之中心为认识论，至伯克莱而起一反动。至休谟氏，对于经验二字完全予以心理的解释而入于怀疑主义中。

3. 康德氏对于两派之是非得失，予以公平的判断，结束两派对峙之局，而批导主义之时代因以开始。

张君劢由于留学德国，故而对德国学术史有着清醒的认识，其对德国近现代之学术思想之总结可参看其《五十年来德国学术序》一文，其中对德国自然科学与社会科学之总括可见一斑。

以上分析可见张君劢对西方科学与哲学之理解远在当时"科学派"之上，关于张君劢之学术思想及其研究路径，我们可以从其《我的哲学思想》一文中略窥端倪，张氏言：

我初窥哲学门径，从倭伊铿（畅按：今译为倭铿或奥伊肯）、柏格森入手。梁任公先生游欧，途经耶纳，与倭氏匆匆一唔，引起我研究倭氏哲学之兴趣。

同时每年一度去巴黎,兼读柏氏著书。然倭氏、柏氏书中,侧重于所谓生活之流,归宿于反理智主义,将一二百年来欧洲哲学系统中之知识论弃之不顾。故我初期治两家学说后,心中即有所不慊,乃同时读康氏于新康德派之所以发挥康氏者。此为我心理潜伏之态度。倭氏、柏氏提倡意志自由、行动与变之哲学,为我之所喜,然知有变而不知有常,知有流而不知潜藏,知行动而不知辨别是非之智慧,不免为一峰突起之山水,而平坦之康庄大道,摈之于视野之外矣。倭氏虽念念不忘精神生活,柏氏晚年亦有道德来源之著作,然其不视知识与道德为文化中之一静定要素则一也。

(三)张君劢关于康德哲学的说明

以上既可以看出张君劢治学之历程与内在思路之变化,同时也可以看作张氏对近现代西方哲学思想之简单概括,而张氏心中,知识与道德无疑乃一切哲学中之最要者,质是之故,张君劢对康德哲学情有独钟,并进而论述康德哲学体系及其基本思想。

张君劢分康德哲学为知识论与道德论,概欲以此两途介绍康德哲学。张君劢在《我的哲学思想》一文中介绍康德知识论,康德以为知识非完全来自经验,必有先天理性存焉,此先天理性,张氏总结为"超越现象、超越分析、超越逻辑",此三者乃先天存于人之头脑,故有范畴之必然,此乃康德综合经验主义与理性主义之结果。张氏在此以爱因斯坦之相对论举例,并引用爱因斯坦之话"理论的物理学之自明理的基础,非来自经验之推论,乃为人心之自由创作",以此说明康德在知识论上之贡献。当然,此处不讨论康德知识论之局限或其发展方向,仅作为张氏研究之介绍。而关于康德道德论,张氏首先分析当时三种流行之理论,即道德的进化论、道德的实验心理学、道德的唯物主义,此处乃张氏分析康德道德论之前提,也是张氏对当时诸多流行观点的批判,故而将其摘录于此,以便进一步了解张氏思想:

近二三百年来,为科学或知识发达之大时代。知识发展,随而侵入道德之范围,或且取道德而摇撼之而代替之。昔日人类所习闻者,曰"人为万物之灵",将知礼仪、知是非、知廉耻之责,加之于人身,为其一切行为之准则。自进化论风行，曰"人由猴变"，惟有在竞争中以求生存。此两语间之轻轻一转，而道德观念发生动摇矣。昔人信有灵魂之说，且有轮回有神鬼之说，以为福善祸淫之奖惩。自实验心理学成立，不特灵魂失踪，即对于自觉性之有无（美国詹姆斯之疑问）亦发生怀疑。其仅能剖而视之者，为神经中枢，然此仅为血肉与感觉系而已，人类之灵明，不可于此形质中求之焉。更有甚者，则曰道德宗教与政治法律，乃统治者鞭笞人民之工具，所以为统治阶级政权保护者之计，非人性中所固有。以唯物主义之名词言之，宗教道德等等为上层之结构，其在下层而为之根本着为生产方法，一旦生产方法变更，其上层结构亦随之而动摇。换词言之，道德宗教乃一种依附末光之现象而已。以上所举三种学说，一为进化论，一为实验心理学，一为唯物主义，从直接与间接方面，将千百年人间所习闻之道德观念动摇之，驱除之，使其无地容身。

张君劢在批判二三百年来之道德论基础上，极力赞赏康德之道德论。康德指出纯粹理性之外，尚有实践理性，意即"上帝存在、灵魂不灭、意志自由"乃成其一切立论之前提与结论，而关乎于此，则人类之最终目标绝非以功利来衡量，而关于人之本身之价值、幸福当成为实践理性之最高标准。康德对于道德之重视，可谓从哲学层面对人以及人类本身价值回归之再次确立。此点在张氏看来，正好可与吾国西汉时董仲舒所言之"正其谊不谋其利，明其道不计其功"相比类。

在张氏看来，康德关于知识论及道德论之两分法，一方面保存并承认科学知识之重要，同时也承认了科学知识所不能解决的意志自由、灵魂不灭、上帝存在诸问题，而将人类之道德赋予实践理性。此乃康德超越此前诸多哲学家之伟大之处，然对于上帝、意志等诸种问题的悬置反而造成了本体的缺失，为解决此问题，黑格尔横空出世，提出"绝对精神"之说，并将其确定为人类之本质，人类的历史不过是"绝对精神"的客观化而已。

（四）张君劢关于黑格尔哲学之说明

张君劢关于黑格尔哲学之研究，主要见于其《黑格尔之哲学系统与国家观》、《黑格尔之哲学系统及其国家哲学历史哲学》、《关于黑格尔哲学答张真如先生》、《再与张真如先生论黑格尔哲学》等多篇文章中，今简略括其概要，略

第伍章 张君劢：中西勘通途 实践难容世

述如下。

张君劢言黑格尔哲学的缘起，在于对康德哲学之反动，因康德将世界分为现象与本体，经验界与形上界两种，黑氏起而反对，认为"自外界言之，宇宙之所以造成，则天文学家地质学家生物学家之事也；自逻辑上以默察宇宙之所以造成，明哲学家之事也；以哲学家自居于创世之主人，而推想此世界之所以造成，与其必经之阶段……。以宇宙皆出于'思想行为'，则物与心合而为一，即'有'与'思想'合二为一"（见张氏《黑格尔之哲学系统与国家观》）。张君劢可谓抓住了黑格尔哲学之本质，并在此基础上，将黑格尔哲学理解为"绝对理性"之发展。就本质而言，宇宙乃"绝对理性"，就其变现于自然界，则为自然科学。就其变现于人类社会，则为道德政治法律宗教等。就其内在之规律而言，则为逻辑学（论理学）。而黑格尔对国家之理念，对张君劢影响深远，此问题在其后探讨张君劢之学术之根源及其精神特质时再作评判，此处略过不表。

由于张君劢深厚的西学功底，尤其是对西方科学与哲学、宗教的理解，故而其对中国文化之解读一定别有新解，但此种新解，并非今人习惯者，纯粹用西学之概念与体系来进行中国文化之抽象与整理，张君劢之可贵之处即在于此，即张氏在熟悉了解西方学术发展之基础之上，并未全然对中国文化予以驳斥或西化，而力图汇通其间，挖掘中国文化之内在生命之精神。以至于今日之学人，方才理会其用意，而动辄以"新儒家"之名词赞誉之，现代人们对张君劢之新解读固然有其对中国文化反思之时代背景，但只用"新儒家"来概括张君劢之学术思想，显然有以偏概全之嫌。

当然，张君劢对中国文化，尤其是对中国儒家文化之发展之解读，同样有其重大贡献，本篇略述其研究成果，同时将其定位于张君劢之学术思想之一部分内容，而不以纯粹之"新儒家"之名称而概括其全部学术思想，最后，本篇力图对张君劢之学术思想以及其目的进行概括，以全面解读张君劢之学术思想。同时，对民国时期中西文化汇通之工作作一交代，并在中西文化碰撞及交融之大背景之下，探讨张君劢学术思想以及其政治实践所给予我们的启示与意义。

下面，我们来看看张君劢对中国儒家文化之研究，其重点致力于张氏关于中国儒家思想与西方哲学汇通之处。

四、张君劢的儒家思想以及中西哲学汇通之研究

（一）张君劢的学术研究方法

张君劢对中国学术思想之研究，可谓传承梁启超者多多，张氏当年在日本早稻田大学求学期间，曾参加梁启超所创办之"政闻社"。观张君劢关于历代中国政治体制之演变，以及张氏关于中国学术演变之思想，几乎与其师梁启超大体相同，但张氏尚有其独特之贡献，此种贡献，主要体现在张氏对中国儒家文化与西方哲学之汇通方面。前已述及，张氏认为中国之学问贡献主要在于"向内"以及"修养"之方面，而西方哲学中，关于此种理念也层出不穷。张氏对中西哲学之比较，除其基于伦理抑或道德之层面之比较外，尚涉及关于宇宙本体、知识体系、科学方法等诸方面，尤其善于从中国儒家之演变历程与西方哲学之流变之角度，反复比对参详，以反衬中国文化之本质，以及中国文化之优势及不足，进而指出中国未来哲学之新方向，并在哲学研究之基础上，更进一步探讨政治学及宪法学，以期增进民族之福祉，并以学术逻辑之思路给出中国未来之发展路径与改变方向。此部分暂不涉及其他，仅就张氏之儒家思想以及中西哲学比较方面的思想进行概述。

（二）张君劢儒学研究框架

张君劢关于儒家思想之概述主要包括在《新儒家思想史》《义理学十讲纲要》《明日之中国文化》，以及与牟宗三、唐君毅、徐复观等共同发起的《为中国文化敬告世界人士宣言》一文。下面主要根据张氏《新儒家思想史》《义理学十讲纲要》等著述进行介绍。

欲了解张君劢关于儒家哲学之思想，需先了解张君劢是在何种思想框架内谈及儒家学说，也就是说，必须了解张君劢关于知识论之看法，方可以提纲挈领，以明了张君劢学术思想中儒家学说之地位及界说。前文述及张君劢关于康德哲学之介绍中，我们基本上可以一窥端倪，此处再补充张君劢在《我的哲学思想》中对知识层次之说明，进一步帮助我们了解张氏学说之出发点：

凡论学问，应先明所谓知识之层次，知识有所谓常识层者，有属于科学层者（认识论、伦理学等），有属于哲学层者，有属于玄学层者（宗教亦属之），若层次不同必陷于紊乱而不可究诘。

以上为张君劢对知识系统之划分，当然，张氏并未从逻辑上如金岳霖之严密分析，或如张东荪般对知识与文化进行详尽的分析，然而其关于知识系统之划分可知张氏学术之框架，主要从哲学、科学、宗教之层面而展开。当然，张君劢所言之科学，并非一般科学知识，属于科学哲学之范畴，而其所着力最多者，即在于哲学层面，包括儒家哲学及西方政治学等方面。明白了儒家哲学在张君劢学术体系中之地位，我们可以进一步概述其对儒家哲学之研究。

（三）张君劢儒学研究贡献

张君劢对儒家学说之研究，其最大贡献有二，其一为对儒家学说发展之内在逻辑之展示，当然，其说主要承续章太炎、梁启超之观点并有所发展，与冯友兰《新原道》中对儒家内在逻辑之展开也有其相通之处，而张氏不同之处，则在于其能发掘儒家学说之原始要义，并能将儒家学说之内容全面道来，并进一步指出学术逻辑与历史逻辑之关系。简而言之，即张氏所认为儒家学说经孔子提倡，即为一全面而深刻之体系，后世之发掘乃在于不同层面或不同方向之展开。当然，张君劢在对儒家学说全面解读之基础上，尤其推崇孟子之学说，并将孟子所阐释之儒家名之曰"义理学"，详细阐幽发微，以正儒学之本质。其二，张氏在儒家学说之流变及其内核之解读方面，与西方哲学自希腊苏格拉底以降之历代学说进行对比，力求汇通其间，从文化比较之角度，来进行中国儒家学说之介绍，可谓中西文化比较方面之一大贡献。本章兹从此两方面之汇总以说明张氏学说及其贡献。

张君劢并非像胡适、冯友兰等人，纯粹以西方逻辑来了解或改造中国文化，也并非像张东荪等对西方哲学思想之消化吸收并在综合之基础上再来对中国文化进行解剖或新的解读，也不像金岳霖等人纯粹站在逻辑学之角度介绍西方之学术。张氏对中国学术思想尤其是儒家思想，首先指出其内在方法并不亚于西方之逻辑学，进一步比较中西哲学"义理"方面之异同，最后再阐释由哲学延伸开之科学、经济学、美学、政治学等方面之异同。而张氏所最重视的则莫过于中西文化之相同或相通之处。张君劢以为中国的儒家思想同时隐含了西学所言之"认识论""宇宙论""知识论"等内容，同时也包含着西方近现代关于理性与感性、自由意志与决定论、经验主义与先验主义等不同概念之冲突，因此，张君劢对中西文化尤其是双方学术思想方面进行了多角度、多方向的比较与勘验，力求找到中西文化可以打通的途径，同时也力图提高国人之自信，阐释中国文化中独到而又优越于西方文化之所在。下面简单补充说明张君劢在儒家学说逻辑方法的说明，而关于儒家义理之说明，留待下节再讲。

张君劢在《新儒家思想史》中说到：

在孟子时代，中国人早就认识了逻辑的基本原理。如果我们将孟子对概念问题的讨论与孔子的"正名"以及墨子与荀子在逻辑原则方面的讨论结合起来，我们可以说，虽然中国人没有产生亚氏的《工具论》，然而在他们的讨论中都含有逻辑的基本原则……

张君劢对先秦诸子方法论的说明，有可能传承于其师梁启超，也可能是自己的发现。而关于此点，王国维、章太炎都有介绍，唯胡适在此处着力良多，其《中国哲学史》几乎就是围绕此一方法论而展开。郭湛波《先秦辩学史》则是近代较早发表的一本关于先秦名学的专著，当然，郭湛波称其为"辩学"，以与西方希腊哲学中"辩论术"相对应。

（四）张君劢对孔孟思想的总结以及与希腊哲学之比较

儒家学说，孔子乃真正之开创者，至于其学说之功用，历来毁誉不一，张君劢总结孔子的贡献主要有以下几条：

（1）孔子不以宗教为立国大本。

（2）孔子在六经中保存文献，留下吾国社会之真面目。

（3）孔子有"正名"之说，具体言之，以君君臣臣父父子子之义，安定社会秩序，其反于正名之行为者，则记之于《春秋》中，称之曰"乱臣贼子"。

（4）孔子开门授徒，树私人讲学之风，以智力资格代替贵族世袭之制。

——张君劢《义理学十讲纲要》

其次，张君劢重点在对中西思想方面相通之处进行探讨。我们看看张君劢关于苏格拉底与孔子、孟子之间之相同之处的对比。

孔子："君子食无求饱，居无求安。"

——《论语》

苏格拉底："我认为一个真正的哲学家会轻视他们（指物质生活）。"

——《裴独篇》

孟子："耳目之官不思，而蔽于物。物交物，则引之而已矣。心之官则思，思则得之，不思则不得也。"

——《孟子·告子上》

苏格拉底："所有经验显示，如果我们具有对任何东西的纯粹知识，就必须舍弃肉体，而灵魂必然看到事物本身。"

——《裴独篇》

张君劢所引用古先贤所言，概说明中西哲学之源头均在于人们有着超越欲望或物质层面的精神之追求，在这种超越欲望或物质于精神的追求中而发展出概念以及知识体系。

张君劢进一步分析中国儒家哲学之发展，并提炼孟子学说之精义，认为其"义理之学"可堪称儒家学说之代表：

张氏言：

孟子所以自立其思想体系与定吾思想界之方向者，以简单之辞，表而列之：

一曰以四德为人性之源。

二曰以心为人生之主体。

三曰以思为心官之能。

四曰义理为言行之准则。

五曰以良知与穷理或曰德性之知与闻见之知二者相辅而行。

——张君劢《新儒家思想史》

张君劢指出孟子学说之梗概，并指出孟子所言之"义理"乃客观存在，而非主观世界之构想，张君劢在《义理学十讲纲要》中指出从孔子到荀孟思想之演变："可知子思之学，属于赞天化育一派；荀子之学，属于制天命一派。彻底言之，荀子与现代科学家所谓'宰制自然'之主张相近，然不论为子思之赞天与荀子之制天。其心目中以为天地万物立于一定法则之下一也。"

张氏在《孟子哲学之意义》一文中进一步阐释孟子哲学之意义并与西哲柏拉图相比较，张氏言：

在孔门弟子中，孟子实为将其体系建基于理念之第一人。彼认实在存于各人"本心"中，不存在于现象世界。知识须归于德，非由视、听、味、触所成，系由内在心灵而生。

若以此点论之，孟子与柏拉图之"理念说"，俱可认为其乃"观念论者"，然于柏拉图不同之处，在张氏看来，有其区别之所在。张君劢言："孟子……非如柏拉图派……认共相须溯迹于理型领域。彼认理想世界，乃基于'应然'或'正当'。当人依其而为时，即能达于理念领域。整个孟子体系，全建基于'思维'及'四德'学说之上。"

（五）宋明理学以及与西哲亚氏的比较与汇通

1. 朱熹理学

儒学之发展，宋明当为第二高峰期，所谓程朱理学及陆王心学为其代表。不管是"理学"抑或"心学"，后人称之为"道学"，其根本理路乃在于延续孟子"性本善"之说。张氏言"理"字可与西方哲学中"绝对""意典"相对照，也可以与康德所言之"断言命令"相比对。宋儒之性理学可谓中国学术发展史上至关重要之一阶段，关于理学之发生，大都言其乃反对当时佛教学说而起，张君劢言：

朱熹及宋儒对抗佛教的戒器是天理之说。佛家重视清净净心，他们认为此乃唯一重要之事。相反地，儒家却认为，除了心及心的感知能力以外，还有产生仁义礼智四端的超越心灵。四德是实现理的心的形式。儒家这种对心的看法与佛家不同，佛家坚持清净心之说，而儒家却基于天理之存在。朱熹认为佛家是不识天理的。

——《新儒家思想史》第十二章 集大成者朱子

当然，宋明儒家对佛家的批判随处可见，在《宋元学案》及《明儒学案》

中比比皆是，但概而论之，新儒家似乎对佛教之教理尚没有通透之理解，往往对佛教中的境界层面中的追求肆意攻击，张君劢也看到此点问题，其言儒家重视的是伦理性质，而佛教更多为一博大之理论体系。但是当时儒家对佛教的攻击对中国后世学术的发展以及民间伦理的重新构造不可不谓之为一重大因子。

为了解张君劢对宋明理学尤其是朱子理论之研究，首先需要简单介绍朱熹之著述及其主要思想。朱熹无疑为南宋理学之集大成者，朱熹一生著述颇丰，引述其言论，则有断章取义之嫌，在解释张氏对朱熹学说的总结之前，我们将朱熹之主要著作列举如下：

《四书章句集注》、《四书或问》、《太极图说解》、《通书解》、《西铭解》、《周易本义》、《易学启蒙》以及《朱子语类》。

欲了解朱熹思想全貌，当然朱熹著作当全部涉猎，若欲知其大概，则读其《四书章句集注》与《周易本义》即可。而欲了解其思想之传承流变，当读朱熹关于周敦颐的《太极图说解》、《通书解》以及关于对张横渠的《西铭解》。而欲简单了解其思想概况，可根据钱穆先生意见，专注于《朱子语类》即可。朱熹的思想可谓吸收道家、佛家部分思想，推崇并吸收周敦颐的"无极而太极"之理念，张横渠"理气说"，以及二程"性即理"学说，并将其融会贯通，成一家之言。当然，朱熹思想南宋时被当朝者斥之为"伪学"大加批驳，明清时受当政者之推崇成为科举取士之重要来源。简而言之，朱熹强调"穷理尽性"，强调"道问学、尊德性"。下面一段朱熹语录曾被无数人引用，却褒贬不一，此处，我们再次引用，看看这段话之新理解：

所谓致知在格物，言欲致吾之知，在即物而穷理也。盖人心之良，莫不有知，而天下之物，莫不有理。惟于理有未穷，故其知有不尽也。是以大学始教，必使学者即凡天下之物，莫不因其已知之理而益穷之，以求至乎其极。至于用力之久，而一旦豁然贯通焉，则众物之精粗表里无不到，则吾心之全体大用无不明矣。

——朱熹《大学集注》

以上一段语录,可谓朱熹思想精华之写照,赞之者,认为其将儒家文化中"格物致知"与"诚意正心"联系起来,将万事万物之理与儒家中所谓圣贤之道结合起来，而斥之者则以为朱熹并未开出自然科学之道路，反而将自然科学之路淹没于"尽性知命"中，我们暂且不论其是非对错，看看张君劢是从何角度看待朱熹学说。张君劢更多从中西文化比较的角度，对朱熹对中国文化的贡献以及学术概念与西哲进行对比，让我们感受其中之所同。

以下为张君劢对朱熹与西哲亚里士多德之间关于知识论之界说：

1. 两人都反对柏拉图所谓"理念"脱离具体事物独立存在，而具体事物只是理念摹本之说。

2. 两人都以为离开杂多现象的理念并不存在。然而，朱熹所谓的理必定存于现象之间。

3. 两人认为并非共相都离殊相而独立存在，虽然共相也是知识的对象。普遍观念将事物基本属性结合为一整体。此所谓亚里士多德所谓的"形式"及朱熹所谓"理"。

4. 亚里士多德认为形式或理所在的理并非绝对不存在，可是，却认为物质的存在方式是一种可能性……。两人都得出了同样的结论。

5. 亚里士多德说，物质不能完全脱离形式而存在，朱熹则认为气不能没有理而存在。

6. 亚里士多德认为非物质的"形式远离"的确存在，朱熹则说，理先于气，而且永远存在。

7. 朱熹会同意，创造的有机整体中存在的理或形式，同时是形式、目的和原因。

8. 两人显然都认为，物质是事物中不完美成分的组后根源，是个体化和杂多性的原则。

9. 这中西两位思想家都认为，世上有一种产生运动而本身不动的东西存在。亚里士多德认为这是"神"，朱熹认为这是"天"。朱熹说"天即理"，亚里士多德也说神是非物质的永恒形式，自觉的理，绝对的精神。

10. 神或天，就作为原动者而言，它的本质一定是纯粹的能力。一定是永恒、纯粹而非物质的形式。从本质上，它是良善的，万物都以此为目标。是一切发展的永恒目标。

第伍章 张君劢：中西勘通途 实践难容世

任何一种学说，若欲成其体系，必有其概念，而且此等概念应有一基本的被大众认可的含义，在此基础上，才可以形成相对稳定的范畴以及体系。但由于时代的发展，人们对概念理解的变化，或者说对以前某些概念的重新解读，则造成学术的演变，从此意义讲，朱熹可谓宋理学之集大成者，而其突出的贡献即在于对儒家所谓的"道""心""性""命""理""天"等概念的重新解读。张君劢对此有着清醒的认识，其站在逻辑学之角度阐释朱熹的新儒学概念，意为其与西方亚氏所谓的"定义""类"等逻辑学概念可相比对。今摘录张君劢关于朱熹理学之概念总结，同时帮助我们从更细微、更根本的角度理解宋明理学。

1. 道是万物遵循的道路或途经，且为所有的人所共认。
2. 道即理。人人遵循的叫做道。现于个别事物中的叫做理。
3. 命是天意、定数。
4. 性即理。
5. 天定之为命，人禀于天者为性。均与理同。
6. 性者人秉于天。性是完美无恶的，性即心之理。
7. 心是身的主宰。心是人的灵明，心中含有形式原则及对外物的反应能力。
8. 良心即是善心。
9. 心是人的明觉。是人的主宰，能对外物有所反应。
10. 情是心之动。
11. 立志是心之取舍。
12. 意是人之抉择。
13. 知是知事物之理。
14. 真理即真实者。对道而言，是实际的理。对人而言，是实际的心。
15. 中庸是不偏一边。
16. 和是人的行为与时机若何符节（发而中节）。

——《新儒家思想史》第十二章 集大成者朱子

从以上张君劢对朱子理学系统中基本概念的总结，我们知道，朱子在孔孟思想基础上，对儒家的基本概念如"心""性""命""理""意"等进行了明确的定义。简而言之，孔子学说博大精深，但对诸多儒家基本概念仅仅有着一些说明，对于基本概念的定义则少有定论。所谓"性与天道吾不可得而闻也"。至孟子时代，则重点阐述人之四端以及良知良能之说。但对于宇宙演化、人事万物则说之甚少。到朱熹时代，其儒家学说之内在要求便进一步说明宇宙万物之生化、人事日常之道需要一更为系统之界说。朱熹集前人周敦颐的"无极而太极"、张载之"理气说"、二程之"性理说"。将其糅和贯通，提出一整套关于宇宙万物、人生大道、人伦日常等之系统性解释，朱子的学说主要体现在《朱子语类》《四书集注》《周易本义》等著述中，而朱熹所进行的一系列工作就是对先秦儒家所提出来的概念的重新解释，以及融和唐宋以来一系列关于儒家学说的新解读。就本质而言，则先秦儒家重视大道与人伦日常，而朱熹则结合前人学说，将"道"之演化与万物生化、人伦日常之间的关系以"理"之概念联系起来。认为理即太极、即天、即道等，认为一切万物之中均隐藏着道之作用，乃道之显现，此乃"理一分殊"之说。而理就天而言，为"命"，就人而言，为"性"。性之发动为"意"。"心"之明觉为"理"。此乃朱熹理学之大概。朱熹学说贡献之一便是"于万事万物中体认理"，也为中国自然科学开辟了新的方向，但由于各种原因，此种对外诉求知识的"道问学"最后又回归于"尊德性"之一途，可谓其学说之内在缺陷使然，也是宋明时期新儒家思想之局限。当然，张氏对朱熹之研读更多专注于其学说与西学诸哲之相通之处，而对于其不足，则少有提及，此处仅仅略加说明，以更全面宏观之角度认识儒家思想以及张君劢之贡献。

2. 王阳明心学之研究

张君劢对新儒家中诸多人物一一进行了介绍与解读，此处再取其对"心学"集大成者王阳明之介绍，看看张氏的新贡献。

王阳明是中国儒家思想史上又一划时代的人物，其思想脉络直接传承陆九渊之"心学"，即注重"尊德性"为主。王阳明的代表作为《传习录》等，其"四句歌"曾被广为传诵，也被认为是王阳明心学之精华。其四句歌云：

无善无恶心之体，有善有恶意之动，知善知恶是良知，为善去恶是格物。

黄宗羲《明儒学案》辨析甚精，此处引用如下，以便了解张氏对王阳明之解读。

第伍章 张君劢：中西勘通途 实践难容世

先生承绝学於词章训诂之后，一反求诸心，而得其所性之觉曰良知，因示人以求端用力之要，曰致良知。良知为知，见知不囿於闻见；致良知为行，见行不滞於方隅。即知即行，即心即物，即动即静，即体即用，即工夫即本体，即下即上，无之不一，以救学者支离眩鹜、务华而绝根之病，可谓震霆启寐，烈耀破迷，自孔孟以来，未有若此之深切著明者也。

——《明儒学案·师说》

黄宗羲再言："力行为功夫。良知感应神速，无有等待，本心之明即知，不欺本心之明即行也，不得不言'知行合一'。"从以上之介绍，我们当知王学之精髓。

王阳明早期曾服膺朱子理学，其根据朱子格物穷理之说，曾七天七夜对着竹子"穷理"，后来发现，最终思考还是"吾心"而已。另外一个著名的典故，即是其"龙场悟道"之经过，王阳明总结出圣贤之心，"吾性自足"。简而言之，从学术逻辑而言，朱熹强调"理"，即"道"之演化表征于万事万物之中，由于儒家学说之固有局限，并未真正开始走向"自然之理"的研究，王阳明再次回归内心，简而言之，即是将感觉层面之"心"与道德层面之"心"合二为一，而将"良知良能"再次回归到形而上学之本体地位。王阳明的心学不仅仅是回归内心的学问，其知行合一的提法即是其对行动的肯定，也是其认为实现自我价值的必然途径。王阳明的著名的格言"无善无恶心之体，有善有恶意之动，知善知恶是良知，为善去恶是格物"即是其"致良知"之说的概括。黄宗羲曾评价王阳明的良知良能、知行合一说："力行为功夫。良知感应神速，无有等待，本心之明即知，不欺本心之明即行也，不得不言'知行合一'。"黄宗羲当然是从道德实践之角度来评价王阳明的。民国时期的张君劢则看到了王阳明思想与西方诸学之间之相通之处。而关于王阳明，张君劢总结道：

在阳明先生的思想体系中，宇宙是个合理的整体。然而，他不必诉诸柏拉图式的理型以作为人生的典范。相反地，落实世界之合理的东西则是他的理想。他赞成康德所谓思想形式内在吾心之说——他称之为性或理。一般而言，他的思想与黑格尔绝对主义哲学毫无相通之处，在黑格尔哲学中，理性是以辩证的形势展开的。不过,有一点,他是很相同黑格尔的,即经验世界乃精神的逐渐具体表现。阳明先生之重视行,预见了法国柏格森主义者及美国实用主义者,只有一点不同,即阳明先生之要求行是基于理,而柏格森主义者及实用主义者之要求行却是基于反智主义的。我们可以确定,在中国这位伟大思想家的思想体系中,含有西方唯心论及实用主义精华,阳明先生在世界哲学家中将永远占有很高的地位。

——张君劢《新儒家思想史》

我们再看看张君劢对王阳明心学体系的总结与概括,张君劢认为阳明哲学主要包含以下方面的内容:

人心即宇宙之心。

心之知为本体,即本体合于明觉之中。

知可以发见万物之理。物并非吾心之外,而是明觉之所对。

宇宙为一整体,人为宇宙之中心。人与人间相亲相爱,物与心之间也关系密切。

若无心或良知,宇宙将不会运行。

物或自然世界乃吾心运用之材料。

——张君劢《新儒家思想史》

3. 明清儒学以及与欧洲科学主义之汇通

由于王学末流所表现出的狂禅倾向,儒家思想在本质上即有着溯本清源之内在要求,这也是明清之际中国学术思想发展之必然,梁启超在《中国近三百年学术史》中有着精彩的论断,可参看本人《梁启超学术思想概述》一文,简而言之,既有对王学之修正,也有反对王学而回归程朱理学者,更有反对程朱理学而进至于汉学者,而关于汉学,则有今文与古文之争。除学术思想之内在逻辑之外,西学之传播也对中国思想家们产生了很大的触动,此乃中国文化再一次吸收西方思想过程之肇始,故而经世致用之学渐兴,而关于西方学术与中国原创思想之间的交流、冲突以及融合之途经,开始拉开了一段长达数百年的学术发展史。从此意言,张君劢对明清学术之发展流变,传承于其师梁启超者多多。张君劢列举明末清初之大家并一一介绍,包括:徐光启与李之藻、朱舜水、

第伍章 张君劢：中西勘通途 实践难容世

顾炎武、黄宗羲、王夫之、李塨、颜元、阎若璩等。关于明末清初之学术嬗变，经世致用与考据之学当为两大思潮。其中西方科学、宗教等对中国文化的冲击则逐渐突出，时至今日，尚有人将中国文化与西方文化对立起来，其思想甚至于不及明末徐光启的诸多论断，这里我们看看张氏对明末思想家徐光启的评价。

徐光启曾受洗为基督徒，但从不曾忘却中国文化之精义，当时之人，以离经叛道评论之，后世之人，则以其介绍西方先进之科学技术而大力赞扬，其实并未能全面反映徐光启的真正的精神世界以及其思想精华，此处摘录张氏评语：

> 徐光启和李之藻都是具有远见的人，他们认识西方知识的力量。徐光启著作中有一个信念，认为科学知识（他认为科学知识是基督教的一部分）可用来补足儒家。他和李之藻致力于西方科学的介绍，却没有牺牲儒家。当时有许多人信守儒家和宋学，反对西方知识，认为徐光启和李之藻都是反动人物，其实，他们两人都不像这些人所说的那样反动，也不像那些希望发展科学而忽视儒家传统者那样激进。对徐光启和李之藻而言，儒家与西方科学之间并无矛盾冲突。这些生在过渡时期的人，当他们坚认东西方之间可以互相补足时，给了同时代人最好的忠告。如果接受了他们的忠告，如果康熙雍正两朝不曾驱逐传教士回国，中国可能不致于与西方科学脱节长达一百五十年之久。换句话说，在这一百五十年间，中国也可能像西方国家一样不断地获取科学知识。那么，中国人以后对民主与科学的态度可能就不同了。如果在过去三百年间，中国与西方的接触关系比较缓和的话，义和团之乱及其他不幸的激烈动乱，也可能永不会发生。

从以上张氏之言语，可知其对中西文化之融合之态度，完全不是当时科玄论战时被科学主义者所污蔑的"玄学鬼"，而是对中西文化之精髓有着清醒的认识，当然，进一步而言，张氏之治学则包含着一种炽烈的民族感情。明清之政府，仅仅为其政权之稳定，而百般压制先进思想，虽换来一时的苟安，断送的则是中国发展的大好时机，黑格尔言"历史的吊诡"更多指的是英雄人物为谋取私利而导致的社会的进步，反面论之，则当权者对先进思想及人物的镇压，损失的则是国家未来的长远发展，此乃黑氏历史哲学之昭然，可咨参详深思。

黄宗羲、顾炎武、王船山可谓清初三大家，也是清朝学术之奠基者。顾炎武乃清朝考据之学、音韵学、经学等开创者，王船山则更强调经世致用之学，黄宗羲偏重于王阳明之心学、史学、易学等诸多方面，其著作除《明儒学案》《宋元学案》（作者注：未完成，后期由其子黄百家以及弟子全祖望等补足等）而外，其《明夷待访录》堪称中国近代政治思想史上之杰作。张氏关于其与西方近代民权论之比对评价道：

黄宗羲生当明朝季末，正当权阉当道之际，个人遭遇不幸，亲眼看到父亲在专制淫威下受苦，难怪他的政治思想如此激进。黄宗羲为孟子信徒，当然认为政治的主要目标应是维护人格尊严及公众福利。人民应当为主人，君主应为公仆，换句话说，应当重新肯定孟子所谓民为贵的原则……人性尊严的观念是儒家基本原则，也是黄宗羲哲学的基本原则，他从这个观念出发，展开了对人权、良心自由、言论自由、法律面前人人平等的观念。中国人所谓道的观念很可能是欧洲人所谓自然法或自然权利观念的滥觞，如果给予适当环境的话，黄宗羲虽为儒者，亦可能成为共和理想的最早倡导者。

——《新儒家思想史》第二十五章

以上张氏语录可以看出张君劢关于儒家学说中近代欧洲启蒙思想之可汇通处，尤其"中国人所谓道的观念很可能是欧洲人所谓自然法或自然权利观念的滥觞"一句，颇可玩味参详。主流学界言西方近代思想之发端，大致有三源头之说：一为希腊哲学，一为罗马法律，一为基督教精神。张氏留学德国，当知中国孔孟思想对德国莱布尼茨之贡献，简而言之，中国文化在欧洲文艺复兴开始时期即开始流传，到十八世纪而成"中国文化热"。深刻影响伏尔泰、洛克、莱布尼茨等人，欧洲近代民主政治理念或许从中国古代文献中吸收良多，比如孟子之民本思想、孔子之"仁"与"礼"的观念等。（参见张星烺著《中西交通史料汇编》，中华书局1977年内部发行版；方豪著《中西交通史》，岳麓书社1987年版；孙尚扬著《利玛窦与徐光启》，新华出版社1993年版。）今之学界尚未引起足够重视，或有诸多可挖掘之处。此处不再详论。而张君劢关于清末民初之思想界，却对康有为、谭嗣同、梁启超诸人的儒学思想提出批评，颇多费解之处，因这几位当初俱被认为是极力推动儒家文化之先驱。

观张氏之言论与其思想逻辑，可知其内在原委。张君劢对儒家文化的理解，往往善于从其原始典籍中挖掘其中之含义，并与西学之诸多相通之处。简而言之，张君劢更多是在尊重原典的基础上，挖掘其中的原本意义，而康、谭、梁则存在着对传统儒家的改革之处，当然，我们不是指出张氏所言一定正确，也并不对于其关于康、谭、梁等诸家学说的批评持完全赞同的意见，我们仅仅指出其内在的学术逻辑，并且由此引申出张氏关于未来中国儒家文化所应该发展的方向。

4.儒家思想之复活以及未来发展之方向

张君劢在《新儒家思想史》第三十三章中，谈到儒家思想复活的基础以及未来发展之方向。张氏言：

事实上，儒家在方法、新路线及与西方思想方式相调和的精神上早已有了这种改革运动。中国思想有三大特质……他们是：一、以知识与道德具有同等的重要性——这与西方人的观点不同，西方人特别重视知识，因此，他们为知识而研究知识。二、由于遵循一个经过长时间考验的传统，而保有一种前后相续之感。这一点导致社会的安定……三、中国哲学认为悟性的可理解性比那产生片面思想的原创性重要。《中庸》谓："万物并育而不害，道并行而不悖。"因此，相反的观点可以共存，而导致和谐的整体。

中国哲学的复兴，将使中国贡献出两千余年来以独特方式所得这一思想体系的优点。这种情形加上西方人丰富的知识原创性及方法，将是东西之间有一新而更广泛的了解。

五、张君劢的政治学及宪法学思想

（一）张君劢政治学思想之出发点

张君劢之政治学思想，与承认儒家思想之可贵处不同，基本上对中国政治学思想采取否定的态度,此点也为张君劢与梁启超之不同之处,梁任公在其《先秦政治思想史》中尚对于中国先秦时期的政治学思想有相当程度的肯定。张君励在《东西政治思想比较》一文中言：

> 自秦以后，君主专制政体确立，朝野所讨论者，更不外行政之制度，曰天赋，曰考试，曰兵制，曰封建，试举《通典》、《通考》等书考之，皆不外此。一民族之中，其本体曰国家，其活动曰政治，因政治之目的而有所施舍，是曰行政。秦以后之中国，但有行政制度之讨论，无所谓政治，更无所谓国家。

当然，张君劢之主张，确有其矛盾之处，概一国之政治思想，与一国之文化必有联系，也可以说，儒家思想乃中国文化中之重要组成部分，张氏既服膺儒家思想并力图挖掘其中之优势，以便与西方文明之汇通，同时也寄希望在中国现代化的过程中重新绽放其光芒，但张氏对中国政治思想基本上持以否定之态度，可见其自相矛盾之处，如何解之？

张君劢总结先秦儒家好"德"，道家法"自然"，墨家"尚同兼爱"，法家具"法制主义"之精神（见张君劢《东西政治思想比较》一文），为什么却基本上否定中国政治文明？概源于其对西方政治学思想的服膺，张君劢以西方政治学思想为标准，尤其是对西方政治学思想中民族国家之形成、民族国家之主体地位的确立、国家宪法为根本大法的立场来进行批判的。从此意而言，则张氏对中国文化中政治思想之批判可理解为中国历史中现实政治之批判，并非单纯理解为张氏对先秦诸子政治思想之批判，因其角度与目的的不同，从而导致其结论与梁启超之不同之处，然诉之于其学术逻辑及为学之目的，则张、梁二君之思想当可兼容并包，非一矛盾之主张焉。张君劢的政治学思想可谓杂糅并取，吸收卢梭、黑格尔、洛克等人之思想，并力图在当时之中国确定一新国体。

（二）张君劢政治学之核心

张君劢的学术思想不同于钱穆与梁启超，钱穆承认中国民族之独立地位，并分析中国历代政治之得失成败，在其名著《国史大纲》中，指出中国自秦汉到唐宋时期中国政治上之进步与反动，仅仅对元明清之政治进行更多的批判，认为中国自明清时期的高压专制方才真正形成。梁启超在尊重中国先秦政治思想之基础上，提出"国体"与"政体"之新概念，以期在传承中国文化的基础上对国家之政治进行渐进式变革。张氏则在学术上更为激进，希望以"国家"与"宪法"之概念为核心，进行中国政治的重组与改制。张君劢言：

> 反而观之，欧洲希腊与夫近代各国，其政治学之重心，厥在以国家为团体，以国家为道德的团体……

> 迄于近代，社会公约之说昌，国家之为人民公共团体之理因以大明，以此而释之，则有卢梭之总意说，以立国家之真基础，更有黑格尔之客观精神说，以明国家与其制度，皆为人类在同一地域上精神之实现……

> 国中近年来提出东方文化说者日盛，即吾辈亦以为东方文化自有其价值，不可忽视也。然但就政治就国家之理论言之，则古人之言，绝少可以为新国家建设之凭据者，此国人所当确认者也。惟其然，除以西方柏拉图以来之国家论，大昌明于国中外，别无他法。……由欧洲昔日之政治思想，乃有欧洲今日之政治事实，亦如中国有昔日之政治思想，乃有中国今日之政治事实，吾人第一义务，亦曰改造思想，以待新事实之滋长而已。

张君劢强调国家之主体性，强调此一主体，乃是"人民的主体"，张君劢认为，此一主题必须以宪法之形式得以确认，同时，张君劢清醒地意识到民国以来中国民主政治之实践及其失败之处，在《政制与法制》第二编，张氏言：

> 十一、帝制思想深入人心。所以民国成立不到几年，就有两次帝制运动：一为袁项城之帝制，一为宣统之复辟。

> 十二、我国过去采用欧洲宪法政治、议会政治制度，仅仅模仿了一个外表。在法律条文上表现，在实际应用上，从未脱离中国人的老脾气。名为宪法，实则成为舞文弄法之工具。名为政党，实际上是三五成群、私利是徒的朋党。

> 十三、由于欧洲政治思想的分歧。自民国五年袁项城死后，北洋系的军人陷于分崩的状态，所谓政治，不过是军阀间的斗争。

从以上可知张君劢对当时国内政治之演变以及西方民主政体在国内的失败，有着清醒的认识，张君劢并非因为其失败而陷于悲哀之中，也断然不同于当时许多学者认为国内之不可实行民主之主张，张君劢总结欧洲诸国民主之道路，以表明所谓历史背景不能成为"独裁"之根据，张氏言：

> 颇有人说，中国国民素来就处于君主专制之下的，如何能一旦改为民主？

历史上既无民主的背景，便缺乏了民主的习心，一旦要人民参加选举，实行地方自治，谈何容易？兹姑丢开中国不谈，且以欧洲来说。欧洲惟有英国自《大宪章》后，其宪政有继续不断地进步。其他如德法等国，其所施行的政治，都是君主政治，很少可以做现在民主政治的背景。法国自一八七零年以后，共和政体渐渐稳定了……因为专制帝王最能滥用威权，对于平民的权力，往往剥夺无余。以达其一人作威作福之目的。法国如此，德俄亦如此，我东方尤甚。大体看来，古代君主时代中，多少民治基础，就是因此折磨的。各国中能以其古代民主的雏形渐渐推广到现在，可说绝无仅有了。

——《政制与法制》第二编　修正的民主政治

张君劢认为民主政治当以"权力与自由"两方面展开论述，并且认为权力与自由为相辅相成之对待，不得以一概全。而张君劢言："自对内言之，在某种范围内，不受政府之干涉。在对外言之，分子之自由发展，即所以谋大团体对外力量之增加。"从国家全体言之，自由与权力二者，不是两相对立的东西。

（三）张君劢对民主政治之总结

张君劢在总结欧美民主政治的基础上，对民主政治的优势与缺陷均有其深刻洞见。张君劢言民主政治的要点有三：

统治权属于全团体的分子。

各分子之意思表示靠投票。

投票不能求全体人民之一致，只可以多数取决。

而对于民主政治之不足，张君劢总结当时的反对意见而坦言：

大多数人无知识，对于政治向来漠不关心。

选举为各党各派所操纵，或以金钱或以辞令来玩弄多数人民。

立法都是保护有钱阶级的利益。

政治家不肯拿出良心来做真正利国福民的实事，而常顾忌舆论或附顺民情。

有筑室谋道三年不成的弊病。

张氏虽清楚地看到民主政治的不足，然而对比历史发展之轨迹，研究欧美诸国之政治，张君劢仍然坚信其有着巨大的优点：

人民的基本权利受宪法之保证，所以能自由发表意见，而无被强迫之痛苦。

大政方针和预算，皆须预先向民众表示，所以取决于民众，所以无法妄作妄为。

政府有不法之举动，人民得依法提出弹劾。

政府的行动、法律的变更，皆须根据宪法，惟其如此，人民今日所享之权利与保障，不致在明天被剥夺或变更了。

人民有思想信仰等自由，所以，学问家、改良家与技术家地努力于新学说、新理想与新发明。

各党各派不论其代所表得是贵族、中产阶级或为平民，大家皆可以发表意见或提出议案，至于能否实行视其议案能否为人所赞同。

所谓地方自治。本来地方自治与中央政治有密切关系，有母子相生的关系。这就是说，中央政府即令不实行民主，其元首即令不是民主国之总统，但无不行地方自治的近代国家。不论城乡等地方组织，政府许其在一定范围内，有立法权、有征税权，且有根据地方民意组织而成的议事及执行机关。人民自治能力因此养成，自然能爱国，能担当国家职务。本此经验，人民对于议会讨论或组织内阁，自然有参加的能力。

民主政治以和平解决为基础，除有极不得已事故而外，很少用武力解决政见之争。

民主政治富有伸缩性，在平时议会监督权较强，政府执行多受限制，到了战时，以大权交托政府，任他全权执行，更有宪法修改或宪法解释，可以变更不适宜的制度。

民主政治，原本离不了好人，即议员与阁员皆须有好的操守，靠宪法与其他种种制度，可以维系一切，不致有"人存政举，人亡政息"的情形。

——《政制与法制》第二编 修正的民主政治

（四）张君劢的宪法学思想

民主政治的实行，其一为"三权分立"之政体，其二需宪法为其保证。张君劢穷研西方诸国之宪法，并比较其异同等，其宪法学思想主要表现在《国宪议》及《中华民国宪法十讲》《中华民国宪法草案》(国是会议国宪草案委员会)，部分可见于多篇讲座稿中。张君劢是《中华民国宪法草案》的主要起草人（作者注：梁启超曾代表进步党起草《宪法》，为中国宪法学研究及起草者之另一位代表人物）。张君劢的宪法草案主要目标乃在于结合当时西方诸国宪法之特点，并结合中国国情而制定。张氏希望中国之国体以联邦制与中央制之结合体，张氏称其为"联省制"。而参议院则为立法机关之唯一机构，张君劢结合瑞士直接民主制度之历史以及美国不同州之立法，吸收其可以为我国所用的基本思想，提出一系列包括如前所述的宪法所应该关注的重点，但张君劢的所有主张及其思想当有其根本点，乃是以人民权力为核心，而国家团体则是国民意志的体现。后期日本战败后，张君劢在孙中山"三民主义"以及五权思想的基础上提出"五权"分立与制衡的宪法草案。他主张公民的选举、罢免、创制、复决四大权利代替国民大会；以参议院为立法院之代表，行使最高立法机关权力；以行政院为最高行政机关，对立法院负责，不对总统负责；限制总统权力等（见张君劢《国民大会问题》）。为更好理解张君劢的宪法思想，此处摘录其《中华民国民主宪法十讲》等目录，以观其端倪：

第一讲：国家为什么要宪法

第二讲：吾国宪法何以没有确立

第三讲：人权为宪法基本

第四讲：国民大会问题

第五讲：行政权（总统与行政院）

第六讲：立法权（立法院等）

第七讲：司法独立

第八讲：民主国政党

第九讲：立宪国家财政

第十讲：朝野上下之大责任

如果说张君劢求学之初衷是为解决社会与国家问题，而后深研学理，由政治学而哲学，进行中西文化比较研究，进而挖掘儒家思想之与西方哲学之汇通，再涉足中国历史与西方之不同，希望用西方政治学思想补充以及改进中国之现实。那么张君劢的思想核心到底当如何解读,其在政治实践上又有那些值得我们反思的地方,下文述之。

六、张君劢的学术思想及政治实践小结

张君劢的学术思想如上所述,其曾师从倭铿研读德法哲学,精研康德、黑格尔、柏格森、卢梭、伏尔泰、马克思等人著作,并旁涉英美实用主义及经验主义哲学,如约翰·穆勒、洛克、亚当·斯密、杜威、詹姆斯等。其在融会西方所谓经验主义与理性主义、功利主义与利他主义、唯心论与唯物论等的基础上,力求在中国传统文化尤其是儒家思想中发掘其汇通之处。张君劢的《新儒家思想史》即是以中国儒家思想的发展为线索,以中国儒家关于宇宙、社会、人生、道德、理想、感性、理性的诸多探讨出发,与西方逻辑、唯心与唯物、知识与道德、意志与目的、本体与现象等诸多范畴进行对比融合。质而言之,人类之心灵,莫不求真善美之本质,抨假丑恶之种种,故而中西思想之核心必有其相同之处;而人类分布之区域不同,地理、气候、历史、文化之不同,人们思考问题之角度必有所异。而最重要的是,此间异同必与历史中各民族、国家、地域之圣贤、英雄、哲人之思考与行动有关。从此意义而言,张君劢看到了中西文化相同之处。而诉诸于历史、政治等诸多现实,则其中相异之处正可以互相借鉴,以促进不同地区文化之大发展。张君劢理解中西哲学之共通,又清晰地看到其间之不同。就张氏学术而言,既力图打通中西哲学,又根据历史之差异,明确中国文化中之不足,而中国文化之不足,在张君劢看来,最根本者乃源于中国从秦汉以后的国家形态与西方近代历史中民族国家之不同,此等历史之不同,必然带来中西方政治学思想之不同。此乃张氏在中西文化同中求异之结果,也是张氏力图以西方近现代以来的政治思想弥补中国文化不足之努力的方向之所在。

张君劢以西方政治思想弥补中国文化之不足,一则体现为大量介绍西方思想,如张君劢研究约翰·穆勒、黑格尔等政治学思想,张氏曾撰文《约翰·穆勒议院政治论》,绍述约翰·穆勒以及西方三权分立之思想。同时,张君劢

并不简单满足于学术上的介绍与著述，而是亲自参与民国时期的种种实践，组织或创办政治大学、学海书院、民族文化书院、民社党、中华民主同盟等机构。张氏对当时中国现实有着清醒的认识，对不同的主义以及思潮也有着自己独到的评论。张君劢力图以第三势力影响中国政治，致力于中国宪政民主的进程。张君劢对当时的国民政府提出了诸多批评，对国民党政府在中国的得失成败也有着自己清晰的看法，其在《第三势力》第四章蒋介石的成与败中说到：

当华北、上海和南京相继沦陷于日军时，并没有人抱怨，因为中国军队的溃败是人人预料中的事。许多中国的精锐部队，无论是蒋的嫡系或是桂系、粤系或川系，都出于捍卫国家的灵心而牺牲了。中国军队从上海撤退到苏州和南京……。德国驻华大使陶德曼充当调停人，替日本政府转达了三项和平调件。如果蒋是真正的法西斯主义者，并想在国际舞台上扮演这种角色的话，他一定会赞成日本和德国签订反共协定，但他毫不犹豫地拒绝了日本所提的条件，这显示了他和轴心国的想法毫无共同之处……。不顾各个人的得失，专一地继续与日本作战。

……

但是珍珠港事件后，中国的士气开始消沉了，而国民政府的弱点也无情地暴露出来。战争期间，沿海各省都被日本占领了，中国失去了主要的财政收入。政府的预算赤字靠着印钞票来弥补，但却造成了天文数字般的物价上涨。三百万军队的粮食供应，全依赖向四川、云南、贵州等西南地区的地主和农民征收……

张君劢虽然对蒋介石有肯定之一面，但依然不同意蒋介石的统治，称其为"保守的极权主义"（张君劢《第三势力》前言）。当然，张君劢对唯物主义以及辩证的唯物主义也不赞成，此处录其一段原文，以了解其思想脉络以及张氏政治实践的指导思想。张君劢在《政制与法制》（清华大学出版社2008年版）第五编结论中说到：

原来马克思的唯物史观，当作组织社会的原则看，本由于两个错误而造成。第一，他是把经济系统隔离化、抽象化、孤独化，把他当作一个外在的实体，其存在犹如物理现象之外在同。因其把他抽象化、孤独化,所以才可以为政治法律的下层基础;然而事实上这个经济结构是不能脱政治法律而独存的,事实上它只能与政治法律混而为一,成一个发展。

……

第二个错误,他是把唯物论的见地应用到经济结构上。他把经济结构看成是非人间的,其存在与物理系统之存在同。物理系统或者可以看成是赤裸的存在,与主观的思维无关。或者也可以认为不是赤裸的外在,仍与主观的思维有关……盖经济结构是人间的,不是自然的。它不能离人类而独立存在,所以它不能赤裸的在外存在。它是由人类的意力贯输于其中,即所谓经济之制度性是。

正是基于张君劢的思想理念,其对中国未来的道路走向一直怀抱"自由与权力"之理想,并在其有限生涯中努力实现其目的,其在《第三势力》的前言中说到:

第三势力,因此是基于中国政治及社会的需要,而在这个脉络中成长起来的。它与任何中立主义政策,或是对西方民主国家和苏联的等距外交,都毫无关系。反而,它赞成以理性的态度来研究西方的政治与社会理想,以便为中国社会的进步发展,做出恰当的评估与公正的选择。过去,成立于1939年的民主同盟,就曾为此作过长期的努力。它的纲领是和平解决中国内战、建立一个民主体制、制定一部由全体人民所同意的宪法,以及成立一个由所有党派所组织的联合政府……。虽然此后的情势使得这个计划没有实现的机会,但是我们之努力于建立法治、努力于坚持社会正义与中国主权,以及努力捍卫人权与个人之自由且不受干涉之发展,却依然坚定如昔。

总而言之,张君劢的学术思想建基于自己的独立人格以及对中国历史文化与西方历史文化的比较与汇通的基础之上。如果说,张君劢的《新儒家思想史》以及《义理学十讲纲要》为其哲学基础,则《明日复兴之学术基础》则是其学术思想力图为中国文化发展所开出的解决方案,而《立国之本》与《第三势力》则是其在政治实践上的纲领与探索,其《中华民国宪法草案》则是其政治实践的成果。

七、张君劢之精神特质及其与学术思想之间的关系

欲了解张君劢之精神特质,除以上所介绍之张君劢学术思想与政治实践之外,尚需了解其一生求学之目标以及治学之经过,更需了解张君劢关于政治与学术之总看法。张君劢曾发表的《我从社会科学跳到哲学之经过》可以帮助我们了解其本人之学术转变之缘起以及张氏对于政治之独立见解。张君劢在此文中说到其当时在日本求学时的目标,张氏言:"由清末至民国初年,吾国知识界对于学问有一种风气:求学问是为改良政治,是为救国,所以求学问不是以学问为终身之业,乃是所以达救国之目的。"一般学人往往将此大加赞赏,意为"学以致用"乃是学问之终极目的。张氏却清楚地看到此间问题之所在,张君劢坦言:"简单说来,自己既不以学问当生命的工作,自然学问同自己不能打成一片。换词言之,学问是由于宇宙现象之变化而来,各人自己以探求宇宙之秘奥为事,而后自己与学问可以合二为一。若以学问为改良政治之手段,自然对于学问本身,不发生兴趣,这是难怪的。"

张君劢对政治之热情自始至终未曾消退,最难能可贵之处在于其能于政治热情之外,将学术研究与现实政治作为两条并行不悖之道路,并且同样有着巨大的成绩。而其治学之体会,也颇发人深省,张君劢从政治学入手,进而感叹政治学之局限,转而思考学术分科之局限,张氏从此思考,进一步分析,得知西方不同科目之局限,包括社会科学与自然科学。在此基础上,张氏分析西方学术之渊源流变,往往能见其真迹。此处举例言之,张氏言:

我们读各种思想史如政治思想史、经济思想史等,常看见种种变迁。如近代政治思想从民约论(作者注:指社会契约论)开场,后来法国革命亦受其影响,于是有欧洲之民主政治。可见民约论在政治思想史中是一个有力潮流。但是到了十九世纪,大家对民约论加以反驳,说它毫无历史的根据。后来渐有一派人抛弃民约论,主张从历史方面研究国家起源。于是学派大盛,弃民约论时代的浪漫性,一转而以事实为根据。这是政治思想史中一个转变。同时,经济学从亚当斯密司提倡个人主义、自利主义、放任主义,认为个人照他自己所认

定利益去做，全社会自能达于美满之目的；因为亚氏是从个人利益出发，所以后世名之为个人主义者。到了十九世纪中间，马克思等反对资本家之剥削，主张经济上应以社会公道谋集体的利益，乃有大工业国有、土地国有之说，不外由个人转到社会身上。同时英国哲学家如边沁、穆勒、斯宾塞，是个人主义之代表。十九世纪中有英国黑格尔主义者，也主张集体利益。其在政治上，十九世纪中叶为自由主义全盛时期，自由党的自由贸易，可谓出色当行。及欧战以后，俄国、意大利相继反对议会而趋于独裁政治，于是自由主义没落了。可知政治学上、经济学上，其思想背后总有一个总潮流，这种潮流，不能求之于各社会科学，而应求之于哲学。

以上张氏语录不仅仅道出张氏对西方政治思想及经济思想渊源流变之总结，更道出张氏对其流变背后原因之探讨，从此种意义言，张君劢之学术思想有其重要价值，同时也体现了张氏治学之精神，求真知之精神，求学术内在根源及其逻辑发展之精神，此乃张君劢在学术与政治上均可体现出来的一往无前之气概之反映，并将求学术之本质以及将学术返归于现实政治之努力完美融于一身。张君劢可谓身兼学术大家与政治实践家之二重角色，其可以游刃于两者之间，并非后人所评论之张氏"玄学鬼"抑或"失败的政治家"，恰恰相反，张君劢之价值，就在于其"独立精神与自由人格"在学术领域与政治实践上的坚持与执着，在于其以真理为鹄的，以现实为蓝本，将纯粹之学术思想与学术逻辑在政治实践上的努力，其所代表的中国宪政精神直到今天，依然具有重大的参考与研究价值，而其对中西文化的比较研究，涉略百家而贯通其间，以人类文明之共性为主线，融唯物与唯心于一体，求中西思想史之共通，为我们开辟了一条融会中西的途径与方法。而隐藏于其学术思想与政治实践中之个人精神气质尤其应该予以弘扬与赞赏。中国之未来，正基于无数学者及政治家之努力。张君劢乃民国时期尤可歌颂之学者与政治家。相信其将近数十年之探索同样会对中国之未来有着巨大的参考及指导价值。其对真理、对民族国家复兴、对中西文化比较等方面的执着与专注精神乃是张君劢个人精神特质之最大体现，必将对国内学人产生长久而深远的影响。

八、张君劢与唐君毅、牟宗三、徐复观等人

今作张君劢学术思想概述一文,以张氏学术思想与政治实践两途而介绍之。关于其新儒家思想虽如上文绍述略详。然对于当时与张君劢同期之新儒家人物之思想当略作提及,以便更全面了解张氏学术思想以及其体系。唐君毅、牟宗三、徐复观等人均为熊十力弟子,也是所谓第二代新儒家代表人物,四氏虽力主中国文化之复兴,但各有其路径与侧重之处。唐君毅力图恢复中国以及西方文明中的人文精神,并以其《生命存在与心灵境界》一文为其学术之总结,在此文中,唐君毅提出著名的"三向九境"之说,将中国儒家文化确立为最高境界之途径。牟宗三则力图以佛教《大乘起信论》的"生灭门与真如门"的概念,提出"一心开二门"之说,力图打通西方康德哲学与中国境界层面的道德本体。重新建立形而上学的道德本体,再通过其"良知坎陷"之说,将道德本体之心与所谓"分别智"建立起内在的连接。徐复观则更多采取批判现实的态度,对诸多对儒家文化的不实批判加以辩驳。四氏共同发表《为中国文化敬告世界人士宣言》为其共同之主张。为方便读者更深入了解张氏思想,特将其文以附件形式转摘于此。

附：为中国文化敬告世界人士宣言：我们对中国学术研究及中国文化与世界文化前途之共同认识（仅作为了解张君劢学术思想之参考，不代表本书作者之意见）

文章来源：中国当代儒学网（http://www.cccrx.com/2008-1/200811181516.asp）

A Manifesto on the Reappraisal of Chinese Culture：

Our Joint Understanding of the Sinological Study Relating to World Cultural Outlook

牟宗三 徐复观 张君劢 唐君毅 合撰

By Carson Chang, Hsu Foo-kwan, Mou Chung-san and Tang Chun-i

目 录

一、前言 我们发表此宣言之理由

二、世界人士研究中国学术文化之三种动机与道路及其缺点

三、中国历史文化之精神生命之肯定

四、中国哲学思想在中国文化中之地位及其与西方文化之不同

五、中国文化之伦理道德与宗教精神

六、中国心性之学的意义

七、中国历史文化所以长久之理由

八、中国文化之发展与科学

九、中国文化之发展与民主建国

十、我们对中国现代政治史之认识

十一、我们对于西方文化之期望及西方所应学习于东方之智慧者

十二、我们对于世界学术思想之期望

一、前言

我们发表此宣言之理由

在正式开始本宣言正文之前，我们要先说明，我们之联名发出此宣言，曾迭经考虑。首先，我们相信：如我们所说的是真理，则用一人的名义说出，与

用数人的名义说出，其真理之价值毫无增减。其次，我们之思想，并非一切方面皆完全相同，而抱大体相同的中西人士，亦并不必仅我们数人。再其次，我们亦相信：一真正的思想运动文化运动之形成，主要有赖于人与人之思想之自然的互相影响后，而各自发出类似的思想。若只由少数已有某种思想的人，先以文字宣称其近于定型的思想，反易使此外的人感觉这些思想与自己并不相干，因而造成了这些思想在散布上的阻隔。

但我们从另一方面想，我们至少在对中国文化之许多主张上是大体相同，并无形间成为我们的共信。固然成为一时少数人的共信的，不必冶成为一时少数人的共信的，不必即是真理，但真理亦至少必须以二人以上的共信为其客观的见证。如果我不将已成为我们所共信的主张说出，则我们主张中可成为真理的成分，不易为世人所共见。因此，亦将减轻了我们愿为真理向世人多方采证的愿望。至于抱有大体相同思想的中西人士，我们在此宣言上未能一一与之联络，则为节省书疏往返之繁。但我们决不愿意这些思想只被称为我们几个人的思想。这是在此宣言正文之前，应当加以预先声明的。

在此宣言中，我们所要说的，是我们对中国文化之过去与现在之基本认识及对其前途之展望，与今日中国及世界人士研究中国学术文化及中国问题应取的方向，并附及我们对世界文化的期望。对于这些问题，虽然为我们数十年来所注意，亦为中国及世界无数专家学者政治家们所注意；但是若非八年前中国遭遇此空前的大变局，迫使我们流亡海外，在四顾苍茫，一无凭藉的心境情调之下，抚今追昔，从根本上反复用心，则我们亦不会对这些问题能认得如此清楚。我们相信，真正的智慧是生于忧患。因为只有忧患，可以把我们之精神从一种定型的生活中解放出来，以产生一超越而涵盖的胸襟，去看问题的表面与里面，来路与去路。

如果世界其他国家的学者们，及十年前的我们，与其他中国学者们，莫有经过同类的忧患，或是同一的超越而涵盖的胸襟，去看这许多问题，则恐怕不免为一片面的观点的限制，而产生无数的误解，因而不必能认识我们之所认识。所以我们必须把我们所认识者，去掉一些世俗的虚文，先后结论上宣告世界，以求世界及中国人士之指教。

第伍章 张君劢：中西勒通途 实践难容世

我们之所以要把我们对自己国家文化之过去现在与将来前途的看法，向世界宣告，是因为我们真切相信：中国文化问题，有其世界的重要性。我们姑不论中国为数千年文化历史，迄未断绝之世界上极少的国家之一，及十八用十八世纪以前的欧洲人对中国文化的称美，与中国文化对于人类文化已有的贡献。但无论如何，中国现有近于全球四分之一的人口摆在眼前。这全人类四分之一的人口之生命与精神，何处寄托，如何安顿，实际上早已为全人类的共同良心所关切。中国问题早已化为世界的问题。如果人类的良心，并不容许用原子弹来消灭中国五亿以上的人口，则此近四分之一的人类之生命与精神之命运，便将永成为全人类良心上共同的负担。而此问题之解决，实系于我们对中国文化之过去现在与将来有真实的认识。如果中国文化不被了解，中国文化没有将来，则这四分之一的人类之生命与精神，将得不到正当的寄托和安顿；此不仅将招来全人类在现实上的共同祸害，而且全人类之共同良心的负担将永远无法解除。

二、世界人士研究中国学术文化之三种动机与道路及其缺点

中国学术文化之成为世界学术研究的对象，被称为所谓中国学或汉学已有数百年之历史。而中国之成为一问题，亦已为百年来之中国人士及世界人士所注意。但是究竟中国学术文化之精神的中心在那里？其发展之方向如何？中国今日文化问题之症结何在？顺着中国学术文化精神之中心，以再向前发展之道路如何？则百年来之中国人，或有不见庐山真面目，只缘身在此山中之处，此姑不论。而世界人士之了解中国与其学术文化，亦有因其出发之动机不同，而限于片面的观点，此观点便阻碍其作更多方面的更深入的认识。此有三者可说。由此三者，我们可以知道中国文化，并未能真被世界人士所认识，而获得其在世界上应得的地位。

（一）中国学术文化之介绍入西方，绍入西方，最初是三百年前耶稣会士的功绩。耶稣会士之到中国，其动机是传教。为传教而输入西方宗教教义，及若干科学知识技术到中国。再回欧洲即将中国的经籍，及当时之宋明理学一些思想，介绍至西方。当然他们这些使中西文化交流的功绩，都是极大的。但是亦正因其动机乃在向中国传教，所以他们对中国学术思想之注目点，一方是在中国诗书中言及上帝及中国古儒之尊天敬神之处，而一方则对宋明儒

之重理重心之思想，极力加以反对。此种反对之著作，可以利玛窦之天主实义，孙璋之性理真诠作代表。他们回到欧洲，介绍宋明儒思想，只是报导性质，并不能得其要点。故不免将宋明儒思想，只作一般西方当时之理性主义、自然主义、以至唯物主义思想看。故当时介绍至欧洲之宋明思想，恒被欧洲之无神论者、唯物主义者引为同调。照我们所了解，宋明儒之思想，实与当时西方康德以下之理想主义哲学更为接近。但是西方之理想主义者，却并不引宋明儒为同调。此正由耶稣会士之根本动机是在中国传教，其在中国之思想战线，乃在援六经及孔子之教，以反宋明儒、反佛老，故他们对宋明儒思想之介绍，不是顺着中国文化自身之发展，去加以了解，而只是立足于传教的立场之上。

（二）近百年来，世界对中国文化之研究，乃由鸦片战争、八国联军，中国门户逐渐洞开而再引起。此时西方人士研究中国文化之动机，实来自对运入西方，及在中国发现之中国文物之好奇心。例如斯坦因、伯希和等在敦煌所发现之文物所引起之所谓敦煌学之类。由此动机而研究中国美术考古，研究中国之西北地理，中国之边疆史、西域史、蒙古史、中西交通史以及辽金元史，研究古代金石甲骨之文字，以及中国之方言、中国文字与语言之特性等，皆由此一动机一串相连。对此诸方面之学问，数十年来中国及欧洲之汉学家，各有其不朽之贡献。但是我们同时亦不能否认，西方人从中国文物所引起之好奇心，及到处走发现、收买、搬运中国文物，以作研究材料之兴趣，并不是直接注目于中国这个于中国这个活的民族之文化生命、文化精神之来源与发展之路向的。此种兴趣，与西方学者，要考证已死之埃及文明、小亚细亚文明、波斯文明，而到处去发现、收买、搬运此诸文明之遗物之兴趣，在本质上并无分别。而中国清学之方向，原是重文物材料之考证。直到民国，所谓新文化运动时整理国故之风，亦是以清代之治学方法为标准。中西学风，在对中国文化之研究上，两相凑泊，而此类之汉学研究，即宛成为世界人士对中国文化研究之正宗。

（三）至最近一二十年之世界之对中国文化学术之研究，则又似发展出一新方向，此即对于中国近代史之兴趣。此种兴趣，可谓由中日战争及中国大陆之赤化所引起。在中日战争中，西方顾问及外交界人士之来中国者，今日即多已成为中国近代史研究之领导人物。此种对中国近代史研究之动机，其初乃由西方人士与中国政治社会之现实的接触，及对中国政治与国际局势之现实的关系之注意而引起。此种现实的动机，与上述由对文物之好奇心，而作对文物之纯学术的研究之动机，正成一对反。而此种动机，亦似较易引起人去注意活的中华民族之诸问题。但由现实政治之观点，去研究中国历史者，乃由今溯古，由流溯源，由果推因之观点。当前之现实政治在变化之中，如研究者对现实政治之态度，亦各不一致，而时在变化之中。如研究者之动机，仅由接触何种之现实政治而引起，则其所拟定之问题，所注目之事实，所用以解释事实之假设，所导向之结论，皆不免为其个人接触某种现实政治时之个人之感情，及其对某种现实政治之主观的态度所决定。此皆易使其陷于个人及一时一地之偏见。欲去此弊，则必须顺中国文化历史之次序，由古至今，由源至流，由因至果之逐渐发展之方向，更须把握中国文化之本质，及其在历史中所经之曲折，乃能了解中国近代史之意义，及中国文化历史之未来与前途。由此以研究近代史，则研究者必须先超越其个人对现实政治之主观态度，并须常想到其在现实政治中所接触之事实，或只为偶然不重要之事实，或只为在未来历史中即将改变之事实，或系由中国文化所遇之曲折而发生之事实。由是而其所拟定之问题，当注目之事实，及用以解释事实之假设，与导向之结论，皆须由其对中国文化历史之整个发展方向之认识，以为决定。然因世界汉学者研究中国近代史之兴趣，本多由其对中国政治社会之现实的接触，及对中国政治与国际局势之现实关系之注意而起，则上述之偏弊，成为在实际上最难除去者。我们以上所说，并无意否认根据任何动机，以从事研究中国学术文化史者所作之努力，在客观上之价值。此客观价值亦尽可超出于其最初研究时之主观动机之外。而研究者在其研究过程中，亦可不断改变其原来之主观动机。但是我们不能不说此诸主观动机，在事实上常使研究者只取一片面的观点去研究中国之学术文化，而在事实上亦已产生不少对于中国学术文化之过去现在与未来之误解。故我们不能不提出另一种研究中国学术文化动机与态度，同时把我们本此动机与态度去研究所已得的关于中国学术文化之过去现在与未来的结论，在大端上加以指出，以恳求世界人士的注意。

三、中国历史文化之精神生命之肯定

我们首先要恳求：中国与世界人士研究中国学术文化者，须肯定承认中国文化之活的生命之存在。我们不能否认，在许多西方人与中国人之心目中，中国文化已经死了。如斯宾格勒，即以中国文化到汉代已死。而中国五四运动以来流行之整理国故之口号，亦是把中国以前之学术文化，统于一"国故"之名词之下，而不免视之如字纸篓中之物，只待整理一番，以便归档存案的。而百年来中国民主建国运动之着着失败，及今十分之九的中国人之在列宁斯大林之像前缄默无言，不及十分之一的中国人之漂流于台湾孤岛及海外，更似客观的证明中国文化的生命已经死亡，于是一切对中国学术文化之研究，皆如只是凭吊古迹。这一种观念，我们首先要恳求大家将其去掉。我们不否认，百年来中国民主建国运动之着着失败，曾屡使爱护中国的中国人士与世界人士，不断失望。我们亦不否认，中国文化正在生病，病至生出许多奇形怪状之赘瘤，以致失去原形。但病人仍有活的生命。我们要治病，先要肯定病人生命之存在。不能先假定病人已死，而只足供医学家之解剖研究。至于要问中国文吊中国文化只是生病而非死亡之证据在那里？在客观方面的证据，后文再说。

但另有一眼前的证据，当下即是。就是在发表此文的我们，自知我们并未死亡。如果读者们是研究中国学术文化的，你们亦没有死亡。如果我们同你们都是活的，而大家心目中同有中国文化，则中国文化便不能是死的。在人之活的心灵中的东西，纵使是已过去的死的，此心灵亦能使之复活。人类过去之历史文化，亦一直活在研究者的了解，凭吊，怀念的心灵中。这个道理，本是不难承认的极平凡的道理。亦没有一个研究人类过去历史文化的人，不自认自己是活人，不自认其所著的书，是由他的活的生命心血所贯注的书，不自认其生命心血之贯注处；一切过去的东西，如在目前。但是一个自以为是在用自己之生命心血，对人类过去之历史文化作研究者，因其手边只有这些文物，于是总易忘了此过去之历史文化之本身，亦是无数代的人，以其生命心血，一页一页的写成的；总易忘了这中间有血，有汗，有泪，有笑，有一贯的理想与精神在贯注。因为忘了这些，便不能把此过去之历史文化，当作是一客观的人类之精

神生命之表现。遂在研究之时,没有同情,没有敬意,亦不期望此客观的精神生命之表现,能继续的发展下去,更不会想到,今日还有真实存在于此历史文化大流之中的有血有肉的人,正在努力使此客观的精神生命之表现,继续发展下去,因而对之亦发生一些同情和敬意。这些事,在此种研究者的心中,认为是情感上的事,是妨碍客观冷静的研究的,是文学家,政治宣传家,或渲染历史文化之色彩的哲学家的事,不是研究者的事。但是这种研究者之根本错误就在这里。这一种把情感与理智割裂的态度,忽略其所研究之历史文化,是人类之客观精神生命之表现的态度,正是原于此种研究者之最大的自私,即只承认其研究工作中有生命有心血,此外皆无生命无心血。此是忘了人类之历史文化,不同于客观外在的自然物,而只以对客观外在之自然物之研究态度,来对人类之历史文化。此是把人类之历史文化,化同于自然界的化石。这中间不仅包含一道德上的罪孽,同时也是对人类历史文化的最不客观的态度。因为客观上的历史文化,本来自始即是人类之客观精神生命之表现。我们可以说,对一切人间的事物,若是根本没有同情与敬意,即根本无真实的了解。因一切人间事物之呈现于我们之感觉界者,只是表象。此表象之意义,只有由我们自己的生命心灵,透到此表象之后面,去同情体验其依于什么一种人类之生命心灵而有,然后能有真实的了解。我们要透至此表象之后面,则我们必须先能超越我们个人自己之主观的生命心灵,而有一肯定尊重客观的人类生命心灵之敬意。此敬意是一导引我们之智慧的光辉,去照察了解其他生命心灵之内部之一引线。只有此引线,而无智慧之运用,以从事研究,固然无了解。但是莫有此敬意为引线,则我们将对此呈现于感觉界之诸表象,只凭我们在主观上之习惯的成见加以解释,以至凭任意联想的偶发的奇想,加以解释。这就必然产生无数的误解,而不能成就客观的了解。要成就此客观的了解,则必须以我们对所欲了解者的敬意,导其先路。敬意向前伸展增加一分,智慧的运用,亦随之增加一分,了解亦随之增加一分。敬意之伸展在什么地方停止,则智慧之运用,亦即呆滞不前,人间事物之表象,即成为只是如此如此呈现之一感觉界事物,或一无生命心灵存在于其内部之自然物。

再下一步,便又只成为凭我们主观的自由,任意加以猜想解释的对象,于以产生误解。所以照我们的意思,如果任何研究中国之历史文化的人,不能真实肯定中国之历史文化,乃系无数代的中国人,以其生命心血所写成,而为一客观的精神生命之争表现,因而多少寄以同情与敬意,则中国之历史文化,在他们之前,必然只等于一堆无生命精神之文物,如同死的化石。然而由此遽推断中国文化为已死,却系大错。这只因从死的眼光中,所看出来的东西永远是死的而已。然而我们仍承认一切以死的眼光看中国文化的人,研究中国文化的人,其精神生命是活的,其著的书是活的精神生命之表现。我们的恳求,只是望大家推扩自己之当下自觉是活的之一念,而肯定中国之历史文化,亦是继续不断的一活的客观的精神生命之表现,则由此研究所得的结论,将更有其客观的意义。如果无此肯定,或有之而不能时时被自觉的提起,则一切对中国历史文化的研究,皆似最冷静客观,而实则亦可能只是最主观的自由任意的猜想与解释,在根本上可完全不能相应。所以研究者切实把自己的研究动机,加以反省检讨,乃推进研究工作的重大关键。

四、中国哲学思想在中国文化中之地位及其与西方文化之不同

如上所说,我们研究中国之历史文化学术,要把它视作中国民族之客观的精神生命之表现来看。但这个精神生命之核心在那里?我们可说,它在中国人思想或哲学之中。这并不是说,中国之思想或哲学,决定中国之文化历史。而是说,只有从中国之思想或哲学下手,才能照明中国文化历史中之精神生命。因而研究中国历史文化之大路,重要的是由中国之哲学思想之中心,再一层一层的透出去,而不应只是从分散的中国历史文物之各方面之零碎的研究,再慢慢的综结起来。后面这条路,犹如从分散的枝叶去通到根干,似亦无不可。但是我们要知道,此分散的枝叶,同时能遮蔽其所托之其所托之根干。这常易使研究者之心灵,只是由此一叶面再伸到另一叶面,在诸叶面上盘桓。此时人若要真寻得根干,还得要翻到枝叶下面去,直看枝叶之如何交会于一中心根干。这即是说,我们必须深入到历史留传下之书籍文物里面,探求其哲学思想之所在,以此为研究之中心。但我们在了解此根干后,又还须顺着根干延伸到千枝万叶上去,然后才能从此千枝竞秀,万叶争荣上看出,树木之生机郁勃的生命力量,与精神的风姿。

第伍章 张君劢：中西勘通途 实践难容世

我们之所以要用树木之根干与枝叶之关系，来比喻中国历史文物之各方面与中国之哲学思想，对于中国文化精神生命之关系，同时是为表中国文化之性质，兼表明要了解中国哲学思想，不能只用了解西方哲学思想之态度来了解。我们此处所指之中国文化之性质，乃指其"一本性"。此一本性乃谓中国文化在本原上是一个文化体系。此一本并不否认其多根。此乃比喻在古代中国，亦有不同之文化地区。但此并不妨碍中国古代文化之有一脉相承之统绪。殷革夏命而承夏之文化，周革殷命而承殷之文化，即成三代文化之一统相承。此后秦继周，汉继秦，以至唐、宋、元、明、清、中国在政治上有分有合，但总以大一统为常道。且政治的分合，从从未影响到文化学术思想的大归趋，此即所谓道统之相传。

中国历史文化中道统之说，皆非中国现代人与西方人所乐闻，但无论乐闻与否，这是中国历史上的事实。此事实，乃原于中国文化之一本性。中国人之有此统之观念，除其理论上之理由，今暂置不说外，其事实上的原因，是因中国大陆与欧洲大陆，其文化历史，自来即不一样。欧洲古代之希腊城邦，势力分布于希腊本土，及诸海上殖民地，原无一统的希腊世界。而近代西方文化，除有希腊之来原外，尚有罗马，希伯来，日耳曼，回教等之来原。中国文化，虽亦有来原于印度文化，阿拉伯文化及昔所谓四夷者，亦有间接来自希腊罗马者，然而在百年以前之中国，在根本只是一个文化统系一脉相传，则是没有问题的。西方文化之统，则因现实上来原之众多，难于建立，于是乃以超现实世界之宗教信仰中之上帝为其统，由希伯来宗教与希腊思想罗马文化精神之结合，乃有中古时代短时存在的神圣罗马帝国之统。然此统，不久即告分裂。今欲使西方诸国家及其文化复归于统一，恐当在全人类合归天下一家之时。而中国文化则自来有其一贯之统绪的存在。这于中西文化在来源上的根本分别，为我们所不能忽略的。

这种西方文化之有各种文化来源，使西方文化学术之内容，特显复杂丰富，同时亦是西方之有明显的分门别类，而相对独立之学术文化领域之原因。西方之科学哲学，原于希腊，法律原于罗马，宗教原于希伯来，其文化来原不同，研究之方法、态度、目标、亦不必相同，而各自成范围，各成界限。而单就哲学说，西方之哲学自希腊以来，即属少数哲学家作遗世独立之思辨（Speculation）之事。故哲学家之世界，恒自成一天地。每一哲学家都欲自造一思想系统，穷老尽气以求表现于文字著作之中。至欲表现其思想于生活行事之中者，实寥寥可数。而此类著作，其界说严，论证多，而析理亦甚繁。故凡以西洋哲学之眼光去看中国哲人之著作，则无不觉其粗疏简陋，此亦世界之研究中国学术文化者，不愿对中国哲学思想中多所致力的原因之一。

但是我们若果首先认识此中国文化之一本性，知中国之哲学科学与宗教、政治、法律、伦理、道德，并无不同之文化来原，而中国过去，亦并无认为个人哲学之思辨，可自成一天地之说，更无哲学家必须一人自造一思想系统，以全表之于文字著作中之说；则中国哲学著作之以要言不繁为理想，而疏于界说之厘定，论证之建立，亦不足为怪。而吾人之了解中国哲学思想，亦自始不当离哲学家之全人格，全生活，及其与所接之师友之谈论，所在之整个社会中之行事，及其文化思想之渊源，与其所尚论之古今人物等而了解，亦彰彰明甚。而人真能由此去了解中国哲人，则可见其思想之表现于文字者，虽以粗疏简陋，而其所涵之精神意义、文化意义、历史意义，则正可极丰富而极精深。此正如一树之根干，虽极朴质简单，而透过其所贯注之千条万叶以观，则生机郁勃，而内容丰富，由此我们可知，欲了解中国文化，必须透过其哲学核心去了解，而真了解中国哲学，又还须再由此哲学之文化意义去了解。以中国文化有其一本性，在政治上有政统，故哲学中即有道统。反之，如果我们不了解中国文化之一本性，不知中国之哲人及哲学，在中国文化中所处之地位，不同于西方哲人及哲学，在西方文化中所处之地位，则我们可根本不从此去看中国哲学思想与中国文化之关系及多方面之意义，更不知中国哲学中有历代相传之道统之意义所在，而将只从中国哲学著作外表之简单粗疏，以定为无多研究之价值，并或以道统之说，为西方所谓思想统制之类，而不知其以看西方哲学著作之异眼光，看中国哲学著作，正由于其蔽于西方文化历史情形，而未能肯定中国文化之独立性，未知中国文化以其来源为一本，则其文化之精神生命之表现方式，亦不必与文化来源为多元之西方文化相同也。

五、中国文化之伦理道德与宗教精神

对于中国文化，好多年来之中国与世界人士有一普遍流行的看法，即以中国文化是注重人与人之间伦理道德，而不重人对神之宗教信仰的。这种看法，在原则上并不错。但在一般人的观念中，同时以中国文化所重的伦理道德，只是求现实的人与人关系的调整，以维持社会政治之秩序；同时以为中国文化中莫有宗教性的超越感情，中国之伦理道德思想，都是一些外表的行为规范的条文，缺乏内心之精神生活上的根据。这种看法，却犯了莫大的错误。这种看法的来源，盖首由于到中国之西方人初只是传教士、商人、军人或外交官，故其到中国之第一目标，并非真为了解中国，亦不必真能有机会，与能代表中国文化精神之中国人，有深切的接触。于是其所观察者，可只是中国一般人民之生活风俗之外表，而只见中国之伦理规范，礼教仪节之维持现实之社会政治秩序之效用的方面，而对中国之伦理道德在人之内心的精神生活上之根据，及此中所包含之宗教性之超越感情，却看不见。而在传教士之心中，因其目标本在传教，故其目光亦必多少不免先从中国文化之缺乏宗教精神之方面看。而传教士等初至中国之所接触者，又都是中国之下层民众。故对于中国民间流行宗教性之迷信，亦特为注意。此种迷信中，自更看不出什么高级的宗教精神。又因近百年来西方人在中国之传教事业，乃由西方之炮西方之炮舰，先打开了中国门户，再跟着商船来的。中国之传统文化，自来不崇拜武力与商人，因而对于随炮舰商船来之传教士，旋即被视为西方文化侵略的象征。由此而近代中国之学术界，自清末到五四时代之学者，都不愿信西方之宗教，亦不重中国文化之宗教精神。五四运动时代领导思想界的思想家，又多是一些只崇拜科学民主，在哲学上相信实用主义、唯物主义、自然主义的人，故其解释中国之学术文化，亦尽量从其缺宗教性方面看。而对中国之旧道德，则专从其化为形式的礼教风俗方面看，而要加以打倒。于是亦视中国之伦理道德只是一些外表的行为规范，而无内在之精神生活之内容者。至后来之共产主义者，因其为先天的无神论者，并只重道德之社会效用者，更不愿见中国文化精神中之宗教性之成份，而更看不见中国之伦理道德之内在的精神生活上的根据。此与西方传教士等初到中国之观感、所得，正可互相配合，而归于同一之论断。

但是照我们的看法，则中国莫有像西方那种制度的宗教教会与宗教战争，是不成问题的。但西方所以有由中古至今之基督教会，乃由希伯来之独立的宗教文化传统，与希腊思想，罗马文化，日耳曼之民族气质结合而来。此中以基督教之来源，是一独立之希伯来文化，故有独立之教会。又以其所结合之希腊思想，罗马文化，日耳曼之民族气质之不同，故又有东正教，天主教及新教之分裂，而导致宗教战争。然而在中国，则由其文化来源之一本性，中国古代文化中并无一独立之宗教文化传统，如希伯来者，亦无希伯来之祭司僧侣之组织之传统，所以当然不能有西方那种制度的宗教。但是这一句话之涵义中，并不包含中国民族先天的缺乏宗教性的超越感情及宗教精神，而只知重现实的伦理道德。这只当更由以证明中国民族之宗教性的超越感情及宗教精神，因与其所重之伦理道德，同来源于一本之文化,而与其伦理道德之精神,遂合一而不可分。这应当是非常明白的道理。然而人们只以西方之文化历史的眼光看中国，却常把此明白的道理忽视。照我们的看法，中国诗书中之原重上帝或天之信仰是很明显的。此点三百年来到中国之耶稣会士亦注意到，而祭天地社稷之礼，亦一直为后代儒者所重视，历代帝王所遵行，至民国初年而后废。而中国民间之家庭，今亦尚有天地君亲师之神位。说中国人之祭天地祖宗之礼中，莫有一宗教性的超越感情，是不能说的。当然过去中国之只有皇帝才能行郊祀之礼，便使此宗教感情在民间缺乏礼制以维持之，而归于薄弱。而皇帝之祭天，亦或是奉行故事，以自固其统治权。皇帝祭天，又是政教合一之事，尤为西方人及中国人之所诃责。但是中国人之只是以皇帝祭天，亦自有其理由。此乃以天子代表万民祭天，亦犹如西方教皇之可代表万民向上帝祈祷。而政教合一之所以被西方人视为大忌，亦根本上由于西方教权所在之教会，与西方历史中政权所在之政府，原为不同之文化来源之故。因其来源不同，故无论以教权统制政权，或以政权统制教权，皆使一方受委屈，因而必归于政教分离，而此政教分离，亦确有其在客观上使政治宗教各得其所之价值。此亦为我们在理论上所承认者。但以中西文化不同，则在西方之以政教合一为大罪者，在中国过去历史，则未必为大罪。而在西方以宗教可与政治以及一般社会伦理道德皆分离，固特见其有宗教。然在中国，则宗教本不与政治及伦理道德分离，亦非即无宗教。此二点，仍值得吾人研究中国文化者之注意。

至于纯从中国人之人生道德伦理之实践方面说，则此中亦明涵有宗教性之超越感情。在中国人生道德思想中，大家无论如何不能忽视由古至今中国思想家所重视之天人合德，天人合一，天人不二，天人同体之观念。此中之所谓天之意义，自有各种之不同。在一意义下，此天即指目所见之物质之天。然而此天之观念在中国古代思想中，明指有人格之上帝。在孔孟老庄思想中之天之意义，虽各有不同。然无论如何，我们不能否认他们所谓天之观念之所指，初为超越现实的个人自我与现实之人与人关系的。而真正研究中国学术文化者，其真问题所在，当在问中国古代人对天之宗教信仰，如何贯注于后来思想家之对于人的思想中，而成天人合一一类之思想，及中国古代文化之宗教的方面，如何融和于后来之人生伦理道德方面及中国文化之其他方面。如果这样去研究，则不是中国思想中有无上帝或天，有无宗教之问题，而其所导向之结论，亦不是一简单的中国文化中无神、无上帝、无宗教，而是中国文化能使天人交贯，一方面使天由上彻下以内在于人，一方亦使人由下升上而上通于天，这亦不是只用西方思想来直接类比，便能得一决定之了解的。

此外中国人之人生道德伦理之实践方面之学问，此乃属中国所谓义理之学中。此所谓义理之事，乃自觉的依据义理之当然以定是非，以定自己之存心与行为，此亦明非只限于一表面的人与人之关系之调整，以维持政治社会之秩序，而其目标实在人之道德人格之真正的完成。此人格之完成系于人之处处只见义理之当然，而不见利害，祸福，得失，生死。而此中之只求依义理之当然，而不求苟生苟存，尤为儒者之学之所特注意的。我们须知，凡只知重现实的功利主义者，自然主义者，与唯物主义者，都不能对死之问题正视。因死乃我的现实世界之不存在，故死恒为形上的宗教的思想之对象。然而中国之儒家思想，则自来要人兼正视生，亦正视死的。所谓杀身成仁，舍生取义，志士不忘在沟壑，勇士不忘丧其元，都是要人把死之问题放在面前，而把仁义之价值之超过个人生命之价值，凸显出来。而历代之气节之士，都是能舍生取义、杀身成仁的。西方人对于殉道者，无不承认其对于道有一宗教性之超越信仰。则中国儒者之此类之教及气节之士之心志与行为，有岂无一宗教性之信仰之存在？而中国儒者之言气节，可以从容就义为最高理想，此乃自觉的舍生取义，此中如无对义之绝对的信仰，又如何可能？此所信仰的是什么，这可说即是仁义之价值之本身，道之本身。亦可说是要留天地正气，或为要行其心之所安，而不必是上帝之诫命，或上帝的意旨。然而此中人心之所安之道之所在，即天地正气之所在，即使人可置死生于度外，则此心之所安之道，一方内在于此心，一方亦即超越个人之现实生命之道，而人对此道之信仰，岂非即宗教性之超越之超越信仰？

我们希望世界人士研究中国文化，勿以中国人只知重视现实的人与人间行为之外表规范，以维持社会政治之秩序，而须注意其中之天人合一之思想，从事道德实践时对道之宗教性的信仰。这是我们要大家注意的又一点。

六、中国心性之学的意义

我们从中国人对于道之宗教性信仰，便可转到论中国之心性之学。此心性之学，是中国古所谓义理之学之又一方面，即论人之当然的义理之本源所在者。此心性之学，是为世之研究中国之学术文化者所忽略所误解的。而实则此心性之学，正为中国学术思想之核心，亦是中国思想中之所以有天人合德之说之真正理由所在。

中国心性之学，乃至宋明而后大盛。宋明思想，亦实系先秦以后，中国思想第二最高阶段之发展。但在先秦之儒家道家思想中，实已早以其对心性之认识为其思想之核心。此我们另有文讨论。古文尚书所谓尧舜禹十六字相传之心法，固是晚出的，但后人之所以要伪造此说，宋明儒之所以深信此为中国道统之传之来源所在，这正因为他们相信中国之学术文化，当以心性之学为其本源。然而现今之中国与世界之学者，皆不能了解此心性之学为中国之学术文化之核心所在。其所以致此者，首因清代三百年之学术，乃是反宋明儒而重对书籍文物之考证训诂的。故最讨厌谈心谈性。由清末西化东渐，中国人所羡慕于西方者，初乃其炮舰武器，进而及其他科学技术，政治法制。五四运动时代时之中国思想界，一方讲科学民主，一方亦以清代考证之学中有科学方法，而人多喜提倡清代颜习斋戴东原之学，以反对宋明儒。后来共产主义讲存在决定意识，亦不喜欢心性。在西方传入之宗教思想，要人自认本性中涵有原始罪恶。中国传统的心性之学，则以性善论为主流。此二者间亦至少在表面上是违反的。又宋明儒喜论理气，不似中国古代经籍中尚多言上帝。此乃自耶稣会士以来之基督教徒，亦不喜宋明儒的心性之学之故。由清末至今之中国思想界中，只有佛家学者是素重心性之学的。而在清末之古文学家如章太炎，今文家如龚定庵，及今文学家康有为之弟子米子如谭嗣同等，亦皆重视佛学。但佛家心性之学，不同于中国儒家心性之学。佛学之言心性，亦特有其由观照冥会而来之详密之处。故佛学家亦多不了解中国儒家心性之学。由是中国传统的心性之学，遂为数百年之中国思想界所忽视。而在西方耶稣会士把中国经籍及宋明理学介绍至西方时，乃把宋明理学只当作一般西方之理性主义、自然主义、唯物主义看，此在上文已说。所以宋明理学在西方亦只被理性主义者如来布尼兹，唯物主义者如荷尔巴哈（Holbach）等引为同调。后来虽有人翻译朱子语录中之人性论及其他零碎的宋明儒之文章，但亦似无人能对宋明心性之学作切实的研究者。而宋明儒之语录，又表面上较先秦诸子更为零碎，不易得其系统所在，亦与西人治哲学者之脾味不合，于是中国心性之学，遂同为今日之中国人与西方人所忽略。

中国心性之学在今日所以又为人所误解之主要原因，则在于人恒只把此心性之学，当作西方传统哲学中之所谓理性的灵魂 Rational Soul 之理论，或认识论形上学之理论，或一种心理学看。而由耶稣会士下来的西方宗教家的观点，则因其初视宋明理学为无神论的自然主义，所以总想像其所谓人心人性皆人之自然的心自然的性。由他们直至今日，中国之性字总译为 Nature。此 Nature 一名之义，在希腊斯多噶哲学近代之浪漫主义文学，及斯宾诺萨及少数当今之自然主义哲学家如怀特海之思想中，皆颇有一深厚之意义，足与中国之性字相当。但自基督教以 Supernature 之名与 Nature 之名相对后，则 Nature 之名义，在近代日沦于凡俗。而在西方近代之一般自然主义唯物主义哲学兴起以后，我们谈到 Human Nature 通常总是想到人之自然心理，自然本能，自然欲望上去，可以卑之无甚高论。人由此以看中国的心性之学，亦总从其平凡浅近处去解释，而不愿本西方较深入于人之精神生活内部之思想去解释。

然而照我们的了解，则认为把中国心性哲学当作西方心理学或传统哲学中之理性之灵魂论，及认识论形上学去讲，都在根本上不对。而从与超自然相对之自然主义的观点去看中国心性之学，因而只从平凡浅近处去加以解释，更属完全错误。西方近代所谓科学的心理学，乃把人之自然的行为当作一经验科学研究的对象看。此是一纯事实的研究，而不含任何对人之心理行为作价值的估量的。传统哲学中之理性的灵魂论，乃将人心视作一实体，而论其单一不朽，自存诸形式的性质的。西方之认识论，乃研究纯粹的理智的认识心如何认识外界对象，而使理智的知识如何可能的。西方一般之形上学，乃先以求了解此客观宇宙之究极的实在与一般的构造组织为目标的。而中国由孔孟至宋明儒之心性之学，则是人之道德实践的基础，同时是随人之道德实践生活之深度，而加深此学之深度的。这不是先固定的安置一心理行为或灵魂实体作对象，在外加以研究思索，亦不是为说明知识如何可能，而有此心性之学。此心性之学中自包含一形上学。然此形上学乃近乎康德所谓道德的形上学，是为道德实践之基础，亦由道德实践而证实的形上学。而非一般先假定一究竟实在存于客观宇宙，而据经验理性去推证之形上学。

因中国此种由孔孟至宋明之心性之学，有此种特殊的性质，所以如果一个人其本身不从事道德实践，或虽从事道德实践，而只以之服从一社会的道德规律或神之命令与新旧约圣经一章一句为事者，都不能真有亲切的了解。换句话说，即这种学问，不容许人只先取一冷静的求知一对象，由知此一对象后，再定我们行为的态度。此种态度，可用以对外在之自然与外在之社会，乃至对超越之上帝。然不能以之对吾人自己之道德实践，与实践中所觉悟到之心性。此中我们必须依觉悟而生实践，依实践而更增觉悟。知行二者相依而进。此觉悟可表达之于文字，然他人之了解此文字，还须自己由实践而有一觉悟。此中实践如差一步，则觉悟与真实之了解，即差一步。在如此之实践与觉悟相依而进之历程中，人之实践的行为，固为对外面之人物等的。但此觉悟，则纯是内在于人自己的。所以人之实践行为，向外面扩大了一步，此内在之觉悟亦扩大了一步。依此，人之实践的行为及于家庭，则此内在之觉悟中，涵摄了家庭。及于国家，则此内在之觉悟中，涵摄了国家。及于天下宇宙，及于历史，及于一切吉凶祸福之环境，我们之内在的觉悟中亦涵摄了此中之一切。由此而人生之一切行道而成物之事，皆为成德而成己之事。凡从外面看来，只是顺从社会之礼法，或上遵天命，或为天下后世立德立功立言者，从此内在之觉悟中看，皆不外尽自己之心性。人之道德实践之意志，其所关涉者无限量，而此自己之心性亦无限量。然此心性之无限量，却不可悬空去拟议，而只可从当人从事于道德实践时，无限量之事物自然展现于前，而为吾人所关切，以印证吾人与天地万物实为一体。而由此印证，即见此心此性，同时即通于天。于是能尽心知性则知天，人之存心养性亦即所以事天。而人性即天性，人德即天德，人之尽性成德之事，皆所以赞天地之化育。所以宋明儒由此而有性理即天理，人之本心即宇宙心，人之良知之灵明，即天地万物之灵明，人之良知良能，即干知坤能等思想，亦即所谓天人合一思想。此中精微广大之说，自非我们今所能一一加以论列者。然由先秦之孔孟以至宋明儒，明有一贯之共同认识。共认此道德实践之行，与觉悟之知，二者系相依互进，共认一切对外在世界之道德实践行为，唯依于吾人之欲自尽此内在之心性，即出于吾人心性自身之所不容自己的要求；共认人能尽此内在心性，即所以达天德，天理，天心而与天地合德，或与天地参。此即中国心性之学之传统。今人如能了解此心性之学，乃中国文化之神髓所在，则决不容许认何人视中国文化为只重外在的现实的人与人之关系之调整，而无内在之精神生活及宗教性形上性的超越感情之说。而当知在此心性学下，人之外在的行为实无不为依据亦兼成就人内在的精神生活，亦无不兼为上达天德，而赞天地之化育者。此心性之学乃通于人之生活之内与外及人与天之枢纽所在，亦即通贯社会之伦理礼法，内心修养，宗教精神，及形上学等而一之者。然而在西方文化中，言形上学哲学科学，则为外于道德实践之求知一客观之对象。此为希腊之传统。言宗教则先置定一上帝之命令，此为希伯来之传统。言法律、政治、礼制、伦理，则先置定其为自外规范人群者，此主要为罗马法制伦理之传统。中国心性之学则于三者皆不类。遂为今日世界与中国之学人，习于以西方文化学术观点，看中国之学术文化者所忽略，或只由一片面之观点去看而加以误解。而不知不了解中国心性之学，即不了解中国之文化也。

七、中国历史文化所以长久之理由

我们如果能知中国心性之学的重要，我们便可以再进而讨论中国民族之历史文化何以能历数千年而不断之问题。以文化历史之不断而论，只有印度可与中国相比。但印度人以前一直冥心于宗教中之永恒世界，而缺历史之意识。故其文化历史虽长久，而不能真自觉其长久。中国则为文化历史长久，而又一向能自觉其长久之唯一的现存国家。然则中国文化、历史何以能如此长久？这不能如斯宾格勒之以中国文化自汉以后即停滞不进来作解说。因汉以后，中国文化并非停滞不进，若其真系停滞不进，即未有不归于死亡消灭者。有的人说，中国文化历史之所以长久，乃以中国文化，注重现实生活的维持，不似西方文化之喜从事超现实生活之理想或神境之追求，故民族现实生命能长久保存下去。又有人说此乃以中国文化重保守，一切生活皆习故蹈常，不须多耗力气。故民族生命力得以因节约而长久不弊。又有人说，此因中国人重多子多孙，故历代虽迭遭天灾人祸，但以生殖繁多，人口旋即恢复，民族遂不致绝灭。此外还有各种不同之说法。这些说法我们不能一概抹煞其全无理由。但皆未能从中国学术之本身以求此问题之解答。照我们的了解，则一民族之文化，为其精神生命之表现，而以学术思想为其核心。所以此问题之解答，仍应求之于中国学尧中国学术思想。

如从中国之学术思想去看此一问题，则我们与其说中国文化因重视现实生活之维持，遂不作超现实生活的追求，不如说中国之思想，自来即要求人以一超现实的心情，来调护其现实生活。与其说因中国文化偏重保守，致其生活皆习故蹈常，不须多耗气力，不如说中国之思想，自来即要求人不只把力气向外表现，而耗竭净尽，更要求人把气力向内收敛，以识取并培养生命力气的生生之原。与其说中国民族，因重多子多孙而民族不易灭绝，不如说在中国之极早思想中，即重视生之价值，因而重视子孙，重视生命之传承不绝。总而言之，我们与其说中国民族文化历史之所以能长久，是其他外在原因的自然结果，不如说这是因中国学术思想中原有种种自觉的人生观念，以使此民族文化之生命能绵延于长久而不坠。

我们之所以要说中国思想中原有种种人生观念，以使此民族之文化生命长久，其客观的证据，是此求"久"之思想在中国极早的时代中已经提出。中国古代之宗教思想中有一种天命靡常的思想。此思想是说上帝或天，对于地上之各民族各君王，并无偏袒。天之降命于谁，使之为天下宗主，要视其德而定。周代的周公，即是深切认识天之降命于夏于殷于周之无常，由是而对周之民族，

第伍章 张君劢：中西勘通途 实践难容世

特别谆谆诰诫，求如何延续其宗祀的。此即是求民族文化之"久"的思想，而周代亦竟为中国朝代中之最久者。此中不能说没有周公之反省诰诫之功。至于久之哲学观念的正式提出，则在儒家之易传中庸中有所谓"可大可久"及"悠久成物"之观念，老子中有要人法"天地长久"及"深根固蒂长生久视"之观念。易传、中庸、老子，皆成于战国时代。战国时代是中国古代社会发生急剧变化，一切最不能久的时代。而此时代正是久之哲学观念，在儒家道家思想中同时被提出的时代。可知求久先是中国古人之自觉的垮的思想中的事，而此后之汉唐宋等朝代之各能久至数百年，皆由其政治上文化上的措施，有各种如何求久的努力。而中国整个民族文化之所以能久，则由于中国人之各种求久的思想。这些思想，由古代的史官之记载与训诫，后来历史家所叙述的历代成败兴亡之故，及哲学家指出久与不久之原理，而散布至中国之全民族，其内容是非常复杂丰富的。

简单说，这个思想，以道家形态表现的是一种功利主义的，以退为进的，"不自生故能长生""后其身而身先，外其身而身存"的思想。此种以退为进的思想，正是以一种超越一般人对其现实的生命身体之私执，及一往向外用力之态度，而使力气向内收敛凝聚，以求身存及长生之态度。这一种态度，要人少私寡欲，要人见素抱朴，要人致虚守静，要人专气致柔以归于复命。这是可以使人达于自然的生命力之生生之原，而保持长养人之自然生命力的。

至于这些思想之以儒家形态而表现的，则儒家亦有要人把自然生命之力气加以内敛之一方面，其动机初是要成就人与人之间之礼。儒家承周之礼教，以温其如玉表示君子之德，玉之特色是外温润而内坚刚。坚刚在内，则一切生命力量都积蓄起来。而中庸所崇尚之南方之强与北方之强之不同处，则在北方之强，是力量都在外，而南方之强则"宽柔以教，不教无道"，力量都向内收敛，所谓外温润而内坚刚。及南方之强，本是指人在道德上人所当有的德性，但是此种德性，能附带把人之生命力量收敛积蓄于内，亦即使人之德性更能透过身体之内部而表现出来。德性能透过身体之内部而表现出来，则德性兼能润泽人之自然身体之生命,此之所谓"德润身""心广体胖"。在西方伦理学上谈道德，多谈道德规则，道德行为，道德之社会价值及宗教价值，但很少有人特别着重道德之彻底变化我们自然生命存在之气质,以使此羊此自然的身体之态度气象,都表现我们之德性,同时使德性能润泽此身体之价值。而中国之儒家传统思想中,则自来即重视此点。中国儒者所讲之德性,依以前我们所说,其本原乃在我们之心性,而此性同时是天理,此心亦通于天心。此心此性,天心天理,乃我们德性的生生之原,此德性既能润泽我们之身体,则此身体之存在,亦即为此心此性之所主宰,天理天心之所贯彻,因而被安顿调护,以真实存在于天地之间。

至于纯就中国民族之保存而言,则中国人之重视多子多孙,亦不能仅自生物本能之欲保种族以为解说。因中国人之重视子孙,自周代起,即已自觉此乃所以存宗祀。存宗祀之观念的事,兼有宗教道德与政治之意义的。人使其自然的生命本能是,只知男女夫妇之爱与对自生之子女之爱的。此自然的生物本能之欲延续其生命的要求,乃一往向前流,向下流的。人只有依其能超越此向前流向下流之自然生命的趋向,而后能对其生命之所自来之父母祖宗有其孝思。由此孝思而虑父母祖宗之无人祭祀。此正为一超现实的求上慰父母之心,祖宗之灵之要求,由此而谓"不孝有三,无后为大"乃重生子孙,以求现实生命之继续,而其望子孙之万代不绝,亦复为一超越的理想,这不可只以生物之种族保存本能来作说明。这正当以贯通于中国人之思想之中,原以人之心当上通千古下通万世,乃能显发此心之无限量来加以说明的。

我们说中国文化中之重子孙及承宗祀之思想,不应只以保存种族之生物本能来说明。同时认为中国人之求保存文化于永久,亦不应只以保守之习惯来说明。此二者同有一客观的证据。即在中国古代之儒家思想中,明白的以亡他人之国,灭他人之宗祀为不义,在儒家思想中,不仅须保存周公传下之文化,而且望存二王之后,以保存夏殷之文化。春秋所谓"兴灭国、继绝世"乃一客观普钾普遍的原则,而不只是为孔子所在之鲁国。孔子周游列国,亦明是求当时整个之天下之各有道,这不应说儒家之重保存民族与文化之思想,只是种族主义或狭隘的国家思想,或只出于一保守习惯之动机。至于孔子之宗周攘夷,及历代中国儒者之要讲夷夏之辨,固然是一事实。但此中亦有"夷狄而中国,则中国之"的思想。依于中国文化核心的心性之学来言,则心之量无限,性之量无限。故凡为人之心性所认可的文化学术，即为吾人心性之所涵容摄取，而不加排斥，此即中庸上所谓道并行而不相悖。由此以成就中国文化的博大的性格，而博大亦是悠久的根原。所以中国是对宗教最为宽容的国家。佛教的三武之难，及义和团事案，其原因皆由政治因素而来，而不来自文化自身，这是不消多说的。

所以只用种族本能与保守习惯一类名词，来解释中国人之重民族的文化生命之保存，解释中国历史之所以长久，我们绝对不能接受。如果要解释中国古人何以如此重夷夏之辨，其真正之理由，只在中国之文化之客观价值，是较古代之四夷为高，故不应用夷变夏。至于其他民族中文化之好的部份，依此道理，中国人则当接受而保存之。所以现在之马列主义者，要否认佛教基督教之价值，与西方文化之价值，真正之中国人仍愿为保存之而奋斗。保存到何时，要到亿万斯年，这依于什么？这还是依于我们之心量，应为上通千古，下通万世之心量。这是中国人重视历史文化保存之自觉的思想中，核心理由之所在，亦是中国之历史文化，所能实际存至数千年而有一贯之传统保存下来之核心理由所在。

我们以上所讲的数点，是针对世界及中国人士对于中国文化之一些流行但并不真实之观念，而把中国文化根本上的几点性质加以指出，以端正一般人研究中国学术文化的基本认识。这几点亦是中国文化之正面的价值之所在。至于甘于中国文化理想有所不足之处，及其在现实上的缺点，我们当然承认。此俟以下再说。但是我们必须认清：看任何文化，如果真能视之为人类之客观的精神生命之表现，则我们首当注目而加以承认的，应当是其原来理想所具备的正面价值的方面。我们须知，理想之不足，是在理想伸展为更高更大之理想时，才反照出来的。现实上的缺点与坏处，是在我们实现理想时，受了限制，阻碍及其他牵挂而后反照出来的。此乃属于第二义。我们能对于个人先认识其理想的长处，则我们可先对人有敬意。再继以认识其理想之不足与现实上之缺点，则可使我们想方法补救其理想之不足与现实上之缺点，以表现我们对他的爱护，对于为人类客观精神生命之表现的文化，也应当如此。

八、中国文化之发展与科学

我们方才说中国文化理想之不足，必待于理想之伸展为更高更大之理想时，乃能反照出来，这亦即就是说，我们不能只以一外在的标准，来衡量中国文化之价文化之价值,指导中国文化之前途。我们要论中国文化理想之不足,我们必需先了解中国文化之理想,其本身应向什么方向伸展,才能更高更大,以反照出以前文化之缺点。要使此理想更高更大,一般的想法,总是最好把其他文化之理想,亦包括于中国文化的理想之中。但是这种想法,只是想由加添法来扩大中国文化之理想,而没有注意到此文化之本身要求向什么方向伸展其理想之问题。如依此加添法的想法,则世界上所有的好东西,最好中国文化中都有,这亦未尝不是一理想的扩大。如中国有通哲学道德宗教以为一之心性之学,而缺西方式之独立的哲学与宗教,我们亦愿意中国皆有之,以使中国文化更形丰富。但是如依中国之传统文化之理想说,则我们亦可认为中国无西方式之独立的宗教与哲学,并非如何严重的缺点。如西方之哲学、宗教、道德之分离,缺少中国心性之学,亦可能是西方文化中之一缺点。此点我们后当论之。故我们今不采加添法以扩大中国之文化理想。我们只当指出中国文化依其本身要求应当伸展出之文化理想是什么。

我们说中国文化依其本身之要求,应当伸展出之文化理想,是要使中国人不仅由其心性之学,以自觉其自我之为一"道德实践的主体",同时当求在政治上,能自觉为一"政治的主体",在自然界知识界成为"认识的主体"及"实用技术的活动之主体"。这亦就是说中国需要真正的民主建国,亦需要科学与实用技术,中国文化中须接受西方或世界之文化。但是其所以需要接受西方或世界之文化,乃所以使中国人在自觉成为一道德的主体之外,兼自觉为一政治的主体,认识的主体及实用技术活动的主体。而使中国人之人格有更高的完成,中国民族之客观的精神生命有更高的发展。此人格之更高的完成与民族之精神生命之更高的发展,亦正是中国人之要自觉的成为道德实践之主体之本本身所要求的,亦是中国民族之客观的精神生命之发展的途程中原来所要求的。

我们承认中国文化历史中,缺乏西方之近代民主制度之建立,与西方之科学,及现代之各种实用技术,致使中国未能真正的现代化工业化。但是我们不能承认中国之文化思想,没有民主思想之种子,其政治发展之内在要求,不倾向于民主制度之建立。亦不能承认中国文化是反科学的,自来即轻视科学实用技术的。关于民主一层,下文再论。关于科学与实用技术一层,我们须先承认

第伍章 张君劢：中西勘通途 实践难容世

中国古代之文化，分明是注重实用技术的，故传说中之圣王，都是器物的发明者。而儒家亦素有形上之道见于形下之器的思想，而重"正德""利用""厚生"。天文数学医学之智识，中国亦发达甚早。在十八世纪以前，关于制造器物与农业上之技术知识，中国亦多高出于西方，此乃人所共知之事。然而我们仍承认中国的文化，缺乏西方科学者，则以我们承认西方科学之根本精神，乃超实用技术动机之上者。西方科学精神，实导原于希腊人之为求知而求知。此种为求知而求知之态度，乃是要先置定一客观对象世界，而至少在暂时，收敛我们一切实用的活动及道德实践的活动，超越我们对于客观事物之一切利害的判断与道德价值之判断，而让我们之认识的心灵主体，一方如其所知的观察客观对象，所呈现于此主体之前之一切现象；一方顺其理性之运用，以从事纯理论的推演，由此以使客观对象世界之条理，及此理性的运用中所展现之思想范畴，逻辑规律，亦呈现于此认识的心灵主体之前，而为其所清明的加以观照涵摄者。此种科学之精神，毕竟为中国先哲之所欲，因而其理论科学不能继续发展。而实用术之知识，亦不能继续扩充。遂使中国人之以实用技术，利用厚生之活动，亦不能尽量伸展。中国人之缺此种科学精神，其根本上之症结所在，则中国思想之过过重道德的实践，恒使其不能暂保留对于客观世界之价值的判断，于是由此判断，即直接的过渡至内在的道德修养，与外在的实际的实用活动，此即由"正德"直接过渡至"利用厚生"。而正德与利用厚生之间，少了一个理论科学知识之扩充，以为其媒介，则正德之事，亦不能通到广大的利用厚生之事。或只退却为个人之内在的道德修养。由此退却，虽能使人更体悟到此内在的道德主体之尊严，此心此性之通天心天理——此即宋明理学之成就——然而亦同时闭塞了此道德主体之向外通的门路，而趋于此主体自身之寂寞与干枯。由是而在明末之王船山顾亭林黄梨洲等，遂同感到此道德主体只是向内收缩之毛病，而认识到此主体有向外通之必要。

然因中国之缺理论科学之精神传统，故到清代，其学者之精神虽欲向外通，而在外面世界所注意及者，仍归于诸外在之文物书籍，遂只以求知此书籍文物，而对之作考证训诂之功为能事，终乃精神僵固于此文物书籍之中。内既失宋明儒对于道德主体之觉悟，外亦不能正德以利用厚生，遂产生中国文化精神之更大闭塞。但由明末清初儒者之重水利，农田、医学、律历、天文，经颜元戴东原，以直至清末之富强运动，此中仍一贯有欲由对自然之知识，以达于正德兼利用厚生之要求贯注于其中。而其根本之缺点所在，则只在此中间之西方理论科学之精神之媒介，为中国文化所缺，而不能达其目标。中国人欲具备此西方理论科学精神，则却又须中国人之能暂收敛其实用的活动，与道德的目标，而此点则终未为明末以来之思想家所认清。而欲认清此点，则中国人不仅当只求自觉成为一道德的主体，以直下贯注于利用厚生，而为实用活动之主体，更当兼求自觉成为纯粹认识之主体。当其自觉求成为认识之主体时，须能暂忘其为道德的主体，及实用活动之主体。而此事则对在中国之传统文化下之中国人，成为最难者。但是中国人如不能兼使其自身，自觉为一认识的主体，则亦不能完成其为道德的主体与实用活动之主体。由是而中国人真要建立其自身之成为一道德的主体，即必当要求建立其自身之兼为认识的主体。而此道德的主体之要求建立其自身兼为一认识的主体时，此道德主体须暂忘其为道德的主体，即此道德之主体须暂退归于此认识之主体之后，成为认识主体的支持者，直俟此认识的主体完成其认识之任务后，然后再施其价值判断，从事道德之实践，并引发其实用之活动。此时人之道德主体，遂升进为能主宰其自身之进退，并主宰认识的主体自身之进退，因而更能完成其为自作主宰之道德的主体者。然而我们可以说，人之道德的主体，必须成为能主宰其自身之进退与认识的主体之进退者，乃为最高的道德的主体，此即所谓人之最大之仁，乃兼涵仁与智者。而当其用智时，可只任此智之客观的冷静的了解对象，而放此智以弥六合，仁乃似退隐于其后。当其不用智时，则一切智皆卷之以退藏于密，而满腔子是恻隐之心，处处是价值判断，而唯以如何用其智，以成己成物为念。依此精神以言中国文化之发展，则中国文化中必当建立一纯理论的科学知识之世界，或独立之科学的文化领域，在中国传统之道德性的道德观念之外，兼须建立一学统，即科学知识之传承不断之统，而此事，正为中国文化中之道德精神，求其自身之完成与升进所应有之事。亦即中国文化中道统之继续所理当要求者。至由理论科学之应用以发展实用技术，以使中国工业化，则本与中国数千年文化中重利用厚生之精神一贯者，其为中国人所理当要求，自更无庸论。

九、中国文化之发展与民主建国

至关于民主建国之问题，我们上已说过，中国文化历史中缺乏西方近代之民主制度之建立，中国过去历史中除早期之贵族封建政治外，自秦以后即为君主制度。在此君主制度下，政治上最高之权源，是在君而不在民的。由此而使中国政治本身发生许多不能解决之问题。如君主之承继问题，改朝易姓之际之问题，宰相之地位如何确定之问题，在中国历史上皆不能有好的解决，中国过去在改朝易姓之际，只能出许多打天下的英雄，以其生命精神之力互相搏斗，而最后归于一人为君以开一朝代。但在君以开一朝代。但在君主世袭之制下，遇君主既贤且能时，固可以有政治上之安定。如君主能而不贤，则可与宰相冲突，亦可对人民暴敛横征。如君主不能不贤，则外戚、宦官、权臣皆觊觎君位，以至天下大乱。然贤能之君不可必，则一朝代终必就衰亡。以致中国之政治历史，遂长显为一治一乱的循环之局。欲突破此循环之唯一道路，则只有系于民主政治制度之建立。故四十六年前，亦终有中华民国之成立。而现在之问题，则唯在中国民族迄今尚未能真正完成其民主建国之事业。

但是中国今虽尚未能完成其民主建国之事业，然我们却不能说中国政治发展之内在要求，不倾向于民主制度之建立，更不能说中国文化中无民主思想之种子。首先我们应当知道，中国过去政治虽是君主制度，但此与一般西方之君主制度，自来即不完全相同。此种不同，自中国最早的政治思想上说，即以民意代表天命。故奉天承命的人君，必表现为对民意之尊重，且须受民意之考验。所以古来在政治制度上，"使公卿至于列士献诗……百工谏，庶人传话，近臣尽规，亲戚补察，瞽史教诲"，使政治成为通上下之情的机构。同时史官的秉笔直书，天，人臣对于人君死后所共同评定的谥法，都是使人君的行为有多少顾忌。这些都是对君主所施之精神上之限制。由中国政治发展到后来，则有代表社会知识分子在政府中之力量之宰相制度，谏诤君主之御史制度，及提拔中国知识分子从政之征辟制度，选举制度，科举制度等。这些制度，都可君主在政府内部之权力受一些道德上的限制，并使中央政府与社会间，经常有沟通之桥梁。而这些制度之成立，都表示中国社会之知识分子所代表之中国文化之力量。只是这些制度之本身，是否为君主所尊重，仍只系于君主个人之道德。如其不加尊重,并无一为君主与人民所共认之根本大法——宪法——以限制之,于是中国知识分子仍可被君主及其左右加以利用,或压迫放逐屠杀,而在此情形下,中国知识分子则只能表现为气节之士。至此气节之士之精神中,即包涵对于君主及其左右之权力与意志之反抗。由此反抗之仍无救于政治上之昏乱,国家之败亡,即反照出中国政治制度中,将仅由政府内部之宰相御史等对君主权力所施之限制,必须转出而成为:政府外部之人民之权力,对于政府权力作有效的政治上的限制。仅由君主加以采择与最后决定而后施行之政治制度,必须化为由全体人民所建立之政治制度,即宪法下之政治制度。将仅由篡窃战争始能移转之政权,必须化为可由政党间作和平移转之政权。此即谓由中国君主制度本身之发展及中国文化对于君主制度下政治之反抗与要求,中国政治必须取消君主制度而倾向于民主制度之建立。

至于我们不能说中国文化中无民主思想之种子者,则以儒道二家之政治思想,皆认为君主不当滥用权力,而望君主之无为而治,为政以德。此即对君权加以限制抑制之政治思想。此固只是一对君主之道德上的期望。但儒家复推尊尧舜之禅让及汤武之革命,则是确定的指明"天下非一人之天下,而是天下人之天下"及"君位之可更迭",并认为政治之理想乃在于实现人民之好恶。此乃从孔孟到黄梨洲一贯相仍之思想。过去儒家思想之缺点,是未知如何以法制成就此君位之更迭,及实现人民之好恶。禅让如凭君主个人之好恶,此仍是私而非公,而儒家禅让之说,后遂化为篡夺之假借。而永远之革命,亦不能立万世之太平。儒家所言之革命,遂化为后来之群雄并起以打天下之局。但是从儒家之肯定天下非一人之天下,并一贯相信道德上,人皆可以为尧舜为贤圣,及民之所好好之,民之所恶恶之等来看,此中之天下为公人格平等之思想,即为民主政治思想根源之所在,至少亦为民主政治思想之种子所在。

我们所以说中国过去儒家之"天下为公""人格平等"之思想之必须发展为今日之民主建国之思想与事业者,则以此思想之发展,必与君主制度相矛盾。因君主之家天下,毕竟仍是天下为私。同时人民在政治上之地位,不能与君主平等,所谓"臣罪当诛,天王圣明",则在道德人格上亦不能与君主平等。反之,如君主与人民在道德人格上真正平等,则人民在政治上应亦可言"人民圣明，君罪当诛"。若欲使此事成为可能，则君主制度必然化为民主制度。故道德上之天下为公人格平等之思想，必然当发展至民主制度之肯定。

此种政治上之民主制度之建立，所以对中国历史文化之发展成为必须，尚有其更深的理由。在过去中国之君主制度下，君主固可以德治天下，而人民亦可沐浴于其德化之下，使天下清平。然人民如只沐浴于君主德化之下，则人民仍只是被动的接受德化，人民之道德主体仍未能树立。而只可说仅君主自树立其道德主体。然而如仅君主自树立其道德主体，而不能使人民树立其道德的主体，则此君主纵为圣君，而一人之独圣，此即私"圣"为我有，即非真能成其为圣，亦非真能树立其道德的主体。所以人若真成树立其道德的主体，则彼纵能以德化万民，亦将以此德化万民之事之本身，公诸天下，成为万民之互相德化。同时亦必将其所居之政治上之位，先公诸天下，为人人所可居之公位。然而肯定政治上之位，皆为人人所可居之公位，同时即肯定人人有平等之政治权利，肯定人人皆平等的为一政治的主体。既肯定人人平等的为一政治的主体，则依人人之公意而制定宪法，以作为共同行使政治权利之运行轨道，即使政治成为民主宪政之政治，乃自然之事。由是而我们可说，从中国历史文化之重道德主体之树立，即必当发展为政治上之民主制度，乃能使人真树立其道德的主体。民主之政治制度，乃使居政治上之公位之人，皆可进可退。而在君主制度下，此君主纵为圣君，然其一居君位，即能进而不能退。纵有圣人在下，永无为君之一日，则又能退而不能进。然本于人之道德主体对其自身之主宰性，则必要求使其自身之活动之表现于政治之上者，其进其退，皆同为可能。此中即有中国文化中之道德精神与君主制度之根本矛盾。而此矛盾，只有由肯定人人皆平等为政治的主体之民主宪政加以解决，而民主宪政亦即成为中国文化中之道德精神自身发展之所要求。今日中国之民主建国，乃中国历史文化发展至今之一大事业，而必当求其成功者，其最深理由，亦即在此。

十、我们对中国现代政治史之认识（略）

十一、我们对于西方文化之期望及西方所应学习于东方之智慧者

西方文化是支配现代世界的文化，这是我们不能否认的事实。自十九世纪以来，世界各民族的文化都受到西方文化的影响，都在努力学习西方之宗教、科学、哲学、文艺、法律、实用技术，亦是不能否认事实。但是毕竟西方文化之本身，是否即足够领导人类之文化？除东方人向西方文化学习以外，西方人是否亦有须向东方文化学习之处？或我们期望西方人应向东方文化学习者是什么？由此东西文化之互相学异互相学习，我们所期待于世界学术思想之前途又是什么？这是一个大问题。我们于此亦愿一述我们之意见。

照我们对于西方文化的看法，我们承认西方文化精神之最高表现，主要在其兼承受了希腊的科学哲学精神，与希伯来之宗教精神。希伯来之宗教精神，使西方之人心灵直接通接于上帝。希腊的科学哲学精神，使西方人能对宇宙间之数理秩序，对各种事物存在之普遍范畴与特殊法则，对人类思考运行所遵守之逻辑规律，都以清明之心，加以观照涵摄，而人乃得以其认识的主体，居临于自然世界之上，而生活于普遍的理性之世界。近代之西方人最初是北方蛮族，而此蛮族又以其原始朴质之灵魂，接受此二文化精神之陶冶，而内在化之，于是此近代西方人之心灵，乃一方面通接于唯一之上帝之无限的神圣，一面亦是能依普遍的理性以认识自然世界。由此而转至近代文艺复兴时代，人对其自身有一自觉时，此二者即结合为个人人格尊严之自觉，与一种求精神上的自由之要求。由此而求改革宗教，逐渐建立民族国家，进而求自由运用理性，形成启蒙运动；求多方面的了解自然与人类社会历史，并求本对自然之知识以改造自然；本对人类社会政治文化之理想，以改造人间。于是政治上之自由与民主、经济上之自由与公平，社会上之博爱等理想，遂相缘而生。而美国革命、法国革命、产业革命、解放黑奴运动、殖民地独立运动、社会主义运动，亦都相继而起。由科学进步应用于自然之改造及对社会政治经济制度之改造，二者相互为用，相得益彰。于是一二百年之西方文化，遂突飞猛进，使世界一切古老之文化，皆望尘莫及。凡此等等，盖皆有其普遍永恒之价值，而为一切其他民族所当共同推尊赞叹学习仿求，以求其民族文化之平流竞进者也。

然此近代之西方文化，在其突飞猛进之途程中，亦明显的表现有种种之冲突与种种之问题。如由宗教改革而有宗教之战争；由民族国家之分别建立而有民族国家之战争；由产业革命而有资本主义社会中劳资之对立；为向外争取资源，开发殖民地，而有压迫弱小民族之帝国主义行动；及为争取殖民

第伍章 张君劢：中西勒通途 实践难容世

地而生之帝国主义间之战争；为实现经济平等之共产主义之理想，而导致苏俄之极权政治，遂有今日之极权世界与西方民主国家之对立；而二十世纪以来，亚洲非洲之民族主义兴起，既与西方国家之既得利益相冲突，又因其对欧美之富强而言，整个之亚洲非洲，无异于一大无产阶级、于是亚非民族，既受西方政治上经济上之压迫侵略于前，故共产主义之思潮最易乘虚透入。亚洲非洲之民族主义与共产主义相结合，以反抗西方国家，又适足以遂苏俄一国之野心。在今日科学已发展至核子武器，足以毁灭人类之时期，人类之前途乃惶惶不可终日。此皆近代西方文化之突飞猛进所带来之后果。则我们今日对西方文化，毕竟应如何重新估价？并对之应抱有何种希望？应为吾人所认真思考之问题。

从一方面看，由近代西方文化进步所带来之问题，亦多由西方人自身所逐渐解决，如由宗教自由原则之确立，宗教战争已不可再起。对劳资之冲突，西方文明国家，亦有各种政治上经济上社会上之措施。对狭隘的民族国家观念亦先后有国际联盟联合国之成立，希望由此加以破除。而自美国由殖民地成为独立国家以来，世界人类的良心，在廿世纪，亦皆同趋向于谋一切殖民地之独立。人类当前的问题，唯在共产之极权世界与西方民主国家间之对立，而亚非之民族主义，又可能与共产主义相结合。然此亦正为西方人士所竭心尽智以求解决者。但是照我们的看法，这许多问题虽多已解决，但其问题之根原于西方文化本身之缺点者，则今日依然存在。不过今只表现为苏俄之极权世界与西方民主国家之对立局势而已。

在今日苏俄之极权世界与西方民主国家之对立中，居于举足轻重之地位者，分明系亚非之民族之何去何从。本来亚洲之中国文化，印度文化，及横贯亚非之回教文化，在先天上皆非唯物主义，在理论上正应与西方之自由民主文化相结合，然其今日何以尚未如此，实值得西方人士作深刻的反省。

西方人士初步之反省，是归其原因于十九世纪以来西方对亚洲非洲之侵略，以致今日尚有历史遗下之殖民地存在于亚洲及非洲。此种反省之进一步，是如罗素斯宾格勒之说：西方人在其膨胀其文化力量于世界时，同时有一强烈的权力意志、征服意志，于是引起被征服者之反感。但是照我们之意见，此权力意志还是表面的。真正的西方人之精神之缺点,乃在其膨胀扩张其文化势力于世界的途程中,他只是运用一往的理性,而想把其理想中之观念,直下普遍化于世界,而忽略其他民族文化的特殊性,因而对之不免缺乏敬意与同情的了解,亦常不能从其他民族文化自身之发展的要求中,去看西方文化对其他民族文化之价值。此义在我们研究中国文化的态度时已提到而未加说明。本来这种运用一往的理性而想把理想中之观念直下普遍化出去,原是一切人之同有的原始的理性活动之形态。但因西方文化本源于希伯来与希腊之文化传统,而近代西方人又重实用技术之精神,于是近代西方人遂特富于此心习。因为依希腊文化之传统,人之理性的思维,须自觉的把握一切普遍者,而呈现之于人心之前。又依希伯来之宗教文化传统,则人信上帝是有预定之计划,乃由上至下以实现其计划于世界者。而本近代之实用技术之精神,则人对自然社会之改造,都是把由我们之理性所形成之普遍理想,依一定之方法而实现之于现实者。由是而上信上帝,又有依理性而形成之普遍理想,而兼习于实用技术精神之西方人,遂有一种自觉或不尽不自觉的心习,即如承上帝之意旨,以把其依理性所形成之理想,一直贯注下去之心习。这个心习,在一个人身上表现,后果还不严重,但在一群人身上表现以形成一宗教社会政治经济之改革运动时,则依此心习所积成之一群人之活动,遂只能一往直前,由是而其力量扩张至某一程度,即与另一群抱不同理想之人,互相冲突。此乃近代之宗教战争,民族国家之冲突,经济上阶级之冲突,各种政治上主义信仰者间之斗争,恒归于非常剧烈,无从避免之原因。亦是各西方国家之政治经济文化之力量,必须转而向亚非各洲膨胀,以暂缓和其内部之冲突,遂再转而为对弱小民族之侵略压迫,并造成争殖民地之战争之原因;同时亦即是西方人今日之良心,虽已认殖民地为不当有,在亦愿与亚洲非洲民族结合,但仍不能对亚洲民族文化之特殊性加以尊重与同情的了解,而仍貌合神离之原因。

又据我们东方亚洲人之所感觉,西方之个人,在本其此种心习来与东方人办理外交政治事务,以及传教或办教育文化之事务,而同时又在对东方作研究工作时,更有一种气味,为我们时时会接触,觉其不好受,而有不易表诸文字者。此即在其研究的态度中,把其承继希腊精神而来之科桦学的理智的冷静分析态度,特为凸出;而在此态度之后,则为其所存之于心的理想计划,预备在研究之后,去实施或进行者。于此情形下,东方人一方自觉成为西方人之冷静的研究对象,一方又觉其正预备以其理想计划,自上贯注下来,到我们身上。东方人在觉其自身只为一冷静的研究对象时,即觉为被西方人所推远而感到深细的冷酷。而在其觉西方正以其预定之理想贯注下来时,则感一精神上的压迫。而此种感觉,则更使东方人与西方人之直接的交际关系,亦归于貌合神离。而在西方人方面,如自信其理想是公的好的,亦是为东方人本身的,则恒以此种东方人之貌合神离,乃由东方人之不知其好意,或东方人对西方人有距离感自卑感,以及仇恨心,或为东方人之狭隘的民族国家意识文化意识,从中为梗。这些东西我们亦不能完全否认东方人之莫有,而且亦可能有得很多。但是西方人本身之态度,亦正有极大的关系。而此种态度,在根本上,正由西方所承受之希腊文化精神希伯来精神及近代之实用技术精神,三者之一种方式的结合之产物,此乃与西方文化之好处、西方人之长处虽难于分别者。当我们东方人了解到此点时,亦应当对西方人之此种态度,加以谅解。然而西方人如真欲其对人之态度,与其自身之精神,再进一步,或真欲与东方人亚洲人及非洲人接触以调整人类关系,谋取世界和平,以保西方文化本身之永远存在于人间世界,则我们认为西方人之精神思想,尚可再上升进一步,除由承继希腊精神希伯来精神而加以发展出之近代西方之精神以外,尚可有学习于东方之人生智慧,以完成其自身精神理想之升进者。此有五点可说。

西方人应向东方文化学习之第一点,我们认为是"当下即是"之精神,与"一切放下"之襟抱。西方文化精神之长处,在其能向前作无限之追求,作无穷之开辟。但在此向前追甸求,开辟之精神状态中,人虽能以宗教上之上帝为托命之所,而在真实生活中,其当下一念,实是空虚而无可在地上立足。由此念念相续,亦皆实空虚而无可在地上立足。于是西方之个人与国家,必以向前之追求开辟,填补其当下之空虚。当其追求开辟之力量,随自然之生命之限制,或外来之阻限而不能不停顿时,其个人之生命,国家之生命亦可能同时倒下。故西方之老人,多为凄凉寂寞之老人;而西方历史上之强国,当为一仆不起,或绝灭不世之强国。中国文化以心性为一切价值之根源,故人对此心性有一念之自觉，则人生价值，宇宙价值，皆全部呈显，圆满具足。人之生命，即当下安顿于此一念之中，此即所谓"无待他求，当下即是"之人生境界。中国以知进而不知退为人生之危机，而此正西方文化之特点。其所以不知退，则因在其当下精神中实无可立足之地。则由当下即是之生活智慧可与西方人以随时可有立足之地，此即可增加西方文化自身之安全感与坚韧性。

其次，西方以承希腊精神之重智而来之文化活动，必表现为概念之构成。此为成就知识之必需条件。但西方人士之沉浸于概念知识之积累者，无形中恒以概念积累之多少，定人生内容之丰富与否。此固有其一面之意义。但概念之本身，对具体之人生而言，本有一距离，具有其限局而造成其阻隔。人之精神中如时时都背负一种概念的东西，而胸襟不能广大空阔。此缺点首表现为西方人之不易与东方人有真实的 Authentic 接触。因我们与他人之真实接触，首先要我们心中全莫有东西，而成为生命之直接相照射，一有此概念的东西，则此东西，虽亦可为媒介，以使我们得同其他与此概念发生关系的人接触。但是此种概念的东西，却同时可成为人与人的真实接触之阻隔。此种概念的东西，包括我们预定的计划目标，用以联系人之抽象理想，用以衡量人人之抽象标准成见习见等，这些东西在我们求与人有真实接触时，都应一切放下，唯由此放下，而后我与人才有彼此生命之直相照射，直相肯定，而有真实的了解。此事似易而实难，必须极深的修养。此中有各层级之工夫可用。而皆须在平时用，然后我在接触人时，才有真实的接触与真实的了解。此平时之工夫，是在我平日生活中，随时在自觉有东西时，随时超越之而放下之。此放下之智慧，印度思想中名之为空之智慧，解脱之智慧。在中国道家称之为虚之智慧，无之智慧。中国儒家称之为"空空如也""毋意、毋必、毋固、毋我""廓然大公"之智慧。由此种智慧之运用去看生活中之一切经验事物，理想事物，都要使之成为透明无碍。于是人虽可照常的有概念的知识、理想，但他可以无执着，无执着则虽有而能超越此有，若无若有。这种智慧要使百万富翁，觉其身无长物，使大政治家觉"尧舜事业何异浮云过太虚"；使一切大科学家大哲学家之口，如"挂在壁上"；使一切大传教师自觉"无一法与人"；使一切外交家，自觉只是临时的宾客。这种放下的智慧之表现于印度之哲学宗教中；中国之儒道禅宗之人物之思想与风度中，及中国之文学与艺术中者，实值得西方人之先放下其文化传统中之观念，去体会、欣赏、涵泳，然后知其意味之无穷。而其根源仍在于当下即是，一切平等之人生境界。此是西方人应向东方文化学习之第一点。

西方人应向东方人文化学习之第二点，是一种圆而神的智慧。上所谓一切放下之智慧，是消极的。圆而神的智慧，则是积极的。所谓"圆而神"，是中国易经里的名词，与"方以智"对照的。我们可说，西方之科学哲学中，一切用理智的理性所把握之普遍的概念理，都是直的。其一个接一个，即成为方的。这些普遍的概念原理，因其是抽象的，故其应用至具体事物上，必对于具体事物之有些方面，有所忽，有所抹杀。便不能曲尽事物之特殊性与个性。要能曲尽，必须我们之智慧成为随具体事物之特殊单独的变化，而与之宛转俱流之智慧。这种智慧之运用，最初是不执普遍者，把普遍者融化入特殊以观特殊，使普遍者受一特殊之规定。但此受某一种特殊之规定之普遍者，被人自觉后又成一普遍者。又须不执再融化入特殊中，而空之。于是人之心灵，可再进一步以使其对普遍者之执，可才起即化。而只有一与物宛转之活泼周遍之智慧之流行。因此中之对普遍者之执才起即化，即如一直线之才向一方伸展，随即运转而成圆，以绕具体事物之中心旋转。此即为一圆而神之智慧。或中国庄子思想所谓"神解""神遇"，孟子所谓"所过者化，所存者神，上下与天地同流"。此神非上帝之神，精神之神。神者，伸也，人只以普遍之抽象概念原理观物，必有所合，亦有所不合。有不合处，便有滞碍。有滞碍则心之精神有所不伸。必人能于其普遍抽象之概念原理，能才执即化，而有与物宛转俱流之圆的智慧，而后心之精神之运，无所不伸。故谓之圆而神之智慧。此种智慧不只是一辩证法的智慧，而略近于柏格森之所谓直觉。辩证法之智慧是以一普遍者规定一具体实在后，再即观其限制，而更涌现一较具体化之普遍者以观物。此中之普遍者仍是一一凸出于意识之前的。而此种圆而神之智慧，则可对一切普遍者之执，才起而不待其凸出，即已在心灵之内部超化。于是在人之意识之前者，唯是一与物宛转之活泼周运之圆而神的智慧之流行。故略近于柏格森之所谓直觉，但柏格森之直觉，只是其个人之哲学观念。而中国人则随处以此圆而神之智慧体会自然生命，观天地化几，欣赏赞美活的人格之风度，以至以此智慧观时代之风会气运之变，并本此智慧以与人论学，而应答无方，随机指点，如天籁之流行。而我们在中国之文学艺术，与论语、孟子、世说新语，禅宗语录，宋明语录，及中国先儒之论学书信中，皆可随处发现此种智慧之流行。是皆待于人之能沉潜涵泳于中国文化之中，然后能深切了解的。西方人亦必须有此圆而神之智慧，乃能真与世界之不同民族，不同文化相接触，而能无所阻隔，并能以同情与敬意之相遇，以了解其生活与精神之情调与心境，亦才能于其传统文化中所已认识之理型世界、知识世界、上帝世界、技术工业世界，分门别类的历史人文世界之外，再认识真正具体生命世界，与人格世界与历史人文世界中一切的感通。而西方之学者，亦才能于各自著书立说，自成壁垒之外，有真正的交谈，而彼此随时能相悦以解。

西方人应向东方文化学习之第三点，是一种温润而怛恻或悲悯之情。西方人之忠于理想及社会服务之精神与对人之热情与爱，都恒为东方人所不及，这是至可宝贵的。但是人对人之最高感情，不只是热情与爱。人之权力意志与占有之念，都可透入于人对人之热情与爱之中。要使此权力意志与占有之念不透入，在西方主要赖其宗教信仰中所陶冶之谦卑，及视自己之一切功德皆所以光荣上帝，服务于上帝，亦由上帝之恩典而来之种种心情。但是人之权力意志，亦可借上帝作后盾，自信自己之所行，已为上帝所嘉许，而更向前施展。人亦可以私心想占有上帝，如在战争中与人冲突时，祈祷上帝帮助自己。此处上帝之道与人心之魔又可俱生并长。于是基督教又有对敌人及一切罪人之宽赦 Forgiveness，以求去此病。但是对人之绝对的宽赦，亦可化为对世间一切之"放弃"Renunciation，而只求自己个人之道福。如要去此"放弃"之病，则仍须再重视爱与热情。此成了一圆圈，而爱与热情中仍可有权力意志与占有之念。问题仍无究竟之解决。要使此问题有究竟之解决，只有人在开始对人之热情说与爱中，便绝去其权力意志与占有之念之根。要去此根，则爱必须真正与敬同行。爱与敬真正同行，其涵义之一，是如我觉我对人之爱是原于上帝，其泉源是无尽的上帝之爱，则我们对他人之敬，亦同样是无尽之敬。而此中对人之敬，亦可是敬人如敬上帝。中国所谓仁人之"事亲如事天""使民如承大祭"即此之谓。此处不容许一个回头自念,自己是信上帝的,知道上帝之爱的,而对方都不是。如此一想,则觉对方比我低一级,而我对人之敬则必有所不足。对人若须有真实之敬,则必须对人有直接的绝对的无条件的真视"人之自身为一目的"的敬,能有此敬,则人对人之爱,皆通过礼而表现之,于是爱中之热情皆向内收敛,而成温恭温润之德。而人对人最深的爱,则化为一仁者恻怛之情。此可通于佛家之悲悯。恻怛悲悯与一般之爱之不同,在一般之爱,只是自己之生命精神之感情,视人如己的向人流注。此处之视人如己,即可夹杂"对人加以占有之念"之泥沙并下。而恻怛悲悯,则只是自己之真实存在之生命精神,与他人之生命精神间之一种忐忑的共感,或共同的内在振动,此中,人对人自然有真正的同情,亦有情流向人流注。但是这些情流,乃一面向外流,一面亦都为自己所吞咽,而回到自己,以感动自己,遂能将此情流中之夹杂的泥沙,加以清洗。这中间有非常微妙的道理。而更哲学的说,则西方人所重之爱,要真化为恻怛与悲悯,必须此爱之宗教的根原之上帝,不只是一超越于一切人精神之上,而为其贯通者,统一者,为人之祈祷之对象者,而须视同于本人之本心深心,而透过我们之肉躯,以表现于一切真实存在之生命精神之间之直接的感通关系中者,然后可。但详细讨论此中问题,则非今之所及。

西方之应向东方学习之第四点,是如何使文化悠久的智慧。我们以前已说,中国文化是世界市唯一历史久而又自觉其久,并原于中国人之自觉的求其久,而复久的文化。现代西方近代文化,固然极精彩灿烂,但如何能免于如希腊罗马文化之衰亡,已有不少的人忧虑及此。照我们的意思,文化是各民族精神生命之表现。依自然的道理,一切表现,都是力量的耗竭。耗竭既多,则无一自然的存在力量能不衰。人之自然的精神生命之力,亦然。欲其不衰,人必须一方面有一上通千古,下通万世之由历史意识所成之心量,并由此心量以接触到人心深处与天地万物深处之宇宙生生之原。此宇宙生生之原在西方人称为上帝。由西方之宗教生活,人亦可多少接触此宇宙之生生之原。但是一般宗教生活,只赖祈祷与信仰来接触上帝,上帝之对于人,终不免超越而外在,而人只想上帝之永恒,亦尚未必即能直下有上通千古下通世之历史意识所成之心量。

且由祈祷信仰,以与此宇宙生生之原之上帝接触,乃是只以人之超越向上的心灵或精神与之接触,此尚非直下以吾人生命存在之自身与之接触。要使生命之存在自身与之接触,吾人还须有一段大工夫。此一段大工夫之开始点,乃在使吾人生活中之一切向外表现之事,不只顺着自然的路道走,而须随时有逆反自然之事,以归至此宇宙生生之原,而再来成就此自然,这正是我们以前所说之中国历史文化所以能长久所根之智慧,这个智慧不只是一中国哲学的理论,而是透到中国之文学艺术礼仪之各方面的。依这种智慧,中国人在一切文化生活上,皆求处处有余不尽,此即所以积蓄人之生命力量,使之不致耗竭过度,而逆反人之自然的求尽量表现一切之道路,以通接于宇宙生生之原者。而以此眼光看西方近代文化之只求效率之快速,这中间正有一大问题存在。在当前的世界,以中国人以前之尚宽闲从容之态度来应付,固然很多不适宜之处。但是近代西方世界,带着整个人类奔驰。人纵皆能乘火箭到星球世界,而一人飞上一个星球,还是终沉入太空之虚无,此并未得人类文化以及西方文化自身真正长久存在之道。西方人亦终当有一日会感对只有上帝之永恒而无历史文化之悠久,人并不能安居乐业于此世界,则星球中亦不可容居。这时西方人当会发展出一上通千古下通万世之心量,并本此心量以接触宇宙生生之原,而生活上处处有余不尽之价值,并会本此心量而真重视到父母祖宗之孝,并为存宗祀而生子孙,为承继祖宗遗志而求文化之保存与延续,以实际的实现文化历史之悠久。但这些问题亦不是我们在此文中,所能一一详细讨论的。

西方人应向东方人学习之第五点是天下一家之情怀。我们承认人类现在虽然有许多国家,而凡未能民主建国之国家,皆须一一先走上民主建国之道路。但是人类最后必然归于天下一家。所以现代人,在其作为一国家之公民之外,必须同时兼备一天下之情怀,而后世界真有天下一家之一日。在这点上说,东方人实更富于天下一家之情怀。中国人自来喜言天下与天下国家。为养成此情怀,儒家,道家,墨家,佛家之思想皆有所贡献。墨家要人兼爱,道家要人与人相忘,佛家要人以慈悲心爱一切有情,儒家要人本其仁心之普遍普遍涵盖之量,而以"天下为一家,中国为一人",本仁心以相信"人皆可以为尧舜",本仁心以相信"东西南北海,千百世之上,千百世之下之圣人心同理同"。儒家之讲仁，与基督教讲爱，有相通处，因基督教之爱，亦是遍及于一切人的。

但是基督教要先说人有原罪，其教徒是本上帝之意旨，而由上至下，以救人。儒家则多信人之性善，人自身可成圣，而与天合德。此是一冲突。但教义之不同处，亦可并行不悖，而各有其对人类与其文化之价值。但在养成人之天下一家之情怀上，则我们以为与其只赖基督教思想，不如更兼赖儒家思想。此乃由以基督教为一制度的宗教，有许多宗派之组织，不易融通。基督教有天堂观念，亦有地狱观念，异端与不信者，是可入地狱的。则各宗派间，永不能立于平等之地位，而在自己之教会者与不在者，即分为二类。而一可上天堂，一可入地狱。如此，则基督教对人之爱虽以一无条件，仍可以有一条件，即信我的教。此处实有一极大之问题。照儒家的意思，则只要是人，同有能成圣而与天合德之性。儒家并无教会之组织，亦不必要人皆崇拜孔子，因人本皆可成圣而同于孔子，此即使儒家之教，不与一切人之宗教成为敌对。儒家有天地之观念，而无地狱之观念，亦无地狱以容异端。"万物并育而不相害，道并行而不相悖"，乃儒家之信仰。则人类真要有一"天下一家"情怀，儒家之精神实值得天下人之学习，以为未来世界之天下一家之准备。此外，东方之印度之佛教婆罗教，同有一切人可成佛，而与梵天合一之思想，而可足养成人之天下一家之情怀者。此各种东方之思想，亦同连系于东方之文学艺术礼仪，而同值得西方人加以研究而学习者。

我们以上所说西方人应向东方学习者，并不能完备。尽可由人再加以补充。我们以上说的是西方文化如要完成其今日欲领导世界世界的目标，或完成其自身之更向上的发展，求其文化之继续存在亦有须要向东方学习者。而这些亦不是在西方文化中莫有种子的。不过我们希望西方文化中这些种子，更能由对东方之学习，而开花结果而已。

十二、我们对于世界学术思想之期望

我们如承认西方文化，亦有向东方学习的地方，则我们对于中国与世界之学术方向，还有几点主张可以提出。

（一）由于现在地球上的人类，已经由西方文化之向外膨胀，而拉在一起，并在碰面时彼此头破血流。我们想现代人类学术的主要方向，应当是我们上面所谓由各民族对于其文化缺点之自己反省，把人类前途之问题，共同当作一整个的问题来处理。除本于西方文化传统之多元，而产生的分门别类的科学哲学之专门研究之外，人类还须发展出一大情感，以共同思索人类整个的问题。这大情感中，应当包括对不同民族不同文化之本身之敬重与同情，及对于人类之苦难，有一真正的悲悯与恻怛之仁。由此大情感，我们可以想到人类之一切民族文化，都是人之精神生命之表现，其中有人之血与泪，因而人类皆应以孔子作春秋的存亡继绝的精神，来求各民族文化之价值方面保存与发展，由此以为各种文化互相并存，互相欣赏，而互相融合的天下一家之世界之准备。

（二）人类要培植出此大的情感，则只是用人之理智的理性，去对各种自然社会人类历史作客观的冷静的研究，便只当为人类学问之一方面。人类应当还有一种学问，这不是只把自然与人类自己所有之一切客观化为对象，而加以冷静的研究之学问，而是把人类自身当作一主体的存在看，而求此主体之存在状态，逐渐超凡入圣，使其胸襟日益广大，智慧日益清明，以进达于圆而神之境地，情感日益深厚，以使满腔子存有恻怛之仁与悲悯之心的学问。这种学问不是神学，亦不只是外表的伦理规范之学，或心理卫生之学，而是一种由知贯注到行，以超化人之存在自己，以升进于神明之学。此即中国儒者所谓心性之学，或义理之学，或圣学。此种学问，在西方宗教之灵修中，印度之所谓瑜珈行中亦有之。而西方由杞克葛（Kierkegaard）所谓之存在哲学之注重人如何成为基督教徒，而不注重人之入教会祈导上帝之外表的宗教行为，亦是向人生存在自己之如何超化，而向上升进上用心的。但因西方之传统文化，是来原于理智之理性认识客观世界之条理之希腊精神，承受上帝之诫命而信托上帝之启示之希伯来精神，注重社会国家之法制组织之罗马精神，所以这一种学问，并未成西方之学术之核心。而人不能超化其存在之本身，以向上升进于神明，则人之存在本身不能承载上帝，而宗教信仰亦随时可以动摇。同时人亦承载不起其自身所造成之知识世界，与科学技术所造成之文明世界，故原子弹似随时要从人手中滑出去，以毁灭人类自己。人亦承载不起由其自身所定之政治社会之法制组织，对个人自由所反施之压迫。此即为现代之极权国家对个人自由所反施之压迫，而今之产业社会之组织对个人自由，亦同有此压迫。人类之承载不起人类自身之所信仰及所造的东西，此根本毛病，正在人类之只求客观的了解世界，以形成智识，本知识以造理想，而再将此理想不断客观化于自然与社会。于是如人生存在以外之文化物财不断积累加重，而自成一机械的外在桎梏，似非人力之所能主宰。而此处旋乾转坤的学问，则在人之主体的存在之真正自作主宰性之树立，而此主宰性之树立，则系于人生存在自身之超化升进。人有此一种学问，而后人乃有真正之自作主宰性之树立，亦即中国之所谓立人极之学问。人极之学问。人极立而后人才能承载人之所信仰，并运用人之所创造之一切，而主宰之。这是这个时代的人应当认识的一种大学问。

（三）从立人极之学所成之人生存在，他是一道德的主体，但同时亦是超化自己以升进于神明的，所以他亦是真能承载上帝而与天合德的。故此，人生存在，兼成为"道德性与宗教性之存在"。而由其为道德的主体，在政治上即为一民主国家中之一真正的公民，而成"政治的主体"。到人类天下一家时，他即成为天下的公民。即孟子所谓天民。而仍为天下中之政治的主体。在知识世界，则他成为"认识的主体"，而超临涵盖于一切客观对象之世界之上，而不沉没于客观对象之中，同时对其知识观念，随时提起，亦能随时放下，故其理智的知识，不碍与物宛转的圆而神的智慧之流行，而在整个的人类历史文化世界，则人为一"继往开来，生活于悠久无疆之历史文化世界之主体"。而同时于此历史文化世界之悠久无疆中，看见永恒的道，亦即西方所谓上帝之直接显示。这些我们以为皆应由一个新的学术思想之方向而开出。即为立人极之学所向往的究极目标，亦即是我们前文论中国文化及西方人所当学习于东方智慧者时，所望于中国文化之发展与世界文化化之发展之目标之所在。而此目标之达到，即希腊文化中之重理智，理性之精神，由希腊之自由观念至罗马法中之平等观念发展出之近代西方文化中民主政治的精神，希伯来之宗教精神，与东方文化中之天人合德之宗教道德智慧，成圣成贤心性之学义理之学，与圆而神之智慧悠久无疆之历史意识，天下一家之情怀之真正的会通。此理想要何时实现，我们不知道。但是要有此理想，则我们当下即可有。当下有此理想而回到我们各人自己现实上之存在地位来作努力，则依我们中国人之存在地位，仍是如何使中国能承其自身文化发展的要求，而完成其数十年来之民主建国的事业，及中国之科学化工业化，以使中国之人生存在兼为一政治的主体与认识的主体。而西方人则应自反省其文化之缺点，而求有以学习于东方，同时以其今日之领导世界地位，更应以兴灭国继绝世之精神，来护持各民族文化之发展，并完成一切民族之民主建国之要求，使其今日先成为真正之公民，而在未来天下一家之世界，成为天民。而其研究中国等东方民族之学术文化历史之态度，亦当如我们前面所说应加以改变。

我们记得在十八世纪前的西方曾特别推崇过中国，而十九世纪前半的中国亦曾自居上国，以西方为蛮夷。十九世纪的后半以至今日，则西方人视东方之中国等为落后之民族，而中国人亦自视一切皆不如人。此见天道转圜，丝毫不爽。但是到了现在，东方与西方到了应当真正以眼光平等互视对方的时后了。中国文化，现在虽表面混乱一团，过去亦曾光芒万丈。西方文化现在虽精彩夺目，未来又毕竟如何，亦可是一问题。这个时后，人类同应一通古今之变，相信人性之心同理同的精神，来共同担负人类的艰难，苦病，缺点，同过失，然后才能开出人类的新路。

第陆章

 马一浮：释道儒成一家言
一代宗师阁问谁

第陆章 马一浮：释道儒成一家言 一代宗师阖问谁

马一浮，原名浮，为民国时期独领风骚之一代大师，以六艺之学统摄天下学问为纲，释道儒共参究竟，书法、诗词交相辉映，今人多有不知，同代学人评价甚高，亦鲜有能与之匹敌者。我们先看看同时代诸大家之评价，以作为绍述马一浮大师之开端。

熊十力："马一浮先生，其学问博大精深，独传先哲之绝学，则知者益寡。我生平所服膺者，唯马先生一人而已。""马先生道高识远"。

——《十力语要》卷二《与贺昌群》

贺麟："马先生兼有中国正统儒者所应具备之诗教礼教理学三种学养，可谓为代表传统中国文化的仅存的硕果。"

……

又说："他尤其能卓有识度，灼见大义，圆融会通，了无滞碍。"

——《当代中国哲学》第一章，中国哲学的调整与发扬

今人刘梦溪在其主编的《中国现代学术经典》之总序中说道：

即将过去的这一个世界大师级人物中，眼光最锐利的一个人是马一浮。马一浮学养之深和悟性之高，在二十一世纪百年中国学苑里难得有与之相匹敌之

人。如果说陈寅恪立基于地上，马一浮则飘渺于云中。……马之学，在德蓄之厚，在超越与汇通。他融通三教，出入二氏，通晓六经。……而其人格之特点，则超凡脱俗，高蹈独善，可谓神仙一流人物，是二十世纪师儒中的一个真正的隐者。

马一浮在其一生中，纯粹以自学成才，贯通释道儒，融会文史哲，成民国时期一卓然高标之人物，可谓"大师中的大师"。让我们从先生人生经历说起，看看其学问之境界、性德之修炼，以及其学术思想之光芒四射之处，再反而论其精神气度，及其学术思想的指导意义。

一、生平

马一浮从侄马镜泉曾作《马一浮先生小传》一文，当最为详实可靠，同时亦可观马子之学说之大概，故而此处摘录如下，以作后续介绍马子学说之开端：

马一浮先生原名马浮，别号湛翁，晚年自署蠲戏老人，简称蠲叟，浙江绍兴人。清光绪九年癸未二月廿五日（公元1883年3月26日）生于四川成都（时先生父亲廷培公任四川仁寿县知县）。1967年6月2日因胃疾卒于浙江杭州，享年八十五。

先生自幼聪颖，9岁能读《楚辞》《文选》，16岁赴县试，名列榜首，享有神童之誉。至17岁，戊戌变法后，科举废，新学起，为直读西方原著，游学上海，自习英文、法文和拉丁文。19岁（1901年），与马君武、谢无量办《二十世纪翻译世界》杂志，翻译世界名著如斯宾塞等名著，月出一期，共出六册。21岁（1903年），赴美国留学，未进学校。为清政府驻圣路易斯留学生监督公署做文字工作之余，广读了亚里士多德、黑格尔、赫胥黎、达尔文、孔德、但丁、拜伦、莎士比亚等西方著作，并以英文翻译了《日耳曼之社会主义史》《露西亚之虚无主义史》《法国革命党史》等著作。22岁（1904年）离美赴日本留学，局西京，未进学校，向日本友人乌泻隆山学习日文、德文。至11月，与好友谢无量结伴回国，带回马克思的《资本论》德文版一部，是最早把马克思著作引进中国的中华第一人。回国后，继续从事西学的研究，与谢无量一起住镇江焦山海西庵一年，以英文翻译西班牙名著《堂吉诃德》，题为《稽先生传》，以日文翻译意大利名著《政治罪恶论》,以笔名"被褐"登载于上海《独立周报》与《民报》。

先生回国后,目睹当时清廷腐败,民生益苦,既不屑（左加竖心旁）于居高位者之所为,又自度力不足以拨乱匡俗,于是发愤杜门,专研国学。1907年,他寄居杭州西湖广化寺一间禅房,广读了文澜阁所藏的《四库全书》,博涉诸子,精研老庄,深谈义海,返求六经。先生读书,是无书不读,博览群藉。凡中土九流百家之学,汉宋经师之论,文史词章,小说杂记,无不涉猎,进而求其原委,明其旨归。佛释经典,义禅数理,道教玄学,莫不旁研兼通。别精粗,明异同,辨真伪,必使胸中同彻而后心安。欧美哲学及文艺诸书,于治学之眼,亦尝择要浏览,不为门户所宥。先生读书,重在穷理。不但欲辨学术之源流,求于义理之会归。他认为,世间文字名相虽有千差万别,但在心性本源上,无不殊途同归。先生曾道："吾所收彼土论著百余家,略识其流别。大概,推本人生之旨,陈上治之要,玄思幽邈,出入道家。其平实者,与儒家为近。文草高者,拟于周末诸子。下不失《吕览》《淮南》之别。"又道："从本源上看,儒佛等是闲名,孔佛所证,只是一性。果能洞彻心源,得意忘形,则千圣所归,无不一致。"

先生为学,不求人知,而文行忠信,暗然日章。抗战以前,北大蔡元培、陈大齐曾先后两次请先生出山讲学,先生以自己所学非时贤所尚,在今儒术方见绌于时,玄言并非所急。如成性而谈,则闻者恐卧,而婉言辞之。先生主张旧日书院的规范,可以自由讲论。先生虽一心为学,匿迹西湖,而当时海内言学术者,莫不知杭州有马先生焉。远近学子,闻风仰慕,由四方来西湖谒先生质疑问难者不绝。一些已著声望的学者亦慕名来杭与先生结交,共探学问之道。1921年,梁漱溟慕名来访,自居后学,大礼相参。谈次,先生以木刻本《先圣大训》（杨慈湖著）、《盱眙直诠》（罗近溪著）两书相赠,结交自此始。1929年,熊十力慕名来杭向先生求教。晤谈中,彼此学术观点亦大同而小异,自是亦结交成知音。后先生为熊著《新唯识论》作序,对熊文备加推崇。此后,梁、熊曾多次利用寒暑假,率北大哲学系学生来杭与先生共研儒佛之学,学生中有视其为当代三大儒新的"鹅湖之会"。

先生一生有过两次公开讲学。第一次是在1938年抗战避难江西泰和时,应浙江大学以大师名义礼聘,为浙大学生讲授国学。以宋儒"为天地立心,为生民立命，为往圣继绝学、为万世开太平"四句为讲学宗旨，始标六艺统摄一切学术之说。如今世所谓文学属于《诗》；政事、社会、经济属于《书》；人事、法制属于《礼》；音乐、艺术属于《乐》；哲学、自然科学等类，皆可摄于《易》；《春秋》以明人事，凡研究人类社会一切组织形态者皆属之。先生倡六艺统摄一切学术之说，是使学者知世界上一切学术流派，如穷究其本源，莫非一心之所发，故一心可以统摄一切学术。六艺乃中土先哲自心中固有性德之流露，皆从穷理尽性、日用实践中体会出来的实理。中国儒学绝非封建社会之糟粕，乃人类思想之精粹，圣贤一流，实有其人，性德发露，确有其事。必然自拔流俗，切己返求，一旦习染剥落，认识自性时，才知中国先哲语言，千真万确。

先生第二次公开讲学的时间最长，自1939年至抗战胜利，前后凡六年。是应国人礼聘，在四川乐山乌龙寺创办复性书院。开讲之初，为使学者有进德入道门径，先讲学规。提出"主敬为涵养之要"、"穷理为致知之要"、"博文为立事之要"、"笃行为进德之要"四句教教学者。释第一条云："主一无适之谓敬。涵者，含荣深广，虚明照澈。人心本体虚灵不昧，只为气禀所拘，物欲所蔽，不免昏暗，失其觉照。故须培植根本，加以充养。唯敬可以胜私，唯敬可以息妄。"故主敬为涵养之要。释第二条云："穷者，穷极之谓；致者，竭尽之称。即此自心之物，穷其本具之理。到得豁然贯通，不留余惑，方可名为致知。"故曰穷理为致知之要。释第三条云："道之显者为之文，文之施于用者谓之事。博者，通而不拔之谓，立者，确乎不拔之称。"故曰博文为立事之要，亦即通经为致用之要。释第四条云："在心为德，践之于身为行。充实有恒之谓笃，日新不已之谓进。行之积也愈厚，则德之进也愈弘。进德即尽性之事，践行即笃行之事。笃行合下当从非礼勿视、听、言、动入手。"故曰进德为笃行之要。先生在讲明学规"主敬"、"穷理"、"博文"、"笃行"四句后，按六艺次第先后讲述《诗教绪论》、《礼教绪论》、《洪范约义》、《孝敬大义》、《论语大义》、《易象卮言》。《诗教绪论》大意为：礼者，履也，人之性德发露见诸行礼之节文为之礼。礼有本有迹，性德者，礼之本，节文者，礼之迹。节文可改，随时代、国家、民族、地区而不同，但人之性德不灭，亦不能毁灭。讲《洪范约义》，是阐明它为尽性之书。九俦所列，乃先圣治事之节目，从性德发出，不是私意安排。先王治国平天下，要在使人各尽其性，而非专以功业为能，即使功过尧舜，也只是尽其性分内事而已。讲《论语大义》，说明《论语》为六艺之汇归。孔子言行，皆六艺之教，具见《论语》，散件诸子各书。讲《孝经》大义，说明爱敬之心为孝悌之本。不敢恶慢其亲，孝之始；推此一念及于四海，不敢恶慢天下之人，以此治国平天下，乃孝之终。讲《易象卮言》，明天人之故，以体用一源，显微无间说易最为精当。先生在书院讲学的同时，本"寓讲习之义，刻书之中"。当时因条件所限，未能专设编纂处，但在书院办事处内附设了刻书处。开始计划比较庞大，拟编印《群经统类》、《诸子汇归》、《儒林典要》、《政典先河诸丛书。后因刻书费挺拨，先生只能以平时瑞笔所得以及朋友和弟子捐助，筹集到二万余元资金，先后刻有：（以下略去）。

先生精于诗学，用力勤，造诣深……。先生还旁通六书，善篆隶行草。至于医理、篆刻以及方技杂学，亦尝涉猎研讨而精通之，乃其余事，兹不具论。盖先生之学，博大精深，实非一言所能尽。扼要言之，先生之学，皆有自悟，一切论说，莫不从读书穷理、躬行实践中体会出来。而其平生为学得力处，在敬，在切己，无胜心私意，在不求人知而自得独厚。故发之于用，充实灿烂，仰不愧于天，俯不怍于人，言满天下无口过，行满天下无身患。当其穷居陋巷，独学自守，道未尝损；当其公开讲学，广结人缘，道未尝加。或为先生所讲的心性义理之学，直接孔孟，其所发明之微言精义，虽濂、洛、关、闽诸贤复生不能易。自明末迄今，四百多年来，无此通儒，非过誉也。

二、马一浮学术思想总论

今人言马子乃儒家三圣之一，将其列为儒家之代表，从马一浮精通并推崇儒家学说与理念而言，当有其理。然，若将其学问仅仅归结为儒学，则大可商榷。马子之学，实乃通天人之际，明古今之变。其对先秦诸子学说、宋明理学、佛道思想均有着极高的造诣，而其对西方诸学之解读犹如拨云见日，无奈时至今日，能真正理解其全体大用者，凤毛麟角。欲知其学术思想，我们可以从其对学术思想之评判入手，马一浮在《泰和会语》中楷定国学名义一篇中，首先给出"学"之解读：

> 大凡一切学术，皆由思考而起，故曰学源于思。思考所得，必用名言，始能诠表。名言即是文字，名是能诠，思是所诠。凡安立一种名言，必使本身所含摄之义理，明白昭晰。使人能喻，谓之教体。必先喻诸己，而后能喻人。因人所已喻，而告之以所未喻。才明彼，即晓此……故学必读书穷理。书是名言，即是能诠。理是所诠，亦曰格物致知。物是一切事物之理，知即思考之功。《易系词传》曰："唯深也，故能通天下之志。"换言之，即是于一切事物，表里洞然，更无暌隔，说与他人，亦使各各互相晓了。如是，乃可通天下之志。如是，方名为学。

马氏以上言语，利用"能"、"所"等佛教概念，贯通易经之旨，阐明所有学问乃思考所得，而其中之言语，与朱子颇相似，归结为心，则看出其打通王朱之学之举重若轻之态。马一浮再言：

> 语曰："举网者，必提其纲。振衣者，必挈其领。"先须识得纲领，然后可及其条目。前讲六艺之教，可以该摄一切学术，这是一个总纲。真是范围天地之化而不过，曲成万物而不遗。学者须知，六艺本是吾人性分内所具的事，不是圣人旋安排出来。吾人性量本来广大，性德本来具足，故六艺之道，即是此性德中自然流出的，性外无道也。

史学大家吕思勉在《理学纲要》绪论中言哲学之兴起在于人之思，可与马子之说比对参详：

> 哲学非绝人之事也。凡人所为，亦皆有其所以然之故，即哲学之端也……。若深思之，则我之所以处此，与此事之究须措置与否，乃皆由可疑。恒人为眼前事物所困，随事应付且不暇，更何暇游心于远者；又必有因性之所近，遇事辄喜思索者。乃取恒人所不暇深思，及其困于智力，不能深思之端；而一一深思之，而哲学于是乎起亦。

以上吕氏所言，一明哲学由于人之思，二明哲学乃高明之人之见解，于中国古人言之，则圣贤所创，与所谓劳动人民之创造之说相异也，正与马子之说若合符节。

第陆章 马一浮：释道儒成一家言 一代宗师阉问谁

以上马氏言论，可谓秉承儒家之宗旨，贯穿佛门之真如。所谓学问，当从心中流出，而言人人性德俱足，乃其学问之解读，不仅仅停留于知识之层面，当躬身实践反身而诚之结果。从此论点出发，马氏认为中国固有之学也即国学可统摄于六艺之中，马子所谓六艺，即儒家经典《诗》《书》《礼》《易》《乐》、《春秋》六部经典，非后人所谓礼、乐、射、御、书、数之六种技艺。马一浮游学欧美、东渡扶桑，最后再反观佛教大典，何以最后将儒家经典视为可统摄天下一切学问之源，其根据何在？其方法若何？我们可以从马一浮的讲话中一窥端倪。

马一浮首先楷定国学之名义："今楷定国学者，即是六艺之学。用此代表一切固有学术，广大精微，无所不备。"其次引用《庄子天下篇》："《诗》以道志，《书》以道事，《礼》以道行，《乐》以道和，《易》以道阴阳，《春秋》以道名分。"

马一浮从三个方面论述六艺该摄一切学问，一曰六艺统诸子，二曰六艺统四部，三曰六艺统西学。今略加引用，以明其旨归。

马一浮在《六艺该摄一切学术》中言：

《汉志》诸子十家，其可观者九家。其实九家之中，举其要者，不过五家，儒、墨、名、法、道是已。出于王官之说，不可依据，今所不用（作者注：此处与胡适诸子不出王官论同）。

不通六艺，不名为儒。墨家统于礼，名法亦统于礼，道家统于《易》。判其得失，分为四句：一得多失多；二得多失少；三得少失多；四得少失少。例如：道家体大，观变最深。故老子得于《易》为多，而流为阴谋，其失亦多，《易》之失，贼也（贼训害）。《庄子·齐物》好为无端崖之辞，以天下不可与庄语。得于《乐》之意为多，而不免流荡，亦是得多失多。《乐》之失，奢也（奢是侈大之意）。墨子虽非乐，而《兼爱》《尚同》实出于《乐》。《节用》《尊天》《明鬼》出于礼，而短丧又与礼悖。《墨经》难读，又兼名家，亦出于《礼》。如墨子之于礼乐，是得少失多也。法家往往兼道家言。如《管子》《汉志》本在道家。韩非亦有《解老》《喻老》，自托于道。其与《礼》《易》，亦是得少失多。余如惠施、公孙龙子之流，虽及其辩，无益于道，可谓得少失少。其得多失少者，唯有荀卿。荀本儒家，身通六艺，而言性恶，法后王，是其失也。若诬与乱之失，纵横家兼而有之。然其谈王伯皆游词，实无所得。故不足判。杂家亦是得少失少。农家与阴阳家，虽出于《礼》与《易》，末流益卑陋无足判。观于五家之得失，可知其学皆统于六艺，而诸子学之名，可不立也。

　　以上为马一浮关于六艺之学可统摄诸子之说，此处需要注意的是，马一浮关于六艺统摄诸子学说，并非否定诸子学说之价值，而是从学说之根本上而言，六艺即《诗》《书》《礼》《易》《乐》《春秋》，其宗旨可为诸子学说之依据，马一浮以六艺之学统摄诸子，可谓其学术思想之自然表现。因马一浮谓所有学术，莫过于"学"及"思"，而"学""思"当乃心之作用而已。六艺之学，乃圣人心性之自然流露，人人性德自俱，其中之偏失，则有诸子思想之形成。此乃马氏论说之逻辑。而关于六艺统摄四部之说（作者注：所谓四部，即经史子集之学术分类法，马氏认为初见于《随志》，其实在曹魏时即已提出，后期成中国固有学术分说之传统），马子言：

　　今定经部（作者注：明清时期指《十三经》之书）为宗经论、释经论二部，皆统于经，则秩然矣（马子按：宗经、释经区分，本义学家判佛书名目，然此土与彼土著述，大体实相通，此亦门庭施设，自然成此二例，非是强为差排，诸生勿疑为创见。孔子晚而系《易》，《十翼》之文，便开此二例，《彖》《象》《文言》《说卦》是释经，《系传》《序卦》《杂卦》是宗经。）。六艺之旨，散在《论语》，而总在《孝经》，是为宗经论。孟子及二戴所采曾子、子思子、公孙尼子诸篇，同为宗经论。《仪礼丧服传》，子夏所作，是为释经论。《三传》及《尔雅》。亦同为释经论。《礼记》不尽是传，有宗有释。《说文》附于《尔雅》，本保氏教国子以六书之遗。如是，则经学、小学之名，可不立也。诸子统于六艺，已见前文。其次言史，司马迁作《史记》，自附于《春秋》，《班志》因之。纪传虽有史公所创，实兼用编年之法。多录诏令、奏议，则亦《尚书》之遗意。诸志特详典制，则出于《礼》。如地理志祖《禹贡》，职官志祖《周官》，准此可推，纪事本末，则《左氏》之遗则也。史学巨制，莫如《通典》《通志》《通考》，世称三通。然当并《通鉴》计之为四通。编年记事，出于《春秋》；多存论议，出于《尚书》。记典制者出于《礼》。而判其失亦有三：曰诬、曰烦、曰乱。知此则知诸史悉统于《书》《礼》《春秋》。而史学之名，可不立也。

以上乃马子关于经、史之学可统摄于六艺之论。再看看马子关于集部之学统摄于六艺之学之论：

其次言集部。文章体制，流别虽繁，皆统于《诗》《书》。《汉志》犹知此意。故单出诗赋略，便已摄尽。六朝以有韵为文，无韵为笔；后世复分骈散，并陋之见。《诗》以道志，《书》以道事，文章虽极其变，不出此二门。志有深浅，故言有粗妙。事有得失，故言有纯驳……唐以后集部书充栋。其可存者，一代不过数人。至其流变，不可胜言。今不具讲。但直抉根源，欲使诸生知其体要咸统于《诗》、《书》，如是则知一切文学，皆诗教、书教之遗，而集部之名可不立也。

以上关于马子六艺学说可该摄国学之论说，从来争议颇大，当不知马氏之旨而已，欲明了其宗旨，可从两个角度理解，其一为中国固有学问之渊源之角度而言，六艺当为学说之源。其二从学术发展之内在逻辑言之，六艺其实已经提出来几乎国学所有学术体系的根本性问题。当然，仅仅从此两个角度仍然不够全面准确。何以故？马子在《论六艺统摄于一心》中言：

吾人性量本来广大，性德本来具足，故六艺之道，即是此性德中自然流出的，性外无道也。从来说性德者，举一全该则曰仁。开而为二，则为仁知，为仁义。开而为三，则为知仁勇。开而为四，则为仁义礼知。开而为五，则加信而为五常。开而为六，则并知仁圣义中和而为六德。就其真实无妄言之，则曰至诚。就其理至极言之，则曰至善。故一德可备万行，万行不离一德。知是仁中自有分别者，勇是仁中之有果决者，义是仁中之有断制者，礼是仁中之有节文者。信即实在之谓，圣则通达之称。中则不偏之体，和则顺应之用。皆是吾人自心本具的……。此理自然流出诸德，故亦名曰天德。见诸行事则为王道。六艺者，即此天德、王道之所表显。故一切道术皆统摄于六艺，而六艺实统摄于一心，即是一心之全体大用也……圣人以何圣？圣于六艺而已。学者于何学，学于六艺而已。大哉！六艺之为道。大哉！一心之为德。学者于此，可不尽心乎哉！

明儒胡应麟在《少室山房笔丛》卷二七《九流绪论上》言诸子学说与六艺之关系，可兹参详比对，以明古今大儒之所同也：

今读诸家之书，若儒、若墨、名法、纵横亡论，至道家习尚玄虚，蔑其礼教，阴阳、农圃浅机僻数，人所见窥，而道则以濡弱谦下附于尧之克让，清静恬漠合于舜之无为，阴阳则《泰素》以五行称皇帝，田圃则许行以并耕称神农，当时九家者流其旨概如此。第自儒术而外以概六经，皆一偏一曲，大道弗由钧也。

从以上马子言论，可知其所言之一切学问，最后归结为至善至德而已，而于此目的，当求之于六艺可解也！此与康德所言之纯粹理性到实践理性之进阶，不一同乎？故而，马子言西来之一切学问皆可统摄于六艺之中。马子言：

六艺，不唯统摄中土一切学术，亦可统摄现在西来一切学术。举其大概言之，如自然科学，可统于《易》，社会科学（马注：或人文科学）可统于《春秋》。因《易》明天道，凡研究自然界一切现象者，皆属之。《春秋》明人事，凡研究人类社会一切组织形态者，皆属之。董生言："不明乎《易》，不能明《春秋》。"如今治社会科学者，亦须明自然科学，其理一也。

物生而后有象，象而后有滋，滋而后有数。今人以数学、物理为基本科学，是皆《易》之支与流裔。以其言，皆源于象数。而其用，在于制器……社会科学之义，亦是以道名分为归。凡言名分者，不能外于《春秋》也。文学艺术统于《诗》、《乐》，政治法律经济统于《书》、《礼》，此最易知。宗教虽信仰不同，亦统于《礼》，所谓亡于利者之礼也。哲学思想派别虽殊，浅深大小亦皆各有所见。大抵，本体论近于《易》，认识论近于《乐》，经验论近于《礼》。唯心者，礼之遗。唯物者，礼之失。凡言宇宙观者，皆有《易》之意。言人生观者，皆由《春秋》之意。

或曰马一浮之以一心统六艺，六艺统一切学问为泥古之举，实则不然，此处可证于马子之回答：

六艺之道是前进的，绝不是倒退的，切勿误为开倒车。是日新的，绝不是腐旧的，切勿误为重保守。是普遍的，是平民的，绝不是独裁的，不是贵族的，切勿误为封建思想。要说解放，这才是真正的解放。要说自由，这才是真正的自由。要说平等，这才是真正的平等。西方哲人所说的真善美，皆包含于六艺之中。《诗》、《书》是至善，《礼》、《乐》是至美，《易》、《春秋》是至真。《诗》教主仁，《书》教主智，合仁与智，岂不是至善么？《礼》是大序，《乐》是大和，合序与和，岂不是至美么？《易》穷神知化，显天道之常，《春秋》正名拨乱，示人道之正，合正与常，岂不是至真么？诸生若于六艺之道，深造有得，真是左右逢源，万物皆备。所谓尽虚空，遍法界，尽未来际，更无有一事一理，能出于六艺之外者也。吾敢断言：天地一日不毁，人心一日不灭，则六艺之道炳然常存。世界上一切文化最后之归宿，必归于六艺。而有资格为此文化之领导者，则中国也。今人舍弃自己无上之家珍，而拾人之土苴绪余以为宝，自居于下劣，而奉西洋人为神圣，其非至愚而可哀？

——马一浮《论西来学术亦统于六艺》

今人常常以为六艺之学乃封建糟粕，乃统治者之工具，实乃不知其理而妄加揣测之结果也。儒家言必称三代，乃民主精神之写照也！儒家强调仁义礼智信之五常，乃现今正义、公平之本质也！儒家言世事变化统摄于《易》之大道，乃今天社会历史经济诸学科之根本原理也。而人同此心，心同此理，即是西方诸圣哲，其原理必同，岂需辩乎？今之浅薄狭隘之徒，以利益之学扰乱世风人心而不知，与六艺之道背道而驰，恬不为耻，反以为荣，悲哉！马子言论当于下文详细剖析解读，而马子之明心可鉴，其包容涵盖全世界之一切学问于六艺之中，当有其深层之考量，同时也乃其性德自然流露之举，此需明辨，不可以纯粹之民族主义一言而曲解之。再证于马子以下之文字：

从前论治，犹知以汉唐为卑。今日论治，乃唯以欧美为极。从前犹以管商申韩为浅陋，今日乃以墨索里尼、希特勒为豪杰。以马克思列宁为圣人，今以不暇加以评判。诸生但取六经所称之治道，与今之政论比而观之，则知碱砆不可以为玉，蝘蜓不可以为龙，其相去何啻霄壤也。

——马一浮《为万世开太平》

马一浮学术思想之根本目的当然并非像今人所认为的仅仅是宣传或弘扬中国传统文化而已，其旨明其今日之学术思想之浅陋而欲补救之，同时冀以六艺之学矫正世风之淆乱，正道之不行以及世界人心之歧途也：

信吾国先哲道理之博大精微，信自己身心修养之深切而必要，信吾国学术之定可昌明。不独要措我国家民族于磐石之安，且当进而使全人类能相生相养，而不致有争夺相杀之事。据此信念，然后可以讲国学。

——马一浮《泰和会语》

概而言之，马子学术思想可谓一切学问可统摄于六艺之中，而六艺本于一心，需学与思而后体焉。此乃马子学术之根本，下文当明辨之。欲知马子学术之何以成，当诉诸于马氏之学问精神与求学之道，下面简论之。

三、马一浮的学问精神与求学之道

马一浮当年在复性书院讲学，立学规、明读书，虽为诸生之规范，而马子学问精神与求学之道亦可从中概而括之。马子言：

> 在昔书院，俱有学规，非所以示学者立心之本，用力之要。言下便可持循，终身以为轨范。非如法令科条之为用，至于制裁而已。乃所以弼成其德，使迁善改过而不自知。乐循而安处，非特免于形著之过，将令身心调熟，性德自昭，更无走作……圣贤气象，出于自然，在其所养之纯，非可以矫为也。夫率性之为道，闻道者必其能知性者也。修道之谓教，善教者必其能由道者也。顺其气质以为性，非此所谓率性也。增其习染以为学，非此所谓修道也……。学问之道无他，在变化气质，去其习染而已矣。

以上马子所言，当知马子学问精神在"变化气质，去其习染"（作者注：此乃朱子承张载天地之性与气质之性而强调由气到理之转变），在"穷理尽性"。所以马子所言之学问，不同于我们现在所理解的闻见之知，而在于求其自性，使其豁然开朗以致于一心之全体大用无不包也。此正是朱子所言性理之学之旨归。马子传承朱子精神，将学问精神再次定位于自性之挖掘，至德之提炼。此乃马子学问精神之写照。而关于马子求学之道，我们仍然可以从其学规中所强调的的"主敬、穷理、博学、笃行"而窥其一二，马子言：

> 今为诸生指一正路，可以终身由之而不改。必始于道，只有四端：一曰主敬，二曰穷理，三曰博文，四曰笃行。主敬为涵养之要，穷理为致知之要，博文为立事之要，笃行为进德之要。四者，内外交彻，体用全该。优入圣途，必从此始。

马一浮解释"主敬"曰："伊川曰：'涵养须用敬'，即持志之谓也。以率气言，

第陆章 马一浮：释道儒成一家言 一代宗师阆问谁

谓之主敬；以不迁言，谓之居敬；以守之有恒言，谓之持敬。心主于义理而不走作，气自收敛。精神摄聚，则照用自出，自然宽舒流畅，绝非拘迫之意。故曰：'主一无适之谓敬。'此言其功夫也。敬则自然虚静，敬则自然和乐，此言其效验也。敬是常惺惺法，此言其力用也。"马一浮解释"穷理"曰："天也，命也，心也，性也，皆一理也。就其普遍言之，谓之天；就其禀赋言之，谓之命；就其体用之全言之，谓之心；就其纯乎理者言之，谓之性；就其自然而有分理言之，谓之理；就其发用言之，谓之事；就其变化流行言之，谓之物。故格物即是穷理，穷理即是知性，知性即是尽心，尽心即是致知，知天即是至命。"马一浮解释"博文"曰："故凡言文者，不独前言往行，布在方策，有文史可稽者为是。须知一身之动作威仪、行业有力用，莫非文也。（马注：孔子称'尧焕乎其有文章'，乃指尧之功业。子贡称'夫子之文章可得而闻'，乃指孔子之言行）天下万事万物之粲然并陈者，莫非文也。凡言事者，非一材一艺、一偏一曲之谓，自入孝出悌，爱众亲仁，立身行己，遇人接物，至于齐家治国平天下，开物成务，体国经野，大之礼乐刑政之本，小之名物度数之微，凡所以为因革损益、裁成辅相之道者，莫非事也。"马子再曰："博文，如物之生长，必积渐以至广大；立事，如物之成实，必贞固而后有成。今人欲立事而不务博文，是犹不耕而望获也。徒事博文而不务穷理，是犹卤莽而耕之，灭裂而耘之也。"马一浮解释"笃行"曰："德行为内外之名，在心为德，践之于身为行。自其见于事者言之，则谓之行。非有二也。充实而有恒之谓笃，日新而不已之谓进。知止而后能笃，不为物迁，斯可以载物。行健而后能进，自强不息，乃所以法天。无有欠阙，无有间断，乃可言笃。无有限量，无有穷尽，所以言进。"

以上马子所言，可视为马氏求学之道之总结，马氏援释入儒，利用佛门名相、境界与功夫等名学问之道，同时打通先秦诸子、汉魏经解、唐宋性情、程朱理学与陆王心学，可谓其学问之博大精深，博观约取之总括，马子关于儒佛汇通以及打通历代大家之解读，俟后两节解读。而其关于读书法之解读，亦可并解其求学之道，马子言读书法当注意以下几点：

故欲读书，先须调心。心气安定，自易领会。若以散心读书，博而寡要，劳而少功，必不能入。以定心读书，事半功倍。随事察识，语余销归自性。然后读得一书，自有一书之用。不是泛泛读过。须知读书，即是穷理博文之一事。然必资于主敬，必赖于笃行。不然，则只是自欺欺人而已。

马一浮再言读书法曰："约而言之，亦有四门：一曰通而不局，二曰精而不杂，三曰密而不烦，四曰专而不固……执一而废他者，局也；多歧而无统者，杂也；语小而近琐者，烦也；滞迹而遗本者，固也。"

以上可知马子学问精神与求学之道。而马子学问之博大精深亦可略见一斑。下面论述马子打通历代儒家之学、汇通六艺之精神，以及援佛入儒之学。

四、马一浮儒家之学

儒家自孔子宪章文武、述而不作，其弟子结集成册，涵夏商周古文化之大成，六艺之学始兴，司马迁记载孔子门徒三千，贤者七十有二，大都传承其学而各有侧重。世事纷纭，经年变迁，汉唐以解经为上，重注疏。宋明则以感悟为最，重践行。至清朝而朴学大盛，上溯历代儒家经典，由陆王、程朱而两汉，再推至先秦今古文之别。儒家之学，博大精深，至马子则别开新解，汇通整合，自成一新体系而不离儒家之宗旨。其传承国粹，弘扬仁义，主敬穷理，乃民国时难得之一流大师。马子关于儒家之学，不同于"孔门四科"之论说，也并非仅仅停留于程朱陆王之感悟之学，而是将秦汉以至明清历代大家之见解消融无间，同时借助佛门理念，对儒家学说尤其是六艺之学重新判定与融释，功莫大焉，堪称一代大师，周恩来当年曾盛誉其为"新理学家"，实则有过之无不及也。今以其六艺之判教与总说以及打通历代儒家之学两途略加注释，以明其博大精深，阐释圣人之奥妙，弘扬吾国学术之精华。而关于其融会释道儒之学下文再加以论述。

（一）马一浮六艺判教之说

马一浮批判历来儒家之"孔门四科"之说，马子以为《论语》"从我在陈"一章所记述的"德行、言语、政事、文学"乃根据诸子之特长而论之，不可以作为分科之根据。马子言其中孔门十大弟子皆身通六艺，并为大儒，不可以四科而别之。故而其不同意以四科而区分，马一浮根据《礼记》经解章以及《庄子》天下篇、《荀子》非十二子之言论，将儒家六艺之学判定为诗教、书教、易教、礼教。马一浮的判教之说当然源于佛门，此点于下文再论述之。此处引用《礼记》经解章以及《庄子》、《荀子》等，以明其判教之依据：

《礼记》经解云：孔子曰：入其国，其教可知也。其为人也温柔敦厚，诗教也；疏通知远，书教也；广博易良，乐教也；絜静精微，易教也；恭俭庄敬，礼教也；属辞比事，春秋教也。故诗之失，愚。书之失，诬。乐之失，奢。易之失，贼。礼之失，烦。春秋之失，乱。其为人也温柔敦厚而不愚，则深于诗者也；疏通知远而不诬，则深于书者也；广博易良而不奢，则深于乐者也；絜静精微而不贼，则深于易者也；恭俭庄敬而不烦，则深于礼者也；属辞比事而不乱，则深于春秋者也。

《荀子》劝学篇：故书者，政事之纪也；诗者，中声之所止也；礼者，法之大分，类之纲纪也。故学至乎礼而止矣。夫是之谓道德之极。礼之敬文也，乐之中和也，诗书之博也，春秋之微也，在天地之间者毕矣。

《庄子》天下篇：《诗》以道志，《书》以道事，《礼》以道行，《乐》以道和，《易》以道阴阳，《春秋》以道名分。其数散于天下而设于中国者，百家之学时或称而道之。

马一浮根据以上诸子言论，将六艺之学判为四教，即诗教、书教、易教、礼教。何以马子不以四科而说儒家六艺之学，而以四教论之？概而言之，所谓四科之说，乃仅仅就事而言。而判教之说，则以知行合一、德业并称而论之。谨以马子言语证之：

诚立，则所言者莫非实理。既言与理应，斯为诚谛之言，言之必可行也。行与理应，斯为笃实之行……故学者当知，修辞之要，贵在立诚。而亦即是笃行之事，进德即在其中。言行相应、德业不二，始终只是此个实理。故见其礼而知其政，闻其乐而知其德，直是无处可以盖藏，丝毫不容查忒，岂可以为伪哉！

马子在《复性书院讲录》中将儒家之说判而为四教，而后以《论语》贯穿四教，参详论证，非其但说论语也，乃以论语为一门，将诗书礼易融会贯通，可谓其儒家精神根本介绍之分说，远超今人论语之说也哉！再其后以《孝经》

总括儒家大义,可谓儒家践行之总论。其后以《洪范》解《书》教之精华,以《观象卮言》论述《易》之大本,均有拨云见日之见,而其间贯通历代大儒之说,比比皆是。此处略加论述,以明其旨。

(二)马一浮六艺汇通之学

马一浮言说六艺,可分为总说,即其判教之说;分说,则各别而论之;博说,则以《论语》为绳,广述六艺之旨;约说,则举《孝经》为本,以明六艺之教总为德教,而行在《孝经》矣。而尤能相互阐发,汇通其间。嘉言妙语,比比皆是。今特举几例,以《论语》中六艺之旨,明其汇通之精要;以分说之精微,明其大义之昭然;以约说之概略,明其德教之宗旨。

1. 马一浮以《论语》为绳,博通六艺之说

马一浮在《论语大义》中,以四教精义解论语,远超今人以经济学或人生论之观点之论述,其见解之精纯莫不与圣人合其德。其虽言说论语大义,然其中则犹见马一浮关于六艺汇通之意。此乃马子精辟之处,今略引述之:

《论语》有三大问曰:一问仁;一问政;一问孝。凡答问仁者,皆《诗》教义也。答问政者,皆《书》教义也。答问孝者,皆《礼》《乐》义也。故曰:"子所雅言,《诗》《书》、执礼,皆雅言也。"兴于《诗》,立于《礼》,成于《乐》。言执礼不及《乐》者,《礼》主于行,重在执行,行而乐之即《乐》,以《礼》统《乐》也。言《诗》不及《书》者,《书》以道事,即指政事,《诗》通于政,以《诗》统《书》也。《易》为《礼》、《乐》之原,言《礼》、《乐》,则《易》在其中,明则有礼乐,幽则有鬼神也。《春秋》为《诗》、《书》之用,言《诗》、《书》,则《春秋》在其中,故曰"《诗》亡然后《春秋》作也"。《春秋》以道名分,名阳而分阴,若言属词比事,则辞阳而事阴,故名分亦阴阳也。不易是常,变易是变。《易》长于变,以变显常,不知常者,其失则贼。《春秋》拨乱反正,乱者是变,正者是常。正名定分是常,乱名改作是变。不知正者,其失则乱。《乐》为阳,《礼》为阴。《诗》为阳,《书》为阴。《乐》以配圣,《诗》以配仁,《礼》以配义,《书》以配智。

自古以来论说儒家学说,以马子此段言语最能得其汇通之要。

马一浮言《论语》诗教义:"诗人感物起兴,言在此而意在彼。故贵乎神解,其味无穷。圣人说诗,皆是引申触类,活泼泼地。其言之感人深者,固莫非诗也。天地感而万物化生,仁之功也。圣人感人心而天下和平,诗之效也。程子言:'鸡雏可以观仁,满腔都是生意,满腔都是恻隐。'斯可与识仁,可与言诗矣。"马一浮以"仁"解释,当与圣人之意相合,无怪乎圣人言"诗三百,一言以蔽之,诗无邪"。无邪为表,为仁是本。仁为体,诗为用,体用之意而仁在其中岂不显见哉!

马一浮言:"《论语》为政以德一章,是《书》教要义。德是政之本,政是德之迹。"马一浮将论语中问政与《书》中尧舜禹汤之言行比对堪证,以明《书》教之大义,乃"问政"之《书》教教义。马一浮言:

今观《论语》记孔子论政之言,以德为主,则于本迹之说,可以无疑也。尧舜、禹汤、文武、周公、孔子之心,一也。有以得其用心,则施于有政,继虽不同,不害其本,一也。后世言政事者,每规规于制度文为之末,舍本而言迹,非孔子《书》教之旨矣。

以上马子所言问政者乃《书》教之教义,当然是从最高层面而言,非今人所谓之制度规范之角度,概一切制度规范莫不人心之作,若心之不正,仁义尽失,则所谓制度规范之条文岂可以言政乎?此乃马子高明之处,也正是圣人着力之处,故而马子之言,可谓尽得圣人之旨,岂不明乎?

马一浮指出《论语》中孝经义,言"问孝乃《礼》、《乐》义","礼者,天地之序。乐者,天地之和"。"行孝悌,则礼乐由此生,性命由此至,神化由此出……。故知孝悌,则通礼乐矣。尽孝悌,则尽性命矣。尽性命,则穷神化矣"。马一浮将孝悌视为天地之序、天地之和之根本。今人万不可以封建糟粕论之。古今虽变,人心一也。无孝悌,则社会何以成,礼乐何所用?当然,孝悌之实现方式可以时代而变,然其根本之旨则历万代而不灭也。此乃儒家人伦日用归宿之所在,不可不察。

马一浮言《论语》中《易》大义,以"加我数年,卒以学《易》,可以无大过矣"和"朝闻道,夕死可矣"两句而引申之。马一浮言:"元亨是性德,利贞是修德。无过者,元亨也。从心所欲而不逾矩,利贞也。"又言:"何以举朝闻夕死一章为《易》义？今欲明死生之故，必当求之于《易》。凡民皆以死生为一大事，而不暇致思，求生而恶死。生不能全其理，死亦近于桎梏而非正命。所谓虚生浪死。唯闻道者，则生顺而没宁，乃是死生之正。"此乃马子以《易》之大道，广大悉备，化成天地而不过，曲成万物而不遗，所谓宇宙观与人生观之合二为一，此乃学《易》之旨归，非仅仅以预测为能事，方术为本领之教也！岂不大儒之言行哉！

马一浮言《论语》大义之《春秋》教者，乃比对《易》与《春秋》，而断阐发幽，以四义明其大用，庄子言"春秋以道名分"，此乃春秋之宗旨。为明此宗旨之大用，马子所举四义者何？曰夷夏进退，曰文质损益，曰刑德贵贱，曰经权予夺。何谓夷夏进退，马子言"《春秋》不予夷狄为礼，以无礼为夷狄也"。何谓文质损益，马子用论语句"质胜文则野，文胜质则史"引申而论，明文质嬗递之义，言"俭与戚是质，奢与易是文"。"《春秋》之为道也，先质而后文，右志而左物"。何谓刑德贵贱义，马子言《论语》中为政以德，尚德而不尚刑为尊，"推任德不仁刑之旨，而后圣人之所贵贱可知也"。何谓经权予夺义？后世说权，往往流于谋略术数，而不知儒家之旨，所谓权，马子引用《论语》"志士仁人，有杀身以成仁，无求生以害仁。自古皆有死，民无信不立"谓之言经。而谓管仲"岂若匹夫匹妇之为谅"，是言权。简而言之，权者，乃经变也，返经而求之于当下也。中权，即为有功，《春秋》则予也，害经，《春秋》则夺也。此乃马子言经权予夺义。（注：以上马子所有言论均选自其《复性书院讲录》。）

以上乃马子以《论语》为绳，博说六艺而汇通无间。

2.其次，当明其分说《诗》、《礼》、《书》、《易》等要义

以下引用马子之言，以明其分说六艺而能融合彼此，了然于胸：

六艺之教，莫先于《诗》。于此感兴而发，乃可识仁。故曰兴于诗。又曰诗可以兴。诗者，志之所之也，在心为志，发言为诗，故一切言教皆摄于《诗》。苟志于仁，无恶也，心之所之莫不仁，则其形于言者亦莫不仁。故曰不学《诗》，无以言也。

——马一浮《诗教绪论》序说

六艺之教，莫先于《诗》，莫急于《礼》。《诗》者，志也。《礼》者，履也。

第陆章 马一浮：释道儒成一家言 一代宗师阁问谁

在心为志，发言为诗。在心为德，行之为礼。故敦诗说礼，即是蹈德履仁。君子以仁存心，以义制事。诗主于仁，感而后发；礼主于义，以敬为本。《坤·文言》曰："敬以直内，义以方外，敬义立而德不孤。"思无邪，即是敬。闲邪存其诚。故诗以道志，亦即是敬以直内也。克己复礼为仁，而后视听言动皆顺乎理。故礼以道行，亦即是义以方外也。此谓《诗》之所至，《礼》亦至焉。所行必与所志相应，亦即所行必与所言相应也。言而履之，礼也。行其所言，然后其言信而非妄行而乐至乐业。乐其所志，然后其行和而中节，此谓《礼》之所至，《乐》亦至焉。故即《诗》即《礼》，即《礼》即《乐》。

——马一浮《礼教绪论》序说

以上马子言礼，虽为分说，其融合无碍，于著作中，比比皆是，不殚繁举，仅以以上小语可观其汇通六艺之宗旨，明分说之梗概。马子言《诗》为六艺之先，言《礼》为六艺之履。则其言《书》言《易》又当何解？请以下文明之。

马一浮举《尚书》洪范篇，引为十义，以明《书》之要义，今略过不举，但取其《洪范约义序说》中之一段，以解其说《书》之精微：

六经总为德教。而《尚书》道政事皆原本于德。尧、舜、虞、汤、文、武所以同人心而出治道者，修德尽性而已矣。离德教则政事无所施，故曰"为政以德"。此其义具于《洪范》。自来说《尚书》以《洪范》最为难明……今谓《洪范》为尽性之书，箕子所传。盖舜、禹之道，王者修德行仁，事义咸备于此。知皇极之表性德，然后知庶政皆为天工，非私智所能造作也。知日用不可或离，然后知万物各有伦序，非强力所能汩乱也。知帝天皆一性之名，则知畀锡非同符瑞。知灾详即惠逆所兴，则知福极皆由自取。虽应《洛书》之数。实自然之理，而非有假于神异也。虽立卜筮之法，特询谋之详，而非专听于蓍龟也。

马子说《洪范》九畴之义甚详，此处再选取其《总述九畴》一文，以明了其说《洪范》之精义，解《尚书》之旨哉：

初一曰五行，次二曰敬用五事，次三曰农用八政，次四曰协用五纪，次五曰建用皇极，次六曰义用三德，次七曰明用稽疑，次八曰念用庶徵，次九曰向用五福，威用六极。

此总述九畴之目，以下别释五行，不言用者，尽物之性，令各止其所而已，不可以用言，言用则疑于泊也。老氏曰："天下神器，不可为也。为者败之，执者失之。"皇极不言数者，尽己之性，万物备焉，神应无方，用之不竭，更不丽于数也。佛氏曰"法身无为，不堕诸教"为近之。极是无名之名，名之不可，何有于数？有名斯有数也。寄位于五者，五为数之中，自一至四，自六至九，皆极之所由建也。凡言用者，皆自己出为一心之大用，举而措之，非有假于外。周流贯浃于民物，以民物非离自心而别有也。其次第如何？此理见于气之流行者，莫备于五行。故五行居一，其发于人心之用者，莫切于五事，故次以五事。施于民物之大者，莫要于八政，故次以八政。贯于岁时之序者，莫正于五纪，故次以五纪，然后皇极建焉。取人之善者，莫重于三德。尽物之情者，莫良于稽疑，故次以稽疑。验于吉凶之感者，莫速于庶征，故次以庶征。达于刑德之本者，莫著于福极，故次以福极。终焉。曰敬用者，五事最近，日用不离，不敬则失，敬而后能发其用也。曰农用者，八政皆厚生之事，惟敬用五事者能厚之，不敬则侵陵之害起而厚者薄矣。曰协用者，五纪以律天时，其用在和。岁月、日时、星辰、历数，一往而有常者也。王及卿士、师伊、庶民，一体而无间者也。纪以别前后，位以定上下，皆所以和之。不愆，不忒，不陵，不犯，所谓协也。曰建用者，皇之所立，惟德而已。自天德言之，则曰太极。自君道言之，则曰皇极。自圣功言之，则曰人极。立乎其中，而不偏不依、不变不动者也。曰乂用者，则刚柔正直，正直，即中也。己德既立，乃可以治人。治人者无他，使自易其刚柔之过，自至其正直之中而已。曰明用者，圣人之心虽极其明，犹恐未能尽人之明也，不敢谓无疑焉。谋及乃心，谋及卿士、庶民，犹恐其情有蔽。至于龟筮无情之物，而亦不敢遗。曰庶几无其蔽焉，则明之至矣。若其从违之数，则择之甚审，非可期于必同也。曰念用者，念亦敬而无失之意。雨、旸、寒、燠、风者，在天则五事之征验也。若曰因灾异而后修省，则亦晚矣。曰向用威用者，德为福而极为刑，圣人任德而不任刑。《易》曰："观我生，观民也。"曾氏曰："福极之在民者，皆吾所以致之。故以考己之德失于民也。"得之。盖民之好德，视吾心之所向而已。民之疾苦，苦己推而纳诸沟中。是故威福之作，皆以辟言。辟者，法也。天秩、天讨，好恶无作焉，是敛福保极之道也。皇极之用，大者尽于是矣。

以上马子略述洪范九畴之意，有孔子《序卦》之风，将九畴之义理逻辑一一道来。今人常常独尊西方之政治学著作，不知吾民先祖之政论，以洪范言之，天、地、人井然有序，三极而建，乃不易之理。所谓利用厚生，含经济学之根本，远高于西方所谓以利益为诉求之经济学与以团体斗争而得之的政治学说。马子慧眼识真，妙笔道高，为国人重续文化精进着力，功莫大焉！为明《尚书》要义，今摘录洪范九畴中之一段，读者诸君可详辩马子之解读：

武王胜殷，杀受，立武庚，以箕子归。作《洪范》。惟十有三祀，王访于箕子。王乃言曰："呜呼！箕子。惟天阴骘下民，相协厥居，我不知其彝伦攸叙。"箕子乃言曰："我闻在昔，鲧堙洪水，汨陈其五行。帝乃震怒，不畀'洪范'九畴，彝伦攸斁。鲧则殛死，禹乃嗣兴，天乃锡禹'洪范'九畴，彝伦攸叙。初一曰五行，次二曰敬用五事，次三曰农用八政，次四曰协用五纪，次五曰建用皇极，次六曰乂用三德，次七曰明用稽疑，次八曰念用庶征，次九曰向用五福，威用六极。一、五行：一曰水，二曰火，三曰木，四曰金，五曰土。水曰润下，火曰炎上，木曰曲直，金曰从革，土爰稼穑。润下作咸，炎上作苦，曲直作酸，从革作辛，稼穑作甘。二、五事：一曰貌，二曰言，三曰视，四曰听，五曰思。貌曰恭，言曰从，视曰明，听曰聪，思曰睿。恭作肃，从作乂，明作哲，聪作谋，睿作圣。三、八政：一曰食，二曰货，三曰祀，四曰司空，五曰司徒，六曰司寇，七曰宾，八曰师。四、五纪：一曰岁，二曰月，三曰日，四曰星辰，五曰历数。五、皇极：皇建其有极。敛时五福，用敷锡厥庶民。惟时厥庶民于汝极。锡汝保极：凡厥庶民，无有淫朋，人无有比德，惟皇作极。凡厥庶民，有猷有为有守，汝则念之。不协于极，不罹于咎，皇则受之。而康而色，曰：'予攸好德。'汝则锡之福。时人斯其惟皇之极。无虐茕独而畏高明，人之有能有为，使羞其行，而邦其昌。凡厥正人，既富方谷，汝弗能使有好于而家，时人斯其辜。于其无好德，汝虽锡之福，其作汝用咎。无偏无陂，遵王之义；无有作好，遵王之道；无有作恶，尊王之路。无偏无党，王道荡荡；无党无偏，王道平平；无反无侧，王道正直。会其有极，归其有极。曰：皇，极之敷言，是彝是训，于帝其训，凡厥庶民，极之敷言，是训是行，以近天子之光。曰：天子作民父母，以为天下王。六、三德：一曰正直，二曰刚克，三曰柔克。平康，正直；强弗友，刚克；燮友，柔克。沈潜，刚克；高明，柔克。惟辟作福，惟辟作威，惟辟玉食。臣无有作福、作威、玉食。臣之有作福、作威、玉食，其害于而家，凶于而国。人用侧颇僻，民用僭忒。七、稽疑：择建立卜筮人，乃命卜筮。曰雨，曰霁，曰蒙，曰驿，曰克，曰贞，曰悔，凡七。卜五，占用二，衍忒。立时人作卜筮，三人占，则从二人之言。汝则有大疑，谋及乃心，谋及卿士，谋及庶人，谋及卜筮。汝则从，龟从，筮从，卿士从，庶民从，是之谓大同。身其康强，子孙其逢，汝则从，龟从，筮从，卿士逆，庶民逆吉。卿士从，龟从，筮从，汝则逆，庶民逆，吉。庶民从，龟从，筮从，汝则逆，卿士逆，吉。汝则从，龟从，筮逆，卿士逆，庶民逆，作内吉，作外凶。龟筮共违于人，用静吉，用作凶。八、庶征：曰雨，曰旸，曰燠，曰寒，曰风。曰时五者来备，各以其叙，庶草蕃庑。一极备，凶；一极无，凶。曰休征：曰肃、时雨若；曰乂，时旸若；曰晢，时燠若；曰谋，时寒若；曰圣，时风若。曰咎征：曰狂，恒雨若；曰僭，恒旸若；曰豫，恒燠若；曰急，恒寒若；曰蒙，恒风若。曰王省惟岁，卿士惟月，师尹惟日。岁月日时无易，百谷用成，乂用民，俊民用章，家用平康。日月岁时既易，百谷用不成，乂用昏不明，俊民用微，家用不宁。庶民惟星，星有好风，星有好雨。日月之行，则有冬有夏。月之从星，则以风雨。九、五福：一曰寿，二曰富，三曰康宁，四曰攸好德，五曰考终命。六极：一曰凶、短、折，二曰疾，三曰忧，四曰贫，五曰恶，六曰弱。"

从箕子所陈述之洪范九畴，可知治国安邦之道，一心为德，发而为用，建极立业，圣人行也。百姓日用，利用厚生，秩序然矣！其原则亘古未变，今明其旨，非为退回古人，用其祭祀典章制度，乃明其大道之行之根本耳！由箕子陈洪范，则师道始备，孔子承之，历代有人，乃中华文化之精粹，虽偶坏之，非道之欠阙，乃人心之失矣！马子重提六艺，当于洪范精义乃治国之道之总则也！幸哉中华！马子之言大亦哉！

3. 马一浮以《周易》总通六艺之说

马子在以《观象卮言》阐述《易》之大义，略取其序说中一段话，可明马子《易》之解读：

天下之道，统于六艺而已。六艺之教，终于《易》而已。学《易》之要，观象而已。观象之要，求之《十翼》而已……。

《易》者，象也。象也者，像也。卦，固象也。言，亦象也。故曰：圣人立象，以尽意。系辞焉以尽其言，所以设卦为观象也。系之以辞，为明吉凶也。能尽其意者，非由象乎？明吉凶者，非由辞乎？然则观象者，亦在尽其意而已。何事于忘？乾马坤牛之象，易知也。吉凶悔吝刚柔变化之象，微而难知也……。寻言以观象，而象可得也。寻象以观意，而意可尽也。数犹象也，象即理也，从其所言之异则有之。

以上马子所言，含象数理要义，但以《十翼》为本，此乃儒家历代之传承也！马子所言之《易》义，含历代大家之观点，犹能融会贯通之，关乎此于下文马子六艺贯通之说再详述之。

《周易》为群经之首，为中国学术之原，故而从《易》言，可知《诗》《书》、《礼》《春秋》之大义，马子明辨其中之逻辑，在《观象卮言序说》附语中言道：

《易》为六艺之原，亦为六艺之归。《乾》、《坤》开物，六子成务。六艺之道，效天法地，所以成身。以通天下之志，《诗》、《书》是也。以定天下之业，《礼》、《乐》是也。以断天下之疑，《易》、《春秋》是也。冒者，覆也。如天之无不覆帱，即摄无不尽之意。知《易》冒天下之道，无不从此法界流。无不还归此法界。故谓六艺之道，终于易也。

以上乃马一浮关于六艺汇通之说，总而言之，马一浮以横向为轴，于六艺之中融会其间，以《论语》为绳，博说六艺；以《孝经》为本，约说六艺；以《礼》《乐》为用，分说六艺；再回归《易》，明六艺之源及其归宿。下面论述马一浮以纵向为轴，关于六艺的贯通之学。

（三）马一浮的六艺贯通之学

以上所言乃从横向而言马子六艺汇通之学，本部分则从纵向角度探讨马子关于六艺的贯通之学。马子以为所有学术思想本于一心，而六艺乃人心本来所具，故而可贯通一切学问。然六艺之学，从孔子编纂起，历代注疏经解者不乏其人，诸多鸿儒博学之士，各自成说，立家立派，众说纷纭，如何贯通期间，去伪存真，得其正解？此乃马子用力所在，马子对历代儒学大家学问举重若轻，辩证其间，贯通诸多大家学问于一炉，回归正途，功莫大焉。

1. 马一浮六艺贯通之学旨

此处率先引用马子在《对毕业诸生演词》，看看马子关于过去、现在以及未来之间的关系，以明了马子学术思想贯通之主旨：

> 国家生命所系，实系于文化。而文化根本，则在思想。从闻见得来的是知识。由自己体究，能将各种知识融会贯通，成立一个体系，名为思想。孔子所谓知，即是指此思想体系而言。人生的内部是思想，其发现于外的便是言行。故孔子先说知言行。知是体，言行是用也。依今时语，便云思想、行为、言论。思想之涵养愈深厚愈充实，则其表现出来的行为言论愈光大，不是空虚贫乏……。此本通三世说。今为易于明僚，故不妨以三世分说之。吾人对于过去事实，贵在记忆判断，是纯属于知。对于现在，不仅判断，却要据自己判断去实行，故属于行的多。对于未来，所付责任较重，乃是本于自己所知所行，以为后来做先导，是属于言的较多。故学者须具有三种力量。

> 一、认识过去。历史之演变，只是心理之变现。因为万事皆根于心，其动机往往始于一二人，其后遂成为风俗。换言之，即成为社会一般意识。故一人之谬误，可以造成举世之谬误。反之，一人思想正确，亦可影响到群众思想，使皆归于正确。吾人观察过去之事实，显然是如此。所以要审其所知，就是要思想正确，不可陷于谬误。

> 二、判别现在。近来有一种流行语，名为现实主义。其实，即是乡原之典型。乡原之人生哲学曰："生斯世也，为斯世也，善斯可矣。"他只是人云亦云，于现在事实，盲目地予以承认，更不加以辨别。此种人是无思想的。其唯一心理，就是崇拜势力，势力高于一切，遂使正义公理无复存在。于是言正义公理者，便成为理想主义。若人类良知未泯，正义公理终不可亡。不为何等势力所屈服，则必不承现实主义，而努力于理想主义始。因现实主义即是势力主义，而理想主义乃理性主义也。所以要审其所由，就是行为要从理性出发，判断是非，不稍假借，不依违两可，方有刚明气分，不堕柔暗。宁可被人目为理想主义，不可一味承认现实，为势力所屈……

> 三、创造未来。凡自然界、人事界一切现象，皆不能外于因果律。决无无

因而至之事,现在事实是果。其所以致此者则必有由来,非一朝一夕之故,这便是因。因有远有近。近因,在十年、二十年前。远因,或在一二百年以上。由于过去之因,所以成现在之果。现在为因,未来亦必有果……。未来之果如何,即系于现在吾人所造之因如何,因果是决不相违的。此种思想,表现出来的就是言论,所以要审其所谓。所以,即是所向往的。吾人今日言论,皆可影响未来,故必须选择精当,不可轻易出之。因其对于未来所负之责,是最重的。这是审其所谓。

诸君明此三义,便知认识过去,要审其所知。判别现在,要审其所由。创造未来,要审其所谓。具此三种能力,方可负起复兴民族之责任。《易》曰:"唯深也,故能通天下之志。"是审其知之至也。"唯几也,故能成天下之务。"是审其行之至也。诸生勉之。如此,不独为一国之善士,可以为领导民众之君子矣。

从以上马子言论,可知马子学问,完全不是某些人所言的"文化保守主义"亦或"文化专制主义"(作者注:朱维铮语)。马子所言学问,从过去、现在、未来之时间维度而言,完全是一种开放的心态及气度。而马子所言学问之出发点,一心而已;学问之目的,乃在于"通天下之志""成天下之务"。当然并非崇尚虚无与清高,乃殷殷于学问之终极目的。而关于此,则必须了解历史上大哲圣贤之解读与心得,融会贯通,方能"唯深唯几",马子对于历代大家学说之认识,同时代之中国,几乎无人能及,故而,此部分探讨马子从时间维度,也就是说从纵向的角度对六艺之学的贯通能力及其精湛言论。

2.汉儒优劣之解读

马一浮关于六艺的贯通之说,几乎章章具显,比比皆是。今不胜枚举,略选其一二,明其贯通之旨而已。

关于六艺,历代儒家解说纷繁,清儒又分汉宋两派,常常彼此攻讦,莫衷一是。而汉儒之经解、唐人之注疏、宋明之解读各有其特点,后人常常不明其理,独尊一家者多多,马一浮在《读书法》中明了先秦诸子到汉宋诸家之特征,并对历代大贤鸿儒之界说独领风骚,指出后世儒者之弊端,显示其贯通历代博学鸿儒之高见与举重若轻之能力。马一浮言:

《汉书·艺文志》曰:"古之学者耕且养,三年而通一艺,存其大体,玩经文而已,是故日用少而蓄德多,三十而五经立也。"后世经传既已乖离,博学者又不思多闻阙疑之义,而务碎义逃难,便辞巧说,破坏形体。说五字之文,至于二三万言,后进弥以驰逐。故幼童而守一艺,白首而后能言安其所习。毁所不见,终以自蔽。此学者之大患也。此见西汉治经,成为博士之业,末流之蔽,已是如此异乎《学记》之言矣。此正《学记》所谓"呻其佔毕,多其讯"者。乃适为教之所由废也。汉初,说诗者或能为雅,而不能为颂。其后,专注一经,守其师说,各自名家……。武帝末,壁中古文已出,而未得立于学官。至平帝时,始立《毛诗》、《逸礼》、《古文尚书》、《左氏春秋》。刘歆让太常博士书,极论诸儒博士,不肯置对,专己守残。挟恐见破之私意,而亡从善服义之公心。雷同相从,随声是非。此今古文门户相争之由来也。此局过之一例也。及东汉末,郑君承贾、马之后,编注群经,始今古文并用。庶几能通着,而或讥其坏乱家法。迄于清之季世,今文学复兴,而治古文学者亦并立不相下,各守封疆,仍失之局……。汉宋之争,亦复类此。为汉学者,诋宋儒为空疏。为宋学者,亦鄙汉儒为固蔽。此皆门户之见,与经术无关,知以义理为主,则知分今古汉宋为陋矣。然微言绝而大义乖……自古已然……。故道术裂而为方术,斯有异家之称。刘向叙九流言九家者,皆六艺之支与流裔,礼失而求诸野……。其实末流之争,皆与其所从出者了无干涉。

以上马氏所言,乃从儒学整体而言之,反对对儒家学说之割裂与曲解而已,此乃马子提纲之言,然学术之发展,必经历细化、分科之过程,马子所言之重点,当理解为其欲回归儒家之义理之途之明证。其中"此皆门户之见,与经术无关,知以义理为主,则知分今古汉宋为陋矣"一句乃为上段文字之重点,也可看出马一浮对儒家历代学术贯通之旨。对于历代儒学大家,马子实则尊崇有加,并对其中义理之明多有阐释,不可理解为马子对历代大家之反对,此点尤需注意。

马一浮对汉儒之解读,包括马融、郑玄等诸家,而对于董仲舒之《春秋繁露》则取精用弘,以下为马子关于汉儒解说儒家之略说:

马一浮在《论语大义——诗教》中言:

《乐》为阳,《礼》为阴。《诗》为阳,《书》为阴。《乐》以配圣,《诗》以配仁,

《礼》以配义，《书》以配智。故《乡饮酒义》曰："天子之立：左圣，乡仁；右义，偝智。"（马注：《戴记》作偝藏。）知以藏往，故以藏为智也。"东方者春，春之为言蠢也。产万物者，圣也。南方者夏，夏之为言假也。养之长之假之，仁也。西方者秋，秋之为言愁也。愁之以时察，守义者也。北方者冬，冬之为言终也。终者，藏也。"故四教配四德，四德配四方，四方配四时，莫非《易》也，莫非《春秋》也。以六德言之，即为六艺，《易》配中，《春秋》配和，四德皆统于中和，故四教亦统于《易》、《春秋》。《易》以天道下济人事，《春秋》以人事反之天道，天人一也。道外无事，事外无道，一贯之旨也。又四时为天道、四方为地道，四德为人道，人生于天地之中，法天象地，兼天地之道者也。故曰："大人者，与天地合其德，与日月合其明，与四时合其序，与鬼神合其吉凶。天大、地大、人亦大，此之谓大义也。"又《乡饮酒义》曰："天地严凝之气，始于西南而盛于西北，此天地之尊严气也，此天地之义气也。天地温厚之气，始于东北而盛于东南，此天地盛德气也，此天地之仁气也。"此以卦位言之，即配四隅，卦左阳而右阴也。故曰："易有太极，是生两仪，两仪生四象，四象生八卦，八卦定吉凶。"曰极者，至极之名。曰仪、曰象、曰卦者，皆表显之相。其实，皆此性德之流行，一理之著见而已。明乎此，则知六艺不是圣人安排出来。得之，则为六德，失之，则为六失。

从以上马子言论可知，马一浮对儒家的理解并不仅仅限于单纯的义理之学，马一浮对汉儒之学中关于四时、五行配六德之言论，充分说明了马一浮对汉儒的理解，同时引用《春秋》、《周易》以及《尚书》、《礼记》等言论，实质上指出了汉儒的思想渊源，也指出了汉儒解经之一面。我们可以从以下马一浮的言论再证之。马一浮在《孝经大义四释三才》中说到：

西汉诸师《孝经》佚说可考见者，莫如董生。其余则在《孝经纬》。今《繁露·五行对》一篇，说天经地义特详。《白虎通》释五行亦引《孝经》以为说，与董生义同。今节引之。河间献王问温城董君曰："夫孝，天之经，地之义，何谓也？"对曰："天有五行，木火土金水是也。木生火，火生土，土生金，金生水。水为冬，金为秋，土为季夏，火为夏，木为春。春主生，夏主长，季夏主养，秋主收，冬主藏。藏，冬之所成也。是故父之所生，其子长之。父之所长，其子养之。父之所养，其子成之。诸父所为，其子皆奉承而续行之。乃天之道也。此谓孝者，天之经也。地出云为雨，起气为风。风雨者，地之所为。地不敢有其功名，命若从天地者，故曰天风天雨也，莫曰地风地雨也。勤劳在地，名一归于天，故下事上如地事天也。土者，火之子，五行莫贵于土。土于四时无所命者，不与火分功名。忠臣之义，孝子之行，取之土。其义不可以加矣。此谓孝者，地之义也。"此自汉师质朴之说……。《礼运》曰："人者，五行之秀气，天地之心也。"《太极图说》曰："阳变阴合，而生水火木金土。五气顺布，四时行焉，五行之生也，各一其性。"《礼运》说最精约，濂溪说又较密耳。

以上马子言孝经大义，以汉宋儒家之解说，明了儒家孝经之根据，乃天道、地道乃至于人道之关系，以五行生克论述人孝道之天理。此乃儒学义理之人伦日用之发端，马子融汉宋儒家之说，归于孝经之旨，明证矣！

再举一例，关于汉儒之德刑之说：

董生说《春秋》义、《孝经》义，皆以阴阳为说，亦用二门。如曰："天数右阳而不右阴，务德而不务刑。刑之不可任以成世，犹阴之不可任以成岁也。为政而仁，刑谓之逆天，非王道也。此是互夺门。"又曰："阳为德，阴为刑。反德而顺于德，亦权之类也。是故天以阴为权，以阳为经，阳出而南，阴出而北，经用于盛，权用于末。以此见天之显经隐权，前德而后刑也。此是互存门。"举此一例，其余可推。

——马一浮《孝经大义六原刑》

以上马子所言，阐明董仲舒阴阳配德刑之说，推而广之，则力图让人明了汉儒除将五行之说广泛应用于儒家义理之阐释外，阴阳概念在汉儒中亦有新的发明，汉代儒者，将阴阳五行之概念与儒家仁义礼智信之五常以及五德等联系起来，可谓儒家学说发展之重要过程，并非今人往往简单将其斥之为谶纬之说而轻易否定。当然，马一浮对汉儒学说之弊端也有着清醒地认识，马子言道：

次略明文质损益义。此义在《论语》甚显，而后儒说《春秋》者多为曲说。如言质家亲亲，故兄终弟及。文家尊尊，故立子为长。殷爵三等，周爵五等之类。

——马一浮《论语大义十春秋教下》

以上马子所言，可知其对何休《公羊传解诂》隐公元年之解读，以明殷周之间之皇位继承问题。马子此论，可谓至理。今人常言儒家学说为专职统治之工具，乃对儒家之误读也，而其源头可上溯至汉儒关于王位继承问题的解读，此种解读被历代为数不少之儒者视之为当然之理。马子拨云雾而见青天，力斥其谬，重返孔子所言之内圣外王之道、孟子之贤人当道之理想，也是对中国历代官府所宣传的儒家谬义之批驳，此处甚当注意。除此而外，马子对汉儒经解不当之批判尚有多出处，今摘录一例如下：

孔子谓颜子："用之则行，舍之则藏，唯我与尔有是夫。"孟子所谓"禹、稷、颜子、曾子、子思，易地则皆然"是也。子莫执中无权，贤于杨墨，孟子恶其害道同于执一，恶乡原，为其阉然媚于世，自以为知权。则曰"君子反经矣"（马子注：反言复也）。《公羊》家说反经为权。或释为反背之反，非。

此乃马子对汉儒解经者之批判。此段最重要的是对"权"与"经"之间的解读，汉儒将"权"与"经"对立起来，显然是对儒家之误读或曲解。所谓"权"者，就儒家之本义而言之，则是"经变"而已，也就是说，不过是因时因地而变以尊经是也，与程子合义，马子此处论述甚详，此处不再详述。

3. 汉宋儒学之贯通

马一浮关于儒家六艺贯通之说，比比皆是，几乎篇篇俱有，可参考其《读书法》《学规》以及六经大义之诸多讲座中，马子首先明了儒学之宗旨与大义，而后去伪存真，将汉儒之阴阳五行、程朱理学与陆王心学之内在理路贯通起来。今摘录其《学规》中数言，略作说明，举一反三，可知马一浮贯通宋明道学之迹。

夫率性之谓道，闻道者必其能知性者也。修道之谓教，善教者必其能由道者也。顺其气质以为性，非此所谓率性也。增其习染以为学，非此所谓修道也。气质之偏，物欲之蔽，皆非其性然也。杂于气，染于习，而后有也。必待事为之制，曲为之防，则亦不胜其扞格。童牛之牿，豮豕之牙，则恶无自而生矣。禁于未发以前则易，遏于将萌之际则难。学问之道无他，在变化气质，去其习染而已矣。长善而能救其失，易恶而至其中。失与恶，皆其所自为也。善与中，皆其所自有也……。象山有言："某无他长，只能识病。"夫因病与药，所以贵医。若乃妄予毒药，益增其病，何以医为？病已不幸，而医复误之，过在医。人若不知医而妄服药，过在病人。至于有病而不自知其为病，屏医恶药，斥识病者为妄，则其可哀也弥甚。人形体有病，则知求医，唯恐其不愈，不可一日安也。心志有病，则昧而不觉，且执以为安，唯恐其或祛，此其为颠倒之见甚明。孟子曰："指不知人，则知恶之。心不若人，则不知恶。"岂不信然哉！

　　以上马一浮所言，表面看来乃修道之言，其实包含了从先秦儒家学说到宋明道学之内在理念。心、性、道、命等乃儒家核心概念。自从孔子六艺著于世，后世关于其中之核心理念代有解读。孟子言性本善，荀子言性本恶，周敦颐倡"无极而太极"之说，实为强调儒家本体之说，张载言理气之分与合，实言万物生长演化之法则，为儒家之以体而用、由用入体之说。朱熹总而括之，继承孟子、周敦颐、张载之说，重审"气质之性"与"本然之性"，"闻见之知"与"德性之知"。程朱一派，则注重变化气质、去其习染，由"道问学"而"尊德性"，陆王一派，则强调"明心见性"，由"尊德性"而辅之以"道问学"。宋明道学之理学与心学，其旨归并无不同，乃在"存善去恶"恢复本体之"良知良能"而已。从此意义言，学问之道，在儒家看来，并非以闻见之知为尊，而终极目的则在于德性之发掘，良能之觉照而已。由此可知，马一浮在《学规》中贯通程朱与陆王两派之学，将进德修业之儒家宗旨阐发殆尽，实难得之大儒也！

4. 宋儒释例

　　马一浮关于历代儒家的贯通之说，除综其纲要之说外，在对周敦颐、张载、王阳明、程颐、朱熹学说之解读中，处处显现，乃管中得以窥豹、举一反三之明证也！此乃马子贯通之力于细微处之见证也，今略举二例，读者诸君可触类旁通，进一步了解儒家之渊源流变及其全体大用之妙。马一浮在《横渠四句教》中有言：

　　为天地立心：《易大传》曰："复，其见天地之心乎！"《剥》《复》是反对卦。《剥》穷于上，是君子道消。《复》反于下，是君子道长。《伊川易传》以为"动而后见天地之心"。天地之心于何见？于人心一念之善见之。故《礼运》曰："人者，天地之心也。"《程氏遗书》云："一日之运，即一岁之运。一人之心，即天地之心。"盖人心之善端，即是天地之正理。善端既复，则刚浸而长。可止于至善，以立人极，便与天地合德。故仁民爱物，便是为天地立心。天地以生物为心，人心以恻隐为本。孟子言四端，首举恻隐。若无恻隐，便是麻木不仁，漫无感觉，以下羞恶、辞让、是非，俱无从发出。故天地之大德曰生。人心之全德曰仁。学者之事，莫要于识仁、求仁、好仁、恶不仁，能如此，则是为天地立心。

马子此言，以《周易》、《礼运》、孟子四端之说以及程颐语录为参照，直言为天地立心，即是立人心，为仁而后矣！此乃儒家之旨归无疑！

马一浮在《濠上杂著》太极图说赘言中说到：

继六艺而作，有以得《易》教之精微，而抉示性命之根本者，其唯周子之《太极图说》、《通书》乎。昔朱子尝于邮亭间，见人题梁上云："天不生仲尼，万古如长夜。"因谓："伏羲文王后，若不生孔子，后人亦无处讨分晓。"孔子后，若无孟子，亦不得。后孟子千有余年，乃二程先生发明此理。而为二程之先导者，则濂溪也。儒家之有周程，亦犹佛氏之有马鸣、龙树……以前汉魏诸儒说易者，如京孟虞荀之象数，失之偏驳。王辅嗣之义理，流于虚玄（作者注：此乃马氏言王弼注易后学者流于虚玄，非指王弼之略例而已）。周子，则据朱子注太极图说序中辩之甚明，谓其不由师傅，默契道体。盖斯理本人人同具，苟能精思力行，人人可证，岂假单传密付而后得邪！圣人以此洗心，退藏于密，微显阐幽，穷理尽性，以通天地之德，以类万物之情，于是易教始兴。

马一浮针对程颐十八岁当年所撰写的《颜子所好何学论》的《释义》中，不仅仅贯通历代儒家之说，有兴趣者可参看原著，此处不再赘言。更可看出马子融通释道儒三教之能力。此点于下文中论及。

马子以上言论，贯穿伏羲、文王、孔子、孟子、周子、朱子诸家，乃唯精唯一之心法传授也，据此可知，儒家之学，求其本心本性，今人辄言儒家乃统治阶级之工具，或言儒家乃伦理工具之学，实大谬也！

马一浮对宋儒虽极力赞赏，但也清楚宋明儒者对佛教理解之偏颇，观《明儒学案》及《宋元学案》，当时诸多儒生对佛教教义理解之偏颇，比比皆是。马一浮举朱熹例略加批判。其在《孝经大义之六原刑》附语部分说到：

朱子说："二氏，只是一个不耐烦的人。他事事想逃避，此便是自私。"清谈末流，任诞废务，却是如此。若大乘一类，机发大心，负荷众生，却骂他自私不得。

马子以上言论，虽轻描淡写，实则反应马一浮对佛教教义之深切体悟与理解，而对于宋明时期的儒学大家，着力推崇蔡沈《尚书集传》以及明朝时期的黄道周之言论，可谓别具慧眼，此处略加指引，以期后学之体悟也。

蔡九峰（作者注：九峰乃蔡沈字）《书传·序》曰："精一执中，尧舜禹相授之心法也。建中立极，汤武相传之心法也。曰德、曰仁、曰敬、曰诚，言虽殊而理则一，无非所以明此心之妙也。言天，则言其心之所自出。言民，则谨其心之所由施。礼乐教化，心之发也。典章文物，心之著也。家齐国治而天下平，心之推也。心之德其盛亦乎。二帝三王，存此心者也。夏桀商纣，亡此心者也。太甲、成王，困而存此心者也。存则治，亡则乱。治乱之分，顾其心之存不存如何耳。后世有志于二帝三王之治者，不可不求其道。有志于二帝三王之道者，不可不求其心。"

今人盲目崇拜西学者多多，辄言其政治学说及法律制度而不究其理。究其本质而言，今人推崇之西方政治学之核心不过乃利益妥协之产物，而其法律制度则往往以利益之制衡与事后惩治为手段。从此意义言，中国儒家思想关于政治法律之论断，则自有其高妙之处，马一浮引用黄道周言：

《孝经》者，其为辟兵而作乎？辟兵与刑，孝治乃成。兵刑之生，皆始于争。为孝以教仁，为弟以教让，何争之有？故曰：尧、舜率天下以仁而民从之，桀、纣率天下以暴而民从之。其所令反其所好，而民不从。所藏乎身不恕，而能喻诸人者，未之有也。

马子可谓深谙中国文化之精髓，而对西方诸学之不足有着清醒的认识，马一浮在《孝经大义六原刑》中说到：

今人目道德为社会习惯上共同遵守之信条，是即石斋（作者注：黄道周字）所谓"束民性而法之也"。是所谓道德者，亦是法之一种，换言之，乃是有刑而无德也。其根本错误，由于不知道德是出于性而刑政亦出于道。

5. 小结

综上所言，马一浮关于六艺之贯通之学，可分为三个方面：其一为就其根本之心性，贯通历代大家，如其在《读书法》《学规》中所述；其二为从《诗》、《书》、《礼》、《易》、《春秋》中贯通历代儒家之经解与感悟，主要体现在其大量的讲座中。其三则以管窥豹，通过对历代儒家如孟子、荀子、周敦颐、张载、两程、朱子、蔡沈、黄道周等诸家之解读中,一叶知秋,由点及面,贯通儒家根本。此乃马子贯通古今之学之明证焉。

五、马一浮释道儒融通之学

马一浮的《濠上杂著》童蒙箴一篇,言简意赅而又通俗易懂,深得释道儒融通之旨:

何名为儒?动静一如。何名为佛?不留一物。妄生异端,五谷不熟。人云亦云,其病则俗。谁能将珠,与汝安目。

如何是禅?息虑忘缘。如何是道?但莫颠倒。禅不可传,道不可道。开口便非,移步即到。咄哉野狐,商量浩浩。

汝眼自明,汝耳自聪。曷为声色,莫非尔躬。如曰可绝,何异聋蒙。目击道存,声入心通。归根得旨,随照失宗。

孟曰践形,孔曰尽性。何以由之,忠信笃敬。诚者自成,发为言行。不诚无物,邪思乱正。罔念作狂,克念作圣。

性具万德,统之以仁。修德用敬,都摄诸根。颜曾所示,道义之门。性修不二,儒佛一真。同德同证,无我无人。

古佛垂教,有实有权。有小有大,有偏有圆。儒者所宗,则唯一焉。内外本末,始终后先。显微无间,体用一源。

大用在儒,诗书礼乐。戒定慧三,佛根本学。易与春秋,究竟了义。法界一性,理事不二。此犹义解,门庭设施。

六经注我,我注流经。见性之言,其谁肯听。不立一法,不舍一法。祖意教意,是同是别。毫厘有差,天地悬隔。

老尚玄同,庄亦大通。任物自然,谓人无功。斥以无因,旧师之过。执性废修,斯亦语堕。鹅王择乳,何立何破。

缘生之法,说明为空。迷者执有,爱恶相攻。二俱不了,异论乖宗。空乃非空,有实非有。有智人前,何取汝口。

嗟彼未悟，但逐名言。依他作解，自谓穷玄。举心动念，烦恼炽然。情忘即佛，见在即凡。夺之既尽，凡圣俱捐。

佛是失楔，禅是麻缠。闲名即谢，大用现前。搬柴运水，坐石听泉。春生夏长，昼起宵眠。将谓别有，悠悠苍天。

万物一体，天下一家。汝性无尽，而生有涯。在彼无减，在我无加。贪嗔忽起，杀人如麻。狂心顿歇，空不生华。

弹雀射麋，谓可即食。扩而充之，遂灭人国。彼食人者，何独非人。强梁之仆，有如积薪。下焚上陨，化为飞尘。

唯仁与智，不惑不忧。无得无丧，何取何求。文无歆羡，孔绝怨尤。佛者断痴，老亦贵柔。抱薪救火，乃迷之邮。

亲者不问，问者不亲。入门一喝，闻者丧身。借问何为，无理可伸。自智者愚，自富者贫。勿取我语，汝则可入。

从以上马子四言偈语，可知马子融通释道儒三教之功力，其中既指出三教之区别，如言佛教"古佛垂教，有实有权"，"戒定慧三，佛根本学"，"缘生之法，说明为空"，"佛者断痴"，"空不生华"等。言儒学"孟曰践形，孔曰尽性"，"不诚无物，邪思乱正"，"唯仁与智，不惑不忧"。言道家"目击道存，声入心通"，"老尚玄同，庄亦大通"，"汝性无尽，而生有涯"，"老亦贵柔"，"任物自然"。又言其融通方便，如言"何名为儒？动静一如"，"妄生异端，五谷不熟"，"归根得旨，随照失宗"，"易与春秋，究竟了义"，"法界一性，理事不二"，"万物一体，天下一家"等，此类言语均乃融通之言。释道儒三教本归于一心，或言出世、入世、超世，此乃仅就其对人生之态度方面而言之，毕竟不能穷三教之根本，佛道岂无入世之语乎？大儒岂无大隐之行乎？质而言之，则三教本于一心而成，当然有其融通之处，马一浮融通三教，共冶一炉。深得释道儒之宗旨，融会贯通，既明了其重点与区别之所在，又能打破界域，超越言筌而又随机说法，开诸方便，打破三教概念之藩篱，互通其旨，遍行善教。以下略就马一浮三教融通之学作一简单说明。

马一浮既明释道儒区别之所在，又能得其旨归，此乃融通三教之前提。此处再简单举例说明马一浮对释道儒不同之解读，以作后续介绍其融通三教论述之前提。

第陆章 马一浮：释道儒成一家言 一代宗师阖问谁

汝身非汝有，是天地之委形也。生非汝有，是天地之委和也。性命非汝有，是天地之委顺也。孙子非汝有，是天地之委蜕也。汝何得有夫道？此是庄、列寓言。设为舜与丞问答之语。此语亦是直下教人，剿绝私己，然终有外其身之意在，所以与儒家不同。若言天子有善，归德于天。诸侯有善，本之天子。卿大夫有善，归之于君。士庶人有善，本诸父母。此则全身奉父而己无与焉。与庄、列之外其身者，有别。

——马一浮《孝经大义二》

当然，马子对儒家学说更为倚重，其在《孝经大义序说》中言："圣人以天地万物为一身。明身无可外，则无老氏之失。明身非是幻，则无佛氏之失。"

以上马子所言，明儒道释之区别，其中儒家之外其身，则其忠孝之理念，而道家之外其身，则乃化与天地，佛家之外其身，则求真如之恒照。其中需注意的是，此儒家所言之忠孝并非愚忠愚孝之理念，乃理想世界中"君仁臣忠，父慈子孝"之体现也。而道家之"外其身而身存"则乃道家之初始理念，非后世修道者唯以强身健体为要者，佛家之外其身，不过破除我执之法门耳！此乃儒道释以及后世观念演变之异同。

马一浮在《宜山会语》去矜上一文中言：

儒者只言己私，不加分析，不如佛氏加以推勘，易于明瞭。凡计人我者，不出五蕴（马注：盖以积聚盖覆为义）。五蕴者，色、受、想、行、识是也。何谓色蕴？（马注：质碍为色）谓四大及五根五尘。四大者，地、水、火、风。谓坚相，湿相，暖相，动相。眼耳诸根，色声诸境，和合积聚，总名为色。（马注：按安慧《五蕴论》尚有无表色，亦色蕴摄。今略）何谓受蕴？（马注：领纳名受）领纳前境而有三受。苦受，乐受，不苦不乐受，总明受蕴。何谓想蕴？（马注：想即取相）谓意识缘诸尘而生取著，总名为想。何谓行蕴？（马注：行即迁流造作义）谓除受想诸余心法、心所行处，总名行蕴。（马注：此分遍行、别境二种。遍行者，三性、八识、九地，一切时俱能遍故。别境者，于差别境历别境历别缘境而生起故。此有善不善等）何谓识蕴？（马注：了别名识）谓于所缘诸境能了别故，又能执持含藏诸种令相续故，有情执为自内我故，总名识蕴。《圆觉》所谓"妄认四大为自身相。六尘缘影卫自心相"是也。计有我者，不出四见。一即蕴。二离蕴。计即蕴者,为即色是我邪?为即受想行识是我邪?若俱是者,我应有五。计离蕴者,若离于蕴,我不可得。又即色,大色小我我在色中,我大色小色在我中。受想行识,亦复如是。此二见者,辗转虚妄,反覆推勘,我实不可得。我相如是,人相亦然。因我故有我所,我既不可得,云何立我所?如是,我人二相俱遣,则矜无所施矣。

以上马子言论,本于利用佛教理论以补儒学中关于去私去偏之说明之不足,以佛教万法皆空之理念,运用佛教因明学之辩证,说明大千世界中四大至五蕴之概念,阐述自性空之根本道理,以让人彻底去其私蔽,以避免矜持之病。此乃马子明了佛儒之不同,而又能援释入儒之明证。就其论证而言,马子尚有一段言语,以儒家之有为补救佛门之空无,甚是异趣,后人不解,以为其乃马一浮矛盾之处。实不解马子之宗旨哉!此处引用如下,读者诸君可明辨之:

《楞严》:富楼罗问:"清净本然,云何忽生山河大地?"因说三种相续,一世界,二众生,三业果。总由妄为明觉,因明立所。所既妄立,无同异中,炽然成异,劳久发尘,于是起为世界。静成虚空,觉明空昧,相待成摇。先有风轮执持世界,坚明立碍,此有金轮保其国土。风金相摩,故有火生,火光上蒸,宝明生润。故有水轮含十方界。火腾水降,湿为巨海,乾为州洋。水势劣火,结为高山,是故山石击则成焰,融则成水。土势劣水,抽为草木,是故林薮遇烧成土,因绞成水。以是因缘,世界相续。此言世界安立次第,亦略如《易》象先有雷风,后有水火,后有山泽。但彼言妄明生所,则世界为幻。此言一气成化,则万物全真。此为儒佛不同处。《正蒙》辟此最力,学者当知。

——马一浮《孝经大义四》附语

以上为马一浮以儒家认世界为真力图弥补佛教理论所易造成的出世之感,而"此言一气成化,则万物全真"乃马一浮对张载《正蒙》理气之说之引用,马子此番论断,不可落入言筌,认马子否定佛教理论,实则,马子言论仅仅在于强调儒家之有为主义而已,此处我们可以引用张载言论补充说明之:

太虚无形,气之本体。其聚其散,变化之客形尔。至静无感,性之渊源;有识有知,物交之客感尔。客感、客形与无感、无形,惟尽性者一之。

——张载《正蒙》

第陆章 马一浮：释道儒成一家言 一代宗师阁问谁

张载此处所言，乃万物由气而成，知识乃有感于物而成。张载之理气合一论始见矣！而关于宋儒对佛教之议论，张载之见解尤为高出他人一筹，此点乃马一浮盛赞张子言论以补救佛教理论所容易导致的问题之原因，此处引用张子之言以证之：

知虚空即气，则有无隐显，神化性命，通一无二，顾聚散出入形不形，能推本所从来，则深于《易》者也。若谓虚能生气，则虚无穷，气有限，体用殊绝，入老氏"有生于无"自然之论，不识所谓有无混一之常。若谓万象为太虚中所见之物，则物与虚不相资，形自形，性自性，形性天人不相待而有，陷于浮屠以山河大地为见病之说。此道不明，正由懵者略知体虚空为性，不知本天道为用，反以人见之小，因缘天地。明有不尽，则诬世界干坤为幻化；幽明不能举其要，遂躐等妄意而然。不悟一阴一阳，范围天地，通乎昼夜，三极大中之矩，遂使儒、佛、老、庄混然一途。语天道性命者不周于恍惚梦幻，则定以"有生于无"为穷高极微之论。入德之途，不知择术而求，多见其蔽于陂而陷于淫矣。

此段论述，乃历代儒者中对抗佛道最得力之言论。然就其本质而言，世界本体果为何物？如何而成？天地演化、万物竟生何以至此？此乃所有学说之根本无法逃避之处，而现代物理学及进化论者认为乃物质粒子演化而成，有物质而后有意识，有动物而后有人类之发展。从唯物主义观点而言，认其为真理。其实其中存在着严重的逻辑错误，设若物质、意识为本来二物，则物质中产生意识，岂不无妄而生也？此乃物质主义者无法解答之问题。就儒家而言，则无极而太极，太极而两仪四象，最后演化而成万物。儒家从来不将物质与意识绝对对立，此乃儒家"体用不二"之原则。道家则归于道之不生之生，最后自然而然成其世界宇宙。儒家言"极"，道家言"道"，佛家言"真如"，此乃儒道释关于世界本原之说明。脱言筌而体悟，由文字而心灵，释道儒之融通当从此处入手，方可"曲成万物而不过"。马一浮深得其中奥妙，一即一切，一切即一。从根本处领悟释道儒三教，融通无碍，方便说法，今诉诸文字，当以三个层面来说明马子释道儒融通之学。

简而言之，马一浮融通三教之学可从三个层面展开论述，其一为归根摄用，三教宗旨之融通也；其二为名相之辩，三教概念之融通也；其三为全体大道，三教体系之融通也。关于第一点，我们可以从马子以下言论知其端倪：

推之儒佛之争、佛老之争，儒者排二氏为异端，佛氏亦判儒家为人天乘，老庄为自然外道。老佛互诋，则如顾欢《夷夏论》、甄鸾《笑道论》之类。乃至佛氏，亦有大小乘异执，宗教分途。道家亦有南北异派。其实，与佛老之道，皆无涉也。儒家既分汉、宋，又分朱、陆。至于近时，则有又成东方文化与西方文化之争，玄学与科学之争，唯心与唯物之争，万派千差，莫可究诘，皆局而不通之过也……。欲除其病本，唯在于通。知抑扬只系临时，对治不妨互许，扫荡则当下廓然，建立则异同宛尔。门庭虽别，一性无差。不一不异，所以名如。有疏有亲，在其自得。一坏一切坏，一成一切成。但绝胜心，别无至道。庄子所谓"恢诡谲怪，道通为一"。荀卿所谓"齐物变怪，仓卒起一方，举统类以应之，若辨黑白"。禅家所谓"若有一法出过涅盘，我亦说如梦如幻"。《中庸》之言最为简要，曰："不诚无物。"孟子之言最为直截，曰："万物皆备于我矣。"《系辞》之言最为透彻，曰："天下同归而殊途，一致而百虑。天下何思何虑。"盖大量者，用之即同。小机者，执之即异。总从一性起用，机见差别，因有多途。若能举体全该，用处自无差忒。

以上为马一浮在《读书法》中一段言语，虽意在读书之法，然可以从中看出马子融通三教之功力，此乃马子从根本上融通三教之体现。马子此类言语多多，皆随机阐发，不胜枚举，今再举一例，以明其旨。

大凡立教，皆是不得已之事。人人自性本来具足，但为习气缠缚，遂至汨没，不得透漏。所以从上圣贤，只是教人识取自性，从习气中解放出来。习气廓落，自性元无欠少，除得一分习气，便显得一分自性。上根之人，一闻千悟，拨着便转，触着便行，直下承当，何等骏快，岂待多言。但上根难遇，中根最多。故孔子曰："中人以上可以语上也，中人以下不可语上也。"佛氏亦有三乘顿渐，教启多门，令其得入，皆是曲为。今时广垂方便，所谓为慈悲之故，有入草之谈也。先儒以乾为圣人之学，坤为贤人之学，即表顿渐权实。以佛法准之于易，乾表真如门，坤表生灭门。所言学者，即生灭门中之觉义也。（马注：《起信论》一心二门，与横渠心统性情之说相似。）《通书》曰："诚无为，几善恶。"诚即真如。几即生灭。善恶者，即觉与不觉二相也。

——马一浮《涵养致知与止观——续义理名相三》

第陆章 马一浮：释道儒成一家言 一代宗师阁问谁

任何学术思想之成立，必以概念之确立，方法以辩证，而后自成体系，唯受者自悟，体察涵泳，得其宗旨。三教依然，佛教之基本概念有四大、五蕴、六尘、八识、九地、十二因缘、三量三性及三境等；道家有天、道、玄、无、同、一、异、化等；儒家则有体、用、心、性、命、天、道、常、变等。而就其实质，不管是佛教、道家抑或儒者，透过其概念之表述，大都探讨常与变、异与同、体与用、能与所、道与德等之辩证，而此三者乃释道儒就概念名相等融通之核心概念之诸种，马一浮多处阐述其中之关系与融通，此乃我们所言马子之三教概念之融通之层面，举例如下：

> 天下之道，常变而已矣。唯知变而后能应变，语变乃所以显常。《易·恒》之《象》曰："雷风，恒。君子以立不易方。"……。盖人之习惑是其变，而德性是其常也。观变而不知常，则以己徇物。往而不反，不能宰物，而化于物，非人之恒性也……。物之变虽无穷，而吾心之感恒一。故曰"天下之动，贞夫一也"言其常也。老氏亦曰："不知常，妄作凶。"故天下之志有未通者，是吾之知有未致也。天下之理有未得者，是吾之性有未尽也。揆而知其类，异而知其通，易简而天下之理得，夫岂远乎哉……儒者先务立志，释氏亦言发心，此须抉择是当，不容一毫闲杂。圣狂由此分途，惑智莫能并立。随时变易以从道，斯知变矣。夭寿不二以俟命，斯知常矣。
>
> ——马一浮《开讲日示诸生》

以上马子所言乃释道儒中"变"与"常"之融通，知变守常，守常从道，从道恒一，唯在一心耳！

《礼运》曰："夫礼，必本于太一，分而为天地，转而为阴阳，变而为四时，列而为鬼神。"《繁露》曰："天地之气，合而为一。分为阴阳，判为四时，列为五行。"《说文》曰："唯初太始，道立于一，造分天地，化成万物。"此并是明理一分殊。太一即太极也。《易》曰："易有太极，是生两仪，两仪生四象，四相生八卦。"不是天地之上，复有一太一。不是两仪之上，复有一太极。濂溪曰："五行，一阴阳也。阴阳，一太极也。"此谓摄用归体。程子曰："人即天，天即人。言天人合者，犹剩一合字，方为究竟了义。"是义，唯佛氏言一真法界，分齐相当。自佛氏言之，总该万有，即是一心。自儒者言之，通贯三才，唯是一性。彼言法界有二义。一是分义,一一差别有分齐,故即分殊也。一是性义,无尽事法同一性,故即理一也。于一理中见分殊,于分殊中见理一,则是一即一切,一切即一,如性融通,重重无尽。全事即理,全人即天,斯德教之极则也。

——马一浮《孝经释义四》

以上马子所言,尽摄儒家之"理一分殊""体用不二",佛教之"真如生灭"、"法性实相",道家言"太极阴阳"。乃三教"体""用"之融通也!

又《中庸》以明、行对言。道之不明,知者过之,愚者不及也。道之不行,贤者过之,不肖者不及也。贤智分属知行,可见知德为智,行仁为贤。犹《华严》以文殊表智,普贤表行也。贤智愚不肖,即圣凡迷悟二机,君子小人二道。佛有四圣六凡(作者注:即佛教之十界,佛门中佛、菩萨、缘觉与声闻,与三界中之六道:天、人、阿修罗、地域、饿鬼、畜生道等)儒家只明二道,但简贤智之过实无异。

——马一浮《孝经释义四》

以上乃马子关于"知、行""德、智"之儒佛互通也!

来者其相未显,而理已在。所谓万象森然毕具也。藏往不是经验,知来不是推测。以藏往则无往,知来则无来。不往而往,所以为智。不来而来,所以为神。欲知来往者是,欲知往来者是,故往实无往,来亦非来。此即《中论》不来亦不去之旨。亦即《肇论》物各性住于一世之谓也。此义骤难解会。象山谓人有一身蓍龟,却看得活。

——马一浮《洪范约义七》辩从违吉凶附语

以上乃马子言《周易》"藏往知来"与佛教《肇论》、《金刚经》等"不一不异"之融通。所谓圣人至诚,唯深唯几,故能感而遂通,藏往而知来,不一不异,不去不住,即空即色,佛门之境界与儒家之修为大可以一观之,此并非仅仅概念之融通,更关乎名相之无执,人我之一体哉!

何谓不迁义?妄心念念,生灭相续,故名迁流。真心体寂,故名常住。所谓"不住名客,住名主人"。(作者注:不住即不知常,故名客)以其常住,故不迁矣。象曰:"时止则止,时行则行。动静不失其时,其道光明。"此谓一切时不迁也。世为迁流,界为方位。如实而谈,则念劫圆融,虚空消陨。无有延促,无有去来。

此为止之了义。《法华》云:"是法住法位,世间相常住。"《放光般若》云:"法无去来无动转者,依世间争说有三世十方。若自心流注想断,无边虚空,觉所显发。动静二相,了然不生。则三世十方一齐坐断。"《起信论》云:"一念相应,觉心初起。心无初相,以远离微细。念故得见心性。心即常住名,究竟觉是也。"又云:"智净相者,如大海水,因风波动,而水非动性。若风止息,动相则灭,湿相不坏。"故众生自性清净,心因无明而动,而心非动性。若无明灭,相续则灭,智性不坏。故前是就觉体离念说,此是就本觉随染说。以此显止,乃为究竟无余。故《学记》曰:"大时不齐。"言无分限也。老子曰:"大方无隅。"言无边际也。时止则止,时行则行,动静不失其时,所谓动亦定,静亦定(作者注:此乃伊川语),更无动静二相也。

马子以上所言,融通释道儒三家,不迁乃止,动静而定,直达真如之境,了却圣人之诚,无非大道之行,来去一心而已。此乃马子言概念而达其旨,不可单以名相之辩论之。可谓释道儒之"常与变""止与观""道非道"之融通也。

下面略论马一浮释道儒三教体系之融通。

学问本于一心,而人同此心,心同此理,故而所有学问必有融通之处,然学术思想之成立,赖于创造者之思维、个性、心胸以及其学问终极目的,故而多有不同,就体系而言之,则中西印诸种,就中国学术而言之,则重在释道儒三教之融通。马一浮精研国学,浸淫百家,贯通融会,自有其体会心得。而就佛教之体系言之,历代高僧大德,博学鸿儒解说者众多,而就佛门而言之,则有华严、天台、禅宗、密宗、净土等诸多分判。关于佛教之体系之解读,马一浮引用华严、天台之说,总说如下:

天台家释经,礼五重玄义。一释名,二辩体,三明宗,四论用,五判教相。华严家用十门释经,谓之悬谈。一教起因缘,二藏教所摄,三义理分齐,四教所被机,五教体深浅,六宗趣通局,七部类品会,八传译感通,九总释经题,十别解文义。

——马一浮《孝经释义四》

马一浮寥寥数言,即将天台宗与华严宗之体系明确无误——道来,读者诸君若欲真正了佛教之体系,当然可从天台与华严二宗而起,也可从法相宗与禅宗、密宗而深入，天台宗的创始人乃隋朝智𫖮大师，根据荆溪大师的说法，天台宗"以《法华》为宗髓，以《智论》为指南，以《大经》为扶疏，以《大品》为观法。故此外加《大智度论》、《大般涅槃经》、《大品般若经》亦为本宗旁依之经论"。天台宗就其根本而言之，则以《法华经》为佛教圆通之教、佛法真如之最高体现，而其对佛法之体会证悟则以龙树菩萨之《中观论》、《大智度论》为依托，经智者大师之《法华三义》之阐释，由一心三观而达致一念三千，由一念三千而经由《摩诃止观》成就佛法之修行。天台宗对佛教体系的认识则集中表现在其对佛教的判教之说，以佛祖之说法时间次第而言，则有五时传教之说，分别是"华严时、阿含时、方等时、般若时、法华涅槃时"五个时期；以说法之旨归及方法判教为化仪四教与化法四教，所谓化仪四教指顿教、渐教、秘密教、不定教，化法四教为藏教、通教、别教、圆教。华严宗顾名思义以《华严》为宗，经智俨大师与贤首大师而确立，华严宗以五时十宗判佛陀如来之所说一切法，所谓五时即小乘教、大乘始教、终教、顿教、圆教五个时期，十宗则指：（一）我法俱有宗，（二）法有我无宗，（三）法无去来宗，（四）现通假实宗，（五）俗妄真实宗，（六）诸法但名宗，（七）一切皆空宗，（八）真德不空宗，（九）相想俱绝宗，（十）圆明具德宗。前六宗即小乘教，七至十依序即大乘始教、终教、顿教、圆教，第十即华严之教旨。就其实质而言，华严宗以圆教为根本，提出六相与十玄之说，以法界缘起取代阿赖缘起（作者注：阿赖缘起即认为宇宙万物均由阿赖耶识因缘而生），可以说，华严宗与天台宗之判教方法均广为传播，堪称佛门判教之经典说法。马一浮融通释儒，借用佛教判教方法而重提儒家之体系，尊《礼记》经解一章之说，经儒家体系以判教方式而阐述，可谓援释入儒之明证，也乃其融通三教之表征，应为儒家之新说，可谓马子之独创。若果佛教之判教以时间次第与佛法三藏之旨归而言，则儒家判教之方法与原则又当如何？让我们看看马一浮说法：

已知条理为圣智之事，非偏曲之业，于何证之？求之六艺而已。六艺之道，条理粲然。圣人知行在是；天下之事理尽是；万物之聚散，一心之体用，悉具于是。吾人欲究事物当然之极则，尽自心义理之大全，舍是未由也。圣人用是以为教，吾人依是以为学。教者教此，学者学此。外乎此者，教之所由废，学之所由失。

今言判教者，就此条理之粲然者而思绎之，综会之，其统类自见，非有假于安排造作，实为吾心自然之分理，万物同具之根源。特籍言语诠表，抉而出之，显而示之而已耳，岂有他哉！

——马一浮《群经大义总说》

马一浮非常熟悉佛教之判教，但并未将其生搬硬套运用到儒家云云，而是，首先指出儒家之判教方法乃在于六艺之条理粲然，在于自心义理之大全，也就是说，马一浮利用佛教判教思想，充分整理挖掘儒家内在之条理，建立于历代大儒注疏的基础上，提出儒家判教的宗旨、纲目及方法等，下面我们可以看看马一浮儒家判教的根据与结论：

……

天台据《法华》判四教，慈恩依《深密》、《楞伽》判三时教（作者注：此乃法相宗或曰唯识宗之判教方法，为玄奘玄奘大师所创，依据为《解深密经》，所谓三时，谓有、空、中道三个阶段。其代表经典为《成唯识论》），贤首本《华严》判五教，然则判教之名，实始于佛氏之义学，儒家亦有之乎？答曰：实有之，且先于义学矣，后儒习而不察耳。今先出所据《论语》："子所雅言，《诗》、《书》执礼。兴于《诗》，立于《礼》，成于乐。"如曰："可与言《诗》，卒以学易。不学《诗》，无以言，不学礼，无以立"，"《诗》可以兴、观、群、怨，事父事君"。孟子引孔子言："知我罪我，其唯《春秋》，其义则吾窃取。"此见于《论》、《孟》者，即判教之旨也。《王制》："乐正崇四术，立四教，顺先王《诗》、《书》、《礼》、《乐》以造士。春秋教以《礼》、《乐》，冬夏教以《诗》《书》。"此四教之目也。《孔子世家》叙："孔子删《诗》《书》，定《礼》《乐》，晚而赞《易》，修《春秋》，及门徒三千，身通六艺者七十有二人。"此明孔子之门，益四教而为六艺。又《太史公自序》曰："儒者以六艺为法，六艺经传以千万数。"是六艺之目也。赵岐《孟子序》曰："孟子通五经，尤长于《诗》、《书》。"此五经之目也，皆判教也。至庄、荀之书，并陈六艺。《荀子·劝学》曰："《书》者，政事之纪也。《诗》者，中声之所止也。《礼》者，法之大分、类之纲纪也。"又曰："《礼》之敬，文也。乐之中，和也。《诗》《书》之博也，《春秋》之微也，在天地之间者毕矣。……"《庄子》天下篇曰："《诗》以道志，《书》以道事，《礼》以道行，《乐》以道和，

《易》以道阴阳,《春秋》以道名分。其数散于天下而设于中国者,百家之学,时或称而道之。"庄生之言与荀卿相同,言百家道之,则知治六艺者,不独儒家为然……。《礼记经解》引孔子曰:"入其国,其教可知也。其为人也,温柔敦厚,《诗》教也。疏通致远,《书》教也。广博易良,《乐》教也。洁静精微,《易》教也。恭俭庄敬,《礼》教也。属辞比事,《春秋》教也。故《诗》之失,愚;《书》之失,诬;《乐》之失,奢;《易》之失,贼;《礼》之失,烦;《春秋》之失,乱。其为人也,温柔敦厚而不愚,则深于《诗》者也。疏通知远而不诬,则深于《书》者也。广博易良而不奢,则深于《乐》者也。洁静精微而不贼,则深于《易》者也。恭俭庄敬而不烦,则深于《礼》者也。"此段文,人法双彰,得失并举,显然是判教的实证据。

——马一浮《群经大义总说》

从以上马一浮引用历代大儒之注疏,可知儒家判教有其内在条理与根据,马一浮最后总结道:

是皆据六艺以判教,其余不可殚举。要以《经解》为最精,庄荀为最约……。六艺之教,通天地、亘古今而莫能外也。六艺之人,无凡圣、无贤否而莫能出也。散为万事,合为一理,此判教之大略也。彼为义学者之判教,有小有大,有偏有圆,有权有实。六艺之教,则绝于偏小,唯是圆大,无假权乘,唯一实理,痛别始终,等无有二,但有得失而无差分,此又儒者教相之殊胜,非义学所能及者。

——马一浮《群经大义总说》

马一浮所言义学,乃指佛家义理之学,包含佛法三藏之多多,而最后马氏指出儒家之判教与佛门之不同,乃在于儒家判教"唯是圆大,无假权乘,唯一实理,痛别始终,等无有二,但有得失而无差分,此又儒者教相之殊胜,非义学所能及者"。马一浮此段言论之根源,在于儒家之宗旨与佛门之宗旨迥然有别,儒家"子不语怪力乱神""未知生焉知死",强调人生之过程及意义,一切修行及证悟乃在于一个完美的人生,或言"立言立德立功"之云云,生不逢时则"舍之则藏",故而一切教义莫不以人生之价值实现为宗,当然,儒家之价值观更强调的是超越于功名利禄之外的儒家理念的实现,也就是"仁义礼智信"的实现，由个人而家庭而国家而天下，至"大道为公，天下大同"为终极目标；佛教之教义首先要超脱生死，断除利欲，以不同宗派之修行，度己度人，最后行一切方便，直达真如之境，了却六道轮回之苦楚，再返回世间，度天下一切苦厄。故而佛法之大小、偏圆、顿渐等则依其修行之阶段与修行人之慧根相适应，而判教之方式与旨归应运而生，此乃儒佛体系融通之最当注意者。马一浮关于儒佛体系之融通，除判教之类比外，尚有顿渐教之于儒家，宗经与释经之于儒家，八识四智之于儒家，以下分别而言之：

儒者示教之言，亦有顿渐。如《通书》曰："学圣人有要乎？曰'有'。一而已。一者何？无欲也。无欲则静虚动直。静虚则明，动直则公。明通公溥，庶矣乎。"此顿教之旨也。伊川言："涵养须用敬进学在致知。"又曰："未有致知而不在敬者。"此渐教之旨也。

——马一浮《涵养致知与止观——续义理名相三》

以上为马一浮所言儒家之顿渐。

群经中赞圣人之德者，多言聪明。如《易》曰："古之聪明睿智，神武而不杀者夫。"《书》曰："明四目，达四聪，亶聪明，作元后。"《中庸》曰："聪明睿智，足以有临也。"盖聪明，是耳目之大用。睿智，是心之大用。犹佛氏之言四智矣。（马注：转八识，成大圆镜智。转七识，成平等性智。转六识，成妙观察智。转五识，成所作智。其言智者，即性也。其言识者，即情也。故谓转识成智，即是性其情，亦即是克己复礼也。聪明属成所作智。睿智可摄余三）

——马一浮《说视听言动续义理名相一》

转识成智乃唯识宗之旨归，转识成智与去染成净相对应，言菩提与涅槃之果位，马一浮已与天台、华严及净土、禅宗多有对照，融通儒佛。此处则以唯识宗"转识成智"之修行目的与儒家之"聪明睿智"相对应，可谓匠心独运之表现，也乃其随缘说法之显现。

马一浮对儒家判教之说，秉承先贤大哲，俱有其根据，然融通儒佛，以佛教思想及理念，挖掘儒家学术之内在理路，独开大旗，以判教之方释儒家之体，将儒家之分类从孔门四科至六艺经典而统筹有序，粲然有道，可谓一大贡献。此处再引用马子关于佛门释经与宗经之论比照儒家，提出释经与宗经之二分法，再次转述如下：

今定经部（作者注：明清时期指《十三经》之书）为宗经论、释经论二部，皆统于经，则秩然矣。（马子按：宗经、释经区分，本义学家判佛书名目，然此土与彼土著述，大体实相通，此亦门庭施设，自然成此二例，非是强为差排，诸生勿疑为创见。孔子晚而系《易》，《十翼》之文，便开此二例，《彖》、《象》、《文言》、《说卦》是释经，《系传》、《序卦》、《杂卦》是宗经。）六艺之旨，散在《论语》，而总在《孝经》，是为宗经论。孟子及二戴所采曾子、子思子、公孙尼子诸篇，同为宗经论。《仪礼丧服传》，子夏所作，是为释经论。《三传》及《尔雅》。亦同为释经论。《礼记》不尽是传，有宗有释。《说文》附于《尔雅》，本保氏教国子以六书之遗。如是，则经学、小学之名，可不立也。诸子统于六艺，已见前文。其次言史，司马迁作《史记》，自附于《春秋》，《班志》因之。纪传虽有史公所创，实兼用编年之法。多录诏令、奏议，则亦《尚书》之遗意。诸志特详典制，则出于《礼》。如地理志祖《禹贡》，职官志祖《周官》，准此可推，纪事本末，则《左氏》之遗则也。史学巨制，莫如《通典》、《通志》、《通考》，世称三通。然当并《通鉴》计之为四通。编年记事，出于《春秋》；多存论议，出于《尚书》。记典制者出于《礼》。而判其失亦有三：曰诬、曰烦、曰乱。知此则知诸史悉统于《书》、《礼》、《春秋》。而史学之名，可不立也。

以上从宗旨旨归、名相概念、佛儒体系之三方面论述马一浮融通之学，此乃就方便而言之，以力图解读马子博大精深体系之一途耳！若详细推究，当可于马氏著作如《宜山会语》、《复性书院讲录》中详细证之，此乃就内容而言之，马一浮关于释道儒之学，从《诗》、《书》、《礼》、《乐》及《春秋》、《易》中，融会无间，随手拈来，比如其以华严宗之十玄门对应十大之意（作者注：见马氏《观象卮言四辩小大》），以染净义对应气、理义，以婆罗提与达摩对话印证"视听言动"中即藏佛性，与儒家五事之体现相应，即："貌曰恭。言曰从。视曰明。听曰聪。思曰睿。"马子再引而申之，将儒家所言之"聪明"与"成所作智"对应，而将"睿智"与其余三智对应。马子所言，随机说法，一体显用而又摄用归体，直面境界而又反身而诚，岂不释道儒之大境界、大功夫哉！

六、马一浮之诗词

如果说马一浮的六艺之学为体，则其诗书篆刻为用，吾辈当于精研体悟其学理之外，尚需于其诗词书法篆刻中体其境界，明其心性，方能更加全面了解马氏之博大，深悟其学问之奥妙以及明了马氏人生之旨归。今略举其诗作数首，以便读者诸君详察焉！

早寒

高天霜露已先零，众醉何人解独醒。
坐对沧江怀远道，静看落叶下空庭。
故园台榭胡尘黯，环海鱼龙夜气腥。
莫向楼头吹玉笛，断鸿凄雁不堪听。

杂感

变而不动妙能神，诸妄销亡只一真。
若是无真安有妄，无形岂得影随身。

杂释

取境缘情有两轮，顺时起爱逆生瞋。
狂花瞖眼旋消陨，醒醉原来是一人。

灵隐偕肇法师共话，用见和韵

陆亘南泉语未差，任移片石补庭花。
长教大士舒千臂，谁与如来共一家？
岩树苍凝霜后干，茶瓯绿泛雨前芽。
却怜坏殿灯篝鼠，孤负池塘月夜蛙。

晚钟

胡姬习冶容,胡儿重钱刀。

胡风被中夏,举国称贤豪。

闻雁

天际飞鸿送远音,老农别有感时心。

声声渐入芦花去,谁向明年麦陇寻。

社戏

前村茄鼓赛江神,峒舞蛮歌囊演新。

一树斜阳鸦雀散,上场都是拆台人。

九日登尔雅台

井鬼分星地,龙蛇入梦年。

风云飞鸟外,寂寞众人前。

太古江流水,齐州日暮烟。

花华开已遍,白发卧秋天。

短歌行

云愁海思天苍苍,风高木落鸿雁翔。

仰看明月在庭户,不知零露沾衣裳。

乱离朋友异胶漆,干戈兄弟皆参商。

百年礼乐一朝尽,此语闻之行路伤。

山居消夏

雪岭不知暑,聋人谁辨音。

青蝇天下舌,凉月上皇心。

躁羽扬风疾,恬鱼入浪深。

但思千日醉,莫作九州箴。

屈原、杜甫,千古诗人之宗也,欲作淳风祠祀
凡深于诗者皆配焉,亦可使后生兴起。因作此诗以俟之。

屈原杜甫两无伦,诗到能愚始入神。
日月争光唯此志,江河不废赖斯人。
西天古佛应分坐,三代遗风可再淳。
欲向空山酬法乳,瓣香独拜泪沾襟。

观物
无用为时贱,忘身自古难。
风高知野旷,雪尽入春寒。
山鸟频惊猎,江船逆上滩。
物情良不远,避世敢求安?

暝
众山皆暝色,一念自无为。
独客乾坤里,孤舟双泪垂。
天长知水远,日暮令心悲。
不尽人间世,相逢阁问谁!

观马子诗作,或遣孤寂悲凉之心境,如《早寒》、《观物》、《暝》诸篇;或述释道儒之感怀,如《杂释》、《杂感》等篇;或箴言时弊,如《晚钟》、《社戏》诸篇;或表超然之旨趣,如《山居消夏》。而其悼屈原、杜甫之诗作,可见马一浮对屈原、杜甫之敬重,其言诗教之旨,尽在"西天古佛可分坐,三代遗风可再淳"一言。马一浮融释道儒而入诗,体心性之明鉴而成体,可谓体用不二,精益入微,不烦、不乱、不贼,以诗明其学问与人为,当粲然可辨矣!此处再引用马一浮本人在《蠲戏斋诗自序》中一段言语,与前数章交互印证,当知其诗其学之宗旨也!

诗以道志,志之所志者感也。自感为体,感人为用。故曰:正得失,动天地,感鬼神,莫近于诗。言乎其感,有史有玄。得失之迹为史,感之所由

兴也。情性之本为玄，感之所由正也。史者事之著，玄者理之微。善于史者，未必穷于玄。游于玄者，未必博于史。兼之者其圣乎？史以通讽喻，玄以极幽深。凡涉乎境者，皆谓之史。山川、草木、风土、气候之应，皆达于政事而不滞于迹，斯谓能史矣。造乎智者，皆谓之玄。死生、变化、惨舒、哀乐之形，皆融乎空有而不流于诞，斯谓能玄矣。事有远近，言有粗妙，是故雅正别正变异，可以兴、观、群、怨，必止于无邪。其称名也小，其取类也大。其旨远，其词文。故通乎《易》而后可与言博喻，为能极其深也。通乎《春秋》而后可与言美刺，为能洞其几也。通乎《诗》而后可以行礼乐，为能尽其神也。有物我之见存则瞵矣。心与理一而后大，境与智冥而后妙。故曰，圣人感人心而天下平和。

马一浮以上言论，被后人往往作为其诗学理论之根据，此处我们不必陷于琐屑，应如孟子言"必先立乎其大"之旨，解其为马子诗词之境界与学问融通之桥梁，马子所言之诗作当发以自感为体，感人为用，而其以玄、史为纬，可解读为其与哲学、宗教、艺术之相通也！就马氏学术体系而言之，则贯通《春秋》、《尚书》、《易》、《礼》、《乐》诸经，并与佛道不二，乃人心终极之表现也！今人往往以马氏诗作格律而言之，何其失之毫厘谬之千里也哉！

七、马一浮治学之鹄的

今国学大热，邪说纷纭，弟以师宗，非关乎正解也；文以财本，无学人之宗旨焉。马子融通古今，统摄学问于一心，藏于宗庙，教之乱世，当有其旨归，本部分简而论之，以成学术逻辑之必然，后文体悟之先导。

马一浮在《泰和会语》引言中言治国学者当有其注意事项：

论治国学先须辨明四点

此学不是零碎断片的知识，是有体系的，不可当成杂货。

此学不是陈旧呆板的物事，是活鲜鲜的，不可目为骨董。

此学不是勉强安排出来的道理，是自然流出的，不可同为机械。

此学不是凭藉外缘的产物，是自心本具的，不可视为分外。

由明于第一点，应知道本一贯。故当见其全体，不可守于一曲。

由明于第二点，应知妙用无穷。故当温故知新，不可食古不化。

由明于第三点，当知法象本然。故当如量而说，不可私意造作，穿凿附会。

由明于第四点，应知性德具足。故当向内体究，不可徇物齐己，向外驰求。

而马一浮治学之鹄的当以下面一段论述最为简要，特再次述及如下：

信吾国先哲道理之博大精微，信自己身心修养之深切而必要，信吾国学术之定可昌明。不独要措我国家民族于磐石之安，且当进而使全人类能相生相养，而不致有争夺相杀之事。据此信念，然后可以讲国学。

此段论述，明为信念，实为目的，当可认其乃马子治学鹄的无疑也！

八、马一浮生活中所表现出得精神气节举例

如果说马一浮的学问为体，诗书为用；而若以其学问诗书统一为体，则其生活处事为用，马一浮历次引用朱熹言论，认为学问之道，乃在于"变化气质，去其习染"。因此，若欲了解马子全部学问精神，除却认真钻研体悟其学术思想以及诗书篆刻等外，尚可以从其生活处事之诸种求得补充，以更全面更彻底了解马一浮全部学问之精神与马子独特之风骨气质。此处仅拈取数小事以观，以企管中窥豹之效，解马子之精神于细微之中。

马一浮一生精力全部用于治学之道，当年蔡元培请马一浮出山作教育部秘书长，没过多长时间，马一浮即辞去职务，言其只会读书，当然后人解读为其所推崇的学问与蔡氏之大有不同所致。

直隶军阀孙传芳当年占领浙江期间，曾上门拜访马一浮遭严词拒绝，今日之官员大不同于孙传芳，而学者之风骨又有几人可匹敌马一浮乎？

马一浮当年曾建议蒋介石治国之道："唯诚可以感人，唯虚可以接物，这是治国的根本之法。"其实，马子所言，岂非儒家内圣外王之核心哉？

九、总论

马一浮弘圣人之学，体佛道之妙，融会其间，信手拈来，随机说法，知变守常，道理一分殊之现量，说体用不二之真如，讲无为而为之缘起。统天下学问于六艺，悟六艺之道于一心，倡言其高妙卓绝，于战乱流离之世，勘身心之孤寂苦闷。而释道儒之融通，大道之行于天下，非马子之类不懈之努力而难临，光明遍觉世间，尚需代代学人崇正不二正法，今感怀系之，布余其学，乃吾之大幸哉！马子所言"不尽人间世，相逢阁问谁"之苦寂，其在天之灵，吾之摄心受用，默而契之，当可知之矣！

第柒章

 熊十力：誓破唯识筑新学
　　　　翕闢转化成大道

第柒章 熊十力：誓破唯识筑新学 禽闸转化成大道

熊十力，原名继智，又名升恒、定中。号子真、逸翁，晚年号漆园老人。民国时期之哲学大师，其学或援儒入佛，或援佛入儒，而力求汇通其间，自成一体，著有《心书》、《读经示要》、《新唯识论》、《中国历史讲话》、《中国历史纲要》、《乾坤衍》、《体用论》、《原儒》《十力语要》《十力语要初续》《存斋随笔》等。其学术思想之核心在于体用不二之阐发，融佛学之唯识体系与《易经》之道为一体，恣意汪洋，评点历代诸儒佛辈，以求其大同，断其缠枝，于民国时期成立其独具特色之思想体系。后世弟子乘其端续，每有新见，于中国固有学问之广布功莫大焉，本篇以其生平之简介肇其端绪，以其学术思想之脉络见其宗旨，以其学术研究方法括其内容，以其精神人格之特质究其原委，以后续之学之新解完其篇章。

一、生平

熊十力，湖北黄冈人氏，生于1885年，卒于1968年。幼年家境贫苦，聊取家中经史读之。十五岁,方于师门受学半年,后参加湖北新军,入陆军小学堂。兹后跟随孙中山,于党政之争中愤然叹曰"竞权夺利,革命终无善果",转而潜心问学,初觉儒家平易,未有深解。后师从欧阳竟无,醉心佛学,乘其师法相、唯识两派之说,终觉佛家宗旨归空,随破唯识学,再入儒学,以儒家《大易》阐发体用不二之理,以救所谓"顽空"之弊。《新唯识论》出而兴轩然大波,见仁见智,攻之者言其"弃圣灭祖",赞之者言其"平章梵华"。常与人大谈国学,自信其对儒佛两家之解说乃佛陀与孔圣之本意,大开大合,率性随真。后怜其学之无人问津,慨叹国学之衰亡,于人间非境中受尽屈辱,常哀叹"中国文化亡矣"。穷其一生,力竭髓衰,不忘国学之传承;哀世之中,穷究"体用"于一体。时光荏苒,其学轮回,今以此篇奠基先贤,广布精神,以俟大雅君子共识焉。为解其思想,当先论其儒学,提炼其学术研究之法,再叙其史学与佛学,进而总结其体用不二之体系,最后探究其精神特质及与其学术思想之间之关系,以明了熊氏之核心焉。

二、熊十力之儒家说

(一)熊十力之儒家统摄论

熊十力关于儒家学说之著作主要包括《心书》、《读经示要》、《原儒》、《乾坤衍》、《体用论》等著作。本部分以熊氏《读经示要》及《原儒》之研判为重点,而关于《乾坤衍》、《体用论》等著作俟后于介绍其学术思想之体系与核心时再行解读。

熊十力于三十年代避难期间在梁漱溟主办的四川勉仁书院中讲学,后编著成册,为《读经示要》,乃其于《心书》之后儒家学说研究与体悟之总结,其中有对历代儒家学说之评判,以勉励学员于儒家学说之多所研读为其成书之宗旨,然尤能反映熊氏关于儒家学说之根本观点,故而略作介绍,以观其儒家说之大概。继之者当以其《原儒》一书反映其晚年儒家研究之递进。而本部分中关于熊氏儒家学说之研判,寔为后续熊氏学术思想介绍之铺垫,今略述之乘后续也。

简而言之,《读经示要》一书开宗明义,言"经者,常道也"。其次,以姚鼐所言之"义理、考据、辞章"并之以曾国藩"经济"四意概学问之全体,并进而论述四者俱可统摄于儒家之五经。再论及所有学问包括西方科学等也可以完全该摄于五经之内。此乃熊氏早期之儒学观点,联想到当时熊十力曾与马一浮一起讲学于复性书院,其学术思想或受马一浮之影响,或者英雄所见略同,今无从求证,但指出其中之同异,别不所论。就其论述方法而言,马子以六艺该摄经史子集,再进而该摄天下一切学问。熊氏则以六艺该摄"义理经济考据辞章"而展开,两人之基本观点一致,仅仅论述方法及推进之次第有所区别。本人于《马一浮学术思想概述》一文已详细解释并分析马一浮之学术思想体系,关于熊十力此处之观点,不再一一剖析,有兴趣者参看原文即可。

(二)熊十力对儒家所言"道"的解读

熊十力以《论语》"道不远人"、《中庸》"率性之谓道"、《大戴礼》之仪礼之本、《大易》之乾卦刚健精神、《孟子》之"夫道,一而矣已"互相阐发,并参老庄,批驳佛氏之空,究其实,熊氏不过借用经书之言,以说明道兼体用,乃生生不息之意。熊氏进而将"道"分为以下九点而论之,以明经中之常道,熊氏言:

一曰以仁为体

二曰格物为用

三曰诚恕均平为经

四曰随时更化为权

六曰道政齐刑,归于礼让

七曰以人治人

八曰极于万物而各得其所

九曰终之于群龙无首

熊氏九个方面之对道之阐述,可理解为其体用不二核心理念之雏形。其九点论述,第一条可认其为"体"之说,而从第二条到第九条,均可理解为"用"之解读。第一条,则熊氏以"仁"为本,以立人极,而第二条则以"格物"为用,乃诚意之基础与实现也。第三至第八条则由诚意正心格物致知推而为政、为治之原则及目标。第九条则以《周易》乾卦第六爻说明儒家之"大同世界"之特征，即消除一切阶级及不平等现象之终极理想社会特征。其通过对历代儒家学说以及老、庄、佛氏之理论之批判，"体用不二"之理念已呼之欲出。总而括之，熊氏《读经示要》一书可以认为是熊氏对历代儒家学说之评点，而其旨归则归结为孔子"修齐治平"之内圣外王之道。关于熊氏对儒家学说更系统更全面的解读则以其《原儒》一书为标志，下面简单介绍熊氏此书。

（三）熊十力《原儒》概说

熊十力《原儒》一书分《原学统》、《原外王》、《原内圣》三部分，其在序言中言简意赅地说明了此书的主旨及内容，此处引用如下：

《原学统篇》约分三段：一、上推孔子所承乎泰古以来圣明之绪而集大成，开内圣外王一贯之鸿宗。二、论定晚周诸子百家以逮宋明诸师与佛氏之旨归，而折中于至圣。（熊注：《史记·孔子世家》赞，称孔子为至圣。后世因之。）三、审定六经真伪。悉举西汉以来二千余年间，家法之墨守，今古文之聚讼，汉宋之嚣争，一概屏除弗顾。独从汉人所传来之六经，穷治其窜乱，严覆其流变，求复孔子真面目。而儒学之统适定。

以上熊氏言论，当知其对儒家文化旨在追求儒家之宗旨，故而可知熊氏后期之论述中对孔子之后之儒家多所批判，此乃其旨归所决定。

《原外王篇》以《大易》、《春秋》、《礼运》、《周官》四经，融会贯穿，犹见圣人数往知来，为万世开太平之大道。格物之学所以究治化之具，仁义礼乐所以端治化之原。（熊注：天地万物同体之爱，仁也。博爱有所不能通，则必因物随事而制其宜，宜之谓义。义者，仁之权也，权而得宜，方是义。义不违于仁也。老子曰："失仁而后义。"此不仁之言耳。失仁焉得有义乎？其流为申韩，非偶然也。乐本和，仁也。礼主序，义也。）《春秋》崇仁义以通三世之变，《周官经》以礼乐为法制之原，《易大传》以治物、备物、成物、化裁变通乎万物，为大道所由济。夫物理不明，则无有开物成务。《礼运》演《春秋》大道之旨，与《易》《大传》知周乎万物诸义，须合参始得。圣学、道器一贯，大本、大用具备，诚哉万世用赖，无可弃也！

《原内圣篇》约分三段，从开篇谈天人为第一段，谈心物为第二段，总论孔子之人生思想与宇宙论而特详于《大易》，是为第三段，《原儒》以此终焉。（熊注：《原内圣篇》皆是发《大易》之蕴，不独第三段文也。乃至《原外王篇》亦莫非根据易道，故第三段祇云特详。）

以上熊氏所言，可看出熊氏贯通儒学，以《易》、《春秋》为本，而内圣外王之旨可得而明焉。

熊十力再言其儒家内圣外王之体现，共分以下数点，此处极其重要，可看作熊十力对儒家本质之认识，也是熊十力学术体系核心观点之呈现，故而引述如下：

内圣外王之鸿规。本体、现象不二，（熊注：遗现象而求本体，是宗教之迷也。）道、器不二，（熊注：道者，本体之目，器为物质宇宙。）天、人不二，（熊注：天者，道之异名，是人生之大原也。人生与其所由生之大原不二）心、物不二（熊注：心物本实体流行之两方面。）理、欲不二，（熊注：后人严于天理、人欲之分。）动、静不二，（熊注：动而不乱，是动亦静也；静而不滞，是静亦动也，大化流行之妙如是。人生不可屏动而求静，亦未可嚣动而失静。）知、行不二，（熊注：《中庸》言修学之方，曰"博学"、"审问"、"慎思"、"明辨"、"笃行"，此阳明子"知行合一"之论所祖也。）德慧、知识不二，（熊注：正智无迷妄，与道德合一，故云德慧）成己、成物不二，（熊注：治心养心之道，是成己之实基也。裁成天地，辅相万物，乃至位天地、育万物，是成物之极致也。人心与天地万物，本通为一体，故圣学非是遗天地万物而徒返求诸心，遂谓之学也。）

以上所言，可知熊氏的体用不二之学之根源在于儒家之《大易》，而其参考及批驳历代诸儒之原委则在于回归儒家之体用不二之宗旨，可谓熊氏学术之所以"立"之根基，而其对佛氏之执空之"破"，则已在其自注中显现。以反面论证其体用不二之宗旨。体用本不可分，若以言筌而明辨，其体则为"天、心、理"等，而其用则为"人、物、欲"等诸方面。由体用不二之总原则出发，则人生论与宇宙论合二为一，心、物本诸流行（作者注：实乃出自佛教思想，后当详论），理、欲当统一（作者注：此乃熊氏从对程朱理学之批判而得），知行不二,（作者注：此乃熊氏消融阳明学于其体用不二之宗旨）,成己、成物不二（作者注：此乃熊氏集内圣外王与一体之明证）。

熊十力在《上卷绪言》第一中再次言道："余年三十五,始专力于国学,上下数千年间颇涉诸宗,尤于儒佛用心深细。窃叹佛玄而诞,儒大而正,卒归本儒家《大易》。批判佛法,援人于儒。"此处可见其援佛入儒之明证,完全可以理解其体用不二之核心来源为《大易》。而熊十力认为儒家之学说,经秦废儒书后,不得真传,汉儒即为支离耳!（作者注：可参看其《原学统篇》）那么,熊氏认为儒家学说之主要部分有那些内容,以及真正主旨又有哪些？

前述熊氏《读经示要》其儒家之根本观点与马一浮几乎一致,而在《原儒》中,熊十力对儒家学说提出新解,在驳斥秦汉以降诸儒之解读外,确定孔子编纂六经,应包括两方面的内容,熊十力言：

孔子之学,殆为鸿古时期两派思想之会通。两派者：一、尧舜至文武之政教等载集足以垂范后世者,可称为实用派。二、伏羲初画八卦是为穷神知化,与辩证法之导源,可称为哲理派。孔子五十岁以前之学大概专精于实用派……自五十学《易》,而后其思想别开一新天地,从此上探羲皇八卦,而大阐哲理,是其思想之一大突变也。

——《原儒》原学统第二

以上熊氏所言,可知其对儒家理解之独特之处,因历代儒家诸子将孔子之六经视为圣经,大多从其中阐发儒家之核心理念,而其中尤以《诗》《书》《礼》、《春秋》为重,对《易经》之解读,则往往存在象数与义理两派,即使重视《易经》价值者,如郑玄、孔颖达、程氏兄弟、王安石、朱熹等儒家代表,也并不否认其他五经之重要意义以及核心理念,也就是说历代诸儒并未将仅仅除《易经》以外的五经看作实用性之书,反而甚至更为强调其作为儒学核心体系的重要理论价值。迄至民国同时代之诸大家,同样看中其中的体系及其价值,比如,梁任公重点发掘儒家之政治及经济思想,王国维论述其性命道之含义,张君劢则从中西同期之比较来挖掘其义理价值,胡适虽重考据与实用,然仍不忘儒家之自成体系之说,文化史及史学大家柳诒徵则从文化及历史两个角度阐述儒学之意义,马一浮则汇通其间,指出其中之观念之互通与融合处多多,其他诸家之观点，或延续程朱，或独尊阳明，或传承晚清张之洞、曾国藩辈等，或上溯汉儒为宗，不一而足。熊十力此处对儒家之论断，可以表明熊十力独具特色之学术理念及体系之肇始，应当给予足够重视。当然，熊氏对儒家学说关于实用之说明，来自于其对《论语》中"《诗》、《书》、执礼"一言之辩证。熊氏从对晚明学者方以智之解读，认为"执"乃讹传，应为"艺"字，故而所谓《诗》、《书》、《艺》、《礼》四科均为实用之学。当然，此处我们不对熊十力所引用的方以智之考证之正确与否进行论证，主要目的在于介绍熊氏学说之论点来源。熊氏对儒家实用性之论断，主要表现在其对《礼》（作者注：主要指《仪礼》《周官》、《大小戴记》）之总结，熊氏认为其实用性主要表现在"敬"、"序"、"时"三义，所谓"敬"，诚敬以防私欲与偏差；所谓"序"，导民以秩序也；所谓"时"，随时而变之礼也。

熊十力所认为孔子阐发《易》道，其根据有二，其一为《史记·孔子世家》中所记述孔子为《易》作传，其二为对《乾》、《坤》两卦之解读。而熊氏之旨，重点在于《易》道之体现，则为孔子所言之内圣外王之道，而"成圣必须学"，故而熊氏圣学之目的在于"穷理、尽性以至于命"。熊氏言：

理者，一本而万殊，（熊注：一本者，就此理为万化根源而言之也。万殊者，就此理散著为万化万物万事或一切事物之律则而言之也。）万殊而一本也。（熊注：譬如大海水现作众沤，众沤即是一水也，万殊一本之理由此譬可悟）

性者，约理之为一本而言。吾人得此理以生，故此理在人，即谓之性。

命者，流行义。此理流行不息，德用无穷，是为吾人与天地万物共有之本体。

熊十力对儒家之新解读分儒家之内容为实用与哲理二派，以儒家所推崇的《易》实为中国文化之源泉，而道家老庄之学皆为易道之阐发，法、墨、名等诸子皆为儒家之学之传承。而其中对法家之学与儒家之民主理论之比较，实有创见（作者注：历代诸大家如孟子、周子、程朱、王阳明、黄宗羲、梁启超等亦有阐发，须贯通以读），其不同于许多对儒家仅重视礼乐制度之解读者，认为中国民主法制之基础早已存在于儒家之典籍中，熊氏言：

一曰、君主专制之政，则法生于君。《管子·任法篇》曰："有生法，有守法，有法于法。夫生法者君也，法于法者民也。"是为法家君主专政论派之理论。

二曰、民主政治或难骤至，则本群众公意制法、以限制君权，是以民主之始基也。故曰法籍、礼义所以絷君使无擅断，则君宪之治，晚周法家民主论派固发明最早矣。

三曰、晚周法家民主论派必由儒者首创。所以者何？儒学本有民主思想，其变儒而为法亦甚易。又如前引，以法籍、礼义并重，不纯主乎法也，可窥其渊源所在……。

附识《管子》书之《心术》、《白心》、《内业》诸篇，胡适等以为错简，殆未深究耳。此书原本儒家，融会道家，盖随在可窥见。

综上所述，熊十力对中国文化之认识，认为儒家乃一切学术文化之渊源，与马一浮可谓英雄所见略同，所不同的是，熊氏以破立并重之方法与马子共参究竟之比对不同，熊氏从对先秦诸子及秦汉以后历代儒家解读之批判入手，进而阐发儒学大义，熊氏许多观点，可谓发人所未发，故而同时代及后人则见仁见智，众说纷纭。熊氏破立并重，以破见立，乃熊氏重要研究方法，此方法若展开而言，必有其支撑，而熊氏从历代文献及史料及诸子作品中详加考证，此乃熊氏研究方法之向下之铺展之支撑，今略具一二之例，以明了熊氏独特之观点及研究方法。

熊十力认为儒家学说乃中国一切学术之源泉，道家故在其中，必为儒家之传承，熊氏认为老子出生于孔子之后，即是其观点之展现（作者注：古人不论，同时代中马一浮、吕思勉、钱穆以及熊氏弟子牟宗三等多以为老子后于孔子，当然论据各异，此处不详论）。

熊氏言：

且《庄子》书中称孔子见老聃者有二处：一言孔子南之沛见之。一言孔子西适周见之。老聃若是周室史官，何为南居沛乎？余按《礼记·曾子问篇》："孔子曰：'昔吾从老聃，助葬于乡党'"云云。据此文则老聃盖有二：一为鲁国之老聃，孔子与郊游者。《曾子问篇》载其言，犹可想见其人为精于古礼之纯儒（作者注：胡适《说儒》中考证儒家乃商之遗民好礼者）。二为著《老子》书之老聃，实为道家之祖，《史记》称为隐君子。《庄子·天下篇》以之与关尹并列。决有其人。《天下篇》叙论诸名家之学有学术史性质，其人之名氏与学派皆赫然可考，何至凭空伪造一老聃列于其间乎？余谓作《老子》之老聃当时南方小国之逸民，后来其国灭于楚，故六国时人多以老子为楚人。

——《原儒》卷下 原内圣学

熊氏上述考证，足可见其相信儒家为中华文化之宗之信念之坚定，至于其结论，当然见仁见智，今不加评判，略知熊氏风格与学术方法及其观念之参考也。

（四）熊十力儒家学说小结

简而言之，熊氏关于儒学之研究，大概包括以下几方面内容：

1. 从时间观点来看，儒学可谓中国学术之源泉。

2. 从内容角度审视，则孔子除六经著述之外，尚有六传，即《诗传》、《书传》、《春秋传》、《易传》、《礼传》、《乐传》。仅《易传》保存，其余则遗失殆尽。即是六经，大多数已被篡改，可谓面目全非。

3. 从儒家学说之核心而言，当可分为"内圣学"与"外王学"。可分别从孔子六经以及《史书》、《汉书》、《论衡》、《老子》、《庄子》等著作中辩证得之。

4. 从现代学术观点而言，也就是从西方哲学观点而言之，则包括人生论与宇宙论之两面。

5. 从历代诸儒及佛、道之辩证角度而言，则孔子学说应该为"体用不二而可分"之学说。

6. 从人类历史进程而言，儒家当为终极真理之学，其所宣扬的大同世界应该为人类之终极理想及奋斗目标。

熊氏以上结论，大都根据前述所介绍的研究方法而得之，今略加补充说明。关于第一二两条，可于其《原学统二》中一一证之，而熊氏同时指出儒家学说之总结，以涵盖晚周诸子学说以及儒学之广大细微之处。

孔子上承伏羲、尧、舜以至文武之道，下启晚周诸子百家之学……（儒家之学）以仁为恩，以义为理，以礼为行，以乐为和，谓之君子……以法为分，以名为表，以参为验，以稽为决，其数一二三四是也，百官以此相齿，以事为常，以衣食为主，蕃息蓄藏，老弱孤寡为意，皆有以养民之理也。配神明，醇天地，育万物，和天下，泽及百姓，明于本数，系于末度，六通四辟，大小精粗，

其晕无乎不在。（作者注：此乃熊氏借用《庄子·天下篇》言以明儒家之旨也）

以上熊氏所言，既说明儒学之大统，又提出其内圣外王之旨归。而关于儒家学说之内圣外王之方面，熊氏当有更多论断，此乃上述第三条之辩证，简而言之，熊氏认为儒家内圣学主要包括两个方面，一曰天人不二义，一曰心物不二义。天人不二义，则可认为统之于道，熊氏列举《大戴礼》、《中庸》、《周易》辩证甚详，不胜枚举，如《中庸》言"大哉圣人之道，洋洋乎，发育万物，峻极于天"，《周易》言"一阴一阳谓之道"，《大戴礼》"分于道谓之命"等，而其援佛入儒之证，或可列举如下：

道之本义为路，从路义而引申之则有由义。天道之道以训诂言，应曰道者由义。由字复有二义：一者因义。二者行义。

以上所言因义，则可理解为佛氏所言之因，而行义，就佛氏而言，则为心物迁流不息义。熊氏借用佛氏观点，以说明自性空而践行重，也就是"天道之在吾人而主乎吾身者，是名道心"。

熊氏言天人不二，就其实现言之，则必然得出心物不二之理。熊氏从《周易》之乾元性海之角度引申善之为长，德为之发，则有物有则，心物只是不二而已。熊氏通过儒家典籍反复论证，参之以老庄、佛氏以及西学之本体论宇宙论反复证明，以成其内圣学之解读。总而言之，则内圣学之精髓无过于"穷理尽性以至于命"一言。而关于外王学，熊氏则指出秦汉以降至诸儒篡改儒家典籍，至其纷繁淆乱，故而当从证伪开始。熊氏言：

孔子外王学之真相究为何种类型，其为拥护君主统治阶级与私有制，而取法三代之英，弥缝之以礼义，使下安其分以事上，而上亦务抑其狂逞之欲有以绥下，将以保小康之治欤？抑为同情天下劳苦小民，读持天下为公之大道，荡平阶级实行民主以臻天下一家，中国一人之盛欤？自汉以来，朝廷之宣扬与社会上师儒之疏释或推演，皆以六经外王之学属于前一类型。余由《礼记》中之《礼运篇》而详核之，已发见其削改原书，如前说讫，即由《礼运》之书被改窜而可判定六经外王之学属于前一类型。

——《原外王学第三》

从以上熊氏所言，当知其对外王学之评判为"大同世界"为旨归。而熊氏同时参之以比对《公羊传》何休注,以为孔子之三世义中"太平世"可与之对应。而对《周官》之解读,则孔子旨在"有二道焉,曰兴礼乐,曰本天下为公之道,以立制度"。再通过对《周易》之解读,尤其是通过孔子《易传》之理解,认为社会发展之规律,必"道以器显",重视格物之学与经济发展,由蒙昧而光明。再辅之以《诗》、《春秋》教义,所谓《诗》亡而后《春秋》作。以呈外王之道也。当然,最后熊氏则以国有化为大同社会之必有之路,关于此论,有学者指责其为趋时之言,今不得而知,但从其学术逻辑及研究路径而言,似可存而论焉。以上为熊氏儒家学说之小结,而欲详核其文,则当进一步了解其研究方法。故而下面论述熊氏之学术研究方法。

三、熊十力的学术研究方法

熊氏论述之法,莫不破立并重而相反相成者。立者,乃阐述熊氏之主张,破者,乃熊氏与古今诸家之说多有不合者。此举一例,关于熊氏对于佛法不满之批评:

夫耽空者务超生,其失也鬼。盖尝言之,佛家全副精神力量,只求拔出生死而已。此处不认真,而自命为佛氏信徒者,则自诳而诳佛者也。吾每曰:佛家毕竟是反人生的,故曰其失也鬼。鬼者,归也。陶诗所谓"毕竟归空无"也。此船山评佛之词,未为侮也。或有难曰:"小乘灰身灭智者,诚如公言。大乘之为道也,不住生死,亦不住涅盘。以生死涅盘,两无住者,乃名无住涅盘。公究心大乘者,奈何以耽空妄诋也?"答曰:厌生死,欣涅槃,小乘所以未宏也。不住涅槃,不住生死,大之所以异小者固在是。然不住涅槃,正为不为生死者说。然未能不住生死,不住涅槃之言未能尽进矣。故佛家为生死发心,遍征大小一切经纶。皆可见其精神所在。论语曰:"人之生也直。"大易直从乾德刚健,显示万物各正性命。故子路问曰:"未知生,焉知死?"故佛氏所谓生死,六经所不言。孔子着眼不在是也。孔子所谓知生之生,谓人所以生之理,即性也。非佛氏生死之生。生死之生,是惑乱之生,非性也。

以上熊氏一段语录,最能表明熊氏之主旨及论述之方法。而关于其对佛教批判,暂且不顾,留待后面熊氏之佛学研究再行辩证,此处,谨用以说明其论述之方法,其方法可以说贯穿于熊氏一切研究之中。

熊氏对历代儒者也多有批判,此处引用其对朱子《四书集注》中部分观点之批判,以供参考,一并说明熊氏研究方法中破之一面:

"三十而立。"(朱注:"有以自立,则守之固。而无所事志矣。"余(作者注:指熊十力,下同)谓朱子"无所事志"之说未妥。志是彻始彻终,彻下彻上,何可曰有以自立、即无事于志乎?佛氏到成佛以后,犹曰不放逸,与《大易》"君子自强不息"同旨。不息与不放逸,岂无所事志之谓欤?朱子以心之所之之谓志,似于志学解得粗。)

"四十而不惑。"(朱注:"于事物之所当然,皆无所疑,则知之明。而无所事守矣。"余谓"无所事守"之言甚误。事物所当然者,即事物之规律。知之既明,却须见诸行动实践,持守坚定,循是不懈,而著成物之功,方是真不惑也。阳明子知行合一之论正是发明孔子不惑义蕴。若有所知,而无事余守,即未见诸行动实践以扩充其所知,易言之,其知见犹是浮虚,难言不惑也。朱子颇杂禅家言,时失圣意。)

"五十而知天命。"(朱注:"天命,即天道之流行,而赋予物者,乃是所以当然之故也。知此,则知极其精,而不惑又不足言矣。"余按朱子言事物所以当然之故,其于当然二字上,加所以二字须注意。事物具有此规律此是当然,而天道之流行则是事物之所以成也。朱子用所以之故,盖言天道是万物之本体,此解不误。朱子谓知天道则知极其精,此说亦是,然又谓至此而不惑又不足言,则大误矣。夫不惑者,谓不惑于事物之所当然也。学至知天道以后,其于事物之所当然者,犹虑知之未广,当益进而求知。)《论语·述而篇》曰:"子曰'默而识之,学而不厌'"云云。案默识者,体认天道之流行,即洞彻本体之谓。学者,格物之业。于事物之所当然,不容已于研究,故曰"学而不厌"。孔子之自述如此,而朱子乃谓知天,则不惑又不足言,明明违背圣人,而千余年来学者尊朱注而忽视圣文,岂不怪哉?

——《原儒》卷下 原内圣学

以上所举数例，则足以见证熊氏破中见立之学术研究方法，而此种方法，则建立于其扎实的史料考证基础之上，前面评述其乃向下延伸而以史料考证之支撑之一面，然单独凭此方法，仍然不足以概括熊氏研究方法之全部，因若仅仅停留在典籍之考证，显然不能从学术逻辑上建立熊氏之体用不二之学术观点，也不足以支撑熊氏对儒学以及佛学之研究成果。故而熊氏必寻求向上突破之方法，以作为其学术逻辑之展开，此种在以破见立之方法上之向上突破，可名之为"相反相成"之方法，此种方法并非同一层面之展开，其根本特点乃在于层次之递进，略可类比与黑格尔所言之"否定之否定"，关于此点，我们可以看熊氏之自解：

然学术发展决不偶然，后圣伟大之创获，恒由前圣智积累，导其开悟，为其造端。孔子尝曰："温故知新"，此其经验语也……。余案新知发展可分两途：一、于古为相乘。二、于古为相反。相乘者，依据古学或师说而推演之，益以宏阔深远，其犹子游氏之儒能传《礼运》，子夏氏之儒能传《春秋》。老聃之后学有庄周，释迦之后学有龙树、无著。若此类者，虽复继述先师，而实开新学派矣。相反者，研究古学而终有弗契，遂别辟天地，如孔子之后有诸子百家，其反儒不必有当，而其自所独辟处，不愧为人间智炬。

——《原儒》卷下 原内圣学

从以上所见，熊氏对历代学术演变有着自己独立之见解，其所认为相反相成不啻为学术演变之一途。而熊氏于历代诸家批驳之中，力图还原儒家宗旨，其破立并重的学术研究方法更进一步，便成为其相反相成之法宝，此处举其对佛学宗旨之研究以说明之，同时可见其援佛入儒之旨趣。

佛氏观察人生惑相，无幽不烛，可谓至极。断惑之教，虽不无过，然人生毕竟为惑习所锢蔽，如蚕作茧自缚，若非大智揭破，人之能自觉者鲜矣。佛法若其为宗教而富余哲学思想，不如谓其为哲学中最宏阔深远之人生论，而富于宗教情感。

——《原学统第二》

佛家以万物为实体，名曰真如，亦名无为。然彼无为与流转相析成二界，不可融而为一。如彼所说，自是无为常静，有为常动。明明有动静对立，不得统一之过，彼乃逆流趣寂，高蹈无生，盖大雄氏超人之奇慧，而不惜违反人道之贞常，未可为训也。

——《原内圣学第四》

从以上熊氏所言，可知其肯定佛学之破除人间万相之功，而否定其趣寂灭幻之宗旨（作者注：此处仅仅作为熊氏学说之介绍，不代表本人赞同其观点，当于其后略论之）。此处可看出熊氏相反相成之研究方法，熊氏以史料典籍为支撑，成其破立并重之方法，更进而以相反相成之辩证，成其学术旨归之途径。再辅之以自设问答，为充实其骨肉之学矣。此乃熊氏学术成果中学术方法之介绍。熊氏之研究方法可谓一以贯之，包括其历史与佛学研究。故而，在介绍熊氏研究方法的基础上，再进而介绍其在历史与佛学方面的研究成果。

四、熊十力之历史观

（一）熊十力历史研究宗旨以及中西国家观不同之界说

熊氏之历史研究包括其《中国历史讲话》与《中国历史纲要》，其对历史问题的研究虽涵盖面甚广，然不离其根本宗旨。简而言之，熊氏在《中国历史讲话》中首先论"五族"问题，即"汉、满、回、蒙、藏"之历史渊源流变，其结论为五族乃中华民族之大多部分，而从历史源头而言，本为同种。熊氏之目的有二，其一欲正本溯源，使国人明了中华民族之渊源，以驳斥当时之"汉、满"相仇之论；其二在于唤起国人之统一，以利于抗日精神。

熊氏对历史的总体研究与进一步的观点，则详见于其《关于修中国通史的意见》一文，而其《纲要》乃是对其意见的阐发及整理，并致历代大事、年代之连贯。故而本部分重点说明熊氏《意见》一文之精神，以反映熊氏之史观。

熊十力在《关于修中国通史的意见》一文中，首先说明修国史者，当有一根本精神，古代自汉以降，其根本精神乃"忠君"而已，而今民主精神之张扬，修国史者当别立一新精神，即"国家民族"精神。时至今日，许多人仍认为中国人自古无国家之观念，熊氏明确反对，认为国家精神自古以来有之，只是不

同于西方所谓的"国家精神",熊氏言:

> 一般人以为我国人向来没有此等观念,其实不然。据实言之,我们所谓国家,与西洋人所谓国家,根本不是一回事。西洋现代的国家,对内常为一特殊阶级操持的工具,以镇压其他阶级,对外则常为抢夺他族他国的工具……我国人向来爱和平、贵礼让,不肯使用蛮横手段。无阶级于内,无抢夺于外,就因为他常有维持最高文化团体的观念。这便是他的国家观念。由中国人这种观念扩充出去,人类都依着至诚、至信、至公、至善的方向去努力。岂不大美。岂不大乐……我们诚然不能不改造我们国家的机构,以应付非常时局,但并不要变我们固有的国家观念,即始终保持一个最高文化团体,绝不拿来作毁坏人类的工具。历史家对国家观念的指导,是要正当的。

以上熊氏所论,当理解熊氏对修中国通史之根本观念。中国历史上当然有纷争、战乱以及外族入侵之过程,然就其与西方比较言之,则战乱与掠夺则相对较少,此其一。其二,熊氏所谓的史观,就其对历史的认识而言,更应该理解为其理想价值,此理想价值则在于对中国文化之传承。因此熊氏在此文中,反复强调中国文化之渊源,上溯三皇五帝、尧舜禹等历史人物,熊氏最后以孔子之集大成而成中国文化之大成。此不再论。因而,熊氏承认秦始皇之统一中国之价值,并追溯渊源之中国文化之一贯要求,可谓熊氏之文化史观之表征。而对于秦始皇之摧残文化之政策,熊氏则极力批评。关于后世文治武功之帝王将相,熊氏大概以此角度评判,兹不待论。

(二)熊十力对历史时期的划分以及与外族交融视角的历史变迁说

关于中国历史之划分,熊氏认为应该以五期而分。熊氏言:

A. 上古史。起三皇五帝,到周朝战国时代,六国并亡时为止。

B. 中古史。起秦始皇并六国称皇帝时,至唐末五代终局时为止。

C. 近古史。起宋初,至明两京失陷时为止。

D. 近代史。从清顺治入关,至溥仪逊位,凡二百五十余年为近代。

E. 现代史。民国成立以来为现代。

关于上古史,熊氏之有别于他人者之重点有以下几义:

A. 三皇五帝真有其人，非后世妄诬为神化传说也。

B. 孔子之思想大多取自尧舜，而成立五教，为中国文化之本，其根在于"性"与"天道"，孔子政治及伦理思想乃"天性"之自然流露，修史者当极重视。

C. 尧舜时代，中国科学已发达，以唐虞时之"工"官可见其端倪。中国古代大量创造发明则与其时为盛。其时对工商业之尊重于考古文物与文献中记载可相证明。

D. 西人之论治，多主自下而上；中人之论治，多主自上而下。熊氏兼两家而取之，认为自下而上乃基于民众之善而向上，自上而下并非时人所以为的君主专政之说，而在于"上德之君"之感化而成大治也。

E. 春秋战国时代，非西人所言之封建时代，盖春秋战国时，兹有民主制度，文化交融，不可以以生产方式之变化而论之。

F. 孟子首提"王伯"之辩。孟子法先王，荀子法后王。宋儒承袭孟子一路。

关于中古史，熊氏认为：

A. 秦之大一统，乃民性之表现。

B. 大一统之利弊各具。利在于一国之和平，弊则于学术与思想之禁锢也。

C. 汉高祖时思想凝滞，而民族力量雄厚。

D. 汉武帝时期有二善：一能受直言劝谏，二能履举贤良文学。

E. 张骞通西域、桑弘羊之财政，各有其功。

F. 王莽之篡政，乃饰经文以自利也，非仅仅为道德高论援经治世而时不济也。

G. 汉代乃中国摧残压迫民间工商业之肇事，为中国文化及经济之一恶端。

H. 东汉时由于早婚之习俗，导致民族潜伏之衰弱逐渐显现。

I. 反对东汉以来之名士之风，斥乃为导致社会风气败坏之一因。

J. 三国至隋，乃古今变迁之关键，中国最悲惨时期之开端。根源在于汉学衰亡而胡俗挺进。

以上为熊氏关于中国历史分期之论，而贯穿中国历史，熊氏认为可从中原与外族之关系之角度进行解读，并划分中国历史为二大变迁，熊氏言：

尝谓吾国历史，自上世讫今，有两大变迁。一、自三皇五帝，下逮战国，如此悠远时期，为本国中原内争时期，盖中原分为无数侯国，竞智竞力，互争雄长。但同为有高深文化之国，故于竞争之中，自有切磨之意。自古代所以强大而文明也。二、自晋世五胡之祸讫于清室运终，为本国边塞与中原内争时期。在此长期内争之中，边塞人民既缺乏文化，中原又长寿暴力伤残。故吾国社会各方面在此长期中极少进化。

——《熊十力全集》第二卷

（三）熊十力文化史观及其对历史人物评价之观点

熊十力以上言论，是其文化史观之表现，其价值在于高扬中国文化之固有精神与传统，当然，熊氏于此见中尚有可商榷之处。熊氏认为中国文化与外族之交融中，看到了外族对中国文化摧残之一面，而对其对中国文化之发展与继承之一面有所忽视。比如唐太宗时期西域文明对中国之影响。一国之文化，就中国历史而论，有赖于统治阶层之气度与胸襟，此乃文化发展之必要条件，再进而言之，所有文化不过是人类心灵之创造，帝王将相由于在中国历史上的主导作用，必然对中国文化之发展有着重要之影响，唐朝时期之文化大繁荣并非仅仅是先秦诸子之继承，同时也有赖于西域文明包括宗教、技术、艺术等诸多方面融合至中国文化之补充。

当然，熊十力并非否定政治人物之价值，相反，熊氏十分重视历史人物之作用，熊氏尤其对历代科技创造与社会体制、工商经济一并予以高度重视，在其对史书中记述之体意见中可观端倪：

其记述之体，可略说为二：一则考论人物得失。如各方面领袖人物（熊注：谓若古之君相及士大夫，今所谓领袖是也。）其推动社会政治及文化等方面，所发生之影响果何如。此最不可忽者。春秋褒贬善恶与别嫌疑、明是非等义，即在乎此。后来史家皆宗之。二则本科学方法，推进社会变迁。如由游牧社会进而为农业社会之类。各个时代之一切组织、一切法制及生活情况等等方面，各互相悬殊，而其或为渐进，或为突跃，又皆有其所以，必非无辜而然者。史家述作，必于此推详焉，所以数往知来也……

若民族普遍的心里，对于伟大人物皆有真切信念，此等民族决不衰落，决不衰亡。反之，则有沦丧之忧……一个人，或一民族，如果崇信恶人暴行，或且贵重浮华之士、浅薄之论，其人其民族必衰亡而不可救。

（四）熊氏认为历史之发展当以中国文化为正途

熊氏言现代社会纵欲逐物，违背天道，必回归中国文化可救焉：

中国文化，至高尚，至幽深。欲析言之欤，而若无所可言者。若复唾弃之，以为无物欤，而又若有物焉。广乎漢乎，上极于天，而不可测其高焉；下彻乎地，而不可测其深焉。体穷神知化之妙，于人伦日用之中。所以酬酢万物，纲维事物者，其道无在，而无所不在。事物璨殊，无非天则人著。人生日用，一切天理自然。得乎此，而后知人道至尊至乐也。世故有纵心外驰，逐物求理，而逞心无屦者。其事，吾亦不为无为是处，但有辨析物理之长，而无归根复命之道。是溯流而忘其源也。如欲格物而不合（合字后加，原文缺）于道，用知而克全其神，厚生而不迷其性，则吾中国文化，确有绝大贡献，何可弃哉，何可弃哉？现代所谓文明人者，皆失其本心，而习于向外骋逞。纵欲殉物，因不得不出于抢夺，而陷于人类自毁之途。将图何以救之，非导之以中国文化，终不可得救也。

以上为熊氏历史观之简介。

五、熊十力佛学新论

（一）马一浮、欧阳竟无等对熊十力佛学之评价

熊十力曾师从欧阳竟无修习佛学，一度沉潜其中，深觉佛法大义精微，智慧如海，后渐觉其有耽于超脱生死之门，抛弃人间世界之谬，乃进而著述立说，以救其弊。熊十力之佛学研究著作主要包括《唯识学概论》、《因明大删疏注》、《佛家名相通释》、《新唯识论》（文言版）、《新唯识论》（语体版）。在介绍其佛学研究之前，首先看看欧阳竟无对其评价，欧阳竟无在《答熊子真书》中言道：

于此生疑，不探经论，唯凭妄心，仓卒断言，无有是处。非愚则妄，云何而不速即沦堕！雪山一偈，教之策源也；《涅槃》一经，教之竟委也。偈说诸行无常，是故流行不可说常；《涅槃》说佛性为我，是故不可说即流行即主宰。

第柒章 熊十力：誓破唯识筑新学 禽阗转化成大道

佛如是，孔亦何独不然？《大学》知止，知《涅槃》常之为止也；《中庸》改而止，改去汝生灭无常之止，而趣向汝涅槃常之止也。此亦教之趣向毕竟而舍染取净之旨也。孔书处处，无非示人于流行用中，而求其所依之体。月往则日来，日往则月来，欲人知感之无心耳。逝者如斯，不舍昼夜，欲人知循循然之相应于寂耳。言有宗，事有君，易有太极，宗也君也；是生两仪，两仪生四象，四象生八卦，八卦定吉凶，吉凶生大业，言也事也。天命之谓性，命而必系于天，亦犹依他之净也。维天之命，即上天之载也，于穆不已，即无声无臭也，亦犹净依他之相应于寂灭寂静也。与寂相应，不可说天命是生灭；毕竟空中天命仍在，不可说天命即寂灭。谓之为主宰者，指所应之寂也，其能应之寂，但如心所相应于心王亦称为心，而密意说言谓为主宰也。岂即流行即主宰哉？不然，夫独非以无常为常，而不可通哉！

以上为欧阳竟无反对熊氏"三性说"（作者注：即熊氏对遍计所执性、依他起性、圆成实性之解说，后文简述，此处从略）之一段，但可明显看出欧阳反对熊氏"体用不二"之说，熊氏认为流行中见本体，非有一独立于流行之外之本体，而欧阳竟无则认为流行本有所依，乃真如之圣境，性命之清净也。

与熊十力之师欧阳竟无观点迥异之一代大师马一浮则力赞熊氏之贡献，马子于《新唯识论》作序而言：

十力察精识，善名理，澄鉴冥会，语皆造微。早宗护法（作者注：即以护法大师之说为宗），搜玄唯识（作者注：指佛教唯识学），已而悟其乖真。精思十年，始出《境论》。将以昭宣本迹，统贯天人，囊括古今，平章华梵。其为书也，证智体之非外，故示之以《明宗》；辩识幻之从缘，故析之以《唯识》；抉大法之本识，故摄之以《转变》；显神用之不测，故寄之以《功能》；征器界之无实，故彰之以《成色》；审有情之能反，故约之以《明心》。其称名则杂而不越，其属词则曲而能达，盖确然有见于本体之流行，故一皆出自胸襟，沛然莫之能御。尔乃尽廓枝辞，独标悬解，破集聚名心之说，立翕阗成变之义，足使生、肇敛手而咨嗟（作者注：指竺道生与僧肇），奘、基（作者注：指玄奘与窥基）挢舌而不下。拟诸往者。其犹辅嗣（作者注：指王弼）之幽赞《易》道，龙树之弘阐中观。自吾所遇，世之谈者，未能或之先也。

马一浮以上论断，可谓对熊氏之高度评价，既极其精炼地概述其唯识宗旨，又赞其功劳或大于竺道生、僧肇、玄奘、窥基诸高僧，而其在佛教界之作用可比之于龙树菩萨，在儒道界则犹如注《老子》《周易》之王弼也！

欧阳竟无与马一浮对熊氏之《新唯识论》判若霄壤，当如何解读？后当明辨之，此处我们再看看熊十力在《新唯识论》序言中所言：

本书于佛家，元属创作。凡所用名词，有承旧名而变其义者，有采世语而变其义者。

熊氏以上言论，可知其视《新唯识论》为佛学创作，因此，此处我们尊重熊氏意见，将其作为佛学著作，而不将其列为儒家之作品（作者注：此乃本人不同意部分学者将其列为熊氏新儒学代表作之原因之一）。熊氏将其佛学新论之基础一并道出，即为熊氏对佛家名相新解，故而在本部分中，我们首先看看熊十力对佛家名相之新解，以作为下一部分解读其佛学理论体系之基础，故而下边我们将简单绍述其对佛家名相之定义，同时参之以熊氏对佛学研究之新论，再捻出其佛学体系以及援儒入佛之处，尤其是其中有特别解读者。

（二）熊十力佛学研究方法及主要内容

我们要研究熊氏佛学新论，剖析其对佛家名相之新解之前，首先须注意其研究方法，当然，此处"研究"一词，当从广义角度理解，不仅仅指其对佛学理论的认识与改造，同时也包含其对佛教的体悟与认证。前面介绍熊氏研究方法，为破立并重，向下以考据之技术为支撑，向上则以相反相成之方法而得其结论。这些方法可谓贯穿熊氏的一切研究，但对于佛学，熊氏则并之以其特殊的体悟与方法。熊氏言："读佛书，有四要：分析与综会，踏实与凌空。名相纷繁，必分析求之，而不惮烦琐。又必于千条万绪中，综会而寻其统系，得其同理。然分析必有踏实……。此为踏实……凌空者，掷下书，无佛说，无世间种种说，亦无己意可说，其唯于一切相，都无取著，脱尔神解，机应自然，心无所得，而真理昭然现前。此种境地，吾无以名之，强曰凌空。"（熊十力《佛家名相通释》撰述大义）总而言之，熊氏的佛学研究既注重逻辑实证，又注重冥想领会。其逻辑实证，则一方面传承佛教中部分因明学之规范，同时辅之以中国先秦诸子中名学之思路,尤其结合儒家、道家、墨家等辩证思想。从此意义言之,则熊十力之佛学必有创新之处,通过其研究方法的深入与融合,熊氏则轻而易举地将中国先秦诸子思想与佛教宗旨融会贯通,而其中最要者,乃在于其将中国儒家核心思想融合进来,成其独具特色之佛法新论。

以上简单说明熊氏研究方法,复次,当介绍其佛法研究内容,熊十力继前人之说分佛教为"有宗"与"空宗",涵盖大小乘。熊十力师从欧阳竟无,部分接受欧阳竟无之佛学思想,尤其指出欧阳竟无分"唯识"、"法相"之自称体系之说。熊氏言:

疏释名相,只取唯识、法相,何耶?佛家宗派虽多,总其大别,不外空有两轮。诸小宗谈空者纷然矣,至龙树、提婆,谈空究竟,是为大乘空宗。诸小宗谈有者纷然矣,至无着、世亲,谈有善巧,是为大乘有宗。若严核之,法相是无着学,唯识是世亲学。疏释名相,何故取此二师学耶?二师成立大有,资于小有,鉴于小空。又对大空,而成大有。破人法二我故,不同小有;遮恶取空故,即救大空末流之弊。故唯识、法相,渊源广元,资籍薄厚。而其为书也,又条件分明(熊注:如法相书),统系严整(熊注:如唯识书)。佛家哲学方面名词,盖亦大备于唯识、法相诸要典,撮要而释之,则可以读其书而通其学。大有之学既通,而诸小有小空,爰及大空,一切经纶,无不可读。

以上可知熊氏之佛学研究以法相、唯识为主,法相、唯识本属于佛教法相宗,以无著菩萨《瑜伽师地论》开启端绪,以龙树菩萨《中观论》、《大智度论》之反观"二谛"而得中观为其核心,以《大乘五蕴论》、《百法明门论》、《唯识三十颂》等完成其理论构架,以玄奘翻译并注解之后人关于《唯识三十颂》之十家注释而成《成唯识论》之殿堂,可谓博大精深、枝繁叶茂者也!至欧阳竟无,始析唯识与法相之体系为二,熊氏继之,但诸多佛学观点则背离其师主张,从前文引用欧阳竟无《答熊子真书》即可明了其与熊氏之观点异趣,今但就熊氏佛学而言,复回归正题,首先介绍熊氏关于佛家基本概念之解析。

在论述熊氏佛学新论之前,需再就其佛学著作《新唯识论》等归入何种学说补充说明,前文已述及《新唯识论》应归于佛学创作,或有持异议者,言熊氏非出家高僧,不可以佛学著作论之,余辩之曰:"维摩诘当年非出家人士,而其《维摩诘所说经》则为重要佛教典籍,故而以门第评判者当知其谬矣!"再持异议者,言熊氏之言论颇多新说,或与原有教义不符,又参用诸多儒家及先秦诸子之观点,故而不当以佛学而论之。吾再辩之曰:"佛祖自菩提树下得道,鹿鸣苑起而传法四十九年,因人因地因时,方便说法,随机施化,并未有宗派之争,种种思想,佛教之所以成立,吸收《吠陀》、《薄伽梵歌》之诸多思想与概念,同时吸收当时六大外道之部分思想,方成其大。后世智慧之人,或宗数经,心有所契,力行不殆;或因时拣择说教,普渡众生,故而宗派立焉。然后期宗派之兴,则聚讼纷然,斗争日期,或有偏执一局而不通着,或有恪守传统而不解者,则佛教内部之争从未停息,岂可以众说纷纭而妄生评判乎?故而此说不立。"为支持熊氏之论著属佛学新作,兹再举一例,以为旁证。

《西铭总论》正如杜顺作《法界观》云:华严大教,浩博难名。杜顺和尚文殊应身,以自智见华严一真法界,总该万有,即是一心。其中诸佛众生,若国土,若庄严,义境无量。于无量境,集其义类,总举色空,理事为例,束为三重观门。一曰真空法界,二曰理事无碍,三曰周徧含容。若打此三门,则法界重重纵横达矣。

——李诩《戒庵老人漫笔》

以上为李诩《戒庵老人漫笔》中所记载的杜顺和尚法界观,杜顺和尚为华严宗创始人,传说为文殊菩萨之化身。华严宗之四法界十玄门六相五教暂且不表,但以上述所言之三门而论,则一可曰熊氏所言之"体",二可曰熊氏所言之"用",三可谓熊氏所言之"体用不二"。从此论而言之,则熊氏之唯识学可谓唯识新论矣!

以上论述熊十力之《新唯识论》为佛学新论,今再进一步谈及熊氏之研究方法。在上一章中,已介绍熊十力"破立并重"之研究方法,今更进一步给予介绍,熊氏"以破以立"之方法,可上溯至佛教之因明学,因明乃"佛教"五明之一明,主要指佛教中论证方法,也可以用佛教中的逻辑学来粗略理解,因明源于尼耶也派之祖师足目所创,后期印度各派继承之,佛教至《瑜伽师地论》而至大成,至陈那而改革,由五支论法嬗变为三支论法,即前期的"宗、因、喻、合、结"而改为"宗、因、喻"三支。与西方形式逻辑之相同者,俱为三段式,但方法大不同，形式逻辑以前提开篇而最后推论而得出结论，因明学则以结论为先，以所谓"因""喻"等方法而详加论证。其中"立""破"在因明学中当为一重要方法，此处引用窥基的《因明入正理论疏》如下：

第一叙所因者，源唯佛说。文广义散，备在众经，故《地持》云："菩萨求法，当于何求？当于一切五明处求。"求因明者，为破邪论，安立正道。

劫初足目，创标真似。爰及世亲，咸陈轨式。虽纲纪已列，而幽致未分，故使宾主对扬，而犹疑立破之则。

……。

一者能立，因、喻俱正，宗义圆成，显以悟他，故名能立。

二者能破，敌申过量，善斥其非，或妙征宗，故名能破。

以上所言，概述因明学之发展，并介绍破邪立正之方法。因明以结论为宗，故而在论辩时则需要破除敌方邪见而立正见，所谓"破邪立正"之方法。熊氏在《新唯识论》及《佛家名相通释》中经常使用此种方法，今略举一例证之。

今造此论，为欲悟诸究玄学者，令知实体非是离自心外在境界，及非知识所行境界，唯是反求实证相应故。（熊注：实证即是自己认识自己，绝无一毫蒙蔽。）是实证相应故，名之为智，不同世间依慧立故。云何分别智、慧？智义云者，自性觉故，本无依故。（熊注：吾人反观，迥然一念明觉，正是自性呈露，故曰自性觉。实则觉即自性，特累而成词耳。又自性一词，乃实体之异语。赅宇宙万有而言其本原，曰实体；克就吾人当躬而言其本原，曰自性。从言虽异，所目非二故。无依者，此觉不依感官经验，亦复不倚推论故。）慧义云者，分别事物故，经验起故。（熊注：此言慧者，相当于俗云理智或知识。）此二当辩，详在《量论》。今此唯欲方便略显体故，学者当知。世间谈体，大抵向外寻求，各任彼慧，构画拟量，虚妄安立，此大惑也。真见体者，反诸内心。自他无间，征物我之同源；动静一如，泯时空之分段。至微而显，至近而神。冲漠无朕，而万象森然；不起于坐，而遍周法界。

——熊十力《新唯识论》文言版 明宗篇

以上熊氏明宗篇中论述，可见其破立并重之方法，当然，所谓破邪立正之因明学方法并未完全遵守，熊氏仅仅利用其方法之核心而剔除其繁琐论证，同时向上辅之以相反相成之辩证，此乃熊氏从方法层面对佛学之改正。

以上为熊氏方法之进一步论述。下面进而介绍熊氏之佛学新论。

上面言熊氏之佛学新论主要包括《因明大疏删注》、《佛家名相通释》、《新唯识论》等。今以其《佛家名相通释》与《新唯识论》为主进行辨析，再参之以《十力语要》，以证熊氏之佛学新论。

欲究熊氏佛学梗概，当先知熊氏对佛教整体以及发展历程之解析，以及熊氏所认为佛教教理之不足，此三者，可见熊氏《十力语要》。（见《熊十力全集第四卷》第55页答客问一章）

佛学诚难言，流派太多，典册太繁。然扼要而谈，则欲求元始释迦氏之意思，宜以《阿含》为据。四阿含中，《杂阿含》更重要。及小宗廿部起，便已渐分空有两派思潮。小乘发展至龙树、提婆而成大乘空宗，小有发展至无著世亲而成大乘有宗。大乘空宗根本大典则有《智度》、《中》、《百》、《十二门》四论（作者注：指《大智度论》、《中观论》、《百法明门论》、《十二门论》），而《般若》为其所宗之经。大乘有宗根本大典，则有六经、十一论，如基师（作者注：指窥基大师）《三十述记》所叙。故大乘空宗，集小乘谈空者之大成，大乘有宗，集小乘谈有者之大成，准此，则《阿含》以后之思想，宜详求大乘空、有二宗学，即一龙树提婆学，一无著世亲学。故佛家思想之演变，虽极复杂而长久，然扼要言之，不妨假定《杂阿含》等《四阿含》为元始佛家思想。大空龙树提婆，大有无著世亲，均为后来新兴的佛家思想。

从以上熊氏所言，可知熊十力认为佛教思想分两个阶段，其一为佛祖讲经说法阶段，其二为大乘佛教兴起之阶段。而就佛教大乘与小乘之发端而言，熊十力以空、有两宗贯通之。今先论起第一义，何以熊氏认为佛教思想分佛祖时期与佛祖后期，此论断之根据何在？我们可以看看部分佛经之说法：

首先我们看看《楞严经》中佛说偈语：

真性有为空，缘生故如幻；无为无起灭，不实如空华。
言妄显诸真，妄真同二妄；犹非真非真，云何见所见？
中间无实性，是故若交芦。结解同所因，圣凡无二路。
汝观交中性，空有二俱非。迷晦即无明，发明便解脱。

>　　解结因次第，六解一亦亡；根选择圆通，入流成正觉。
>　　陀那微细识，习气成瀑流；真非真恐迷，我常不开演。
>　　自心取自心，非幻成幻法；不取无非幻，非幻尚不生，
>　　幻法云何立？是名妙莲华，金刚王宝觉。如幻三摩提，
>　　弹指超无学。此阿毗达磨，十方薄伽梵，一路涅槃门。

以上偈语中可明显看出佛经中已经包含中观思想，如"言妄显诸真，妄真同二妄"、"汝观交中性，空有二俱非"等，同时也说明了习气熏染与阿赖耶识之关系，如"陀那唯细识，习气成瀑流"（作者注：此句解说纷纭，今不加详论，但可知佛祖讲法时已涵盖八识以及业力概念）。再举《楞伽经》例云：

>　　大慧！相续灭者，谓所依因灭及所缘灭，即相续灭。所依因者，谓无始戏论虚妄习气；所缘者，谓自心所见分别境界。大慧！譬如泥团与微尘非异非不异，金与庄严具亦如是。大慧！若泥团与微尘异者，应非彼成，而实彼成，是故不异；若不异者，泥团微尘应无分别。大慧！转识、藏识，若异者，藏识非彼因；若不异者，转识灭，藏识亦应灭，然彼真相不灭。大慧！识真相不灭，但业相灭。若真相灭者，藏识应灭；若藏识灭者，即不异外道断灭论。大慧！彼诸外道作如是说：取境界相续识灭，即无始相续识灭。大慧！彼诸外道说，相续识从作者生，不说眼识依色光明和合而生，唯说作者为生因故。作者是何？彼计胜性、丈夫、自在、时及微尘为能作者。

以上一段为佛祖对外道关于相、识续灭之驳斥，其中所言之"藏识"当为阿赖耶识无疑。上段所论，正是后期关于"阿赖耶识"三种解读之源头（作者注：所谓阿赖耶识之熏染性、纯真如性、合成性等）。此处分明可看出后期龙树提婆或无著世亲思想之共通之处。诚然如此？熊十力何故分佛家思想为佛祖在世与灭度后之两个阶段，此处暂留一悬念，以待后续解说之昭然。此乃熊氏佛家解读特色之一。同时，熊氏虽继承欧阳竟无分唯识、法相为二宗，但更强调以空、有两宗贯穿佛教历史，也就是说从佛教内在理路上判别其发展，关于此点，可与梁启超之观点相对照：

>　　通计佛教盛行于中国前后将及千年（作者注：指唐前后将近千年之时段），法海波澜，不无起伏。最初输入小乘，墨守所谓"三法印"，即"万行无常""诸

法无我""涅槃寂静",以尘世为可厌,以涅槃为可乐。既而闻方等般若之说,谓涅槃真空。既而并涅槃而空,则乐涅槃者失其所据,此惠导、昙乐之徒所为大怖而盛诘也。般若昌明以后,空义既闻而习之矣。及《法华》《涅槃》传来,又明佛性不空……直至玄奘归来,乃实大昌,而数十年后莫能为继也。教下三家(作者注:可能指天台、华严、法相三宗),鼎立盛行,诸经义解,发挥略尽,然诵习愈广,渐陷贫子说金之饥,故禅宗出而荡其障……。及两干开基(作者注:此处或指神秀与慧能,或指慧能门下之青原行思及南岳怀让,不详),五花(作者注:指后来禅宗五支,分别是沩仰宗、临济宗、曹洞宗、云门宗、法眼宗)结实,禅宗掩袭天下而诸宗皆废,公案如麻,语录充栋,佛法于兹极盛,而佛法即于是就衰矣。

——梁启超《中国佛法兴衰沿革说略》

关于佛教发展之解读,当然见仁见智,角度、侧重点之不同当有不同之阐述,此处再引用欧阳竟无、台湾印顺法师等之说明。

在印度大乘佛教的开展中,唯心论有真心派与妄心派二大流。传到中国来,即有地论师、摄论师、唯识师三派。此两大流,真心派从印度东方(南)的大众分别说系发展而来;妄心派从印度西方(北)的说一切有系中出来。在长期的离合发展中,彼此关涉得很深;然两大体系的不同,到底存在。大体的说:妄心派重于论典,如无著、世亲等的著作:重思辨,重分析,重事相,重认识论;以虚妄心为染净的所依,清净法是附属的。真心派重于经典,都编集为经典的体裁:重直觉,重综合,重理性,重本体论,以真常心为染净的所依,杂染是外铄的。

——印顺(台)《唯识学探源》

我从全体佛教的立场,想说明一点,即是,凡唯识必是法相的,法相却不必是唯识。

——印顺(台)《辨法相与唯识》

部执竟兴,众生著有,龙树破执,造《中论》等,无相教立。又复著空,是以无著上请慈尊亲说五论,下广中道,特创二宗。创唯识宗,作《摄大乘》,传于世亲,创法相宗,作《集论》本,授师子觉。

——欧阳竟无《瑜伽师地论叙》

以上所述，重在明了熊氏关于佛教发展之论述，可参比梁启超，与欧阳竟无、印顺法师等对照即知，熊氏乃以唯识、法相入手，以空有二宗贯通佛教之发展，以佛祖讲法与后期大乘诸师之讲法判然为二，乃其注重之重点，由此关注点出发，熊氏当于佛教有新认识。

吾尝论《杂阿含》等，以求元始佛家思想，而谓是期思想只是人生论，至大空大有分途成熟，大有便进而谈宇宙论。空宗颇谈本体论，此皆为新型的佛家思想云云。

般若及《四论》，专遮拨一切我法执，欲令人空其所执故，自见真实。（熊注：真实，即是本体异语）真实理地，心行路绝，语言道断，不可直表。故因人之妄识迷执（第四卷56也，不能自见真实，而以种种方便，破其迷执。将见所执空，而真理自寓于不言中。（熊注：自中真理，乃本体语。）犹如拨云雾，遍见青天也。谈本体者，东西古今一切哲学或玄学，唯大乘空宗远离戏论，此真盛事也。

大乘有宗，初说五蕴。分析色心现象，而明无我，以此破外道之神我论，其义尚承空宗。及无著造《摄论》（作者注：即《摄大乘论》），成立阿赖耶，以授世亲。世亲复造《百法》《二十》《三十》（作者注：指《百法明门论》《唯识二十颂》《唯识三十颂》）等论，于是建立阿赖耶，说为种现缘起，而实任意构造宇宙。吾所著《破破新唯识论》颇详此义。盖小乘谈有一派之思想，至无著世亲而完成其宇宙论。理论虽极精严，而失空宗旨意已甚矣。

——《十力语要》答客君（同上）

以上熊氏所言，乃以西洋哲学如人生论、宇宙论之角度对唯识体系之评价，从此结论来看，熊氏显然承认空宗之价值，也即承认空宗在人生论方面之意义，乃有力破除法我两执之陋见，但熊氏对后期无著世亲之唯识体系则基本持否定态度，认为其所认为之阿赖耶识之流转乃妄见耳！熊氏词语，以正统佛教思想之人士看来，可谓弃圣灭祖，大胆包天耳！我们应当以何种角度认识熊十力之整体佛教观，此乃进一步论述熊氏佛学思想之前提，故而必须予以说明。

前面我们讲熊氏言佛教思想分佛祖传法与佛灭度后之龙树提婆与无著世亲两个时期，言原始佛教思想与后期佛教思想并非一致，前已批驳云云，此处熊氏再言无著世亲之宇宙论之错误，则熊氏此种分类方法之目的昭然若揭，盖熊氏认为原始佛教思想应当遵守,而后期大乘有宗之思想则背离佛祖思想远甚,果如是耶?此处当明辨之。

此处可参看太虚法师关于佛教思想与西方科学之关系,以作为熊氏解读之辩证参考:

> 唯识宗学,实为大乘之始。自海西科学之功盛,以其所宗依者在乎唯物论也,遂畏闻大乘唯识之名;抑若一言大乘唯识,即挟神权幻术俱至。不知大乘唯识论之成立,先尝经过小乘之"有论"、"空论"等,及大乘之空宗,将邪僻唯神论之常见,与邪僻唯物论之断见,同日摧荡清理,乃开大乘唯识中道。故竺干当日大乘唯识论之所缘起,正以胜论之多元或二元论等,天神泛神及数论之神我论等,顺世论之四大极微唯物论等,小乘之"有论"、"空论"等,大乘之空宗等,探究玄奥,观慧微密,皆极一时之盛。迫于人智之要求所不能自已,大乘唯识论乃应运兴起。且彼时虽有小乘之正论,徒高超世表而不能普救群生,与今日虽有科学所宗依之近真唯物论,徒严饰地球而不能获人道之安乐,亦恰相同。故唯识宗学,不但与唯物科学关通慕切,正可因唯物科学大发达之时阐明唯识宗学,抑亟须阐明唯识宗学以救唯物科学之穷耳。夫然,亦可见新的唯识论之所以为新的唯识论矣。
>
> ——太虚《新的唯识论》

此段太虚关于佛教唯识之学与西方宇宙论中唯物唯心关系之论述,从逻辑上肯定唯识学之价值,与熊氏否定之正好相反,而太虚对熊氏《新唯识论》著作虽有别见,但基本上肯定,看来似乎矛盾?何故?行文至此,当如何解读熊氏之《新唯识论》等佛学著作,下文明辩之。

首先我们看看熊十力关于佛家名相之新解读,在《佛家名相通释》中,熊氏坦言其根据《五蕴论》《百论》而作,《五蕴》篇幅不大,故于此处引全文,以资解熊氏之观点也:

大乘五蕴论

世亲菩萨造

唐三藏法师玄奘奉诏译

如薄伽梵略说五蕴。一者色蕴。二者受蕴。三者想蕴。四者行蕴。五者识蕴。

云何色蕴。谓四大种及四大种所造诸色。云何四大种谓地界水界火界风界。云何地界。谓坚强性。云何水界。谓流湿性。云何火界。谓温燥性。云何风界。谓轻等动性。云何四大种所造诸色。谓眼根耳根鼻根舌根身根。色声香味所触一分无表色等。云何眼根。谓色为境清净色。云何耳根。谓声为境清净色。云何鼻根。谓香为境清净色。云何舌根。谓味为境清净色。云何身根。谓所触为境清净色。云何为色。谓眼境界。显色形色及表色等。云何为声。谓耳境界。执受大种因声。非执受大种因声。俱大种因声。云何为香。谓鼻境界。好香恶香及所余香。云何为味。谓舌境界。甘味酢味碱味辛味苦味淡味。

云何为所触一分。谓身境界。除四大种。余所造触。滑性涩性重性轻性冷饥渴等。云何名为无表色等。谓有表业及三摩地所生色等无见无对。

云何受蕴。谓三领纳。一苦二乐三不苦不乐。乐谓灭时有和合欲。苦谓生时有乖离欲。不苦不乐谓无二欲。

云何想蕴。谓于境界取种种相。

云何行蕴。谓除受想。诸余心法及心不相应行。

云何名为诸余心法。谓彼诸法与心相应。彼复云何。谓触作意受想思。欲胜解念三摩地慧。信惭愧无贪善根无嗔善根无痴善根精进轻安不放逸舍不害。贪嗔慢无明见疑。忿恨覆恼嫉悭诳谄憍害无惭无愧惛沉掉举不信懈怠放逸忘念散乱不正知。恶作睡眠寻伺。

是诸心法。五是遍行。五是别境。十一是善六是烦恼。余是随烦恼。四是不决定。

云何为触。谓三和合分别为性。云何作意。谓能令心发悟为性。云何为思。谓于功德过失及俱相违。令心造作意业为性。云何为欲。谓于可爱事希望为性。云何胜解。谓于决定事即如所了印可为性。云何为念。谓于串习事令心不忘明记为性。云何三摩地。谓于所观事令心一境不散为性。云何为慧。谓即于彼择法为性。或如理所引。或不如理所引。或俱非所引。

云何为信。谓于业果诸谛宝中。极正符顺心净为性。云何为惭。谓自增上及法增上。于所作罪羞耻为性。

云何为愧。谓世增上于所作罪羞耻为性。

云何无贪。谓贪对治。令深厌患无著为性。

云何无嗔。谓嗔对治。以慈为性。

云何无痴。谓痴对治。以其如实正行为性。

云何精进。谓懈怠对治。心于善品勇悍为性。

云何轻安。谓粗重对治。身心调畅堪能为性。

云何不放逸。谓放逸对治。即是无贪乃至精进依止此故舍不善法。及即修彼对治善法。

云何为舍。谓即无贪乃至精进依止此故。获得所有心平等性心正直性心无发悟性。又由此故于已除遣染污法中无染安住。

云何不害。谓害对治。以悲为性。

云何为贪。谓于五取蕴染爱耽着为性。

云何为嗔。谓于有情乐作损害为性。

云何为慢。所谓七慢。一慢。二过慢。三慢过慢。四我慢。五增上慢。六卑慢。七邪慢。云何慢。谓于劣计己胜。或于等计己等。心高举为性。云何过慢。谓于等计己胜。或于胜计己等。心高举为性。云何慢过慢。谓于胜计己胜。心高举为性。云何我慢。谓于五取蕴随观为我或为我所。心高举为性。云何增上慢。谓于未得增上殊胜所证法中。谓我已得。心高举为性。云何卑慢。谓于多分殊胜计己少分。下劣心高举为性。云何邪慢。谓实无德计己有德。心高举为性。

云何无明。谓于业果及谛宝中无智为性。此复二种。所谓俱生分别所起。又欲缠贪嗔及欲缠无明。名三不善根。谓贪不善根。嗔不善根。痴不善根。

云何为见。所谓五见。一萨迦耶见。二边执见。三邪见。四见取。五戒禁取。云何萨迦耶见。谓于五取蕴随观为我或为我所。染污慧为性。云何边执见。谓即由彼增上力故。随观为常或复为断。染污慧为性。云何邪见。谓或谤因或复谤果。或谤作用或坏善事。染污慧为性。云何见取。谓即于三见及彼所依诸蕴。随观为最为上为胜为极。染污慧为性。云何戒禁取。谓于戒禁及彼所依诸蕴。随观为清净为解脱为出离。染污慧为性。云何为疑。谓于谛等犹豫为性。诸烦恼中后三见及疑唯分别起。余通俱生及分别起。

云何为忿。谓遇现前不饶益事心损恼为性。云何为恨。谓结怨不舍为性。

云何为覆。谓于自罪覆藏为性。云何为恼。谓发暴恶言尤蛆为性。云何为嫉。谓于他盛事心妒为性。云何为悭。谓施相违心吝为性。云何为诳。谓为诳他诈现不实事为性。云何为谄。谓覆藏自过方便所摄心曲为性。云何为憍。谓于自盛事染着倨傲心恃为性。云何为害。谓于诸有情损恼为性。

云何无惭。谓于所作罪不自羞耻为性。云何无愧。谓于所作罪不羞耻他为性。云何惛沈。谓心不调畅无所堪能蒙昧为性。云何掉举。谓心不寂静为性。云何不信。谓信所对治。于业果等不正信顺。心不清净为性。云何懈怠。谓精进所治。于诸善品心不勇猛为性。云何放逸。谓即由贪嗔痴懈怠故。于诸烦恼心不防护。于诸善品不能修习为性。云何失念谓染污念于诸善法不能明记为性。云何散乱。谓贪嗔痴分心流荡为性。云何不正知。谓于身语意现前行中不正依住为性。

云何恶作。谓心变悔为性。云何睡眠。谓不自在转心极昧略为性。云何为寻。谓能寻求意言分别思慧差别令心粗为性。云何为伺。谓能伺察意言分别思慧差别令心细为性。云何心不相应行。谓依色心心法分位。但假建立不可施设。决定异性及不异性。彼复云何。谓得无想等至灭尽等至无想所有。命根众同分。生老住无常。名身句身文身异生性如是等类。

云何为得。谓若获若成就。此复三种。谓若种子若自在若现前。如其所应。

云何无想等至。谓已离遍净贪。未离上贪。由出离想作意为先。不恒现行心心法灭为性。

云何灭尽等至。谓已离无所有处贪。从第一有更求胜进。由止息想作意为先。不恒现行及恒行一分心心法灭为性。

云何无想所有。谓无想等至果。无想有情天中生已。不恒现行心心法灭为性。云何命根。谓于众同分中。先业所引。住时决定为性。云何众同分。谓诸有情自类相似为性。云何为生。谓于众同分中。诸行本无今有为性。云何为老。谓即如是诸行相续变异为性。云何为住。谓即如是诸行相续随转为性。云何无常。谓即如是诸行相续谢灭为性。云何名身。谓诸法自性增语为性。云何句身。谓诸法差别增语为性。云何文身。谓诸字为性。以能表彰前二种故。亦名为显。由与名句为所依止显了义故。亦名为字。非差别门所变易故。云何异生性。谓于诸圣法不得为性。如是等类已说行蕴。

云何识蕴。谓于所缘境了别为性。亦名心意。由采集故。意所摄故。最胜心者。谓阿赖耶识。何以故。由此识中诸行种子皆采集故。又此行缘不可分别。前后一类相续随转。又由此故从灭尽等至无想等至无想所有起者。了别境名转识还生。待所缘缘差别转故。数数间断还复转故。又令生死流转旋还故。阿赖耶识者。谓能摄藏一切种子故。又能摄藏我慢相故。又复缘身为境界故。即此亦名阿陀那识。能执持身故。最胜意者。谓缘阿赖耶识为境。恒与我痴我见我慢及我爱等相应之识。前后一类相续随转。除阿罗汉果及与圣道灭尽等至现在前位。

问以何义故说名为蕴。答以积聚义说名为蕴。谓世相续品类趣处差别色等总略摄故。

复有十二处。谓眼处色处。耳处声处。鼻处香处。舌处味处。身处触处。意处法处。眼等五处及色声香味处。如前已释。言触处者。谓四大种及前所说所触一分。言意处者。即是识蕴。言法处者。谓受想行蕴无表色等及与无为。云何无为。谓虚空无为。非择灭无为。择灭无为。及真如等。云何虚空。谓若容受诸色。云何非择灭。谓若灭非离系。此复云何。谓离烦恼对治而诸蕴毕竟不生。云何择灭。谓若灭是离系。此复云何。谓由烦恼对治故诸蕴毕竟不生。云何真如。谓诸法法性法无我性。

问以何义故名为处耶。答诸识生长门义。是处义。

复有十八界。谓眼界色界眼识界。耳界声界耳识界。鼻界香界鼻识界。舌界味界舌识界。身界触界身识界。意界法界意识界。

眼等诸界及色等诸界。如处中说。六识界者。谓依眼等根缘色等境。了别为性。言意界者。谓即彼无间灭等。为欲显示第六意识。及广建立十八界故。如是色蕴即十处十界及法处法界一分识蕴即意处及七心界。余三蕴及色蕴一分并诸无为即法处法界。

问以何义故说名为界。答以能任持无作用性自相义故。说名为界。

问以何义故宣说蕴等。答为欲对治三种我执。如其次第三种我执者。谓一性我执。受者我执作者我执。

复次此十八界几有色。谓十界一少分即色蕴自性。

几无色。谓所余界。

几有见。谓一色界。

几无见。谓所余界。

几有对。谓十有色界。若彼于是处有所障碍。是有对义。

几无对。谓所余界。

几有漏。谓十五界及后三少分。由于是处烦恼起故。现所行处故。

几无漏。谓后三少分。

几欲界系。谓一切。

几色界系。谓十四。除香味鼻舌识。

几无色界系谓后三。

几不系。谓即彼无漏界。

几蕴所摄。谓除无为。

几取蕴所摄谓有漏。

几善几不善几无记。谓十通三种七心界及色声法界八无记。

几是内。谓十二。除色声香味触及法界。几是外。谓六即所除。

几有缘。谓七心界及法界少分心所有法。

几无缘。谓余十及法界少分。

几有分别。谓意界意识界法界少分。

几执受。谓五内界及四界少分。谓色香味触。

几非执受。谓余九四少分。

几同分。谓五内有色界。由与自识等境界故。

几彼同分。谓即彼自识空时与自类等故。

（三）熊十力的佛家名相新解

盖由文字而概念，由概念而语言，由语言而成思想，故理解佛学理论，当以基本概念入手。《大乘五蕴论》搜罗诸经，总说五蕴及十二处、十八界、心法、心所法、阿赖耶识等基本概念，可谓佛学之入门典籍。熊氏之解读必有其独到之处，此独到，一则乃佛法基本概念之新解，一则乃佛法基本概念联系之新解，此种新解可看出熊氏佛学新论之基础,故而在介绍熊十力佛学新论之主要著作《新唯识论》之前,略举其要而疏通之,以作后续熊氏佛学新论介绍之阶梯。

熊十力在《佛家名相通释》中分卷上卷下两部分,卷上主要根据世亲造玄奘译之《大乘五蕴论》及安慧造地婆诃罗译之《大乘广五蕴论》,上文已转引《大乘五蕴论》,《大乘广五蕴论》则不再转引,读者可另行参阅他处。

熊十力于卷上部分,共析释名相概念若如下者:

法、有宗、空宗、法性宗、法相宗、唯识宗、诸行、五蕴论、五蕴、色蕴、性、善等三性、业、三业、假实、假法、相、心心所、种子、受蕴、想蕴、行蕴、识蕴、十二处、十八界、无为法、止观、十二缘生、三苦、四谛、二谛、外道十六异论、数论、胜论

本部分为熊十力学术思想概述,故而重点在研判熊氏整体思想架构及其核心,并进而论述其所以形成之根据与缘由,不会对其所有佛学概念之解析进行研判,本章所注重的是名相之解读对熊氏佛学有着直接或重要的关系之概念,因此,以服务于此目的故,拣择其部分要点,论而述之,以资读者明其佛学之架构或核心有所裨益也!

熊十力对"法"之解读:

法字义,略当于中文物字之意。中文物字,乃至普遍之公名,一切物质现象,或一切事情,通名为物。即凡心中想象之境,亦得云物。物字亦恒与事字连用,而曰物事或事物。物字所指目者,犹不至于现象界而已。乃至现象之体原,即凡云为物化所资始,如所谓道或诚者,亦得以物字而指目者,犹不至于现象界而已。如老子云"道之为物",《中庸》云"其为物不二",皆以物字指目实体也。故中文物字,为至大无外之公名。佛法中法字,与物字意义相近,亦即至大无外之公名。如根尘曰色法,了别等等作用曰心法,又万法之实体,即所谓真如者,亦名无为法。

以上熊氏所言法字义,可谓两方面之含义,一曰现象界,即包括一切的物质及精神现象,二曰本体界,即"万法之实体,即所谓真如者"。熊氏"万法之实体,即所谓真如者"一语,至关重要,因其所谓"真如"即指"万法实体",即"至大无外之公名""其为物不二"等,其对"法"字之解读,粗看似乎与

佛家之训释并无太大差别，但细思之便知其中之大别。何以故？盖熊氏认为"法"有本体之义，而熊氏释本体为二，一为利用先秦儒道思想言其"至大无外之公名""其为物不贰"等语，一为佛家所言之"万法之实体"，从此处着眼，则知熊氏援儒入佛之目的，乃在于阐释"本体"之含义，此本体，已渐渐脱离佛家所谓涅槃寂静而后所体现出来"如如不动"之真如，已经包含了至大无外之实体世界。从熊氏对"法"之解释开始，即其佛学新论之肇始，故而先说熊氏"法"字义。

此处尚需补充说明佛家通称所谓"法"字义，今选《佛学大词典》（丁福保编）中解释：

梵语 dharma，巴利语 dhamma。音译为达磨、达摩、驮摩、昙摩、昙无、昙。

（一）于佛典中，法之用例极多而语意不一，总括之，可类别为任持自性、轨生物解二义。任持自性，意指能保持自体的自性（各自的本性）不改变；轨生物解，指能轨范人伦，令人产生对一定事物理解之根据。就任持自性之意义而言，法乃指具有自性之一切存在；就轨生物解之意义而言，法乃指认识之标准、规范、法则、道理、教理、教说、真理、善行等。

于色法、心法等一切诸法言之，法系指所有之存在。同时，诸法又分为有为与无为、善与不善、色与心、有漏与无漏、染与净、世间与出世间、可见与不可见、心相应与心不相应等二法。又就诸法之分类而言，最常用以赅括诸法者有俱舍宗之五位七十五法、唯识宗之五位百法。

若就规范、教法等含意而言，佛典中常见之用语如：佛陀之教法，称为佛法、教法或正法，即泛指佛门中一切行为之规范、教说。盖真理为普遍不变之真实道理，称之为法；阐说此真理者，即为佛之教说。佛之教说以外的外道教法，称为邪法。又因听闻佛法而获得之喜悦，称为法喜、法悦。总括聚集佛法者，称为法聚、法蕴、法藏、法集、法宝藏。佛法之义理，称为法义。透视诸法性空缘起真理、观察诸法者，称法眼。同一法门系统者，犹如世俗之亲友眷属，称为法类、法眷；继承者称为法子、法嗣、法弟、法孙；其相承次第，称为法脉、法系、法流、法统。述说佛法之经论文句，称为法文。诸法之自性，称为法性、法体；其自相则称法相。佛法之威力、正法之力，称为法力。佛之自体，称为法身。佛法为进入涅盘之门户，称为法门；其中之教理旨趣，称为法味；受用此等法味，称为法乐；爱乐于其中，称为法爱。为人宣说此等正法，称为法施。以正法教化世人，称为法化；蒙受教化之利益，称为法益、法利。又以正法能降伏烦恼之魔军，故称法剑。佛之说法，称为转法轮；正法之规准、象征，称为法印；佛之遗教，称为遗法。以佛法比喻闇夜灯火，称为法灯、法光、法炬。以其能滋润一切生物，故以雨水为譬喻，称为法雨、法水、法润。又正法蒙受迫害，称为法难；圣教之灭尽，称为法灭。

此外，尚有法海、法山、法声、法音、法鼓、法幢、法螺、法道、法雷、法镜、法筵、法苑、法桥、法衣、法师、法会、法具、法名、法号、法主等名称。[杂阿含经卷三十一、中阿含卷二十八诸法本经、大品般若经卷四句义品、大乘入楞伽经卷五刹那品、大宝积经卷五十二、大智度论卷四十八]

（二）于六境中，眼、耳、鼻、舌、身等前五识之对境各称色、声、香、味、触；相对此五者，第六识（意识）所缘之对境，特称为法，或法处（梵 dharmâyatana）、法界（梵 dharma-dhâtu）。[大毗婆沙论卷七十三、俱舍论卷一、法蕴足论卷十处品]

（三）因明用语。性质、属性之意。于因明（论理学）中，宗（命题，即论证之主张）之宾词（后陈）称为法，主词（前陈）称为有法。此即依宾词能显示主词所欲表白、界定之性质。

再将佛典中"法"字义摘录如下（见百度百科）

实际上，在佛教文献中，法的含义多种多样，用法及其内涵极其复杂。例如：1.真理、法则、规范。见《法华经·方便品》《维摩经》等。2.正当的事情（非指善行）。见《出曜经·无放逸品》。3.指作为理法的缘起。见《中阿含经》卷七。4.教导、佛陀的教导、佛法。见《维摩经》《义足经》《出曜经·无放逸品》《有部律破僧事》《法华经》《中论》《百五十赞》等。5.三宝之一。见《中阿含经》卷十一。6.具体的戒律，学处。见《游行经》和《大般涅盘经》。7.指十二部经。见《般泥洹经》。8.本性。见《中论》。9.型。见《维摩经》。10.意之对象，六境之一。见《般若心经》《金刚般若经》《中论》《维摩经》等。11.存在、对象。见《维摩经》《辨中边论》《庄严经论》《唯识三十颂》《成唯识论》等。

12. 用文字表达的意思。13. 心的活动，心的功能。14. 实体。15. 三身之一的法身。见《唯识三十颂》。16. 与主语相对之述语。见《正理门论》。17. 相当于中国因明中的义、后陈、差别、能别。见《因明大疏》。18. 密教中的祈祷、修法。见《百五十赞》、《观音经》、《华严经》、《灌顶经》等。

以上为佛学大词典以及佛教典籍中诸"法"义通释，总而论之，佛家"法"之意义当有以下四义：第一，一切物质现象。第二，一切精神现象。第三，佛法三宝中之经律论总成以及一切教义、方法、修持之戒律等。第四，真如自体。对比而论之，当更清楚熊氏"法"之解读之区别。熊氏"法"之解读即涵盖其佛学新论之因子，也即是后来熊氏在《新唯识论》中对佛法解读之基础，此当明察。

【法相宗】

有宗之异名也。相者，相状或形相。有宗解析诸法形相或缘生相，其旨在于析相以见性。（熊注：析诸法相，而知其无自性，则即诸法而见为实性之显现也。无著本旨如此，世亲唯识便失此意。此《新唯识论》所由作也。）然以其善说法相故，因得法相宗之名，亦省称相宗。

【唯识宗】

有宗之别派也。此宗虽导源无著，而实成立于世亲。无著作《摄论》。授世亲，世亲由此舍小入大，未及创明唯识。作《唯识二十颂》，成心外无境义；作《百法明门论》，成一切法不离识义。最后作《唯识三十颂》，理论益完密，而意计穿凿之病，亦不可掩云。

以上可知熊氏分法相与唯识为二宗，可知其传承其师欧阳竟无之学，不同处则在于熊氏言唯识宗穿凿云云。

【善等三性】

善等性之性字，不可作体字解，当训为德。德性、体性，二义截不同……。德者得也，若物德之德，即言某物之所以得成为某物者也……此善与不善及无记，相间而起故，不可常故，是对待性故。（熊注：与不善等对待。）盖大乘师于凡夫染污位中，分说善不善等三性，至大觉纯净位，则唯是无漏善性，无所谓三性也。而大乘师如唯识家者，则分别有漏善、无漏善，截然异种，而谓凡夫从无始时来，根本不曾发现无漏善。然则凡夫如何能与修有漏善中而达到无漏善耶？岂蒸沙成饭乎？大乘诸师于此似未注意，盖其一往用解析之术，处处说成截然段片，而不自知其非也。《新唯识论》功能、明心诸章，与前师持论，自是天渊，学者不当忽略。

以上熊氏所论，有二点需注意，一曰德者得也，实出于朱子语，此处乃其援儒入佛之明证。佛氏所言性字，以《因明大疏》所言，一为体，一为义。熊氏此处将其训释为德，乃借用儒家概念以说明之，为其后熊氏关于体用不二之阐发之储备，当明察；二曰唯识家所言无漏、有漏之说不妥，当详辩证之，今略言熊氏之谬，何以故？从逻辑而言之，当初不知无漏善，然经过修行求证后得而知之，未为不可，故而熊氏批驳无力，此种之方法俨若王国维评析"性善恶"之一段，有兴趣者可查阅比对。熊氏破未必成，然立当可成，此点于其后再行补充辩证。

【心心所】

……通途谈心，隐然若有一整个的物事，名之曰心。而佛家则正欲对治此等观念，于是解析之方便，分析此识，而说前六，所谓眼识、耳识、鼻识、舌识、身识、意识是也。未及更析之为八，于前六识外，加第七末那识，及第八阿赖耶识。如此，则心已不是整个的物事了。然犹以为未足，又更于每一心之中，分析心与心所。如眼识，并不是一个整体，他是心及许多心所类聚而成。因此，可名眼识聚。将眼识与耳识等对待而谈，眼识便是独立的一种识……。心以一故，乃于诸心所而为之主。无主，则心所既多，将纷然无所系属。多不能制多，故心以一而为多所之主业。由此，心亦名王。故一个眼识，实为王所之类聚而成。眼识如是，耳识乃至第八阿赖耶识，皆应准知……又有当注意者，佛家此等解析，当初

固为对治凡情执着之一种方便，本明心无独立的实自体，以此破除神我之执而已，非真计著心为多数分子之集聚体也。其立说，但以分析之形式，元无所建立。但至后来世亲一派，乃始建立唯识，却失去法相家的精神，而旨成为集聚论。

以上熊氏所言，乃基本否定唯识家之心心所之解析，其理由为将一整体之

心分而论之,此乃熊氏不当处,言语道断,心行路绝。然强言之,则佛学理论之扩展,必分而论之,又有何不当乎?此乃熊氏破之未成所在,然熊氏自有其理,其着眼点在关注佛氏之根本理念,同时借用儒家学说以阐明之,此乃熊氏立所以成之根据。

【行蕴】

……

佛家谈心、心所法,只是将世俗所计为实物有之心,而施以解析,使成为众多的分子,于是立一心以为之主,名曰心王。以多种心所,与之相应,而同趣一境,助成心事,故心所亦名心数,亦名助伴。据此,则所谓心、心所法,在性质上根本无有差别,只就关系言,便有主伴之分而已。后来唯识家,始建立种子,因说一切心及心所各各有自种。然亦不过将原来解析为众多分子的办法,弄成固定,使那些分子各各有其固定的因素,益成死煞。况且心、心所虽云异种,而彼种此种,同名种故,义自相齐。《新论》(作者注:指《新唯识论》)初版七十七页《明心》章上有云:"心及心所,根本区别云何?此在旧师,未尝是究。虽云种别,而种义齐故。"自注云:"如彼所计,心有自种,心所亦有自种,种虽不共,而种义自相齐,即无根本区别可得。")此等问题,至为重要,因此一问题,关涉心理学及人生论、本体论、方法论各方面,于此差误,触途成滞。《新论》谓心是本有,心所是后起;心即性(熊注:易言之即本体,心所是习;心是虚壹明静,心所是无始时来,累计经验而成。)吾尝言,六位心所,都可分属知、情、意三方面。如五遍行中想属知,受属情,触、作意、思三数,均属意。别境以下,皆可准知。苦乐等情,是习所成,知亦习所成,此皆易知。意亦习所成,人或犹有疑也。实则本随诸惑,及余染数,若总合而言,只是盲目的意志力。此不是固有的东西,即不是本体显现,唯是无始有生以来,串习所成。即一切善数,亦皆由习故有,详在《新论》。故一切心所法实只分知、情、意三方面,而此三方面皆即习所成。故《新论》判定心所是习,是后起,此复何疑?

以上熊氏所言,首以西学"情、知、意"总括心及心所,再以"习气"与"本性"代表"心所"与"心王"。习气之说,儒佛皆有之,而俱力图破除之,佛家不必论,儒家如朱子言"去其习染，变化气质"乃为学之根本，也即是说所谓学问之终极目的不过在求得一清净之自性，熊氏借用儒家之观点，改造佛家之通说，当以此处为最。而熊氏后期一切佛学新论，莫不以此为基石。此当明察。熊氏力破唯识家所言心心所之言论，也当一同辨析，熊氏认为唯识学至后来日益繁琐，将心心所拆成死结，分为各各部分，其说如何明辨？盖一切立论，莫不以假设开始，以精密论证，而不可遗漏，故而任何学说以及假说，若成立则至为艰难，需精确无误而在其学说体系与范围内不可出现反例，此乃后期因明学之所以成佛学之逻辑工具，而力图包罗万象以证其旨，从此种角度言之，熊氏此说仅仅以学术之严密与复杂而抨击，必有不当之处，若有反例，则其破不立。今摘取《新唯识论》第一卷，可知熊氏所认为后期唯识学之陷于名相之分析而破坏一整体之心之结论之不立：

见托彼生带彼相故。然识变时随量大小。顿现一相非别变作众多极微合成一物。为执粗色有实体者。佛说极微令其除析。非谓诸色实有极微。诸瑜伽师以假想慧于粗色相。渐次除析至不可析假说极微。虽此极微犹有方分而不可析。若更析之便似空现。不名为色。故说极微是色边际。由此应知。诸有对色皆识变现非极微成。余无对色。是此类故。亦非实有。或无对故。如心心所。定非实色。诸有对色现有色相。以理推究离识尚无。况无对色现无色相而可说为真实色法。表无表色岂非实有。此非实有。所以者何。且身表色若是实有。以何为性。若言是形便非实有。可分析故。长等极微不可得故。若言是动。亦非实有。才生即灭无动义故。有为法灭不待因故。灭若待因应非灭故。若言有色非显非形。心所引生能动手等名身表业理亦不然。此若是动义如前破。若是动因应即风界。风无表示不应名表。

——《新唯识论》第一卷

熊氏力主瑜伽行派观点之正，而指责后期唯识学将心拆成极微之不当，玄奘所译之《成唯识论》汇集后期十派观点，当可参考，然根据以上引述之《新唯识论》言论，可知熊氏观点之误，故而熊氏此处破不可成。其虽破未成，而其立则有当，何以故？我们再看看熊氏于"行蕴"此一名相中对心心所之解读：

至以心为本有，即本体之流行，此于佛家大旨，本相吻合。试以本体论而言之，佛家说真如，即是本体之异名，而涅槃又是真如之异名。涅槃者，寂静义，即斥之本心而名之也。即此寂静的本心是真如，即此寂静的本心是实体显现。须知佛家不同西洋哲学以本体为外在的物事、用理智去推求，而其诣极，在即心见体。不独涅槃如是，一切经纶不外此旨。

熊氏以上所述，历来为佛门中人诟病多多，言其"涅槃""真如""本体"之辨析不当，此乃缠搏枝节，未见核心是也。质而言之，熊氏以上所言，可谓其立，与佛家之宗旨而论之，立则有当，举其经书中所言与此同者，比比皆是，故而不再述引，喜读佛书者可自悟之。

以上为对熊氏依《五蕴论》而作名相通释之辩证。

下面对熊氏《佛家名相通释》之下卷作一辨析，以证熊氏之正误，熊氏下卷以《大乘百法明门论》为根据，旁据《成唯识论》之体系，立唯识大旨。

《大乘百法明门论》短小精悍，转引如下，以兹参考：

大乘百法明门论

世亲菩萨造

唐三藏法师玄奘译

如世尊言。一切法无我。何等一切法。云何为无我。一切法者。略有五种。一者心法。二者心所有法。三者色法。四者心不相应行法。五者无为法。一切最胜故。与此相应故。二所现影故。三位差别故。四所显示故。如是次第。第一心法。略有八种。一眼识。二耳识。三鼻识。四舌识。五身识。六意识。七末那识。八阿赖耶识。第二心所有。略有五十一种。分为六位。一遍行有五。二别境有五。三善有十一。四根本烦恼有六。五随烦恼有二十。六不定有四。一遍行五者。一作意。二触。三受。四想。五思。二别境五者。一欲。二胜解。三念。四三摩地。五慧。三善十一者。一信。二精进。三惭。四愧。五无贪。六无嗔。七无痴。八轻安。九不放逸。十行舍。十一不害。四烦恼六者。一贪。二嗔。三痴。四慢。五疑。六不正见。五随烦恼二十者。一忿。二恨。三恼。四覆。五诳。六谄。七憍。八害。九嫉。十悭。十一无惭。十二无愧。十三不信。十四懈怠。十五放逸。十六昏沉。十七掉举。十八失念。十九不正知。二十散乱。六不定四者。一睡眠。二恶作。三寻。四伺。第三色法。略有十一种。一眼。二耳。三鼻。四舌。五身。六色。七声。八香。九味。十触。十一法处所摄色。第四心不相应行法。略有二十四种。一得。二命根。三众同分。四异生性。五无想定。六灭尽定。七无想报。八名身。九句身。十文身。十一生。十二住。十三老。十四无常。十五流转。十六定异。十七相应。十八势速。十九次第。二十时。二十一方。二十二数。二十三和合性。二十四不和合性。第五无为法者。略有六种。一虚空无为。二择灭无为。三非择灭无为。四不动灭无为。五想受灭无为。六真如无为。言无我者。略有二种。一补特伽罗无我。二法无我。

以下首标熊氏之释，而后加以评析。

【百法论】

……

是故以《百法》与《五蕴》对观，《五蕴》只分析一切法，识与诸法，平列而谈。法相家立说之旨，即此可见。《百法》则识为主，以之总摄一切法，而成立唯识论之统系。宜黄欧阳先生，首明唯识、法相非是一宗，诚哉发奘、基未发之秘。

……。

佛家说一切法，而不取一切法。故三法印，其一无我。《百法》成立唯识，首明无我，是所宗故。但世亲持论，是否不堕法执，吾读《识论》，窃有疑焉。《新论》之作，知我、罪我，其在于斯。

《般若》明无我，《涅槃》成立常乐我净之我，此不相违。情见所执之我，如实实无，而世妄计为有，故应遮拨。内在主宰不随境转之我，是遍为万法实体，讵可言无？（熊注：吾心之本体，即是万法之本体，非有二也，所谓一切法皆如也。《涅槃》《般若》立说虽殊，而意自相贯。《新论》融会《般若》诸法无自性义，及《涅槃》主宰义，学者宜知。（熊注：《新论》《转变》《成色》诸章，于宇宙论方面，融会《般若》诸法无自性义；《功能》《明心》诸章，于本体论及人生论方面，融会《涅槃》主宰义。）

以上所言，盖知熊氏对其师学术之肯定，并给予高度评价，言其发玄奘、窥基之未发。功实大焉。从此则知熊氏并非后人所言之反对欧阳竟无，其实，熊氏之核心在于对唯识学整个体系的改造，并非徒以反对其师欧阳竟无者也。

另，熊氏此段中，明确其《新唯识论》之根据，在于融会《般若》《涅槃》宗旨。

【识论】

……

按世亲闻法无著，始归大乘，虽复克承家学，而卒乃自创唯识一派，未尝笃守其兄之说。无著本善谈法相，而已渐具唯识之体系。其生平撰述甚富，就此方所译者言之，当以《大论》（作者注：此处指《瑜伽师地论》，下同）及《辩中边》（作者注：此处指《辩中边颂》，为无著尊慈尊所说而记。《辩中边论》为世亲对其颂之论述）为最要。《大论》乃法相钜典，自来治有宗学者皆知之。《辩中边》已大备唯识之规模，而言唯识者多不察，乃群奉《识论》为宗。

以上熊氏所言有二要，其一为无著已渐备唯识之体系，而《辩中边》则当为唯识学中重要一书，熊氏一贯大胆断言，称其书中印历来几无关注，今指出其谬，盖以此明熊氏之误，唯他处不再言此。此处略引用吕澄《辩中边论》要义以证明之（是否吕澄此作受熊氏之影响，不得而知，若有此说，则此处吾论不当）。

一 依心性本净客尘所染立宗义

心性——心法性——无有不净者——空性

客尘——心法——无有不染者——虚妄分别

此二原不相离以虚妄分别言客尘……又以空性说心性，空虚妄因为空。以此中有空彼亦有此说性空尘染，以不相离，虽欲不染，亦不可得。

虚妄分别可谓之"心"，空性可谓之"心性"，此二原不相离，佛学所言境行果之一切安排，一切建立，无不从此发生。

染净缘起：

染——依虚妄分别

净——依空性（空性亦名法界，一切净法之因，一切净法由此生也）

《起信论》标宗一心二门，以为染净同出一源，此大错也。

又如转依，旧以为一心之转亦错。此应注意所转之依，非徒言转，转者转换转移，非一法之变化也。

为学之要，应去虚妄显明空性，即舍染取净而已。如不知依据，不知何染何净,安知取舍。

种子＝种性＝欲　善法——涅槃寂灭(一切善法中至善者即唯涅槃)

善法欲＝烦恼寂灭欲＝发涅槃心

……

【识论】

……

已说前七转识,次述第八识。此第八有多种异名。一名阿赖耶识。阿赖耶者,藏义、处义,是无量诸法种子所藏之处故,故名赖耶。二名藏识,具有三藏义故。三藏者,一能藏,此识能持一切种子,即以种子为所藏故,因说此识是能藏;二所藏,由种子能藏于此识自体中故,复说此识是所藏;三执藏,末那缘此识为自内我,坚执不舍故,故说此识名执藏。由具三藏义故,得藏识名。《规矩颂》所谓"浩浩三藏不可穷"是也。三名种子识,以能执持诸法种子令不失故。四名阿陀那识。梵云阿陀那,此云执持,谓能持诸种子,及执受根身等故。五名所知依。所应可知,古云所知。(熊注:详世亲《摄论释》)依者,一切染净法,用此为依而得有故。六名根本依,谓前七识或万有现象,通依此识为根本故。七名本识,即前根本依之省称故。八名异熟识,能引生死善不善业异熟果故,此是趣生体故。九名神识,谓虽无神我,而此第八含藏万有,有胜功用,非常非常故,立神识名。十名无垢识,谓即此识,舍染得净,体性无垢,境智相应,故立此名……十一名心,心者集起义……

赖耶有三相。一者因相,说为能藏,即是因义故。二者果相,言为所藏,即是果义故。三者自相,亦为自体。摄持因果二相为自体故……

此第八识,总有二位:一有漏位,二无漏位。有漏位者,谓诸众生,无始时来,恒是有漏种子,起诸现行,净种被障,不得起故。而此有漏第八识,既是染分,故名赖耶,及藏识等。若无垢识之名,此位无有。无漏位者,谓诸众生,若勤修学,登地以去,净种现起,有漏种子,渐次伏除,第八地去,烦恼尽故。

以上熊氏所言,乃极尽罗列阿赖耶识诸种名称,尤能演说本义,其后再引诸经说阿赖耶多多。究其实,熊氏言唯识学之阿赖耶识之建立,繁琐缴绕,故欲破斥之。然余以为,阿赖耶识,就诸经来看,不外所藏、能藏、所执之一切根本染净之因与果。何其简练如此？岂可以名相而妄斥之也？其即为种子，然对于唯识说则自称体系，自四《阿含经》到《楞严经》《楞伽经》《解深密经》等诸佛所说，早已赅具，岂能因后人之阐发而否定之也？抑或以名称之繁多，理论之精密而斥之耶？故而熊氏斥唯识论之不当，于此可明。然熊氏对佛学研究之精湛，其理解原义之精微，尤可感而叹之，故而再引用其说，以资读者佛学基本概念之明了，作进一步理解熊氏之佛学新论之基也。

【四分】

一切心、心所，各各有相等四分。前谈变义，略及未详。今明缘义（熊注：缘者缘虑，此就量论方面言之），应更确陈。昔世尊于《十地经》中，总说三界唯心，本未剖析。佛灭度后，小乘始炽。大乘继兴，势成水火。小宗至谓大乘经非佛语，故大乘之徒，意欲摧小，不得不从事量论，以相制胜。当无著时，大小之诤已剧。因世亲悔小，特为造《摄论》，成立大乘，始建相见二分。难陀据此，未有发明。陈那创立三分，护法承之，遂使小乘量论，根本动摇（作者注：熊氏于此后补充说明护法创证自证分等）。

……

一切心，及一切心所，各各四分合成，四分相望，不即不离。据功用别，名为非即；四用一体，名为非离。又此四分，或摄为三，第四摄入自证分故。或摄为二，后三俱是能缘性故，皆见分摄。或摄为一，相离见无别体故。总名一识，开合异致，抉择随文。

以上熊氏所论言见分、相分、自证分、证自证分之由来，因四分说之建立，唯识学方得成一严密之体系，此乃唯识家言。后面一段则熊氏力图摄四分归一识，貌似平平，实乃熊氏学说之又一基石也。通过摄四归一之强调，熊氏之体用不二、动静如一、本体论与认识论合二为一乃得以成其说之根据，此当明察。

【四缘】

佛家立义最精者，莫如缘生之说。一切现象，互相依而有故，都无实自体故，故说缘生。然自释迦至于世亲唯识一派，其为说亦屡变……但举四缘，以此略释。

……

云何因缘？一因缘……《识论》规定因缘法体唯二：一种子，二现行。又复析其条流，而说以三：一、种生种，谓前念种望后念种而为因缘故。二、种生现，谓种子望现行而为因缘故。三、现生种，谓现行望种子而生因缘故。

……

二等无间缘。初因缘，依种子立。仅此第二，依现行立。现行终古无尽（熊注：阐体有漏现行无尽，诸佛无漏现行无尽）。七、八俱恒（熊注：无有断时，作者注：指第七末那识，第八阿赖耶识），六识、除五位唯心，余时亦复不断。由等无间缘，有此胜用，故此因缘而说。

《义演》（作者注：指清素所撰之《瑜伽师地论义演》）云："此缘约四义辩：一前念于后，二自类无间，三等而开导，四令彼后念心定生。"

……

三所缘缘。《识论》卷七之六云"谓若有法，是带已相心或相应所虑所托。此体有二：一亲二疏"云云。

……

一切心、心所，皆有亲所缘缘。若无相分，则见分不生，见定带相起故。如缘无时，亦心变作无之影响（熊注：此影响即相分），疏所缘缘，有无不定。如缘龟毛兔角，虽无本质，心亦生故……

四增上缘。《识论》释此缘，略有三义。一、有体法。有为无为，皆有体故，是此缘摄。二、有胜势用。唯有体法，故有胜用，乃得为缘。此所谓用，略有二义：一望所增上法，为切近助因。所谓由此有故彼有，如壶水澎涨，以热力为切近助因，故有。二望所增上果法，虽非切近为助，然但不障，即是有力顺意果法。三、能于余法或顺或违。

……

如是四缘，其前三缘，亦是增上……盖前三缘，各有特定之义。除前三种义外，其所余即增上义也，故另立此缘。实则四缘中，唯此缘义最宽云。

以上熊氏八识、四分、四缘之说，以《成唯识论》、《成唯识论述记》、《解深密经》等为根据，可谓熊氏之解读，基本遵照佛家原始要义。质而言之，余以为若就名相概念而言，佛家之"八识""四分"可视为"体"，而"四缘"可视为用。通过四缘（作者注：以及依四缘义而引申之九缘之说）之关系确定八识如何得以成立，四分如何能用，以成佛家唯识学派之博大体系。当然，除此类概念之外，尚有"三性""三境"之说，不过是将宇宙万物以"性""境"之名统归于一心而已，以此类故，"三界唯心，万法唯识"得以成立。熊氏此类名相通释尚未背离佛家之教义，而尤能融会其间，梳理辨析，得其理解而后叙之。但熊氏在关于四缘三门说之后，提出自己观点，此处可看出熊氏对"八识""四分""四缘"等说法以及唯识学之批判，故而引述如下：

上述三门（作者注：即熊氏所言之四缘三门说，分别是识中种、现行相望、三现、缘种现而生），若种、若现，互为缘生，其在理论方面，可谓组织精严。然究其本旨，则在建立种现为诸缘体，毕竟不能空缘性，而适成为构造论，未免意计穿凿，显然可见。《新论》第二十三页《唯识》章中，说缘生只是遮诠。因对执有实法者，而说缘生义。所以解析诸法，令悟无有实物。自谓无违诸佛意趣。若失却此意，而谈缘生，将计执某一法，由几缘而生；或某种法，为某种缘，而生某一法。则将缘性执实，而俱时亦执有缘所生法。虽复强说缘生如幻，其实妄执凝然，何能了达诸行如幻义耶？

熊氏此段论述，虽缘四缘三门而说，然亦可知熊氏对唯识学之解读，此段可分明看出熊氏所谓破邪立正之根据，乃在于熊氏根据佛陀涅槃前所言之"依法不依人，依了义不依不了义"。若就熊氏所依据之了义，熊氏之自称一体自说当有其理，此乃熊氏之所以立之根源所在。然熊氏以唯识学容易引起后人之误读之角度来破除唯识之说，此乃其方法论不当之处，因而，此处再一次可见证熊氏"破未必成，立当有据"之说。

关于熊氏对"三性""三境""修行位次""四智"等佛家名相之说明，大都与佛家原始教义相吻合，此处不再一一介绍，有兴趣者可查看原著。

以上乃熊氏佛家名相通释说，从其上介绍可知熊氏佛学新论之基础，即依据佛氏了义，辨析唯识家言，其中在对佛家名相原始意义之解读基础之上对部分名词提出新解。而最重要的莫过于对"心""心所"之解读以及"摄四分归一心"之重视，由此解，熊氏之佛学新论乃得以有其基础。下面介绍熊氏于《新唯识论》中所体现出来的佛学新解，同时为进一步理解熊氏之学术思想体系以及核心理念之介绍作一阶梯。

（四）熊十力的佛学新论

熊氏《新唯识论》，分文言版与语体文版，文言尚简，语体唯明，虽有区别，而根本意义不二，故而此处将两部合为介绍，以文言版为主，间或参考语体文版，以语体参考资料及解说详细故，以下为以此两书熊氏佛学新论之介绍。

熊氏初作此书，原意分《境论》、《量论》两部，仅《境论》成而《量论》付之阙如，诚可叹也，然仅就《境论》而言，以足以明熊氏之主张与体系。

首先我们看看熊氏境论目录部分，当知其框架与思路：

题记

序（马一浮）

绪言

部甲（境论）

明宗　唯识　转变　功能　成色上／成色下　明心上／明心下

以下分而论之。

明宗：

今造此论，为欲悟诸究玄学者，令知实体非是离自心外在境界，及非知识所行境界，唯是反求实证相应故。是实证相应者，名之为智，不同世间依慧立故。云何分别智、慧？智义云者，自性觉故，本无依故（熊注：吾人反观，炯然一念明觉，正是自性呈露，故曰自性觉，故曰觉即自性。特累而成词耳。又自性一词，乃实体之异语。赅宇宙万有而言其本原，曰实体。克就吾人当躬而言其本原，曰自性。从言虽异，所目非二故。无依者，此觉不依感官经验，亦复不依推论故）。慧义云者，分别事物故，经验起故（熊注：此言慧者，相当于俗云理智或知识）。

熊氏开宗明义，首言"实体非是离自心外在境界"，一语道破其"体用不二"之旨。熊氏在自注中尤其强调智慧与知识之区别，实体与自性之非二，而其"可就吾人当躬而言其本原，曰自性"即点明主旨，言其实体之用，乃自心之反躬，此乃熊氏即用现体，体用不二之宗旨。

唯识：

熊氏此章几乎涵盖此前在《佛家名相通释》中对唯识诸概念解读之全部，简而言之，熊氏认为唯识家破除我执法执之得力，为其功，而其中立识以实有，则失佛陀之宗旨，其得失已于前节论讫，今不再重复，然前说熊氏"破未必成，立当有据"，故而今录其结论部分，可知其对唯识学之改造：

……用之为言，即言乎体之流行，状夫体之发现。发现非有物也，流行非有主也，故不可以用上有所建立。以所言用者，本无实法故。

……

综前所说，首遮境执，明色法之非外；次除识执，明心法之无识。然色非外胡以复名为色，心无实何乃复字以心？

以上熊氏所言，可知力图于佛法"万法皆空"之基础上，建立其"即流行即本体"，也就是说熊氏力图破除色法、心法之外另建立一套学说，以说明色、心之所以成立。此种说明，当续之以熊氏"转变"章。故而以下介绍熊氏"转变"说。

转变：

盖闻诸行嗅其无物，滞迹者则见以为有实。达理者故假说转变。夫动而不可御，诡而不可测者，其唯变乎？谁为能变？如何能变？变不从恒常起，恒常非是能变故。变不从空无生，空无漠为能变故。爰有大物（熊注：大物者，非恒有物，乃假名耳。如中庸所谓"其为物不二"之物，亦假名也。恒言非断，转表非常。非断非常，即刹那刹那舍其故而创新不已。此生理之至密也（作者注：生理即生物之理，生生不息之理）。渊兮无待，湛兮无先，处卑而不宰，守静而弗衰。此则为能变者哉！变复云何？一翕一辟之谓变（作者注：此乃熊氏主题，至关重要）。原夫恒转之动也，相续不已。动而不已者，原非浮游无据，故恒摄聚。唯恒摄聚，乃不期而幻成无量动点，势若凝固，名之为翕。翕则凝于动而乖其本也。然俱时由翕故。常有力焉，健以自胜，而不肯化于翕。以恒转毕竟常如其性故，虽然，故知其似有主宰用，乃以运乎翕之中而显其至健，有战胜之性焉。即此运乎翕之中而显其至健者，名之为辟。一翕一辟，若将故反之以成乎变也。夫翕凝而近质，以此假说色法。夫辟健而至神，以此假说心法。以故色无实事,心无实事,只有此变。

以上熊氏关于翕闢之说,乃熊氏新唯识论得以成立之关键。熊氏首言"明宗"立体用不二之宗旨,再言唯识,破唯识家之佛学体系(作者注:此处熊氏有不当之处,以于前述明辨之),然,体用之立,当何以成其学说,势必建立翕闢之概念,以明体之用以及用之归。翕闢概念,或言曰与道家合,其实不然,道家虽言"反者,道之动",然强调"俭、慈、柔、弱"等,然偏于一极,非熊氏所言之翕闢也。熊氏翕闢概念之提出,更多源于儒家学说,此乃熊氏援儒入佛之明证,何以见得?谨以熊氏言论证之:

汉儒谈易曰:"阳动而进,阴动而退。"夫阳为神、为心,阴为质、为色……宋明诸师,言升降、上下、屈伸等者,义亦同符。今云翕闢,则进退义复相印证。翕则若将不守自性而至于物化,此退义也。闢则恒不失其健行之自性,化无流迹而恒创,德以常新而可贞,故能转物而不化于物,此进义也。

熊氏所言之翕闢,就其实质而言,当然不完全与儒家之意义相同,儒家之进退、升降,更多从自身修为之角度而言之(作者注:当然,此乃汉以后诸儒之言论,非《周易》之原意也)。熊氏此处则力图说明,翕者,凝于物而远离其自性之势也;闢者,转物而回归自性之势也。翕闢不息,万物虽空而生焉。此乃熊氏关于转变一章之重点,然其转变之功用又当如何?此见熊氏关于功能一章,下面略论之。

功能:

前之谈变也,斥体为目,实曰恒转,恒转者,功能也……尚考护法业已建立功能,然吾今之言此,则与彼截然殊旨。故陈其概。

一曰:功能者即实性,非因缘。

……原来只此实性,别无说现界之为对(熊注:不取色相,不取心相,乃至以不取非色非心之相,冥然所遇既真矣,寂然本体成露矣,宁复说有所对可谓现界哉?)。是故我说功能,但以实性立称,不以因缘相释……

二曰:功能者,一切人物之统称,非各别。

……我所说功能者,本与护法异旨。盖以为功能者,宇宙生生不已之大流。

三曰:功能习气非一……一者,功能即活力,习气有成型。二者,功能唯无漏，习气亦有漏。三者，功能不断，习气可断。

以上熊氏所言，建立于其破唯识家之诸种说法，熊氏否定唯识家因缘之说，盖以为因缘说未能穷究实体之本质，须建立转变之概念；破唯识家种子说，立宇宙生生不已之大流，盖以为种子之说，将宇宙分为无数片段，至堕入机械论之泥沼；破唯识家言熏习相续，入阿赖耶识而不断流转，法尔本有与后天洗染撮合为一。熊氏以上论述，甚为不妥，余于前章已明辨，今不复多言，然熊氏破虽不成，立则有据。然仅言翕辟，仍不足以完成其佛学新论。故而导致以功能。熊氏所言之功能，就其大义言之，不外佛法所言之"不一不异"之论。熊氏言体用不二，则以转变见之，乃翕辟为之功，而本体之流行，即尽乎于功能也。此功能，当以佛法概念理解，则法界之作用耳！真如之全体也！读者诸君当以此明察。故而熊氏新论虽力斥因缘、种子之说，就其实质，不过以翕辟、功能概念而包容代替也。此乃熊氏破未必成而立当有据之所以然也！

熊氏言功能为一切人物之统称，非个别也。然，心、物如何形成？熊氏又作何解释，以下可看熊氏成色与成心篇，并简论之。

成色：

世言色法，以有对碍为义。有对碍故，故有数量，故可剖析。此世俗所公认也。然随俗兴诠，色有对碍；如理而解，对碍不成。盖色法者，恒转之动而翕也，故色之实性即是恒转，而实无对碍。

以上熊氏言色法（作者注：此处当指物质世界），将物质世界归结为恒转之翕，也就是说世界一切物质自性即是恒转，非实有也。此处可知，熊氏将佛家所说之一切因缘变化统之为恒转，而抛弃佛家诸种解说，但以恒转之意来解之。与三法印中"诸行无常"相契合，然佛家三法印重在说明万事万物之形态，熊氏之解读则将其定义为万物之本性，此乃与原始佛教教义之不同处，当特别留意。此处熊氏所谓翕之意义，即其凝聚之势也。

熊氏再进一步，说明人身之所成。

于俗所谓广博器界之中而有一特殊部分焉，即吾等有情之身体是已。身体本器界中之一部分，非离器界而独立。然人情之惑也，执身体为内，而不知器界非外，实则身体即器界摄。何可猥执一隅，昧厥全体乎？善夫杨慈湖之说曰：

"自生民以来，未有能识吾之全者。惟睹夫苍苍而清明而在上，始能言者名之曰天。又睹夫聩然而薄厚而在下，又名之曰地。清明者吾之清明，薄厚者吾之薄厚，而人不自知也。人不自知而相与指名曰，彼天也，彼地也，如不自知其为我之手足，而曰彼手也，彼足也，如不自知其为己之耳目鼻口，而曰彼耳目也，彼鼻口也。是无惑乎！自生民以来，面墙者比比耶。"……世俗或以己身为自然界之一段片而不知己身实赅摄自然，本为一体同流。虽复说有全分之殊，其实分即全也，全即分也。

熊氏以上所言，与佛家宗旨当有契合之处，故而其说成立于此点可见。此处引用《楞伽经》中偈语，以兹参照：

众具无义者　　生常无常过

若无分别觉　　永离常无常

从其所立宗　　则有众杂义

等观自心量　　言说不可得

熊氏言身体即可含天地万物，乃指其全而已，同时，熊氏亦言其分，熊氏继续说道：

夫身器相连属而为全体，此前所已明者，然使见于全而忽于其分，则近取诸身之谓何？顾可于此不察乎？盖一身虽通于大全，而身固分化也，分化则独也。其所以分化而成独者何？原夫恒转本生生之大力，乃浑然至一而无封畛，其犹浩浩洪流，何可以涯际测耶？然以翕而幻成乎器，则于浑一之中不得不起分化之用。

以上乃熊氏成色之说，下面看其明心之说，明心之说中，熊氏提出其独到之观点，黜佛家八识之说，而成立五心之言。

明心：

吾前不云乎，心者恒转之动而辟也。故心之实性即是恒转，而无实自体焉。……恒转翕而成物，乃即利用物之一部分即所谓身体者以为凭籍，而显发其自性力，即此恒转自性力名之以心。是知心者实为身体之主宰，以身于心但为资具故。惟此心虽主宰乎一身，而其体则不可为之限量，是乃横遍虚空，竖尽永劫，无有不运，无所不包。

熊氏明确反对佛教中八识之说，认为其支离破碎，其首先分心、意、识三界定：

如实义者，心乃浑然不可分之全体，然不妨从各方面以形容之，则将随其分殊义，而名亦滋多矣。夫心即性也。以其为吾之一身之主宰，则对身而名心焉。然心体万物而无不在，本不限于一身者，谓在我者亦即在天地万物也……。若其感而遂通，资乎官能以趣境者，是名感识。动而愈出，是名感识。动而愈出，不依官能，独起筹度者，是名意识……。是故心、意、识三名，各有取义。心之一名，统体义胜。意之一名，各具义胜。识之一名，了境故立。

简而言之，熊氏言对体明心，趣境名识，筹度名义，此乃熊氏关于心、意、识之说。

熊氏再变佛家八识说为五心说：

识起缘境，作用繁复。但以疾转之势，摄多念于一心，浑沦锐往，莫测其几。略说五心，粗征厥状。五心者，初率尔心，次寻求心，三决定心，四染净心，五等流心。

熊氏再进一步，言其根本之说，因其论述宏富，此处选其语体文版中明心下一章中：

综前所说，心者即性，是本来故；心所是习，是后起故。净习虽依本心之发用故有，然发现以后，成为余势，等流不绝，方名净习，则净习亦是后起。夫本来恒任运，后起是有为；本来纯净无染，后期便通善染；本来是主，后起染法障之，则主反为客；后起是客，染胜而障其本来，则客反为主。如斯义取，上来略明。今更申言：欲了本心，当重修学。盖人生本来之性，必资后起净法始得显现，虽处染中，而由自性力故，常起净法不断。惟舍染趣净，方是一切学术中究竟之学。古训学之为言觉也。学以穷理为本，尽性为归，彻法源低之谓穷，无欠无余之谓尽。性即本来清净之心，理即自心具足之理，不由外铄，不假他求，此在学者深体明辨。

熊氏言心即本来清净，但熊氏此处所言之清净不取佛法中真如之意义，乃强调转变之本质，言自性不过是翕闢而已，翕而成物，闢而成心，自是即流行即本体。此乃熊氏对佛法最大改造，不可不察。然其所强调之转变、翕闢、自性，与佛法中所谓之"不一不异，不住不灭，不垢不净，不增不减"虽名言之不同，而其以转变而得得自性，净心而脱于物，默然体之，当有宗旨之契合哉！

熊氏对佛法大加改造，乃不满于后期唯识诸家之说，特开翕辟以明之，其中不乏援儒入释，抑或说儒佛汇通而成其学说之目标，后期熊氏言于儒家之《周易》、《春秋》良多感悟，每每阐发大义，方可见熊氏核心思想之昭然，以下略论之。

六、熊十力学术体系之核心思想

我们首先看看熊十力思想之流变，熊氏在《体用论》、《十力语要》、《新唯识论》等书中均有所述及，今但取《体用论》序言中熊氏之自叙：

清季，义和团事变后，中国文化崩溃之兆已至。余深有感，少时参加革命，自度非事功才，遂欲专研中国哲学思想。汉学宋学两途，余皆不契。求之六经，则当时弗能辨窜乱，屏专注。竟妄诋六经为拥护帝制之书，余乃取向佛法一路。直从大乘有宗唯识论入手，未及舍有宗，深研大乘空宗，投契甚深。久之，又不敢以观空之学为归宿。后乃反求诸己，忽有悟于《大易》而体用之意，上考之《变经》（作者注：指《易经》）而无疑。

熊氏思想之核心，本在体用一说，故而其《体用论》一书最能阐发其旨，今以此为主，参之以《明心篇》、《乾坤衍》两书共探究竟，以明熊氏之核心也。

熊氏首先辨析老佛二氏之不当，回归儒家《周易》，汇通儒佛道，阐发其大道之见。熊氏前述批驳佛氏已作介绍，故而此处略举其批驳老氏之言：

老庄言道，犹未有真见，略具其谬。老言混成，归本虚无，此大谬一也……。老庄皆以为，道是超乎于万物之上。倘真知体用不二，则道即是万物之自身，何至有太一、真宰在万物之上乎？此其大谬二也。道家偏向虚静中领悟道。此与《大易》从刚健、变动的角度指点，令人悟此实体者，便极端相反。故老氏以柔弱为用，虽忿嫉统治阶层而不敢为天下先，不肯革命，此其大谬三也。

熊氏以上对老庄之抨击，未必成立，此乃熊氏破之未成之所在，但我们此处谨需注意熊氏所注重及所阐发之体用不二、刚健变动之原则足矣。关于老庄哲学，古来论述者多多，然就关于儒道汇通者，则相对少之又少，此处吾列举清人宋翔凤在《过庭录》卷十二老子一节中论述，可兹参正对比，以为全面解读熊氏思想之资助也：

老子著书，以明皇帝自然之治，即礼运篇所谓，大道之行，故先道德而后仁义，孔子定六经，明禹、汤、文、武、成王、周公之治，即礼运所谓。大道即隐，天下为家，故申明仁义礼知之救斯世也，故黄老之学，与孔子之徒，相为表里者也。

宋翔凤以上儒道汇通之言，虽未阐明儒道关于世界本体之区别，然就其功用而言，"道"之一词，并非熊氏所认为之单纯指世界之本体，也就是说并非老庄不知"体用不二"之理，只不过儒道两家各有所重而已，此处即可知熊氏之偏颇，他处不论，仅此一例可知熊氏之批老庄之不成。但熊氏宗归《周易》，举其体用不二之思想，毕竟自称一体，熊氏言体用之义者有以下几点：

1. 实体具有心灵、生命、物质等复杂性，非单纯性。

2. 实体不是静止的，而是变动不居的。

3. 公用者，即依实体的变动不居，现作万行，而名之曰功用。

4. 实体本有物质、心灵等复杂性，是其内部有两性相反，所以起变动而成功用。功用有心灵、物质两方面，因其实体有此两性故。

5. 功用的心、物两方，一名为翕，一名为辟。翕是化成物，不守其本体。辟是不化为物，保持其本体的刚健、昭明、纯粹诸德。

6. 翕、辟虽相反，而心则统御乎物，遂能转物而归合一，故相反所以相成。

以上熊氏所言，足可明了其体用不二之核心，即流行见本体之主张，然诉之于西学者，如宇宙论、人生论、认识论等诸方面，盖当何解也？中西之大别者，则在于中学不同于西方学术之分科之细，强调文史哲之统一，宇宙、人生、认识必融为一体。质是故，对国学诸大家者，若纯以西学之体系评析，则流于浅薄与碎屑。但西学之学，毕竟数千年而有成，自有其合理之价值，从此意义言，今日之学术，必不可舍弃西学而独尊中学，此乃当然之理。合理的办法即是融通其间而言之有据，熊氏当然理解西方诸学之利弊，信手拈来，融通其间，将其体用不二之系统与西方诸学派之根本融通有余。简而言之,熊十力认为就宇宙论而言,则西方哲学"唯心"与"唯物"均偏执一隅,不能反映世界之本质与宇宙之来源。就人生论而言,西方之乐观、悲观之论皆不足取,应代之以儒家之刚健之精神,因其刚健而变动不居乃本体之功用,可遍布四海而皆准也。就认识论而言,熊十力认为孔子学说本推崇"格物致知",言孔子从来不反对知识之追求,而所有知识之取得,莫不是反求本性,灵性自动,智之发觉而得焉。从知与智之区别而言,则智乃知之前提,与其反躬自身,去其习染方可得焉,知识者,不过是智之运用,接于物而后有成,乃自性之展现也。以上诸论,可见于熊氏《体用论》、《明心篇》等。深思善学者可揣而思之,悉心默受,感而知之可也。非单独以逻辑胜用者也。除此而外,熊十力对进化论也进行了有力之批判,认为进化论言人类之进化,自无机而有机,自动物而人类,缺少人类心灵意识之有力说明,因其认为,若据进化论而言,人类心灵与物质世界迥然有别,何能无中生有,故而进化论必不成立。熊氏对老庄哲学以及佛氏之批判虽多有不当,然其对西学之批判与融合,则理有所居,破之有成。其统摄西方之学于其体系中之评述,甚为精炼,此处不再详论。

熊十力于《乾坤衍》一书中,利用乾坤两卦象辞之解读,进一步阐述其体用不二之理,熊氏并从《周易》吸收其辨证思想以及宇宙论之观点,以作其学术思想之支柱,借以对其翕辟成转变之铺开之根据,熊氏言:

孔子《周易》本以乾阳坤阴,相反相成为其根本原则。但与此原则密切相关者,更有乾阳统坤阴,坤阴承乾阳更大原则……。

综前所述,乾道变化一语,即含坤道。何以故?变化二字,明明将乾坤并举,已说在前。乾坤异性,而相反相成。乾起变导坤,坤承乾而化,其要在遵循天统坤之天则。乾不可不健而又健,坤不可失其顺也。乾以健统坤,不任坤之反动。(熊注:任者,放纵之谓,犹俗云听之也。不任其反动,则乾必开导其纯粹中正诸德以开导坤。否则,无以统坤也。)坤以顺承乾,即与乾同功,遂有乾坤合一,保固太和之利。征诸人事,固如是。上穷造化之理,乾以刚健、中正、纯粹之德,主导乎坤。坤承乾起化,而与乾合德,是为太和。宇宙由物质层转化为生命层,由生命层转化为心灵层,则乾统坤,坤承乾,性灵统物质,物质随心灵而转，实事足征。乃至人生，百体之动，一切率由乎性而莫敢违乾道之大正。

此段论述，乃熊氏利用乾坤性质说明转变之理，正可以与其翕辟相佐证，而乾坤之于熊氏之最大贡献者，不仅仅在其强调变化及相反相成的道理。更重要的是，其一定程度上弥补了熊氏翕辟观念之单薄，也使其相反相成之变化乃世界本性，而其中之分和冲突等，正可籍以《周易》乾坤两卦之含义在宇宙、人生、伦理等诸种方面得以统一与整合，以成其体用不二理论之最大支柱。

总而言之，熊氏大开大合，创体用不二之法门，以佛教空宗"诸行无常"及《周易》乾坤两卦之象辞为其支撑之两翼，提翕辟概念成其转变并赋之以功用之内涵，其核心思想可谓融释儒之核心，创近现代独具特色之中国哲学体系，于中国与西方碰撞交融之时代，挖掘中国固有文化之内在价值，其意义不可谓不大，然何以熊氏能高蹈于斯，愤而向上，必有其独特之精神气概，关于熊氏精神特质与其学术思想之关系，以下略论之。

七、熊十力精神特质与学术思想之关系

熊十力之经历，可谓时代之异数，少时从军，后感觉政党之争，皆为私利，故愤而求学，以中国哲学之探究为其一生之目标，于颠沛流离之中，经多年探索，终成一体。盛传其论学之时，嗓门高大，常得理不饶人，甚至于争辩中率性而起，与人扭打成一团，又不合己意时，挥拳相向，兹后相安无事，论理如常。于其经历中可知其精神风貌与性格特质。今略总结如下，以说明其与学术思想之关系：

（一）熊十力胸怀大志，并为之奋斗一生，从未动摇。

（二）熊十力对学术思想，从不迷信古人，必欲探究其根源，明其不足。熊十力多次言及"依法不依人,依了义不依不了义"，可知其对真理之执着追求。

（三）熊十力极度自信,少年时即言"举头天外望,无我这般人"，可见一斑。

（四）熊十力能忍受长期的孤独与寂寞，毫不趋炎附势。

（五）其性格中有一种刚猛雄健之气概。

（六）对中国文化始终有一种信念，并极力挖掘其何以长存之原因与理念。

熊十力之性格简而言之，即是"自信、执着、刚猛、坚持"，而其思维习惯善于并坚持追究事物之本源，这一切构成熊十力之独特精神特质，并在其学术思想体系中留下深刻烙印。盖任何一种学术思想，必与创建之人之性格特点、追求目标、思维特点等精神特质紧密关联，质而言之，现今之人，常常将学术思想之创立归结于物质及社会根源，其实此乃外在因素，完全不可以说明学术思想之所以然，盖一个时代之中，有同样经历之人不胜枚举，何以成其学术并卓然高标者寥寥？是故，一种学说毋宁说是时代之造成，不如言是时代中之特立独行者依托于时代并超越于时代之局限方可成就，也即是说，任何伟大的思想必来源于伟大之思想家，而任何思想家之性格、气质、理念、目标则构成其学术思想之根本支柱。从此角度出发，则可以清楚地看到熊十力学术思想与其精神特质之关系。熊氏大开大合、刚猛精进、自信执着之性格特点促成其学术思想之天然特色；熊十力持之以恒、毫不妥协之求学问道且从不盲从之特质有力地保证了自成一体学说的形成；熊十力执着于探究学术思想之根本精神，则进一步促成了其贯通儒释两派根本宗旨之结论；熊十力刚猛强健之性格特质造就其对道家"虚无"与佛家"万法皆空"精神的强力批判。总而言之，熊氏学术体系从横向层面，穷儒道释之本质，弘究竟之真义，以翕辟二概念成其转变之说，其挖掘中国文化核心之精神以及其学术研究体悟之结果，有力地促进了中国文化进一步弘扬，并为后学之人开辟研究之蹊径。然其学术思想，借用佛家判教之说，若以方法论之，则为别教；若以根本究竟义论之，可谓通教；若以修行次第论之，可谓顿教。熊十力之精神特质促成了其学术思想之独树一帜之鲜明特征。而人无完人，则其优点之中必连带其缺陷，前面几章已详述及，其破未必成，立当有据之说。是故，熊氏之结论已昭然，而其留给后人的问题也接踵而至，主要集中在两个层面，一为如何弥补其破除不当之处，达成"圆教"。其二，则是如何完成其"量论"体系。关于熊氏学问所造成此二点悬疑，此处略加说明，即是，以横向角度论之，熊氏打通释儒道及西方哲学之贡献不可谓不大，若从纵向角度，不同学说、体系、概念等如何安置，如何融入其博大体系之中，则凸显出来。仅仅从学术逻辑而言，在熊十力之后，其学术思想留待后人所要解决的问题自然而然，从此种角度出发，则中国文化之研究以及与西方文化之融合问题，正是熊氏之后续者所要解决的重要课题。此种问题，在熊十力之弟子唐君毅与牟宗三身上始告一段落。两位现代哲学大家给出了各自完美的答案，也成为现代哲学思想以及学术体系方面的两座高峰。为完成熊氏学术思想之介绍，下面进而略为提及熊氏两位高徒之研究成果，以兹参考。

八、熊子学说之后继

（一）唐君毅

唐君毅一生著述宏富、殚精竭虑，力图为中西文化发展指出一条道路，而其核心思想则在于"人文精神之重建"。唐君毅认为，盖有人类以来，西方与印度、中国上古时代，重精神与物质之双面，至西方中世纪，则神权至上，人文精神禁锢其间，始见衰落之兆；中国则从秦汉时期专制政体之建立，人文精神受制于皇权之禁锢。近现代则中西方统统注重物质世界之发展，经济利益之重要，而人文精神至为物化，人类渐已丧失其尊严、价值，走上了一条有着严重问题之道路。唐君毅最后给出其解决方案，即是大力强调人文精神之建设，而立足于此，唐君毅进而发展出其"三向九境"之学说，简而言之，即是三个方向、九个境界层次，人类之发展当以最高境界为其旨归。唐氏一生著述包括《人生之体验》、《道德自我之建立》、《文化意识与道德理性》、《人文精神之重建》、《中国人文精神之发展》、《中国哲学原论》、《哲学概论》、《生命存在与心灵境界》等。其《生命存在与心灵境界》可谓其学术思想之集大成者，有兴趣者可兹参阅。

（二）牟宗三

牟宗三作为熊氏高徒，唐氏友人，其学说则以佛教《大乘起信论》中"一心开二门"为其支点，言中西哲学均具有"一心开二门"之功效，并指出其利弊，通过康德哲学"经验的实在论"与"超越的观念论"打通中西哲学，力求汇通。其"生灭门"升华为"真如门"之途径则可通过释道儒之境界层面而展开，也可以通过康德的"意志自由、上帝存在、灵魂不灭"而展开；而"真如门"接续"生灭门"之下委则可以通过其所言之"良心的坎陷"而实现。牟宗三著述甚丰，即有《认识心之批判》《才性与玄理》《佛性与般若》《中西哲学汇通十四讲》等。牟宗三与唐君毅均完满地解决了熊十力所遗留的"量论"问题，同时在境界层面与知识层面也解决了熊十力之不足，完成了从纵向及横向两个方面对中西文化之融合此一重大命题，可视为熊氏学术思想之后最具分量之哲学体系，成为二十世纪世界思想史上之难以逾越之两座高峰。

九、熊十力小结

熊十力于战乱之年，以颠沛之身，穷究中国文化之堂奥，力图重振儒学，融合释道，并包西学，其功莫大焉。其一生绝不曲学阿世，刚健雄强，大开大合，展未来于其学，叹国学之将衰，孜孜以求，不绝如缕，弘扬真义，传授学徒。其哀叹之"中国文化亡矣"毕竟不存，微与字里行间广布其余，然其精神之苦痛与心灵之孤寂，后续之学，传承有序。吾与此文，阐发其大义，展布其精神，介绍其新学，熊子在天之灵，聊可慰籍否？

第捌章

梁漱溟：究元决疑立大志
知行合一赖精神

第捌章 梁漱溟：究元决疑立大志 知行合一赖精神

梁漱溟，原名焕鼎，字寿铭。曾用笔名寿名、瘦民、漱溟。生于1893年，卒于1988年。今人常冠之以新儒家之代表人物，或称呼为教育界之楷模典范，或以其佛学研究而推崇之。时至今日，如何界定并全面理解梁氏之学术思想与社会活动，仍然众说纷纭，莫衷一是，本文力图以其生平经历、精神特质、人生目标、学术思想及其诸多社会活动，还原并解析其学术思想及其阶段性贡献，并对其学术思想之何以形成及其价值重新梳理，辨析其中之内在逻辑，以及其与梁氏精神特质之内在联系，进而对梁氏之学说作一总括性说明，挖掘其于学术界之重大影响。

欲了解其学术，当知其生平，梁漱溟在其《晚年自述》中有一简短之说明，正可引述如下，以助读者诸君之了解。

一、生平

我原名焕鼎，祖籍广西桂林。但自曾祖起来京会试中进士后，即宦游于北方。

先父名济,字巨川,为清末内阁中书,后晋为候补侍读,其工作主要为皇史宬抄录皇家档案。先父为人忠厚,凡事认真,讲求实效,厌弃虚文,同时又重侠义,关心大局,崇尚维新。因此不要求子女读四书五经,而送我入中西小学堂、顺天中学堂等,习理化英文,受新式教育。这在我同辈人中是少见的。由于先父对子女采取信任与放宽态度,只以表明自己意见为止,从不加干涉,同时又时刻关心国家前途,与我议论国家大事,这既成全了我的自学,又使我隐然萌露对国家社会的责任感,而鄙视只谋一人一家衣食的"自了汉"生活。这种向上心,促使我自中学起即对人生问题和社会问题追求不已。于社会问题,最初倾向变法维新,后又转向革命,并于中学毕业前参加了同盟会京津支部,从事推翻满清的秘密活动。辛亥革命爆发,遂在同盟会《民国报》任外勤记者,因而得亲睹当时政坛上种种丑行。这时我又读了日人幸德秋水所著《社会主义神髓》,受书中反对私有制主张的影响,因而热心社会主义,曾写有《社会主义粹言》小册子,宣传废除财产私有制,油印分送朋友。1913年退出《民国报》,在革命理想与现实的冲突中,自己原有的出世思想抬头,于是居家潜心研究佛典,由醉心社会主义而转为倾向出世。在此种思想下,1916年我写成并发表了《究元决疑论》,文中批评古今中外诸子百家,独推崇佛法。随后我以此文当面求教于蔡元培先生,遂为先生引入北大任教。

1917年起我在北大哲学系,先后讲授"印度哲学概论"、"儒家哲学"等课。此时正值"五四"运动前后,新思潮高涨,气氛对我等讲授东方古学术的人来说无形中存在着压力。在此种情势下,我开始了东西文化的比较研究,后来即产生了根据讲演记录整理而成的《东西文化及其哲学》一书。书中我提出了人类生活的基本方式可分为三大路向的见解,同时在人生思想上归结到中国儒家人生,并指出世界最近未来将是中国文化的复兴。这些见解反映自家身上,便是放弃出家之念,并于此书出版之1921年结婚。

随着在北大任教时间的推移,我日益不满于学校只是讲习一点知识技能的偏向。1924年我终于辞去北大教职,先去山东曹州办学,后又回京与一班青年朋友相聚共学,以实行与"青年为友"和"教育应照顾人"的全部生活的理想。

1927年在朋友的劝勉下,我南下到北伐后不久的广州。在这里我一面觉

第捌章 梁漱溟：究元决疑立大志 知行合一赖精神

得南方富有革命朝气，为全国大局好转带来一线曙光，一面又不同意以俄为师，模仿国外，背弃中国固有文化的做法，因此我虽接办了广东省一中，但此时考虑得更多的乃是自己的"乡治"主张。依我看来，由于中西文化的根本差异，惟有先在广大农村推行乡治，逐步培养农民新的政治生活习惯，西方政治制度才能得以在中国实施。1929年我在考察了陶行知的南京晓庄学校、黄炎培先生江苏昆山乡村改进会、晏阳初先生河北定县平教会实验区及山西村政之后，适逢彭禹廷、梁仲华创办河南村治学院，我应邀任学院教务长。这是我投身社会改造活动的开端。但因军阀蒋阎冯中原大战，开学未满年而停办。旋于1931年与同仁赴山东邹平创办山东乡村建设研究院。该院设研究部与乡村服务人员训练部，并划邹平县为实验区（后扩大为十余县）。实验区有师范、实验小学、试验农场、卫生院、金融流通处等。县下设乡学、村学。乡学、村学为政教合一组织，它以全体乡民或村民为对象，培养农民的团体生活习惯与组织能力，普及文化，移风易俗，并借团体组织引进科学技术，以提高生产，发展农村经济，从根本上建设国家。此项试验在进行七年之后，终因1937年日寇入侵而被迫停止。

抗日战争爆发，发动民众与国内团结为抗战所必需，于是我开始追随于国人之后，也为此而奔走。1937年8月应邀参加最高国防会议参议会，曾对动员民众事有所建议。1938年我访问延安。这是我奔走国内团结的开始。访问目的不外考察国共再度合作，民族命运出现一大转机，共产党方面放弃对内斗争能否持久，同时探听同仇敌忾情势下，如何努力以巩固此统一之大局。为此曾与毛主席会见八次，其中两次作竟夜谈。关于对旧中国的认识，意见不同，多有争论。但他从敌友我力量对比、强弱转化、战争性质等分析入手，说明中国必胜、日本必败问题，令我非常佩服。1939年感到留在西南大后方无可尽力，我又决心去华北华东敌后游击区，巡视中得到国共双方协助。经皖、苏、鲁、冀、豫、晋六省，沿途动员群众抗战，历时八个月，历经艰险。在战地目睹两党军队摩擦日增，深感如任其发展，轻则妨碍抗战，重则内战重演，于是返回四川后方，除向国共双方指陈党派问题尖锐外，更与黄炎培、晏阳初、李璜等共商组织"统一建国同志会"，以增强第三方面力量，为调解两党纷争努力。1941

年初，皖南事件爆发，国内团结形势进一步恶化，遂又与黄炎培、张君劢、左舜生将"同志会"改组为"中国民主政团同盟"（民盟前身），同时被推赴香港创办民盟机关刊物《光明报》，向海内外公开宣告民盟的成立。不料报纸创刊仅三月余，即因日军攻占香港而停刊。我不得不化装乘小船逃离香港，来到桂林。在此我负责民盟华南地区工作，边从事争取民主、宣传抗日的活动，边从事写作。

1945年8月，日军投降，抗战宣告结束，两党领导人又会晤于重庆。眼见敌国外患既去，内部问题亦可望解决，我即有意退出现实政治活动，而致力于文化工作。及至参加（重庆）政治协商会议，协议告成，我更以为中国步入坦途在望，于是托周恩来先生带信给毛主席，说明自己退出现实政治之意，同时发表《八年努力宣告结束》等文，向社会表明心迹。因未获毛周二位谅解，我于1946年3月再度访问延安。但时局旋即恶化，我不得脱身，反被推任民盟秘书长，参与国共和谈。至1946年底，终因国民党决心发动内战，和谈破裂，我即辞去秘书长，去重庆北碚，创办勉仁文学院，在此讲学并完成了《中国文化要义》的撰写工作。书中总结了我对中国历史和文化的见解，并指出："中国文化之伟大非他，只是人类理性之伟大。中国文化的缺欠，却非理性的缺欠，而是理性早启、文化早熟的缺欠。"

全国解放，1950年我由四川来到北京，得与毛主席多次谈话，表示愿在政府外效力国家，并建议设中国文化研究所或世界文化比较研究所，终因故未能实现。1952年为对解放前的思想与政治活动做一番回顾与初步检讨，写成《我的努力与反省》一长文。1953年9月在中央人民政府扩大会议上发言，受到毛主席严厉批评。1955年批判更在全国展开。自此以后我即将主要时间与精力投入著述之中。

1960年着手写《人心与人生》一书。这是早自20年代即酝酿于心的著作，自认为最关紧要，此生定须完成。不料因"文化大革命"开始，参考书尽失，写作工作被迫中断。于是在抄家未逾月的困难情况下，另写《儒佛异同论》及《东方学术概观》等。至1970年，才得重理旧业，续写《人心与人生》，但不久又逢"批林批孔"运动。因我坚持"只批林，不批孔"，为大小会所占去的时间更多,写作近于停顿。至1975年中,此书终告完成。如在此书《后记》中所说,"卒得偿夙愿于暮年",了却一桩心事,而我的著述活动也随之基本结束。

最后,我以《中国文化要义》自序中的一段话,作为此文的结束语:

就以人生问题之烦闷不解,令我不知不觉走向哲学,出入乎百家。然一旦于人生道理若有所会,则亦不复多求。假如视哲学为人人应该懂得的一点学问,则我正是这样懂得一点而已。卒之,对人生问题我有了我的见解思想,更有了我今日为人行事。同样地,以中国问题几十年来之急切不得解决,使我不得不有所行动,并耽玩于政治、经济、历史、社会文化诸学。然一旦于中国前途出路若有所见,则亦不复以学问为事。究竟什么算学问,什么不算学问,且置勿论。卒之,对中国问题有了我的见解思想,更有了今日的主张行动。

二、关于后人之梁氏思想评价以及问题

从梁漱溟晚年自述可以清楚地了解梁漱溟之人生经历,大概可以知道其学术思想之阶段,就其最后之态度,梁氏对儒家文化推崇有加,故而现代新儒家学派将其列为新儒家之开山人物之一。而就其成名作《究元决疑论》而言,则佛学研究者将其列为佛学研究之民国时期之代表人物之一。以梁漱溟之心理学、教育学阐述而言,心理学及教育界亦将其列为民国时期之代表人物。所有以上之论断,当然不可否认其合理之一面。然就梁漱溟之整体评判而言,则显然流于偏颇,不能完整反映梁氏之学术思想及其贡献。何以故?余试论之。

三、梁漱溟为学目的

今人研究前人之著述,往往但就其知识体系而言,而关于其知识体系背后之原委则探究不多,或者耽于其逸闻趣事,而逸闻趣事中所透漏出来的作者之精神特质以及其与学术思想之内在关联者,则研究阙如,质而言之,任何伟大思想家之思想必定与其精神特质,通俗而言,即是与其人格特点、人生目标、

为学动机等方面有着密切的、不可隔断之联系。故而研究任何大家学术,必须将其精神特质与其学术体系作一整体,方可更清楚地了解学者本人之学术思想。同样,关于梁漱溟之学术思想,必须了解梁氏本人之学术目标、人生方向以及其人格特征,方可以作出全面而完整的理解与概述。下面我们先看看梁漱溟之为学动机,梁氏在《中国文化要义》自序中言:

这是我继《东西文化及其哲学》(作于1920-1921),《中国民族自救运动之最后觉悟》(作于1929-1931),《乡村建设理论》(作于1932-1936),而后之第四本书。先是1941年春间在广西大学作过两个月专题讲演。次年春乃在桂林开始着笔。至1944年陆续写成六章,约八万字,以日寇侵桂辍笔。胜利后奔走国内和平,又未暇执笔。1946年11月我从南京返来北碚,重理旧业,且作且讲。然于桂林旧稿仅用做材料,在组织上却是重新来过。至今——1949年6月乃告完成,计首尾历时九年。

前后四本书,在内容上不少重见或复述之处。此盖以其间问题本相关联,或且直是一个问题;而在我思想历程上,又是一脉衍来,尽前后深浅精粗有殊,根本见地大致未变,特别第四是衔接第三而作,其间更多关系。所以追上去看第三本书,是明白第四本书的琐钥。第三本书一名《中国民族之前途》。内容分上下两部:上半部为认识中国问题之部,下半部为解决中国问题之部。——因要解决一个问题,必须先认识此一问题。中国问题盖从近百年世界大交通,西洋人的势力和西洋文化蔓延到东方来,乃发生的。要认识中国问题,即必得明白中国社会在近百年所引起之变化及其内外形势。而明白当初未曾变的老中国社会,又为明白其变化之前提。现在这本《中国文化要义》,正是前书讲老中国社会的特征之放大,或加详。

于此见出我不是"为学问而学问"的。我是感受中国问题之刺激,切志中国问题之解决,从而根追到其历史,其文化,不能不用番心,寻个明白。什么"社会发展史",什么"文化哲学",我当初都未曾设想到这些。从一面说,其动机太接近实用(这正是中国人的短处),不足为产生学问的根源。但从另一面说,它却不是书本上的知识,不是学究式的研究;而是从活问题和活材料,朝夕寤寐以求之一点心得。其中有整个生命在,并非偏于头脑一面之活动;其中有整整四十年生活体验在,并不是一些空名词假概念。

根据以上所引用的梁漱溟《晚年自述》及《中国文化要义》自序中所述,梁漱溟之探究学问有着非常清楚的目的,乃在于解决中国现时之困境,但梁氏之对现实问题的关注并未仅仅停留于技术层面之改进,实要求对中西文化之渊源、特征作一整体考察而后得出结论,并以自己研究结论为指导,开展其社会改造活动。因此,梁漱溟之为学目的之不同,其切实于改造现实之执着,必然决定了梁漱溟之学术思想独具特色并且自成体系。此处仅仅提出此一概念,而关于此概念的进一步阐述则需等到介绍完其学术思想之后再行辩析。因此,关乎梁漱溟之学术研究,我们可以分以下几个部分分别介绍之。

四、梁漱溟之学术思想之分段

介绍梁漱溟之学术思想之前,需先作一补充说明,梁氏为学之目的乃在于改造现实,而梁氏在社会实践中对其学术思想则不断作出调整及改进,这也造成了梁氏学术思想之一大特色。即梁氏整个学术思想之变迁无不跟随其社会实践之过程,同时,针对其学术思想之内容,则时常予以更正与补充。但贯穿其中不变的始终是梁漱溟之为学目的。梁氏学术思想之根本即在于此,明了于此,方可对梁氏之全部学术思想作一整体有机之理解。此处引用梁漱溟之言论为证:

梁漱溟在《东西文化及其哲学》第三版序言里谈两个悔悟,表示虽有悔悟,仍未有新解,即明了问题但仍未有确切答案:

头一个重要的悔悟是在本书第四章讲孔家哲学所说的"中庸"是走双的路这一段。这一段的大意是补订上文,但明孔家走一任直觉随感而应的路还未是,而实于此路外更有一理智拣择的路,如"极高明而道中庸",便是从过与不及里拣择者走。这样便是我所谓双的路,原文表示双的路云:

1.似可说是由乎内的,一任直觉的,直对前境的,自然流行而求中的,只是一往的;

2.似可说是兼顾外的,兼用理智的,离开前境的,有所拣择而求中的,一往一返的。

我从这个见解随后批评宋明学，就说：

宋学虽未参取佛老，却亦不甚得孔家之旨；据我所见，其失似在忽于照看外边而专从事于内力生活；而其从事内里生活而又取徒穷理于外，于是乃更识矣……。至明代而阳明先生兴，始祛穷理于外之弊而归本直觉；然犹忽于照看外边，所谓格物者实属于照看外边一面，如阳明所说虽救朱子之失，然自己亦未为得。

第二个重要的悔悟是在本书第四章末尾，说"西洋生活是直觉运用理智，中国生活是理智运用直觉，印度生活是理智运用现量"一段，……。所有这一段话我今愿意一概取消，请大家不要再引用他或讨论他。

以上梁氏在《东西文化及其哲学》中的双路说以及中西印文化之特点说正是后人对梁氏学说之大加赞赏之处，若不明梁氏在此问题上的态度之转变，则明显不能完整理解梁氏学术思想之变迁。

再举一例，说明梁氏在佛研学究方面之观念之变迁：

梁漱溟在1925年所作之《究元决疑论》附记中指出其于《究元决疑论》中之不当之处：

1. 叙性宗义的一段　此段以鲁滂的《物质新论》和佛家的《楞严经》、《起信论》来比附，立论最是不当……

2. 叙相宗义的一段　此段前半摘录《三无性论》等，后半征引太炎先生的文章，以说明无性主义……此段中全不曾弄得明白。

3. 论苦乐一段　此段话颇动听，虽有些意思，但也是没方法的乱谈……

上述三段话为梁漱溟对其成名作《究元决疑论》所作之自我批评，不明梁氏此种转变，则不足以了解梁氏佛学思想之变迁。

以上所说，目的在于了解梁氏学术思想之变迁。就其一生而言，大概经过西方哲学、佛学、东西文化比较、推崇儒家文化几个阶段。梁漱溟在1969年作《自述早年思想之再转再变》中言：

第一期思想与近代西洋功利主义同符

转入古印度的出世思想为第二期

再转而归落到中国儒家思想为第三期

第捌章 梁漱溟：究元决疑立大志 知行合一赖精神

以上为梁漱溟自述其早年思想之变迁，正是因为其后期转入儒家思想，故而被新儒家学派推崇为新儒家之代表人物之一，但梁漱溟之思想变迁，就其实质而言，正如前面所言，乃在于改造社会之实践之反思，从此角度而言，梁氏之学术思想，并非截然断裂，而是一脉相承。梁氏坦言从个人之角度，始终对佛学推崇有加，唯其对社会大众而言，则立主儒家之实效，梁氏言：

我从二十岁以后，思想折入佛家一路，一直走下去，万牛莫挽，但现在则已变……。我以前虽反对大家作佛家生活，却是自己还要作佛家生活，因为我反对佛家生活，是我研究东西文化问题替中国人设想应有的结论，而我始终认只有佛家生活是对的，只有佛家生活是我愿意做的，我不愿意舍掉他而屈从大家去做旁的生活。到现在我决然舍掉从来的心愿了。我不容我看着周围种种情形而不顾。——周围种种情形都是叫我不要作佛家生活的。一出房门，看见街上的情形，会到朋友，听见各处的情形，在触动了我研究文化的结论，让我不能不愤然的反对佛家生活的流行，而联想到我自己。——这是迫得我舍掉自己要做的佛家生活的缘故。我又看着西洋人可怜，他们当此物质的疲敝，要想得精神的恢复，而他们所谓精神又不过是希伯来那点东西，左冲右突，不出此圈，真是所谓未闻大道，我不应当导他们于孔子这一路来吗！我又看见中国人蹈袭西方的浅薄，或乱七八糟，弄那不对的佛学，粗恶的同善社，以及到处流行种种怪秘的东西，东觅西求，都可见人生的无着落，我不应当导他们于至好至美的孔子路上吗？

——梁漱溟《东西文化及其哲学》自序

以上所言，乃补充说明梁氏学术思想虽有分段，但其间并未截然对立，而是以认识社会、改造社会之宗旨统而贯之，此乃梁氏学术之第二大特点，从此角度而言，则梁氏之学术思想不可以单纯以儒家、佛家、心理学之名称而总括之。梁氏思想之分段以及其中之内在联系，说明了梁氏学术思想之不同方面自有其价值，不可以后期之思想彻底否定前期思想之原因。因此，从此意义而言，单纯以任何学派之角度而涵括其学术，必定偏于一隅，落入一叶障目之窠臼。故而，梁氏学术有其体系与内容，当从整体之角度进行研究，确定其分期与内在联系，明确其不同学术思想之独特价值。

明了梁氏学术思想之阶段以及其内在联系，为进一步了解其学术思想及其结论，当知其学术研究方法。故而下节重点介绍梁氏学术研究方法。

五、梁漱溟学术研究方法

我们先看看梁漱溟在《中国文化要义》自序中一段话：

就在为中国问题而劳攘奔走之前若后，必有我的主见与心得。原来此一现实问题，中国人谁不身预其间？但或则不著不察；或则多一些感触，多一些反省。多感触多反省之后，其思想行动便有不得苟同于人者。纵不形见于外，而其衷之所存，未许一例相看。是之谓有主见，是之谓有心得。我便是从感触而发为行动，从行动而有心得，积心得而为主见，从主见更有行动；……如是辗转增上，循环累进而不已。其间未尝不读书。但读书，只在这里面读书；为学，只在这里面为学。不是泛泛地读，泛泛地学。至于今日，在见解思想上，其所入愈深，其体系滋大，吾虽欲自昧其所知以从他人，其可得乎！

说我今日见解思想，一切产生于问题刺激，行动反应之间，自是不错。然却须知，尽受逼于现实问题之下，劳攘于现实问题之中，是产不出什么深刻见解思想的；还要能超出其外，静心以观之，才行。

于是就要叙明我少年时，在感受中国问题刺激稍后，又曾于人生问题深有感触，反复穷究，不能自已。（1）（人生问题之烦闷约始于十七岁时，至二十岁而倾心于出世，寻求佛法。）人生问题较之当前中国问题远为广泛、根本、深澈。这样便不为现实问题之所围。自己回顾过去四十余年，总在这两问题中沉思，时而趋重于此，时而趋重于彼，辗转起伏虽无一定，而此牵彼引，恰好相资为用。并且我是既好动又能静的人。一生之中，时而劳攘奔走，时而退处静思，动静相间，三番五次不止。（2）（过去完全静下来自修思考，有三时期：（一）在1912年后至1916年前；（二）在1925年春至1928年春；（三）在1946年退出国内和谈至今天。）是以动不盲动，想不空想。其幸免于随俗浅薄者，赖有此也。

就以人生问题之烦闷不解，令我不知不觉走向哲学，出入乎东西百家。然一旦于人生道理若有所会，则亦不复多求。假如视哲学为人人应该懂得一点的学问，则我正是这样懂得一点而已。这是与专门治哲学的人不同处。又当其沉潜于人生问题，反复乎出世与入世，其所致力者，盖不徒在见闻思辨之内；见闻思辨而外，大有事在。这又是与一般哲学家不同处。异同得失，且置勿论。卒之，对人生问题我有了我的见解思想，更有了我今日的为人行事。同样地，以中国问题几十年来之急切不得解决，使我不能不有所行动，并耽玩于政治、经济、历史、社会文化诸学。然一旦于中国前途出路若有所见，则亦不复以学问为事。究竟什么算学问，什么不算学问，且置勿论。卒之，对中国问题我有了我的见解思想，更有了今日我的主张和行动。

梁漱溟以上所言，可知其学术研究方法之要，约略为三，其一为发端于现实而又超越于现实。其二为出入百家，融会中西，也即是说其学术研究方法中自始至终贯穿中西比较之方法。其三为为我所用，梁氏一切学问之目的即在于解决人生问题，此包括两方面之含义，一为自我之身心安顿之学，二为民族国家人类前途之出路之学。理解梁氏学术研究方法中之三个方面，方可以进一步领会并掌握其学术思想及其社会实践。

梁漱溟之为学并非"为学问而学问"之学，也并非某党某派之学，而是立主探究人生、社会、世界之本质，明了其渊源流变，知悉中西方之优劣长短，进而融会其间，得出其结论，并在其研究结论之基础之上，深入实践，此乃梁氏学术研究之有别于他者之特点。

在介绍梁氏学术研究之分段以及其学术研究之方法的基础上，我们可以对其学术研究及其成果进行剖析与评判，下面分别就其佛学、中西文化比较、中国文化研究以及其乡村建设理论逐一辨析，以明其得失成败。

六、梁漱溟之佛学研究

上文谈到梁漱溟学术思想之分段，以及不同时期对同样命题及观念的更新为其一大特点。其次，梁氏学术思想虽有分阶段之重点，然仍具有其内在联系为其第二特点。因此，本文在介绍梁氏学术思想时不会事无巨细，详细介绍其同一命题下之诸多相异之观点,而仅仅介绍其中最重要之核心思想,既是其后期有所否定者,本文并未完全遵从梁氏意见而弃之不顾,相反,同样撷取其精华之所在以及时至今日依然有其重要价值者。再次,梁氏在其学术研究中,其所采用的中西文化比较之方法,比如历史、宗教、哲学、科学、艺术等诸多方面之比较与辨析往往贯穿于其所有的学术思想研究,如印度佛学、中国文化、西方哲学、人心与人生等方面。本文指出此一普遍方法,介绍其学术思想时不给予详细之辨析,仅仅阐述其重要结论,只在其东西文化比较研究中作一辨析,以收蠡测管窥之效也。

梁漱溟关于印度佛学之研究,主要体现在其《究元决疑论》、《印度哲学概论》、《唯识述义》、《东西文化及其哲学》等诸述中。因《唯识述义》为梁氏对唯识学概念之基本阐述,鉴于其在此方面之粗浅理解,并未超出其师欧阳竟无之说;同时,本人在关于熊十力学术思想介绍一文中对佛教唯识学已作初步解读,故而本文对其《唯识述义》一书介绍从略。因而在其佛学研究之介绍中主要以其《究元决疑论》以及《印度哲学概论》为根据。梁漱溟对佛教的研究主要从印度佛教之缘起、佛教思想以及与中国哲学、西方哲学之比较方面来进行论述。本章主要介绍其对佛教本身之研究,以及侧重介绍梁漱溟对佛教根本教义之理解,至于其中西印比较方面之研究以及佛教历史及全面概述,或偶尔提及,但大都从略,迄后面介绍其东西文化比较时再作辨析。

梁漱溟之佛学研究主要包括以下几个方面:

第一,印度佛教之渊源。

第二,印度佛教之本质或曰佛教之最要者。

第三,佛教之哲学思想

以下分别说明:

(一)印度佛教之渊源

梁漱溟在《印度哲学概论》中言印度宗教之缘起:

印度土沃气暖,谷米易熟。其民不必劳于治生,辄乃游心于远,故夙富于哲学思想。自邈古传说中已有人神关于哲理之问答。《吠陀》时代之人君,时集国中智人论议正理，胜者受上赏。其风至唐玄奘三藏至西域时犹盛。此内典中随处可见。如《瑜伽》等论说论议有六处所。一于王家，二于执理家，三于大众中，四于贤哲者前，五于善解法义沙门婆罗门前，六于乐法义者前。《唯识述记》释《金七十论》命名所由。说有外道以铁鍱腹，顶戴火盆，击王论鼓，求僧论议。

……

《吠陀》是婆罗门神典。《玄应音义》言梵种满七岁即就师学，学成即为国师，为人主所敬。印度哲学思想之兴，初本起于训释《吠陀》。其后宗计虽繁，特因依故典有所发挥。即自创新义，亦必由引《吠陀》之言以证成其说，期其见容，不遭婆罗门摈斥。而佛法之出不由《吠陀》，乃故与《吠陀》乖违而反对婆罗门者。凡诸宗之学无不拨遣，毫发不容留，如是诸宗与佛法为对立。

从以上梁漱溟对印度诸宗及佛教发展的介绍，可知印度初期宗派繁多，《吠陀》为其导，乃印度原始文化之源头，而诸先民则以穷究人生宇宙等本质为乐趣，佛教实兴于驳斥诸家宗派中。盖印度文化之早期，诸家之争，实与中国希腊同，此乃人类文明之"轴心时代"，梁漱溟看到佛教与其他教派之间之不同，后从本体论、因果论、知识论等多个角度阐释其间之不同，此乃梁漱溟印度哲学或曰佛教发展过程中之关注点。此处再举一例，梁漱溟谈佛教与瑜伽、数论等教派在修行方面之差异，引述如下：

凡宗教皆有其最后蕲向，一方对世间为解脱生死，一方出世为独存。此独存狭言之固在数论与瑜伽之神我说，其实吠檀多等之归命梵天亦复是独存也。独存者即归复清净本体之谓，其道唯在瑜伽……。若以佛法所说和会之，此类深理恐是外道所修之无想定。

——梁漱溟《印度哲学概论》第五章修行解脱论

质而言之，佛教一方面是与其他教派之斗争中不断发展起来的，包括早期印度"外道"以及后期佛教与中国儒道两派之间的长期斗争。此乃梁氏关注重点。但同时，佛教在其发展过程中，也不同程度地吸收了大量异教之思想或方法。因此，佛教实可以视为印度古文化之集大成者。关于此一方面，梁漱溟也有所认识，但未系统阐述。而关于佛教是对《吠陀》之反对，则明显有失偏颇，因为佛教中许多思想比如如来、轮回、四大等许多方面均传承于斯,不可贸然以反对之名而括之。此当于阅读梁氏著作时需加以注意者也。

(二)梁漱溟对印度佛教之本质或曰最要者之理解

梁漱溟对佛学之研究,见于其多本著作中,比如《唯识述义》、《印度哲学概论》、《东西文化及其哲学》、《人心与人生》等,而关于佛教之最本质概括,进而言之,梁漱溟所认为的佛教对于人生或社会之最重要之作用,当以其最早之成名作《究元决疑论》为代表,故而本章将重点叙述其《究元决疑论》之观点,以明了梁氏对于佛教之最根本看法。

梁漱溟在《究元决疑论》开篇,即言其对佛教之看法:

> 今我得解,如何直面其人而不为说法,使相悦以解,获大安息?以是义故,我而面人,贡吾诚款,惟有说法。然此法者是殊胜法,是超绝法,不如世间诸法易得诠说。我常发愿造论曰"新发心论",阅稔不曾得成。而面人时,犹恐仓卒出口,所明不逮所晤,以故怀抱笃念,终不宣吐;迨与违远,则中心恨恨如负歉疚。积恨如山,亟思一偿,因杂取诸家之说,乃及旧篇,先集此论。而其结构略同"新发心论"之所拟度,所谓《佛学如宝论》与《佛学方便论》之二部。前者将以究宣元真,今名之曰"究元第一"。后者将以决行止之疑,今名之曰"决疑第二"。

以上可知梁漱溟从两个方面对佛教进行重点解读,其一为"究元第一",即是研究佛教之根本宗旨,或曰佛教之最重要之教义。其二为"决疑第二",即是为人生及社会提供可靠的指导。

梁漱溟在此书中言佛教之根本者,乃在于"相宗"与"性宗"之二途。质而言之,梁氏是从佛教之教理而言佛教,此处之宗不同于后期诸多佛教内部之教派,仅仅为佛教内在逻辑及其旨归之说明而已。笔者曾在马一浮篇以及熊十力篇中略作介绍,此处仅指出梁漱溟对佛教之理解与研究仍然遵从佛家之根本,此点乃梁氏于熊十力大不同处。而关于对佛家思想之说明,梁漱溟总是善于运用最通俗的语言来说明佛教之根本思想,并与西方哲学、中国文化比对参详。此处我们不再延伸开去,但就其对佛教本质之认识而说明。广义而言,所谓相宗，以探讨法相为旨归；所谓性宗，探讨佛家所言之法性或曰真如。侠义而言，相宗对应于"有宗"，以大乘"法相宗"解说最为完整；性宗则可对应于"空宗"，以大乘"三论宗""禅宗"解读最为彻底。而"天台"、"华严"则对"相、性"二义均有充分的阐释与说明。

梁漱溟以勒庞（时译为鲁滂）之《物质新论》与《楞严》、《大乘起信论》等相比附，阐述其中性空之含义。梁氏虽然在后期重版此书时认为其中之比附不伦不类，为其谬误之作也，然就其普及角度或曰大众理解之程度而言，梁氏之作显然有助于佛法之推广。同时，梁氏此作也可以认为是早期关于佛教与西方哲学比较研究之代表人物之一，其意义重大，不可轻易予以否定。至于梁氏之误，当不在其对佛法性空含义之理解，而是其对西方科学中如"以太"等名词与"真如"之比附。此处摘引如下：

> 此种所表是何种义？谓所究元者不离当处，"本非因缘，非自然性，清净本然，周遍法界，鲁君所谓以太是也
>
> ——梁漱溟《究元决疑论》

而关于"相宗"含义，梁氏尤能提出自己之解读，梁氏言"相宗"之三无义尤能契合佛典，此处转引如下：

> 复次相宗者，吾举三无性义。摘取《三无性论》《佛性论》：
>
> 一切有为法，不出此分别（遍计所执性）依他（依他起性）两性。此两性既真实无相无生，由此理故，一切诸法同一无性。是故真实性（圆成实性）以无性为性。"
>
> 分别性者无有体相，但有名无义，世间于义中立名，凡夫执名分别义性，由三义故，此理可知。一者先于名智不生如世所立名。若此名即是义体性者，未闻名时即不应得义，既见未得名时先已得义；又若名即是义，得义之时即应得名；无此义故，故知是客。三者名不定故，若名即是义性，名既不定，义体亦应不定；何以故？或此物名目于彼物，故知名则不定，物不如此；故知但是客。复次，汝言此名在于义中。云何在义？为在有义？为在无义？若在有义，前此难还成；若在无义，名义俱客。
>
> ——梁漱溟《究元决疑论》

……

梁漱溟最后总结相宗之三义:

二说既陈,缘得建立三种义:一者不可思议义,一者自然轨则不可得义,一者德行轨则不可得义。

不可思议云何?谓所究元者以无性故,则百不是:非色,非空,非自,非他,非内,非外,非能,非所,非体,非用,非一,非异,非有,非无,非生,非灭,非断,非常,非来,非去,非因,非果。以周遍法界故,则莫不是:即色,即空,乃至即因,即果。夫莫不是而百不是斯真绝对者。世间凡百事物,皆为有对。盖"人心之思,历异始觉,故一言水必有其非水者,一言风草木必有其非风非草非木者,与之为对,而后可言可思"(原注:严译《穆勒名学》)。若果为无对者,"则其别既泯,其觉遂亡,觉且不能,何从思议?"(同上)以是故,如来常说不可思议,不可说,不可念,非邪见之所能思量,非凡情之所能计度。

——梁漱溟《究元决疑论》

梁漱溟所言之不可思议义,正可与龙树菩萨所造《中论》之"八不"说相对照理解:

不生亦不灭,不常亦不断,不一亦不异,不来亦不出。

龙树菩萨所言之八不,乃在于破除一切我执与法执,故而均以"不"立论,今梁氏既言"非"又言"是",故而吾作偈云:

是生亦是灭,是常亦是断,是一亦是异,是来亦是出。

从"是"与"非"之两个角度,当知梁氏所言佛祖说法之"不可思议义",梁氏再言"自然轨则不可得义""德行轨则不可得义"。

自然轨则不可得义云何?谓无性者云何有法。世间不曾有轨则可得。所以者何?一切无性故。又者所究元不可思议,即宇宙不可思议。宇宙不可思议即一事一物皆是不可思议。不可思议,云何可说有轨则?

德行轨则不可得义云何?(原注:此轨则非规矩之谓,即俗云伦理学原理。)德行唯是世间所有事,世间不真,如何而有其轨则可得?其所冯依而有,唯是依他,不异自然。所云良知直觉,主宰制裁,唯是识心所现,虚妄不真。比闻晚世心理学家之说明,谓心实无"道德感"之能力,虽足遣往世之执,要亦妄

第捌章 梁漱溟：究元决疑立大志 知行合一赖精神

谈，不曾得真。兹为扶其根本，其余浮谈不遣自空。根本云何？所谓自有（原注：Free Will）与有定（Determinisim）是（原注：此为心理学伦理学根本问题）。若心自有者则能拣择善恶而取舍之，亦是故，德行得立。若心范围于有定者，则不能拣择取舍，以是故，德行则不得立。夫有定云者，此即有自然轨则不可避之义也。前义既陈，此说决定不成。自由云者合前不可思议义，亦不得说云自有不自由。而况于此轮回世中，妄法之心，云何而可说自有？康德所立真我自有之义，但是虚妄。所以者何？彼以德行责任反证必有自有，德行责任未定有无，于此唯是假设。假设所证，亦唯是假，岂成定论？

——梁漱溟《究元决疑论》

梁漱溟通过对相宗性宗之论述，比对西哲如勒庞（作者注：时译鲁滂）、康德等，阐述佛法性空之义，进而一切知识、德行、自然轨则统统扫除，自乃梁氏探究佛法之本来意义，可谓梁漱溟"究宣元真"之义。梁漱溟紧接着探讨佛法之价值，此乃梁氏所谓之"佛法方便论"，梁氏既然认为世上一切学术俱是戏论，唯佛法可穷究本原，故而其依佛法所谓之方便必以"出世间"为第一义，而人生百态，情欲难遏，故而次一步则为"顺遂世间法"梁氏言：

随顺世间义云何？为世间人不能尽以出世期之，众生成佛，要非今日可办，则方便门中种种法皆得安立。释迦设教，上契无生，下教十善。德行之义，若知为随顺而有，非其本有，则云何不可？宽随顺之途，亦所以严出世之教，如来措置，莫不得宜。况以吾世智所测，才成佛大愿，将来必成。

——梁漱溟《究元决疑论》

从以上梁氏所言，可清楚看出梁漱溟对佛法之理解与服膺。梁氏认为佛法乃世界之绝对真理，而人生之归途莫过于证得圆成实性，脱离生死轮回，入如来之妙境。正是梁漱溟对佛教性空之认识以及重视，也造成了梁漱溟改造社会以及解决人生问题与佛学理论之矛盾与冲突。观梁氏以二十四岁之卓见，而其人生志向之宏伟，必然促使梁漱溟回归人间，舍佛入儒之学术路径与人生实践。本文指出此处，重在阐明梁漱溟之学术思想之内在逻辑，并不反对佛教之人间化之努力与实践，仅仅指出，不同思想家对不同学术理论之理解，往往造成其学术发展之独特之路径。此处略举一例，以说明对佛法理解之不同，今摘录梁漱溟佛学导师欧阳竟无《佛法非哲学非宗教而为今时所必需》一文，以作梁氏学术解读之旁证。

何谓佛？何谓法？何谓佛法？按佛家有所谓三宝者：一佛宝，二法宝，三僧宝。佛宝指人，法宝指事，僧者众多弟子义。宝者，有用有益之义，言此三者能利益有情，故称为宝。已得无上正等菩提的人，是称为佛。法则范围最广，凡一切真假事理，有为、无为，都包在内。但包含既如此其广，岂不有散乱无章之弊耶？不然。此法是指瑜伽所得的。瑜伽者，相应义，以其于事于理，如如相应，不增不减恰到好处，故称为法。此法为正觉者之所证，此法为求觉者之所依，所以称为佛法。

……

方今时势之急，既有若此，然而求诸近代学说能有挽此狂澜，预防大祸者，纵眼四顾，除佛法曾无有二。盖佛法者，真能除宗教上一切迷信，而与人以正信者也；佛法者，真能除哲学上一切邪见，而与人以正见者也。何以故？宗教家之信仰唯依乎人，佛法则唯依于法；宗教以上帝为万能，佛法则以自心为万能；宗教以宇宙由上帝所造，佛法则三界唯心、万法唯识，山河大地与我一体，自识变现非有主宰；宗教于彼教主视为至高无上，而佛法则种姓亲因唯属自我，诸佛菩萨譬如良友但为增上。又当知：即心即佛，即心即法，心佛众生平等无二，从此则依赖之心去，而勇猛之志坚矣。仰又当知：彼诸宗教唯以天堂为极乐，以自了为究竟，实亦不能究竟；而佛法者，发大菩提心，发大悲心，自未得度而先度他，三大僧祇皆为度众。是故，菩萨不舍众生不出世间，宁自入地狱而不愿众生无间受苦。然则，佛法与宗教之异，非特真妄有殊，抑亦公私广狭、博大卑陋永异矣！

以上所举欧阳竟无之言语，可视为对梁氏佛法理解之补正。欧阳竟无坚持佛学之大道，可谓圆教之言，梁漱溟甚悟其理，可谓顿教。而此处指出此一事实，乃重点在说明梁漱溟学术思想发展之内在逻辑，此当大雅君子明辩！

（三）佛教之哲学思想

上文提到，梁漱溟对中西文化之比较研究方法一直贯穿于几乎所有方面，

第捌章 梁漱溟：究元决疑立大志 知行合一赖精神

梁氏对佛教思想的研究同样不能例外，主要体现在《印度哲学概论》、《唯识述义》、《东西文化及其哲学》等著述中，今以《印度哲学概论》、《唯识述义》为主，举例说明，而至于其东西文化比较方面的总结性论述，则以后文为主。因此，本章主要集中介绍梁漱溟对佛教思想之认识，简而言之，即是在梁漱溟看来，佛学中关于本体论、宇宙论、知识论等方面之解读。

梁漱溟在谈论佛法与哲学时，首先开宗明义，阐明佛法非哲学：

佛法之为物若以哲学而研究之，实失其本意。其本意初步以哲学为事，抑实归在哲学之亡。即前章所谓匪言可表，所谓出世间。申言之，哲学之所事在知，佛法之所事在亡知。禅家所谓这张嘴只堪挂在壁上。又云举念则天地悬殊，况动这两片唇皮。此不独不立语言文字之宗门为然，即经教亦尔。

——《印度哲学概论》第一篇第五章第二节佛法与宗教

以上梁氏所言，乃从佛法之究竟义来反对哲学者。但梁氏仍然要寻找其间之哲学思想，梁氏言：

哲学之本性为从无可知中向知之方面开展。而由上观察，佛法虽亦从亡知处（禅）不妨予人以知，面所事实在亡知而不在知。故说佛之哲学殊未为尽哲学之性，其长处唯在说不生灭。次则说生灭之八识、五蕴等。此外若现前世间则少所说，即说亦不足重，如前章所论因袭其土风者是。盖佛本不以哲学为事也。即今之所谓佛之哲学者亦第为吾人从流传下来佛的宗教教训搜得，在佛初无是物。其为哲理抑非哲理亦非可定，世之治哲学者但以佛所示之方法与材料以从事可已。

梁氏从佛法究竟义出发，认定佛法之本质乃在于证得菩提，涅槃寂静而已。此乃梁氏对佛法之认识之根本点。然，佛陀说法，随缘施化，方便说法，涵空有二宗，穷相性二义。梁氏强调空宗之一面，显然有落入顽空窠臼之特征。就佛法言，若欲超脱生死轮回，证得真如自性，必须对世界宇宙之一切现象作出合理解释，此乃佛法与哲学相通之处。哲学此一名词，从西方传入中国，本意为"爱智慧"。中国人之"知"字含义，则包含"知识"与"智慧"两方面之含义。而佛法中之转识成智之说以及一切佛教理论，无不包含"知识"与"智慧"两个层面之含义。因此，从字源学之方面也可以明白佛法与哲学之相通之处，并非梁氏所言之单纯的"佛的宗教教训搜得"。梁漱溟之佛法与哲学之理解虽有所偏颇之处，然而其对佛法中之宇宙论、本体论、知识论、因果论等方面之解读仍然堪称到位。故而简单介绍如下。在介绍其佛法中之哲学以前，引用龙树菩萨之《大智度论》以明佛法之圆满，旁证梁氏之偏颇：

　　复次，佛初生时，堕地行七步，口自发言，言竟便默，如诸婴孩，不行不语，乳哺三年，诸母养育，渐次长大。然佛身无数，过诸世间，为众生故，现如凡人。凡人生时，身分诸根及其意识未成就故，身四威仪：坐、卧、行、住，言谈语默，种种人法，皆悉未了；日月岁过，渐渐习学，能具人法。今佛云何生便能语能行，后更不能？此事可怪！当知，但以方便力故，现行人法，如人威仪，令诸众生信于深法。若菩萨生时，便能行能语，世人当作是念：今见此人，世未曾有，必是天、龙、鬼、神，其所学法，必非我等所及。何以故？我等生死肉身，为结使业所牵，不得自在，如此深法，谁能及之？以此自绝，不得成贤圣法器。为是人故，于蓝毗尼园中生。虽即能至菩提树下成佛，以方便力故，而现作孩童、幼稚、少年、成人；于诸时中，次第而受嬉戏、术艺、服御、五欲，具足人法。渐见老、病、死苦，生厌患心，于夜中半，逾城出家，到郁特伽阿罗罗仙人所，现作弟子而不行其法。虽以常用神通，自念宿命，迦叶佛时持戒行道，而今现修苦行六年求道。菩萨虽主三千大千世界，而现破魔军，成无上道。随顺世法故，现是众变。今于般若波罗蜜中，现大神通智慧力故。诸人当知佛身无数，过诸世间。

　　复次，有人应可度者，或堕二边；或以无智故，但求身乐；或有为道故，修诸苦行。如是人等，于第一义中，失涅槃正道。佛欲拔此二边，令入中道，故说摩诃般若波罗蜜经。

——龙树菩萨造鸠摩罗什译《大智度论》第一卷

　　以上所引用的《大智度论》中之两段文字说明了佛祖当年传法之经历，而其中第二段中"佛欲拔此二边，令入中道，故说摩诃般若波罗蜜经"则道出佛法之圆满与中道，再从佛祖当年苦行六年，后恍然醒悟，接受牧羊女之乳糜，则说明了佛祖对现实人生的肯定，从此种意义上言，佛教之教人，并非以苦修为善，乃在于"一切方便即是如来"（作者注：《大藏经》语），"烦恼即菩提，菩提即烦恼"之真见解。以是故,梁漱溟对佛教之究竟可谓了解透彻,但对佛教之中道思想则显然重视不够,此正是梁氏对佛学根本义研究体悟之重视,而对佛法于人间之实用未能充分阐发之原因。

虽然梁漱溟对佛教之理解有其特点,不足以反映佛学之全貌,然其对佛教中之哲学思想显然经过一段苦心孤诣之论证,而其中之与西哲之"本体论"、"因果论"、"知识论"等方面的比对研究仍然有其独特之价值,今略举如下。

首先看看其对佛教中"本体论"之说明:

小乘七十五法色心并举,亦可曰物心二元。然细加核考,复未可定。……小乘归于无为,而所欲解脱者正在色心。则色心本不可以为本体审矣。归在无为,无为是常,则宜若为本体;而又不说无为为万有所自出,且说无为离色心而定有。则无为亦非本体。……

大乘亦不取一法以为万法本。盖万且不睹,何要求一?末尚无在,乌从立本?然教义所关,其为言有毗于哲学家之说本体者。唯是迥出常情,远离拟比,未可轻率相议。

——《梁漱溟全集第1卷第1章多元论》

以上梁氏所言乃着重强调佛法与哲学在本体论方面之差异,不可以强以哲学中之本体论而论佛法。但梁氏笔锋一转,再进一步探求佛法之本体论含义:

佛典中如来藏、法身、法界性、真如、圆成实性、心、识、菩提、涅槃类此等称,虽异文别用,而大要皆以表为本体者。故说三界唯心、万法唯识,无不从此法界流,无不归还此法界。《楞严》说如来藏忽生山河大地诸有为相。《起信论》说心真如者即是一法界大总相法门体。又说依如来藏故有生灭心,不生不灭与生灭合名为阿赖耶识,此识能摄一切生一切法。如是等文不可胜举。要而言之,万法无体,此其体;万法奚自,此所自,是说本体之初步也。

云何是本体形相?本体离一切相。《摄大乘论》云:此种何者圆成实性?谓即于彼依他起相由似义相永无有性……。当知真如自性非有相,非无相,非非有相,非非无相,非有无俱相,非一相,非异相,非非一相,非非异相,非一异俱相,乃至总说,依一切众生以有妄心,念念分别,皆不相应,故说为空。若离妄心实无可空故……。大乘教旨无所得,谓离一切相也。是说本体之第二步。

然则何者是本体？本体即一切法。《楞严》中克就根性直指真心。乃至五阴六入十二处十八界七大一切世间诸所有物，皆即菩提妙明元心。法法皆真，当体即是。古云：即心即空，即地火水分，乃至即常乐我净，以是俱即世出世故。语所谓全妄即真，全真即妄。

——《梁漱溟全集第1卷第1章多元论》

以上梁氏所言，虽强加西哲之名词，然结论是不可以"一元二元"等比附，而佛法中之本体问题到最后不可言说，最终落入有无之问题，需"唯识家之举万法归纳于识"。梁氏对佛法本体问题之研究，可看出梁氏完全是从佛教根本义而言，故而需破除哲学之本体之概念，此乃梁漱溟对佛法本体问题之基本立脚点。然，佛法无边，博大宏识，其就知识层面而言，当然有所谓本体之说明，或为阿赖耶识，或为法界，或为真如，何需辨尔！

梁漱溟关于"唯心与唯物"之辩，认为将佛法等同于哲学界之所为"唯心"实乃大谬，盖佛家唯识论者所言之心与西哲所言之心大不同，故而梁氏不同意言佛法为"唯心"之说，梁漱溟经过对唯识学之介绍后，再一次重申其观点，梁氏言：

上方就唯识论节录，杂以所见，大意如此。唯识家以第八识为宇宙大根本，而西土唯心家于此全所不及知，大为相左。唯识家之识是识自体，非识上能缘之用。西土唯心家于识体又不及知。唯心云者正在其能缘之用，彼所谓以思维为自性者也。是又大相左。唯识家之简单说明，在唯识所变。西土唯心家则云观念结成。亦成异趋。故唯心家言恒转自困，诘难之集如矢。

以上为梁漱溟关于本体问题以及唯心唯物之佛家观，梁氏从佛门真谛而言，当然反对西哲之概念，此乃梁氏佛法解读之要点。而针对所谓佛菩萨崇拜也就是所谓"有神论"之问题，梁氏坦言佛法为地地道道之无神论，梁氏言：

佛法为明确之无神论。如上有神论中虽或拙巧不同（作者注：梁氏此处指原文中所言之印度诸宗教），而皆执一法实常，能生一切。佛家目之为一因论。以彼宗大自在一法为因故。又谓之不平等因计。平等因者谓因能生果，因复从因，故名平等。自在天等但能生他。故非平等因。

梁氏以佛法之因果论破除诸宗之有神论。然就芸芸众生而言，佛菩萨岂非

第捌章 梁漱溟：究元决疑立大志 知行合一赖精神

神灵乎？盖佛法乃强调明心见性，自性成佛，非强调对外在一绝对实体之膜拜，此乃梁氏所言佛法之无神论之本质，不可不察。

梁漱溟再言佛法与因果论，世人常言"万法皆空，因果不空"，梁漱溟虽言"佛就俗谛解释宇宙生灭之理，广说因果。小乘之十二因缘，大乘之八识异熟，皆是也"，然其根本则站在空宗立场，认为佛法破一切见而立空，当于因果一起破除，梁漱溟引用《中观论》、《百论疏》以证之，今再引用，俟后明辨：

若众缘和合	而有果生者	和合中已有	何须和合生
若众缘和合	是中有果者	和合中应有	而实不可得
若众缘和合	是中无果者	是则众因缘	与非因缘词
若因与果因	作因已而灭	是因有二体	一与一则灭

——《中观论》

以上梁氏所引用《中观论》之文字，无疑欲说明佛家破因果之说，此需明辨，梁氏所言之因果不立，当以佛家根本义而理解，以佛家修行及佛法之广布而言，若无因果？何以证得涅槃，若无因果？佛法之俗谛则不可以立。故而梁氏之破因果可以理解为其以真谛而反俗谛也，此非圆融之论，当可见梁氏之目的。梁氏以上所言之佛法中之哲学思想不如理解为梁氏对佛法远高于哲学之见解之说明。梁氏对佛法之理解，从究竟义出发，力图阐明佛法方乃一切学问之最高处，远远超越一切哲学之思潮，根据梁漱溟之说法，所有哲学只停留于第六识之层面，远未达到末那及阿赖耶识之探讨。

就以上所言，当知梁氏对佛法理解之到位，然其以佛法之了义评判世间一切学术之高下，乃出于其力图以佛法矫正世间之人生态度之表征。以纯粹学术研究方法而言，则当然失之偏颇，世间一切学问，若以佛学之角度，本来属世间法，以佛学之了义，以出世间法而反对世间法，则落入顽空之弊。此乃通识君子所当注意耳！此处略为辨析，一则再证梁氏多佛法了义之理解，二来说明梁氏佛学研究方法之特征，三来说明梁氏以此思维入于佛学，本为拯救现实世界之动机，然其结果必然促使其远离佛学而归诸儒学，此乃梁氏学术研究动机、学术研究方法以及其人生态度众缘和合之必然，从此角度，则知梁氏对中西文化比较之内在逻辑与发展轨迹。而其关于佛教思想体系之研究，当然也包括了对佛法中所谓俗谛之层面，也就是说，其对佛教中诸多派别之发展以及内在理路之理解大多见之于《印度哲学概论》、《东西文化及其哲学》、《人心与人生》等著作中，此处不再多述。

梁漱溟对佛法与形而上学之理解，则可视为其对佛法与哲学解读中之最为有价值者，当然，梁氏作为欧阳竟无之弟子，其对佛法之精到理解，主要见之于其唯识学之解读，此段论述则主要见之于其《唯识述义》一文。梁漱溟在《唯识述义》一书中首先总结西方哲学分大陆理性主义与英美经验主义两条路径，而其中康德对知识系统的理性剖析可谓一大进步，而后期则以罗素为代表走数理逻辑之一路，柏格森则走直觉一路，其间斗争难解难分，梁氏则以佛法比较，认为西哲之路径则远远未能达至至善，其学说繁多然终不能抓住要害，或曰其形而上学终不能成立，梁氏最后归宗佛法唯识家一路。梁氏对佛法中之形而上学论述多多，简而言之，则基本上以唯识家所言之"八识""三性""三境"等为其旨归。关于梁漱溟对唯识家之评述，此处不再多言，仅仅指出其对唯识学解释中对"现量""瑜伽"修行等之解独有其特点，而其将"现量"仅仅归结为"感觉"之解释并非到位，读者诸君可参看陈大齐《因明大疏蠡测》以及窥基所撰之《因明入正理论疏》或《成唯识论述记》可以自行辨析。此处引用梁漱溟在《唯识述义》中之言论以证：

我现在只代表唯识家表示对于西方诸家的态度。第一我们对于从前形而上学家的臆谈法自然不能承认，而对于后来认形而上学不能成立诸家的意思都极赞成的，其间如波耳松的说法与唯识学头一层说法非常相似。所谓宇宙只许是感觉的总计，不许别有什么宇宙实体，那还有什么形而上学可讲呢（原注：但波氏书未见及不能多批评）？凡认一件东西有实体概都斥为非量，形而上学家从这非量上头再生出许多议论来。其间有比无现，便是满篇非量，即所谓臆谈。而科学独许为知识者，因其或纯用比量经营而成（如所谓唯理得科学），或兼用现比经营而成，虽带着非量走却非从非量生（如所谓经验的科学）。对于实验主义的不承认一元自也是赞成的。对于罗素尔、柏格森两家，比较的承认罗，批评的承认柏。形而上学虽不是比量所能经营，因罗氏的比量先既不从一个非量生，后亦不结生一个非量（只推其可然，不言其诚然，不算非量），方法上没有流弊，所以比较从前的就赞成了。但这种方法是不会成功的，所以尚不能就承认。柏格森反智的主张是承认的，主张直觉却不能承认。他不能自脱于西方化而倡反智主义是不能成功的。一面是不能找着纯然非理智的东西——直觉并非纯然非理智的——则反智必不能圆到有就；一面是不能根本反对理智，则无以解外人之难。看他所谓直觉的并非一种单纯作用，恐怕容易致误，而且既误无从纠正，反不若理智的没有流弊。因为理智就是比量智，虽然所得只是共相，却能自己纠正到一个无错误的地步，他所谓直觉还是还有比量作用在内的，既不能成功现量又不能使比量尽其功，我们很难信任。有人以为他的直觉即佛家现量，这是胡说乱猜。虽然如此，柏格森之所成就的，却又与唯识学相密合。假使无柏格森开其先，或者唯识学还不好讲；印度化在晦塞的东方本无以自明，唯以有进化论后所产生、所影响之科学如生物学、心理学及其他，所演出、所影响之哲学如实验主义、柏格森及其他，而后佛家对宇宙的说明洞然宣达，印度化才好讲，唯识方法才好讲。

还有几句话附说在此：形而上学的方法没有探出，所以东一家西一家的莫衷一是。若他那唯一得方法确定了，那形而上学也是唯一无二的。这种唯一无二的形而上学便也是科学，却毕竟非科学。这事在西方化与中国化里边都没有成功希望，因为这种文化很没有形而上学的要求……在印度化地下这是他唯一的要求（原注：更无别的要求），所以成就在他手里。

上述两段，乃梁漱溟利用佛教唯识学来说明西哲之诸问题，在梁漱溟看来，唯识学中现量、比量、非量的概念完全可以说明西哲之体系，同时尤能折射出西哲之不足。所谓现量，按梁漱溟之理解来看，则是所谓纯粹之感觉，此种感觉若加以推论，则为比量，若以感觉为实有，则为非量。梁氏对佛教现比非量之理解有一定道理，在其所应用之程度而言，当然完全可以说明西哲之不足。仅从此角度而言，梁漱溟则认为印度佛教之唯识学乃最高之形而上学，为最完美之哲学，超越并弥补了中国或西方哲学之不足。此一问题，若详加论证，则或需洋洋数万言，而今仅仅在此指出梁氏之观点合理之一面，至于关于佛教或儒家或西哲之解读，可参看本人之《畅说佛教之佛教的历史》、《畅说佛教之佛法概论》、《畅说儒家之儒家精义》、《畅说儒家之儒学发展史》、《畅说西哲之西方哲学概论》以及《畅说文化之宗教、哲学、艺术、科学的圆融与实现》等。

七、梁漱溟关于中西印的文化比较之学

上文提到，梁漱溟的几乎所有研究均贯穿中西印比较研究方法，本章简要介绍其对中西印文化之主要观点，包括中西印各自文化之源头、内在逻辑、优缺点等诸方面之比较。所依据之书目以梁漱溟《东西文化及其哲学》《印度哲学概论》、《人心与人生》、《中国文化要义》等为主。

我们首先看看梁漱溟对中西文化研究态度之执着与坚韧，梁氏言：

我对于此问题特别有要求，不肯放松，因为我的生性对于我的生活、行事，非常不肯随便，不肯做一种不十分妥当的生活，未定十分准确的行事。如果做了，就是对的，就没有问题的；假使有一个人对于我所做的生活不以为然，我即不能放松，一定要参考对面人的意见，如果他的见解对，我就自己改变；如果他的见解是错误，我才可以放下。因为我对于生活是如此认真，所以我的生活与见解是成一整个的，思想见解到哪里就做到哪里。如我在当初见得佛家生活是对的，我即刻不食肉不娶妻要作他那样生活，八九年来如一日。而今所见不同，生活亦改。因此别的很随便度他生活的人是可以没有思想见解；而我若是没有确实心安的主见，就不能生活的！

——梁漱溟《东西文化及其哲学》

梁漱溟对中西文化比较之研究，以人生态度之不同为出发，当然，在《人心与人生》中梁漱溟更将其立足点扩展为人心之根本，梁氏统而称之为心理学，并以中西印哲学之心理研究及出发点开展研究。我们先看看梁氏在《东西文化及其哲学》中所总结的人生之三路向，正是此三种路向之不同，造成西方、印度以及中国文化之根本上之不同：

1. 本来的路向：就是奋力取得所要求的东西，设法满足他的要求。换一句话就是奋斗的态度。遇到问题都是对于前面去下手，这种下手的结果就是改造局面，使其可以满足我们的要求，这是生活本来的路向。

2.遇到问题不去要求解决,改造局面,就在这种境地上求我自己的满足。譬如屋小而漏,假使照本来的路向一定要求另换一间房屋,而持第二种路向的遇到这种问题,他并不要求另换一间房屋,而就在此种境地之下变换自己的意思而满足,并且一般的有兴趣。这种下手的地方并不在前面,眼睛并不望前看而向旁边看。他并不想奋斗的改造局面,而是回想的随遇而安。他所持应付问题的方法,只是自己意欲的调和罢了。

3.走这条路向的人,其解决问题的方法与前两条路向都不同。遇到问题他就想根本取消这种问题或要求。这时他既不像第一条路向的改造局面,也不想第二条路向的变更自己的意思,只想根本上将此问题取消。这也是应付困难的一个方法,但是最违背生活本性。因为生活的本性是向前要求的。凡对于种种都持禁欲态度的都归于这条路。

所有人类的生活大约不出这三个路径样法:(一)向前面要求;(二)对于自己的意思变换、调和、持中;(三)转身向后去要求。这是三个不同的路向。这三个不同的路向,非常重要,所有我们观察文化的说法都以此为根据。

梁漱溟根据人生态度之不同,指出中西印各具特色,梁氏言西方文化之精髓即在于向前之一路,此向前之一路所最重要之结果便是科学与民主,印度文化核心即是向后看之一路,而中国文化之核心则在于安于现实而寻求解脱。当然,梁氏所认为的可以理解为中西印文化之最大特点,自有其价值,梁氏从历史、宗教、学术三个层面分别论证,我们首先看看其从历史角度之论证。

梁氏言西方文化之核心,在于科学与民主,更要者在于其以历史之眼光,剖析其文化发展之轨道与逻辑,梁氏言:

这科学的方法和其精神又是从两种科学来的,尤其重要的是在英岛的这种科学。这种经验派实在对于以前的——希腊及大陆——方法,有绝大的补足与修订。所有旧相传习的种种观念、信仰,实借英人——洛克他们——来摧破打翻的。英国人的态度精神刚已说过,所以科学方法、科学精神又是出于第一条的态度,如我们所观测。

"德谟克拉西"(作者注:即民主)又是怎样来的呢?这是由人类的觉醒——觉醒人类的本性——不埋没在宗教教会、罗马教皇、封建诸侯底下而解放出来。

这个就是我们所说的"人的个性伸展，社会性发达"。他们是由觉醒人类的本性，来要求人类本性的权利；要做现世人的生活，不梦想他世神的生活。那么，自然在他眼前为他生活之碍的，要反抗排斥，得到他本性的权利而后已……。所谓在事前思想之变则卢梭、福禄特尔，自有平等之说是也。这种思想的说法即近世政法上社会上"德谟克拉西"之源，而他们的大革命，又是实际上使这种精神实现之大事件。这种政治、法律及其他社会生活样法之变迁自然得利于同时经济现象之变迁的很大；……但是这直接的动力、间接的动力，不都是由第一条态度来的么？

梁漱溟再言与西方比较中国文化特点：

我们先来拿西方化的面目同中国化的面目比较来看：第一项，西方化物质生活方面的征服自然，中国是没有的，不及的；第二项，西方化学术思想方面的科学方法，中国又是没有的；第三项，西方化社会生活方面的"德谟克拉西"，中国又是没有的。几乎就着三方面看去中国都是不济，只露出消极的面目，很难寻着积极的面目。

以上梁氏所言中国文化消极之一面，只可以理解为与西方文化比较而言，然，就中国原创思想即先秦之诸子百家而言，中国文化中之民主、科学之胚胎早已俱足，只是后来胎死腹中，在历史的长河中未能泛起大波浪，此乃中国文化发展之悲哀，但不可以梁氏所言而全面否定。

其次，梁漱溟从宗教角度展开，主要辨析中西印三方宗教之特色抑或宗教态度之不同。梁漱溟言宗教：

所谓宗教的，都是以超绝于知识的事物，谋情志方面之安慰勖勉的。

宗教的两个条件：

1. 宗教必以对于人的情志方面之安慰勖勉，为他的事物；

2. 宗教必以对于人的知识之超外背反，立他的根据。

梁漱溟进一步指出，宗教之需要乃植根于人之内心，宗教之特征则以"神秘"与"超绝"而彰显，由于人生态度之不同，西方走向了探求知识之一路，印度走向了向后寻求心灵安慰之一路，中国则折衷其中，尤以注重社会性与集团性之生活为重，此乃中西印文化从宗教角度而言之区别。梁漱溟显然对佛教推崇备至，而对基督教则仅仅指出其博爱思想之贡献，统而言之其为一绝对神之宗教。而对中国文化，梁漱溟指出孔子学说虽不是宗教，却显然具备宗教精神，梁漱溟言：

  人类生活的三方面，精神一面总算很重，而精神生活中情志又重于知识；情志所表现的两种生活就是宗教与艺术，而宗教力量又常大于艺术。不过一般宗教所有的一二条件，在孔子又不具有，本不宜唤作教；因为我们见他与其他大宗教对于人生有同样伟大作用，所以姑且这样说。我们可以把他分作两条：一是孝弟的提倡，一是礼乐的实施；二者合起来就是他的宗教。

——梁漱溟《东西文化及其哲学》第四章"孔子之宗教"

  复次，梁漱溟从学术思想之角度对中西印文化进行了系统之比较，关于印度文化，梁漱溟详细著述于《印度哲学概论》、《究元决疑论》、《唯识述义》等作品中，上文已约略介绍，今不再重复；而关于西方学术思想，则散见于其几乎每部著作，此处引用其在《东西文化及其哲学》中言论，可知梁氏从学术思想之角度而进行的中西文化比较研究。

  我们已说过西洋哲学时偏于想外的，对于自然的，对于静体的一面特别发达，这个结果就是略于人事；所以在他人生哲学好像不是哲学的正题所在，而所有其人生哲学又自古迄今似乎都成一种特别派头。什么派头？一言以蔽之，就是尚理智：或主功利，便须理智计算，或主知识，便须理智经营；或主绝对又严重的理性。但在未走出一定路子来的时候，自然也是向各方面发展的，如黑列克立塔斯（Heraclitus，作者注：今译赫拉克利特）因为讲变化的形而上学，所以他的人生思想与中国有些相似；却是以后再没有人接续讲这变化的一路（作者注：此处不妥，黑格尔专讲正反合之辩证发展，可谓其学术思想之升华与接续），所以这种思想也就无所发展了。底下的诡辩学派，只是一种怀疑破坏的态度，觉得没有什么道理可凭，但他有一点意思就是凭个人的主观于我有利无利——这似可算西洋派的萌芽。梭格拉底出来反对他们，以为真理是可凭的。人所以行事不对只为不明白，能有知识就好了，所以他说"知识即是道德"；假如有人自知不好而不能节制，是他不能认明现在之快乐与自此而生之未来苦痛的比较价值，即还是无知识；所以最重要在知识——这又是西洋派的开端。梭格拉底以后分成四派，说法不同，却有一个共同点，即还是重知识。其基利内派更置重于幸福，以为人应当多得快乐，多避苦痛，知识是能使我们行为达到利益之目的者。柏拉图则有其"善之观念"，说为一切观念所从属而是实在的；我们要去实现这个善就是德，而必须受真知识之指导才能行。他的弟子亚里士多德便稍不同，以为不是只有知识即成的，还得要有强的意志，养成习惯。他还有一个意思，就是他所谓的中庸；以为一切的德都是中庸，而不是偏于一个极端者；而人的情欲总容易走极端，所以它主张由理性统驭调节一切欲望才有这个德——中庸。这理性统驭的态度又是西洋派。这以后则有斯多葛派伊壁鸠鲁派。前一排要绝情念而安静退隐，不看重生活，后一排就倡快乐主义，说我们常要思虑分别，择那最多与吾人以快乐者去作；知识道德都为此始有价值。看似他者要安静无苦痛与斯多葛派有点相似，然他这个安静是从计算利害来的，与那派根本不要存利害的心实在相反。罗马人不过折衷各种思想，可以不说。以下为基督教伦理时代，自为不看重人生者，惟其最可注意者，当为博爱之一一。在从前亚里士多德列举种种之德，其中并无博爱一目，而至此最为主要之德，以讫于今西洋人得到他的影响好处非常之大。到文艺复兴，人生思想脱宗教而独立，回到现世时，大概可以粗判为英国、大陆、德国三派。英国派始终是主功利的，无论什么幸福说、快乐说、为我说、利人说，总都是一路气味。开头如培根、霍布斯、洛克、哈特咧（Hartley）、休谟等等都是这样；其间自然也有反动，但总无大势力，一直到后来如边沁、穆勒、斯宾塞、其精神益著。大陆派可以说是主知识的一面，因他排感觉不重经验，所以较少功利气味而重视知识。如笛卡尔的意思。道德是与明白的知识为一致，有了知识，由意志统驭着作，就成了道德。马尔布兰西说吾人能辨别事理，由吾人分有神之知识才成功道德。斯宾诺莎说人要不明白则常为感情所左右而非自有动作，因此照他意思，道德一面与明了之知识一致，一面与活动自有之动作一致。凡此诸人皆同倡主知主义者也。德国派稍与英国和其他大陆思想不同；他的意思以道德为我们义务而不应当有所为，这与功利主义始为反对，亦与主知者非一。这派主人就是康德。他以为要是有所为，不论是出于感情是出于欲望，不论是为己为人，便都不得谓之道德，而且正相反的；

第捌章 梁漱溟：究元决疑立大志 知行合一赖精神

要无所为的直接由理性来的命令才算道德。从前一种不过是因利害的计算才去作，那么，他这种命令以有利为假定，无利就取消，只名为"假定的命令"；从后一种便是无条件的绝对应行之义务，乃名为"无上命令"。所以照他这意思便是由恻隐之心而为悯人之举，也都非道德了。这自然对于西洋派很不随群，却也与中国派头不一样；因他虽说无所为与我们相似，然我们所说的无所为并不像他这样不容留感情。费希特亦以道德之自身即为目的，非他物之方便，凡别有所为者，不得为道德；纯粹道德之冲动在真正的自我满足。黑格尔略有不同，以为道德应求可观之标准，不单从个人灵心而定；但他也说意志自由，而意志从乎理性以为活动。到后来李布斯（Theador Lipps）要算是这德国派进步到好处，很高明的一个人。但这一排总不能居重要地位，就连主知派势力也不大，而且德国和其它大陆都还不少功利派，所以西洋思想竟不妨以功利主义将他代表了。最近的什么实际主义、人本主义、工具主义、实验主义，总是讲实际应用，意思都差不多……

——梁漱溟《东西文化及其哲学》第四章之"西洋人生哲学"一节

以上所引用的梁漱溟关于西方学术思想之发展，可以认为是梁漱溟对西方哲学之梳理，从梁氏言论可知，其虽然对西方哲学思想有所分别与整理，然结论则不外乎西方追求知识为其重点，正是因为其重视知识之缘故，道德之论断大都与理智或知识之关系而展开，此乃西方文化之学术特征，当然，梁漱溟是站在近代之视角而审视其文化，梁氏所言之西方文化之特征仅仅可以以西方近代强势之哲学思潮而论说之，并非否定西方历史上其他诸多学说。而关于中国文化之特长，我们将在下一章详细介绍，此处仅仅指出梁漱溟最后回归儒家，对儒家哲学推崇有加，并且认为未来人类问题之解决概赖于儒家之一路。

复次，梁漱溟总结中西印三方哲学思想之区别，以下表明之：

目别		西洋方面	中国方面	印度方面
宗教		初于思想甚有势力，后遭批评失势，自身逐渐变化以应时需	素淡于此，后模仿它方，关系亦泛。	占思想之全部，势力且始终不坠，亦无变化。
哲学	形而上之部	初盛后遭批评，几至路绝。今犹在失势迷路中。	自成一种，与西洋印度者全非一物，势力甚普，且一成不变。	与西洋为同物，但研究之动机不同，随着宗教甚盛，且不变动
	知识之部	当其盛时，掩盖一切，为哲学之中心问题。	绝少注意，几可以说没有。	有研究，且颇细。
	人生之部	不及前二部之盛，又粗浅。	最盛且微妙，与其形而上学相连，占中国哲学之全部。	归入宗教，几舍宗教别无人生思想，因此伦理念薄。

——梁漱溟《东西文化及其哲学》第四章"三方思想情势简表"

再者，梁漱溟除了以人生态度之角度出发展开对中西印文化比较之外，再进一步从人类生活之角度进行比较，梁漱溟首先分人类生活为精神生活、社会生活、物质生活三个方面，梁漱溟言：

1. 精神生活方面，如宗教、哲学、科学、艺术等是。宗教、文艺是偏于感情的，哲学、科学是偏于理智的。

2. 社会生活方面，我们对于周围的人——家族、朋友、社会、国家、世界——之间的生活方法都属于社会生活一方面，如社会组织、伦理习惯、政治制度及经济关系是。

3. 物质生活方面，如饮食、起居种种享用，人类对于自然界求生存的各种是。

梁漱溟进而指出，中西印三方生活之根本区别：

1. 西洋生活是直觉运用理智的；

2. 中国生活是理智运用直觉的；

3. 印度生活是理智运用现量；

梁氏以上所言，即强调西方人强调理智之运用，遍之于人生之诸多方面，比如对于自然之知识、人类之道德、艺术及宗教之运用等；而中国人之生活，则赖于中国早熟而优秀之文化，将自然、社会、人生作为一整体的直觉之关照而加以理智之运用。印度人之生活，赖于宗教之强盛，以感觉之现量为其基础，最后以超脱于现量之求证，而达于人生之解脱之道。梁漱溟进而指出，人类生活的三个路向：

所有人类的生活大约不出这三个路径样法：（一）向前面要求；（二）对于自己的意思变换、调和、持中；（三）转身向后去要求；这是三个不同的路向，这三个不同的路向，非常重要，所有我们观察文化的说法都以此为根据。

——梁漱溟《东西文化及其哲学》

最后，梁漱溟根据其人生态度之方向以及人类生活之三方面，最后得出世界文化三期重现说，总结为世界未来文化就是中国文化的复兴。当然，梁漱溟所谓的中国文化的复兴，并非仅仅是排斥西方文明或印度文明之结果，梁氏所言之复兴，乃在于印度文化之高妙，现实世界尚不足以支撑其理论，而西方文化之物质文化之发达，乃人类所必经之阶段，近代西方社会成就之根基，然未来之人类社会，不可以单以物质文明之角度而谋求发展，从此意义言，中国文化之回归则成为必然，成为拯救中国乃至世界之灵丹妙药。梁漱溟在《东西文化及其哲学》第五章"我提出的态度"一节中说道：

于是我要将说出我要提出的态度。我要提出的态度便是孔子之所谓"刚"。"刚"之一义也可以说统括了孔子全部哲学，原很难于短时间说的清。但我们可以就我们所需说之一点，而以极浅之话表达他。大约"刚"就是里面力气极充实的一种活动……我们只有先根本启发一种人生，全超脱了个人的为我，物质的歆慕，处处的算账，有所为的而为，旨从里面发出来活气——罗素所谓创造冲动——含融了向前的态度，随感而应，方有所谓情感的动作，情感的动作只能于此得之。只有这样向前的动作可以弥补了中国人凤来缺短，解救了中国人现在的痛苦，又避免了西洋的弊害。这就是我所谓刚的态度。

当然，梁漱溟所言中国人的刚的态度，自是立足于当时之中国，今日中国物质主义盛行，可谓过犹不及，然其中孔子发自内在的力量仍然需要，只是此种需要大概需反其道而行之,即重视孔子之道德仁义之刚,而不是仅仅停留在对物质攫取之刚上来。

八、梁漱溟对中国文化之研究与解读

本章以梁漱溟《中国文化要义》及《人心与人生》为主,介绍梁漱溟之中国文化研究成果,关于文化之根本,前已说明,梁氏从人生态度出发,以人类生活三方面之角度分析,结合历史、宗教、哲学等三个层面进行说明,而中国文化自有别于西方与印度两大体系,梁氏认为世界未来之文化当以中国文化尤其是儒家学说为其方向,故而本章专门就其关于中国文化之研究进行简单介绍并加以评述。

梁漱溟研究中国文化,从罗列中国文化之特征,诸多学者之解读,再从中国文化之形成与其个性展开,最后总结中国文化之特征以及挖掘中国文化之价值,尤其是孔孟之道与未来中国文化发展之意义。此处我们可以看看梁漱溟对中国文化形成之看法,不同于当时以及现今诸多专家之意见,梁氏认为中国文化之形成乃有着多元之因素,而并非经济或单纯之地理气候等因素所造成,梁氏转引黄文山先生引用的吴景超的研究成果,以佐证自己之观点,此处不妨引用如下:

1. 同样的生产方式,在不同时间与空间中,与不同的制度及思想并存;

2. 文化中别的部分有变动,而在其先找不到生产方式有何变动;

3. 在不同的生产方式之下,却找到相同的制度及思想。(作者注:梁氏同时引用恩格斯于1890年9月给布洛赫的信中,所指出的仅仅以经济为唯一决定者之纯属荒唐为旁证,言马主义者并非仅仅是简单的经济决定论者)

——梁漱溟《中国文化要义》第二章"文化之形成及其个性"

梁漱溟进而总结中国文化特征,得出以下结论:

1. 中国人缺乏集团生活;

2. 中国人是伦理本位的社会;

3. 以道德代宗教；

4. 中国自古并无阶级之划分与存在；

5. 中国一直未见国家之概念，或曰一直在国家与天下概念之间摇摆；

6. 中国文化乃一早熟之文化，此一早熟带来中国科学与民主之缺失。

以上仅仅是对梁漱溟关于中国文化之一大概看法，而其中中国文化之优劣可略观一二，而关于未来中国文化之复兴以及其对世界文化之指导意义又当何解，此处略加论述，梁漱溟在《中国文化要义》中第七章"中国民族精神所在"中言：

中国古人却正有见于人类生命之和谐。——人自身是和谐的（梁注：所谓"无礼之礼，无声之礼"指此）；人与人是和谐的（梁注：所谓"能以天下为一家，中国为一人"者指此）；以人为中心的整个宇宙是和谐的（所以说"致中和天地位焉，万物育焉"，"赞天地之化育，与天地参"等等）。儒家对于宇宙人生，总不胜其赞叹；对于人总看得十分可贵；特别是他实际上对于人总是信赖，而从来不曾把人当成问题，要寻觅什么办法。

此和谐之点，即清明安和之心，即理性。一切生物均陷于"有对"之中，唯人类则以"有对"超进于"无对"。清明也，和谐也，皆得之于此。果然有见于此，自尔无疑。若其无见，寻求不到。盖清明不清明，和谐不和谐，都是生命自身的事……但要晓得，问题在人；问题之解决仍在人自己，不能外求；不信赖人又怎样？信赖神吗？信赖国家吗？或信赖……吗？西洋人如此，中国人不如此。

梁漱溟所言的人与自身、人与人、人与宇宙之关系问题，乃是中外古今一切宗教与哲学所力图解决的问题，从此意义言之，则此三种关系当有一疏离之本性与融合之冲动方得以成立，此处，我们引用台湾思想家韦政通先生的言论作为旁证，以资对梁漱溟对中国文化研究之理解有所裨益焉。韦政通在《从疏离问题看中国哲人的智慧》中，提出一基本假设：

人类的文化，是沿着三种不同的关系在演进：第一种是人与自然的关系，第二种是人与人的关系；第三种是人与自己的关系。这三种关系的成立，是基于人类一项基本的特质：人，生而疏离。

韦政通此段言论，可帮助我们进一步理解梁漱溟关于中国文化之卓越之一面，即在于其可以帮助我们解决此三种疏离方面提供莫大的思想以及心灵智慧。当然，梁漱溟所认为中国文化之核心当在乎儒家之学说，下面略论之。

梁漱溟分理智、理性与本能三个概念来说明儒家精神之重要，简而言之，梁氏所认为之理智，乃在于探求物质之理之能力；而理性则是控制自己感情及理智之能力，即发扬或抑制本能中理智与感情之能力；本能则完全乃人类本性之勃发，此处当然更多指人类中动物性之一面。梁漱溟认为儒家精神之重要，即在于对理性的挖掘与提倡。梁漱溟进而说道：

儒家盖认为人生的意义价值，在不断自觉地向上实践他所看到的理。宽泛言之，人生向上有多条途；严格地讲，唯此为真向上。此须分两步来说明：第一，人类凡有所创造，皆为向上。盖唯以人类生活不同乎物类之"就是这么一回事"也，其前途乃有无限地开展。有见于外之开展，则为人类文化之迁进无已；古今一切文物制度之发明创造，以至于今后理想社会之实现，皆属之。有存乎内之开展，则为人心日造乎开大通透深细敏活而映现之理亦无尽。此自通常所见教育上之成就者，以至古今东西各学派各宗教之修养功夫所成者，皆属之。前者之创造在生命本身……第二，当下一念向上，别无所取，乃为真向上……念念不离当下，唯义所在，无所取求。古语所谓圣人"人伦之至"者，正以此理不外伦理也。

……

人莫不有理性，而人心之振靡，人情之厚薄，则人人不同；同一人而时时不同。无见于理性之心理学家，其难为测验者在此。有见于理性之中国古人，其不能不兢兢勉励者在此。唯中国古人之有见于理性也，以为"是天之所予我者"，人生之意义价值在焉。外是而求之，无有也已！不此之求，奚择于禽兽？在他看去，所谓学问，应当就是讲求这个的，舍是无学问。所谓教育，应当就是教育培养这个的，舍是无教育。乃至政治，亦不能舍是。所以他纳国家于伦理，合法律于道德，而以教化代政治（政教合一）。自周孔以来二三千年，中国文化趋重在此，几乎集全力以倾注于一点。假如中国人有其长处，其长处不能舍是而他求。假如中国人有其所短，其所短亦必坐此而致……

——梁漱溟《中国文化要义》

第捌章 梁漱溟：究元决疑立大志 知行合一赖精神

以上为梁漱溟对中国文化特点之总结，以及中国文化之核心精神之解读。儒家文化为中国文化之重要组成部分，梁漱溟对中国文化的研究，主要集中于儒家之解读，梁漱溟研究一切学问之出发点在于其能否有拯救人心以及改造社会之效果，从此种意义而言，梁漱溟对儒家文化当然更加倾向于儒家文化之实用一面，此种实用性，当然并非仅仅指操作层面或技术层面，更重要的是此种文化从历史、经济、政治哲学等诸方面对中国社会之影响，以及对未来中国乃至世界文化之贡献。因而，梁漱溟强调儒家创始人孔子的诸种精神，比如孔子的仁爱精神，孔子的对生的赞美，孔子不认定的态度，孔子之以任直觉，孔子之生活之乐等，中国儒家的种种思想，梁漱溟均归结于中国形而上学之特色，一为问题不同于西洋及印度，中国古代不曾将问题绝对化，即唯心与唯物、一元与多元之对立，二为中国儒家之核心在讲求变化或变通，其中儒家所言之中庸之道，梁漱溟最为推崇，梁漱溟总结道，中国文化"明明于直觉的自然求中之外，更以理智有一种拣择的求中。双、调和、平衡、中，都是孔家的根本思想"。梁漱溟进而总结道，中国儒家所谓的道路，是一种"双"的路，梁氏言：

1. 似可以说是由乎内的，一任直觉的，直对前境的，自然流行而求中的，只是一往的；

2. 似可以说是兼顾外的，兼用理智的，离开前境的，有所拣择而求中的，一往一返的。

梁漱溟在此基础上，认为从生活之角度，中国文化可以从下边三个方面来理解：

1. 物质生活方面。中国人虽不能像孔子所谓"自得"，却是很少向前要求有所取得的意思。他很安分知足，享受他眼前所有的那一点，而不作新的奢望，所以其物质生活始终是简单朴素，没有那种发明创造。此在其结果不好的一面看，则为物质文明之不发达，乃至有时且受自然界之压迫——如水旱种种天灾。盖此种知足的、容忍的态度，在人类初期文化——前所谓第一项还未曾解决时，实在不甚相宜，因为在此时是要先图生存的，当然不能不抗天行；又且物质上的不进步并不单是一个物质的不进步，一切的文物制度也都因此不得开发出来。此其弊害，诚不胜说。然在其结果之好的一方面看，则吾人虽有此许多失败，而却有莫大之大幸。因为从此种态度即不会产生西洋近世的经济状况。西洋近百年来的经济变迁，表面非常富丽，而骨子里其人苦痛甚深……

2. 社会生活方面。孔子的伦理，实寓有他所谓絜矩之道在内，父慈、子孝、兄友、弟恭，总使两方面调和相济，并不是专压迫一方面的——若偏欹一方就与他从形而上学来的道理不合，却是结果必不能如孔子之意，全成了一方面的压迫。这一半由于古代相传的礼法。自然难免此种倾向。而此种礼法因孔家承受礼法以为维持，而此种礼法亦籍儒家而得维系长久不倒；一半由中国人总是持容忍的态度，对自然如此，对人亦然，绝无西洋对待抗争的态度；所以使古代的制度始终没有改革。似乎宋以前这种束缚还不十分厉害，宋以后所谓名教者又变本加厉，此亦不能为之曲讳。数千年以来使吾人不能从种种在上的威权解放而得自由；个性不得伸展，社会性亦不得发达，这是我们人生上一个最大的不及西洋之处。然虽在这一面有如此之失败不利，却是自他一面看去又很胜利。我们前曾说过西洋人是先有我的观念，才要求本性权利，才得到个性伸展的。但从此各个人间的彼此界限要划得很清，开口就是权力义务、法律关系，谁同谁都要算账，……这样生活实在不合理，实在太苦。

3. 精神生活方面。人多以为中国人在这一面是可以比较西洋人见长的地方，其实大大不然；中国人在这一面实在是失败的……

——《东西文化及其哲学》第四章

以上为梁漱溟所总结的中国人在儒家文化影响之下的生活的三个层面，从梁氏以上言论可知，梁氏虽然对儒家文化极为推崇，但此处仍然指出其不足之处，其中，梁氏所侧重的当然是中国文化中可以补救西方文化不足之一面，当然，梁氏立足于此，其前提是看到西方文化之影响及输入已成事实，大有愈演愈烈之势，为避免其可能所带来的负面作用，梁氏侧重于中国儒家文化之核心价值以及其所带给人们的生活上的好处之一面。梁漱溟从儒家文化实用之一面出发，带来梁氏对儒家文化解读中极具梁氏特色之解读，那就是梁漱溟对儒家《礼运》大同篇之质疑，梁氏言：

我在民国五年夏天的时候，曾把孔家经籍都翻一遍，自觉颇得其意，按之于书，似无不合；只有《礼运》大同一篇话看着刺眼，觉得大不对。他说什么大同小康，分别这个不如那个好，言之津津有味，实在太鄙！这还是认定外面有所希望计较的态度，绝不合孔子之意。

梁漱溟对儒家大同说之批评，正是基于其对儒家"中庸"之道之理解以及儒家关注现实人生之一面，同时，梁漱溟错误地认为佛家无执观念与儒家相同，可以理解为其受佛教思想影响至深。简而言之，儒家既有其注重现实之一面，同时也有其理想主义之一面，梁氏从现实之一面以及自己理解的"中庸"精神反对以至怀疑儒家之"大同说"，在我看来，实际上是对儒家精髓理解不够全面，以至于忽略了儒家之理想主义之一面。从此意义而言，将梁漱溟推崇为"新儒家开山人物"则颇为不当了。

梁漱溟从中西文化比较之角度，经过对人生态度、人类生活之三方面，辅之以历史、宗教、哲学、心理学等多个领域之探讨，以便求得身心解脱以及救世济民之方法，其所有的研究成果，根据梁漱溟之自述，必然促成其人生之实践。如果说，梁漱溟之文化研究为其学问之体，则其乡村建设方面的理论则为其学问之用，因而，为了更完整了解其学术贡献及其人生成就，下面简单介绍其乡村建设方面的理论。

九、梁漱溟的乡村建设理论

首先我们看看梁漱溟乡建运动的缘起：

随着在北大任教时间的推移，我日益不满于学校只是讲习一点知识技能的偏向。1924年我终于辞去北大教职，先去山东曹州办学，后又回京与一班青年朋友相聚共学，以实行与"青年为友"和"教育应照顾人"的全部生活的理想。

1927年在朋友的劝勉下，我南下到北伐后不久的广州。在这里我一面觉得南方富有革命朝气，为全国大局好转带来一线曙光，一面又不同意以俄为师，模仿国外，背弃中国固有文化的做法，因此我虽接办了广东省一中，但此时考虑得更多的乃是自己的"乡治"主张。依我看来，由于中西文化的根本差异，惟有先在广大农村推行乡治，逐步培养农民新的政治生活习惯，西方政治制度才能得以在中国实施。1929年我在考察了陶行知的南京晓庄学校、黄炎培先生江苏昆山乡村改进会、晏阳初先生河北定县平教会实验区及山西村政之后，适逢彭禹廷、梁仲华创办河南村治学院，我应邀任学院教务长。这是我投身社会改造活动的开端。

——梁漱溟《晚年自述》

梁漱溟何以钟情于乡村建设，何以为其投入大量时间、精力，并辗转各地，努力推动乡村建设运动，根源即在于梁漱溟通过对中西文化比较之研究，明了中国文化之独有魅力与价值。当时之社会，主流思潮乃在于全面学习西方，包括各种思潮与生活方式，而梁氏根据自己的研究，认为中国学西方并未成功，并未将西方的优点吸收进来，反而破坏了中国固有文化的精髓所在。而中国文化首先植根于乡村社会，因而，梁漱溟认为一定要"创造新文化"，当从乡村建设开始。那么什么是乡村建设，乡村建设之目的何在？且看梁漱溟在《乡村建设大意》自序中之语：

从创造新文化中救活旧农村就叫"乡村建设"

总括以上的意思，"乡村建设"的意义是什么呢？"乡村建设"包涵两个意思：一因乡村破坏而有救济乡村之意；二因中国文化要变而有创造新文化之意。现在我们想把这两句话前后倒转过来说，倒转过来说则更切当，就是"从创造新文化上来救活旧农村"，这便叫做"乡村建设"。开头我们说过：自中西两个不同的文化相遇之后，中国文化相形见绌，老文化应付不了新环境遂不得不改变自己，学西洋以求应付西洋；但结果学西洋没有成功，反把自己的老文化破坏了，把乡村破坏了。老文化破坏殆尽，而新文化未能建立，在此青黄不接前后无归德过渡时期，遂陷于混乱状态，这是中国最痛苦最没有办法的时候；所以现在最要紧的就是赶快想法子创造一个新文化，好来救活旧农村。"创造新文化，救活旧农村。"这便叫做"乡村建设"。

梁漱溟的乡建运动，显然是其自身学术成果的实践，是以其文弱之力力图在中国大地保护并传播中国文化中优秀基因的努力，那么，梁漱溟的乡建运动主要包括哪些方面？其对现实的中国又有哪些借鉴意义？

梁漱溟的乡建运动，根据其《乡村建设大意》中所讲，大概包含以下几个方面的内容：

1. 农民自觉
2. 乡村组织

梁漱溟在谈到农民自觉的时候，其实是想唤醒农民的权力意识与合作精神，而乡村组织之要义则包括两个方面的内容，一为团体里的每个人都要参加并出力，二为"让内地乡村社会与外面世界相交通"。而关于农村组织之运作，则不能丢掉中国文化之根底，即伦理精神。从以上简述可知，梁漱溟并非抱残守缺之人，而是非常清醒地了解中国文化之不足部分，一为没有团体意识与合作精神，二是科学知识之不足。梁氏力图吸收西方文化中之优秀部分，即其团队意识、合作精神、民主精神以及科学知识，而力图保存中国文化中重视伦理之部分，也就是，不可以单纯以权利之概念进行组织，而必须以伦理精神也就是中国"中庸"之道之精神，完成其乡村建设之努力。梁漱溟最后指出，要实现这一转变，则必须要靠教育，因此，其致力于乡村教育之实践，办理村学乡学，并将其视为一乡村组织，梁漱溟不仅仅将村学乡学视为一单纯之学校，更将其视为一乡村组织，梁漱溟所努力的，是以教育先行，进而力图灌输其乡村建设之理念，并在此基础上改造乡村，进而改造社会，以适应未来之发展。

质而言之，梁漱溟之乡村建设理论，可谓糅合中西文化，并进而改造基层社会组织使之适应新时代之纲领，其以中国之伦理与西方民主、科学之结合方式，时至今日，仍然有着重要的参考价值。不可以梁氏之失败而论其成败。从社会实践而言，日本、韩国、新加坡以及中国台湾可谓在此方面有着成熟的经验，并成为成功的典范。从此意义言，我们只能为梁公之努力最后遭遇失败而惋惜，也为中国的政治家们未能发现并且全力支持而感到惋惜，为中国社会当时之社会思潮乃以一切全盘西化为主流而感到惋惜。时至今日，农村化以及城镇化之问题依然是一个重大的问题，希望梁公之探索能为今人提供足够之思考与借鉴。

十、梁漱溟之精神特质

行文至此,当对梁漱溟之精神特质作一总括,以作其学术思想及社会实践解读之基石。所谓精神特质,当涵盖其性格特点、人生目标、学术动机、行事风格等。因此,就梁漱溟精神特质而言,本章可说是对前面数章之总结,简而言之,梁漱溟精神特质可用以下几点概括:

1. 梁漱溟有着坚定的人生目标与奋斗方向,并矢志不渝,终生不改。梁漱溟以解决人生问题、社会问题、人类问题为其人生的宏大志向,只有在此志向的催生之下,方可以产生梁漱溟独具特色的学术研究方法、学术研究范围以及学术研究成果,并与其学术研究相适应的乡村建设运动。

2. 梁漱溟有着进退自如之人生态度,可谓其学术研究与社会实践之个性保证。

3. 梁漱溟本人兼具佛儒精神,因其对佛儒精神的深切体会,故而在将其推向社会中有着坚实的自信与平和之心态。

4. 梁漱溟在其坚定的人生目标驱使下,其学术研究不囿于所谓学术规范,而是出入百家,为我所用,奠定了其东西方文化比较研究的一以贯之方法。

5. 梁漱溟有着中国传统文人之傲骨与气节,绝不向任何权贵低头,保证了其学术思想之纯粹性。

十一、梁漱溟学术思想之重大价值

梁漱溟学术思想之重大价值可从两个方面进行说明:

1. 内容层面:梁漱溟通过对中西历史、宗教、哲学之研究,阐明了印度哲学、西方文化以及中国文化之各自优势,同时,理清了中西文化发展之路径,并且对中西哲学之不同方面进行了全方位的介绍与比较。

2. 方法层面:梁漱溟以人生态度或曰人心之角度,展开其东西文化之比较研究,可谓提纲挈领,解决了当时即是学术界内许多人所认为之中西文化之比较研究的方法问题。同时,梁漱溟对文化之路径分类,可以说是开启了后来诸多学者诸如牟宗三、唐君毅等研究思路,为中国文化之发展,确立了一条基本框架,为后续研究者打开了方便之门。

3. 态度层面,梁漱溟以其人生态度贯穿于学术态度之中,一贯坚守自己之原则,保持了学术研究的纯粹性与独立性。

十二、梁漱溟学术思想之再梳理及修正

纵观梁氏研究之成果,有目共睹,即是梁氏本人,也颇为自信,梁漱溟在《东西文化及其哲学》第八版自序中言:

是书观察中国民族之前途以中国人与西洋人之不同为主线,而所谓中西之不同,全本乎这本书人生态度不同之说,……我尝于自己所见甚的,不免自赞自许的时候,有两句话说:"百世以俟,不易吾言。"这本书中关于东西文化的核论与推测有其不可毁灭之点,纵有许多错误、偏颇、缺失,而大端已立,后人可资以作进一步的研究。

简而言之,梁漱溟之东西文化研究,虽有其诸多疏漏或未必正确之解读,然其大旨,无疑为中西文化之比较研究开启端绪,而其研究方法及结果仍然有着重大参考价值,本章着重从其学术逻辑之角度评析其学术思想,进而提出梁氏研究成果之修正。

梁漱溟从人生态度出发,深感人生之烦恼与执着,醉心于佛学研究,并进而涉及印度诸家宗教以及印度思想之梗概,其阶段性归宗佛学,惊叹其博大宏识,服膺其万法皆空,三界唯识之说。而梁漱溟对佛学之理解,可谓对佛法空宗之神往,然其留恋其间,则不免发觉其学说之要点在于超脱生死,远离六道轮回,故而再次潜心儒学,希望儒家之入世精神及其中庸之道能成为解决中国现时之灵丹妙药。质而言之,梁漱溟对印度佛学,执着于空,而忽视其有为法之实现或发展,此乃梁氏最后抛弃佛学之根本原因。同样,梁漱溟对儒学之重视则来源于其力图改变社会与世界之雄心,但其对儒学之理解则偏重于其现实

层面、中庸之道之运用以及儒家所强调的伦理精神。梁漱溟深刻了解西学之优势,尤其是了解其民主与科技之作用,也力图将西方文化之精髓传输于中国,然,囿于时代条件所限,其对民主与法制之建设之重要价值尚未有充分的说明。以上乃梁氏学术逻辑,从其学术逻辑之发展,则自然明了其学术价值以及其不足之处。而今天之时代,关于梁漱溟之学术价值尤须肯定与传承,因为,一个快速发展的,力图以经济发展为目标的中国同样存在着梁漱溟所言之种种问题。梁氏之贡献不可谓不大,任重道远,发扬梁氏精神,将其学术精华与现代社会所结合,以佛、道儒等中国优秀文化之精华,以中国文化中之智慧、境界、道德之层面,配合以西方文明中操作正义之层面,可以说是梁氏学说给予我们的现代启示,也是梁氏学说在现阶段下之修正工作。大德曰天,大礼曰教,愿中华文化之优秀基因可以传承有人,愿西方文化中一切优秀之成果能为我所用,为我吸收,诚如是,则梁公在天之良当安息矣!伟哉梁公!大哉梁公!其为学之精神与独立之气节必万世而长存,与日月兮同辉,随江河兮长流!仅以此文哀悼梁公!飨哉!

第玖章

辜鸿铭：四海飘蓬过一生
欲将儒学救世荒

第玖章 辜鸿铭：四海飘蓬过一生 欲将儒学救世荒

辜鸿铭可谓民国最为特立独行之人物，其趣闻轶事多多，传其北大上课时头戴瓜皮帽，梳长辫，板书时常缺点少撇，而口中则恣意汪洋，于讲解英国文学时不忘弘扬中国传统。时至今日，众人熟知者，有站在西方文明之角度而抨击其文化保守主义者，有维护国粹赞其弘扬中国传统之功劳者。温源宁在《不够知己》一书中，对辜氏之评价则别具一格，此处引用如下：

引人注目地炫耀他的辫子，是他整个为人的特征。他脾气倔犟，他以对立为生。大众接受的，他拒绝。大众喜欢的，他厌恶。大众崇拜的，他鄙视。与众不同是他的乐趣和骄傲。因为剪掉辫子成了时尚，所以他偏要保留。如果别人全都留着辫子，我敢说，他就会成为剪辫子的第一人。关于他的君主主义，情况也完全一样。对于他来说，这不是一个原则问题，而只是由于他希望成为例外。共和主义成了风靡一时的东西，因此，他就痛恨共和体制。他夸耀君主主义，就像花花公子夸耀他的领带。其实，从才智和精神方面称辜鸿铭为花花公子，倒也未必就不准确。就像花花公子夜以继日把时间花费在穿着打扮上，辜鸿铭则是为了与众不同而在思想观念和生活方式上殚精竭虑。辜鸿铭谈吐诙谐。但是他的诙谐总离不开一种悖论。而悖论的要点是以违反常识的观念使人感到意外。在这个问题上,辜鸿铭又一次显示出他那颗头脑的特性——惯作逆向思维的头脑特性。同样,他为维护儒家学说而斗争的姿态,也是他追求与众不同愿望的又一表现。几年前,知识分子都认为把儒家学说看成一大套有关人们行为的令人厌烦的陈腐教条是正确的。这就成为辜鸿铭采取儒家立场的足够好的理由了。别人摒弃什么,他就拥护什么。但是,最不可能成为孔门信徒的却是辜鸿铭。他对庄子和道教要比对儒家更有一种天然的亲近。

一个宣扬君主主义的叛逆;一个把儒家学说当作人生哲学看待的浪漫主义者;一个以拖着作为奴役标志的辫子自傲的特立独行人物;正是辜鸿铭身上这种自相矛盾的现象,使他成了现代中国最有趣的人物之一。

温源宁之评价,大概着力刻画其人物性格之一面,更将其种种矛盾之特色归结于其性格特点,果如是也?

辜鸿铭深受西方文化之熏陶,通九国语言,可将莎士比亚、弥尔顿、歌德等著作背得烂熟,最后却极力弘扬中国文化,甚至于大力支持君主制及纳妾传统,其学术思想之转变与核心何以解读?其对中国文化之褒扬与对西方文明之批判何以统摄?当时层面之政治与人生经历何以支撑其学说?其性格特点与为学目的之关系何在?如何全面解读辜鸿铭之学术思想以及其弘扬中国文化之真义?时至今日,仍未有足够有说服力之说明,抑或尚未有系统性之解析与评判。本文以其人生轨迹、治学路径、为学目的以及其精神特质之间之关系一一解读,其中之观点既不同于前人,又非时贤之所言,依惯例,先介绍其生平。

一、生平

辜鸿铭,本名汤生,字鸿铭,号立诚,自号东西南北人、汉滨读易者等,生于1857,卒于1928。出生于马来西亚,求学英国、德国、法国等。曾就职于新加坡政府机关,后入住张之洞幕府,为其英文翻译兼幕僚,之后于北大讲授英国文学。专著有《中国人的精神》(又名《春秋大义》)、《中国牛津运动》(又名《清流传》)、《张文襄幕府纪闻》等。晚年讲学于日本、台湾等地,病逝于北京。

辜鸿铭曾总结其一生之四洋，即"生在南洋，学在西洋，婚在东洋，仕在北洋"。

为了对辜鸿铭有更进一步之认识，兹摘录几段同时代之人士对辜鸿铭之记述。

周作人在《辜鸿铭》一文中言：

北大顶古怪的人物，恐怕众口一词的要推辜鸿铭了吧。他是福建闽南人，大概先代是华侨吧，所以他的母亲是西洋人。他生的一幅深眼睛高鼻子的洋人相貌，头上一撮黄头毛，却编了一条小辫子，冬天穿枣红宁绸的大袖方马褂，上戴瓜皮小帽。

冯友兰在《英文门教授辜鸿铭》中言：

在1915年9月初，我到北京大学参加开学典礼。由胡仁源主持会场，他作了一个简短的开幕词以后，当时的英文门教授辜鸿铭也坐在主席台上，他站起来发言。……他说，现在做官的人，都是为了保持他们的饭碗。接着说，他们的饭碗，可跟咱们的饭碗不同，他们的饭碗大的很，他们所用的名词就不通，譬如说"改良"吧，以前的人都说"从良"，没有说"改良"，你既然已经是"良"了，你还"改"什么？你要改"良"为"娼"吗？

凌叔华《记我所知道的槟城》与辜鸿铭有关，文中言：

这个怪人，谁能跟他比呢！他大概是没出娘胎，就读了书了，他开口老庄孔孟，闭口歌德、伏尔泰、阿诺德、罗斯金，没有一件事，他不能引上他们一打的句子来驳你，别瞧那小脑袋，装的书比大英博物馆的图书还多几册吧？我曾听一个父执说他听见几个西方学者说过类乎这样的话。难怪那时北京有人说："庚子赔款以后，若没有一个辜鸿铭支撑国家门面，西方人会把中国人看成连鼻子都不会有的！"

二、辜鸿铭对中国传统之认识

（一）辜鸿铭对中国传统文化之认识

辜鸿铭对中国传统之认识与见解，体现在《中国人的精神》《中国的妇女》、

《中国的语言》、《中国学》等诸篇著述中以及辜氏对儒家经典《论语》、《大学》、《中庸》的英译及介绍中,而其《中国人的精神》一书可谓其最重要之代表作,辜氏对中国传统与对中国文化之认识于此可略见一斑,辜鸿铭强调中国人之精神之伟大之处,显然与当时之时代格格不入,西方诸强国之坚船利炮以及其快速发展之工业及经济一方面是许多西方人引以为傲之根据,同时也是中国当时诸多学人、政客乃至于普通民众艳羡并倾力学习之根源。辜鸿铭却反其道而行之,大力宣传并弘扬中国文化,并总结中国人精神之远超西人之观点,辜氏之根据何在?辜氏对中国文化或曰中国人精神赞誉之目的何在?首先让我们看看辜鸿铭的主要观点。

辜鸿铭在此文首先指出对中国人内在本质的看法,也就是辜氏所言的"中国人的精神"。辜氏言:

但我用中国人的精神,意在指明中国人生存的精神支柱,是一种在本质上与众不同的东西,无论在中国人的心灵、性情还是情操上,它使他区别于其他所有民族,尤其是区别于那些现代的欧洲人和美国人。也许对我们所讨论的主题最恰当的表述就是中国式的人性,或者,用更清晰简短的话来说,就是真正的中国人。

那什么是真正的中国人?我确信你们都会赞同我,认为这是一个非常有趣的主题,尤其是现在,当我们环顾今日之中国,我们似乎发现,中国式的人性——真正的中国人——即将消失,取而替代他的是一种新型的人性——进步的或现代的中国人。事实上,我建议,在真正的中国人、古老的中国式人性从世上完全消失之前,我们应该最后一次认真审视他,看看我们能否从他身上找到某种在根本上与众不同的东西,使他如此区别于其他所有民族,并有别于今日中国所见的方兴未艾的新型人性。

以上可知,辜氏对中国传统或曰中国文化之理解,以其对中国人之解析开始,而辜氏所言之中国人,并非现代意义的中国人,而是古代或曰传统意义上的中国人,更进一步而言,是辜氏理想世界中之中国人,此种理想世界中之中国人,存在于中国古代抑或传统社会中,而辜鸿铭已经敏锐地认识到其理想世界中之中国人或曰传统意义上之中国人行将不存,或曰渐次消失,辜鸿铭此文可谓喧嚣世界之呐喊，可谓物质主义即将盛行于中国前之孤愤之作，辜鸿铭之良苦用心此处已初露端倪。

辜氏以"人"之研究为其突破口，以中国人的精神的解析为其弘扬或曰鼓吹中国文化之开端，可谓其学术思想以及其人生目标之方向性抉择，从此意义言，辜氏之对中国文化之弘扬，必然以人性之归宿为其鹄的，所不同的是，当时大量学人更多从中国传统以及中国文化挖掘出中国传统或曰中国文化对人性之压抑与桎梏之一面，而辜氏从中国人精神世界中则挖掘出中国文化之优良以及中国人之有别于以及优越于其他民族之所在，在当时之时代，不啻为一大异数，然其中之解读，时至今日，仍颇具价值，今简述之并进而总结其得失。

辜鸿铭总结中国人的精神，首先指出中国人性情之温顺大不同于西方诸国，并同时总结出中国人的温顺来自于两个方面，即智慧与同情心，辜氏言：

我说，中国式的人性给你的总体印象是他的温顺，温顺到无以言表的程度。在对真正的中国人身上这种无以言表的温顺品质进行分析时，你会发现它是两种品质结合的产物，即同情心和智慧。

而中国人具有同情心的秘密，是因为他们完全地或者说几乎完全地过着一种精神生活。中国人全部的生活是一种感情生活——它不是来自身体器官意义上的感觉，也不是来自神经系统意义上的激情，而是情感或是人性友爱意义上的感情，它来自我们本性的最深处——精神和灵魂。甚至，我这里可以说，真正的中国人过着一种情感或者人性友爱的生活，一种灵魂的生活，以至于可能有时过分地忽视了他应该做的事，甚至忽视了生活在这个由身体和灵魂构成的世界上的人维持其感官灵敏性所必需的要求。这就真实地解释了中国人对肮脏的环境、物质上的不便和举止文雅的缺乏为什么如此漠不关心了。

辜鸿铭所言中国人过着一种孩童般的精神生活，辜氏认为此种精神生活虽然导致了科学以及知识论之不足，然同时保证了中国人之永葆青春的生活，而辜鸿铭认为，中国人之精神无疑来源于中国文明，中国之文化传统，而对中国文化影响最大的当然非儒家莫属，不同于当时对儒家学说批判之主流，辜氏大力赞扬儒家学说，并认为其远高于西方欧洲文明，此乃辜氏对中国人、中国文化以及中国传统之根本观点。辜氏言：

  现在我要说的是，欧洲文明，正如贝伦森先生所言之欧洲艺术，是一个为了各自利益而争夺的战场；一方面是科学和艺术为了各自的利益战争不断，另一方面是宗教和哲学的冲突；事实上，这是头脑和心灵——智力和灵魂——不断斗争的残酷战场。在中国文明中，至少在最近的两千四百年间，没有这种冲突。我认为，这就是中国文明和现代欧洲文明的一个很大的根本区别。

  辜鸿铭对中国文化之赞美，显然从以上之叙述可见一斑，此段话可从两方面解读，其一，辜氏所言之"文明"可理解为"文化"，因文明更多强调物质之成果，而文化更多强调精神之显现。辜氏所言之中西区别，可理解为学术文化领域之主要特征，不可以现实器物层面之角度理解之。诚然，中国文化强调中庸之美，强调和为贵之理念以及西方对宗教之重视可谓辜氏阐述中西文化之区别之依据。然，此处可见辜氏所言之中国人之精神，其实是一种理想世界或辜氏心灵世界中的中国人之精神，并非完全中国历史或现实之写照，任何文化必有其优，亦必有其劣，当从整体言之，可从不同角度审视之。辜氏此处之说，可见辜鸿铭之本质，在于挖掘中国文化之优而非其劣，辜氏所言，从此种角度方可得以说明，若以现实层面而言，则全然不能把握其学说之核心。而辜氏之成败均在于斯，因其所言之中国文化，往往是理想境界之一面，其现实社会往往大打折扣，比如，其言中国人往往过着一种精神的生活，一种孩童般的生活，而孩童之精神则往往善恶不辨，良莠不分，但从精神层面言之，缺乏正义与真理之关注，也是中国人过于追求温顺所导致之必然结果，同样以辜氏之逻辑，则精神之邪恶往往导致现实之恶，此乃辜氏未曾注意之所在，也是辜氏学说致命缺陷之所在，从此角度而言，辜氏虽力图振兴或弘扬中国文化之精义，然其对中国文化之理解更多偏向于所谓"精神"层面，而辜氏所言之精神，其实更多停留于"性情"之层面，并未对中国人之心灵进行入木之分析，故而，辜氏学说之特点则一目了然。其二，辜氏将文化分判为二，一为头脑（或智力），一为心灵（或曰灵魂），也即是宗教、艺术与科学、哲学两个方面，辜氏认为，西方文化之两个方面则冲突至今，未有解决之道,而中国文化则涵盖全部,已消弭其中之冲突,此处最为重要的是,辜鸿铭认为满足人类心灵的宗教在中国则被儒家所替代。也就是说,依辜氏看来,中国文化中儒家学说完全可以代替西方对基督教之皈依,而儒家学说中道德规范之体系完全可以代替西方之宗教。辜鸿铭关于人类对宗教需要之论述在我看来甚是到位,此处转述如下:

  现在,为了理解儒家学说如何取代宗教,我们必须试着找到人类及个人感觉到宗教必须存在的原因。在我看来,人类感觉需要宗教的原因,和需要科学、艺术及哲学的原因相同。因为人类是有灵魂的……。所以我认为,人类感到对宗教的需要,和他们对科学、艺术及哲学的需要出于同样的原因,这个原因就是,人是有灵魂的,因为他有灵魂,他才不仅观察现在,也探索过去和未来——不像动物那样只生活在现在——并感受到需要了解他们生活于其中的这个世界的神秘。

  ……

  可对于大众来说,他们不是诗人、艺术家、哲学家或者科学家;对于大众来说,他们的生活充满艰辛,而且时时暴露在自然的威胁力量和他们同类痛苦残忍的激情的意外打击之下,能为他们减轻"来自这个未知世界一切沉重的、令人厌烦的负担"的力量是什么?这就是宗教。但是,宗教如何通过给众生以安全感和永恒感来减轻这种负担呢?我认为,宗教是通过给众生以安全感和永恒感来减轻这种负担的。面对自然的威胁力量和他们同类而残忍的激情,面对由此产生的神秘和恐怖,宗教给了众生一个庇护,在这种庇护下他们能够找到安全感;而且这一庇护是对某种超自然的存在,或者是对拥有绝对力量并控制那些威胁他们力量的存在的一种信仰。

  以上乃辜氏对宗教之说明,简而言之,辜氏所言宗教之缘起乃源于人类心灵之需求,而辜鸿铭重点尚非在此,其重点在于说明宗教之不足以及中国儒家学说虽非宗教却可以代替宗教之作用。辜氏言:

  但是宗教的价值在于它授予人类权力,甚至能够让没有智慧力量和人格力量的民众严格地遵循和服从道德行为准则。不过,宗教是通过什么方法、怎样使人们能够做到这点呢?人们想象宗教通过教导人们信仰神而使人们服从道德行为准则。然而,就想我向你们说明的那样,这是个大错误。使人们真正服从道德律或道德行为的唯一权威是道德感,他们心中的君子之法。孔子说:"游离于人之外的道德律并非道德律。"

辜氏进一步分析,认为宗教的作用是通过唤醒人类的灵感以及强烈的感情而实现,最终通过教会的形式,对宗教创始人的膜拜而诉诸于道德律的实现,辜氏认为其真正的本质乃在于君子之法,而宗教教会以及诸多教义不过是宗教之形式,在西方社会里,宗教是教会宗教,而在中国社会,则体现为"国家宗教",此种国家宗教是通过学校的方式以及忠君之观念而实现,辜氏言:

……那么,在这里,在学校,在中国的孔子的国家宗教的教会——和其他国家教会宗教的教会之间有一个不同。学校,中国的国家宗教的教会,它确实也像教会宗教里的教会一样,能通过唤醒和点燃人们的灵感或者强烈的情感,让人们遵守道德行为的准则。但是在中国,学校用来唤醒或点燃人们心中这种灵感或者强烈的情感的方法,有别于其他国家的教会宗教里教会所用的那些方法……。

中国的学校,我认为,作为孔子的国家宗教的教会,不是通过激发和唤醒对孔子的赞美、爱和狂热的感觉和情趣,来唤醒和点亮人们必需的灵感或者强烈的情感,以使其遵守道德行为准则的。那么,中国的学校又是如何唤醒和点燃必需的灵感或者强烈的情感来让人们服从道德行为的准则呢?孔子说:"在教育中,感觉和情感是被诗歌的学习所唤醒的;判断力由修养和礼貌而形成;性格的教育通过音乐的学习来完成。"(译者著:即"兴于诗,立于礼,成于乐"。)

辜氏以上所言,乃在于从对文化之分判之一方面,即人类心灵之需求之角度,阐述西方之宗教与中国之儒家思想对于中西社会之作用,就其对人类心灵之满足,激发其人类灵感或强烈之感情之角度而言则相同,然一者以通过对偶像之崇拜来完成,一者则通过儒家经典之教化而完成。辜氏此说,必然导致其逻辑上之结论,即,西方虽有宗教之信仰,然由于其偶像之崇拜,则造成心灵与头脑以及科学与艺术之间之对立与冲突。而中国文化则消弭此一矛盾与冲突,当然,辜氏从此种消弭中则弘扬中国文化之优越之一面。就其实质而言,西方

第玖章 辜鸿铭：四海飘蓬过一生 欲将儒学救世荒

文化中，虽心灵与头脑判然为二，然客观上造成其知识系统之发达，近代科学之勃兴。其中之优劣得失，当不可以一面之词括其然，就人生之态度抑或心灵之和谐，中国文化当有其妙，然就科学之进步与生活之满足，则西方文化自有其长。辜氏之评判，当然有其固有之理念，一言以蔽之，则在于其充分发掘中国文化之优势，此种优势，辜氏不仅仅从学术文化之角度而展开，而对于其对人类生活抑或政治制度之特点，辜氏进一步剖析其原委，辜氏进而肯定儒家文化之忠君思想与纳妾制度。此又当何论？辜氏言：

现在，我已经给你们解释了为什么自孔子时代以来的两千五百年间在中国文明中没有心灵和头脑的冲突。没有这类冲突的原因是中国人，就连中国的大众百姓，都没有感到对宗教的需求——我指的是欧洲字面意义上的宗教；而中国人没有感到对宗教的需求，是因为中国人在儒家学说里有某种能够代替宗教的东西。那种东西，我已经向你们解释过，就是忠君的绝对责任的原则，是孔子在他给中华民族的国家宗教里教导的被称为名分大义的荣誉法典。我认为，孔子对中国人民最伟大的贡献，是给予了他们这种国家宗教，他在其中教导了他们忠君的绝对责任。

——以上均选自李晨曦译辜鸿铭著《中国人的精神》

辜鸿铭从中国人的精神中研判中国文化之妙，再进而得出中国文化中儒家之作用等同甚至于超越西方宗教之价值与作用，此乃辜氏仅就理想世界而言，而此种理想世界之精神与文化落入现实社会的途径则必然归结于社会制度的选择，辜氏此处显然没有将理想世界之价值与现实社会政治制度之关系作一清晰理智之分析，反而将君主专制制度设定为一中国人精神之根本，此乃辜氏之谬。然从历史长河而言，辜氏之分析可理解为中国何以长达两千余年之君主制之存在之一面，乃在于深受儒家思想并将扭曲为政治理念之学术保证。此乃中国政治之数千年之特色。辜鸿铭将儒家思想简单理解为政治上之绝对忠君思想显然为其学术不足之处，关于此点，原因在于辜氏仅仅从社会稳定以及心灵和谐之角度而展开论述，这也是辜鸿铭对儒家学说之理解不够到位与全面之表现，辜鸿铭分文化为心灵与头脑之两途，将中国学术尤其是儒家文化之核心等同于西方宗教之作用，以及中国人之精神世界得以形成之根据，并将此理想世界之人格返归于现实政治之制度,此乃辜氏对中国传统文化认识之最大特点。其中的得失必追究其逻辑与学术角度,理解其学术思想之目的方可以得以全面解读。辜氏何以对中国文化情有独钟,而于当时对中国文化之大力批判之忠君思想以及纳妾制度等方面仍然极力维护,即是与同时代对中国文化之挖掘者之思路全然不同,关于对辜鸿铭学术思想之进一步分析,则有赖于对其儒家思想之解读,因此,下节将重点分析并研判辜氏之儒家说,在分析其儒家学说之前,需先看看其对中国妇女之解读。

(二)辜鸿铭的中国妇女说

辜鸿铭维护传统,高扬中国文化之旗帜,以中国人之性格解析为出发点,指出中国人精神优越之一面,进而剖析中国文化中心灵和谐之图景,以儒家文化之教化作用取代西方之宗教,给人以理性与感性之和谐。而对于时人猛烈抨击的中国文化对妇女的禁锢,辜鸿铭同样明确地表达了不同意见,认为中国妇女在中国文化之熏陶之下,别有一种西方人难以企及之优雅。辜氏言:

> 最后,我希望在此为你们指出在中国人的理想女性中最重要的品质,那种显著地区别于无论古今其他所有民族和国家的理想女性的品质。在中国妇女身上这种品质是真实的,是每一个主张文明的民族和国家的女性理想所共有的,但是这种品质,我想在此强调,它在中国的女性理想中发展到了这样完美的程度,在世界上是绝无仅有的。我所讲的这一品质,用两个汉字来形容,就是"幽闲"。

——李晨曦译辜鸿铭著《中国的妇女》

当然,辜鸿铭对中国理想妇女的赞美,来源于中国传统尤其是儒家文化中对女性"三从四德"之要求,辜氏并未像当时之知识分子一样对此大加鞭挞,而是给予了无尽的赞美,辜鸿铭认为三从四德之要求与古代希伯来人之理想妇女如出一辙,而唯有中国才得以最终实现,辜鸿铭对三从四德之赞美与其对纳妾制度、君主制度之赞美可谓一以贯之,力图弘扬中国传统尤其是儒家文化之表观层面。辜氏对纳妾制度进行了极力的赞誉,认为其所以能稳定绵延数千年,乃在于其"忘我教"之作用,也就是妇女之牺牲精神,而此种牺牲精神在中国的士大夫身上同样具有，只不过，士大夫之牺牲精神是用来为整个家族、君王以及国家而服务，因此，妇女之牺牲精神同样重要，正是此两种牺牲精神相辅相成，共同促成中国社会之稳定。也正是此种家庭制度保证了中国国家宗教之实现成为可能，从此意义言，辜氏对三从四德之肯定、对纳妾制度之赞美，并非单纯以男权主义之角度而展开，辜鸿铭对中国传统家庭以及在此中传统家庭中所必要之理想妇女人格之赞美，乃辜氏全面肯定中国传统之表现，也就是说，辜氏对中国文化之肯定，不仅仅停留于学术思想之层面，对与儒家文化影响之下之政治制度以及伦理道德也同样给予全面之肯定。此点乃辜鸿铭与众多对中国儒家传统之肯定者有着天壤之别。何以辜鸿铭对中国传统予以全面之肯定？此点需了解辜氏之学术逻辑之后方可得以清晰之说明，下节讲述辜氏之学术逻辑以及学术目的时再行剖析，此处仅将问题提出，以俟后解。

（三）辜鸿铭对中国语言之认识

辜鸿铭对中国语言之认识与理解，可以认为是其对中国人精神理解之进一步深化，辜氏将汉语分为口头语与书面语，辜氏认为中国口头语言之特点为简单而无规则，就其本质而言，辜氏将其称为"孩童般的语言"。辜氏将书面语言分为"简明的平民书面语言、统一通用的书面语言、华美优雅的书面语言"，而辜鸿铭认为中国"高级古典汉语"（即华美优雅之书面语言）则有着极其重大之作用，辜氏言：

……其实，我在这里想说的是：在那些称他们自己为汉语言学者的外国人中，有多少人对于中国文学的那个组成部分中，即我所谓的高级古典汉语、那种华美优雅的汉语文学中，蕴藏着的文明瑰宝有概念呢？我认为这是一种文明瑰宝，因为我相信，正如马修·阿诺德对荷马诗歌的评价一样，这种中国文学中的高级古典汉语具有某种能够"使原始自然的人发生变化，变得文雅高尚起来"的功能。

——李晨曦译 辜鸿铭著《中国人的语言》

总而言之，辜鸿铭认为中国语言不论是口头语言抑或书面语言，都是一种孩童般的语言,是一种文明的语言,是一种简单的语言,而其中则蕴藏着深刻感情并导致心灵、智力同样得到发展的语言。此点可证之于辜氏在《中国人的语言》(李晨曦译)中之总结:

  那么现在,概括一下关于中国的语言我想说的意思。口语与书面汉语一样,在某种意义上,是一种非常难学的语言。它之所以难学,不是因为他复杂。许多欧洲语言,像拉丁文和法语,都是难学的,这是因为他们复杂,而且有许多规则。中文难学不是因为它复杂,而是因为它深奥。中文难学,是由于它是一种用简单的语句来表达深刻感情的语言。这就是中国语言学的秘密。

  毫无疑问,语言作为文化传播与创造的最重要的载体,在文化形成及发展的过程中,既是被造者,同时因为其不同语言之特点,对后续文化之传承与创造同样有着深刻的影响,此乃西方哲学后期进入分析哲学以及语言哲学之根本原因,当然,辜鸿铭对语言之认识,并不同于西哲如维特根斯坦之语言哲学,也即是其并非从逻辑分析与实证之角度对语言进行分析,并进而得出中国文化之特色,恰恰相反,辜鸿铭更多地是抓住中国语言之特征或曰中国语言之精神,并从中挖掘出中国文化与中国语言之间之特定关系。当然,辜氏所言之中国语言特点与中国文化之关系,可谓近代中国学人最早指出其间之关系者之一,其对中国文化之特点之总结,尤其是对中国古典语言即文言文之歌颂与肯定,则与其对中国传统文化之肯定一脉相承。何以有着深厚西学功底的辜鸿铭对中国文化采取一种几乎从学术到制度、礼仪、风俗等方面之完全肯定?需要进一步了解辜氏对中国文化中之核心学术即儒学之理解,方可以得以更进一步之了解,下面,我们阐述辜氏之儒家说。

三、辜鸿铭之儒家说

  解读辜鸿铭之儒家说,当以其对儒家四书中的《论语》、《大学》、《中庸》之翻译入手,辜氏对儒家经典之翻译以及解读,可理解辜氏对中国儒家思想之解读,更可以理解辜氏对儒家学说推崇并弘扬之根源所在。

第玖章 辜鸿铭：四海飘蓬过一生 欲将儒学救世荒

本章中，我们一方面了解辜鸿铭对儒家之解读，更重要的是，我们要了解辜鸿铭对儒家解读之方法，以及辜氏研究儒家之出发点。我们首先看看辜氏对儒家经典《论语》中的部分解读，以明晰其学术思路与目的。

论语：曾子曰："慎终追远，民德归厚矣。"

辜氏解读：在孔子所给出的国家信仰里，能和其他国家教会信仰中教会相对应的组织形式是家庭。孔子的中国信仰教会中，学校其实是附属的，主体表现是每一个家庭都有自己的祖先牌位和祭祀的祖先祠堂，每一个镇子和每一个村落都分布着这些家庭……总之，类似于基督教教会，国家信仰的本质、动力和真正的启示之缘是"对父母亲的爱"——孝顺，以及诞生出来的祖先崇拜仪式。

《论语》里说："践其位，行其礼，奏其乐，敬其所尊，爱其所亲，事死如事生，事亡如事存，孝之至也。"孔子还说："慎终追远，民德归厚矣。"这就是中国信仰的核心——儒学唤醒人们世俗的情感，给人们以精神的启迪，进而让他们自觉遵守、维护道德准则的关键。当然，在人们所践行的各种道德准则中，对皇帝和国家的忠诚是处于最高等级的，就像其他所有的神圣宗教一样，最高层次的道德准则是对他们的神的敬畏。

辜氏以上所言，可知其对儒家文化之尊重，不仅仅是停留于其学术理念之层面，进而推广到国家制度之层面。而辜氏将儒家文化中对君主之忠诚与宗教中信徒对神灵的忠诚相对照。辜氏之儒家学说之介绍，显然以中西文化比较之方式进行，此乃我们所当关注之处。当然，辜氏对儒家之忠君说极力肯定，则自有其逻辑与目的，然其中将对君主之忠诚与教徒对神灵之忠诚相提并论，亦自有其可取之处。但宗教中之神灵代表着绝对真理、绝对真善美之信念与中国君主制情况下君主乃天子化身，乃绝对真理之代表，则自有其不同之处，同样此种对君主之绝对忠诚之信仰与服从一方面可带来对社会的稳定与和谐，同时，于现实层面而言之，也带来对真理、正义、真善美之扼杀，此乃中国文化不足之处，也是辜氏所未曾留意或注明之处。从此处言，再一次说明，辜氏对中国文化之认识，更多停留于理想层面之认识，而对其中之不足，并未进行详细而有说服力之说明，辜氏之论述与重点，可见一斑。

论语：子曰："述而不作，信而好古，窃比于我老彭。"

辜氏解读：孔子通过《中庸》说："夫孝者，善继人之志，善述人之事也。"总而言之，孔子就是这么一个人，他宣扬周礼并不是因为他有什么野心或者名声的期盼，而是他真的喜爱周礼，渴望将它发扬光大。

孔子活动的时代封地建国的制度已经走到了尽头，是所谓的扩张时期。当时，那些封建的、半家族性质的社会秩序和政治制度都需要重新设计和解构，因此在带来外界局势的混乱外，引起人们心灵的错乱。我曾经说过，在过去的2500年里，中国人不存在心灵和理性的冲突，但是我必须强调，在孔子活动的扩张时期，和今天的欧洲一样，中国人的心灵和理性之间发生剧烈的冲突。那个时代的中国人，早就从尊敬的祖先那里继承了庞大而又复杂的社会和文明体系，而且每个人都处于这个体系的构成——制度、规则、教条、习俗和法律中。然而，这个体系并不是他们自己创造的，而且这个体系已经不符合实际了，但是生活必须继续下去；这个体系是习俗的，而不是理性的。

如同现代欧洲的精神觉醒一样，两千多年前的中国人对理性的觉醒一样，包括自由主义、探索冒险、追求真理和根源的精神。中国的这种理性追求，源于人们看到了社会和文明的旧秩序必须和自己的生活保持一致，所以应该重新构建一种社会和文明的新秩序，前提是寻找到新秩序的基础。然而，在当时的中国，所谓寻找这个新的社会和文明秩序的基础的做法都失败了：有一些满足了头脑的需求，却忽视了心灵；另外一些重视心灵的需求，但是不够理性。像上文说的那样，2500年前中国人的理性和心灵的冲突，和在欧洲发生的一模一样的。人们都在尝试重新构建这种新的社会和文明秩序，来解决理性和灵魂的冲突问题，然而当很多尝试都失败后，人们开始产生失望，以致最终转为对文明的绝望和恼怒，最后一些人甚至想要摧毁所有的文明。以老子为代表——他的地位好比于欧洲的托尔斯泰，从心灵和理性的冲突带来的灾难和痛苦让他认为，社会和文明在真正的本质和结构上存在着无法更正的错误。老子和他最杰出的门徒庄子，劝说中国人放弃所有的文明和智慧。老子这样引诱中国人："放下一切，随我前行；去往群山，小屋隐居；那里是有真正的生活，灵魂在生活，永远不朽！"

第玖章 辜鸿铭：四海飘蓬过一生 欲将儒学救世荒

虽然孔子也看到了社会和文明秩序落后带来灾难和痛苦，但是他认为这种病态、不幸、苦难和罪恶并不是源于社会和文明的本质和结构，而是因为人们在错误的基础上建立了文明，并走上了错误的道路。孔子告诫中国人说不要放弃文明，因为在一个真正完美的社会和文明秩序里，一个有着良好基础的社会和文明秩序中，人们就可以过上心灵的生活——一种真正的生活。孔子一生都在做着把社会和文明导入正确道路的的尝试，希望能给它们以良好的基础，来阻止它们可能存在的突然毁灭。当死亡来临时，他已经看到了文明在未来将要被毁灭，那么他做了点什么呢？

举个例子，如果一个建筑师看到了建筑开始着火，并将全部烧毁的未来，而且明知道自己无法挽救，所以他能做的就是保存好建筑的设计图纸，以确保能在废墟上重建。孔子一样，当他看到中国的社会和文明建筑不可避免走向毁灭，而且自己无法挽救，所以他能做的就是保存好建筑的设计图纸，保存到四书五经——中国的《圣经》中，这五本经典，就是孔子为挽救中国文明做的设计图纸，是孔子对中国文明做的巨大贡献。

孔子为重建中国文明保存了设计图纸，是为中华民族做的伟大工作，然而我要说，这并不是孔子为中国人做的最主要或者说最伟大的工作。他所做的最主要或者说最伟大的工作，应该是通过这些重建的设计图纸，为社会和文明秩序作了一个新的结构和解释。在这份新的文明设计图纸中，他为中国人给出了真正的国家信仰——一个综合的、理性的、不朽的文明存在的绝对基础。

以上辜氏所言，可知其对中西文化之基本态度，辜氏将近代欧洲所出现的问题推进到2500年前的中国，言下之意，早在春秋时代，孔子既已给出了完美的答案或曰设计。而辜氏此番言论，也充分说明了辜鸿铭对西方近代文明基本上持一种批判态度，其对中国文化之推崇正基于此种信念，辜氏力图以中国文化挽救西方文明之不足，此乃辜氏对儒家文化弘扬之根本出发点，也就是说，辜鸿铭站在否定西方文明之角度，极力推崇或宣扬中国文化之优越性，尤其是孔子所倡导的国家信仰。从此角度分析，则辜氏之得失一目了然，綮然有别，而所谓辜鸿铭乃"理解中国文化之第一人"之说之浅薄则尽可明了，不可以讹传讹。辜鸿铭以西方文化之视角，站在极力批判西方文明之角度对中国文化尤其孔门儒家学说之推崇，可证之于多处解读，兹再举一例，以明了其角度、方法以及辜氏对儒家宗旨之推崇。

论语：子贡曰："管仲非仁者与？桓公杀公子纠，不能死，又相之。"子曰："管仲相桓公，霸诸侯，一匡天下，民到于今受其赐。微管仲，吾其被发左衽矣。岂若匹夫匹妇之为谅也，自经于沟渎而莫之知也。"

孔子所言之仁，一直被历代统治者宣传为"杀身成仁""君叫臣死，臣不得不死"等，而孔子所言之管仲，并未为其主公子纠"杀身成仁"，反而助桓公"九合诸侯，一匡天下"，孔子对其作出高度评价，可见儒家所言并非仅仅为所谓之"道德"层面，孔子一样重视文治武功，重视社会发展。此乃儒家论语中仁之更高一层之解释。辜氏在讲解这一段话时，采用中西比较之方法，以说明精神与物质平衡之道理，同时指出了儒家文化中所蕴含的道理与西方文明尤其是英国人精神之间的关系与比较。

英国主体民族盎格鲁—撒克逊人本性是如此的粗鲁、野蛮和庸碌，而且如果这种民族本性继续下去，就会损害英国真正不断改革和发展的事业，危害到未来英国的国民生活，甚至危及世界文明……张伯伦帝国主义目的是让大不列颠的盎格鲁-撒克逊民族物质生活和享受更加充裕，当这个成就超过所有的其他民族和国家时，就开始追求世界霸权，狂妄自大起来。而另外一种帝国主义方法，则是集中在精神文明和道德事业上，通过英国式的法律和平等来演变这个世界。

孔子谈论到生活在他的时代的另外一个大政治家说："如果没有管仲，我们大概'披发左衽'了吧。""披发左衽"是野蛮人，同样的情况发生在欧洲，如果没有不列颠的必肯斯勋爵和德意志的俾斯麦首相，所有的欧洲人都成了野蛮人，在无政府状态下生活了吧。

辜氏以上所言，乃在于对现代欧洲文明之本质有着清晰地认识，也就是欧洲扩张或以武力掠夺，或以法律手段和平攫取，辜氏看来，均非善举。不同于当时之诸多国人，盲目崇拜西方之文明，或以社会达尔文主义为其宗旨，或以西方之坚船利炮之物质层面为其追求，时至今日，对西方文明有着深度解读者依然寥寥，可知辜氏于当世之时代独具慧眼，发人之所不敢发，发人之所不能发。然辜氏将英德之首相媲美中国春秋时代之管仲，不过是将西方现代文明与中国古代文化作一对比，阐发中国儒家学说之优良也。辜氏力斥西方文明之弊端，以儒家学说作为解救之良药，此乃辜氏之学术逻辑与学术旨趣之所在。此处当明了辜氏之终极目标。而关于此问题之深度解读，可参看下一章辜氏之现实说。

辜鸿铭对《论语》《大学》《中庸》之翻译及讲解，一方面可理解辜氏将中国文化介绍给西方社会，并力图以儒家学说补救西方文明缺陷之努力；另一方面，从辜氏之翻译可看出，其对中国文化之理解或曰解读，往往是以西方文化或曰西方文明之概念对中国文化之重新阐释，此种阐释，虽有助于中国文化之普及，然或多或少有着误读及误解之成分。尤其是将中国儒家概念与西洋语汇之对接，则反映了辜氏对中国文化之理解，是以西方文化之眼对中国典籍之重新解读。此乃辜氏对中国文化理解以及中西比较方法之彰显。此处举其《中庸》一书中之翻译为证：

《中庸》：天命之谓性；率性之谓道；修道之谓教。

道也者，不可须臾离也；可离，非道也。是故君子戒慎乎其所不睹，恐惧乎其所不闻。莫见乎隐，莫显乎微。故君子慎其独也。

喜、怒、哀、乐之未发，谓之中。发而皆中节，谓之和。中也者，天下之大本也。和也者，天下之达道也。致中和，天地位焉，万物育焉。

辜鸿铭之翻译：

The ordinance of God is what we call the law of our being. To fulfill the law of our being is what we call the moral law. The moral law when reduced to a system is what we call religion.

The moral law is a law from whose operation we cannot for one instant in our existence escape. A law from which we may escape is not the moral law. Wherefore it is that the moral man watches diligently over what his eyes cannot see and is in fear and awe of what his ears cannot hear.

There is nothing more evident than what cannot be seen by the eyes and nothing more palpable than what cannot be perceived by the senses. Wherefore the moral man watches diligently over his secret thoughts.

"Keep thy heart with all diligence, for out of it are the issues of life."

When the passions, such as joy, anger, grief and pleasure, have not awakened, that is our true self or moral being. When these passions awaken and each and all attain due measure and degree, that is the moral order. Our true self or moral being is the great reality (or great root) of existence, and moral order is the universal law in the world.

When true moral being and moral order are realised, the universe then becomes a cosmos and all things attain their full growth and development.

从以上翻译可知，辜氏将"天命"意译为"上帝之法则"，而将"道"则翻译为"道德律"，显然是将儒家概念解读为西方文化体系中之相应概念，然其中之差别则明显可知，盖不同之文化，必有其核心之理念，以及基于其核心理念之上的范畴与体系。所以，辜氏之翻译，并不能说是对中国典籍的充分解读，仅仅可以理解为其以西方文化之角度来理解中国文化之方式。当然，虽可以言其乃中西文化比较之研究方法，但此种研究方法，与梁启超、张君劢、梁漱溟等诸家不同之处则在于，辜氏是以整个西方文明之角度，阐释中国文化之努力，同时，是以对西方文明批判之角度来弘扬中国文化之努力，若以此种角度视之，则成败得失涣然冰释，并非时人所言之"理解中国文化之第一人"，也并非对中国文化有着全面深刻理解之功力。诚如章太炎当年之评判，辜氏可谓对西方文明谙熟，而与中国文化则所知不多矣。章氏之理解反而可谓更为准确与到位。从辜鸿铭研究角度与学术逻辑之角度而言，辜氏对中国文化之推崇与弘扬，不过是对西方文明之抨击之反应，全然不可将其理解为中国文化之高妙之赞歌。而辜鸿铭对中国文化与现实政治之推崇，从另一个方面可以看出辜鸿铭对中国文化理解不到位而已。此处说明，留待下节辜氏对现实政治之说明中进一步介绍之。

四、辜鸿铭之时代解读与批判

以上所言，盖可知辜氏学术旨趣乃在于站在对西方文明批判之角度弘扬中国文化尤其是儒家学说，辜氏在此一理念之指导之下，其对中国近代历史之进程当然有别于他人之评判，也就是说，辜鸿铭对中国近代之洋务运动以及共和体制基本上持一种否定之态度，相反，其对当时与洋务派对立之清流则给予高度评价与赞赏，并将中国清流运动与当时英国革命时期之牛津运动作一比较，以英文介绍中国之清流，辜氏之文，同样是以西人之视角讴歌中国清流运动，其思想可谓一以贯之，然通过辜氏所言之清流运动，则可以对辜鸿铭之学术思想有着进一步认识与解读。

首先看看辜鸿铭对晚清清流之介绍：

北京的翰林院是中国的牛津，是全国贵族知识分子精华之地。于是，翰林院就成了我所谓中国牛津运动的总部所在。参与并支持过这个中国牛津运动的翰林们，被叫做清流党，就是致力于使民族精神净化的党派。这个中国的民族运动，像英格兰的牛津运动一样，是儒家教义的英国高派教会保守党的复兴。这个运动的目标，是在反对当时李鸿章和中国自由党人所推许的外国方法和外国思想的同时，通过倡导全国遵照儒家教义，使生活更为严谨，净化国民生活的潮流。

——辜鸿铭《清流传》（即《中国的牛津运动》）语桥译

辜鸿铭在《雅各宾派的中国》一文中，则是将中国洋务运动以至后期袁世凯以及自由党人之种种与法国大革命时期之雅各宾派相对应，显而易见，辜氏对此同样持一种否定态度，不啻为辜氏反对洋务与共和之又一证据，辜氏言：

我要说的是，中国的旧政权，即使有着许多短处和缺陷，尚可在大众中维持一般道德水平。这一点，已有外国使团成员——不管男人、女人还是小孩——都能毫无危险地在这个帝国内自由走动的事实所证明……

但是，现在呢，在袁世凯和他的共和制下，这一切都不再可能。造成这一现状的原因有两个。第一个原因是：在欧洲，国家和教会是两个独立的部门，在中国则是两者合二为一。欧洲的教会职责是民众的道德，而政府的主要职责是维持秩序。可在中国，政府则必须兼负这两种职责，既要对人们的道德状况负责，又要维持好公共秩序。在欧洲，教会使人们遵守道德的权威来自上帝，而在中国，国家使人们遵守道德的权威来自帝王。

总而言之，辜鸿铭对晚清以至民国历史及其人物之评价，大抵以尊崇满清政府、攻击洋务运动，抱憾清流之不坚定为其宗旨，其中的原因当然源自于其对儒家文化以及其所理解的与儒家文化相适应的君主制度的极力推崇。当然，我们不可以仅仅以"保守主义"之标签而概括之，盖其虽极力抨击现代欧洲文明以及其所带来的物质主义，然其于中国文化以及历史之挖掘常常有其独到之一面。辜氏言及社会精神与社会发展之关系，既一以贯之而又独辟蹊径，今日看来，仍有其真知灼见之处，辜氏言：

可是，没有智力的培育，你就不能有理想，你就不能明白理想。而且，没有高深的智能修养，你就不可能有正确的理想，更不可能判断明辨真正的理想和虚假的理想。再者，没有理想，你同样也没法理解现实。一个没有理想的人，看得见一件事物，却看不到事物的内涵，即内在的精神实质，或物质事物的精神价值……

因此，一个国家的贵族阶级，诸如中国的满族贵族和英国的上层阶级，只要他们不重视智力培育，照样没有理想，甚至不知理想为何物。结果是，他们连基本事实都难以理解。可是，生活的现实，就像斯芬克斯所列出的谜语一样，如不能理解，不能猜对，她就会把人群和整个民族国家一起吃掉……

——辜鸿铭《清流传》（语桥译）

以上辜氏所言，可以看到辜鸿铭对中国文化及君主制度之推崇，并非简单以"稳定压倒一切"为出发点，恰恰相反，辜氏非常重视一个社会的精神价值，简而言之，食色虽为人之本性，然仅仅停留于此层面或曰停留于对物质欲望之无限追求之层面，则人类社会必然沦落为动物般之生活，一切道德问题当可于此解读。人类之理想，实乃人类发展之原动力，方可以将人类之生活提拔于动物般之泥淖，方可以实现人间之和谐与美满，方可以在雾霾漫

第玖章 辜鸿铭：四海飘蓬过一生 欲将儒学救世荒

天之世界带来重重阳光,方可以给人以无限之希望。辜鸿铭对儒家文化之推崇,当以此种角度理解,也就是说,辜氏对儒家文化之重视,乃在于其中所蕴藏的"中国人之精神",其中之教化或道德之层面应该是抵御物质主义之破坏力之有力工具。从此种角度而言,则辜氏对张之洞与李鸿章之评价则可谓其思想之见证。辜鸿铭在《张文襄幕府纪闻》中言及清流党,正可引用如下,以兹佐证：

或问余曰："张文襄比曾文正何如？"余曰,张文襄儒臣也,曾文正大臣也,非儒臣也。三公论道,此儒臣事也；计天下安危,论行政之得失,此大臣事也。国无大臣则无政,国无儒臣则无教。政之有无关国家之兴亡,教之有无关人类之存灭,且无教之政终必至于无政也……至文正所定天下大计之所以不满意于清流党者,何为其仅计及于政,而不及于教。文忠步趋文正,更不知有所谓教者,故一切行政用人,但论功利不论气节；但论才能而不论人品。此清流党所以愤懑不平,大声疾呼,亟欲改弦更张以挽回天下之风化也。盖当时济济清流,犹之汉之贾长沙、董江都一流人物,尚知六经大旨,以名教为己任。是以文襄在京曹时,精神学术无非注意于此。……虽然文襄之效西法,非慕欧化也；文襄之图富强,志不在富强也。盖欲解富强以保中国,保中国即所以保名教……

以上辜鸿铭所言,辜鸿铭将张之洞名之为儒臣,将曾国藩名之曰大臣,显然认为张之洞之眼界与思想高于曾国藩,李鸿章更毋须提及。辜氏所言之政教之关系,可见其对中国儒家文化之认识,盖中国自孔子开创儒家学说,则道统、师统与政统判然三分。今之国人,常将政治与学术一分为二,更有甚者,认为学者大都乃书生意气,对政治一窍不通或曰知之甚少,实乃大谬也。殊不知,任何政治均离不开学术思想,伟大政治家之作用即是将伟大思想诉诸于现实世界,其中则民众之素质乃是其成败之关键因素之一！就此意义而言,而中国儒家所言之教,有学术与教化两层之含义,对一国之政治有着莫大之关系。辜鸿铭对此有着清醒之认识,而其所言之无教之政必导致混政,实乃道出一个国家一个民族若没有高屋建瓴之指导思想,仅仅停留于物质层面之追求,其结果之危害必然是国之不国,政无大道。此乃辜氏以儒家之传统对现实政治之认识,有其当然之理，不可不察。同样，此段话语，也可以理解为辜氏对西方物质主义之危害有着异常清醒之认识，联想今日之中国，诸多专家学者高呼传统文化以自救之呼唤，更可知辜氏于当时百年前之中国，即有着非常人所能预见之学术高度，哀哉！

当然，辜鸿铭对当时中国之现实，尤其是中国官场之情势，有着清醒之认识，兹摘录两段，以知其并非腐儒，单纯之歌功颂德者也：

管异之尝谓中国风俗之敝，可一言以蔽之曰："好谀而嗜利"。嗜利固不必论，而好谀之风较昔日为盛。今日凡有大众聚会及宴乐事，必有颂词竭力谄谀，与受者均恬不知怪。古人有谀墓之文，若今日之颂词，可谓生祭文也。

——辜鸿铭《张文襄幕府纪闻》颂词篇

孔子曰："君子有三畏。"余曰："今日大人有三待，以匪待百姓，以犯人待学生，以奴才待下属。"

——辜鸿铭《张文襄幕府纪闻》大人有三待篇

辜氏以对欧洲文明以及中国现实社会之批判，力图以儒家之核心拯救中国以及人类，实乃其人生之理想与学术之核心。就当时之现实，辜氏坦言：

我以为，这就是孔子抵制社会灾难或政治祸害，改造世界的方法，即：由自尊和厚道的生活赢得或取得精神力量。孔子说"君子笃恭而天下平"。因此，我说，自尊而厚道的生活就是动力，唯有这种动力，中国人民仰仗它才能保住自己的古代文明及其精华，使它不致遭受现代欧洲物质文明的破坏力量的侵害。

——辜鸿铭《清流传》语桥译

简而言之，辜鸿铭发现并深信欧洲物质文明之破坏性之一面，并预见到此种物质文明有席卷全球之能力，但辜氏认为此乃人类及文明之倒退，为挽救中国以及世界文明，必须以孔子的儒家学说进行对抗，辜氏以"精神"为出发点，最后仍然回归精神层面，以为孔子所言之"君子笃恭而天下平"为救民救世之根本。辜氏以理想主义之态度，以中国君主制之制度，以儒家学说之注重心灵及精神层面之方针视之为救国救民之良药。此乃辜氏学术逻辑与学术目的之统一。而此种见解，利弊各具，诚然不能挽救现代物质主义文明之弊，但毕竟对人们理解西方文明以及中国文化另辟蹊径，值得重视。而关于其利弊得失，下节分析其学术逻辑时再行介绍。

五、辜鸿铭学术逻辑及其学术思想之利弊

辜鸿铭之学术思想当然与其经历有着不可分割之联系，诚然，其生父淳淳之告诫，令其不能忘记中国文化，同时对其忠君爱国之训示也影响了其一生之作为；而其养父布朗先生教育其弘扬中国文化，长中国人之志气之期望，无形中为辜氏凭添抱负；此后，留学英国、德国、法国，广泛吸收学习西方之文学、哲学、工程等各门学科，为其打下坚实之西学功底，为其深入了解西方文化奠定了基础；尤其是辜氏留学法国期间，曾租住一高级妓女之寓所，了解了许多上层政要官僚社会人士之虚伪之一面，也为其后来对官宦有着一种本能之蔑视提供了感性之支撑。但，我们仍然不认为辜氏之经历方造就了辜氏之学术思想与人生目标，因为，所有的理念均来自于其内心世界，来自于其对自己所经历事情的反省与体悟。同样的留学生活，同样的幼年之忠君之教育，许多留学生则经历西学之熏陶后，完全或部分地抛弃中国文化者，并不鲜见，胡适即是最明显之一例。因此，关于辜氏之学术思想，只能归结于辜氏之学术理念与为学目标，正是其醇厚之西学功底，其对西方文明的更深一层之反思，其对西方以掠夺或侵略为手段而进行的全球扩张行为，在辜氏看来，与野蛮人无异。也正是辜氏之深刻，辜氏之特立独行，辜氏之高标，方可以勇于并坚持其自己之核心理念。

因此，我们不同意将辜鸿铭仅仅称为"保皇派"或曰"文化保守主义"者。此种标签，强调的仅仅是一种态度，而非其核心之学术目的与理念。辜氏于百年前即能认识到物质主义之危害，并大声疾呼，一以贯之反对欧洲文明，远远超出当时以及当今之诸多学者专家。当然，辜氏力图以儒家精神以及君主制之安排来抵消或曰对抗欧洲文明不过是其理想化之态度之反映，当然于现实社会之中处处碰壁，此处充分说明，仅仅依靠物质主义而进行国家之治理之不足，

同样，仅仅依靠精神之强调以及历史上之君主制度，也远远不能解决欧洲文明或曰现代文明之种种问题。当然，就辜氏之学术思想而言，我们应该强调的是其对物质主义之危害之批判，强调其对中国传统文化尤其是儒家文化之理解与弘扬。因为，所有的思想乃是人之思想，所有的学术均有其边界与条件，关于中西文化之对比，关于中西文化之融合以及未来人类之道路。同时代之诸多大家均对此问题做了大量之研究，并从不同的角度给出了各自的答案。这也是我前面所介绍的马一浮、熊十力、王国维、陈寅恪、梁启超、张君劢、梁漱溟、胡适等学说之关键之所在。读者诸君等应于此略作反思与提炼，则民国诸家之学术核心与理念，以及每一位大家之精神特质则粲然显现，而其中之真知灼见相信仍足以提供人们更多之思考。

六、辜鸿铭的精神特质

承上所言，辜鸿铭之所以有其独立之见解以及对中国文化十足之信念，来自于辜氏之不同于他人之精神特质，此种精神特质，包含了其性格特征、为学理念、成长经历以及其贯通中西之能力。简而言之，辜氏之精神特质包括以下几个方面：

（一）坚持真理之追求。

（二）坚守其学者与文人之气节而毫不动摇。

（三）对西方社会以及其文化之洞见。

（四）弘扬中国文化之矢志不渝之精神。

（五）以拯救中国乃及世界文明为其学术之终极目的。

正是以上其人格、为学态度、学术目的等多种因素之作用，方成就其学术思想。当然，关于其学术思想以及进一步之理解，当于下节总结中再行深入。

七、总结

从辜鸿铭之人生经历、学术理念以及其为学目的可以知道辜氏之学术思想之内在逻辑,即是站在对西方文明之批判之角度,以中国儒家文化之内核力图对抗或曰弥补物质主义之弊端,力图建构一更加美好之人类未来,当然,辜氏对西方文明之了解,并非仅仅指出其物质主义之流弊,而是对西方社会之结构与基石有着清醒之认识,辜氏在《良民的信仰》一文中言:

在我看来,今天欧洲文明的主要病因在于它错误的人性观念——他认为人性是邪恶的。由于这一错误观念,欧洲的整个社会结构取决于武力。欧洲人赖以维持文明秩序的两个武器是宗教与法律。换言之,欧洲人是对上帝的敬畏与法律的恐惧来维持秩序的。恐惧意味着武力的使用。

当然,辜氏此段语言有着其价值判断,也就是将人性之邪恶看作人之根本是当时欧洲战争之根源。抛却其价值判断,辜氏所言之欧洲文明以法律与宗教之维护社会之两极,可谓一语道破西方文明及社会制度之根本。当然,辜氏所希望的是超越于此种结构之更好的社会理念以及与此匹配之社会实体。辜氏所言之更高一层之社会体制,直到今天,人们仍然无缘见到,从此意义言,欧洲文明当然有其重要价值与意义,不可以辜氏之角度全然否定之。辜氏重点在此,或许疏漏了欧洲文明中自洛克、伏尔泰、孟德斯鸠以来之民主、自由之理念,以及建构于对人性恶之抑制基础之上之三权分立之体制。就人类发展之角度,目前为止,尚未见到有超越于其上之制度安排。虽然,建立于对人性恶之抑制以及对绝对权力制约之制度有其先天之不足,但其发展之经验与理论之建构,仍然不失为一种人类历史发展过程中一可行及现阶段较为理想之制度安排,就其与君主制度之比较,则从制度层面,不仅仅有着对恶之制约,通过其民主与自由人权之理念,对善之肯定与弘扬同样起到不可磨灭之贡献,因为,对恶之抑制即是对善之肯定。而任何君主制度之完美实现必赖于其贤明与伟岸之统治者,从制度层面而言,君主制之制度安排则无法实现,反而造成大量的庸君或昏君当政。此点必须申明,以明了辜氏学术之理想层面之价值，以明了辜氏以文人气质与特立独行之精神所弘扬之儒家精神必得以制度层面之保证，方可以得以实施。此正是辜氏学术不足之处，亦是理解辜氏学术思想之关键所在。

第拾章

 宗白华：理性问真与感性求美

第拾章 宗白华：理性问真与感性求美

宗白华之作品庞杂繁多，每多灵感，兼诗人之气质与哲学之思辨，纵论古今，横谈诸科，后人每每将其列为中国现代美学之开创人，固有其理，然其背后之哲学、艺术等方面之思想以及其间之关联注意不多，本文试图以其哲学思想与美学艺术思想之间关系为突破口，辨析其学术逻辑、学术贡献以及支撑其学术思想之人生态度与精神特质。因此，本文不仅仅将其作为单方面之美学家视之，而将其作为民国时期之思想家、哲学家以及艺术学、美学大师而涵括之，本文力图还原其思想原貌以及其于民国时期一系列著作之间之关系，重新梳理并解读其主要学术思想，以资于理解民国学术思想全貌之补益，为解其思想，当知其生平。

一、生平

宗白华，原名之櫆，字柏华。安徽安庆人氏，原籍江苏常熟。生于1897年，卒于1986年。少时入新式学校，后于青岛德人创办之大学中学部学习德语，因缘际会，喜《剑南诗钞》及佛教《华严经》。其后于上海医专读书，发表多篇哲学著作，青年时期留学德国，遍览德人诗歌、哲学等著作。回国后任教于南京及北京，从事哲学、美学等方面之教学与著述。并翻译大量德人著作。后期思想曾有反复，然基本坚持先前之艺术与哲学理念。其代表作有《萧彭浩哲学大意》、《康德唯心哲学大意》、《说人生观》、《三叶集》、《美学》、《艺术学》《美学散步》、《形上学》（中西哲学之比较）以及大量诗论、画论、哲学以及艺术学之散篇。

二、宗白华的哲学研究

宗白华对哲学问题的研究，可谓贯穿其一生，大致说来，可包括三个阶段，一为1919年前后关于叔本华、康德等哲学的研究以及西方哲学的系统性研究；二为1928年到1938年间关于中西哲学的进一步比较与理解，散见其读书笔记中，以《形而上》及《孔子的形而上学》为代表；三为晚年对中国近代思想史之研究，晚年之哲学思想非本书研究范围之内，故略去不谈，此处仅明确其思想从最初对唯物主义的反对而部分地接受唯物主义思想，并从其杂糅之角度对中国近代思想作一评析。本文重点剖析其1949年前之哲学研究成果，以便于为进一步了解其美学及艺术思想作一铺垫。本节将分三个方面予以介绍。

（一）由佛学之角度对西哲之理解

首先观宗白华《康德唯心哲学大意》一文中所言：

康德分别两种心相，一曰形而下心相。一曰形而上心相。色声香味触者，形而下心所取心相也。物质世界，运动迁流，占据于空间时间，立于色相世界之后者，形而上心之所取相也。吾人直觉所感，色为眼识，声为耳识，香为鼻识，味为舌识，触为身识，此皆直觉所得。然此等色相，皆主观唯心。物之自相，不如是也。色之自相，为以太运动；声之自相，为空气往来；香味自相，质点分析；感触自相，元子变化。故所谓这色声香味触者，主观之变相也。物之自相，初不如是也。取此诸相者，斯为形而下心。（原注：形而下心，即吾人感觉思想情意之心名，为形而下，以其可实证觉知也。形而上心，则眇然无朕，不可接知，但推理为有。）此形而下心，受外界物质运动之接触，遂见声色香味触之相，外界物质运动，对于形而下心，当是实有，不同幻梦。科学家穷宇宙物理，可曰进于无疆，莫知其涯。然此物质世界，以理推究，终非心外实法，宇宙真相，何以知其然也？物质世界立于色相世界之后，不可接知，但可谋知。（原注：接知、谋知，出于庄子。接知者，五官直接所闻见者也。谋知着，思想推度而可知者也。佛经名为现量、比量二境。）况物质沦于空间，迁变于时间，去空间则物质无可得，亦是唯心假相。

以上可知，宗白华以佛学概念理解西哲，亦可谓中西文化比较之探索也。宗白华将佛教所言之唯识说与康德所言之纯理说相对应，指出康德所言之形下心正乃佛氏所言之色法，而康德所言之形上心则属心识之体悟。其中最当注意者乃宗氏关于康德空间与时间之看法。众所周知，康德所言之时间与空间乃源于先验理性，为理性认识与感知世界之条件，宗白华认为其唯形而上心之决定，宗氏对康德之理解，可谓借助佛学之概念而梳理自如，当然，此处不再对其展开论述，因佛学体系与西哲康德体系之间之差异甚大，不可强行比附。此处我们所重视的乃是通过宗白华对康德之理解，体现出宗白华本身之哲学与佛学汇通之理念。从此处着眼，当知宗白华将佛学之唯识学以及康德之形上心作为其哲学理念，而此种哲学素养之养成显然成为其后续美学思想之基础所在。其中宗氏对空间时间唯心之解读，也为其后续一系列关于艺术作品以及中国文化中时间与空间解读之基础。

宗白华在此文按语中言：

康德所言，形而上心，与佛家相所说第八识分齐颇相似。第八识内变根身，外变器界，根身即康德形而下心，器界即今之物质世界。形而下心及物质世界，乃康德形而下心之行相也。

此段最能说明宗氏以佛教概念理解康德哲学，其中将康德所言之形而上心与阿赖耶识相对应，以强调所谓康德所言之现象界不过建基于先验理性基础上之经验世界而已。所谓物自体之认识，宗氏认为只有以形上心之功能而达成。

为理解宗氏关于佛学与康德哲学之汇通，此处摘录《楞严经》中一段，可知五阴之所以成，佛法所谓之色、受、想、行、识之根源。

阿难。是五受阴。五妄想成。汝今欲知因界浅深。惟色与空。是色边际。惟触及离。是受边际。惟记与忘。是想边际。惟灭与生。是行边际。湛入合湛。归识边际。此五阴元。重叠生起。生因识有。灭从色除。理则顿悟。乘悟并销。事非顿除。因次第尽。

以上所言，乃五阴由妄想而生，即因识而生，此乃佛学中之基本常识。此处再摘录《成唯识论》开篇一段，以明了佛家之本义：

今造此论。为于二空有迷谬者生正解故。生解为断二重障故。由我法执。二障具生。若证二空。彼障随断。断障为得二胜果故。由断续生烦恼障故。证真解脱。由断碍所知障故。得大菩提。又为开示谬执我法迷唯识者。令达二空。于唯识理如实知故。复有迷谬唯识理者。或执外境如识非无。或执内识如境非有。或执诸识用别体同。或执离心无别心所。为遮此等种种异执。令于唯识深妙理中得如实解。故作斯论。

以上为《成唯识论》之开篇，以说明此论之目的。从此段当可得知我法二执乃佛法力图破除之目标，以明了真如自相之清净，从以上两段，当知佛法之本义乃在于超脱生死，超脱人世间一切执着，所谓"三界唯识，万法为心"。宗氏以佛法解康德，可谓宗氏对康德之理解之见证。然康德之本意在于解决认识之所以成为之原因，其先验理性乃人类认识之前提，康德之目的并非在于求得真如圣境，但其最终目的则指出人类由知识论与本体论之间之关系，由纯粹理性进而经过判断力之缘故，得以实践理性之完成，以达德福圆满之境地。从此意义言，康德之哲学体系，虽与佛法大义之体系不同，然透过佛法大义可轻而易举了解康德哲学之核心。然就其两者之体系与目标而言自有其差异，也说明了宗氏以阿赖耶识对应康德之形而上心之不妥。但宗白华之汇通佛教与康德之努力及其理解为我们提供了宗氏之哲学理念以及思想基础。为佐证此一结论，此处我们可摘录宗白华所翻译的康德《判断力批判》之一段，以明了康德哲学之大意，尤其能明了宗氏对康德之独到之理解：

悟性，通过它对自然供应先验诸规律的可能性，提供了一个证明：自然只是被我们作为现象来认识的，因此，它同时指出自然有一个超感性的基体，但这个基体却是完全非规定的。判断力，按照自然的可能的诸特殊规律，通过它的判定自然的先验原理，提供了对于超感性的基体（在我们之内一如在我们之外）通过知性能力来规定的可能性。但理性通过它的实践规律同样先验地给他以规定。这样一来，判断力就使从自然概念的领域到自由概念的领域的过渡成为可能。

——康德《判断力批判》（上）（宗白华译，见《宗白华全集》第四卷246页）

以上康德之语，涵盖康氏关于纯粹理性、实践理性以及判断力之间之关系。康德肯定物自体之存在，肯定物自体与现象界之区别，同时，认为通过判断力之桥梁，人们可由先验理性到实践理性之过渡，即由自然到自由之过渡。康德之理念当然可以佛学理念以解读。佛氏言万法皆空，真如清净，实相无相，方乃宇宙之本质，只有通过戒定慧，闻思修等手段，而达至般若性空、涅槃寂静之本体。在宗白华看来，康德之现象界可与佛教之色法对应，而物自体可与佛教之如来实相对应，当然，康德哲学之本意与佛法宗旨大相径庭，此乃两者比对时最需注意者。宗氏以佛学之观念理解康德，当然是对康德哲学之提拔，也反映民国时期国人以中国传统文化之理念理解西方哲学之路径。宗氏以佛学切入，除对康德有所解读外，对叔本华之哲学思想也提出了精到之评价：

总上所述，可知物外无心，心外无物，二者对待，非绝待之真。然则，世界真理，吾人真体，终不得而知耶？于是，萧彭浩曰：宇宙究竟之体，不可思议，而现成此世界者，可得而察也。世界现象，固虚妄矣，而妄依真现，我身虽为色相，其中之真，不可灭也。外物中无从见真体，则真体终在自觉中。我人思想，固尽含外物，而我自觉中，思想而外，尚有存者，则感情意志是也。此喜、怒、悲、欢、恐惧、忌嫉等情，既无外物，亦非思想，与生俱来，万物皆备，总之曰：意志。此意志者，无知之欲，所欲者何，即兹生存。此欲一动，乃现此世，吾人一身，即此意志之现象也。此欲视则生目，以欲闻故生耳，以欲消化，故生肠胃，以欲呼吸，故生肺，一切支体官械，莫不以有欲乃现之于外。全体一身，乃此求生之欲。全体之现象，即吾脑筋，以亦吾欲思想而生。

宗白华以上所言，很明显可知其以佛学之概念解析叔本华之哲学。《阿含经》认为，人事万物不过"缘生"，所谓十二因缘之无明而起，环环相扣，贪嗔痴爱，因缘相生。而《成唯识论》则认为万法皆空，一切乃阿赖耶识之变现，所谓"内变根身，外变器界"是也。叔本华仅仅指出意志乃一切之根源，而叔氏所指的意志，当属于佛教中第六识之范畴，与佛教思想之博大精深尚不可同日而语。然，从佛学思想之角度理解，则叔氏思想浅显易懂，焕然可解。从此角度而言，叔本华对佛教之情有独钟当可理解矣。叔本华认为意志是万物之根源，而意志之不懈成为人生痛苦之根源，故而以消泯人之意志为其解脱之法门。此乃叔本华对佛教思想之浅表化解读，正是此种解读，让叔本华成为近代之著名哲学家。宗白华显然对佛学有所感悟，故而可对叔氏哲学轻松理解，而对叔本华之人生观则有着更为明确的佛学式表达：

萧彭浩（作者注：即叔本华）言：人生行动之动因有三：一、自利；二、害他；三、同情。此同情之感，为道德之根源。具此感者，视他人之痛苦，如在己身。无限之同情，悲悯一切众生，为道德极则。此其意志中已觉宇宙为体。无空间中之分别。物我之分，皆以我有空间观念。此空间，唯心所造，故我心意志与万物意志本是一体，此时将不伤一生，不害一物，其行为无非公正仁爱，意志虽未消灭，已同消灭。盖宇宙一体，无所欲也，再进则意志完全消灭，清净涅槃，一切境界，尽皆消灭，此其境界，不可思议矣。

——以上两段均出自宗白华《萧彭浩哲学大意》

宗氏以上所言之心物等，纯属佛教理念，宗白华对康德、叔本华哲学之理解，可知其以佛学之思想轻松解读。而其中除"唯心唯识"之表达及其有其侧重之价值观之阐述外，宗氏对康德哲学中空间与时间这一知性及感性之先天条件抑或先天理性之规定性也给予了佛学式说明，此为后期宗氏对中国哲学以及艺术中时间与空间之论述奠定了基础，因此，此处引用如下：

盖形而上云者，即超乎空间时间之外之谓也。形下之器，则胥在空时而莫能外矣。然则空间时间者，形上形下之所由分，而为治哲学者至要极难之问题。唯物派曰：空间时间，实有其相。……唯心派曰：空间时间，实无自体，唯心所见，空时观念，乃吾人心识分别功能，用于取兹外象。外相生心，必借于空间时间之形式，乃能现见。而空时唯心，非心外实相，则一切诸象，既就我主观空时以呈现，则非其本体自相可知。物之自性，必不在空间时间之中。吾人所见，空间时间中之世界，皆是唯心现象。

以上乃宗白华对康德空间时间之概念之说明，此处需要指出的是，康德所言之时空虽为一先天之条件，但康德并未将其统统归结于"唯心所见"，而是将其作为纯粹理性批判之前提而进行研究。宗氏之解释，虽与康德之体系不同，然借助于佛学之观念，康德之时空观则轻松易解，可见其佛学与西哲汇通之功力，也可以看出宗氏哲学之出发点，乃以佛学为根基，此不待言而明也。为便于读者诸君对宗氏以及康德之理解，此处摘录康德《纯粹理性批判》第二版第一部分先验感性论的结论中的一段：

于是在这里，我们就拥有对于解决先验——哲学的"先天综合命题是如何可能的？"这个总课题所需要的构件之一了，这就是先天的纯直观，空间与时间，在其中，如果我们想要在先天判断中超出给予的概念之外，我们就会碰见那不能在概念中、却完全可以在与概念相应的直观中先天地揭示出来并能被综合地结合在那概念上的东西，但这些判断出自这一理由绝不能延伸到感官对象之外，而只能对可能经验的客体有效。

（二）宗白华对西方哲学的梳理与总结

此处我们可以再看看宗白华对柏格森哲学之见解，当可知其对哲学研究角度与定位：

柏格森说"本能知识"深透而不概括，"智慧知识"概括而不深透，此话极精。哲学的知识就是以本能直觉化成智慧概念。科学家偏于智慧推理的知识，诗家偏于本能直觉的知识。哲学家大半会融合科学家及诗家的天资。如中国的庄子，近代德国的费希勒等，其实古来天才的知识皆是如此。天才所创造的思想与发明大半是由一种茫昧的冲动，无意识的直感，渐渐光明，或借学说文章，或借图画美术，使宇宙真相得显示大众，促进人类智慧道德的进化。

——宗白华《读柏格森"创化论"杂感》

以上宗白华所言，正可以说明宗氏对哲学与艺术、科学之看法，从此段话中可知宗氏将哲学、科学与艺术视为人们认识世界体验世界之不同途径，而宗氏对哲学与艺术之研究正可以说明宗白华之哲学研究与艺术学、美学研究之关联性，此处仅作一注脚，以便全面理解宗氏之学术研究。

宗白华对西方之学采取包容与客观之态度，此处当补充说明宗氏对西方技术之重要性之认识。宗氏认为西方哲学与技术之间的关系为，哲学指明道路，而技术则为达成此种道路之工具，宗氏言：

> 哲学确定人生的价值和理想，技术使他们实现。技术固然可贵，一个正确的政治主义，一个合理的社会目的，一个伟大的民族理想尤为可贵，技术使他们成功实现。
>
> ——宗白华《近代技术的精神价值》
> （原文1938年载于《新民族》）《宗白华全集》第二卷

宗白华对西方哲学之历史与流派作出梳理，宗氏言西方哲学之派别：

> 哲学的内容要分两部分：（一）本体论或形而上学；（二）认识论或知识学。这两部分内部都有各种不同的学说派别，我们要研究欧洲哲学的各派，自然须先将这两个部分分别清楚。认识论中的理论不可混入本体论，本体论中的学说也不可混入认识论。譬如认识论中的经验论虽与近代唯物论略有关系，但绝不可能与唯物论混言。因彻底的经验论反有唯心的趋向（如休谟哲学）。又譬如精神论与物质论是绝对相反地两派学说，但他在认识论中却同为独断论。这是最显见的了。
>
> ——宗白华《欧洲哲学的派别》

以上宗氏之说明，可知宗白华对西方哲学有着清晰的思路，概而言之，西哲对本体论与认识论之研究可谓贯穿始终，或以本体论入手而建立认识论体系，或以认识论入手探讨本体论之所以成。然，宗氏尤能明确其中之联系与区别，其中西哲之经验论在今日之许多人看来乃唯物之一派，宗氏断禅发幽，明确指出其中唯心之元素，就本体论而言，宗白华初期思想中显然反对唯物主义，此处摘录其观点：

> 观之所陈，唯物派对于精神问题未得正解，且适所以证明唯物派不能为完满无憾之宇宙观，实证学派说精神与物质，不过是两种有相待关系的现象，精神现象虽依物质现象，而并非物质现象，况所谓客观的物质世界，乃是吾感觉与思想所构成，是精神所创造，精神是吾人实证之实际，物质乃吾抽象之悬想，

唯物派倒果为因，而偏执不误，诚可惊也。

——宗白华《说唯物派解释精神现象之谬误》

（1919年9月15日登载于《少年中国》第一卷第三期）

宗白华在《欧洲哲学的派别》一文中分西方哲学之本体论为以下几个派别，此处仅列其目录，以兹参考：

1. 精神论、物质论、心物平行论

2. 自然论、自然哲学

3. 机械论、目的论

4. 一元论、二元论

宗氏将认识论分为以下派别：

1. 唯理论与经验论

2. 实在论与现象论

3. 独断论、怀疑论与实证论

简而言之，宗白华认为哲学、美学抑或艺术均为人们认识世界感知世界之途径，宗氏之根本观点当来自于佛教思想，认为心乃一切之源，而宗氏对西方哲学之梳理与研究可以为我们理解宗白华学术思想提供一条通道，即宗白华对世界、宇宙以及人类知识与情感的认识与体究。宗白华在此基础上，对中西哲学之比较也有着自己深入独到之处，下一节，我们简单予以介绍。

（三）宗白华之中西哲学比较研究

宗白华对哲学之研究，不仅仅停留在西哲之历史与流派之梳理，其于1928年到1930年间之读书笔记包含了大量的中西哲比较方面的研究，宗氏尤其是对中西哲学之路径有着清晰之思路，并溯本追源，以希腊哲学与儒道思想进行比较，提出许多独创性之贡献，首先我们看看宗氏对中西哲学路径之比较：

西洋化"命运"为命定之自然律。中国推天人合一于"各正性命，保合太和"之形上境！柏拉图则欲融化两境以成其大！

孔子自卫反鲁，然后乐正，雅颂各得其所！希腊哲学家常为小国立法以代神权（故柏拉图哲学以立法归结），测量地形以建立几何学，其理智精神于欲摧毁宗教（多种不道德），以"纯理性"代多元的人格化之神祇。以逻辑论证代神们的启示（其神们本太人类化，为哲人道德标准所轻视）。希腊哲学出发于宗教与哲学之对立（苏格拉底死于此）。两趋极端。而哲学遂走上"纯逻辑"、"纯数理"、"纯科学化"之路线。而"纯理界"、"美界"的鸿沟始终无法打通。至 Spinoza，遂崇此"纯理境"为神。Leibniz 欲勉强沟通两方。笛卡尔，欲以批评及怀疑为方法，以建立理性之根基。

正由于中西哲学路径之不同，宗白华指出，希腊走上了"纯理"之路，比如，泰勒斯认为水乃万物之源，中国先哲则以水喻道；毕达哥拉斯以"数"代乐，"中国的'数'为'生成的'、'变化的'、'象征意味的''流动性的、意义性、价值性'，"（见宗白华《形而上》）。因此，"中国之数，遂成为生命变化妙理之'象'矣！"（同上）。通过对希腊几何学、毕达哥拉斯理论以及中国《周易》之研究与比较，宗白华更进一步指出中西哲学之差异：

中国出发于仰观天象、俯察地理之易传哲学与出发于心性命道之孟子哲学，可以贯通一气，而纯数理之学遂衰而科学不立。

西洋出发于几何学天文学之理数的唯物宇宙观与逻辑体系，罗马法律可以贯通，但此理数世界与心性界，价值界，伦理界，美学界，终难打通。而此遂构成西洋哲学之内在矛盾及学说分歧对立之主因。

当然，宗白华所言之西哲本身的矛盾与冲突源于希腊哲学思想，也就是源于当时之先哲之观念与理论之不同，宗氏也清醒地看到了西方哲学即是在古希腊时期，也力图融合其间之矛盾，尤以柏拉图与亚氏为代表，宗氏言：

柏拉图努力于通贯伦理美学之"法象"与数理界之"理型"，故既于中年以"至善"为法象界之主，而晚年又谓"Ideen sind Zahalen"（观念即是数量）"象即数也"。亚氏引"法象界"之"形式"入于物质的可能性界，遂能贯通上下，以解释生成之境，最近于中国的中庸。而数理之境亦遂被忽视。亚氏支配西方一千年，文艺复兴遂重振柏拉图数理哲学之精神。

宗白华以上对西方哲学历程之概述，大而论之，当可成立，唯其关于柏拉图与亚氏之学之关系，似有不妥之处。盖柏拉图发明"理念"，认其为宇宙之本体，而此种理念，如其在《迈蒂欧篇》中以数、几何形状等作为其物质世界之理念形态，而在《理想国》中，则以记录苏格拉底对话阐发理念之于社会正义之实现等。而亚氏无非是柏拉图之后希腊哲学之集大成者，其逻辑学、物理学、形而上学等可谓西方学术分科之始。中世纪之神学观念以亚氏理论为核心，重点阐明上帝之绝对。后期重返柏拉图，更主要的是人文精神之回归，并非简单地以数理哲学精神之回归。关于中世纪哲学与希腊哲学之间之演变以及内在关系，可参考法国哲学家吉尔松《中世纪哲学》等。

其次，我们看看宗白华对《周易》之分析，以及对革卦与鼎卦之解析，以说明中国儒家之时空观与西哲之不同。

> 中国哲学既非"几何空间"之哲学，亦非"纯粹时间"（柏格森）之哲学，乃"四时自成岁"之历律哲学也。纯粹空间之几何学、数理境，抹杀了时间，柏格森乃提出"纯粹时间"以抗之。近代物理学时空（仍为时间之空间化！）合体之四进向世界，皆为理智抽象之业绩。时空之"具体的全景"，乃四时之序，春夏秋冬、东南西北之合奏的历律也，斯即"在天成象，在地成形"之具体的全景也。"是故法象莫大乎天地；变通莫大乎四时；悬象著明莫大乎日月；崇高莫大乎富贵；（充实之美）备物致用，立成器以为天下利，莫大乎圣人。""以制器者尚其象。"象即中国形上之道也。
>
> ——宗白华《形上学》中国八卦：四时自成岁之历律哲学

以上宗氏从周易之时空观出发，指出中西时空观念的不同，西方科学直接导自其自然哲学，正是因为其纯理与逻辑，时间与空间之分门别类之研究，方成为西方科学之基础观念。现代西方之时空观可谓随着其量子力学以及宇宙物理学之进步有较为显著之改变，有兴趣者可参看霍金《大设计》一书，无疑为西方哲学与科学之标杆性读物焉。此处不再详论。而关于中国八卦所导致的历律哲学，以及革卦与鼎卦所代表的时空观，宗白华言：

> （鼎）《象》曰："君子以正位凝命。"此中国空间天地定位之意象，表示于器中，显示"生命中天则（天序天秩）之凝定。"以器为载道之象，条例而生生。……希腊几何学求空间之正位而已。中国则求正位凝命，是即生命之空间化，法则化，典型化。亦为空间之生命化，意义化，表情化。空间与生

命打通，亦即与时间打通矣。正位：序秩之命；凝命，中和之象。鼎有新义，盛义。《易。杂卦传》曰："革，去故也；鼎，取新也。"

以上宗氏所言之"革故鼎新"之意，实乃中国文化中形上之道与形下之器之统一。盖中国哲学，其道德的、伦理的、知识的往往涵括一起，成为一不可分割之整体。宗氏虽从时间空间之观点之角度而展开，寔足以认为中国哲学之道德境界智慧之形上学与厚生利用之实践形下学之统一，宗氏之旨趣当作如是观。

再次，在以上对中西哲学之比较中，宗白华指出西洋着重于概念世界，中国则体现为象征世界。并且用庄子之《知北游》篇作其补注：

> 天地有大美而不言，四时有明法而不议，万物有成理而不说。圣人者，原天地之美而达万物之理。是故，至人无为，大圣不作，观于天地之谓也。

——庄子《知北游》

（四）宗白华形而上学之研究

1. 宗白华对孔子形而上学之看法

宗白华对中国哲学尤其是儒家哲学进行了细致的研究，并提出一系列独立之见解，首先，宗白华对孔子形而上学之总结并未仅仅停留于"仁"之概念，而是对孔子所言之道、德、仁、艺给予统一地位，此点集中表现在宗氏对孔子"志于道、据以德、依于仁、游于艺"之解释，即使与史上诸多大儒之解说之比较也毫不逊色，此处引用如下：

> 志于道者，谓圣人成己成物之道。如明明德、亲民、止至善之宏纲。德者本心固有之良能，随时随地而可见之行事者，如入孝出弟，谨信爱众之细目。道大而难成，故志之。德近在己而随事可行，故据之。依仁而是亲仁，游于艺而行有馀，则以学文之意。游其心于六艺之文，如鱼得水，生意流畅，而后志道，据德，依仁，事可久而弗倦也。道为所求，艺为所资，志道必据德，以践其实，依仁以端其实，游艺以泳其心，皆所以学也。

——宗白华《孔子形上学》

2. 宗氏"格物"之解读

"格物"一词，出自儒家《礼记·大学》篇，历来解说纷纭，大概可以两派析之，一派以孟子为代表，至陆九渊、王阳明等宋明儒，所谓"格物"不过"格心"耳！也就是说，所谓"格物"，不过是反求诸己，明其心性，致其良知良能，发掘人之善端而已；另一派以朱子为代表，所谓"格物"，不过"即物穷理"而已，即探求事事物物之理。宗白华从汉代之郑玄以至宋明清时期之张载、周敦颐、两程、朱熹、王阳明、王龙溪、黄宗羲、王夫之、颜元、曾国藩以至于民国时期之钱穆等诸家解说，逐条辨析，分格物之解析为三个阶段，一期乃程子、朱子、蔡元定所推崇的"宇宙本质的格物论"，二期为陆王心学诸人所倡导的关于"人生本质"的格物论，三期为明清黄宗羲至孙中山所侧重的"社会本质"的格物论。此处引用宗白华关于程朱理学家与陆王心学家关于格物一词解读之辨析，宗氏侧重于王阳明心学之解读，但对朱子之言也给予部分肯定，转述如下，以明了其主要观点：

"若其用力之方，则或考之事为之著，或察之念虑之微，或索之讲论之际，使于身心性情之德，人伦日常之用，以至天地鬼神之变，鸟兽本末之宜，自其一物之中，莫不以见其所当然（宗注：应该，下同）而不容已，与其所以然而不可易者也。以其表里精粗（客观至极），无所不尽，而又益推其类以通之，至于一旦脱然而贯通焉，则于天下之物，皆有以究其义理精微之所极，而吾之聪明睿智，则皆有以极其心之本体而无不尽矣。"（格物仍是在人生事为上，但因态度偏于穷理，遂并及鸟兽草木之宜。）又曰："上而无极、太极，下而至于一草一木一昆虫之微，亦皆有理（物理）。一书不格，则缺了一书道理；一事不格，则缺了一事道理；一物不格，则缺了一物道理。须著逐一件与他理会过。"此种大范围，自非当时科学方法所能办到。而在人事行为上，尤为迫不能待。故不得不把"物"之范围缩小，小程子时已把物字缩小到"穷经""应事""尚论古人"三事了……

后来朱子照此范围去格物，一生用在"读书穷理"，既非西洋科学之格物穷理以成物理科学，又失了孔孟尽其心、知其性之功夫。此其所以受陆王戴东原双方之攻击也。然其于训诂名物礼数之究心，实为清儒之先驱。而义理之发挥上亦尤有贡献。然其末流仅为熟读四书五经。……

关于朱子之格物之解说，近代以来来大约两派之评价，一派认其为科学之先声而赞之，一派则强调其背离思孟学派之性善之论，宗氏能知其两端而用中，但以为当时之科学无法达到，而同时对其心性之强调不如陆王而非之。此处可见宗白华对儒家哲学中格物一词之解释。当然，此种解释，并未深入其本质，也同近代以来之诸多学者一样，对格物一词之所引发之争论与意义未能给予合理之通透，此处仅略举宗氏之观点，关于儒家之根本核心以及其分析，可关注笔者之即将出版之儒学著作，如《畅说儒家》等，此处不再多言。

（五）宗白华对道家时空意识之解读

宗白华以佛学思想解读西哲康德、叔本华等人，尤其对西哲之时空观做过详细之考察，从古希腊纯理性之时空到康德先验理性之时空观，再反观中国儒家哲学，尤其是周易之时空观，认为儒家之时空观乃与人之生命、道德为一体，此乃宗氏强调中西哲学不同之关键之一。而对于道家之时空观，尤其是对老庄之时空观，也顺乎自然给予关注与思考，总而言之，宗氏认为老庄偏重于空间之观念，而不同于周易之时空一体性之结论。宗氏认为老子偏重于"至小无内"之说，庄子偏重于"至大无外"之说，而道家之空间观念自然带来其特有之人生观念，以及其特有之艺术精神。由于中国艺术之精神受老庄思想影响颇深，故而此处特就宗氏之老庄时空观作一简要说明，以助于进一步理解其哲学以及艺术思想。

宗白华在《道家与古代时空意识》一文中说道：

老庄是脱离了生产实践的知识分子而对宇宙（宗注：空间时间与动力）作静观的冥想。但是他二人虽同为道家，却有着显著的不同之点。老子是从观察"其小无类"的空间出发："虚"、"无"、"奥"、"谷"、"门"、"牝"、"希"、"夷"、"微"、"玄"、"籥"、"盅"、"容"、"玄牝之门"、"朴虽小，天下莫能臣"、"朴虽小，天下莫能破"、"常"……他所见要知要明的是"小"，是"常"。从"小"的永恒的"空虚"，他见到宇宙的"道"，也由这里引申出人生的"道"。……

庄子的空间意识是"深宏而肆"的，它就是无穷广大、无穷深远而伸展不止、流动不息的。……

此乃宗氏对老庄时空观之解读,也是宗白华关于中国艺术思想之支点之一,因而此处略为提及,以明其学术思想之体系之一贯,同时作为下述介绍其美学与艺术思想之铺垫。

三、宗白华的美学艺术思想方面的研究

宗白华关于艺术与美学思想的研究可以分为三个方面,一为西方艺术及美学思想的提炼、阐发与总结;二为中国艺术、美学思想的总结、阐发与提炼;三为中西美学汇通比较方面的论述。关于第一方面的论述,主要集中在《美学》、《艺术学》《哲学与艺术——希腊大哲学家的艺术思想》《歌德之认识附言》《歌德、席勒订交时两封讨论艺术家使命的信》《莎士比亚的艺术》《我所爱的莎士比亚》、《席勒的人文思想》、《美学史》、《文艺复兴时期的美学思想》、《德国唯理主义的美学》、《英国经验主义的心理分析的美学》、《康德美学思想评述》等;关于第二方面的论述,则有《论世说新语与晋人的美》、《晋顾恺之〈画云台山记〉之研究编辑后语》、《清谈与析理》、《介绍两本关于中国画学的书并论中国绘画》、《中国艺术的写实精神》、《中国艺术意境之诞生》、《艺术与中国社会》、《古代画论大意》、《道家与古代时空意识》、《艺事杂录》、《凤凰山读画记》、《中国艺术的三境界》、《略谈敦煌艺术的价值和意义》、《中国诗画中所表现的空间意识》、《张彦远及其〈历代名画记〉》、《中国画论大意》、《关于山水诗画的点滴感想》、《论游春图》、《建筑美学札记》、《中国艺术里的虚与实》、《漫话中国美学》、《中国书法里的美学思想》、《中国古代的音乐寓言与音乐思想》、《中国美学史中重要问题的初步探索》、《中国美学史专题研究:〈诗经〉和中国古代诗说简论(初稿)》、《中国美学思想专题研究笔记》、《论〈兰亭序〉的两封信》、《关于美学研究的几点意见》、《看了罗丹雕刻以后》等;第三方面的论述,则主要有《美学散步》、《徐悲鸿与中国绘画》、《论中西画法的渊源与基础》、《略谈艺术的价值结构》、《中西画法所表现的空间意识》、《技术与艺术——在复旦

大学文史地学会上的演讲》、《略论文艺与象征》、《美从何处寻》、《中西戏剧比较及其他》、《形与影——罗丹作品学习札记》等。（作者注：以上文章目录根据安徽教育出版社之《宗白华全集》整理）

　　综上所述，宗白华之美学与艺术研究涉及众多方面，包括其历史、流派、与哲学之关系，以及大量的不同艺术门类之艺术特征、艺术思想以及艺术表达方式；再者，宗白华也有着对西方美学与艺术学之高度总结与论述，可谓汗牛充栋、珍珠满屋，那么，我们如何评判并介绍其关于美学艺术方面的诸多思想与论述，以便提纲挈领，举一纲而张全目？这里，我们当然不可能对宗氏之每篇文章或著述详细解读，但是，我们应该尽可能理出其学术思想之核心、主要逻辑以及其其美学艺术思想在其整个学术思想中之地位，其美学艺术思想与其哲学思想以及与其文学创作之间的关系。首先，我们先看看宗白华在与汤用彤的一篇对话中所谈到的中西美学思想的区别，作为本节之开端：

　　宗白华：在西方，美学是大哲学家思想体系的一部分，属于哲学史的内容。但是亚里士多德的《诗学》，和希腊戏剧分不开，柏拉图的哲学思想也和希腊的史诗、雕塑艺术有密切关系……。要了解西方美学的特点，也必须从西方艺术背景着眼，但大部分仍是哲学家的美学。在中国，美学思想却更是总结了艺术实践，回过来又影响着艺术的发展。

——宗白华、汤用彤《漫话中国美学》

　　从以上宗氏言论当知，宗白华对西方美学，更多地强调其与哲学思想之关系，因其认为西方美学大都属于哲学之范畴；而对于中国美学，则大部分属于美学实践之总结，也就是说，中国美学，更应该强调不同艺术门类中所蕴藏的艺术思想。因此，下面，我们将以宗白华对西方美学艺术思想与对中国美学思想以及其对两者之间异同之分析为纬，简要评述其美学艺术思想。

（一）宗白华的西方美学、艺术思想之源头以及不同派别之研究

1. 宗白华对希腊美学思想之总结

　　宗白华对希腊美学与艺术思想之研究，主要见于其《哲学与艺术——希腊大哲学家的艺术思想》一篇中，此篇文章中，宗白华从形式与心灵之关系入手，

认为苏格拉底更看重艺术作品的内涵，也就是所反应的心灵世界，而毕达哥拉斯则以数与音乐音节之比律之关系，探讨形式即是艺术之核心，叔本华侧重理念的表达，以艺术为模仿为理由而轻视艺术，最后，宗氏对亚里士多德之美学理论给予了肯定，并指出，正是亚氏之分析，是美学理论长足进步之开始，并因此奠定了西方美学中关于形式与内容、艺术与人生问题之基石。宗氏言：

宇宙是无尽的生命、丰富的动力，但它同时也是严整的秩序、圆满和和谐。在这宁静和雅的天地中生活中的人们却在他们的心胸里汹涌着感情的风浪、意欲的波涛。但是人生若欲完成自己，至于至善，实现他的人格，则当以宇宙为模范，求生活中的秩序与和谐。和谐与秩序是宇宙的美，也是人生美的基础。达到这种"美"的道路，在亚里士多德看来就是"执中""中庸"。但是中庸之道并不是庸俗一流，并不是依违两可，苟且的折中。乃是一种不偏不倚的毅力、综合的意志，力求取法乎上、圆满地实现个性中的一切而得和谐。所以说中庸是"善的极峰"，而不是善与恶的中间物。……这种刚健清明的美是亚里士多德的美的理想。美是丰富的生命在和谐的形式中。美的人生是极强烈的情操在更强毅的善的意志统率之下。在和谐的秩序里面是极度的紧张，回旋着力量，满而不溢。希腊的雕塑、希腊的建筑、希腊的诗歌以至希腊的人生与哲学不都是这样？这才是真正有力的"古典的美"！

简而言之，宗白华究西方艺术之源，认为艺术不仅仅是对自然之模仿，更是哲学理念之表达，也是人类生活之实践，而其中，美即是统筹三者关系之纽带。通过宗白华对希腊古典美学思想的剖析，我们可以清楚地再一次看到宗白华对美与艺术本质的认识，宗氏言：

艺术家对于人生对于宇宙因有着最虔敬的"爱"与"敬"，从情感的体验发现真理与价值，如古代大宗教家、大哲学家一样，而与近代出于应付自然，利用自然，而研究分析自然之科学知识根本不同。一则以庄严敬爱为基础，一则以权力意志为基础。……艺术的境界是感官的，也是形式的。形式的初步是"复杂中的统一"。所以亚里士多德已经谈到这个问题。艺术是感官对象。但普通的日常实际生活中感觉的对象是一个个与人发生交涉的物体，是刺激人欲望心的物体。然而艺术是要人静观领略，不生欲心的。所以艺术品须能超脱实用关系之上，自称以形式的境界，自织成超然自在的有机体。

总之，宗白华通过对希腊大哲的美学理论的探讨，提出了形式与内容，艺术表达中的心理活动以及艺术对象等几个方面的问题，而这几个问题从古希腊伊始既成为美学理论探讨之对象，而关于此类问题，在历史的长河中，多有论述，流派纷呈，然源头大都出于斯，因此，本节以宗氏对希腊哲人之艺术讨论开其端绪，下面，我们再看看宗白华对文艺复兴时期的美学思想之研究。

2. 宗白华对文艺复兴时期美学艺术思想之研究

众所周知，文艺复兴是中世纪末期出现于意大利的一种文艺思潮，其缘起于对神学形式化禁锢的反抗以及对希腊哲学艺术的回归。当然，其结果并非简单地希腊罗马化，而是在历史上对文明的进步起到了重要的促进作用，时至今日，仍然见仁见智，有认为其乃人文思想之再放光芒，对人的进一步的肯定也间接导致了对人类欲望的肯定以及科学技术的发展；否定者则称这一时期乃是对神的背叛的开始，以及真正意义上的人文精神的衰落。宗氏对文艺复兴时期的美学研究基本持一种肯定之态度，首先指出文艺复兴是对希腊文艺思潮的复归，但同时在诸多方面又是对希腊罗马时期的超越。宗白华对意大利文艺复兴时期之美学研究，主要体现在《文艺复兴时期的美学思想》一文中，在这篇文章中，宗白华认为文艺复兴时期美学艺术思潮可谓异彩纷呈，流派众多，而检点其中，认为其最大特点即是分科之形成，包括诗学、建筑美学、音乐美学、绘画美学等不同领域内之美学观点之成熟与超越。再者，宗白华认为文艺复兴时期另一大特点即是其现实主义精神，此种现实主义，贯穿于几乎各个艺术门类，而其中之核心，即是形式与内容之和谐、欢乐主义之流淌等方面。

3. 宗白华对德国唯理主义美学之总结

在《德国唯理主义美学》一文中，宗氏首先指出德国唯理主义之美学发端于法国，尤是笛卡尔之哲学，宗白华首先指出当时之社会背景：

在十七世纪下半期的艺术和美学思想里发生着一个很大的变化。在上升的君主专制的国家，首先是法国政治生活里一种理智化、机器似的经济和行政管理方式占了上方。在宫廷的礼仪习惯里严守着形式、规则，控制者一切……权威。很明显，这种新美学是和笛卡尔唯理主义哲学发展有着连带关系，表示着同一个趋向的。但是这种唯理主义美学在德国莱布尼茨和他的学派里才得到较有系统和有结果的发展。它的影响一直延续到鲍姆加登、马耶尔、奥耶莱尔、苏尔萨尔、曼德尔松和莱辛。

以上是宗白华对德国唯理主义发展源流以及走向的一个总说明，宗白华进一步总结德国唯理主义哲学，认为其以莱布尼茨与鲍姆加登为代表，其根源在于发明微积分的大数学家莱布尼茨认为感性同样可以理性之角度进行严格地分析，由此而导致了唯理主义的美学观，宗白华认为莱布尼茨的美学来源于"对于心里生活里各主要区域的相互关系和精神现象里的因果关系的理解"（出自宗氏《德国唯理主义哲学》），鲍姆加登则更进一步，在人类历史上，创造"美学"一词，此乃近代美学作为一独立学科兴起之标志，唯理主义美学一方面强调对心理活动的认真严格的理性分析，同时，强调作为美的对象的客观一致性以及完满性，我们还是看看宗白华的说法：

对于美的活动所以就是心理活动力量的加强，也即是按照它内在的规律在多样中创造统一性。因此，一个别的人，一个禽兽，甚至一个无生命的被造物，绘画或艺术品，当他们的形象印进我们的头脑时，也在我们内心培植和唤醒，提高了的完满的存在以及与此相应和的愉快，然后，"我们的心情感到一种完满性，这完满性是悟性尚不能把握的，而它却仍然是符合着悟性的"。

——宗白华《德国唯理主义美学》

唯理主义美学将人的感觉作为研究的对象，力图发掘其中的完满性，从这个角度出发，唯理主义美学必然导致两条路径，一则以心理分析的美学，一则以康德所认为的植根于判断力的符合目的性的具有普遍性的美学。下面我们谈谈宗白华对英国经验主义美学的研究。

4.宗白华对英国经验主义美学的总结

宗白华首先指出英国经验主义分析美学的根源，认为其出自于对法国唯理主义的批判，并开启了新的美学研究道路，即是植根于人们心理活动的一系列规则的研究，宗白华重点分析介绍了何姆及布尔克的美学思想，宗氏认为何姆《批评的原则》是心理学的美学的奠基著作，宗氏言：

何姆的分析是以美的事物给予我们的深刻的丰富印象为对象。他首先见到美的印象所引起的心理活动是单纯依据自然界审美对象或过程的某一规定的性质。审美的把握对象的是情感，于是分析情感是首要的任务。

——宗白华《英国经验主义的心理分析的美学》

宗白华进一步指出，分析情感成为美学分析的首要任务，何姆进而提出所谓美，不过是没有利害关系之愉快之感觉，当然，此种感觉包含壮美、优美等诸种，并进而分析引起人们愉悦的种种元素。宗白华紧接着对英国思想家布尔克进行了分析，认为英国人更强调所谓不规则的美，而此种美的感受来源于我们的快感。但是，种种心理分析均指向人们的主观感受，如何在此种个人的主观感受中寻找到一种普遍性的因素，也就是有关美的客观性的问题，这一问题，留给了康德，因此，下面我们看看宗白华对康德美学的分析。

5. 宗白华对康德美学的评析

宗白华对康德哲学以及美学均作出了自己的评价，第一章中，我们已经对宗氏对康德的哲学思想研究做了简单的介绍概括，现在来谈谈宗白华对康德美学的分析与总结，宗白华认为康德集成了德国唯理主义美学以及英国经验主义的心理分析的美学，康德对美学之贡献主要在于其将美学从单纯的心理感受的活动提高到其具有普遍性的符合目的性的活动，而此种活动则以其"趣味判断"为基础，不同于先验理性与先验道德，就像康德在《纯粹理性批判》与《实践理性批判》中所阐述的哲学体系，审美，这种来源于先验判断之心理活动，必然成为联系自然与自由之桥梁，通过对其中审美判断之分析，康德认为其源于天才之"理念"之创造，同时指出其中之愉悦之感受区别于一切快感、思考、分析等诸种概念，而是一种对形象以及诸元素的整体感觉，此种感觉必然存在着先天的、普遍性的因素，也存在着其虽无目的性却符合"目的性"之二律背反。宗氏在《康德美学评述》里比较客观地介绍了康德的美学体系，却同时将其称为"唯心主义美学"，并对其提出批评。当然，认真通读宗氏之作，可知其对康德之批评不过是形式之铺垫，与其康德美学之分析之间几乎完全没有联系，从此出发，我们当知宗氏对康德美学之真正理解，而对其对康德美学之批评之一面，则完全可以会心而一笑置之。

6. 宗白华对近代美学、艺术学之总结

概而言之，西方学术思想大都源自希腊哲学（此处仅就源头而言，未涉及宗教），美学当然不能例外。美学最初几乎完全是哲学家所考虑的问题，后期学术分科愈来愈细，美学渐渐从哲学家之视野中独立出来，成为一门独立之学科，当然，任何美学均离不开哲学思想之根本，后期之美学，或为哲学家之所注重之一科，或纯粹以美学家而成之独立体系。宗氏通过其《美学》一书，将西方美学之发展源流尤其是美学之流派详细说明，涉及美学之对象、内容、方法以及艺术家之创造等诸多方面。同时，宗白华通过对美学与艺术学之界定，区分两者之不同，在《艺术学》一书中，对艺术与美感以及艺术学之范围也重新进行了界定。此处不再多言，仅仅将其题目罗列于下，以便读者诸君理解其美学艺术学之内容：

宗白华《美学》目录：

美学之对象

研究美学之方法

美学之趋势

美感

审美方法：静观论

审美方法：同感论

审美方法：幻想论

审美方法：批评论

自然界之审美方法

美感分析各学说之评价

美感分析方法

艺术创造之问题

艺术创造问题研究之困难

艺术创造之研究方法

美学家论艺术创造之研究

分析艺术创造之工作

艺术创造私人动机研究

艺术创造之工作问题

艺术创造工作之初步

艺术创造之主要工作

艺术创造之天资问题

天才问题

艺术的天才

天才创造中下意识的作用

天才的智慧

天才之其他特征

宗白华《艺术学》（讲演稿）

第一章 艺术品之本质

（一）艺术学命名之由来

（二）艺术学与美学之区别

（三）艺术品的内容

（四）艺术品与自然现象之区别

（五）生命与表现

（六）经历如何而成为艺术品的内容、形式

（七）艺术创造的意义

（八）形式化的问题

（九）艺术品材料与其周境之关系

第二章 艺术之欣赏

（一）欣赏之意义及其条件

（二）艺术品境层问题

（三）欣赏的问题

（四）艺术家的个性

（五）风格论

（六）艺术的系统及各种内容

第三章 各种艺术

（一）图画

（二）雕刻

（三）建筑

（二）宗白华的中国美学以及艺术思想之研究

宗白华对中国艺术以及美学之研究主要包括三个方面，一是从中国儒家、道家等先秦诸子之哲学思想之角度出发，分析中国美学之哲学思想及其主要特点，比如《中国道家的时空意识》《中国艺术表现里的虚与实》《漫话中国美学》《中国艺术意境之诞生》《中国艺术三境界》等；二是对中国古代诗歌、绘画、书法、建筑、音乐等不同艺术科目的研究，比如《建筑美学札记》《中国书法里的美学思想》《中国古代的音乐寓言与音乐思想》《中国美学史中重要问题的初步探索》《中国美学史专题研究：〈诗经〉和中国古代诗说简论（初稿）》《中国美学思想专题研究笔记》《论〈兰亭序〉的两封信》《关于美学研究的几点意见》《略谈敦煌艺术的价值和意义》等；三是以分析不同历史时期之中国艺术或美学思想以及风格特点等，比如《论世说新语与晋人的美》《晋顾恺之〈画云台山记〉之研究编辑后语》《清谈与析理》等。为了保持介绍宗氏学术介绍之一贯性，首先介绍宗白华对中国艺术的总的特点的概括与总结，以便于理解宗氏对中国哲学与中国艺术之间关系之认识，也作为了解宗白华对中国不同艺术科目理解之开端。

1.宗白华对中国艺术总的特点的认识

在第一节介绍宗白华对中西哲学之研究中，指出宗氏对中西哲学中时空观之不同，其实可以成为理解宗白华美学艺术思想的一条线索。宗氏指出，西方之时空观乃是纯理的、客观的，因而成为其科学艺术等基础，那就是西方之哲学、科学以及艺术均走上了一条纯理之道路，正是后期对此种理念的反思，才有了不同的艺术形式以及美学思想；同样，中国哲学中的时空观建基于《周易》《老子》《庄子》《荀子》等先秦典籍，中国人的时空观是结合自然天道与伦理生命之不可分割之一整体，从此角度而言，宗白华可谓抓住了中国艺术思想之源头，宗氏在此一哲学理念之引导之下，再就中国时空之表达，探讨中国艺术中之虚与实之问题，在此基础上，宗氏结合人格精神与山川灵秀之自然景观之研究，提出中国艺术中的意境问题，并将此种意境分为三个层次。就以上宗氏之逻辑而言，宗白华对中国艺术精神之把握可谓匠心独运，尽得其妙。下面简单引述宗氏发表于1943年的《中国艺术意境的诞生》的一段话，以知其端倪：

什么是意境，唐代大画家张璪论画有两句话："外师造化，中得心源。"造化和心源的凝合，成了一个有生命的结晶体，鸢飞鱼跃，剔透玲珑，这就是"意境"，一切艺术的中心的中心。

宗白华进一步将意境分为三个层次，即"写实、传神与妙悟"（宗白华《中国艺术三境界》），而关于此意境的表达，则无非"空灵与充实"，宗白华在《文艺的空灵与充实》中言：

文艺境界的广大，和人生同其广大；它的深邃，和人生同其深邃，这是多么丰富、充实！孟子说"充实之为美"，当作如是观。

然而它又需超凡入圣，独立于万象之表，凭它独创的形象，范铸一个世界，冰清玉洁，脱尽尘滓，这又是何等的空灵。

以上为宗白华对中国艺术总体认识中的时空观以及由此所导致的一系列美学思想之简单介绍，下面介绍宗氏对中国不同艺术科目的美学观以及其特征研究。

2. 宗白华对诗歌、书法、建筑、绘画等艺术的研究

宗白华对中国诗歌、绘画、建筑、书法、音乐、戏剧等各方面均有着详细的研究与分析，下面简单介绍其对书法以及绘画等方面的研究成果，以作为其中国艺术美学思想方面研究之代表。

（1）宗白华对中国书法艺术的研究

宗白华对中国书法艺术的研究主要集中表现在其《中国书法艺术美学思想》一文中，此文中，宗白华首先总结中国书法之所以成为一门独立之艺术，当来源于中国之形象字与毛笔的使用两个方面，当然，此问题古人多有论述，再次，宗白华分析中国历代大书法家或文人对书法艺术的总结，提出中国书法贵在"用笔"、"结构"以及"章法"三个环节，其实所有的书法创作技术最终是为艺术之本质而服务，那何为书法之本质，我们看看宗氏之言：

中国的书法，是节奏化了的自然，表达着深一层的对生命形象的构思，成为反映生命的艺术。

——宗白华《中国书法艺术的性质》

（2）宗白华对中国绘画的研究

宗白华对中国绘画艺术理论的研究，主要包括《中国诗画中的空间意识》《中国艺术的虚与实》、《古代画论大意》以及《张彦远及其〈历代名画记〉》等。前二者以探讨中国绘画中的哲学思想或曰中国哲学思想影响之下之绘画理念，后二者则是宗白华对中国历代画论的精辟分析，精彩异常，从此两篇文章可知宗白华对中国古代绘画理论有着深入的研究与体悟。此处仅略举其所论述之部分画论：

南齐谢赫《古画品录》

梁武帝《昭公录》

后魏孙畅之《述画记》

陈姚最《续画品录》

唐沙门彦悰《后画品录》

李嗣真《后画品录》

顾况《画评》

刘整《续画评》

裴孝源《公私画录》

窦蒙《画拾遗录》

张彦远《历代名画记》

中国历代画论，或以画家之实践总结，或以文人鉴赏之角度而言，或以总结笔墨风格等为其要，宗氏对以上画论，引经据典，平实论之，可谓牵一发而动全身，窥一斑而知全貌，宗氏于历代画论之中，最推崇唐张彦远之《历代名画记》，赞其"前无古人,后无相继"。宗白华认为张彦远对中国绘画理论的贡献主要有二，其一为对绘画结构的总结,其二为绘画理论的总结。宗白华对清初高僧石涛之《画语录》也颇为欣赏，并以其"一画论"作绘画思想之高度总结，宗白华言：

石涛云："画立于一画"。谓"意"率领众笔一气到底，表出作者自己的意、意境。千笔万笔，只是一笔。一笔贯穿全体，即意表现于全体，产生各人、各时代、各画派之风格。

——宗白华《古代画论大意》

以上为宗白华对中国历代画论介绍之简介。

3. 宗白华对魏晋以及隋唐人艺术气质之分析

（1）宗白华论汉、魏晋、唐之艺术精神之区别

这个时代（作者注：指魏晋时期）以前——汉代，在艺术上过于质朴，在思想上定于一尊，统治于儒教；这个时代以后——唐代，在艺术上过于成熟，在思想上又入于儒、佛、道三教的支配。

——宗白华《论〈世说新语〉及晋人之美》

（2）宗白华论魏晋艺术之美

魏晋时期是中国历史上政治上最动荡、最黑暗之时期，却同时是中国历史上哲学思想与艺术精神大放光芒的时期，宗白华以刘庆义所著《世说新语》为突破口，论述晋人之美，其核心在于魏晋时期人们对玄学名理之追求，对山川河流之融容，对性情人格之高扬。宗白华将魏晋时期艺术之美归结为魏晋名士门的真性情上，宗白华言：

晋人艺术境界的高，不仅基于他们的意趣超越，深入玄境，尊重个性，生机活泼，更主要的还是他们的"一往情深"！无论对于自然，对探求哲理，对于友谊，都有可述：

王子敬云："从山阴道上行，山川自相映发，使人应接不暇。若秋冬之际，尤难为怀！"

好一个"秋冬之际尤难为怀"！

……

——宗白华《论〈世说新语〉及晋人之美》

（3）宗白华论《游春图》及隋唐间艺术关系

如果我们把隋唐的丰富多彩，雄健有力的艺术和文化比作中国历史上的浓春时节，那么，展子虔的这副《游春图》，便是隋唐艺术发展里的第一声鸟鸣，带来了的春天气息和明媚动人的景态。这"春"支配了唐代艺术的基本调子。

——宗白华《论游春图》

（三）宗白华的中西美学以及艺术比较之研究

宗白华对中西文化源头之探索，发现中西哲学思想之不同，希腊以纯理与逻辑而导出后期之科学，因而，从此路径言之，则西方后期之艺术与美学思想则多有科学之影子（作者注：宗氏除此以外，尚有不同角度之美学分析，此处仅指出其主要特点），中国哲学强调天人合一，以生命与学术为一体，在艺术表现方面则强调意境之展开。宗氏在中西不同哲学思想之比较之下，对中西艺术以及美学理论进行了多层次的、深入细致的分析与比较，下面仅就其中之部分结果绍述一二，以资进一步了解宗氏之美学思想。

1.宗白华论艺术的价值结构及其他

宗白华从艺术、哲学、科学均为人类认识世界体悟世界的不同方式以及人生价值的实现方式的角度出发，将哲学、科学、美学作为中西文化不同路径之比较，尤其是对美学以及艺术的融通，得出艺术之内在价值之结论，此结论明显乃宗氏融通中西美学之作，其论点主要表现在《略谈艺术的"价值结构"》一文中，此文中，宗白华实质上是对艺术之功用之分析，而艺术外在之功用则取决于其内在之价值，宗白华总结道：

但这一问题，可以集中于一个主体问题，这就是"艺术"这个"价值结构"的分析与研究。艺术是人类创造生活之一部，是与学术、道德、工艺、政治，同为实现一种"人生价值"与"文化价值"。普通人说艺术之价值在于"美"，就同学术、道德之价值在"真"与"善"一样。然而，自然界现象也表现美，人格个性也表现美。艺术固然美，却不至于美。且有时正在所谓"丑"中表现浓厚的意趣，在哀感沉痛中表现缠绵的顽艳。艺术不只是具有美的价值，且富有对人生的意义、深入心灵的影响。艺术至少是三种主要"价值"的结合体：

1.形式的价值，就主观的感受言，即"美的价值"。

2.抽象的价值，就客观言，为"真的价值"，就主观感受言，为"生命的价值"（生命意趣之丰富与扩大）。

3.启示的价值，启示宇宙人生之最深的意义与境界，就主观感受言，为"心灵的价值"，心灵深度的感动，有异于生命的刺激。

宗白华不仅仅对艺术本身内涵的价值结构作出了涵盖中西美学之总括,同时,对中西艺术之深层理念也进行了对比,见宗氏《艺事杂录》中:

1. 理即形式 Form

2. 势即生命 Lebenschwung

3. 罕言体 Korper

4. 又曰神理 势在理中 理行势内乃具神理

宗氏将中国艺论中所言之"理"与西方艺术理论中之"形式"对应,将中国所言之"势"与西方"生命"相对应,又进一步指出"理行势内乃具神理"此一极为精辟之论点,也就是说,在生命的精神的飞扬中得见天人和谐之理,得超越人生之启示之价值,仅此一句,可谓穿透中西艺术理论之核心,并且能完美交融,并行不碍,宗氏之功力可见一斑。

宗白华关于中西艺术比较之散篇杂多,此处再举一例,说明宗氏从里尔克之诗句中所蕴藏的哲理与中国诗论之相通之处,在《美从何处寻》中宗氏言里尔克强调生命之体验以及灵魂之超越,而中国古代诗人之"移我情"与"移世界"正可以作为西方"移情论"之注解。宗氏在《美学的散步》中也探讨了中西绘画、建筑艺术之不同与相同之处,重点则侧重于探讨中西诗画中所表达的"画中有诗,诗中有画"之境,以及诗画不同之处。下面我们就宗白华对中西不同艺术门类之分判看看其中西艺术比较方面的论述。

2. 宗白华中西绘画之比较

宗白华通过考察中西绘画之源头,在《论中西画法的渊源与基础》中指出其不同之处,西洋绘画源自希腊建筑与雕刻,重在形式之和谐,自然之逼真;中国绘画受中国哲学思想尤其受《易经》及老庄哲学之影响,注重表达人物内在情感与阴阳和合之道,脱胎于先秦钟鼎彝器及两汉壁画。西方经中世纪哥特式建筑之追求崇高神性之启示,迄文艺复兴时期,寖有浪漫情怀以及新古典主义之酝酿与发展,核心特征在于人与物之对立,此种对立,或以形式之和谐,或以色彩之饱满,或以透视之严谨,表达人与物之关照,或表现在人与物之和谐,或突出权力意志之高扬。中国后期则以诗入画,间或受印度晕染之影响,但毕竟以气韵生动为最大特点,强调风骨与意境,形式上则以书法之笔显其形,以皴染之墨法达其意,绵延传承,虽代有所创,然其间之精神一脉相承。

3.宗白华对中西戏剧之比较

宗白华在《中西戏剧比较及其他》一文中,认为中国戏剧重在感动人,而其布景及道具则与中国绘画如出一辙,强调虚实中之意境。西洋戏剧重思想,强调布景之逼真与透视之原理。

总之,宗白华对中西艺术以及美学之比较,既有对双方哲学思想之比较,也有着不同艺术形态之比较,也有着对不同艺术表达方法之比较。可谓对中西艺术及美学比较方面之奠基人之一。

四、宗白华的艺术创作

宗白华除大量有关美学及艺术思想之论文外,尚有不少诗歌及散文创作,今摘录少许,以便通过对宗氏之文学作品之体悟,更全面了解其艺术思想之精髓。

世界的花

世界的花
我怎忍采撷你?
世界的花
我又忍不住要采得你!
想想我怎能舍得你
我不如一片灵魂化作你!

流云

(一)

理性的光

情绪的海，
白云流空，便似思想片片，
是自然伟大么？
是人生伟大呢？

（二）
心中无限的幽凉，
几时才能解脱呢？
高楼底月，照我床上。
笛声远远传来——
月的幽凉
心的幽凉
同化入宇宙的幽凉了。

春至
（一）
悲鸣之鸟
你知道么？
多情的自然，
已洒着万化，
已在人类底墟墓间了！

（二）
婴儿
举着小手，突地破颜一笑，
啊，
他感觉着"人生"了

（三）

头白的老人，
含着泪眼，向着婴儿一笑，
啊
他了解着"人生"了。

东海滨

今夜明月的流光
映在我的心花上。
我悄立海边
仰听星天的清响。
一朵孤花在我身旁睡了，
我抱着她梦里的芬芳。
啊，梦呀！梦呀！
明月的梦呀！
她在寻梦里的情人，
我在念月下的故乡！

晨兴

太阳的光
洗着我早起的灵魂。
天边的月
犹似我昨夜的残梦。

小诗

生命的树上
雕了一枝花
谢落在我的怀里，

我轻轻的压在心上。

她接触了心中的音乐

化成小诗一朵。

从以上诗作中，我们可知，宗白华有着一颗纯粹的感知世界的心灵，一颗兼具理性与感性光芒的敏感的灵魂。正是宗白华将世界之美作化作其精神之动力，万物流动所带来的人生感动，成就了宗白华对人生及世界的思考与体悟，也成就了宗白华博大而又细致深入的哲学思辨与美学思想，要更深一步了解其哲学、美学思想之逻辑与体系，根据惯例，同样需要对其精神人格作出较为深入的分析，对其精神特质与其思想之间之关系作出进一步的剖析，方能全面地了解宗白华的美学思想，下面我们对宗白华的美学思想以及艺术批评作一总结与回顾，最后，再辅之以精神特质之解析。

五、宗白华之艺术批评与美学思想之学术逻辑及体系

宗白华对中西艺术及美学思想之研究，来源于其对中西文化之深刻理解，来源于其对"艺术、哲学、科学"同样为认识世界感悟世界乃至人生价值实现的不同方式之观念。宗氏从此理念出发，探讨中西艺术以及美学思想源头，指出中西哲学思想之差异乃是中西艺术源头不同之根本原因，宗氏通过对西方希腊哲学之分析，指出苏格拉底、柏拉图、亚氏以及泰勒斯、毕达哥拉斯等诸大家构成希腊艺术之哲学思想之有机组成部分。而就中国而言，则由于《周易》及老、庄、荀子等先秦诸子之思想，成为中国艺术之根本理念之核心。当然，宗氏对中西艺术以及上溯至哲学思想之研究，是以佛学思想为根基，也就是说，宗氏以佛教《华严经》、《阿含经》、《唯识论》等所反映的对世界宇宙人生之理念为核心，即所谓"三界唯识"之角度，阐释所有艺术，均受限于时空之局限，而在种种突破时空形式中所表的的人生意趣以及精神境界，构成了中西艺术之共通之"内在价值"。通过对内在价值的分析，指出中西不同艺术发展之道路

紧随不同时代思想理念之变化而变化，而于此种种变化之中，诸多中西大家对艺术思想之论述虽各有不同，或以体系入手，或以理念入手，或以方法而分析之，或以感觉之心理而重视之，宗氏从对不同艺术之特征之分析，再到不同时期不同艺术论著之核心理念之评判，总结出近代以降之《美学》与《艺术学》。此乃宗白华先生之学术逻辑以及其基本框架。其中尤须注意的是，宗氏对艺术的理解，当大略可分为两个时期，初期纯以佛学之角度关照而分析，后期则结合西方以及中国历代艺术论著而全面评判，宗白华初期对唯物主义提出严格之批评，后期则吸收唯物主义之元素，适当强调不同艺术以及美学理论之时代条件。但是，就宗氏之著作而论，可知其对唯物主义之运用，则更强调"美"之客观性，更强调"人类认识"之客观性，更强调"人类艺术活动"同样为"真"之体现。此点尤须注意，也就是说，宗白华对唯物主义之吸收与接受并非通常所谓之纯粹客观之物质世界对精神世界的决定作用。宗白华在《中国美学史中重要问题的初步探索》一文，最能表现宗氏之美学研究精神以及其对中西艺术美学之理解。宗白华提出中国美学中"错彩镂金的美"与"芙蓉出水的美"，强调或以人之精神探索世界之表现，或以自然山川入于人之心灵之表现。宗白华将对中国美学以及艺术的研究，从哲学思想到形下之器之全方位研究，从诗歌、绘画、钟鼎彝器、汉唐壁画、建筑戏剧，再就具体方法而言之，宗白华强调了"虚"与"实"之关系，意境之诞生及意境之层次问题，动与静之问题等。宗白华对西方从文艺复兴到近代以来之不同艺术思想之分析以及与中国艺术思想之比较融通等诸方面，同样具有开创性之意义。那么，宗白华何以能以一人之力，对中西哲学以及艺术思想作出如此全面而深刻之著述，此点显然有赖于其独特之人生观以及精神特质，下面简要述及。

六、宗白华的精神特质

要了解宗白华精神特质，首先需了解宗白华对人生问题的看法，也就是所谓人生观之问题。宗白华初期作品中，屡次探讨人生观之问题，一方面，我们当然可以理解为其乃宗氏学术之研究之一部分，但是，更重要的是，我们通过宗白华对人生态度等诸问题的分析，可以清楚地知道宗白华的价值取向，了解宗白华之人生旨趣，此乃了解宗白华学术动机以及成就之一重要线索。

宗白华在《怎样使我们生活丰富》一文中言：

我向来闲的时候，就随意地走到自然中或社会中，随意地选择一种对象，作以下的几种观察：

1. 艺术的
2. 人生的
3. 社会的
4. 科学的
5. 哲学的

宗白华对人生与世界有着永远的热爱，其并未停留于单一视角，以阐明或实现自己的人生旨趣，而是从不同的角度或者说从不同的学术方向进行观察，从此角度而言，当知宗白华之学术思想之包容。在后期宗白华所著《中西画法的渊源与基础》一文中，重述此意，当知此一人生观贯穿宗氏之始终而不已：

人类在生活中所体验的境界与意义，有用逻辑的体系范围条理之，以表达出来的，这是科学与哲学。有在人生的实践行为或人格心灵的态度里表达出来的，这是道德与宗教。但也还有那在实践生活中体味万物的形象，天机活泼，深入"生命节奏的核心"，以自有谐和的形式，表达出人生最深的意趣，这就是"美"与"美术"。

此段论述，一方面令我们知悉宗氏对世界人生看法之角度之全面，而最后，宗氏落笔于"美"与"美术"（作者注：此处美术乃广义而言，非单指美术一科）。宗氏对人生之多角度理解，开启了其学术研究之路径，而其对美之热衷，则决定了其一生更多时间从事于美学以及艺术之研究，宗氏之执着与坚定以及其明确地认识当可从下述文字解其端倪：

我向来最佩服的，是古印度学者的态度，最敬仰的，是欧洲中古学者的精神。……古印度学者的态度就是：

绝对的服从真理，猛烈的牺牲成见。

欧洲中古学者的精神又怎样呢？他们的精神就是：

宁愿牺牲生命，不愿牺牲真理。

——宗白华《学者的态度与精神》

宗白华举例古印度之佛教徒争辩真理，输者常自杀以完成生命，欧洲中古时的学者，拥护真理而遭焚火也在所不辞。宗氏对学问之执着与坚定可见一斑。宗白华曾对其《自德见寄书》非常重视，盖其间有着宗白华对自己学问之道之解释：

将来的结果，想做一个小小的"文化批评家"，这也是现在德国哲学中一个很盛的趋向。所谓"文化哲学"颇为发达。我预备在欧几年把科学中的理、化、生、心四科，哲学中的诸代表思想，艺术中的诸大家作品和理论，细细研究一番，回国后再拿一二十年研究东方文化的基础和实在，然后再切实批评，以寻出新文化建设的真道路来。我以为中国将来的文化绝不是欧美文化搬了来就能成功。中国旧文化中实有伟大优美的，万不可消灭。……但是我实在及尊崇西洋的学术艺术，不过不复敢藐视中国的文化罢了。并且主张中国以后的文化发展，还是极力发挥中国民族文化的"个性"，不专门模仿，模仿的东西是没有创造的结果的。但是现在却是不可不借些西洋的血脉和精神来，使我们的病体复苏。

以上一段论述，可以明确了解宗白华之学术旨趣与人生志向，结合宗白华对人生观之论述，我们可知，宗白华之学术思想实质上涵盖哲学、艺术、美学等诸多领域，并在文学创作方面留有不少精彩之诗歌散文等杰作。据此，我们当可以明了宗白华之学术思想与其精神特质之关系。

七、总结

总而言之，宗白华以其对人生与社会之热爱，毕其一生，探讨中西哲学之异同，阐发中西艺术之路径，总结中西美学之思想，以其"科学的、哲学的、艺术的"人生观，包容涵括，对中国与西方美学艺术思想以及哲学流变均作出了系统之梳理与精彩之辨析。其人格精神、人生志向以及其大量的精神产品，均乃民国时期之一大宝藏，等待着我们深入挖掘，融会酬酢，而其对美之肯定，对人生真义的肯定则理所当然为一狂涛怒海中之一盏明灯，指引着人生之航向，标示者人生之意义！谨以此篇，完成《十家正反》(原书名，现改为《民国十家》)，知我，罪我，岂止斯书！贯通古今，融会中西，其文谁取之乎！

参考书目

	名称	作者（编者）	译注	出版社	出版年月	版本号
东周	尚书	孔子		中华书局	2009.3	1
	诗经	孔子		中华书局	2006.9	1
	春秋	孔子		中华书局	2006.9	1
	周易	孔子		中华书局	2012.9	1
	仪礼	孔门弟子		中华书局	2012.6	1
	周礼	孔门弟子		中华书局	2014.2	1
	礼记	孔门弟子		中华书局	2007.12	1
	荀子	荀卿		中华书局	2007.12	1
	孟子	孟轲		中华书局	2006.9	1
	韩非子	韩非		中华书局	2007.3	2
	墨子	墨翟		中华书局	2015.3	1
	商君书	商鞅		中华书局	2011.1	1
	管子	管仲		中华书局	2009.3	1
	老子	老聃		中华书局	2006.9	1
	庄子	庄周		中华书局	2007.3	1
	楚辞	屈原		中华书局	2009.1	1
	鬼谷子	鬼谷子		中华书局	2012.1	1
秦	吕氏春秋	吕不韦		中华书局	2007.12	1
西汉	史记	司马迁		岳麓书社	2012.1	2
东汉	白虎通义	班固		商务印书馆	1937	1
西汉	春秋繁露	董仲舒		中华书局	2012.6	1
东汉	汉书	班固		中华书局	2012.4	1
刘宋	后汉书	范晔		中华书局	2007.8	1
西晋	三国志	陈寿		岳麓书社	2005.12	3
刘宋	世说新语	刘庆义		中国画报出版社	2012.9	1
萧梁	文选	萧统		上海古籍出版社	1986.8	1
	文心雕龙	刘勰		中华书局	2012.6	1
	陶渊明集	萧统		中华书局	1979.5	1
	诗品	钟嵘		中州古籍出版社	2010.6	1
魏晋	阮籍集	阮籍		中华书局	2014.1	1
	嵇中散集	嵇康		商务印书馆	1937.12	1

（续表）

	名称	作者（编者）	译注	出版社	出版年月	版本号
唐	晋书	房玄龄		中华书局	1979.1	1
	南史	李延寿		中华书局	1975.6	1
	北史	李延寿		中华书局	2013.7	1
	白氏长庆集	白居易		吉林出版社	2005.5	
	柳河东全集	柳宗元		上海古籍出版社	2008.5	
	韩愈集	韩愈		中州古籍出版社	2010.6	
	元氏长庆集	元稹		吉林出版社	2005.5	
	封氏闻见录	封演		商务印书馆	1936.12	1
后晋	旧唐书	刘昫		中华书局	1975.5	1
北宋	杜工部集	王洙		上海古籍出版社	2003.12	1
	新唐书	欧阳修		中华书局	1975.2	
	乐府诗集	郭茂倩		中华书局	1979.11	1
	资治通鉴	司马光		岳麓书社	2009.1	2
	正蒙	张载		上海古籍出版社	2000.12	
	通书	周敦颐		岳麓书社	2002	1
	太极图说	周敦颐		岳麓书社	2002	
	二程遗书	程颢，程颐		上海古籍出版社	2000.12	
	程氏易传	程颐		台北广文书局	1981	1
	临川集	王石安		吉林出版社	2005.5	1
	易传	王石安		上海古籍出版社	2004.12	
	苕溪渔隐丛话	胡仔		人民文学出版社	1962.6	
南宋	四书集注	朱熹		凤凰出版社	2008.11	
	朱子语类	朱熹		中华书局	2004.2	1
	周易本义	朱熹		中央编译出版社	2011.1	1
	陆九渊集	陆九渊		中华书局	1980.1	
	近思录	朱熹，吕祖谦		中州古籍出版社	2009.1	
	通志	郑樵		中华书局	1995.11	1
元	录鬼簿	钟嗣成		中华书局	1987.1	1
	长春真人西游记	丘处机		内蒙古教育出版社	2001.9	1
	西厢记	王实甫		中华书局	2015.1	1
	窦娥冤	关汉卿		吉林出版集团有限责任公司	2011.3	2
	汉宫秋	马致远		新世界出版社	2001.5	1

（续表）

	名称	作者（编者）	译注	出版社	出版年月	版本号
明	传习录	王阳明		中国画报出版社	2012.4	1
	戒庵老人漫笔	李诩		中华书局	1982.2	1
	少室山房笔丛	胡应麟		上海书店出版社	2009.4	1
清民国	明儒学案	黄宗羲		中华书局	2008.1	2
	明夷待访录	黄宗羲		中华书局	2011.1	1
	宋元学案	黄宗羲，黄百家，全祖望		中华书局	2013.3	1
	全唐诗	曹寅等		中国画报出版社	2011.12	1
	文史通义	章学诚		上海古籍出版社	2008.12	
	尚书古文疏证	阎若璩		上海古籍出版社	2013.1	1
	孟子字义疏证	戴震		中华书局	1982.5	2
	易汉学	惠栋		中华书局	2007.9	1
	说文解字注	段玉裁		中华书局	2013.7	1
	过庭录	宋翔凤		中华书局	1986.11	
	广雅疏证	王念孙		中华书局	2004.4	2
	魏源集	魏源		中华书局	2009.1	3
	十三经注疏	世界书局阮缩本影印本		上海古籍出版社	1997.7	1
	王国维全集（1—20卷）	王国维		浙江教育出版社	2010.9	1
	观堂集林	王国维		中华书局	1994.1	1
	陈寅恪全集（1—10集）	陈寅恪		三联书店	2013.11	1
	饮冰室合集	梁启超		中华书局	2015.1	1
	饮冰室专集	梁启超		中华书局	1942	1
	中国历史研究法	梁启超		上海古籍出版社	1998.12	
	中国历史研究法（续编）	梁启超		中华书局	2014.4	1
	佛学研究十八篇	梁启超		商务印书馆	2014.7	
	清代学术概论	梁启超		中华书局	2010.1	
	中国近三百年学术史	梁启超		商务印书馆	2011.12	1
	儒家哲学	梁启超		岳麓书社	2010.8	1
	中国文学讲义	梁启超		湖南人民出版社	2010.4	1
	李鸿章传	梁启超		湖南人民出版社	2013.9	1

（续表）

	名称	作者（编者）	译注	出版社	出版年月	版本号
清民国当代	宗白华全集（1—4卷）	宗白华		安徽教育出版社	2008.5	2
	国史要义	柳诒徵		商务印书馆	2011.1	1
	中国文化史	柳诒徵		岳麓书社	2010.1	1
	中国通史	吕思勉		中国画报出版社	2012.5	1
	理学纲要	吕思勉		岳麓书社	2010.12	1
	中国史学史	金毓黻		商务印书馆	1999.12	1
	国史大纲	钱穆		商务印书馆	1996.6	3
	朱子新学案	钱穆		九州出版社	1970.1	
	经学通志	钱基博		上海古籍出版社	2011.11	1
	中国现代文学史	钱基博		上海古籍出版社	2011.11	1
	中国现代学术经典·钱基博卷	刘梦溪		河北教育出版社	1996.1	1
	中国现代学术经典·马一浮卷	刘梦溪		河北教育出版社	1996.8	1
	现代学术经典	刘梦溪		河北教育出版社	1996.1	1
	复性书院讲录	马一浮		浙江古籍出版社	2012.4	1
	尔雅台问答	马一浮		江苏教育出版社	2005.1	1
	乾坤衍	熊十力		上海书店出版社	2008.3	1
	体用论	熊十力		上海书店出版社	2009.8	1
	新唯识论	熊十力		商务印书馆	2010.12	1
	破破新唯识论	熊十力		上海书店出版社	2008.1	1
	存斋随笔	熊十力		上海远东出版社	2012.1	1
	十力语要	熊十力		岳麓书社	2011.7	1
	十力语要（续）	熊十力		岳麓书社	2013.11	1
	中国现代学术经典·熊十力卷	刘梦溪		河北教育出版社	1996.8	1
	中国现代学术经典·梁漱溟卷	刘梦溪		河北教育出版社	1996.8	1
	中国现代学术经典·辜鸿铭卷	刘梦溪		河北教育出版社	1996.12	1
	中国现代学术经典·太虚卷	刘梦溪		河北教育出版社	1996.12	1

（续表）

	名称	作者（编者）	译注	出版社	出版年月	版本号
当代	中国现代学术经典·杨文会，欧阳渐，吕澂卷	刘梦溪		河北教育出版社	1996.6	1
	新儒家思想史	张君劢		中国人民大学出版社	2006.9	1
	中国第三势力	张君劢		纽约	1952	1
	义理学十讲纲要	张君劢		中国人民大学出版社	2006.9	1
	科学与人生观	张君劢		岳麓书社	2012.3	1
	民族复兴之学术基础	张君劢		中国人民大学出版社	2006.9	1
	中华民国民主宪法十讲	张君劢		商务印书馆	2014.7	1
	明日之中国文化	张君劢		岳麓书社	2012.3	1
	宪政之道	张君劢		清华大学出版社	2006.8	1
	政制与法制	张君劢		清华大学出版社	2008.4	1
	文化与知识	张东荪		岳麓书社	2011.7	1
	思想与社会	张东荪		岳麓书社	2010.8	1
	理性与民主	张东荪		岳麓书社	2010.9	1
	宋词声律探源大纲	刘永济		中华书局	2007.1	1
	胡适文集（1—12卷）	欧阳哲生		北京大学出版社	1998.11	1
	中国哲学史大纲	胡适		华东师范大学出版社	2013.9	1
	先秦名学史	胡适		安徽教育出版社	2006.8	1
	中古时期的儒释道整合研究	王洪军		天津人民出版社	1970.1	1
	历代高僧传	李山		上海书店出版社	1989.1	1
古印度	长阿含经	释迦牟尼		宗教文化出版社	2011.11	1
	杂阿含经	释迦牟尼		宗教文化出版社	2011.1	1
	楞严经	释迦牟尼		中华书局	2012.8	1
	楞伽经	释迦牟尼		中华书局	2010.5	1
	华严经	释迦牟尼		宗教文化出版社	2011.11	1
	法华经	释迦牟尼		中华书局	2010.5	1

（续表）

	名称	作者（编者）	译注	出版社	出版年月	版本号
古印度	中论	龙树菩萨		中国传统文化研究所	1995.1	1
	大智度论	龙树菩萨		宗教文化出版社	2014.4	1
唐	成唯识论（弟子窥基记术）	玄奘		中华书局	1998.9	1
古印度	瑜伽师地论	无著菩萨记述		西北大学出版社	2012.6	1
	大乘起信论	马鸣菩萨		宗教出版社	1970.6	1
唐	坛经	慧能		岳麓书社	2011.1	1
民国 当代	中国人的精神	辜鸿铭		中国画报出版社	2012.8	1
	论语（译注）	辜鸿铭		重庆出版社	2015.2	1
	张文襄幕府纪闻	辜鸿铭		东方出版中心出版社	2013.1	1
	东西文化及其哲学	梁漱溟		商务印书馆	2010.12	1
	究元决疑论	梁漱溟		商务印书馆	1923.12	1
	印度哲学概论	梁漱溟		上海人民出版社	2013.9	2
	唯识述义	梁漱溟		北京大学	1920	1
	人心与人生	梁漱溟		上海人民出版社	2011.6	1
	乡村建设理论	梁漱溟		上海人民出版社	2011.6	1
	刘咸炘学术论文集：哲学篇	刘咸炘		广西师范大学出版社	2010.6	1
	刘咸炘学术论文集：子学篇	刘咸炘		广西师范大学出版社	2007.7	1
	中西哲学汇通十四讲	牟宗三		吉林出版集团有限责任公司	2010.1	1
	历史哲学	牟宗三		吉林出版集团有限责任公司	2010.6	1
	政道与治道	牟宗三		吉林出版集团有限责任公司	2010.4	1
	佛性与般若	牟宗三		吉林出版集团有限责任公司	2010.8	1
	才性与玄理	牟宗三		吉林出版集团有限责任公司	2010.6	1
	圆善论	牟宗三		吉林出版集团有限责任公司	2010.2	1

（续表）

	名称	作者（编者）	译注	出版社	出版年月	版本号
当代	人文精神之重建	唐君毅		广西师范大学出版社	2005.1	1
	三向九境与心灵境界	唐君毅		中国社会科学出版社	2006.12	1
	理学纲要	吕思勉		上海科学技术文献出版社	2014.5	1
	中国通史	吕思勉		中国画报出版社	2012.5	1
	剑桥中国史			中国社会科学出版社	1992.2	1
古印度	奥义书			商务印书馆	1970.1	1
古希腊	理想国	柏拉图		中国华侨出版社	2012.6	1
	柏拉图对话集	柏拉图		商务印书馆	2004.1	1
	柏拉图全集	柏拉图		人民出版社	2012.1	1
	提迈欧篇	柏拉图		上海人民出版社	2005.5	1
	形而上学	亚里士多德		中国人民大学出版社	2003.12	1
	逻辑学	亚里士多德		中国社会科学出版社	2008.1	1
	物理学	亚里士多德		商务印书馆	1982.6	1
	政治学	亚里士多德		江西教育出版社	2014.1	1
	尼哥马可伦理学	亚里士多德		商务印书馆	2014.11	1
	伯罗奔尼撒战争史	修昔底德	谢德风	上海人民出版社	2012.1	1
	希波战争史	希罗多德	吴玉芬，易洪波编贺严，高书文译	重庆出版社	2007.3	1
古罗马	论共和国	西塞罗		译林出版社	2013.1	1
	论神性	西塞罗		商务印书馆	2012.6	1
	罗马帝国编年史	塔西佗		江西教育出版社	2014.1	1
	忏悔录	奥古斯丁		江西教育出版社	2014.1	1
美	基督教与西方思想史第一卷：哲学家，思想与思潮的历史：从古代世界到启蒙运动时代	科林·布朗		北京大学出版社	2005.6	1

（续表）

	名称	作者（编者）	译注	出版社	出版年月	版本号
英	自由之路	罗伯特·罗素		西苑出版社	2009.8	3
	政府论	洛克		江西教育出版社	2014.1	1
法	论法的精神	孟德斯鸠		商务印书馆	2012.5	1
德	作为意志和表象的世界	叔本华		商务印书馆	1997.2	1
	纯粹理性批判	康德		人民出版社	2010.9	1
	实践理性批判	康德		江西教育出版社	2014.1	1
	判断力批判	康德		人民出版社	2002.12	2
	道德的形而上学基础	康德		江西教育出版社	2014.1	1
	小逻辑	黑格尔		商务印书馆	2013.4	2
	历史哲学	黑格尔		上海书店出版社	2006.3	1
	精神现象学	黑格尔		中国社会科学出版社	2007.8	1
	哲学史讲演录	黑格尔		上海人民出版社	2013.8	1
	美学	黑格尔		商务印书馆	1981.7	1
	法哲学原理	黑格尔	杨东注等编	商务印书馆	1970.1	1
美	哲学的改造	杜威		安徽教育出版社	1999.1	1
	民主与教育	杜威		东方出版社	2013.9	1
印	神圣人生论	室利·阿罗频多	徐梵澄	中国商务出版社	1996.9	1
英	道德情操论	亚当·斯密		中央编译出版社	2008.8	1
美	现代经济学的历程：大思想家的生平与思想	马克·思考森	马春文等译	长春出版社	2006	1
英	精神镜像或知识地图	科林伍德	赵志义，朱宁嘉译	广西师范大学出版社	2006.4	1
美	基督教与西方思想史第二卷：19世纪的信仰和理性	（美）史蒂夫·威尔肯斯，阿兰·G.帕杰特	刘平译	北京大学出版社	1970.1	1
英	历史的观念	科林伍德	尹锐，方红，任晓晋译	商务印书馆	1997.9	1
	历史研究	汤因比		上海人民出版社	2010.1	1

（续表）

	名称	作者（编者）	译注	出版社	出版年月	版本号
英	史学导论：现代历史学的目标，方向和新方向	约翰·托什	吴英译	北京大学出版社	2007.2	1
	约翰·穆勒自传	约翰·穆勒	郑晓岚，陈宝国译	华夏出版社	2007.6	1
	罗马帝国衰亡史（第四卷）	爱德华·吉本	席代岳译	吉林出版集团有限责任公司	2008.4	1
美	宋明理学和政治文化	余英时		吉林出版社	2008.4	1
	论美国民主	托克维尔		商务印书馆	1989.1	1
	中国经济史研究	全汉升		中华书局	2011.1	1
	人的问题	约翰·杜威	傅统先，邱椿译	上海人民出版社	2014.8	2
	杜威传	约翰·杜威	单中惠编	安徽教育出版社	2009.1	1

跋

  斗转星移，世事纷纭，此书缘起于本人对民国诸子的潜心研读，植根于作者长期以来对中西文化的比较体悟。

  写作过程中，多次受到旷昕先生的热情鼓励，作者在此表示诚挚之感谢。

  本书草成于二零一三年六月，几经周折，因缘所至，逢世界图书出版公司湖南出版中心大力支持，感谢李平、王梦洁编辑的认真审校，感谢美术编辑彭琳小姐的精心设计，还有许多朋友为此书的顺利出版做了大量的工作，作者在此一并致以诚挚感谢！

  史学及思想史大家吕思勉言"学术者，天下之公器也"，本书纵横比较，剖析原旨，但言新语。愿能给予现阶段追求真知与灵魂安宁的人们有所启迪，瑕疵必存，见有不同，唯读者诸君大雅通识之人评判焉！

          不空山人畅钟草于珠海惠岩堂，乙未年三月初九日。